国語教育指導用語辞典 [第五版]

田近洵一
井上尚美　編
中村和弘

教育出版

まえがき

　近代の国語科教育は，明治の学制頒布以来，一世紀を越す歴史があり，その間，数多くの優れた実践や理論が積み重ねられてきました。そして平成に入ると，国際化・情報化の飛躍的な進展とともに，国語教育に対する社会的要請はますます大きくなり，実践的あるいは理論的研究も多岐にわたって展開してまいりました。特に関連諸科学の発達に伴い，最近では，国語科の各領域にわたって新しい視点からの実践・研究が進められてきています。

　そのような一世紀を越える時代の進展を反映して，国語科教育に関しては，多種多様な用語が使われています。それらは必要から生まれた用語ではありますが，必ずしも明確に定義づけされておらず，論者によって広狭さまざまな意味で用いられているというのが現状です。しかし，いやしくも国語科が言語を直接の対象とする教科である以上，私たちは用語の概念規定を曖昧にしておくわけにはいきません。曖昧な用語の容認は，教育研究を独善的にし，その科学化を阻むことにつながります。あらゆる立場の方々の賛同が得られるような規定ができるかどうかは問題のあるところですが，まずは過去の研究史を踏まえ一応の規定を試みる必要があります。

　この『国語教育指導用語辞典』は，そうした現状に鑑み，国語教育に関する基本用語の概念規定を図るとともに，併せて，小中高等学校の「国語」指導において必要な，指導内容や指導方法などの要点を示そうとしたものです。その意味では，用語解説としての辞典的な要素と，指導の手引きとしての事典的な要素とを兼ね備えたものといえます。

　本辞典の初版の刊行は1984年10月のことでありますが，このたび，2017年3月および2018年3月に告示された小・中・高等学校の学習指導要領を受けて全面的な見直しを行い，ここに第五版として刊行する運びとなりました。

　本辞典が，教師の教育用語への関心を高めるとともに，国語教育への視野を広げることで，わが国の国語科教育の向上にいささかでも貢献できればというのが編者の心からの念願であります。最後になりましたが，刊行に際してお力添えを賜りましたたくさんの方々に，深く感謝申し上げます。

2018年11月　　編者　田近洵一
井上尚美
中村和弘

《執筆者一覧》(敬称略，五十音順)

相澤秀夫	宮城教育大学名誉教授	河野順子	白百合女子大学
浅井　清	元お茶の水女子大学名誉教授	河野智文	福岡教育大学
足立悦男	島根大学名誉教授	岸本憲一良	山口大学
安達隆一	神戸市外国語大学名誉教授	吉川芳則	兵庫教育大学
阿部　昇	秋田大学	木下ひさし	聖心女子大学
有澤俊太郎	上越教育大学名誉教授	倉澤栄吉	元日本国語教育学会会長
石井健介	東京学芸大学附属小金井中学校	桑原　隆	筑波大学名誉教授
石井庄司	元東京教育大学名誉教授	香西秀信	元宇都宮大学
市川　孝	お茶の水女子大学名誉教授	幸田国広	早稲田大学
井上尚美	東京学芸大学・創価大学名誉教授	児玉　忠	宮城教育大学
今村久二	元秀明大学	小森　茂	青山学院大学名誉教授
岩﨑　淳	学習院大学	坂口京子	静岡大学
岩永正史	山梨大学名誉教授	佐藤明宏	香川大学
植山俊宏	京都教育大学	澤本和子	日本女子大学名誉教授
牛山　恵	都留文科大学名誉教授	渋谷　孝	宮城教育大学名誉教授
有働玲子	聖徳大学	白石壽文	佐賀大学名誉教授
大内善一	茨城大学名誉教授	菅　邦男	宮崎大学名誉教授・宮崎国際大学
大内敏光	元東京都荒川区立峡田小学校	須貝千里	山梨大学名誉教授
大熊　徹	東京学芸大学名誉教授	菅原　稔	岡山大学名誉教授
大滝一登	文部科学省	鈴木慶子	長崎大学
大塚　浩	静岡大学	関口安義	都留文科大学名誉教授
大西道雄	元安田女子大学	髙木展郎	横浜国立大学名誉教授
小川　仁	元東京学芸大学名誉教授	髙木まさき	横浜国立大学
小川雅子	山形大学	高橋俊三	元群馬大学
尾木和英	東京女子体育大学名誉教授	高森邦明	元筑波大学名誉教授
小田迪夫	元大阪教育大学名誉教授	武田康宏	文化庁
笠井正信	中央大学	竹長吉正	埼玉大学名誉教授
金子　守	元筑波大学	田近洵一	東京学芸大学名誉教授
上谷順三郎	鹿児島大学	田中孝一	川村学園女子大学
川口幸宏	学習院大学名誉教授	田中俊弥	大阪教育大学

執筆者一覧

田中 宏幸	広島大学名誉教授・安田女子大学	牧戸 章	元滋賀大学
谷口 直隆	広島修道大学	増田 信一	元京都女子大学
丹藤 博文	愛知教育大学	益地 憲一	元関西学院大学
塚田 泰彦	筑波大学名誉教授・関西外国語大学	間瀬 茂夫	広島大学
土山 和久	大阪教育大学	松崎 正治	同志社女子大学
常木 正則	新潟大学名誉教授	松山 雅子	大阪教育大学
鶴田 清司	都留文科大学	湊 吉正	筑波大学名誉教授
寺崎 賢一	都留文科大学・麗澤大学	宮川 健郎	武蔵野大学
内藤 一志	北海道教育大学函館校	宮腰 賢	東京学芸大学名誉教授
長崎 伸仁	元創価大学	宮崎 清孝	早稲田大学人間科学学術院
長﨑 秀昭	元弘前大学	三好 修一郎	福井大学名誉教授
中洌 正堯	兵庫教育大学名誉教授	村井 守	元玉川大学
中西 一弘	大阪教育大学名誉教授	村上 呂里	琉球大学
中村 敦雄	明治学院大学	村松 賢一	元お茶の水女子大学
中村 和弘	東京学芸大学	望月 善次	岩手大学名誉教授
中村 孝一	常葉大学	守 一雄	松本大学
中村 純子	東京学芸大学	森島 久雄	元文教大学名誉教授
中村 哲也	岐阜聖徳学園大学	森田 真吾	千葉大学
難波 博孝	広島大学	茂呂 雄二	筑波大学附属学校教育局
野地 潤家	元広島大学・鳴門教育大学名誉教授	矢澤 真人	筑波大学
橋本 暢夫	元鳴門教育大学	山室 和也	国士舘大学
羽田 潤	兵庫教育大学	山元 悦子	福岡教育大学
浜本 純逸	神戸大学名誉教授	山本 茂喜	香川大学
府川 源一郎	日本体育大学	山元 隆春	広島大学
福沢 周亮	元筑波大学・聖徳大学名誉教授	余郷 裕次	鳴門教育大学大学院
藤井 知弘	岩手大学	吉田 裕久	広島大学名誉教授・安田女子大学
藤森 裕治	信州大学	渡辺 貴裕	東京学芸大学
藤原 和好	三重大学名誉教授		
堀 泰樹	大分大学		
堀江 祐爾	神戸女子大学		

目　次

I　言　語

1 言葉の特徴や使い方に関する事項……10
2 発音・発声……12
3 仮名文字……14
4 漢　字……16
5 ローマ字……18
6 語　句……20
7 語彙〈1〉……22
8 語彙〈2〉……24
9 単語〈1〉……26
10 単語〈2〉……28
11 文〈1〉……30
12 文〈2〉……32
13 文章〈1〉……34
14 文章〈2〉……36
15 文　法……38
16 レトリック……40
17 敬　語……42
18 方言・共通語……44
19 言語感覚……46
20 国語国字問題……48
21 表　記……50
22 日本語の特色……52
23 辞　書……54
24 書　写……56

II　読解・読書指導

25 読　解……60
26 鑑　賞……62
27 感　想……64
28 主　題……66
29 要点・要旨……68
30 構　想──段落・文章構成──……70
31 叙　述……72
32 情景と心情……74
33 音読・黙読……76
34 通　読……78
35 精　読……80
36 味　読……82
37 要　約……84
38 童　話……86
39 小　説……88
40 戯　曲……90
41 詩……92
42 短歌・俳句……94
43 随筆・随想……96
44 伝　記……98
45 記録(紀行)・報告……100
46 報　道……102

47	説明・解説……………104		52	古典（漢文）……………114
48	論　　説………………106		53	情報処理・活用…………116
49	古典教育………………108		54	情報リテラシー…………118
50	古典（物語・随筆）……110		55	読書指導〈1〉……………120
51	古典（和歌・俳句）……112		56	読書指導〈2〉……………122

Ⅲ　作文指導

57	主　　題………………126		66	手　　紙………………144
58	取　　材………………128		67	記録・報告文…………146
59	構　　想………………130		68	生 活 文………………148
60	記　　述………………132		69	説 明 文………………150
61	推　　敲………………134		70	意 見 文………………152
62	作文単元………………136		71	文集・新聞づくり……154
63	短 作 文………………138		72	創　　作………………156
64	作文の処理・評価………140		73	紹介・案内……………158
65	日　　記………………142			

Ⅳ　音声言語指導

74	音読・朗読……………160		78	ディベート……………168
75	説明・発表……………162		79	劇………………………170
76	話し合い・討議…………164		80	聞くこと………………172
77	会　　議………………166		81	インタビュー…………174

Ⅴ　教材研究

82	教材研究………………176		88	童　　話………………188
83	教材・教具……………178		89	民話・伝説……………190
84	音声言語教材…………180		90	詩………………………192
85	作文教材………………182		91	短歌・俳句……………194
86	言語教材・言語単元……184		92	記録・報告……………196
87	小　　説………………186		93	説　　明………………198

| 94 論説・評論 …………… 200
| 95 戯　　曲 ……………… 202
| 96 古典・伝統文化 ……… 204
| 97 慣用句・故事成語・ことわざ
　　　…………………… 206

VI　授業組織

| 98 指導計画 ……………… 208
| 99 単元学習 ……………… 210
| 100 単元学習の実際 ……… 212
| 101 入門期指導 …………… 214
| 102 作文の指導理論 ……… 216
| 103 読みの指導理論 ……… 218
| 104 指導形態 ……………… 220
| 105 学習指導案 …………… 222
| 106 教育技術・指導技術 … 224
| 107 発　　問 ……………… 226
| 108 板　　書 ……………… 228
| 109 ノート指導 …………… 230
| 110 ICT・教育機器 ……… 232
| 111 授業研究 ……………… 234
| 112 メディア・リテラシー … 236
| 113 図書館指導 …………… 238
| 114 言葉遊び ……………… 240
| 115 言語環境づくり ……… 242
| 116 総合的な学習 ………… 244

VII　学力と評価

| 117 国語学力〈1〉 ………… 248
| 118 国語学力〈2〉 ………… 250
| 119 学習と評価 …………… 252
| 120 PISA調査 …………… 254
| 121 基礎・基本 …………… 256
| 122 目標分析 ……………… 258
| 123 評　　価 ……………… 260
| 124 評価法 ………………… 262
| 125 到達目標・到達度評価 … 264
| 126 評価規準（基準）…… 266

VIII　基礎理論・指導理論

| 127 国語教育・国語科教育 … 268
| 128 言　　語 ……………… 270
| 129 認識・思考 …………… 272
| 130 イメージをめぐる説 … 274
| 131 コミュニケーション … 276
| 132 学力論 ………………… 278
| 133 目標論 ………………… 280
| 134 教育課程 ……………… 282
| 135 単元論 ………………… 284
| 136 文学教育論 …………… 286
| 137 作文教育論 …………… 288
| 138 演劇教育論 …………… 290

139 ドラマ教育	292
140 論理的思考の指導	294
141 国語教師論	296
142 子どもの発達	298
143 言語障害	300
144 教材論	302
145 人権教育	304
146 言語技術教育	306
147 国語教育における形式主義・内容主義	308
148 言語生活主義と言語能力主義	310

IX 関連科学

149 文法論	312
150 文体論	314
151 意味論	316
152 一般意味論	318
153 心理言語学	320
154 コミュニケーション理論	322
155 コンポジション理論	324
156 テクスト論	326
157 国際バカロレア	328
158 言語学	330
159 文章心理学	332
160 認知心理学	334
161 教育心理学	336

X 歴史的遺産と課題

162 明治の国語教育	340
163 大正の国語教育	342
164 昭和の国語教育（戦前）	344
165 昭和の国語教育（戦後）	346
166 戦後国語教育論争	348
167 平成の国語教育	350
168 これからの国語教育	352
169 教科書の歴史	354
170 垣内松三の形象理論	358
171 解釈学（Hermeneutik）	359
172 西尾 実	360
173 生活綴方	362
174 芦田恵之助	364
175 外国の国語教育（アメリカ）	366
176 外国の国語教育（イギリス）	368
177 外国の国語教育（フランス）	370
178 外国の国語教育（ドイツ）	372
179 外国の国語教育（ロシア）	374

近代国語教育史年表 378
索 引 388

凡　例

I　項　目
1　国語教育の実践および研究を進めていくうえで重要な観点を10の大項目とし，それに従い全体を10の章に分けて系統的に構成した。
2　各章（大項目）ごとに必要な基本的事項を選定し，全体で179の項目（中項目）を立てて見出し語とした。そのため，同じ見出しの項目が他の章（大項目）の中にも出てくることがある。例えば，中項目の「主題」は大項目「Ⅱ読解・読書指導」にも「Ⅲ作文指導」にもある。利用にあたってはまず，どの大項目の観点から調べるのかをはっきりさせることが必要である。

II　本文・脚注
1　本文は，原則として見開き2ページで解説した。
2　解説は，指導法を主とした項目については，①定義づけ，②指導のねらい，③指導の要点，④問題点，⑤参考文献の順で記述することを原則とした。研究を主とした項目については，各項目の内容に応じた記述とした。
3　脚注は，本文中の用語または関連した用語で，特に補説する必要のある用語（小項目）を抽出し，解説を施した。本文中の用語は，文中の初出箇所に「＊」を付した。
4　参考文献は，スペースの関係で最小限にとどめた。

III　索　引
1　見出し語（中項目179）の全て，また脚注で取り上げた語（小項目約550）の大部分は抽出した。特に見出し語はゴシック体（太字）で示した。
2　同一用語が2箇所以上出た場合は，そのページ数を示し，特に詳しく解説してあるページはイタリック体（斜体）で示した。

IV　巻末年表
近代国語教育史年表は，歴史的に重要な事項や文献を選定・整理して作成した。

I 言語

1 言葉の特徴や使い方に関する事項
2 発音・発声
3 仮名文字
4 漢　字
5 ローマ字
6 語　句
7 語彙〈1〉
8 語彙〈2〉
9 単語〈1〉
10 単語〈2〉
11 文〈1〉
12 文〈2〉
13 文章〈1〉
14 文章〈2〉
15 文　法
16 レトリック
17 敬　語
18 方言・共通語
19 言語感覚
20 国語国字問題
21 表　記
22 日本語の特色
23 辞　書
24 書　写

I　言　語

1 言葉の特徴や使い方に関する事項

教育課程上の位置づけ

　言葉の特徴や使い方に関する事項とは，平成29年3月告示の小・中学校学習指導要領，平成30年3月告示の高等学校学習指導要領の，それぞれの内容を構成する事項の一つである。(以下，小学校で記述。)

　学習指導要領の内容は，〔知識及び技能〕と〔思考力，判断力，表現力等〕とからなっている。知識・技能及び思考力・判断力・表現力等は，学びに向かう力・人間性等と共に，平成29年告示学習指導要領において育成をめざす資質・能力の3本柱をなしている。言葉の特徴や使い方に関する事項は，〔知識及び技能〕を構成する3つの事項の第一に位置づけられている。

　学習指導要領の構成は，内容を中心に示すと，次のとおり。(ゴシックは引用者。)

```
第1　目標
第2　各学年の目標及び内容
　　1　目標
　　2　内容
　〔知識及び技能〕
　　(1)言葉の特徴や使い方に関する事項
　　(2)情報の扱い方に関する事項
　　(3)我が国の言語文化に関する事項
　〔思考力，判断力，表現力等〕
　　A　話すこと・聞くこと
　　B　書くこと
　　C　読むこと
第3　指導計画の作成と内容の取扱い
```

　言葉の特徴や使い方に関する事項を含む〔知識及び技能〕の内容は，大まかに言えば，従前の学習指導要領において，〔伝統的な言語文化と国語の特質に関する事項〕(平成20年告示)，〔言語事項〕(昭和52年，平成元年，平成10年告示)，ことばに関する事項(昭和33年，昭和43年告示)として示されてきたものを継承している。

構成

　言葉の特徴や使い方に関する事項は，次の8つの項目から構成されている

```
○言葉の働き
○話し言葉と書き言葉
○漢字
○語彙
○文や文章
○言葉遣い
○表現の技法
○音読，朗読
```

目標　国語科の目標は，「言葉による見方・考え方を働かせ，」，「言語活動を通して，」を含む総括的な一文と，育成をめざす資質・能力の3本柱のそれぞれに関する目標の箇条書きとで構成されている。

カリキュラム・マネジメント──3つの側面

①各教科等の教育内容を相互の関係で捉え，学校教育目標を踏まえた教科等横断的な視点で，その目標の達成に必要な教育の内容を組織的に配列していくこと。

②教育内容の質の向上に向けて，子どもたちの姿や地域の現状等に関する調査や各種データ等に基づき，教育課程を編成し，実施し，評価して改善を図る一連のPDCAサイクルを確立すること。

③教育内容と，教育活動に必要な人的・物的資源等を，地域等の外部の資源も含めて活用しながら効果的に組み合わせること。(中教審答申)

都道府県名に用いる漢字　平成29年告示の小学校学習指導要領国語では学年別漢字配当表の第4学年に都道府県に用いる漢字25字を加えて配当した。その内訳は，配当表に新たに加えた漢字が20字，

1 言葉の特徴や使い方に関する事項

　これらの項目の具体的な内容は全学年を通して系統立てて構成され、らせん的に学習が展開される。(『学習指導要領解説　国語編』巻末に「系統表」を「付録」として提示。)したがって、各学校、学級では、国語科の他の内容、項目等と同じように、当該学年だけではなく、カリキュラム・マネジメント*の視点に立って、常に全学年までをも見渡して、児童の学習歴が積み上げ次の学習に生かされていくよう指導内容や学習方法等を設定していくことになる。

言葉の働き

　言葉の働きについては、「相手とのつながりをつくる働き」を指導事項として示している。この指導は、外国語科での「コミュニケーションを円滑にする」等の指導と関連を図ることで相互に効果を高める。

漢字、語彙

　漢字については、小学校の学年別漢字配当表が変更された。これは、常用漢字表の改定(平成22年11月)や中教審答申の提言「国語科以外の教科等の学習における必要性を踏まえ、都道府県名に用いる漢字を『学年別漢字配当表』に加えることが適当である。」を受けたものである。第4学年以上で多少の学年間移動を行いつつ、20字の増、総字数計1,026字となった。

　なお、漢字の学習における、配当学年において読めるようにすること、次学年までに2年間かけて書き使えるようにすることという、従前の指導基準に変更はない。

　また、語彙については、小・中学校を通して「語彙を豊かにすること。」とされている。これは、中教審答申の記述「小学校低学年の学力差の大きな背景に語彙の量と質の違いがある」、「考えを形成し深める力を身に付ける上で」、「語彙を豊かにすることが必要である。」を受けている。更に、答申直前公表のOECD/PISA調査2015の結果を受け、国際的に求められる学力の向上を強く意識している。

言葉による見方・考え方を働かせ

　中教審答申は、「言葉による見方・考え方」のイメージを、「自分の思いや考えを深めるため、対象と言葉、言葉と言葉の関係を、言葉の意味、働き、使い方等に着目して捉え、その関係性を問い直して意味付けること」と整理している。

　このことを踏まえると、「言葉による見方・考え方を働かせ」という文言が教科目標冒頭に位置づけられていることの意味はきわめて大きい。すなわち、言葉の特徴や使い方に関する事項は、言葉の意味、働き、使い方等の学習を通して「自分の思いや考えを形成し深めること」が「国語科における重要な学び」であるとする中教審答申の認識の実現に寄与する役割を担う事項であることが理解できる。　　　　(田中孝一)

第5学年配当の漢字4字(賀、群、徳、富)、第6学年配当の漢字1字(城)。新規20字は次のとおり。
　　茨、媛、岡、潟、岐、熊、香、佐、埼、崎、
　　滋、鹿、縄、井、沖、栃、奈、梨、阪、阜
　これに伴い、従前の配当を一部見直して学年別の字数を調整している。

OECD/PISA調査　OECD経済協力開発機構が2000年から3年に1回実施している国際的な学力調査。主な分野は、読解力、数学的リテラシー、科学的リテラシー。我が国では、第2回の2003年調査までに読解力の結果が思わしくないとのことで、PISA型読解力の向上が大きな社会的課題となった。その後、この課題を克服すべく、学習指導要領の2回の改訂での対応、全国学力・学習状況調査の実施等につながった。

　調査は、毎回、3分野の一つを中心分野として実施される。読解力を中心分野とする調査は、第1回の2000年、第4回の2009年、第7回の2018年に実施された。

2

発音・発声

発音・発声とは

　発音とは、人間が思想・感情を伝達するために音声器官を使ってオトを発すること、すなわち言語音を発することをいう。

　言語音には、コエを伴う有声音と、コエを伴わずイキだけの無声音とがある。コエを発することを発声という。発声は、声門のはたらきによって生じ、オトの高低・強弱・個人的な音声の差となって現れる。発音は、発声を基にして口腔内で調整し、言語音に仕立てる。したがって、発声が発音の基礎であるといえる。

　言語音を一般的には音声という。音声には、ある時、ある場面で、ある個人が1回ごとに発する具体的な音声と、それらから共通的な部分を概念的に取り出した抽象的な音声とがある（特に、後者を「音韻」という場合がある）。抽象的な音声として、現代の標準的な日本語では102音が認められており、その他に、方言音・外来語音が幾つか存在する。

指導のねらい

　国語教育の観点からみれば、発音・発声指導のねらいは、児童・生徒に抽象的な音声（音韻）を認識させ、各自の具体的な音声をそれに近づけさせることにある。このことは、要するに正確な発音を体得させることであり、そのための調音*のしかたを学習させることにつながる。

指導の内容となる要素

　102音の音声が個々に正確に発音できただけでは、言語生活上の価値をもたない。例えば、「ア」なり「キ」なりが正確に発音できるだけでなく、「アキ」（秋）のように意味をもった言葉として正確に発音されるように指導すべきである。

　したがって、個々の音声を取り出して指導するには限界がある。少なくとも単語として、あるいは文・文章を単位としての発音指導が中心に考えられるべきであろう。

　単語としての発音学習には、調音のほかにアクセント*の指導が加えられなければならない。また、文・文章を単位としての学習には、更にイントネーション、プロミネンス*などの、いわばエロキューション*の方法に関する指導が必要となる。

　発音の基礎である発声指導としては、きちんとした姿勢・腹式呼吸・口形のとり方など、安定した音声が発せられるような訓練が大切になる。

指導の要点

○発達段階に応じた指導
〈小学校低学年〉

　調音やアクセントなど、発音の基本的なものは、乳児期・幼児期に主として母親を

調音　発音器官である肺・気管・喉頭・鼻腔・舌・歯・唇の一つ一つを適切に整えて、言語音を発すること。普通、一般的に「発音」といっているが、正確には「調音」というべきである。したがって、「あの人の発音はきれいだ」というときの「発音」は、ここでいう「調音」である。

アクセント　個々の語について、社会的慣習として決まっている相対的な高低または強弱の抑揚。日本語は高低アクセントである。日本の各地方ごとに一定のアクセントの型があるが、共通語（東京語）の特色として、次の3項を数えることができる。

①高低の変化は、原則として一つの拍から次の拍へ移るところで起こる。②第1拍と第2拍とでは必ず高さが異なる。③一つの語の中で、高いアクセント・拍が離れて存在することは決してない。

イントネーション　文や語句を発音するときに現れる声の上がり下がり。文末の抑揚。音調ともい

通して身につけてしまう。したがって、発音・発声指導に関わる母親の役割は重大であるが、その指導はほとんどの場合、無意識的な行動である。意図的・計画的な学校教育としては、それらの個人的および地域的実態を捉えたうえで指導するよう努めなければならない。

この状況からいえば、小学校初期の指導が特に大切である。心して行われなければならない。この時期には「はっきりした発音」ができることが中心的な課題であり、そのためには、①幼児音の矯正、②姿勢・口形などの基本の習得が目標となろう。

学習指導法としては、①正しい音声を聞かせて、調音やアクセントの意識をもたせること、②正しい姿勢・口形を実際にさせること、③正しい発音で音読させること、④仮名表記習得に合わせて発音させることなど、特に取り出して指導する必要がある。

〈小学校中学年〉

発音のなまりや癖は、この時期に矯正しておかないと直りにくい。地域的・個人的な実態を見きわめて、常時、継続的な指導を加えることが大切である。指導法としては、①一人一人が正しい発音に注意して話す発表の体験を数多くさせること、②話す目的や場の状況をいろいろ設定し、音量や速さを意識的に工夫させること、③一人一人が正しい発音で話そうとする言語環境を整えること、④ローマ字指導に際して、日本語の音韻の特徴に気づかせること、などが考えられよう。

〈小学校高学年〉

前述の指導を更に深めていくことが大切であるが、特に、次の点が重視されるべきである。①共通語の発音を身につけること、②内容の効果的な伝達のために、イントネーションやプロミネンスなどを生かすこと。

〈中学校〉

中学校では、小学校の学習体験をもとに、言語に関する知識や能力として整理して学習させることが求められている。また、この時期の新たな傾向として、思考が先行するために内容の整理ができないまま話すことによる不明瞭な発音、ことさらに社会の悪しき面に迎合した曖昧音などがみられる。これに対処する指導も必要であろう。

問題点

正しい発音指導は必要であるが、それを急ぐあまり、児童・生徒の自由な思考活動を奪ってしまったり、話し嫌いの子どもをつくってしまったりすることは問題である。

また、一斉音読による発音指導が、逆に妙な読み癖をつけてしまうことがある。教師も声を出して読むことにより、リードするなど、不自然な日本語にならないよう、対処すべきである。　　　　　（高橋俊三）

〈参考文献〉
『ＮＨＫアナウンス読本』日本放送協会。

う。

感情的音調と論理的音調とがあり、前者は感情の細かなニュアンスを表し、後者は断定・疑問・命令などの違いを表す。

プロミネンス　話し手が言葉の中で最も重要な部分を強く発音すること。卓立ともいう。「明日大阪で父と会う」というとき、会う場所が重要な場合は「大阪で」の部分が強く発音される。イントネーションは、音の高さの変化によって表されるが、これは強さの変化による。

エロキューション　発声法。ただし、1音ごとの発声ではなく、一連の文（話）を発音する際の調整法をいう。したがって、台詞回し・朗読法の意味でも用いられる。

I 言語

3 仮名文字

仮名文字とは

平仮名と片仮名の総称。どちらも漢字をもとにして日本で作り出された表音文字。漢字を「真名」と称したのに対し「仮名」といったもので、「かりな」から「かんな」そして「かな」と名称が変化した。古くは万葉仮名や草仮名等もあった。

指導のねらい

平仮名および片仮名の指導に関しては、平成29年版小学校学習指導要領の〔第1学年及び第2学年〕の〔知識及び技能〕の(1)のウに「平仮名及び片仮名を読み、書くとともに、片仮名で書く語の種類を知り、文や文章の中で使うこと。」と位置づけられている。また、小学校学習指導要領解説によると「平仮名の読み書きについては、各教科等の学習の基礎となるものであり、第1学年でその全部の読み書きができるようにする必要がある。」とあり、平仮名に関しては第1学年で確実にできることをねらいとしている。

同解説には、更に、「片仮名で書く語の種類を知り、文や文章の中で使うこととは、擬声語や擬態語、外国の地名や人名、外来語など片仮名で書く語がどのような種類の語であるかを知り、実際に文や文章の中で片仮名を使うことを示している。」とあり、片仮名に関しては第2学年までに片仮名で書く語の種類を理解し、確実に使えることをねらっている。

入門期の教科書の文は、全て平仮名で提示されている。平仮名提出の順序は、次の三通りがある。⑦書くことの抵抗を少なくするために、画数が少なく、字形の簡単な文字から提出する。④日本語の音節構造の中で、母音は特別に重要な位置をもっているので、母音から提出する。⑨児童の日常生活化している文字から提出する。現在は、④の母音からの方法を採用している教科書が多い。その場合、母音→清音→濁音→促音・撥音→長音→拗音・拗長音の順が一般的である。

一方、片仮名は、2学期頃から、教科書に語として提示されてくる。提出の順序は平仮名のように母音からではなく、画数が少なく字形の簡単な文字からの場合が多い。なお、平仮名と片仮名の由来や特質などについては、漢字のそれとともに、第5学年および第6学年で指導する。

指導の要点

①入門期に文字習得状況の実態調査を行う。

就学以前に8割以上の児童が平仮名を習得しているのが現状である。しかし、その実態は、注入的・分解的な指導によるものが多く、しかも1～2割の児童は全く文字

平仮名 万葉仮名の草体化の結果、平安時代に至って元の漢字から独立した表音文字となったもの。当初は、女手・女文字と呼ばれ、平仮名の名称が生まれたのは江戸時代になってからである。明治33年8月の「小学校令施行規則」により現行の48文字の字体が定められた。そのうち、「ゐ」と「ゑ」については、現代仮名遣いで書き表す場合には使われなくなった。

片仮名 仏教徒が経文の読み方を、その行間に記したことから生まれたもので、万葉仮名の字画を省略して簡易化の限界に達したもの。古いものは、830年前後の文献に見られる。さまざまに存在した字体が自然に統合されたのは鎌倉時代になってからであり、現在の片仮名の字体は明治33年の「小学校令」で定められたものである。片仮名の字源については定説のないものもある。

指導を受けていない。入門期に文字習得状況の調査を行い，その実態を確実に把握する必要がある。学習の遅れを出さないため，文字指導を受けていない児童を中心に，語彙を豊かにする方向での指導をする。
②癖のない確かな板書で指導をする。
　板書が入門期の児童に与える影響は大である。平仮名・片仮名ともその入門期においては，筆順・点画・字形・字配りなど，板書には細心の注意を払う。
③文・文章や生活の中での文字を指導する。
　文字指導はとかく分解的な指導になりがちであるが，文や文章の中でどのように使われているかを実例に即して理解させる。日常生活の中での生きた文字を取り上げることも大切である。例えば，片仮名集めと称して街頭の看板・広告・ビラや新聞・テレビ・雑誌などから片仮名を集めさせる。
④五十音図*や文字カードを使用する。
　五十音図や文字カードを利用し，学習した文字を視覚的・体系的に捉えられるようにする。また，落ちがないかも確認し，繰り返し学習にも使用する。
⑤重点的な取り立て指導をする。
　平仮名の場合，「あ・お」「ね・れ・ぬ」「ら・ろ」など字形が似ている文字は取り立てて指導をする。片仮名も同様であるが，片仮名の場合には「カ・か」「セ・せ」「ヘ・へ」「モ・も」「ヤ・や」「リ・り」など平仮名と似た字形のものや，「カ・力」「タ・夕」「チ・千」「ニ・二」「ハ・八」「ロ・口」など漢字と似た字形のものも取り立てて指導をする。
⑥ゲームを取り入れて指導をする。
　「しりとり」「いろはかるた」「文字カード」「あのつく言葉集め」「言葉の階段」「回文」など，ゲームを取り入れて楽しく指導をする。

問題点
　戦前までは片仮名先習であったが，戦後，日本国憲法が平仮名を採用したのをきっかけに平仮名先習に変わった。しかし，片仮名先習を望む声も多く，平仮名先習か片仮名先習かが，仮名文字教育の問題点である。
　現代仮名遣い*は表音式でありながら，一部，歴史的仮名遣いを残しており，それが入門期の表記指導の障害にもなっている。例えば，助詞「は・へ・を」やオ列長音・拗長音の「う」や「言う」を「いう」と書くことや二語の連合，同音の連呼によって生じた「ぢ」「づ」はもとのままである。

　　　　　　　　　　　　　　（大熊　徹）

〈参考文献〉
『小学生の言語能力の発達』国立国語研究所 1964。
岩波講座『日本語8　文字』岩波書店 1977。

五十音図　縦に5字ずつ横に10字ずつ，50の清音の直音を配列した図表。縦の並びを行といい，その最初の仮名によって，ア行・カ行・サ行などという。横の並びを段または行といい，その最初の仮名によってア段・イ段という。五十音順は明治以降一般化されたのだが，国語辞書では1484年の『温故知新書』が五十音順を採用している。五十音図の平仮名書きは，戦後になってからである。

現代仮名遣い　昭和21年の臨時国語調査会の答申に基づき，同年11月16日に公布された仮名遣い。だいたい現代語音に基づいて，現代語を仮名で書き表す場合の準則である。法令，各官庁の公用文，新聞表記，検定教科書などに使用されて急速に広まり，施策以来三十数年の歴史を経て国民の間に定着した。上記「問題点」にも記したように，歴史的仮名遣いの名残が入門期の指導の障害になっている。

4 漢字

漢字とは

漢字は古代中国において発明された，表音的方法・表意的方法を交えた「表語文字」であり，現在の日本語における漢字仮名交じり文においても実質的な概念を表す役割を果たしている。

漢字の総字数は約5万字（大漢和辞典の見出し字数），現代生活で出現する字種は4500字程度とされる。その成立は六書※によって説明され，構成および使用法に基づく分類として現在でも活用されている。

漢字は，1字それぞれが「形・音・義」を備えている。筆画によって構成される「形（構造）」は，偏、旁、冠、脚、垂、繞、構に大別され，漢和辞典は以上を部首として「義（意味）」の識別，字源や音符の知識等を集約する。「音（発音）」は日本語に適応する過程で，①漢語については漢字をそのまま中国語で読み〈字音〉とし，②和語を表記する方法を開発して〈字訓〉を固定した。そのうち〈字音〉は日本語音の構造と体系に収まる形で安定し，伝来の順に呉音・漢音・唐音に大別される。

指導のねらい

学校教育における漢字指導の標準は，国語施策として使用制限が図られた結果としての，常用漢字表※の2136字（平成22年改定：内閣告示・内閣訓令）と小学校学習指導要領（平成29年改訂）「国語」の「別表」に掲げられている学年別漢字配当表※の1026字である。

字種・音訓ともに増加するとともに，取り扱いについては，読み先習と漢字運用力が強調されている。平成29年版小学校学習指導要領は，読みは「当該学年までに配当されている漢字」，書きは「当該学年の前の学年までに配当されている漢字」を標準とし，「当該学年に配当されている漢字」については「漸次書き，文や文章の中で使うこと」としている。中学校では，常用漢字の大体を読むところまでを求めたうえで，学年別漢字配当表の漢字を第2学年までに「文や文章の中で使うこと」，第3学年では「文や文章の中で使い慣れること」と示している。

言葉の特徴や使い方，我が国の言語文化の各事項には，以下がある。

〔小学校第3学年及び第4学年〕(3)ウ　漢字が，へんやつくりなどから構成されていることについて理解すること。

〔小学校第5学年及び第6学年〕(3)ウ　(略）また，仮名及び漢字の由来，特質などについて理解すること。

〔中学校第3学年〕(1)イ　(略）和語，漢語，外来語などを使い分けることを通して，語感を磨き語彙を豊かにすること。

六書　漢代の辞書『説文解字』の分類である。①象形：現実の形象を記号化した「日」「月」等。②指事：形象を持たない抽象概念を，象徴的図形によって記号化した「上」「下」等。また象形を利用した「本」「末」等。③会意：二つ以上の要素文字（意符）を組み合わせて一語を表した合成字。「明」「東」「林」「森」等。④形声（諧声）：音を表す要素文字（音符）を加えて作られた合成字。「清」「情」「精」等。漢字の7～8割は形声とする。⑤仮借：既成の文字を，本来の意味と無関係に，同音または近似の音を当てたもの。⑥転注：音とは無関係に，既成の文字でその文字が表す語と意味的関連のある別語を表したもの。

常用漢字表　「法令，公用文書，新聞，雑誌，放送など，一般の社会生活において，現代の国語を書き表す場合の漢字使用の目安を示す」表（「前書き」）。同表は字種・字体・音訓・語例を総合的に明示し，「前書き」の他「表の見方及び使い方／（付）字体についての解説」「本表」「付表」から成る。

指導の要点

文字指導・語指導・語彙指導の連関を図り、漢字の特質と役割を認識し、思考できる学習活動を設定することが肝要である。

①柔軟な字種選定と他領域との連関

漢字の習得状況調査は、日常生活や学習場面での使用頻度と使用範囲がその定着に密接に関わると総括する。また、漢字習得における振り仮名（ルビ）の有効性についても実証されている。理解語彙・表現語彙としての漢字の定着が実用の場での応用力に反映するということである。

小学校低学年段階から多くの字種に触れて読み分け、使い分けを理解することで、語や語彙体系の把握へとつなげたい。その場合、生活や他教科との連関とともに、使用頻度の高い語や派生語を多く有する基本語の選定において、優先すべき字種（音訓）の見きわめが必要となる。

②取立て指導と関連指導

文字文化としての漢字知識を重点的かつ体系的に扱う取立て指導では、その形成過程や構造の特質、音・訓の読み方等が学習対象となる。問題解決型学習やクイズ形式等、認識方法としての類比や対比、分類、類推等を活用する学習を設定し、児童生徒の意欲を喚起する契機としたい。

漢字を語として習得するためには、読み・書き・話し・聞く活動との有機的関連も重要となる。読解・読書活動の機会を捉えて文脈上の意味を確認することや、話脈や文脈に即して同音異字等の適合性を吟味することも習慣とさせたい。

③自己学習力につながる評価の工夫

漢字の文字指導においては、点画の基本形を正確に理解させることと、字体や字形、筆順に許容を認める評価方法との両立が重要である。意味の識別上、細部の書き分けが必要な場合はあるが、重要なのは、児童生徒の漢字力の実態に応じて個々の自己学習力の向上を支援することである。基本形を正しくわかりやすく書き表そうとする態度や、字体や字形を辞典類の活用により自己確認する能力や態度こそが、生涯にわたり漢字力を向上させる基盤となる。

問題点

デジタル教材と手書きでの習熟との関連、事物を精細に見ることのできない入学児童の実態等、漢字指導の状況は今後も変化が予想される。その中で語彙を豊かにし漢字文化を獲得するという学習との関連において、字形習得を位置づけていくことが重要である。機械的で単純な反復練習のみを課す指導は改善しなければならない。（坂口京子）

〈参考文献〉
国立教育政策研究所教育課程研究センター「特定の課題に関する調査（国語）調査結果（小学校・中学校）」2006。棚橋尚子「漢字習得におけるルビの有効性の解明」『奈良教育大学　国文　研究と教育』第30号 2007。

「（付）字体についての解説」では、「文字の骨組み」としての字体と実際の文字の形との関係について述べており、そこで示されている許容の範囲は漢字指導の参考となる。

同表改定においては、情報化時代への対応と日常生活での出現頻度が重視された。追加された字種・字体については、改定にかかわった識者からも教育現場での混乱や負担が懸念されている。

学年別漢字配当表　小学校教育漢字（学習漢字）を学年別に配当した表。当用漢字別表（881字：昭和23年に内閣告示・内閣訓令）を基として昭和33年版学習指導要領より掲載された。国語科以外の教科書で使用する漢字も当該学年までの漢字に限られた。

以後の学習指導要領では同表の改訂が順次行われ、字数に関しては996字（昭和52年版）から1006字（平成元年版〜平成20年版）、1026字（平成29年版）へ増加している。書体は明朝体から筆写により近い教科書体へと改訂されている（昭和52年版〜現在）。

5 ローマ字

ローマ字とは

①古代フェニキア文字に由来するギリシア文字から生じた表音文字。アルファベット26文字。ローマ人がラテン語を書き表すのに用いたところから、ローマ字またはラテン文字と呼ばれる。現在、西ヨーロッパおよびアメリカなど多くの国語の表記に用いられている。②現在、わが国では、普通、日本語をアルファベット26文字を使って書き表したものを指す場合が多い。

ローマ字の歴史

ローマ字は、西洋人の渡来とともに室町末期に日本に伝えられた。キリスト教宣教師たちが布教のために日本語を学び、ローマ字で表したいわゆる天草版を出版したりしたことによって、日本に根をおろした。幕末以後、外国との交流が盛んになるとともに広まっていった。

ローマ字教育の歴史

戦前は、中等学校や高等小学校などで外国語教育の一部として、英語その他の外国語の入門として教えられていた。戦後、アメリカ教育使節団のすすめを受けて、1946年6月、文部省に「ローマ字教育協議会」が設けられ、1947年2月、「ローマ字教育実施要項」「ローマ字教育の指針」が発表された。これによって、1947年度からローマ字教育が義務教育期間に行われるようになった。当時は、原則として小4以上、場合によっては小3以上の各学年に、年間40時間以上を課することが指示されていた。1951年の小学校学習指導要領国語科篇の小・中学校の部にはローマ字教育の章が設けられ、1947年の方針がほぼ踏襲された。1958年の小学校学習指導要領では、ローマ字学習を以前の学校選択から必須とし、学習時間が小4から小6まで通して40時間程度とおさえられた。1968年の小学校学習指導要領の改訂では配当が小4だけになり、しかも日常触れる程度の簡単な単語の読み書きを指導することになった。

内容・ねらい

ローマ字学習のねらいは、平成29年版小学校学習指導要領の〔第3学年及び第4学年〕の〔知識及び技能〕の(1)のウに「第3学年においては、日常使われている簡単な単語について、ローマ字で表記されたものを読み、ローマ字で書くこと。」と記されている。現行の国語教科書5種も、ほとんどが巻末に位置づけ、単語の読み書きを中心に5時間程度を配当するにとどめている。

ローマ字が単音文字であるため日本語の音韻組織の理解に役立つことや、日常生活の中にかなり入り込み、日本人の言語生活に欠くことのできない文字であることなど

ヘボン式(標準式) アメリカ人、ヘボン博士(J. C. Hepburn, 1815~1911)が、その著『和英語林集成』(1867)に用いた方式で、これを1885年に当時の羅馬字会が修正を加え、『羅馬字にて日本語の書き方』として発表したもの。日本語の発音を基調に、子音は英語の発音をとり、母音はイタリア語・ドイツ語・ラテン語の発音をとったもの。なお、その後設立されたローマ字ひろめ会が、1908年に修正を加えた。これが、標準式と呼ばれるものである。

日本式 江戸時代の蘭学者たちが日本人の立場から日本語をローマ字でつづり始めた方式を、1885年に田中館愛橘(『羅馬字用法意見』による)がまとめたもので、後に、田丸卓郎によって整えられた。これは、日本人が書くのであるから日本語の性質に合っているものがよいとするものである。

を考えると，単に小3だけではなく，学校生活のあらゆる機会を捉えて指導をし，ローマ字の正しい知識と確実な技能を身につけさせる必要もある。また，小3では，短時間で効率的な指導の系統性が要求される。ローマ字学習の内容は，次のようなものが一般的である。①直音（清音・濁音）を読む。②母音と子音の区別を理解する。③ローマ字表を利用して種々の単語を読む。④正しい形で単語を書く。⑤読みに慣れる。⑥撥音や長音の表記を理解する。⑦促音や拗音の表記を理解する。⑧拗長音の表記を理解する。⑨固有名詞の書き方を知る。⑩つなぎ（−）の使い方を知る。⑪読み書きに慣れる。⑫ローマ字のつづり方は，第一表（訓令式）のほかに第二表（ヘボン式・日本式）のあることを知り，その読み書きに慣れる。⑬大文字の読み書きに慣れる。

指導の要点

①組み立て法による指導が効果的である。意味のある単語や文章を読みながら，しだいに音節や文字をおさえていく方法が分解法で，これは現行の1年生の教科書の多くが，平仮名の指導の際にとっている。一方，組み立て法は，文字を教え，それから単語や文章の学習に進む方法で，指導時間数の少ない場合によくとられる方法である。

②系統的な指導が必要である。配当時間が少ないために，系統を踏まえた一段階ごとの着実な指導が必要になってくる。

③日常生活の中で生きて使われているローマ字を学ばせる。学習時間数が少ないと，とかく知識として理解するだけで，技能としては身につかないおそれもある。そこで，繰り返して練習させ，技能として定着させるとともに，教室内の掲示にローマ字を採用したり，生活の中で見つけたローマ字を発表するコーナーを教室に設けたりする。

④指導には，ゲーム法も加味して楽しく学ばせる。新しくアルファベット26文字を覚えなければならないわけであるから，ローマ字学習はめんどうなものだと考える傾向もある。そこで，しりとりやローマ字集め，文字落とし（柿kakiのkをとると，秋akiになり，更にaをとると，木kiになる）など，ゲームを取り入れて，ローマ字に対する興味と関心とを持たせる。

問題点

つづり方が一つに統一されておらず，煩雑である。英語学習の際にあまり転移しないといわれている。ローマ字教育の意義・目的・方法等が一般によく徹底されず，不振を続けている。　　　　　　（大熊　徹）

〈参考文献〉
菊沢季生『国字問題の研究』岩波書店 1931。平井昌夫『国語国字問題の歴史』昭森社 1948。柴田武『文字と言語』刀江書院 1950。

訓令式　ローマ字のつづり方に種々の方式があることを問題にして，政府は，1930年に臨時ローマ字調査会を設置。1937年9月21日，内閣訓令第三号によって，つづり方の訓令が公布された。これを訓令式と呼ぶ。戦後1946年，ローマ字教育協議会で修正が加えられた。事実上，訓令式は日本式の修正であったが，日本式・訓令式・ヘボン式の三者が並用される結果となってしまった。

第一表と第二表　1953年3月，国語審議会は，「ローマ字つづり方の単一化について」の建議を行い，1954年12月9日，内閣告示第一号として，ローマ字つづり方は第一表によるものとし，場合によっては第二表に掲げたつづり方によっても差し支えないとした。この第一表は，訓令式とまったく同じなので，第一表を訓令式と呼ぶ人も多い。

6 語句

語句とは

　言語の基本となる単位には，語・文・文章がある。意味を表す言語形式としては，語→文→文章の順に単位が大きくなる。語と文との中間単位に，文節，句などを認めることになる。

　語句という単位は，言語の基本となる単位の名称として使用されてはいない。国語教育において，語よりも大きく，文よりは小さい単位を，語とともに総称するのに，語句という名称が使用されている。

　したがって，語句は，「空」「走る」「美しい」「しかし」「が」などの語から，「腹を立てる」（怒る意），「顔が広い」（交際の範囲が広く，知人が多い意）などの慣用句*，「月日」「本箱」「起きあがる」などの熟語*までを含むことになる。

語句と語彙

　語句は一つ一つの単位を指す名称であって，語句の集合した全体を指す名称としての語彙とは，その次元を異にしている。つまり語句は，語彙というまとまりの一要素である。この意味では，語と同じ次元に位置するとしてよい。

　語彙指導は，あくまでも幾つかの語の集合を前提とする指導である。一方，語句指導は，一つ一つを対象とする個別の指導であっていっこうに差し支えない。ただし，両者を厳密に区別することは難しい。語句を個々に指導する語句指導から，幾つかの語句をまとまりとして指導する語彙指導へ向かうのであればよいと考える。

語句指導のねらい

語句指導のねらいには，
1．語句の量を増やすこと
2．語句の意味を理解し，深めること
3．語句の正しい，有効な使い方ができること
4．語句に関する知識を豊かにすること

などが考えられる。

　語句の意味を理解するということは，単に辞書的な意味の暗記，詰め込みを意味するのではない。

　例えば，「印象」という語は，辞書的には，「深く心に感じられたもの」とでもいうことができる。しかし，「昨日のおかずが印象に残った」と使うと，なんとなくそぐわぬ感じがする。語義をそのままあてはめるかぎりまちがってはいない。「印象」という語の持つ硬い，ややあらたまった感じからすると，日常的な軽い「おかず」という語とは共存しにくい。語句の意味指導は，このように語句が具体的な表現に関わる段階にまで高めることが重要である。

　語句に関する知識とは，語句の類，語句の成り立ち，語句の由来などをいう。日本語の語句の性質，特徴について理解するということである。換言すれば，語句というレベルから日本語の特徴を知るということ

慣用句　幾つかの語を続けて，ある特定の意味を表すことが習慣的に行われている表現をいう。「腹が立つ」「足を洗う」「好き好んで」など。

熟語　複合語のうち，特に異なる語が組み合わさってできた語をいう。熟語は単なる語と語の意味の総和ではなく，まとまった意味を表す。「月日」が「時間」を表すという具合である。熟語は，「やまざくら」「見苦しい」「ことさら」など，体言・用言・副詞の類に認められる。

類義語　意義の類似する二つ，またはそれ以上の語。同義語ともいうが，たとえ指す対象は同一であっても，語感の違い（例えば，火事と火災）があり，まったく同じとはいえないので，類義語という名称のほうが適切である。

である。日本語についての認識を深めるという意味で、抽象的な知識の習得に終始することは厳に戒めねばならない。

語句指導から語彙指導へ

語句指導は、一つ一つの語句を個別に扱うものである。一方、語彙指導は、語句をまとまりとして扱う。具体的な指導としては、語句指導から語彙指導へと向かうのが望まれる姿である。

語句の指導も、実際には単独の語句を扱うよりも、少なくとも二つ以上の比較を通して指導するほうが効果的である。

例えば、「親－子」「父－母」(対義語*)、「善－悪」「高い－低い」(対照語)、「おそれる・こわがる・びくつく」「日だまり・日なた」(類義語*)は、単独で扱うよりも、一対の語、またはそれぞれをグループとして扱うほうが意味や性質を理解しやすいし、量の拡充にもなる。

意味指導においても、類義、対義関係の語との比較によって意味を理解させるほうがはるかにわかりやすい。

例えば、「奪う」という語の意味は、少なくとも「取る」と比較するほうがわかりやすい。

太郎が花子のお金を〈取る・奪う〉は、どちらも正しい言い方である。ところが、太郎が花子の命を〈取る・奪う〉では、「命を取る」という言い方はない。この違いは、「お金」と「命」にある。所有対象の「お金」は、所有者「花子」から分離することができる。一方、所有対象「命」は、所有者「花子」から分離することができない。つまり、「所有者から分離することが可能な所有対象」には「取る」「奪う」を使用できるが、「分離不可能な所有対象」には「奪う」しか使えない。

「取る」という語の意味は、「分離可能または分離可能と意識される物を移動すること」であり、「奪う」は「分離不可能または分離不可能と意識される物を移動させること」である。「むりやりに取る＝奪う」の関係が成り立つ。

慣用語句「命取り」は「取れぬ命を取る」という発想で事態の極限状態「致命的な」を意味する。語の用法は多様である。

一つ一つの語句も、単独で扱うのではなく、二つ以上の語句との比較、あるいは「対義語」「類義語」など、グループでの扱いは、語句指導から語彙指導に関わる指導法といってよい。

語句指導の留意点

語句の指導には二つの側面がある。一つは、語句の性質・構成という面である。他は、語句が文、連文に関わる面である。上記の意味指導は、語句が文に関わるという面を考慮した指導方法である。語の意味は、辞書的な意味だけではなく、文脈の中で具体性を帯びることに特に留意する必要がある。

（安達隆一）

〈参考文献〉

宮島達夫『単語指導ノート』麦書房 1968。森田良行『思考をあらわす「基礎日本語辞典」』角川書店 2018。

対義語 正反対の関係にある意義を持つ二つの語を、対義語という。論理学的には「生－死」「出席－欠席」のように中間に第三項の入らないものを〈矛盾〉といい、「暑い－寒い」のように中間に第三項（この場合は「暖かい・涼しい」）が入りうるものを〈反対〉といって区別するが、国語教育では、特にそのような区別はしていない。「泣く」に対して「笑う・喜ぶ」などいろいろな対義関係を持つものもある。また、「不・無・非」などの否定の接辞を伴うことによっても対義語が構成されるが、否定語が常に対義語になるわけではない。

7 語彙〈1〉

語彙とは

　語彙とは，言語の基本となる単位の一つである語を，その一つ一つの語としてではなく，語全体をまとまりとしてみる名称である。一言語，例えば，日本語，英語などにおいて使用される語の全体を指して，日本語語彙，英語語彙のようにいうのが一般であるが，特定の社会集団，個人の用いる語を全体としてみる場合にも，語彙という名称を使用する。例えば，農村語彙，近松語彙など。

　したがって，語彙という名称を用いるときには，その要素としての語を個々ばらばらに把握するのではなく，個々の語がなんらかの有機的な関係を持って集合する統一体，つまり体系として把握するという認識が重要になる。

語彙の体系

　語彙を体系的なものと把握するにしても，それがどのような関係に基づくまとまりかを認定するには，未解決の問題が多く残っている。

　語彙の要素としての語数がきわめて多く，全体量を特定しがたいことである。また，意味の面からみると，意味の分野が非常に多方面にわたっているとともに，各意味分野が截然と区分できないことである。

　語彙の体系的把握を試みるとすれば，要素としての語の性質に基づいて，語形，意味，語構成，語の種類，使用頻度などという観点が考えられる。

　語形に基づいて五十音順に配列したのが国語辞典の類である。しかし，これでは語彙の体系が明確になったとはいえない。

　意味の面からの体系化の試みとして『分類語彙表』（国立国語研究所資料集6　秀英出版　1964）がある。『分類語彙表』では，約32600語を4類，13部門，798項目に分類している。その4類13部門は，

1. 体の類――抽象的関係，人間活動の主体，人間活動，生産物および用具物品，自然物および自然現象
2. 用の類――抽象的関係，精神および行為，自然現象
3. 相の類――抽象的関係，精神および行為，自然現象
4. その他――（接続，間投，呼びかけ，応答）

となっている。

　このほか，各意味分野を設定し，それぞれの分野ごとに語彙を体系化する試みが実践されている。親族名称に基づく「親族語彙」，色彩を表す「色彩語彙」，身体の部分を表す「身体語彙」などがある。

語彙指導のねらいと留意点

　語彙指導の目標には，まず，語彙量の拡

理解語彙　個人に属する語彙について，聞いたり読んだりしてわかる語彙をいう。自分で使うことがなくとも，理解しうる語彙を含むゆえ，使用語彙よりもかなり多い。現代日本の成人の理解語彙は，約2万語から5万語といわれている。

使用語彙　個人の総語彙量のうちで，話すこと書くことにおいて使う，使える語彙をいう。日常生活における使用語彙は，3000語程度で間に合うといわれている。

基本語彙　ある言語において最も基本的と考えられる語彙をいう。普通，必要な使用領域に，ある頻度をもって表れる語彙をいう。ただし，基本を何と考えるかによって異なる。学習基本語彙は，学習価値という観点に基づいて選定される語彙をいう。一般に，標準的な語であること，語構成の基礎的成分であること，言いかえの基礎になるこ

充が挙げられる。語彙量という場合，普通「理解語彙*」と「使用語彙*」を区分する。日本人の「理解語彙」保有量は，小学校入学時6000語，卒業時20000語，中学校卒業時36000語といわれている。

語彙という単位は，個々の語の集合体という面と，文を作る直接的要素になるという面とを持っている。したがって，具体的な指導領域は，語の集合という面と文に関わる面との2領域を設定することが必要になる。

語の分類，語の構成，語源など語の持つ属性に関する指導は，語の集合という面に属する。ここでは，和語，漢語，外来語といっ語の出自による分類およびその特徴，共通語，方言，俗語など地域差に基づく語の類別，派生語，複合語，熟語，慣用句などの指導，語誌，語の歴史的変遷についての指導などが考えられる。

一方，語の意味，語の品詞的特徴などは語が文に関わる面からの指導に属する。辞書などの意味記載からすると，語の意味指導というと，単独の語の意味把握と考えられがちである。しかし，語の意味は，文もしくは文の集まり（連文）においてはじめて実現し，顕在化する。

語の品詞的性質は，文を作るのに際して個々の語が果たす役割に基づいて決定される。その性質による類別が，各品詞類別に相当する。その意味で，品詞は語彙指導と文法指導の接点に位置するといえる。

更に，敬語も語彙指導の領域に属する。敬語の使用は，文中に位置する常体の語と敬体の語との交換にほかならない。

上記のような指導項目に基づく語彙指導を効果的に実践するためには，指導の系統化が図られねばならぬことはいうまでもない。教育が意図的営みであるかぎり，発達段階に応じて指導計画を立てる必要がある。

そのためには，何よりもまず指導語彙が量的にも質的にも精選されねばならない。基本語彙*，とりわけ学習基本語彙の選定が重要な課題となる。

学習基本語彙は，学校教育の全課程を見通す中で選定されねばならない。それとともに，各学年に応じて適切に配置することが肝要である。つまり，語彙の統制が必要になる。新出語句，新出漢字の選定・配列，理解の難易に基づく語彙の提出など，指導にあたって系統的に整理すべきことが多くあることに留意したい。

語彙領域の研究では，分野別に個々の語の意味を「辞書的な意味」「運用上の特徴としての意味」「関連する語相互の比較による意味」として分析記述する総合的な研究が注目される。　　　　　（安達隆一）

〈参考文献〉
阪本一郎『教育基本語彙』牧書店 1958。教科研東京国語部会他『語彙教育―その内容と方法―』麦書房 1964。国広哲弥『構造的意味論』三省堂 1967。森田良行『基礎日本語辞典』角川書店 1989。

と，陳述の基礎になる形式語であることなどが重要な観点とされる。

語彙統制　語彙統制とは，語彙を教育上の観点から選定し，学習すべき語彙として統制することである。

語彙統制にあたっては，学習すべき新語について，学習段階に応じて，基本的な語彙として適切な質量に制限すること（語彙制限），また，適切な基準に基づいて基本的な語彙を選定すること（語彙選定）が重要である。

8 語彙〈2〉

資質・能力としての語彙

　語彙は，国語科だけでなく，全ての教科・領域の学習において使われるものである。例えば，各教科の教科書には，そこで身につけるべき内容が言葉で説明されている。また，実際の学習活動では，言葉を使って話し合ったり書いたりしながら，考えを広げたり，内容の理解を深めたりしていく。言語活動が各教科・領域の学習において重視されるのは，このように言葉を使うことによって，その教科・領域の内容を対話的に学んだり深く学んだりすることができるからである。

　そのことは逆にいうと，その教科・領域で使われている語彙がわからないと，言語活動にも参加できず，教科の内容を考えたり理解したりすることが難しくなるということである。語彙が，「全ての教科等における資質・能力の育成や学習の基盤となる言語能力を支える重要な要素である」(『平成29年小学校学習指導要領解説国語編』)といわれる理由も，このあたりにある。

　語彙の問題は，一般的には「量と質」が問われてくる。語彙指導では，知っている語句の数を増やすだけではなく，実際にその語句を使って，文章を書いたり話し合ったりすることが求められる。同時に，語句と語句との関係などについても理解を深め，語句どうしのネットワーク化を図ることができるようになることも重要である。さまざまな語彙の関係を手がかりに，初めて出会う語句の意味を考えたり，使い方を調べたりすることも大切になるだろう。こうした指導を通して，語彙だけでなく，言葉そのものに興味をもつことができるようになっていくのである。

「学習言語」としての語彙

　国語科における語彙指導は，語句の量を増やし，また語句と語句との関係などの理解を深めることをねらって行われる。それらの学習を通して，知っている語句の数を増やしたり正しく使ったりできるようになることが意図されるが，同時に，言葉そのものに興味をもち，主体的に意味を吟味したり使い方を考えたりすることができるようになることも重要である。なぜなら，そうした言葉への興味の高まり，あるいは，言葉に対しての主体な関わりが，各教科・領域の学習を支える基盤的な資質・能力の一部を形成するからである。

　バトラー後藤裕子は，教科学習で使われる語彙（「学習言語」）を，「一般語」「専門語」「学習語」の三種に分類する。(『学習言語とは何か』三省堂　2011)

　一般語は，日常生活で使われる言葉であり，分野を超えて使用されるが，ふだん使っている意味のままなので，内容の理解に特

学習指導要領における語彙の扱い　平成29年版の学習指導要領では，語彙指導の改善・充実が位置づけられ，例えば，小学校では次のような内容が系統的に示されている。

第1学年及び第2学年
　身近なことを表す語句の量を増し，話や文章の中で使うとともに，言葉には意味による語句のまとまりがあることに気付き，語彙を豊かにすること。

第3学年及び第4学年
　様子や行動，気持ちや性格を表す語句の量を増し，話や文章の中で使うとともに，言葉には性質や役割による語句のまとまりがあることを理解し，語彙を豊かにすること。

第5学年及び第6学年
　思考に関わる語句の量を増し，話や文章の中で使うとともに，語句と語句との関係，語句の構成や変化について理解し，語彙を豊かにする

に混乱をきたすことはない。また、専門語は、教科や分野を限定して使われる言葉で、意味も限定される。重要語句などとも言われ、教科書によっては太字で表記されることもあり、専門語であることは学習者にとっても視認しやすい。

　それらに対して、学習語は、言葉そのものは日常的に使われており、また、教科や分野を超えて使用される一方で、文脈ごとに意味する内容が異なってくる。また、学習語は、専門語を説明する際に用いられるので、その段階での理解が滞ると、専門語自体の理解が浅くなってしまう。つまり、学習語は、つまずきやすい言葉であるにも関わらず、そのことに時には教師も気づきにくく、その分、学習者自身が捉え、主体的に考えようとすることが求められてくるのである。

　国語科での語彙指導は、上記のような各教科・領域の内容を学ぶ際に用いられる学習言語を捉え、考えていくことにもつながっていくものとして、構想される必要があるだろう。

「語彙学習力」を高める

　語彙の学習のねらいの一つには、学習者が、教科学習で用いられる語彙や生活・社会の中で用いられる語彙にも関心を高め、自ら吟味・検討しながら、意味を考えたり使い方を工夫したりできるようになっていくことがある。そうした時、機械的に国語辞典を調べさせて語句の量を増やしたり、あるいは、ドリル学習などで正しい使い方を練習するだけでは、これらの資質・能力は育まれない。課題や目的に沿って、学習者が主体的に語句どうしの意味や使い方を話し合ったり考えたりする学習が必要となる。

　語彙指導は、一般的に、読んだり書いたりする場面で必要な語句について学ぶ取り出し（取り上げ）指導と、あるテーマに基づき語彙について集中的に学ぶ取り立て指導の、二つの指導法に大別される。

　特に後者においては、類義語や上位語・下位語など、語彙の関係について学ぶとともに、「言葉をどのように考えていけばよいのか」という語彙を学習する力そのものを育成することが可能となる。田近洵一は、それを「語彙習得力」とし、「教室で取り扱う語彙は少なくても、その学習を通して、自ら語彙を学び取る力をつける必要がある」とする。

　語彙について学びながら、語彙を学習する力を高めるためには、例えば、授業において学習過程をどのように工夫すればよいのか。資質・能力としての語彙という観点からは、こうしたことが課題となる。

（中村和弘）

〈参考文献〉
田近洵一『現代国語教育への視角』教育出版 1982。
今村久二・中村和弘編『シリーズ国語授業づくり 語彙―言葉を広げる―』東洋館出版社 2017。

こと。また、語感や言葉の使い方に対する感覚を意識して、語や語句を使うこと。

学習過程の工夫例　例えば、かつて東京都小学校国語教育研究会の言語部会では、語彙指導の授業実践を繰り返しながら、次のような学習過程を編み出している。

　ア）言葉への課題意識をもつ。
　イ）言葉を集める。
　ウ）集めた言葉を分類整理し、仲間分けをする。
　エ）言葉についての「きまり」に直観的に気づく。
　オ）言葉どうしを比べ、詳しく調べる。
　カ）言葉についての「きまり」に論理的に気づく。
　キ）日常生活に使おうとする。

　取り立て指導では、扱う題材によらず、こうした学習過程を組みやすい。教育現場での実践の工夫に学びながら、語彙指導のあり方を検討していくことが求められる。

9 単語〈1〉

単語とは
　文章・文とともに，言語の基本となる単位の一つ。文法（構文論）上は，文を構成する要素で，音素が幾つか結合して，あるまとまった意義を表す言語形式をいう。
　実際の文を構成している最小単位を問題にする場合には「語」と呼び，各人の頭の中に蓄えられ，また，辞書などの見出し語として収められているものを問題にする場合には「単語」と呼ぶ——というような厳密な使い分けをすることもある。

単語の認定
　どのようなものを一つの単語と認めるかは，学説の違いによって異なる。橋本文法では，文→文節→語，という分析過程を経て単語が認定される。例えば，「野原には暖かな春風が吹いている。」という文は，「野原には／暖かな／春風が／吹いて／いる」という5文節に分析され，更に「野原・に・は／暖かな／春風・が／吹い・て／い・る」という9語に分析される。「野原」「春風」を「野‐原」「春‐風」のように分析しないのは，それぞれがひと続きに発音され，ひとまとまりの語としてのアクセントを備えているからであり，「暖かな」を「暖かーな」と分析しないのは，品詞として形容動詞を認めているからである。橋本文法によるにしても，単語であるか連語であるかの認定は難しい。語形・語義・用法などから判断するが，明確には決めがたいというのが実情である。

$$\left\{\begin{array}{l}春雨\\春の雨\end{array}\right. \quad \left\{\begin{array}{l}ひのき\\松の木\end{array}\right. \quad \left\{\begin{array}{l}若い\\年とった\end{array}\right.$$

などの例によって，判断の手がかりを与える程度の指導で十分である。

単語の構成
　単語は文を構成する最小単位であるが，「野‐原」「春‐風」のように，更に小さな要素に分解することのできる場合が多い。このように，単語が更に小さな要素に分解できる場合に，その単語を構成する要素を「形態素」と呼ぶ。
　今日，形態素として「語基」と「接辞」の二つが設定されている。語基は，単語の中核となり，単独でも独立した単語となることのできるもの，接辞は，常に語基と結合して単語になるものである。なお，接辞は，語基に付く位置によって，「接頭辞*」と「接尾辞*」に二分される。
　形態素がどのように結合して単語を作っているかを「語構成」という。語構成から単語を類別すると，次の3種類になる。
①単純語——語基一つで独立した単語となっているもの。「春」「風」「花」など。
②派生語*——語基に接辞が付いて単語となっ

接頭辞　語構成要素の一つ。接頭語ともいう。単独で単語となることができず，語基の前に付いて語調を整え，意味を添えるはたらきをする。「お米」「み仏」「ご縁」「ま正直」「はつ雪」など。
接尾辞　語構成要素の一つ。接尾語ともいう。単独で単語となることができず，語基の後に付いて意味を添え，文法機能を変化させるはたらきをする。「お父さん」「あなたたち」「ぼくら」のほか，名詞化する「強さ」「弱み」，動詞化する「汗ばむ」「春めく」，形容詞化する「赤い」「男らしい」，形容動詞化する「高らか」「花やか」など。
派生語　単語を語構成のうえからみた場合に，単独でも独立した単語となることのできるもの（語基）に接辞が付いて，新たに一語としての意味と機能を持つようになったもの。「お金」「か細い」など接頭辞の付いたものは品詞が変わらないが，「花やか」「花やぐ」「花々しい」のように接尾辞が付くと品詞の変化することが多い。
複合語　単語を語構成のうえからみた場合に，単独でも独立した単語となることのできるもの（語

たもの。「春めく」「お花」「花やか」「楽しさ」「楽しげ」「暖かみ」など。
③複合語*—語基に語基が付いて単語となったもの。「春風」「花見」「出かける」「見まわす」など。

なお、派生語と複合語とを併せて「合成語」と呼ぶことがあり、また、複合語を「合成語」と呼ぶこともある。

語構成の指導のねらいと留意点

語構成の指導は、語彙指導の一環として位置づけられる。単語の認定の問題をはじめ、形態素として何を設定するかの問題、用語の整理の問題など、検討を要する点があるにもかかわらず、語彙論の成果を教室に生かそうとするのは、このためである。

一例を挙げる。目の耳に近いほうの端を「まなじり」とも「めじり」ともいう。「めじり」のほうは「目尻」であることがわかりやすく、その意味も捉えやすい。一方、「まなじり」のほうは、「まつげ」「まぶた」「まなこ」などに連想がはたらけば見当もつくが、そうでないと、捉えにくい。「まなじりを決する」などの慣用表現が誤って用いられるようになった背景に、「まなじり」が耳遠い語になったこともある。「め⇔ま」の交替に気づくことで、児童・生徒の得るところは大きい。「まつげ」「まぶた」「まなこ」だけでなく、「まばたき」「まばゆい」「まぶしい」などの語にも及ぶことになろう。更に、「e⇔a」「i⇔o」の形式で整理するに至れば、「苔」が「木毛」、「炎」が「火の秀」であることにも気づくことになる。

語構成の指導は、児童・生徒が印象深く語を学び、身につけられるようにするための一つの方法なのである。原理を知識として与えるものであってはならない。

補説—語根とは

橋本文法では、形態素に「語根」を置いている。語根というのは、「ほのめく」「しずめる」の「ほの」「しず」のようなものであり、「ほのかに」「しずかに」「ほの暗い」「しず心」「ほのぼの」「しずしず」のように、他の接尾辞を付け、他の語と合し、自身で重なって語を作る。語基との違いは、それ自身が独立して単語になることができない点である。形態素に語根を置くと、語基・語根・接辞の組み合わせになるから、語構成による単語の類別は6種類になる。「うめく」「わめく」「ざわめく」など、語根に接尾辞の付いた語例は学習者の興味をひくものでもあるが、いささか複雑になるので、単純語・派生語・複合語の基本を学んだ後に発展として触れる扱いが望ましい。

（宮腰　賢）

〈参考文献〉
橋本進吉『国語法研究』（著作集第二冊）岩波書店1948。阪倉篤義『語構成の研究』角川書店1966。斎賀秀夫「語構成の特質」（『現代国語学Ⅱ』）筑摩書房1957。

基）が二つ以上結合して、新たに一語としての意味と機能を持つようになったもの。合成語ともいう。広義には、単純語に対し、派生語をも含む。同一の語基の結合した「人人」「山山」「見す見す」の類を畳語と呼ぶこともある。

結合により、次のような現象のみられることがある。①アクセントの変化（アカ＋トンボ→アカトンボ→アカトンボ）、②母音交替（カネ＋モノ→カナモノ、キ＋カゲ→コカゲ）、③連濁（アメ＋カサ→アマガサ、カミ＋ツツミ→カミヅツミ）、④子音挿入（ハル＋アメ→ハルサメ）など。②と④については単独形と複合形の先後に関して議論があり、コなりサメなりが古い語形ともいう。

結合の関係には、①主述（腹黒い、口やかましい）、②修飾（白雪、帰り道）、③並立（月日、草木、好き嫌い）、④補足（魚釣り、山登り）、⑤補助（泣きだす、弱りきる）のほか、漢語を含めると、⑥客体（読書、乗車）などがある。

10

単語〈2〉

単語の類別

単語はさまざまな観点から分類される。語種による和語・漢語・外来語・混種語の類別，語構成による単純語・派生語・複合語の類別，意味による体の類・用の類・相の類・その他／抽象的関係・人間活動の主体・人間活動―精神および行為・人間活動の生産物―結果および用具・自然―自然物および自然現象の4類13部門798項目の類別（国立国語研究所編『分類語彙表』 1964）などがよく知られている。こうした分類に並ぶものに，その単語の文法機能による類別，すなわち品詞分類*がある。

品詞分類の手続き

どのような品詞を設定するかは，学説によって異なる。今日，普通に採用されているのは，文部省編『中等文法』（1947）により，多少の手を加えたものである。

まず，単語は，文節構成上の性質の違いによって，「自立語」と「付属語」とに大別される。単独で文節を作ることのできる単語が自立語，単独で文節を作ることのできない単語が付属語である。

次に，活用の有無によって，「活用の有るもの」と「活用の無いもの」に分けられる。付属語は，この段階で分類が完了し，「助動詞」「助詞」と名付けられる。

自立語の「活用の有るもの」は，単独で述語となるもので「用言」と呼ばれ，更に，語形により次のように分類される。

用言 { ウ段の音で終わる……動　　詞
　　　 「い」で終わる………形 容 詞
　　　 「だ」で終わる………形容動詞

自立語の「活用の無いもの」は，「主語となるもの」（体言…名詞）と「主語とならないもの」（副用語*）とに分けられ，更に，副用語は，「修飾語となるもの」と「修飾語とならないもの」とに分けられる。副用語の分類はこの段階でも終わらず，更に次の段階に進んで完了する。

副用語 {… { 用言を修飾する…副　　詞
　　　　　　 体言を修飾する…連体詞
　　　　 … { 接続語になる……接続詞
　　　　　　 独立語になる……感動詞

以上の手続きにより，名詞・動詞・形容詞・形容動詞・副詞・連体詞・接続詞・感動詞・助動詞・助詞の10品詞の類別がなされる。なお，話し手を中心に，話し手と聞き手，話し手と表現内容との関係を表すというはたらきに注目して，代名詞を名詞から分立させることがある。また，「静かです」の類は「静かだ」の丁寧体とみて，普通，一語の形容動詞とする。

品詞の転成

ある単語が，文法機能のうえで本来の品

品詞 単語を文法上の性質によって分類したもの。①文節構成上の職能，②単語それ自体に備わっている性質，③語形によって，一般に，名詞・動詞・形容詞・形容動詞・連体詞・副詞・接続詞・感動詞・助動詞・助詞の10品詞が立てられる。なお，名詞から代名詞を分立させて11品詞とすることもある。

活用 単語が，意味の切れ続きを示し，他の語に連なるために語形を変えること。「書く」を例に

とると，「書かない／書きます／書く。／書くとき／書けば／書け！／書こう」のように変化する。活用は，用言（動詞・形容詞・形容動詞）と助動詞にみられる。

活用形 活用する語が活用するときの種々の形のこと。文語の「死ぬ」は動詞の中で最も多様な語形変化を示し，「死な／死に／死ぬ／死ぬる／死ぬれ／死ね」と活用する。それぞれの活用形の用法の中から，特徴のある用法の一つを代表させて，

詞の性質を失って他の品詞としての性質をもつようになることを「品詞の転成」という。品詞の転成にはさまざまな場合があるが，特に次のようなものに留意したい。
①名詞への転成　㋐動詞の連用形から（遊び・帯・煙・祭り・飯〈召(めし)〉・行き帰り），㋑形容詞の連用形から（家の近くが火事だ・遠くが見えない）
②動詞への転成　㋐名詞から（退治る・力(りき)む），㋑形容詞〈語幹〉から（太る・楽しむ・懐かしむ）
③形容詞への転成　㋐名詞から（黄色い・四角い），㋑動詞の未然形から（輝かしい・望ましい）
④副詞への転成　㋐動詞の連用形から（あまりよくはない），㋑形容詞の連用形から（よくごらんなさい）
⑤接続詞への転成　㋐副詞から（なお・また），㋑助詞から（が・けれども・と）
⑥感動詞への転成　㋐名詞（代名詞）から（これ，いたずらはいけません・あれ，雨が降ってきたよ），㋑副詞から（ちょっと，お待ちください）

品詞の指導のねらいと留意点
　品詞の指導は，語彙指導と文法指導の接点に位置づけられる。一般成人が通常の言語生活を送るには，ざっと3〜4万語の語彙を理解し，1万語にも及ぶ語彙を使いこなさなければならないのであるから，個々の語ごとに，その用法を身につけることは不可能に近い。そこで，個々の語ごとの文法上の機能，性質，語形によって類別された10品詞なり11品詞なりによって，その品詞名でくくられる共通の用法を身につけさせようとするのである。
　品詞分類は，文→文節→語，という分析過程を経てなされるから，文法分析力の十分でない段階では困難である。語彙指導や送り仮名の指導などの面で，小学校低学年でも品詞の類別の意識化が必要とされるが，この段階では，「ものの名まえ」「うごきをあらわし，〈る〉のつくことば」「ようすをあらわし，〈い〉のつくことば」とかいうような緩やかな類別によるほうがよい。正式の品詞名を用いての指導は，中学校の段階で，整理を兼ねて行えば十分である。
　なお，現代日本人に役立つ現代日本語の文法理論の構築を目ざす方面からの学校文法への批判が，今日，数多く提出されている。品詞認定の手続きについても議論が多い。指導にあたっては，品詞分類の手続きも固定した法則として扱うのでなく，これまで多くの人々によって承認されてきた有力な考え方の一つとして扱うなどの配慮が必要である。　　　　　　　　　　（宮腰　賢）

〈参考文献〉
橋本進吉『国語法研究』（著作集第二冊）岩波書店1948。鈴木重幸『文法と文法指導』麦書房1972。

順に，未然形・連用形・終止形・連体形・已然形・命令形と名付けた。口語では形容動詞を除いて，終止形と連体形は同じ語形であるが，文語に準じて，未然形・連用形・終止形・連体形・仮定形・命令形の6種の活用形が立てられている。

副用語　自立語で活用がない単語をいう。山田孝雄(やまだよしお)が単語を観念語・関係語に二分し，更に，観念語を自用語と副用語とに分けたのに基づく。「副次的に用いられる語」ということで，『中等文法』での副詞・連体詞・接続詞・感動詞を含むものであるが，橋本進吉は感動詞を除いて「修飾接続するもの」を「副用言」と名付けた。

語幹　活用によって，形の変わらない部分をいう。語幹に対し，形の変わる部分を活用語尾または語尾と呼ぶ。なお，動詞「着る・煮る」「得る・寝る」「来る」「する」などは語幹と語尾の区別がつかず，「起きる」「受ける」の類は，「お」「う」の部分だけを語幹とする。

I 言語

11

文〈1〉

文とは

　文とは，言語の単位の一つである。文がどのようにして成立するかは，文法論によって種々の規定がなされている。しかし，教科書においては文の成立について説明されることはなく，外形上の説明（句点「。」によってくぎられるなど）と，一続きのまとまった内容（事柄・考え）を表すという内容の説明から規定されるにとどまっている。

　また，文は，文章あるいは談話を構成する単位として捉える場合もある。一方で，文を構成するものとして「文節・連文節*」や「単語（語）」という概念を用いて，それらの組み合わせによって構成されると説明する場合もある。

　同時に，文を構成するものに「文の成分*」という概念も用いられる。学校文法では，文の成分は「主語」「述語」「修飾語」などといった役割を付与された文節ないし連文節に対して用いられている。

　以上のように，文はそれよりも大きな単位の構成要素として捉えたり，文より小さな構成要素の仕組みを捉えたりすることによって規定されている。それゆえ，むしろその成立について議論するよりも，実際の意味内容や文法的な役割，文脈におけるつながりなどを相対的に捉えていくことが大切である。

文の構造

　日本語の文は，述語を含んだ述語文と，含まない独立語構文とに大別される。述語を中心とした文に注目してみると，客観的な記述としての叙述内容と主観的な記述としての叙述態度という，二つの大きな質的に異なるものが包含関係によって成立しているとみることができる。図示すると以下のようになる。

| 叙述内容 | 叙述態度 |

　この重層構造は，一語文などの独立語構文の場合にも構造として未分化な状態にあると捉え，基本的には認めることができる。そして，叙述内容の部分を中心として，述語との間に格関係が成立する。学校文法でいう「主語」・「修飾語」と「述語」との関係である。ここでいう「（連用）修飾語」の中には，「主語」と同様に「述語」との間に格関係を持ち，格助詞によってそれを示すものも含まれる。これは，格助詞の付加した名詞句が，述語の意味内容と共起するために欠かせない要素として要求されるものである。したがって，学説によっては，これらを連用修飾語から分離させて「補充成分」あるいは「補足語」「補語」などと

文節・連文節　橋本進吉（はしもとしんきち）による文法用語であるが，学校文法に用いられて定着した。もともと音の区切りに着目した単位であったため，取り扱いについてはゆれがあった。しかし，学校文法では，現在でも文の構造の説明にこの概念が用いられている。これを基に，更に単語に分けて，品詞論へと進んでいくための橋渡しの役割としても用いられている。文節の問題点は幾つかあるが，大きなものとして二つあげておく。

　「本を読む」のように，述語動詞が単独で文節を構成する場合もあるが，「本を読んだ」「本を読まなかった」などのように，述語部分の複雑な変化に対して，文節の考えではうまく説明をすることができず，文末表現「読む」「読んだ」「読まなかった」「読まなかっただろう」など全てが一つの文節となってしまう。

　また，意味的なつながりという点においても，「美しい花が咲いた」などの表現で「美しい」という文節は「花」を修飾するはずなのに，文節に分けて関わりを修飾するのは，「花が」という文

呼ぶこともある。

文末のカテゴリー（テンス，アスペクト）

述語を中心として，文末にはさまざまな文法的なカテゴリーが現れる。それは，ヴォイス，アスペクト，肯定・否定，テンス，モダリティー（ムード）などである。これらに目を向けることによって，叙述内容をどのように書き手（話し手）が捉えているかを知ることができる。

ヴォイスは，受身と使役に関わる表現である。アスペクトは，動詞の相を「〜ている」「〜てくる」などの形で表すものである。これと関わってテンスが現れてくる。テンスは，時制ということであるが，「本を読む」と「本を読んだ」の非過去と過去という対立だけではなく，継続や未来，意志，繰り返し，命令など多くの意味を持ち，モダリティーとしてのはたらきをも有する場合がある。

モダリティー（ムード）

文構造の叙述態度に関わる表現である。狭義には，動詞の屈折による語形変化に関わるものとしてムード（法）と呼ぶが，これをより広義に捉えた，文型や助動詞・助詞による表現も含めた話し手の主観的表現全体を意味するモダリティーとほぼ同じ意味で，モードと呼ぶこともある。

モダリティーは，叙述内容に対する表現者の態度を示す部分（対事的，命題あめてのモダリティー）と，聞き手へのはたらきかけを示す部分（対人的，発話・伝達のモダリティー）とに分けて考えることもある。

前者は，意志（う，よう，まい），伝聞（終止形＋そうだ），推量（だろう，かもしれない，にちがいない），推定（らしい，ようだ，連用形＋そうだ）などがあげられる。

後者は，断定，疑問，感動，訴え，呼びかけなどがあげられる。これは主に動詞の活用が中心になるので，狭義のムードともいえる。これに加えて終助詞などを付加するものがこの伝達のモダリティーでもある。

文が複雑になった際に，主節に関わる従属節の表現にモダリティーが現れるかどうかによって，文としての独立性を判断することもできるし，伝達のモダリティーによって文を類型化することもできる。学校文法では，文末表現として注目させた時期もあったが，現在では主に助動詞・助詞の扱いの中で説明する形をとっている。

学習指導のために

文の構造が，客観的部分と，主観的部分とに分かれていることを前提に，客観的部分の内容の正確な把握（係り受け等）と，主観的表現の現れ方の把握の両方に着目することが求められる。　　　（山室和也）

〈参考文献〉

益岡隆志『モダリティの文法』くろしお出版 1991。北原保雄編『講座日本語と日本語教育４』明治書院 1989。山田敏弘『国語教師が知っておきたい日本語文法』くろしお出版 2004。

節と説明されることになってしまう。

一方，文が長く複雑になる場合には，文節での説明が難しいので，幾つかの文節を合わせた連文節を導入し，意味を大きく捉えることにしている。

文の成分論

文節・連文節と同時に，文の成分による説明が教科書では採用されている。文の成分については，現在「主語」「述語」「修飾語」「独立語」「接続語」の五つが定着しており，成分の関係として「主語・述語の関係」「修飾・被修飾の関係」「接続（・被接続）の関係」「並立の関係」「補助の関係」「独立（の関係）」の六つが取り上げられる。このうち，修飾・被修飾の関係の場合は，「学期末の試験が始まる。」のように連体修飾語の場合と，「ゆっくり歩く」「本を読む」のように連用修飾語がある。連体修飾の関係や補助，並立の関係は，直接，文の構成に関わらないので，文の成分を構成する２次的な成分とされる。

12 文〈2〉

文の種類（単文・重文・複文）

文の種類は，まず，大きく構造上の分類と性質上の分類とに分けられる。

構造上の分類としては，まず，主語・述語の関係が何度出てくるかによる分類が代表的なものである。

単文　　雨が降る。
重文　　雨が降り，風が吹く。
複文　　雨の降る日が多い。

橋本文法では，文をこの形で分類しており，学校文法においてもこの分類が採用されてきた。この考え方は英文法による考え方が背景にあるわけだが，これに対し，文を単文と複文の二つに大別し，複文を主節と従属節の関係によって説明しようとする考えもある（下段「単文・重文・複文」参照）。

更に，主語・述語の関係だけではなく，その他の成分も含めた文の構成上の分類として，宮地裕らによる独立語構文，述語構文などの分類があげられる。

```
       ┌独立語構文……独立語〈陳述的成分〉より成るもの
       │       ┌骨組み構文……主語〈目的語・補語〉・
       │       │         述語より成るもの
       │ 基準  │拡大構文 ……骨組み構文に連用語，
述語   │ 構文  │         状況語の加わったもの
構文   ┤       │複合構文 ……骨組み構文に従属句の
       │       │         加わったもの
       └付加構文……基準構文に陳述的成分，独立語
                  従属句のついたもの
```

また，以上のものとは異なり，述語を構成する品詞による分類というものもある。
名詞述語文…彼は議長だ（何はなんだ）。
動詞述語文…雨が降る（何がどうする）。
形容詞述語文…空が青い（何がどんなだ）。という分類である。更にこれらを発展させて，例えば，動詞の構文を名詞（N），自動詞（Vi）・他動詞（Vt）に分け，
（自動詞）
　NがVi　　　　　雨が降る。
　N1にN2がVi　　木の下に犬がいる。
（他動詞）
　NをVt　　　　　窓を開ける。本を読む。
　N1にN2をVt　　車に荷物を積む。
　[人]に[動作]をVt　ガイドに案内を頼む。
　[人]からNをVt　あなたからこれを買う。
などのように類型化するものもある。この手法は，日本語教育の学習基本文型の形で活用されている。

一方，構造上の分類に対して，文の表現のしかたによる分類，性質上の分類として代表的なものに「平叙文」「疑問文」「感嘆文」「命令文」というものがある。

三尾砂は，「場」と文との相関関係のあり方において，文を次の四つに分類した。
現象文…雨が降っている。
判断文…雨は水滴だ。
未展開文…あ！
分節文…読めます。

単文・重文・複文　上の説明にあるように，主語と述語の関係の回数によって，単文・重文・複文という分け方をするが，山田孝雄は述語の数によって単文と複文とに分け，複文を更に次のように分けた。

重文…風も吹くし，雨も降る。
合文…風が吹いて，木が倒れた。
有属文…風が吹いた日は，髪が乱れる。

ここで，重文は二つ以上の節が並列の関係にあるもので，合文は先行する部分が後続する部分の条件となっているものであり，有属文は連体修飾節によって構成されるものである。この説によれば，単に重文・複文として分けるよりは，中心となる節（主節）とそれに関わる節とがどのように文の中で位置づけられるかがはっきりする。現在は，接続節の下位分類として従属節と並列節を立てるもののほかに，文の成分に対応させた補足節，副詞節，連体節，並立節という分類や，節のはたらきに着目した副詞節，中止節，条件節，接続節，時間関係節，連体規定節といった分類がある。

現象文とは、目の前で起きた事実を報告・描写する文で描写文とも呼ばれ、判断文とは、主題に対する話者の判断を表す文で説明文とも呼ばれる。

更に、次のような主に文末に表れる「表現意図」による分類がある。

これは、コミュニケーションにおいて果たす文の機能のあり方と密接に関わる。

「は」と「が」

主語については、「何が（は）」「誰が（は）」にあたる文節をさすという説明がなされることが多い。しかしその場合、「～は」と「～が」の違いがはっきりしない。例えば「本は読みません。」という文の「本は」は、「本を」の「を」が主題化されたもので「読む」の動作主（いわゆる主語）ではない。この問題を三上章が指摘し、「～が」を「主格」、「～は」を「主題」として、はたらきの違いに目を向ける必要性を主張した。

更に「私は昨日本を読んだ。」と「その本はおもしろかった。」の二つの文を「私が昨日読んだ本はおもしろかった。」のように一つの文にまとめると、前文が「本」を修飾する連体修飾節になり「は」は「が」に変わる。

一方「私は朝早く起きた。そして、家を出た。」のような連続する文の場合、「私は」は最初の文だけではなく、それ以降の文にまで影響を与えることがある。これを「は」のピリオド越えとも呼ぶ。

学習指導のために

文をどのように分類するかは学習指導の最終目的ではない。その時々の学習活動の目的に合わせて、必要な観点を援用するための手段として考えたほうがよい。

文章理解に関わる問題としては、長い文、組み立ての複雑な文を読み解くときに、重文、複文など文の構造による分類の知識が役に立つ。長い文の場合には、二つあるいはそれ以上の文に分けて考えてみるとよい。その際、文と文との接続（「**13** 文章〈1〉」参照）の知識を活用し、接続語句を用いて短い文を分けるようにする。組み立てが複雑な文の場合には、まず文を文の成分ごとに大きく捉え、その後でそれぞれの成分の内部を分析するようにするとよい。

これらの留意点は、文章表現の活動にも当てはまる。一文が長くならないように、文を短くし、それを次につなげていくようにするのである。その時には、文だけではなく文と文とのつながりに関する知識が重要である。　　　　　　　（山室和也）

〈参考文献〉
三尾砂『三尾砂著作集Ⅰ』ひつじ書房 2003。
三上章『続・現代語法序説』くろしお出版 1972。
吉川武時『日本語文法入門』アルク 1989。

さまざまな文　「象は鼻が長い」という文に代表される「～は～が…」という形をとる文がある。これを総主の文あるいは二重主格構文と呼ぶ。これは『「鼻」が「長い」』という文が「象は」という主題の述語となっている。この形をとるものの中には、

　日本は温泉が多い。→日本に温泉が多い。
　この本は母がくれた。→母がこの本をくれた。
などのように、主格以外の成分が主題化することによってできるものもある。

また、「本が机の上にある」という現象文の場合には、「何が」存在するかに着目していることから「存在文」と呼び、「本は机の上にある」という判断文の場合には、「どこ」にあるかに着目していることから「所在文」と呼ぶことがある。

更に、名詞述語文の中で、
　僕はうなぎだ。→僕はうなぎを注文する。
のように、文脈に応じてさまざまな意味が省略されるものもある。この「だ」は、名詞に接続して幅広い意味をもたせることができる。

13 文章〈1〉

文章とは
　われわれの思想は，基本的には文の形で表されるが，実際には文や段落を幾つか連ねた，もっと複雑な内容を持つ思想として理解したり表現したりするのが普通である。
　手紙・日記・新聞記事・小説・詩・随筆・論文など（以上，書き言葉）や，対話・会話・討議・テーブルスピーチ・講義・講演・演説など（以上，話し言葉）は，みな幾つかの文や段落が集まって，ひとまとまりをなしている。このように，一つに統合された表現の全体を文章と呼ぶ。われわれの言語生活は，各種の文章の理解と表現とに支えられて営まれている。（話し言葉の場合を特に「談話」と呼ぶこともある。）
　文章の一般的性質を規定するものとして，次の二つの条件をあげることができる。
(1) 通常，2文以上からなり，それらが文脈＊を持つことによって統合されている。（文章における統合性）
(2) その前後に文脈をもたずに，それ自身で全体をなしている。（文章における全体性）

文章の考察の内容
　文章に関する考察の内容としては，だいたいにおいて次のような事項が含まれる。
① 文章とは何か。
② 文章はどのように分類されるか。
③ 文と文とは，どのような語句で関連づけられるか。
④ 文と文との連接＊の仕方には，どのような類型があるか。
⑤ 段落はどのようにして成立するか。
⑥ 段落と段落との連接の仕方には，どのような類型があるか。
⑦ 文章全体はどのようにして構成されるか。

指導のねらい
　国語の学習指導においては，理解・表現のそれぞれの領域で，常に「文章」に直面しなくてはならない。その学習指導を真に効果のあるものにするためには，理解・表現に役立つ適切な機会を捉えることが大切である。そのような機会としては，主として次のような場合があげられる。
① 理解につまずいたとき　文章の構成や文脈が複雑であったり，粗雑であったりして，誤解を生じるとか，抵抗を感じるとかした場合。
② 理解を確かめようとするとき　直観的に捉えた，文章の構成，文脈の構成などを客観的に認識しようとする場合。
③ 理解を深めようとするとき　文章の構成，文脈の構造，文体の特性などについての理解を深めようとする場合。
④ 表現を適切に組み立てようとするとき

文脈　ここにいう「文脈」とは，「言語表現の意図のもとに生じる内容上の脈絡」の意である。文脈には，「文の文脈」（語もしくは文節の結合によって成立し，主語・述語・修飾語などの，いわゆる「文の成分」の相互関係によって構成される）と，「文章の文脈」（多くは，文の連接によって成立し，順接・逆接・添加などの，文と文との連接関係によって構成される）とが区別される。文章論で，普通に文脈というのは，「文章の文脈」のことである。

連接　「連接」という語は，文と文との連接，段落と段落との連接の場合に使われる。一方，「接続」という語は，品詞については接続詞，文の成分については接続語，文相互の場合は接続の言葉，つなぎ言葉，接続語句などと呼ばれる。接続語句とは，接続詞，接続詞的機能を持つ語句（副詞・連語など——まして・いわんや・一方・そのため，など），接続助詞，接続助詞的機能を持つ語句（連語など——～ために・～やいなや，など）を全て含めた呼び名である。

文章の構成，文脈の展開などの明確な文章を構築しようとする場合。
⑤表現を改善しようとするとき　種々の面から表現を反省または批判し，改善しようとする場合。

文をつなぐ形式
①接続詞または接続詞的機能を持つ語句（副詞・連語など）を用いる。
○みんなが力を合わせた。<u>それで，（そのため，）</u>優勝することができた。
②接続助詞または接続助詞的機能を持つ語句（連語など）を用いる。
○雨が降っている<u>が</u>，たいしたことはない。
③指示語を用いる。
○夏休みには海へ行く。<u>それ</u>が楽しみだ。
④前文の語句と同一の語句を用いる。
○窓からは林が見えた。<u>林</u>は夕日に美しく照らされていた。
⑤連用形中止法を用いる。
○兄は作家に<u>なり</u>，弟は作曲家になった。
⑥特殊な言葉を用いる。
○私は返答に困った。そんなことは考えたこともなかった<u>から</u>だ。（理由）
○雨が激しくなった。風<u>さえ</u>加わってきた。（添加）

これらのうち，①②の形式は，前後の文に述べられている思想どうしの関係を，「順接」とか「逆接」とかいうように，種々の論理的な関係として示す。一方，③④の形式は，思想どうしの関係を示すのではなく，前文に述べた事柄を，後文の内容として持ち込むはたらきをする。どちらの形式も，文をつなぐ役目をしているが，①②の形式と，③④の形式とでは，文のつなぎ方が違っている。

指導のねらい
　どの言葉が，前後をつないでいるか，また，それが，どんなはたらきをしているかに注意する。なお，接続詞などの省略されている場合は，それを想定してみることに

よって，前後のつながり方を確かめることができる。

文と文との連接の型
①順接型　前文の内容を条件として，それから生じる結果を後文に述べる。
○やっと雨がやんだ。それで，散歩に出た。
②逆接型　前文の内容に反する内容を後文に述べる。
○僕は全力を出した。だが，失敗だった。
③添加型　前文の内容に付け加わる内容を後文に述べる。
○彼は水泳が得意だ。また，野球もうまい。
④対比型　前文の内容に対して，比較して述べたり，対立させたり，どちらかを選択させたりする。
○五人が賛成した。一方，三人が反対した。
⑤転換型　前文の内容に対して，別個の内容を後文で持ち出す。
○報告は終わった。さて，問題を検討しよう。
⑥同列型　前文の内容を後文で詳しく述べたり，要約したり，換言したりする。
○わかりにくい文章だ。要するに，悪文だ。
⑦補足型　前文の内容の補いとして，後文で理由・原因を述べたり，説明・条件・例外を示したり，従属的な事柄を述べたりする。
○知っている。なぜなら，本で読んだから。
⑧連鎖型　前文の内容とじかに結びつく内容を後文に述べる。
○初めて朝顔が咲いた。白い大きな花だ。

指導のねらい
　○○型という用語を機械的に当てはめるのでなく，長めの言葉を使って，連接のあり方を具体的に説明する。　　（市川　孝）

〈参考文献〉
永野賢『文章論総説』朝倉書店 1986。市川孝『国語教育のための文章論概説』教育出版 1978。

14 文章〈2〉

段落とは

段落は、文章を構成する一部分として、内容のうえで一つにまとまっている文の集まりである。ただし、1文だけでも、それが他の段落と対立する文章の構成部分である場合は、一つの段落となる。段落を示すためには、改行して、初めの1字分をあけて書き出す。その意味で形式段落*とも呼ばれる。幾つかの形式段落を、内容のうえからひとまとめにして考えたものを意味段落*と呼ぶ。意味段落は、文章の構成に関して、形式段落より、より大きい部分である。

指導のねらい

段落(形式段落・意味段落)についての指導は、国語の学習のうえで特に重要である。表現の場合、形式段落の構成については、次のような注意が大切である。

① 一段落の中に、別々の内容を述べないようにして、適切な長さにまとめる。別の内容は、別の段落としてまとめる。
② 段落内部の文と文とを適切につなぐ。すっきりと筋が通るように、前後の関係をよく考えて文脈を展開させる。理解しやすくするために、長い文を避けて短めの文にくぎり、必要に応じて適切な接続語句や指示語でつなぐ。
③ 論説・解説などの文章では、読み手に容易に理解されるようにするために、段落の初めや終わりなどに中心文*を置くようにする。

段落と段落との関係

文章は、普通、幾つかの段落で構成されているので、文章の仕組みを正確に理解するためには、それらの段落相互の関係を捉えることが大切である。表現の場合にも、適切な段落の関係づけを考えなくてはならない。

内容のうえからみた段落の並べ方(配置の仕方)には、次のようないろいろな場合がある。

① 事実や様子を述べてから感想・批評・解説などを述べる。
② 事件・行動などを時間的順序に述べる。
③ 風景・地勢などを空間的配置に従って述べる(近景から遠景へ、など)。
④ 二つ以上の事柄を並列または対照させる。
⑤ 原因を述べてから結果を述べる。
⑥ 主張・見解・提案などを提示してから、その根拠・理由などを述べる。
⑦ 問題・疑問を示して、解決へと導く。
⑧ 要約的な内容を述べてから詳細に及ぶ。
⑨ 主要な事柄を述べてから付加的な事柄を述べる(または、この逆)。
⑩ 抽象的・一般的な事柄から具体的・特殊な事柄に及ぶ(または、この逆)。

形式段落 形式段落は、改行して初めの1字分をあけて書き出すので、その区分箇所は、明確に捉えられる。形式段落は、一般に、時・所・場面・人物・動作・事柄・見地・段階などの違いに基づいて区分される。ただし、その区分の仕方は絶対的なものではない。また、実際上、内容上の統一と、形式上の改行とが合致していない場合もあるので注意を要する。

意味段落 形式段落を、内容の意味のつながりのうえからひとまとめにしたものを意味段落、または大段落と呼ぶ。形式段落を意味段落(大段落)にまとめるときのまとめ方には、種々の段階があり、また、観点の違いによって、そのまとめ方が異なってくる。

中心文 その段落の中心的内容を端的に示す文を中心文(トピックセンテンス)という。中心文には「要約的中心文」(繰り返しの部分、付加的な部分を除いて捉えられる)、「結論的中心文」(論拠や例証に基づいて、その結論的な部分として捉えられる)などがある。

文章の構成

　文章全体の構成を「起」「承」「転」「結」という4段に分けて考えることがある。これは，本来，漢詩の起句・承句・転句・結句のことで，それが文章の組み立てに応用されたものである。小説・物語などでは，「発端」「経過」「結末」や「起首」「中枢」「終結」などに区分することがある。一方，論説文などでは，「序論」「本論」「結論」，あるいは「序論」「総論」「各論」「結論」に分けるのが普通である。これらは全て，文章の「運び」（進行）の形式として考えられたものである。文章の「運び」の見地から，一般的な形式を抽象化するとすれば，

　　冒　頭…文章の初めに位置する部分
　　展開部…文章の中核を形作る部分
　　結　尾…文章の終わりに位置する部分

という3部形式を考えることができる。このような3部形式は，その「展開部」を，更に幾つかの部分に区別することもできる。なお，文章によっては，「冒頭」あるいは「結尾」のいずれかを欠く場合もあるし，また，「前半」「後半」と呼んで区分したほうがよい場合などもある。

　文章の構成を「統括」の機能と関連づけて類別すると，次のようになる。
(a)　全体を統括する部分を持つもの
　㋐冒頭で統括するもの（頭括*）
　㋑結尾で統括するもの（尾括*）
　㋒冒頭・結尾で統括するもの（双括*）
(b)　全体を統括する部分を持たないもの

　ここに，「統括」というのは，なんらかの意味で文章の内容を支配し，または，文章の内容に関与することによって文章全体をくくりまとめる機能をいう。上の(a)は統括型の構成であり，(b)は非統括型の構成である。

文章の冒頭と結尾の型

①主題・要旨・結論・提案などを述べる（冒頭にも結尾にも）。
②主要な題材・話題について述べる（冒頭にも結尾にも）。
③粗筋・筋書きを述べる（冒頭にも結尾にも）。
④筆者の立場・意向・執筆態度などを述べる（冒頭にも結尾にも）。
⑤本題の内容を規定し，本題に枠をはめる（冒頭にも結尾にも）。
⑥導入として，時・所・登場人物を紹介したり，前置きの話を置いたりする（冒頭）。
⑦本題と関連のある事柄や感想などを，しめくくりとして述べる（結尾）。
⑧以上のような冒頭または結尾を置かず，本題を構成する一部として書き始め，また，書き終えるもの。

　　　　　　　　　　　　　　　（市川　孝）

〈参考文献〉
長田久男『国語文章論』和泉書院 1995。市川孝『国語教育のための文章論概説』教育出版 1978。

頭括・尾括・双括　これらの語は，五十嵐力（いがらしちから）『新文章講語』(1909) に用いられている。同書では，文章組織の形式を5種に分けて，次のように説明している。
　第一　追歩式とは，事物の端より端に一歩一歩叙述を進め行く方式である。
　第二　散叙式とは，事物を散り散りに列叙しただけで，その間に関係をもつけず，又統べ括りもせぬもの，但し散列したる間に隠れたる一脈の筋があって朧（おぼ）ろに全体を繋（つな）ぐものをいう。
　第三　頭括式は，文の劈頭（へき）に全体を括るべき大綱を掲げて，次ぎに大綱の中に含まるる事物を挙げるもの，但し事実例証等を挙げるだけで文尾において括りをつけぬ方式である。
　第四　尾括式とは，初めに幾多の事物を列挙し，結尾に至ってこれを統べる方式をいう。
　第五　双括式とは，前に綱領を掲げ，これを繁（じょ）説して後，結尾に再びこれを統括する様式である。

15 文法

文法とは
　人間が文を作るときのさまざまなきまり。古くは，文法書（文典）に，音韻論や文字論も記載されたが，現在では，文の構成論（構文論）を中心に，単語論（形態論や品詞論，語構成論など）や文章構成論（談話論，文章論）などを含めることが多い。

文法論
　文法をある立場や目的によって記述したものを「文法論」という。記述の方針によって，その言語のあるがままの姿を示すための「記述文法」や，その社会で正しいと認定された形を示すための「規範文法」などに分けることもある。また，目的によって，「解釈文法」や「表現文法」などに分けることもある。日本では，しばしば，ある文法論を提唱した人名を「文法」に冠して，山田孝雄(やまだよしお)*の文法論を「山田文法」，橋本進吉(はしもとしんきち)*の文法論を「橋本文法」，時枝誠記(ときえだもとき)*の文法論を「時枝文法」のように呼ぶことがある。

学校文法
　学校文法は，広義には，言語教育に用いられる規範的な文法論のことをいい（「教科文法」「教科教育文法」などともいわれる），狭義には，現在，国語科教育において主流となっている，橋本進吉の文法論をもとに構築された，文節を構文単位とする教科文法をいう。

日本の文法教育
　日本の文法教育は，明治5年の学制制定に始まる。初期には，国学流の文法書（文典）や西洋文典を日本語に当てはめた洋式文典などが用いられたが，明治20年ごろには，大槻文彦(おおつきふみひこ)の「語法指南」が文法教科書として広く用いられた。明治30年には「語法指南」を改定した『広日本文典』が出され，大槻の文法論が教科文法の標準的な位置を占めるようになった。その後，芳賀矢一(はがやいち)*や山田孝雄などの文法論を受けて，徐々に教授内容が定まり，昭和初期の橋本進吉の『新文典』を経て，戦中・戦後に国定教科書として用いられた文部省『中等文法』*により，現在の（狭義の）「学校文法」の内容がほぼ完成した。

　昭和前期までの文法教育は，文語の読み書きという具体的な目的により支えられており，文語修得のために，文法の体系的学習も行われた。口語文法は，文語の補助的な位置を占めるにすぎず，一部の日本語教育用の文典を除き，文語文法の体系のうえに口語文法が記述されていた。戦後，口語文法教育が中心とされる一方で，この文法体系はそのままであったことから，文法教育の改革も試みられた。その一つが，文法事項を組織的に教える「体系文法」ではな

大槻文彦（1847～1928）　蘭学者大槻玄沢(おおつきげんたく)の孫。文部省の命を受けて，初の近代的国語辞典『言海』を作成。「語法指南」は『言海』の付録だったが，のち教科書用として単独にも刊行。項目の品詞認定の必要から，和洋の文典からふさわしい概念を選び組み合わせて，より実際的な文法論を構築する。日本の教科文法の基を作り上げた。

芳賀矢一（1867～1927）　『中等教科明治文典』（1904）において，後の教科文法の標準となる用語や概念を提示する。品詞として初めて「形容動詞」を立てたのもこの書である。

山田孝雄（1873～1958）　伝統的な国学の文法論をもとに，英文法や独文法の文法論も吸収して，理論的で整合性の高い文法論を構築する。助詞の6分類（格・副・係・終・間投・接続）や副詞の3分類（陳述・程度・情態）など，山田の学説による。

橋本進吉（1882～1945）　形式を重視し，音の句切れによる「文節」という単位による文構成論を構築する。現在の「学校文法」の生みの親。ただし，

く，言語活動の中で言葉の機能に注目しようという「機能文法」のアプローチである。また，単語の認定や品詞分類，活用体系や文の成分の認定など，最も基本的な部分から「学校文法」を見直し，現代日本語にふさわしい教科文法を構築しようという試みもなされた。しかし，これらの改革は，一定の成果は上がったものの，学校文法を根本的に改革するには至らず，平成に入っても，「学校文法」は標準的な教科文法の位置を占め続けている。

文法研究は，昭和40年代までは国語科教育と関連する形で進められてきたが，昭和50年代には，国語科教育よりも日本語教育との関連で進められる傾向が強くなってきた。また，伝統的な日本語文法論とチョムスキーの提唱した「生成文法」との融合が進んだこともあって，国語科の教科文法と文法研究との乖離は大きくなった。

教科文法に求められるもの

文法論は言語を正しく記述することが望ましいが，教科文法では，わかりやすさや教えやすさ，応用の広さなどの側面も要求される。「学校文法」は，品詞分類や文節の認定など，従来の文法論と比べてわかりやすいために広がった。また，現在，多くの教員が既に修得しているという点で，教えやすさでも他を圧倒している。問題も指摘されているが，「主語」や「文型」を意識させることは，作文や読解にも応用がき

く。これまでの「学校文法」改革が必ずしも成功しなかったのは，日本語の記述には優れていても，わかりやすさや教えやすさ，応用の広さの点で「学校文法」を超えられなかったからだといえる。

口語の「学校文法」では，活用しない「う」を助動詞としたり，五段動詞の未然形にア段とオ段を並立し，また，音便形を連用形に組み込んだりするなど，文語文法の体系に当てはめたために，現代日本語の分析としては不適当な記述も少なくない。

現在の国語科の文法教育には，日本語を知るとか，文章の表現力や理解力を高める，古典学習につなげるといった伝統的な目的のほか，外国語教育や日本語教育との連携も望まれている。より広い視野に立って，正しさとわかりやすさ，応用の広さを両立させる方向で改訂されることが望ましい。

また，文法は，社会的所産であるとともに，個人的能力でもある。これまで，社会的所産である面から，一律の「正しさ」が追求されたきらいもある。話し手の地域や年齢などに，また，相手や話す際の立場や感情などによっても言葉は変わる。どのような人とどのように話すのか，また，相手はどのような話し方を望んでいるのかなど，言語運用の多様性に注目して，自分と相手との言葉の共通点や相違点を見いだすといった文法教育も可能であろう。

（矢澤真人）

彼の教科文法教科書『新文典』では「文節」は用いていない。

時枝誠記（1900〜67）ソシュールの学説を批判し，「言語過程説」を提唱する。実質的な語である「詞」に機能的な語である「辞」が付き，それが更に大きなものに組み込まれるという，入れ子型の文構成を提示。

『中等文法』 岩淵悦太郎執筆。「一・二」は戦時中の1943年刊，戦時色豊かな用例を載せる。「口語・文語」は戦後の1947年で，「一・二」の用例

を省いたり差し替えて簡略化したもの。橋本進吉の学説に従って，文の成分に文節を用いた，現在の「学校文法」の直接の親となる文法書。

機能文法 昭和30年代から40年代に提唱された文法教育の方法。「体系文法」に対して名付けられたもの。接続詞研究や文章論などに大きな影響を与えたが，教授に際して教師に多大な負担を強いたことから，実質的に，従来の「体系文法」に置き換わることはできなかった。

16 レトリック

レトリックとは

レトリック（英 rhetoric）は，紀元前5世紀に古代ギリシャで始まり，2千数百年にわたって西洋に継承されてきた説得のための言語技術の体系である。今日，この言葉は，大きく分けて次の三つの意味で使用されている。

①説得のための言語技術
②その技術についての研究
③説得を計算した表現

日本語の訳語は，①に対しては「修辞法」，②は「修辞学」，③には「修辞」があてられる。ギリシャ・ローマ以来の演説組み立ての技術を指す場合には，「弁論術」「雄弁術」と訳されることもある。最近では，特に訳語をあてず，「レトリック」と音訳して示すのが一般となっている。

レトリックの体系

レトリックの最も標準的な体系は，既に紀元前1世紀の終わりには完成しており，それは次の5部門を備えていた。

① 「発想」（inventio）…主題について，使用可能な説得の手段を発見，発想する方法を研究する。
② 「配置」（dispositio）…①で得られた内容を，適切な順序で配列する方法を考える。
③ 「修辞」（elocutio）…効果的な言語表現について研究する。
④ 「記憶」（memoria）…よどみなく弁論を行うために，その内容をあらかじめ記憶するためのてだてを考案する。
⑤ 「発表」（actio）…弁論を効果的に行うために，発声法，身振りなどを工夫する。

④，⑤のような部門があるのは，古代のレトリックが演説のための「弁論術」であったからであり，近代のレトリックの教科書では，この2部門を欠くものが多い。わが国では，レトリックという言葉から③の「修辞」のみを連想しがちであるが，これは近代以降一時的に有力になった傾向であって，本来のレトリックで最も重視されたのは①の「発想」であった。現存する最古のレトリックの教科書であるアリストテレス（前384〜322）の『弁論術』（前333〜322?）では，レトリックは「どのような場合でも使用可能な説得の手段を見つける能力」と定義され，全体の3分の2が「発想」にあてられていた。アリストテレスは，自らが作り上げた推論（演繹）・帰納の論理学が，厳密な学問的探究の方法とはなりえても，日常の思考・議論には役に立たないことを自覚し，エンテュメーマ*と例証*による全く新しい実践的論理学＝論証方法を

エンテュメーマ アリストテレスが，推論（演繹）に対応させて定式化した，蓋然的推論の諸型式。エンテュメーマは三段論法に代表される論理的推論ほど厳密なものではないが，日常の（非専門的）思考においてはそれなりの説得力を認められて機能する。アリストテレスは，このエンテュメーマを構成する原理をトポスと呼び，『弁論術』の中で28種のトポスを分類した。一例をあげてみよう。その第一番めとして，〈相反するものに基づいて論じる〉というトポスが示されている。この型式は，例えば，もしわれわれがある状況から不利益を受けているのであれば，それと反対の状況からは利益を受けるだろうと推論するものである。これはもちろん，どのような場合にでも必然的に真となるものではない。しかし，日常の思考の場では，われわれはこうした蓋然的論理に頼って思考する。それは，常に確実ではないが，多くの場合において正しい思考法である。

提示したのである。レトリックという技術の最大の独創は，この，形式論理ではない独自の蓋然的論理を生み出したところにあると言っていい。

レトリックと国語教育

レトリックが国語教育（作文教育）に応用されるとき，比喩や文彩（緩叙法，反語法，対照法などの技法）のような「修辞」部門に属する技術に関するものであることが多い。しかし，レトリックの中心は「発想」部門であり，そこでの蓄積が最も充実しているのであるから，今後はこの方面の理論・技術を積極的に国語教育に取り入れていく方向に進まなければならない。

「発想」部門の理論の中で，特に国語教育に有益なのは，トピカ（topica）と呼ばれる一種の思考術である。古代の弁論家たちは，人間の思考はある意味で「不自由」であることに気づいていた。人間は決して自由に思考しているのではなく，幾つかの「癖」あるいは「習慣」に従ってものを考えるのである。それらの癖や習慣は，人間が議論をする際の発想を限定し，少数の類型を繰り返し出現させる。彼らは，さまざまな議論を観察して，その発想の型を抽出し，それを片端から記憶しておくことを思いついた。そのような類型化された議論の型をトポス（topos）といい，これは前述のエンテュメーマの構成原理をなす。このトポスがまとめられたものがトピカである。

トピカの思想は，われわれに，思考力を単純に「力」の比喩としてではなく，「量」に還元して捉える発想を与えてくれる。つまり，思考力の薄弱な生徒は考える「力」が弱いのではなく，さまざまな思考型式（議論でいえば論証型式）を情報として保有する「量」が少ないのだと仮説するのである。したがって，思考力の育成においては，ただひたすら考えさせるのではなく，他人の優れた考え方――考えた具体的内容ではない――を収集し，情報として蓄積させる。つまり，他人の考え方を思考の型式として自分の思考の中に大量に注ぎ込み，頭の中の思考型式量（ものの考え方の量）を短期間で集中的に増大させようとする方法である。

レトリックの「発想」部門には，このような理論・技術が豊富に残されている。それは，「修辞」中心のレトリックよりも，はるかに多くのものを国語教育に与えることができる。

（香西秀信）

〈参考文献〉

香西秀信『反論の技術』明治図書 1995。香西秀信『議論の技を学ぶ論法集』明治図書 1996。香西秀信『議論術速成法』筑摩書房 2000。香西秀信『教師のための読書の技術』明治図書 2006。野内良三『レトリック入門』世界思想社 2002。オリヴィエ・ルブール，佐野泰雄訳『レトリック』白水社 2000。

例証 アリストテレスが，帰納に対応するものとして設定したレトリックの論証型式。帰納は，同類に見られる幾つかの事例の性質から，その類に属する事例全てに適用されうるような「一般原則」を結論づける。これに対して，例証は，そのような「一般原則」を経由せず，議論は具体的な事例からそれに類似した他の事例に直接的に移行する。アリストテレスは，次のような例をあげている。ペイシストラスは，護衛兵を要求し，それを得ると独裁者になった。メガラのテアゲネスもそうであった。ここから，同様に護衛兵を要求しているディオニュシオスも独裁者になろうとする意図があると判断される。ここでは，帰納のように，ペイシストラスやテアゲネスの事例から，「独裁を企む者は護衛兵を要求する」という「一般原則」は導出されていない。論証は，具体的事例を根拠とし，具体的事例についてなされる。アリストテレスは，日常の思考の場では，帰納は多く例証の形で出現することを指摘し，その型式において研究することを勧めたのである。

17 敬　　語

ここでは主に現代社会における「敬語」について取り上げる。

敬語について

敬語とは，相手や話題の人物に対して敬意を表した言葉づかいである。

一般的には，話し言葉（音声言語），書き言葉（文字言語）のいずれにおいても，話し手または書き手（表現しようとしている人，自分自身）が，相手である聞き手または読み手に対し，あるいはまた話題として取り上げた第三者である人物に対し，相手との人間関係についてどのように捉えているかを反映し，相互に尊重に基づいて，主体的に敬意を表して待遇する言葉づかい（言語の表現形式）をいうものである。

敬意とは

敬意とは，話し手または書き手である人の心の中の思いとして，相手を尊重し，礼をもって遠慮深く，控えめにつつましくすることである。これが言葉づかいの上に現れ出たものが敬語を含む敬意表現である。

古典文学に見る敬語

古典文学，例えば『源氏物語』を学習する際には，必ず敬語の知識を必要とする。この作品には平安時代の貴族が主要登場人物として描かれる。これに仕える者との間には，人間関係として，階級，身分，地位，役職などで上下がある。例えば光源氏と仕える者との間で言葉が交わされるときに，人間関係における上下，貴賤などの違いによりそれぞれの言葉づかいが異なってくる。この言葉づかいは，尊敬語，謙譲語，丁寧語とに3分類される。

尊敬語……話し手または書き手が，話題として取り上げた動作をする人・状態にある人などについて敬い高めていう言葉づかい。例えば「おはします，おほす，おぼす，めす，御覧ず，大殿ごもる」など。

謙譲語……話し手または書き手が，話題として取り上げた動作の受け手に対して敬意を表す言葉づかい。例えば「参る，まうづ，まかる，申す，きこゆ，うけたまはる，致す，つかまつる，たてまつる」など。

丁寧語……話し手または書き手が，聞き手または読み手に対し，直接，敬意を表して丁寧に言う言葉づかい。例えば「侍り，候」など。

歴史を遡ると，敬語は身分などにおいて上下の人間関係がある中で用いられたものであったと言える。

現代の敬語

現代にも古典に見るこの言葉づかいは引き継がれている。しかし，敬語は誰もが平等で互いに人権を尊重し合うという人間関係において，捉えられるものとなった。

謙譲語Ⅱ（丁重語）　敬語を5分類したもののうち，「謙譲語Ⅱ（丁重語）」につき，「敬語の指針」の解説から若干，付け加える。丁重語の例として，次のようなものがあげられている。
〈該当語例〉参る，申す，いたす，おる
　　　　　　拙著，小社

敬語のうちの，この謙譲語Ⅱに分類した語は，自分側の行為や物事などについて，話をしている時の相手や文章を差し出す相手に対して，丁重に述べるものである。例えば，相手に「明日，参り（←行き）ます。」「申し上げ（←話し）た通りです。」とか「拙著（←私の著書）を進呈します。」などという場合の言葉づかいである。

役所などが何らかの対象となる人に「御持参ください。」「お申し出ください。」「お申し込みください。」などという慣用的な言葉づかいは，この丁重語としてのはたらきはもっていない。「これらの表現を『相手側』の行為に用いるのは問題ない。」としている。気になるなら「お持ちください。」「おっしゃってください。」などに変える。

「これからの敬語は，各人の基本的人格を尊重する相互尊敬の上に立たなければならない。」(「これからの敬語」昭和27年，国語審議会建議)

「敬意表現とは，コミュニケーションにおいて，相互尊重の精神に基づき，相手や場面に配慮して使い分けている言葉遣いを意味する。それらは話し手が相手の人格や立場を尊重し，敬語や敬語以外の様々な表現から適切なものを自己表現として選択するものである。」(「現代社会における敬意表現」平成12年，文化審議会答申)

これらを経て，「敬語の指針」(平成19年，文化審議会答申)は次のように言う。

「敬語(中略)。その役割とは，人が言葉を用いて自らの意思や感情を人に伝える際に，単にその内容を表現するのではなく，相手や周囲の人と，自らとの人間関係・社会関係についての気持ちの在り方を表現するものである。気持ちの在り方とは，例えば，立場や役割の違い，年齢や経験の違いなどに基づく『敬い』や『へりくだり』などの気持ちである。」

こうした考え方に基づき，敬語のうちに謙譲語Ⅱ(丁重語)を新たに立て，現代の敬語を5種類にして示している。

敬語の5種類

1. 尊敬語(「いらっしゃる・おっしゃる」型)……相手側または第三者の行為・物事・状態などについて，その人物を立てるもの。例えば「先生がそうおっしゃるのです。」では「言う(話す)」の代わりに「おっしゃる」を用いることで〈行為者〉=「先生」を立てている。
2. 謙譲語Ⅰ(「伺う・申し上げる」型)……自分から相手側または第三者に向かう行為・物事について，その向かう先の人物を立てて述べるもの。例えば「教授の研究室に伺います。」では，「行く(訪ねる)」の代わりに「伺う」を用いることで〈向かう先〉=「教授」を立てている。
3. 謙譲語Ⅱ(丁重語)(「参る・申す」型)……自分の側の行為・物事などを，話や文章の相手に対して丁重に述べるもの。例えば「明日から旅行に参ります。」では，「行く」の代わりに「参る」を用いることで，話や文章の〈相手〉に丁重に表現している。
4. 丁寧語(「です・ます」型)……話や文章の相手に対して丁寧に述べるもの。同じタイプで更に丁寧さの度合いが高いものに「(で)ございます」がある。
5. 美化語(「お酒・お料理」型)……物事を，美化して述べるもの。

(武田康宏)

〈参考文献〉
「敬語の指針」(2007年 文化審議会答申)「分かり合うための言語コミュニケーション」(2018年 文化審議会国語分科会報告)

謙譲語ⅠとⅡの違い 謙譲語Ⅰでは，「先生のところにうかがいます。」とは言えるが，「弟のところにうかがいます。」は不自然である。これは〈向かう先〉である「先生」が立てるのにふさわしい対象であるのに対し，「弟」はそうでないからである。一方，謙譲語Ⅱでは，「先生のところに参ります。」とも「弟のところに参ります。」とも言える。これは，謙譲語Ⅱが話や文章の〈相手〉に対する敬語であり，立てるべき〈向かう先〉の有無に関係なく使うことができるからである。

待遇表現 待遇表現とは，一般的に，話し手または書き手が，相手や話題の人物に対して，どのような気持ちをもって待遇し，人間関係を捉えているかを表現する言葉づかいをいう。敬語は，待遇表現の下位概念の一つであり，日本語においては，中核的な領域を占める。敬語のほか，親愛語(久美ちゃん，元気ですか。)，卑罵語(○○のやつ，何してやがる。)，尊大語(俺様が直してつかわす。)に分類する考え方等がある。

18 方言・共通語

方言・地方語とは

言語は社会習慣性に基づく記号体系であり，それは時代によっても変化するし，地域によっても異なってくる。こうした地域特徴を持った言語現象全体を方言という。

方言には，大きく次の二つの概念がある。まず，「おそがい」は「恐ろしい」の中部方言であるというような場合，それはその地方特有の語彙，つまり俚言（りげん）を意味する。更に「東北方言の魅力は……」などというような場合は，発音や語法まで含んだ言語体系全体を意味する。

また，こうした方言は，○○弁という呼称からもわかるように，本来は文章語ではなく，口語・話し言葉である。それは公的な場面で使われるよそよそしい言葉でなく，地方の自然・風俗・人情に深く根を下ろした生活語として存在する。こうした方言のローカル性は，わが国の近代統一国家形成の過程では不当に低く見られてきた経緯がある。こうしたニュアンスを嫌って，一部では方言なる言い方をやめて，地域語・地方語という呼称を用いる向きもある。

標準語とは

近代統一国家が成立するには，①言語の統一とその普及（言語政策），②教育の統一とその普及（文教政策）が欠かせないものとなる。例えば，津軽藩と薩摩藩の人がお国言葉丸出しで対話するような場合，そこには少なからぬ支障が生ずる。かくして明治以降，こうした方言を超えた新しい国家語としての標準語の制定が急務となった。かくして明治35年，国語調査委員会によって「方言を調査して標準語を選定すること」という標準語制定を志向した国語施策の基本方針が示された。しかし，何をもって標準語とするか，その実体ははっきりせず，以後，標準語の中身についてさまざまの議論が巻き起こった。やがてこうした経緯を経て，東京の山の手階層の言葉をベースにした言葉が広く用いられるに及んで，それが標準語といわれるようになった。

共通語とは

一般的には，多種類の言語が併存している状況下で，より多くの人々に共有され，より広範なコミュニケーションを可能にする言葉を共通語という。世界的にみれば国際共通語（かつてのラテン語や今日の英語など），国家レベルでいえば国内共通語がある。後者には，東北弁・関東弁・関西弁・九州弁といわれる地域共通語と，全国規模で使用される全国共通語がある。普通に共通語という場合，この全国共通語を指す。戦前から戦後にかけて，長年にわたって，方言に対しては標準語という言い方が用い

なまり 方言に現れる発音上の特徴のこと。方言訛音（かおん）。「ふるさとの訛（なまり）なつかし停車場の人ごみの中にそを聴きにゆく」（石川啄木），「お国なまり丸出し」などという。これには①〔イーエ〕（北関東），〔シース〕（東北），〔セーシェ〕（九州）が混用されるような音韻上の特徴と，②ハナ（鼻）・カタ（肩）（東京式），ハナ・カタ（京阪式）のようなアクセントの特徴を含む。

方言周圏論 民俗学者柳田国男（やなぎたくにお）が『蝸牛考』の中で唱えた方言分布に関する学説。「かたつむり」の各地方の呼称を調べ，古い語ほど文化の中心から遠い地方に環状に見いだされるとした。デデムシ系・マイマイ系・カタツムリ系・ツブリ系・ナメクジ系などの語彙分布を調べ，沖縄・南九州と北奥羽には幾多の類似があることを示した。

方言地図 方言の語彙やアクセントなどの地域的特徴を白地図の上に明瞭に示したもの。方言分布の状態が展望でき，言語地理学の資料となる。国立国語研究所編『日本言語地図』（1966）など，いろいろある。

られてきた。しかし，この呼称には，中央集権的な権威主義のニュアンスがつきまとう。逆にいえば，方言は標準からはずれた言葉ということになる。こうしたニュアンスを嫌って，近年では標準語に代わって共通語という呼称が一般的になった。

その教育の背景にあるもの

いずれにしても，わが国が近代国家として出発した明治以降，"標準語"教育の末端では，相当に無理な強制が行われてきた。例えば，"方言撲滅"なるスローガンが掲げられ，方言を口にした子どもは木で作った罰札を首に下げられる。その子は，方言を口走った他の子どもを指摘して，自分の首に掛けられた罰札をその子に回す。地方の子どもが人前で寡黙になる背景には，こうした"標準語教育"が働いていたと言ってよい。ここに見られるのは，標準語絶対，方言蔑視の言語観である。こうした方言や地方性を卑下し嘲笑の対象にするといった風潮は，今日でも完全には払拭されてはいない。

では，標準語なる呼称で呼ばれる規範となる国語は，今日存在しているのか。これについては，次の二つの見解が成り立つ。一つは標準語と今日の全国共通語の実質は同じであるとする考え方，もう一つは，標準語と共通語は別概念であるとする考え方である。今日の国語教育界は，ほぼ後者の見解に立っているといってよい。すなわち，放送研究所などで相当の訓練を受けてきたアナウンサーが，ニュースなどを明確に語るような公的な場面で用いられている口語表現，あるいは新聞や公用文などで採用されている文章表現は，今日では一つのスタンダードになっているが，これはあくまでも日本全国の地域に通用する共通語である。これに対して，本来の標準語とは，国民が規範として目ざしていくべき理念としての国語である。そしてそれは，発音・語彙・語法・用字・表記，更に敬意表現や言語習慣などまで含んだ，より望ましい言葉のあり方をいうのであって，告示や訓令，あるいは教科書などで提示できるようなものではないと考える。

指導上の留意点とその実際

戦後の一時期，あるいは今日でも，行き過ぎた"標準語教育"の反動から，「方言や生活語を大事にしよう」という観点から共通語教育の不要が叫ばれたことがある。確かに民話教材や地域の人々との交流，あるいは生活作文などの場では，方言はそれなりの意味をもつ。だが，こうした方言による内輪の人間関係だけの物言いに終始するのでなく，未知の多様な人々とも積極的に言葉のやりとりができる，言うならば，〈人間関係力〉としての言葉の力の育成も意識して行うべきであろう。

基本的には，方言のよさと独自性を認識させ，同時に共通語の指導にも意を注ぐということである。例えば，音読やスピーチの場面で自分の"なまり"を意識させる，読みや作文を通して自分の使用語彙について自覚させる，そして「方言と共通語」といった題材で，言語の本質や方言の特質，共通語の働きなどに関する理解を深めるといった指導である。そうした指導にあたっては，①テレビやパソコンの活用，②文字との対応による発音指導，③文章の視写や聴写などの応用といった工夫，④地域に根づいた暮らし言葉や民話などの調べ学習なども考えられよう。

（森島久雄）

〈参考文献〉
吉田澄夫・井之口有一共編著『明治以降国語問題論集』風間書房 1964。滑川道夫編『国語教育史資料 第三巻 運動・論争史』東京法令 1981。国語学会編『国語学大辞典』東京堂出版 1980。

19 言語感覚

言語感覚とは

　言語感覚とは，表現・理解の言語行動における音声・文字・語彙・文法等の言語，あるいはその使い方に対する主体の感覚である。「感覚」の語は，本来，視覚・聴覚・触覚など，外的な刺激に対して反応する感覚器官のはたらきを指す語である。「言語感覚」は，それを比喩的に用いて，言語とその使い方に対する直観的な反応の仕方を言い表した語である。それは，具体的には，言語表現に対して情緒的に反応したり，表現の微妙なニュアンスを敏感に捉えたり，その効果や正誤・適否などを直観的に判断，あるいは評価したりする力である。客観的・一般的な言語知識・言語技能に対して，主体的・個性的な言語能力だといえる。

言語感覚のいろいろ

　語・文・文章・文体など，言語表現に対する直観的・感覚的反応を広く言語感覚だとすると，それは表現のどのような点に対するものかという観点から，次のように分類することができる。

①表現の正誤に対する感覚——その言語の使い方は正しいか。語の使い方や文の組み立て方について，言語規範に合っているか否かを直観的に判断・評価する能力。

②表現の適否に対する感覚——その表現は適切か。物事を適切に言い表しているか，場や相手にふさわしい表現かなど，表現の妥当性や効果を敏感に判断・評価する能力。

③表現のニュアンスに対する感覚——それはどんな感じの表現か。美しい・汚い，明るい・暗い，固い・柔らかい，重い・軽いなど，あるいは軽快，重厚，優美，雄壮など，表現の微妙なニュアンスを直観的に判断・評価したり味わったりする能力。一般に，美醜の感覚だけが強調されるが，更に語感や文体の感じなどを敏感に感じ取ったり味わったりする言語的な感受性を広く視野の中に入れる必要がある。

言語感覚と国語科教育

　昭和22年版の学習指導要領（試案）の「第4章　中学校国語科学習指導」の第4節に，「正しい言語感覚をやしない，標準語を身につける」とあったが，その後，特に注目されることもなかった。それが，昭和52年（小・中），昭和53年（高）の学習指導要領の改訂以降，特に重視されるようになった。小・中・高とも，目標の中に特に取り上げられたからである。

　言語感覚は，硬直化した単なるスキル学習で注入できるようなものではない。言語活動の実の場を通して，優れた表現との出

語感　①語が人に与える感じ，語のニュアンス。②語に対する感覚，語に対するセンス。

　①は，単語や語句に伴う感じで，語そのものが持つニュアンスの違いを指す語である。すなわち，固い・柔らかい，重い・軽いなど，語から受ける感じである。語の意義を「語義」というのに対して，それが人に与える情緒的，感化的なはたらきをいう場合に使う。

　①のような語感を感じ取るはたらきのことも，また語感ということがある。それが②の場合で，言語感覚のことである。語感と言語感覚の違いについて，市川孝（いちかわたかし）は次のように言う。

　「『語感』と言う場合は，多くは語句に対する感覚をいうが，『言語感覚』は，それよりも範囲が広く，文・文章・文体などを含む，言語表現全般に対する感覚，というように考えられる」（「言語感覚とは何か」『教育科学国語教育』明治図書1978・5）。

言語意識　言語の使い方に対する意識。特に，言

会いを重ねる中で身についていくものである。技能主義に陥ることなく、表現・理解の活動を充実させることが望まれる。

言語感覚を育てる基本的姿勢
　谷崎潤一郎（たにざきじゅんいちろう）は、『文章読本』(1934)において、「心がけと修養次第で、生れつき鈍い感覚をも鋭く研くことが出来る」と述べ、そのためには、「出来るだけ多くのものを、繰り返して読むこと」と、「実際に自分で作ってみること」の必要を説いている。特に、「総べて感覚と云ふものは、何度も繰り返して感じるうちに鋭敏になる」とし、「講釈をせずに、繰り返し繰り返し音読せしめる、或は暗誦せしめると云ふ方法は、まことに気の長い、のろくさいやり方のやうでありますが、実は此れが何より有効なのであります。（中略）古来の名文と云はれるものを、出来るだけ多く、さうして繰り返し読むことです」といって、「昔の寺子屋式の教授法」の重要性を強調した。これは今日においても、言語感覚育成の基本的あり方を示唆するものといえよう。このような指導のためには、教師自身、何が優れた表現かを見抜く言語感覚を身につけなければならない。

言語感覚を育てる指導の実際
　言語感覚を養い、磨くには、まず、読む・聞くの活動を深く充実したものにすることを心がけねばならない。すなわち、わかりやすく明快な表現や人柄のにじみ出た個性的な表現、あるいは滑らかな言葉づかいや巧みな言いまわしなど、優れた表現とできるだけ数多く、しかもじっくりと出会わせることが大事である。次に、そのための具体的な方法をあげよう。
○声に出して読む——好きな文章、印象的な段落などを朗読、暗誦する。
○抜き書きする——優れた表現の印象的表現のほかに、逆説的表現、命題的表現、あるいは欧文脈の文、論理展開のしっかりした段落などを視写する。
○言葉を集める——文章の中から、好きな言葉、覚えたい言葉、うまい言いまわし、あるいは比喩表現、警句的表現などを集めて、そのよさを考える。
○言葉を入れ替える——他の言葉と入れ替えて、効果を考える。
　そのほか、取り立てて言語感覚を養うには、次のような方法もある。
○言葉を比べる——清音と濁音の語、和語と漢語などを比べる。類義語を集めて、その微妙な使い方の違いを考える。
○言葉遊びをする——言葉遊び歌を暗誦したり、ことわざづくり、なぞなぞ遊びなどをする。　　　　　　　　　（田近洵一）

〈参考文献〉
中山渡『言語感覚を豊かに育てる指導』明治図書1981。文部省『指導計画の作成と言語事項の指導』大阪書籍 1980。

語表現の正誤、適否あるいは効果などに注意を向けて、的確に表現したり理解したりしようとする心のはたらきをいう。言語の使い方への意識を触発することによって、言語感覚は鋭く磨かれるし、言語学習は効果的に進められる。

国語愛護　母国語による言語表現を大事にすること、あるいはその気持ち。言葉を乱暴に使わず、物事を的確に言葉にすると同時に、相手の立場を考えて言葉を丁寧に使うこと、そして自分の言葉に責任を持つこと。また、人の話に謙虚に耳を傾け、しっかりと言葉を受け止めて、まちがいなく理解すること。そのような、言葉に関心を持ち、言葉を大事にする態度、特に日本語の特質を知って、それを大事に使おうとする態度が国語の愛護である。国語愛護の気持ちを持って言葉を使うことが、母国語を無駄のない美しいものに磨いていくことになる。

I 言語

20 国語国字問題

国語国字問題とは

　国民が自らの国語による社会的なコミュニケーションを行おうとして，そこに障害なり抵抗なりを意識し，それがある程度の社会的な広がりをもって自覚されたとき，ここに国語問題が発生したことになる。こうした国語問題は，国内の言語事情が複雑であったり，外国からの文化的な刺激を受けた社会的変革期に直面したりするとき表面化する。明治期や戦後の時期がそうである。わが国の場合，使用のうえで大きな負担になっている漢字や仮名遣いが議論の中心になるので国字問題ともいわれる。

国語国字問題は現在あるのか

　現在，わが国には国語問題が発生しているのかどうかは識者によっても意見の分かれるところだが，要は，現在の言語状況をどうみるかという，その人の言語観によって見解が異なる。例えば，戦前のように識字階級が一部に限られ，国民的規模でのコミュニケーションが困難であった状態を思えば，少々の言葉の乱れは目につくとしても，戦後の国語施策と国語教育の成果によって，はるかに問題はなくなったとみることができる。反対に，戦後の漢字制限などで自由な表記が制約されている，あるいは片仮名の洋語が氾濫し，女性語や敬語表現の習慣が後退しているのは嘆かわしいと考えれば，現在も多くの国語問題が存在していることになる。こうした個人の意識の差を別にしても，若者言葉やメール依存のコミュニケーション，さらにはＫＹ（空気が読めない），ＮＷ（ノリが悪い），ＡＮ（アドレスが長い）といった言語風俗には，さまざまな問題があるのは否定できない。言葉の通じ合いのうえで何らかの問題があるのはむしろ，常なる状態であろう。

国語問題と国語科教育

　国語国字問題を考えるには，次の二つの視点が必要となる。一つは，現代の日本語の体系・仕組みに向けられる。すなわち，国語の伝達（表現と理解）における抵抗や障害は，日本語の体系によって引き起こされるという考え方である。音韻の種類が少なく，同音語が多くなり耳で聞いてわかりにくい，和語・漢語・外来語の同義語をわずかな語感の違いで使い分けなくてはならない，文意決定部が文末にくるため最後までいかないと文の命題がわからない，文要素の格はもっぱら助詞によって示され，正しい語順序がはっきりしないなどがその例である。文字については更に複雑でやっかいな問題がある。まず，日本語には平仮名・片仮名・漢字・ローマ字などまったく異質な文字が併用され，その学習負担も大きく，

正書法　「正字法」ともいう。一つの単語を書き表すうえでの標準とされる正しい書き方，またはその法則・体系。ヨーロッパでいうオーソグラフィー（orthography）のことで，いわゆる正しい綴り（スペル）のことを指す。例えば，〔skuːl〕の発音に対してはskule, schul, skoole等々，幾通りもの綴りが考えられるが，その中でschoolのスペルだけを正しいとする。ところで，日本語では，〔hito〕の発音に対して，〈人・ひと・ヒト・女・他人……〉などの用字法があって，必ずしも

そのいずれかを正とし他を誤りとすることはできない。〈おおさま・おうさま・おーさま〉〈終わり・終り・終〉〈ようだ・様だ〉についても同様である。だから日本語には正書法は成り立たないとする考え方もある。しかし，表記や教育の基準は国から示され，社会の慣用の枠もあり，そういうゆるやかな正しさを想定すれば，日本語にも正書法はあるということになろう。

言葉の乱れ　ある標準的な規範的な伝統的な言葉の用法や習慣に対して，それとは異なった新しい

その用法も複雑であること（仮名遣い・送り仮名・外来語の表記法・ローマ字の綴り方・漢字仮名の使い分け等），特に漢字については，その種類が多く（字数），字形が複雑で（字体・筆順），読み方も多様である（音訓）といった問題がついてまわる。以上のような日本語の体系そのものに問題があるとすると，その解決の方向は，もっぱら国語の体系を合理化する，つまり国語改良ということになる。前島密（1835～1919）の『漢字御廃止之儀』以来の国語改良運動や国語施策はそうした理念に立つ。

国語問題を考える第二の視点は，国語を使う言語主体である人間に向かう。すなわち，国語の複雑さ，使用上の障害は絶対的なものでなく，国語を使う人間の教養や能力によって異なってくる。つまり，国民の国語の能力の向上を考えないで，ただ国語の平易化合理化に走っても，それは限界が成り立たないことになる。かくして，国語問題への対応としては，第一の日本語の体系・用法を合理化していくと同時に，その根本は国民の国語能力の向上，すなわち，国語教育の充実にあるということになる。

国語科教育の中で

国語科教育の領域で，国語国字問題と関わる独自の指導なるものは特にはない。

A 言語に関する教育……日本語の音韻・語彙・文法・文字・表記法などの知識を身につける。

B 言語活動に関する教育……現代日本語を使う（表現と理解）能力を高める。

以上のA，Bは，まさに国語科教育の基礎・基本であるが，このA，Bを徹底していくことが国語国字問題解消に向かう大道である。すなわち，日頃の指導を通して，①明瞭な標準的な発音ができること，②日本語の豊かな語彙を身につけ，場面や意図に応じて語彙を使い分けること，③正しい語法に基づいた乱れのない表現を目ざすこと，④漢字・仮名などの使い分け，正しい表記ができることを目ざすことに尽きる。

残された問題

しかしながら，国語問題と関わる国語教育には，例えば，平仮名先習か片仮名先習か，漢字は読み書き一致か分離か，その字種・音訓の学年配当はどうか，仮名遣い・送り仮名・ローマ字の綴り方など表記の基準はどうあるべきかなど具体的な問題がある。また，巨視的にはテレビやマンガなどを含めた言語環境，パソコンや携帯電話の進出とその影響（例えば，字形の再生は機械がやってくれる）といった問題もある。

最終的には教師の国語観が問われることになろうが，国語の伝統を引き継ぎながら新しい時代の自然な変化を少しでも望ましい方向に向けていく――ここに国語科教育の根幹があるといえよう。　　（森島久雄）

〈参考文献〉
倉島長正『国語100年』小学館 2002。

言葉の形式や用法を「言葉の乱れ」という。「乱れ」とまで言い切れない場合，「言葉のゆれ」ということもある。しかし，この「乱れ」も「ゆれ」も絶対的でなく，その人の言語観や言語感覚によってその判定も違ってくる。

例えば，敬語の後退と，一部にみられる過剰敬語は，乱れかどうか。女性が男性を指して「○○クン」というのはどうか。「実のなる木・実がなる木」のいずれの用法が乱れになるのか。「気がおけない」という慣用句を半数に近い若者は伝統的な意味とは逆に使用している。「推考・推稿」という用字は識者の著述にもある。「オ・耳・权」などの略字は乱れなのかどうか。その他，流行語や若者の言語風俗をどうみるか。国語教育としては，いたずらに新しい変化や風俗を承認するのでなく，一応は伝統的な用法を正として示していくぐらいで，ちょうどよいのであろう。

21 表 記

表記とは

　表記とは，言葉を文字や符号で書き表すことをいう。現代の国語（日本語）を書き表すには「漢字仮名交じり文」による。日本語には正書法がなく，漢字仮名交じり文に，絶対的な表記法はない。しかし，情報を円滑にやりとりするうえで，できるだけ望ましい書き表し方を身につける必要がある。

　現代の漢字仮名交じり文を適切に書き表すための約束を心得るには，①漢字の用い方，②平仮名の用い方，③片仮名の用い方，④くぎり符号の使い方などのほか，⑤ローマ字の用い方，⑥数字の書き表し方などについても身につける必要がある。

　一般の社会生活における漢字の用い方のめやすを定めたものが「常用漢字表」（平成22年，内閣告示）である。この表は，日本語を用いて生活する人たちが円滑なコミュニケーションを図るために共有しておくとよい漢字の範囲として，2136の字種とその字体，音訓を示している。

　「送り仮名の付け方」（昭和48年，内閣告示・訓令）は，単語を書き表すのに漢字と仮名とをどう当てて書くかのよりどころを示したもの，「現代仮名遣い」（昭和61年，内閣告示・訓令）は，現代の国語を仮名で書き表す場合の準則を定めたものである。

　また，「外来語の表記」（平成3年，内閣告示・訓令）は，一般の社会生活において現代の国語を書き表すための「外来語」の表記のよりどころを定めている。

指導のねらい

　児童・生徒に，適切な表記法を身につけさせるには，まず第一に，発達段階に応じて漢字・漢語力を育成することが必要である。そのため小学校段階では，漢字・漢語を無理なく習得できるように，「学年別漢字配当表」が設けてある。漢字の学習は，字種を増やし，字形を正確に記憶するばかりでなく，その意義を明示する音と訓とを増やすことが必要である。小・中・高の発達段階に即して，語彙を豊かにするという学習の範疇で，漢字の字種，音訓を増やすという学習を続ける必要がある。それにより，現代の漢字仮名交じり文を適切に書き表すことのできる知識や技能を高めるばかりでなく，漢語や和語などの語彙をも豊かにすることができる。なお，手書きされた文字の評価においては「常用漢字表の字体・字形に関する指針」（平成28年，文化審議会国語分科会報告）が参考となる。

　現代仮名遣いにしても，送り仮名の付け方にしても，発達段階に応じて，個々の語のレベルで一つ一つ記憶していくようにするほかない。なお，中学校ないし高等学校

仮名遣い　「現代仮名遣い」（昭和61年，内閣告示・訓令）は，語を現代語の音韻に従って書き表すことを原則としている。すなわち，表音的な立場をとっている。ただし，歴史的仮名遣いをもとに整理したものなので，使用上，若干の予備知識がいる。例えば，

①助詞「は・へ・を」は歴史的仮名遣いをそのまま使用する。

②オ列の長音は「う」で表す。（例；往来。扇。話そう。）ただし，歴史的仮名遣いで「ほ」ま

た，「を」で書き表しているものは「お」になる。（例；多い。大きい。氷。十。）

③エ列の長音は「え」で表す。（例；姉さん。返事の「ええ」。）しかし，実際にはエ列の長音で発音することもある「映画，先生，低迷」などは，「い」で表す。

④「四つ仮名」のうち，2語の連合（例；鼻血。近々。三日月。常々。）や，同音連呼（例；縮む。綴る。）は，「ぢ，づ」を温存している。ただし，2語の連合のうち，現代語の意識では一般に2

段階で，過去の学習を総括し帰納して，それらの全体像を体系的に学習して理解するように図る必要がある。

このようにして，国語を書き表すのに望ましい漢字仮名交じり文の表記法を身につけさせる。小・中学校段階での教科書の表記は，発達段階に応じて，漢字で書くべきところを仮名で書くこともあるのを指導者は十分に承知して，教育的配慮を施す必要がある。近年においては，交ぜ書きを避け，振り仮名を付けたうえで漢字を用いることも多く行われている。

指導の要点

発達段階に応じた指導を行う。

小学校低学年においては，文章の書き表し方は，必ずしも発音どおりに仮名を当てはめて書くのではないこと，特に「は・へ・を」の助詞をはじめ，長音，拗音，促音，撥音などの仮名遣いを正確に指導する。仮名遣いに関しては，中・高学年と進むに従い，オ列の長音，エ列の長音を正しく書けるようにするほか，2語の連合，同音の連呼の仕組みなどを含んだ四つ仮名（じ・ぢ・ず・づ）の使い分けについて理解するように指導する。更に，中・高学年にあっては，送り仮名の付け方における本則・例外系の付け方を身につけるように指導する。許容に関しては，中学校や高等学校段階で，社会生活への適応を得させるために，適宜，指導したい。

漢字は，常用漢字表を中心としつつも，必要に応じて表外の音訓や漢字も教える。また，辞書の利用を身につけさせる。

くぎり符号に関しても，発達段階に応じて，実際に使用しながら身につけさせていく。

課題

漢字仮名交じり文における表記法は，国の国語施策によって，めやす・よりどころが緩やかに定められている。学校教育においては，これらのうちの基本的なきまりに従い，一定の表記を指導し，それに沿った評価を行う場合がほとんどである。一方，社会一般においては，ある語を漢字で書くのか仮名で書くのかにしても，また，送り仮名の付け方を本則・例外系で貫くか許容をとるかにしても，それぞれの書き手に委ねられている面があり，安易に正誤の判断ができない場合もある。

学校教育においては，許容等の詳細までを指導し，評価に反映するわけではないが，指導者は，社会における表記の実態を十分に理解したうえで，円滑なコミュニケーションに資する表記法を習得させたい。

（武田康宏）

〈参考文献〉
武部良明『日本語の表記』角川書店 1979。文化庁編『新訂公用文の書き表し方の基準（資料集）』2011。『新しい国語表記ハンドブック』三省堂 2018。

語に分解しにくいもの等として，「ぬかずく。さかずき。いなずま。いちにちじゅう。……」と書くのを本則とし，「ぬかづく。…いちにちぢゅう…」のように「づ」「ぢ」を用いて書くこともできる，としている。

⑤「言う」は「ユウ」と発音されるが，「いう」と書く。これは，語幹を「い」で統一するためである。

国語（日本語）の正書法 「正書法」は英語orthographyの訳語であり，「綴字法」「正字法」とも訳される。英語では，個々の語のつづりを一定のものとするという形で，正書法が確立できる。国語（日本語）の場合，法律や公用文における表記法は内閣訓令等によって，ほぼ確立されているが，それをもって個々人の表記までに及んで拘束することはしていない。

22 日本語の特色

日本語の特色とは何か

日本語の特色として、音韻の数の少なさ、複数の種類の文字の混用、敬語の発達、題目「は」と主格「が」の区別、文末述語などがあげられることがある。ハワイ語は五つの母音と八つの子音しかないし、朝鮮語では、ハングル漢字交じり文が使われ、敬語を持ち、題目unと主格ulとの区別をし、述語も文末にくる。日本語で借用語である漢語の占める割合が大きいことが語彙的な特色だもいわれるが、英語でもフランス語からの借用語が相当の量を占めている。「特色」といっても日本語特有のものではなく、日本人の考え方や日本語の仕組みをよく表す現象や性質と考えるのがよい。

音節数と音節構造

日本語には、14種の子音（清音9、濁音4、半濁音1）と8種の母音（直音5、拗音3）を組み合わせた100個の開音節と、撥音・促音・長音の特殊音の、103種の音節がある。鼻濁音や外来音を加えても130種程度であり、世界でもかなり音節数の少ない言語である。しかも、日本語は、基本的に子音と母音を一つずつ組み合わせる単純な音節構造であり、五十音図のような音節の一覧表が簡単に作れる。音韻が多く構造も複雑な英語や中国語では簡単な一覧表で音節を網羅できない。

表記法

現代日本語では、漢字・片仮名と平仮名を交える表記法を取る。漢字・片仮名は主に体言や用言の語幹など、実質的な概念を表す部分に用いられ、平仮名は実質的な概念を表す部分のほか、付属語や活用語尾など、機能的な部分を表すのに用いられる。漢字仮名交じり文は、実質的な部分を表す文字と機能的な部分を表す文字が「太郎がビルを出た」のように交互に現れ、文節の最初が漢字や片仮名で始まることが多いので、分かち書きを必要としない。

日本語の漢字

現代の日常生活では、2000～2500字程度の漢字を習得していれば足りるとされる。しかし、中国語や朝鮮語では複数の読みを持つ漢字は限られるのに対し、日本語では、「穏和」（ワ；呉音）、「和氏之璧」（カ；漢音）、「和尚」（オ；唐音）、「和らぐ」、「和む」のように、種々の音訓が語によって使い分けられており、漢字習得の難点となっている。

語順

英語や中国語が主として語順で文法的な関係を示すのに対し、日本語や朝鮮語は、述語との関係を名詞に助詞を付けて示す。このため、文の成分の語順は比較的入れ替えがしやすい。文の成分では、「学校－に

開音節 母音で音節が終わる音節。子音で終わる音節は「閉音節」という。日本語でも特殊音を前の音節とあわせて「kaQ／koN／to:（葛根湯）」のように捉えると、日本語にも閉音節があることになり、音節数も400を越えることになる。

中国語の音節図 中国にも、「韻鏡」や「切韻指掌図」など、「韻図」と呼ばれる音節表があり、これが日本語の五十音図のもとになった。「韻鏡」には16段23行の表が43図載せられている。

新聞の文字 小説や新書では、全文字数の3～4割が漢字で、仮名や数字・記号のほうが多いが、新聞では、漢字が6割を占める。新聞の情報量を漢字が支えていることがわかる。新聞でよく使われる漢字は「日大人国年会本中一事」など。平仮名では「のにたをいはとるがしで」などが多く、片仮名（長音符合む）では「ーンスルイラトクアリッ」などが多い。平仮名は付属語や活用語尾に用いるもの、片仮名で特殊音節やラ行音というように、役割分担がうかがえる。

行か-なかっ-た」のように，かなり厳しい語順が見られるが，英語の「did - not - go - to - school」ときれいな鏡像関係にあり，普遍的な文法の表面的な姿の違いにすぎないともいわれる。

内と外

日本の社会では，内と外の区別が重要視されるといわれるが，文法でもこの区別は重要な働きをなす。話し手は，現場の物でも文脈上の事物でも，自分が関わる縄張りの内側にある事物は「これ」で示し，外側にあるものは「それ」や「あれ」で示す。移動も，内方向へは「来る」，外方向へは「行く」で示し，授受も内方向へは「くれる」，外方向へは「やる（あげる）」で示すので，「私は君の隣に来ます」や「僕に道を教えてやった」は不自然になる。敬語は，基本的に外側の人に対するものであるため，外側の人に話すときは，内側の人に敬語を付けない。

「なる」と「する」

英語や中国語で人為的な表現として他動詞で表される事柄が，日本語ではしばしば自動詞で表される。新幹線の英語のアナウンスは，"We make a brief stop at Kyoto."と他動詞を用いるが，日本語では「次は京都に止まります」と自動詞を用いる。日本語では，予定調和を構成する事項はしばしば自動詞で表現され，他動詞を用いて「京都に止めます」とすると，運転士の判断によ る臨時停車だと受け取られてしまう。お客にお茶を出す時に「お茶が入りました」と自動詞を使うのも同様で，自分の判断が加わったことを示す場合には，「今日はお茶でなくコーヒーを入れました」のように他動詞を用い，「コーヒーが入りました」とは言わない。

外来語

外来語は取り立てて片仮名で表記するだけでなく，文法的にも漢語と同様に，「指導する／コーチする」「内気な／シャイな」のように，原語の文法性と切り離して体言や体言相当の語幹として扱う。付属語や活用変化など機能的な部分を担う和語と区別することで文法の根幹が保たれるので，外来語も受け入れやすい。

擬音語・擬態語

日本語では，擬音語・擬態語が多用される。「ぱたり／ぱたっ／ぱたん」「ぱたり／ばたり」「ぱたり／ぱたぱた」のように形態が体系化され，文法的にも英語のように独立語ではなく，副詞や動詞や形容動詞の語幹など，さまざまな用法をもつ。「いらいらする」や「はらはらする」など，一般の動詞に置き換えにくいものも少なくない。

指導のねらい

ことさら日本語の特色として指導するのではなく，日本語話者では普通だが，他言語話者にしばしば注目される事項として扱うのが好ましい。　　　　　　（矢澤真人）

授受表現　本動詞の「やる・くれる・もらう」は物の授受を，補助動詞の「～てやる・～てくれる・～てもらう」は恩恵の授受を表す。「やる・くれる」は与え手を主語にし，「内→外」（やる）か「外→内」（くれる）で対立する。受け手を主語にする「もらう」は，一種の受け身表現とも見なせる。「一組を例にした」ことを恩恵と考えれば「一組を例にしてもらった」，迷惑と考えれば「一組を例にされた」となるように，「～てもらう」と受け身とはよく似た働きをする。

恩着せがましい表現　「お茶を入れました」は，わざわざそうしたという恩着せがましさを感じさせるおそれがある。恩恵の授受表現も，目上に使うと「校長先生，持ってきて差し上げます」のように恩着せがましくなるので，「持って参りましょうか」のように授受表現を避けて言う。生徒が教師に対して「先生，持ってきてあげるね」のように使うのは，敬語表現と同様，身近な相手は該当しないからであるが，徐々に，場合によって，恩着せがましくなることに気づかせたい。

23 辞書

辞書とは

辞典，字典，字書，字引きとも。一定の範囲の語や文字などを一定の方針のもとで選択し配列した書物である。小中学生用の辞典の場合，配列法は，国語辞典が五十音順，漢字辞典が部首の画数順となっているのが一般的である。

辞書に関わる学習内容（学習指導要領）

学習指導要領は，辞書の使用を小学校〔第3学年及び第4学年〕からとしている。〔知識及び技能〕の「話や文章に含まれている情報の扱い方に関する事項」に「……辞書や事典の使い方を理解し使うこと。」と出ている。更に「指導計画の作成と内容の取扱い」に「……辞書や事典を利用して調べる活動を取り入れる……」と出ている。

中学校でも〔知識及び技能〕のもと，「語感を磨き語彙を豊かにする」ために，第1学年に「語句の辞書的な意味と文脈上の意味との関係に注意して……」とあり，第2学年で「抽象的な概念を表す語句の量を増すとともに，類義語と対義語，同音異義語や多義的な意味を表す語句などについて理解し，……」，第3学年では「……慣用句や四字熟語などについて理解を深め，和語，漢語，外来語などを使い分けること……」とあって，国語辞典，漢字辞典なしに学習が成立しない内容となっている。

また，小学校の漢字学習については，読み書き分離論の観点から学年別漢字配当表を捉え，当該学年外の漢字でも振り仮名を付けて提出できるなどの弾力的な措置が見られる。中学校では，小学校の漢字に使い慣れるとともに，「第2学年までに学習した常用漢字に加え，その他の常用漢字の大体を読むこと」（第3学年）とされている。

教科書との関連

小学校国語教科書は，学習指導要領の規定にしたがって，第3学年，第4学年の新学期に「国語辞典の使い方を知ろう」「漢字辞典の使い方を知ろう」というようなコラム的な教材を置き，辞書を使いこなすことができるよう配慮している。その内容は辞書の性格と機能，引き方（次ページ参照），練習問題からなっている。このような教材は，中学校国語教科書でも，第1学年の巻末付録などに掲載されることがある。辞書というものが国語学習に必須の書物であることが理解できる。

以上は教科書が独立した教材としている例であるが，教科書本文の脚問欄は，辞書の利活用ととりわけ関係が深い。学習指導要領の〔知識及び技能〕の学習は「話や文章の中で使うこと」（「話すこと・聞くこと」「書くこと」「読むこと」）を通して展開す

辞書・辞典 国語辞典，漢字辞典は辞書の代表的なものである。両者は用途や仕組みに違いがあるが，国語辞典の中には，例えば，教育漢字を見出し語として取り出して読み方などを示したり，巻末に総画索引や音訓索引を付けて，漢字辞典の機能を併せ持っているものもある。このほか，わたしたちは，目的や必要に応じてさまざまな辞書の恩恵を受けている。例えば，言語（国語）辞書関係では，古語辞典，外来語辞典，方言辞典，アクセント辞典，類義語辞典，用字用語辞典，各種表現法辞典（挨拶，講話，スピーチなどの目的に特化したもの，諺，名句，名文，引用句）などがある。また，専門分野・領域ごとに，教育学関係，文学関係，国語学（言語学）関係，国語教育関係の辞典（事典）が編まれており，専門的な語や事項についての解説がなされている。辞書・辞典は言葉の意味や用法に重きをおいて説明・解説した書物であるが，国語辞典でも事典としての機能を併せ持っている場合も多い。ただし，専門辞書では事典的な性格が強いといえよう。

るからである。どの教科書でも、国語力（思考力、判断力、表現力等）の向上をめざして、記号を付して重要語句を脚注欄に取り立て、(1)意味を調べる、(2)類義語を調べる、(3)対義語を調べる、(4)同音語を調べる、などの指示がなされている。漢字の場合も、(1)新出漢字、(2)新出音訓（読みかえの漢字）、(3)熟字訓などが本文中に現れると、同様な配慮がなされている。漢字は文字であるが、語でもあり、造語力もあるので、語や語句の学習に進展するような工夫も見られる。

辞書の引き方
〈国語辞典〉
(1)見出し語は平仮名あるいは片仮名表記で五十音順に並んでいる。2字めも3字めも同様である（濁音、半濁音は清音の次に、促音、拗音は直音の次に出ている）。
(2)活用する言葉は言い切りの形で出ている。（あるいて→あるく）
(3)見出し語に対応する漢字が出ている。同音異字、送り仮名に注意する。
(4)意味の説明を読む。意味が幾つもあるときは、数字などで分けて示してあるので、文脈などに即して適切な意味を選ぶ（例文で確認する）。
(5)類義語、対義語、関連語などが示される場合は、そこにも目を通す。

〈漢字辞典〉
(1)漢字は部首ごとに集められ、部首は画数の少ないものから順に並んでいる。部首が同じ漢字は、画数の少ないものから順に並んでいる（土と米の部では土が先。土の部の地と場では地が先）。
(2)漢字の音訓、いずれかの読みを知っている場合は、音訓索引を用いる。音読みは片仮名で、訓読みは平仮名で示してある（ベイ・マイ、こめ→米）。
(3)部首も読みもわからない漢字は総画索引で調べる。
(4)漢字の成り立ち、漢字の意味、その漢字を含んだ熟語などを調べる。

学習指導のために
辞書の使用は学習者自らが自分の意志（興味、関心、必要）に促されて行われるものである。辞書の引き方指導が終わったら、できるだけ辞書がどうしても必要な学習の場を作り、おっくうがらずに辞書に親しむ習慣を作らせることが大切である。

辞書の使用は、学習指導要領では小学校中学年からということになっているが、必要に応じて少し指導の時期を早めてもよい。絵や図版入りの辞書も工夫されている。最近では電子辞書も発達している。

国語学習は生涯にわたって継続するものである。家庭、学校、社会のどの場面においても、辞書は身近で切実な疑問（問い）と結びついていることを銘記すべきである。

（有澤俊太郎）

〈参考文献〉
三浦しをん『舟を編む』光文社 2011。

事典 事物や事象に関する知識を集めて配列し、解説を加えた書物。五十音順の配列法を主とするが、学習百科事典などでは、項目別目次・索引などで各教科などの学習内容との関連が図れるよう工夫されている。

字典 漢字、仮名などの文字を集めて配列した書物。字引き。読み方や文字の成り立ち、字体、書体、筆順といった文字の基本的な要素や性格を解明するという目的に合わせて作られた書物。漢字字典、書体字典、筆順字典など。

辞書作り 国語学習において辞書に学び、利用・活用して辞書に親しむことはもちろん重要であるが、学習者自らが手製の辞書を作ることは、言語生活を生涯にわたって豊かにする。形式は既成の辞書の方式を適当に取捨選択して決定する。ノート（パソコン）などを使って後で自由に書き込めるようにするとおもしろい。自分の理解語彙、使用語彙の範囲ぎりぎりの語句などをメモ（登録）しておく。学習指導として立案して習慣化を目ざす。継続することが大切である。

24 書写

「書写」の語が初めて学習指導要領で使用されたのは、1958（昭和33）年版である。この時から、正式に、毛筆を使用する場合にも硬筆も使用する場合にも「書写」と称することとなった。中学校でも同様である。

あえて、なじみのない「書写」の呼称を登場させたのは、「習字」の語につきまとう「手習い主義。精神主義」からの脱却をはかるためであった、と久米は記している（久米公「文字を書くことの意義と書写教育の意義」『新編書写指導』全国大学書写書道教育学会編　萱原書房　2006）。しかしながら、現在の学校でも、依然として毛筆を使用する場合を「習字」と呼称し、書展出品作品制作のような活動が行われているという。

「書写」の語が登場してからちょうど60年の節目に、「文字を手書きする」活動の意義を厳正に見つめて、「書写」が国語学力を育成するための適切な学習活動となるよう改めて考えておきたい。また同時に、国語学力育成の一環として「書写」を実践していくうえで、自律的に考えるためには、上記を含めた基本的な歴史的知識が必要である。それを〔表1～2〕によって確認していくこととする。

近代以前の学習指導：毛筆

江戸時代までは、多くの庶民にとって、毛筆は日常不可欠の実用のための筆記用具であった。だから、毛筆を使用して文字を書く能力は、必須の学力であった。当時の教科書には、地名、もの尽くしや書簡文などが収載されている。毛筆を使用し、その扱い方を身につけるだけでなく、文言や書式の理解を同時に行うという学習が行われていたことがわかる。しかし、大正時代以降、廉価な硬筆とノートが普及してくると、毛筆の日常生活離れが進む。

こうした中、学校教育（中等教育）においては明治時代後半以降、毛筆による芸術活動が行われるようになった。

国定第1期から第4期まで：毛筆

国定教科書期第1期から第4期までは、国語科の教科書は、読本と手本との2種類が用いられていた。「書き方」は手本によって行われ、手本の内容は毛筆の文字によって提示されていた。

国定第5期：国語では硬筆

国定第5期では、国語科は国民科の1科となった。読本は、「アカイアカイアサヒ」で始まるいわゆる「アサヒ読本」が使用された。特筆すべきは、史上初めての硬筆手本が含まれている国定教科書が編纂されたことである。「コトバノオケイコ」である。前述したが、当時の小学校では、国語に限らず筆記活動は、既に硬筆とノートによって学習活動が行われていたからである。

毛筆を使用する書写　平成29年版小学校学習指導要領の「第3」には、「(イ)　硬筆を使用する書写の指導は各学年で行うこと。／(ウ)　毛筆を使用する書写の指導は硬筆による書写の能力の基礎を養うようにすること。」とあり、同中学校学習指導要領でも同様の内容が記述されている。これは昭和33年版から引き継がれており、平成29年版では硬筆と毛筆について2項目に分けて記述されたことが、特徴的である。

硬筆を使用する書写　毛筆を使用する書写と硬筆を使用する書写とでは、どちらに重心が置かれるのか。それは、「(ア)　書写の能力を学習や生活に役立てる態度を育てるよう配慮する」を根拠に判断し実践を行うべきである。中3に示された「(ア)　身の回りの多様な表現を通して文字文化の豊かさに触れ、効果的に文字を書くこと。」に、義務教育段階の書写のゴールが示されている。

〔表1〕小学校国語科における「毛筆書写」の変遷

教科書期ごとの読本愛称と，毛筆書写（書き方手本）の『書名』および「第一教材」
国定第1期〈明治37年～〉　読本『イエスシ』
『尋常小学書キ方手本』，第一教材「タロー。オチヨ。」
国定第2期〈明治43年～〉　読本『ハタタコ』
『尋常小学書キ方手本』，第一教材「ニハトリ。ウタ。」
国定第3期〈大正7年～〉　読本『ハナハト』
『尋常小学書キ方手本』，第一教材「一。二。ノ。メ。」
『尋常小学書キ方手本〔新訂〕』，第一教材「ノ。メ。ク。タ。」
国定第4期〈昭和8年～〉　読本『サクラ』
『小学書キ方手本』，第一教材「一二六十」
国定第5期〈昭和16年～〉　国民科国語『アサヒ』，国民科国語『コトバノオケイコ』
芸能科習字『テホン』，第一教材「一二」
（昭和22年版）　読本『いいこ』

〔表2〕小学校国語科における「書写」の位置づけ

学習指導要領ごとの国語科の構造と，「書写」の位置
昭和22年版　(1)話しかた／(2)作文／(3)読みかた／(4)書きかた／(5)文法
「(4)書きかた」の中に　書きかた（硬筆）
昭和26年版　(a)聞くこと／(b)話すこと／(c)読むこと／(d)書くこと
「(d)書くこと」の中に　作文／書き方（硬筆）／習字（毛筆）
昭和33年版　A聞くこと，話すこと，読むこと，書くこと／Bことばに関する事項
「A書くこと」の中に　作文／書写（硬筆）
昭和43年版　A聞くこと・話すこと／B読むこと／C書くこと
「C書くこと」の中に　(1)作文／(3)書写
昭和52年版　〔言語事項〕／A表現／B理解
〔言語事項〕の中に　(2)書写
平成元年版　A表現／B理解／〔言語事項〕
〔言語事項〕の中に　(2)書写
平成10年版　A話すこと・聞くこと／B書くこと／C読むこと／〔言語事項〕
〔言語事項〕の中に　(2)書写
平成20年版　A話すこと・聞くこと／B書くこと／C読むこと／〔伝統的な言語文化と国語の特質に関する事項〕
〔伝統的な言語文化と国語の特質に関する事項〕の中に　(2)書写
平成29年版　〔知識及び技能〕／〔思考力，判断力，表現力等〕A話すこと・聞くこと，B書くこと，C読むこと
〔知識及び技能〕の中に　(3)ウorエ書写

一方、毛筆を使用する学習は、芸能科習字で行われ、国語から分離した。

昭和22年版学習指導要領：国語では硬筆

戦後、1947（昭和22）年に初めて公表された学習指導要領〔試案〕では、毛筆を使用する学習は教科の枠からは削除された。この時新設された自由研究の時間内で行ってもよいとして位置づけられたのだ。つまり、国語科では、硬筆による学習指導のみが行われた。

昭和26年版学習指導要領：必修は硬筆

1951（昭和26）年に公表された戦後2つめの学習指導要領〔試案〕では、学校で選択する場合、毛筆を使用する学習を第4学年以上の国語科で扱ってもよいこととなった。かなり慎重な書きぶりであるので、該当する記述を引用してみる。『一般編』に「もし毛筆習字の学習を児童もこれを必要とし、また同時に学校でもその必要を認めるならば、硬筆習字にある程度習熟した第4学年以上の適宜の学年でこれを指導するのがよいであろう。もちろん、この場合毛筆習字は国語学習の一部として課するのであって……」とある。そして、『国語科編』の「第4学年の国語科学習指導はどう進めたらよいか」の節から「毛筆」に関する記述が現れる。

昭和33年版学習指導要領：「書写」の語、初出。必修は硬筆

1958（昭和33）年版学習指導要領では、初めて「書写」の語が登場し、毛筆を使用する場合も硬筆を使用する場合にも、「書写」と称することとなった。ただし、毛筆を使用する書写は、「書くこと」の指導の一環として、年間35時間以内で、必要に応じて第4学年以上で課すことができるとされ、この時から、毛筆を使用する書写の指導によって、硬筆を使用する書写の基礎を育成するという考え方が明確に打ち出されて、以降、現在まで引き継がれている。

昭和43年版学習指導要領：毛筆による書写も第3学年以上で必修

1968（昭和43）年版では、書写は「C書くこと」の一部に位置づけられ、次のように記述されている。「6．硬筆を使用する書写の指導は、すべての学年で行なうものとする。また、毛筆を使用する書写の指導は、第3学年以上の各学年で行ない、文字の……」とあり、年間20時間程度の必修となった。つまり、現行とほぼ同様の位置づけとなったのである。

平成29年版学習指導要領

2017（平成29）年版では、学習指導要領自体の構造の変更が行われた。その中で従来の〔言語事項〕並びに〔伝統的な言語文化と国語の特質に関する事項〕に位置づけられてきた内容が整理されて、〔知識及び技能〕に収められた。すなわち、書写は、〔知識及び技能〕に位置づけられた。対象学年および年間授業数は平成10年版及び平成20年版と同様である。

以上のように見てくると、毛筆を使用する書写は、「文字を手書きする」という基礎的な学力育成の一端を担いながら、教育課程のうえで、呼称、位置づけ等が著しく変転していることがわかる。一方で、指導事項には、ほとんど大きな変化が見られない。

これからの書写の学習指導のために

キーボードタッチや親指入力によって、手軽で迅速な通信やコミュニケーションが可能となって久しい。最近では、スマートフォンで作成したレポートを、直接、提出先アドレスに送信する学生が多くなった。だから、こういう言語環境に即した書写の指導を行わなくてならない。

（鈴木慶子）

〈参考文献〉

鈴木慶子『文字を手書きさせる教育』東信堂 2015。

Ⅱ 読解・読書指導

- 25 読　　解
- 26 鑑　　賞
- 27 感　　想
- 28 主　　題
- 29 要点・要旨
- 30 構想　──段落・文章構成──
- 31 叙　　述
- 32 情景と心情
- 33 音読・黙読
- 34 通　　読
- 35 精　　読
- 36 味　　読
- 37 要　　約
- 38 童　　話
- 39 小　　説
- 40 戯　　曲
- 41 詩
- 42 短歌・俳句
- 43 随筆・随想
- 44 伝　　記
- 45 記録（紀行）・報告
- 46 報　　道
- 47 説明・解説
- 48 論　　説
- 49 古典教育
- 50 古典（物語・随筆）
- 51 古典（和歌・俳句）
- 52 古典（漢文）
- 53 情報処理・活用
- 54 情報リテラシー
- 55 読書指導〈１〉
- 56 読書指導〈２〉

25 読解

読解とは

「読解」とは，文章（テクスト）に接触し，文章に内包された情報を，読者と書き手とが共有するコード*（文章表現の規則や約束事）と読者に既有の知識・情報および経験とを手がかりとしながら解読し，それを理解し，解釈するに至る，読者の一連の行為を指す概念である。このことを円滑に行う技能を育てる営みが読解指導である。

読解指導の目ざすこと

読者が書き手とコードを共有するためには，少なくとも文章で用いられている語彙と構造に関わった読解技能を身につけなければならない。この側面から要求される読解技能の諸局面をまとめると，次のようになる。①語レベル…文字・語彙を正確に理解する。②文レベル…文脈・文法に即して文意を読み取る。③部分的文章構造レベル…段落間の関係を考え，文章の構成を捉える。④全体的文章構造レベル…文章全体の構成を把握し，主題や要旨をまとめる。

この諸局面での理解を推進する方策として「文図*」が用いられることもある。論旨を読み取り，論拠を探り，文章構成および叙述の効果を考え，書き手がなぜそのように書いたのかということを対象化して批評する，といったことが可能になる。

だが，読解は，読者が読みの対象としての文章と交渉しながら意味形成を行っていく能動的な営みでもある。この点を考慮に入れると，次のような読解技能を意識化していくことにもなる。A読むことに先だって読者が保有している知識や情報を想起する。B文章の特定の局面を優先させたり，強調したりする。例えば，題名に注目したり，未見の語彙に注目したり，文章中の繰り返される語彙に着目する，など。C文章中の語彙や叙述の持つ意味内容を推論する。D続きを予測するために，文章展開パターンの知識をもとに推論する。Eその文章のそれぞれの部分が全体としてどのように統合されているのか再読しながら考える。

指導の実際

従来のわが国における読解指導においては，少なくとも上述のような要素を含んだ指導過程が提唱されてきた。

例えば，輿水実（こしみずみのる）の「読解の基本的指導過程」は，(1)教材を調べる。わからない文字・語句を辞書で引くなり，文脈の中で考えて，全文を読み通す。(2)文意を想定する。読みの目標や学習事項を決め，読み方の性格を決定する。(3)文意にしたがって，各段落・各部分を精査する。(4)文意を確認する。(5)その教材に出てきた技能や，文型・語句・文字の練習をする。(6)学習のまとめ，目標

コード 「伝達行為で，伝達内容（メッセージ）が相手に伝わるように，記号を組み合わせる際に用いられる規則もしくは慣習（約束事）のこと。発信者と受信者の双方が共有すると考えられるもの」（川口喬一（かわぐちきょういち）・岡本靖正（おかもとやすまさ）編『最新文学批評用語辞典』研究社出版 1998）。読解においても，コードの共有は重要であり，従来，読解の「正しさ」「正確さ」と言われてきたものは，書き手の「伝達内容」を把握するために「コード」を共有することへの志向を含んでいると考えられる。

文図 文または文章の構造を図式化したもの。形式面で大小二つの類型がある。
①文（センテンス）における主語・述語・修飾語などの関係を図解するもの。
②文章全体における各段落の意味や主要語句の相互関係を図解するもの。

なお，②については，文章構造図と意味構造図とに分ける考え方がある（瀬川栄志（せがわえいし）『国語科教材研究の標準化1 実践のための基礎理論』）。

一読総合法 児童言語研究会が提唱している読解

による評価，という手続きを取る。「基本的指導過程」は，教材となる文章の語彙・構造に立脚した読解のためのはたらきかけを定式化したという点に価値を認めることができる。が，そこには文章側もしくは教師側からのはたらきかけを中心にしているという限界もある。

この点を克服するために，児童言語研究会，教育科学研究会国語部会，文芸教育協議会等によって読解の指導過程が探究された。とりわけ，読解における読者の意味形成過程に着目したのが児童言語研究会の「一読総合法*」である。「一読総合法」においては，文章の「立ちどまり箇所」ごとの「一人読み」と「話し合い」とを交互に行いながら，読む間に学習者の抱いた思考を拡充していくことが目ざされている。

指導上の問題点

「読解」が文章そのものの分析・解釈に限られるものであるとすれば，文章そのものの構造をどのように捉えるのかということは重要な問題である。この点で，「分析批評」の提案する批評学習のための概念装置や，科学的「読み」の授業研究会による文章読解過程における「構造」と「論理」の追究，あるいは「言語技術教育」論における読むための「言語技術」の析出の試みは重要な問題提起を含んでいる。鶴田清司の指摘する「国語科教育で言語技術（読み方・書き方・話し方・聞き方）を〈教科内容〉としてきちんと位置

づけ」，「指導内容の精選」と「教材の系列化」を図ることは，読解指導においても依然として重要な課題である。この課題を見きわめることによって，読解における読者と書き手とのコードの共有が可能となるからである。

OECD（国際経済協力開発機構）は「人間が望ましい社会生活を送るのに必要な，実践的能力（コンピテンシー）の育成」を教育の目標として掲げ，その「実践的能力（コンピテンシー）」をはかるPISA（Programme for International Student Assessment）調査を実施している。その「実践的能力」の一つに，①情報の取り出し，②テキストの解釈，③熟考・評価の三側面から測られる「読解力（Reading Literacy）」がある。2003年実施の同調査で日本の15歳の「読解力」スコアが世界の第2グループとなり，問題視され，上述のPISA「読解力」②③を中心とした「PISA型読解力」が急務とされた。2009年実施の同調査で，日本の15歳の「読解力」スコアは世界の第1グループの水準まで向上した。が，「読解力」スコアの向上以上に児童生徒の読むことへの「取り組み（engagement）」を促すことが大きな課題とされ，その課題克服のための指導と評価を開発する営みが続けられている。（山元隆春）

〈参考文献〉
鶴田清司『言語技術教育としての文学教材の指導』明治図書 1996。井上尚美『思考力育成への方略』明治図書 1998。

指導の方法である。三読法（通読・精読・達読〈味読〉）に対して，最初から一文・一段落ごとに詳しい読みを積み重ねて，一読で総合的な読みを完了させようとする。読み手の主体性重視が基本観点の一つとなっている。

「『一読総合読み』が従来の読みと根本的に異なるところは，読みの最初の段階に行っていたところの「通読」を行わないところにあります。」（児童言語研究会『一読総合法入門』）

PISAの読解調査の特徴　PISAの読解調査では，

「生徒が情報を探し出し，解釈するだけでなく，読み取ったものを省察し評価する」ことまで測定する（中略）読解とは与えられたものを読んで理解するだけでなく，情報を探し出すことに始まり，解釈した中身と，読み取っている時の自分のあり方との意味を省察し評価することまで含む，長い思考プロセスとみられている。当然にこの思考過程の結末は，外部に表現されるものでもある。」（福田誠治『競争やめたら学力世界一　フィンランド教育の成功』）

26 鑑賞

鑑賞とは

鑑賞という用語は，広義に使われる場合と狭義に使われる場合とがある。広義に使われる場合は，文学作品の意味構造（叙述・構造・主題・思想・典型等）を理解すること，すなわち解釈と，作品に描かれている人物や事件，主題や思想，あるいは細部の叙述等を味わうというはたらきの両方の意味を込めている。狭義に使われる場合は，後者のはたらきだけに限定している場合が多い。

児童・生徒の鑑賞能力の発見

戦前の文学教育は，西尾実の言うように文学研究教育であって，もっぱら解釈を中心とする学習であった。鑑賞は解釈の結果として自然に出てくるもので，解釈作業を進めれば，読み手個々人の内部ではなんらかの鑑賞が行われているものであるが，この鑑賞の作用を意識的に教室内で取り上げたのは戦後になってからのことであった。

1953年，日本文学協会の大会で荒木繁の「民族教育としての古典教育—『万葉集』を中心として—」が報告された。これは，従来の，歌の解釈を教え込む授業とは違って，万葉の歌に対する生徒個々人の素直な感想，すなわち鑑賞を主体とする授業であった点で画期的であった。この実践に触発されて，西尾は独自の鑑賞論を展開した。西尾は既に，作品研究の方法体系として素読，解釈，批評の3段階を見いだしていたが，荒木の実践報告に触発されて素読，解釈，批評のそれぞれの段階に見合う，第一次鑑賞，第二次鑑賞，第三次鑑賞を見いだしたのである。第一次鑑賞は素読のあとの率直な鑑賞，第二次鑑賞は作品解釈を踏まえたうえでの鑑賞，第三次鑑賞は作品の価値判断に伴う鑑賞である。

鑑賞論の発展

文学作品を読むと，読み手の内部になんらかの鑑賞体験が起こる。これを文学体験というが，この文学体験とはどういう性質のものであるかについての考察の発展が，鑑賞論の発展をもたらすことになった。

ごく初期においては，文学体験は代理体験あるいは間接体験*と呼ばれていた。すなわち，文学における体験は，現実の体験の代理，あるいは現実の間接的な体験であるという意味であった。しかし，これらの用語は，文学空間の独自性，虚構の意味を認識していないかに思える。代理体験，間接体験のほかに，追体験*という用語も使われていた。これは，読み手は，作者が作品を創造する中で体験したと同じ体験を，作品の読みを通して追体験するという意味である。追体験という捉え方は，しかし，読み

代理体験・間接体験 われわれは文学作品を読むことによって，文学作品に描かれているさまざまなできごとや人物の行動，感情などを体験することができる。しかし，それは現実のものではなく，現実の代わりの体験（代理体験）であり，作品を通しての間接的な体験（間接体験）である。しかし，現実にはありえないことも文学では体験するわけで，これらの用語はその点不十分である。

追体験 大正から昭和前期にかけて，読み方教育の中心を占めた芦田式七変化（よむ，とく，よむ，かく，よむ，とく，よむ）にしろ，石山脩平の三層読み（通読，精読，味読）にしろ，西尾実の解釈体系（素読，解釈，批評）にしろ，いずれも作品に描かれている世界に没入して，作品の意味構造を根底から把握するためのものであった。すなわち，己をむなしゅうして，作品世界を追体験するための過程論であったことに特徴がある。

の活動における読み手の主体性を考慮していない。解釈だけでなく鑑賞ということを考えれば，読み手が作者と全く同じ文学体験をするということはそもそも不可能なことである。作品が，時間的・空間的に隔たれば隔たるほど，ますます忠実に追体験することは不可能になる。このことを問題にし，鑑賞における読み手の主体性を明らかにしたのは熊谷孝であった。

熊谷は，読み手の主体性を重んずる意味で，追体験のかわりに準体験*という用語を使った。熊谷は，作者と共通の体験をもたなくとも読者がわかるのは，日常体験の共軛性があるからだとする。読者は，言葉によって描かれた現実を，自分自身の体験に従って裏打ちし肉づけすることで，生々しく，場合によっては現実以上の現実としてこれを受け取っていく。この体験を熊谷は準体験と呼んだのである。そこには，作者の体験に追随するのではない，読者の主体的な営みがある。その意味で，準体験は追体験論を乗り越えているといえよう。

文学体験を共体験と呼び，これを同化体験と異化体験とに区別したのは西郷竹彦*であった。共体験を同化と異化とに分けるのは，その背後に視点論があるからである。同化というのは，視点人物に即し，視点人物の身になって，視点人物と共通の体験をすることで，異化というのは，（視点人物を含めた）登場人物を外側から見て，この人物たちの行動や思想・感情を評価する体験のことである。西郷の共体験論は，鑑賞論をより明晰にし，実践的にしたということができよう。

作品と読書

文学作品に描かれているのは一定の世界であるが，それを享受する読み手は一人一人別の世界を持っている。読み手は自分を白紙にして作品に向かうわけではなく，自分自身の世界と作品世界を突き合わせながら作品を享受しようとする。したがって，ときには作品世界に素直に同化する場合もあるけれども，反対に，作品世界と何か相いれないもの，自分の世界とは異質なものを感じる場合もときにはある。例えば，ウクライナ民話「おおきなかぶ」を読み終えたとき，多くの読者は，おじいさんやおばあさん，まごや犬やねこが共同して力を出しても抜けなかった大きなかぶが，ねずみが力を貸すことによって抜けたことに感動し，小さなねずみを賞賛することになるけれども，一部には，小さなねずみをちっとも立派だと思わない読者もいる。自分の実生活における価値意識を頑なに守っているわけである。しかし，これもまた一つの鑑賞であることに変わりはない。

（藤原和好）

〈**参考文献**〉
浜本純逸『戦後文学教育方法論史』明治図書 1978.

準体験 文学体験は，文学作品を読むことによって起こる。したがって，この体験は，作者が創作活動の中で体験した体験を，読者が忠実になぞることによって起こるかのように考えられてきた。しかし，例えば，古典研究が明らかにしているように，古典の解釈・鑑賞は時代によって大きく変わってきている。これは，読者が単に追体験しているのではなく，主体的に読み取っていることを意味している。ゆえに熊谷孝は，これを準体験と名づけた。

同化・異化 作品に描かれているできごとは，誰かの視点から見られているように描かれている。この誰かを視点人物という。読者は自然に，視点人物と同一の立場に立って物事を見たり聞いたり，視点人物と同一の感情体験をする。これが同化である。読者はしかし，ときとして我にかえり，視点人物を読者自身の立場から評価するような見方を経験する。これを異化という。読者は，同化と異化を繰り返すことによって複雑な文学体験を経験する。

27
感　　想

感想とは

「感想」とは，ある物事に対して心に感じ思うこと，である。したがって，見れども見えずのように物事を認識できない状態では，感想は生じないことになる。

「思う」には，物事を理解したり感受したりするときの心のはたらきと，ある対象に強く向けられる心のはたらきがあり，「想」には，「考え・思い」という意味のほかに，仏語「五蘊」の一つとしての意味もある。『広辞苑』では五蘊を，「色は物質及び肉体，受は感受作用，想は表象作用，行は意志・記憶など，識は認識作用・意識」と説明している。これは，ある物事から何かの感じを受け，どのように思うかを行為を通して吟味しながら認識していくという，一連の自己学習の経緯を示しているともいえる。

以上の内容を考えれば，「感想」には，言語生活を地盤とした国語教育において見逃してはならない人間的な精神構造と，そのはたらきが関与していることがわかる。また，文化審議会国語分科会の答申（2004）は，国語力の中核をなすものとして，「考える力・感じる力・想像する力・表す力」をあげている。すなわち，自分の感想を持ち，それを表現することは，国語力向上の中核に位置づけられる活動である。

「感想」には，漠然とした印象や心に浮かぶ思いという次元のものから，人間として高度な表象作用や芸術性という次元に至るまでの多様なレベルとはたらきが存在する。

初発の感想（一次感想）

ある作品や文章を一読したときの感想を，「初発の感想」と呼んでいる。それは，読者の経験や認識を主体とした読みに基づくものであるから，書いてあっても気づかず読み落としたり，語彙や内容に関する知識不足のために理解できなかったり，誤解したりしていることがある。また，一読で深い感動*を味わう場合もある。このように初発の感想には，多様なレベルと観点が存在している。それは必ずしも個人の一貫した解釈の態度に支えられているわけではなく，作品の傾向，読む時期や感想発表の場等に左右される流動性を持っている。したがって，初発の感想のままでは，個人の読みの力は日常生活に生きる力とはなり得ない。

そこで，初発の感想をどのように吟味して深め，判断し，批評*する力をつけるか，ということが指導の重要な課題となる。そのための精読段階の学習を経て，修正されたり深まったりした感想を二次感想，終末の感想などと呼ぶ。

初発の感想は，必ずしもまとまりのある合もある。したがって，群集心理的な感動や，「感動しました」という発言などに惑わされることなく，学習者が何に，どのように感動しているのかを洞察して対応する教師の態度が重要になる。

深く感動した場合は，それまでの認識や価値感情が止揚されて，日常的な言動や生活態度の変容となって現れる。したがって，学習者の感動を大事にした適切な読みの指導は，国語力の涵養とともに，個人の言語生活をより豊かに創造する態度を育成することにもつながる。

感動　「強い感銘を受けて深く心を動かすこと」である。それは，快・不快やあこがれと満足などが内的に調和した純粋感情であるともいわれている。ラッセルは，感動には「基本的価値の理解」や「行動と人格の変化」なども含まれていることを指摘している。

感動の経験は大切であるが，教師の話術やICT機器による映像の効果を活用した指導方法などによって盛り上がった授業中の感動は，ともすれば学習者が教室の雰囲気にのせられたに過ぎない場

感想

文章である必要はない。メモでも箇条書きでもよいから、まず、自己の読みを記録しておくことに意味がある。

初発の感想の意義

初発の感想は、教師にとっても学習者にとっても重要である。教師にとっては、学習者の初発の感想に記された多様な問題意識が、学習者主体の読みの授業を進めるための手がかりとなる。また、読者論導入による読みの指導では、教師も一読者として学習者とともに新しい読みの創造行為に参加することになるので、教師が自身の初発の感想を吟味する態度も重要である。

学習者にとっては、初発の感想が、自分の読みを深める手がかりとなる。そのため、初発の感想を書き留めずに授業が進んでいく場合は、学習は受け身になって驚きや発見が少なくなり、学習内容の定着度は弱くなる。しかし、学習者が自らの疑問や感動を初発の感想の中から意識して、他者と交流しながら解釈を深めていくことは、主体的な読みの力を定着させることになる。

読みの指導における留意点

学習者の初発の感想を手がかりとして作品を更に深く読み味わう学習のためには、学習者の実態と作品の特徴に応じた指導過程が工夫されなければならない。そこでは、作品の解釈や鑑賞を支える語彙の理解や叙述の工夫などを具体的に検証して読みを深め、批評の力をつけて、対象作品以外の多様なジャンルの作品にも通用する読みの力を定着させることをねらいとする。そして、学習者の問題意識に基づいた学習活動が充実して、初発の感想が深まったり変容したりすることが学習の成果である。

学習過程で注意すべきことは、学習者の多様な初発の感想を、教師の解釈にひきつけて安易に訂正してはならないということである。学習の成果は、教師の意図する方向に学習者が初発の感想を書き直す力をつけることではない。それは、学習者に自分の本音と乖離した言語活動を強化させることになる。

学習者主体の読みは、学習者が互いの多様な読みを批評し合う態度を共有しながら、自らの解釈を自己吟味して深めていくことにある。教師との問答や学習者どうしの交流を通して自らの感想を吟味する活動や、時代を超えた先人の考えや国際的な観点からの意見を調べて課題を探求する活動などを通して、自分の感想の深まりをメタ認知していく態度を育てることが指導の眼目になる。

個人の感想は、このような学習経験の積み重ねによって独自に深まり、鋭く、豊かになっていく。 （小川雅子）

〈参考文献〉
田近洵一・浜本純逸・府川源一郎編『「読者論」に立つ読みの指導』全4巻　東洋館出版社 1995。
浜本純逸『戦後文学教育方法論史』明治図書 1978。

批評　一般的な意味は、「物事の是非・善悪・美醜などを指摘して、自分の評価を述べること。」であり、良い点も悪い点も指摘して論じることが前提である。

西尾実は、文章や作品を「読み」、「理解し」、「批評する」という三つの活動を、「読む作用の体系」として次のように位置づけた。(『国語国文の教育』1929)

①素読（鑑賞）
②解釈
③批評

西尾は批評について、「読みから来る直観の発展としての解釈を完成し、対象を自我の表現として見ることの出来るまでに至った立場において成立する価値判断である。」と説明し、批評に至る体験を意識することで読者である学習者の人格的成長が遂げられる、と述べている。

学習者どうしが、自らの主体的な読みと価値判断によって文章や作品を批評する力を互いに磨き合うことが、読むことの学習における課題である。

28 主　題

主題とは

　日本の国語教育における文学的文章の「主題」の定義は，国語教育史と文学理論の変遷とを考慮したとき，「作家論」的立場，「作品論」的立場，「テクスト論（読者論）」的立場の三つに分けられるだろう。それぞれの立場により主題の定義も異なる。

　比較的古くからの立場は，作家論の立場で，それは文部科学省の一貫した立場でもあった。その定義は「書き手が書き表そうとした中心の考え」（文部省『中学校学習指導要領（平成10）解説・国語編』）である。（だが，中学校は平成20年，高等学校は平成11年の改訂から「主題」という言葉そのものが指導要領から削除されている。）ここでは〈書き手＝作家〉に重点がおかれていて，主題が「素材＋価値」（浜本純逸）から成立しているとするなら，〈素材〉とそれに対する〈価値づけ〉も作家の意図を優先する。なお，ここにおける〈素材〉とは，もの（主人公が強くこだわっている人・もの・動物）と，こと（上記が象徴していること）の2層が考えられる。

　作品論的立場での定義は，「作品に描かれている人間の生活現象に内在している一般的なもの・本質的なもの」（奥田靖雄・国分一太郎編）である。ここでは〈作品〉に重点がおかれていて，〈素材〉も〈価値づけ〉も「作品」の語りや描写や筋や構造からどう読み取れるかを重視し，〈作家〉がどう考えているかには無関係に主題追求をすすめる。そして，答えが作品の中に埋め込まれていると考える。作家論的立場も作品論的立場も「唯一または数個の正解」を求めたがる傾向が特徴である。戦後の主題指導は主に，この二つの立場が中心となって行われてきたといえる。

　テクスト論では，「テクストは生産行為の中でしか経験されない」「複数的」なものであり，読者が，書かれたもの（＝エクリチュール）に刺激されて意味を創造する行為の中に「テクスト」が完成されるもの，と考える（ロラン・バルト）。したがって，テクスト論の主題の定義は困難であるが，「書かれたものに刺激されて読者が創造する一筋の主張」ということになろうか。

　このテクスト論の出現によって，次のように読みの可能性がひろがった。①作家の無意識的表現を扱うことが可能となった。②作家と切り離すことで，作品はどこの空間（場所）・どこの時間（時代）にも置くことができ，かつ，ある部分だけに焦点を当てて読むことができ，作品の意味や価値が多様化するようになった。③言語そのもののもつ抽象性や「表現」は，空所を生み

主題認識の方法　筆者が提案する「読者論にふさわしい主題認識の方法」を示しておく。構造主義的（「複数の現象の背後にある共通性を抜き出す」「二項対立させる」）な手法である。

　一つは，「主人公の心の転換」を追う方法である。⑴主人公の心の転換部分を次々と明らかにする（その時，どんな心からどんな心へと変化しているかを極力短い言葉でまとめる）。⑵その中で一番大きな心の転換部分を決める⑶その転換部分の前まで，およびそれ以降にそれぞれ主人公がこだわり続けたもの・人・動物を明らかにする（これを表主材という）。ここまでは共通認識事項である⑷上記で得られたものがそれぞれ何を象徴しているか，何を意味しているかを明らかにする（これを裏主材と呼ぶ）。この部分は読み手各自の認識に委ねる。⑸上記に読み手が価値を付加したもの（文・または文章）を主題とする。

　もう一つは，「対比・類比」を使う方法である。作品全体を眺めて関係性・構造に目を向け，「対比」関係にあるものをまとめて（類比化）二つに

（W.イーザー）、その際に読み手の解釈・創造が必要となるが、それが十分できるようになった。④文学的文章の特質は象徴性、暗示性、比喩などの多用である。そこには読み手の自由な創造の余地（空所）があり、十分にそれができるようになった。

実は、作品論の立場でも上記の実現が可能であったのである。異なる点といえば、「答えは作品の中に最初から埋め込まれている」という意識から逃れられない点である。とりわけ、それまでの「主題追求の授業」が、いずれも教師の描いている一つの「主題」に生徒を誘導して導こうとするものであったため、その点が強く批判され、主題追求の授業は国語教育界では次第に肩身の狭いものになってきている。

以上の理由で「作品論」よりも「テクスト論」が支持され、1970年代の学習者重視の追い風の中で「読者論」の立場が隆盛してきたといえる。

しかし、そのことで、主題追求の授業によって実現されてきた「ストーリーにそって作品の主題性・思想性を深く読むおもしろさ」までが失われたり、本質を求めて哲学する機会を奪ってしまったり、対比・色・クライマックスといった読みの視点を教えることまで拒否する傾向が生まれたりして「書かれてあるように読む」ことから離れて「読みたいように読む」生徒も生まれてきた。

ちなみに、古くはソビエト文芸学（『文學理論』青木文庫）では、作家の中心的考えを「思想」とし、「主題」と区別している。

主題認識の方法

主題を認識するためには、語りや描写や会話を味わい、イメージ化し、それぞれの形象の相関関係をおさえ、題名や山場に注目し、主人公の心の変化を捉えるといったところまでは多くの実践に共通するところである。だが、それ以降の詰めの具体的方法となると急に曖昧模糊となっている。

主題指導の問題点

主題を授業で扱うことへの批判は、①語りや描写を味わうことこそ本命である。②主題を一つに収斂させようとすることは誤っている。……の2点である。前者については、読み手の発達段階および上達段階（読みの力のレベル）に応じて「主題」を中心に扱う学年（例えば中学2年生以上）があってもよいのではないか。後者については、指導者がテクスト論の意義を認識して授業計画にのぞみ、かつ、主題を一つの答えに収斂させないような〈主題創造の技術〉と〈授業スタイル〉とが解明されることが必要である。　　　　　　　（寺崎賢一）

〈参考文献〉
浜本純逸『文学教育の歩みと理論』東洋館出版社 2001。奥田靖雄・国分一太郎編『国語教育の理論』麦書房 1964。ロラン・バルト『物語の構造分析』みすず書房 1979。W.イーザー『行為としての読書』岩波書店 1982。

分け、それぞれ見出しをつけたものを裏主材とし、それに読み手が価値を付加したものを主題とする。

モチーフ　motif（仏）。「動機」と訳している。芸術に表現したいと思う動機。その動機の具象化されたものが「主題」（thema）である。この定義は「作家論」の定義ということになる。

テーマ主義　日本の国語教育史の中では、文学の授業の究極の目標を主題把握においてきた歴史が長い。だが、市毛勝雄（いちげかつお）の『主題認識の構造』（明治図書 1980）によって「描写を味わうことの重要性」が主張されたり、テクスト論（読者論）が台頭するのにともない、唯一の正解を求める主題追求の授業が批判にさらされるようになってきた。主題の復権のためには、読者の主体的な読みを生かせる形での主題追求の方法が解明されなければならない。その一つの提案が左に掲げた「主題認識の方法」である。

29 要点・要旨

要点・要旨とは

要点・要旨は，話し言葉や書き言葉の中心（要(かなめ)）となる内容を示す。要点は，文章・談話，更には情報などの大事なところを言い，要旨は，特に説明・論説などの中心となる大事な内容を言う。要点は，内容のうえで落としてはならない重要な箇所や事柄だが（したがって二つ以上あることもあるが），要旨は，そこに述べられている説明・談話の趣旨である。

要点・要旨をまとめるとき，そこには，話し手や書き手が最も表現したい中心となる内容が含まれていなければならない。逆に，聞き手や読み手が，要点・要旨を捉えることは，内容を的確に把握することになる。要点・要旨は，主に文学での主題に対し，話し言葉や説明的な文章に用いられる。

「読むこと」における要点・要旨

要点・要旨は，説明的な文章を「読むこと」の学習の中で取り上げられることが多い。説明的な文章を読むときに機能する要点・要旨の学習は，文章全体から要点・要旨をまとめることに集約される学習として展開する。言い換えれば，文章全体の内容を，中心となる内容に焦点化する「読むこと」の学習として行うことができる。だから説明的な文章の学習において，各段落ごとに要点・要旨をまとめ，それを集約して文章全体の要点・要旨をまとめるという学習が，「読むこと」の学習活動として行われるのである。この学習活動によって，筆者が書いた内容をまとめて理解する能力を育成するのである。

要点・要旨は，文章全体のまとめとして示す場合もあるし，文章の各段落ごとにまとめる場合もある。

要旨のまとめ方

大きく次の三つに分けられる。
①文章中の用語をそのまま用いて，文章全体を短く言い換えたもの。
②文章全体の文意を損なわないよう，中心となる内容をまとめて直したもの。
③読み手が自分なりに読み取った文章の内容を，再構成してまとめ直したもの。

①に示した「文章中の用語」をもとにまとめるときにポイントとなるのが，キーワードである。キーワードは，筆者が文章で表現しようとする内容を凝縮した表現として示されていることが多い。

②に示した中心となる内容は，文章中の中心文をもとにまとめる。中心文は，主に各段落単位での表現から抜き出す。しかし，各段落の表現内容は，文章全体の構成や展開上，文章全体の中心文とはならず，それぞれの段落の内容のみを示すこともある。

文意 文意は，「文章の中に含まれている意味」であるが，「文章全体の意味」という概念規定もあり，読み手の読み取りの内容を問うている。

「文意」は，大正期に，読むことの教育が形象理論や解釈学的国語教育における文章解釈の指導理論によって提唱された。

垣内松三(かいとうまつぞう)は，『国語の力』で，センテンス・メソッドの読みの展開を「1. 文意の直観 2. 構想の理解 3. 語句の深究 4. 内容の理解 5. 解釈より創作へ」としている。その中で「文意」を，読むことの指導過程の初めに位置づけている。

石山脩平(いしやましゅうへい)は，解釈学的方法論を構築し，「通読，精読，味読」という3段階の解釈の実践過程を提唱した。その中の「通読」を「文意の概念」とし，「文意」を「事象」と「主題」と「情調」から成り立っているとしている。

戦後，輿水実(こしみずみのる)が，石山脩平の解釈学的国語教授法をもとにした「基本的指導過程」を提唱し，読解の基本的指導過程の中で「文意」を読み取る授業を提唱している。

そこで文章全体の中の中心文を読み取り、見つけることが重要となる。

③の、読み手が「再構成してまとめ直す」ことによって要旨をまとめることは、読むことの対象となる文章の内容を十分理解することによって可能となる。「読むこと」の能力としては、高い能力が求められる活動である。

この要旨のまとめ方として示した三つは、①より②、②より③と、順にまとめ方が高度化している。

「書くこと」における要点・要旨

要点・要旨は、話し言葉を聞いたり、説明的な文章を読むことのみでなく、文章を書く場合にも機能する。「書くこと」は、「読むこと」における要点・要旨のはたらきと、逆の機能を果たす。それは、「読むこと」と「書くこと」とが、表裏の相対的な関係にあるからでもある。

文章を書くとき、書く内容や考えの中心となるのが要旨である。文章構成や文章展開を考えるとき、各段落の柱となる内容は、この要旨として含まれる。

論理的な文章には、書き手の論理の展開が読み手にわかりやすく、かつ説得力のあることが求められる。そのためには、論旨の展開が明確でなければならないので、文章の論理の展開を整理することが重要になってくる。

論理の展開には、文章構成の段階で、各段落に書かれている内容の柱を書き手自身が理解しておかなくてはならない。そこで、要点あるいは要旨を文章構成に合わせて箇条書きにしておくことなどが必要となる。

「話すこと・聞くこと」における要点・要旨

「話すこと」は、能動的な言語活動であり、話し手の話の内容や意図を聞き手に伝えることに意味がある。したがって、話し手の話の内容が話し手の意図にそって伝わらなくては、話すことの意味はない。そこで、話し手は、話に説得性や論理性を持たせるような話の構成を行う必要がある。そのためには、話の展開をまえもって構成しておかなくてはならない。そこで、話の展開の柱を立てて段落構成として整理し、各段落ごとの要旨をもとに全体を構成することが重要である。

「聞くこと」は、受容的な言語活動である。聞くことは音声言語を対象としているために、その言語は瞬間に消えてしまうという特徴を持っている。そのために、内容の全てを聞き、整理することは難しい。

そこで、ポイントとなる内容に焦点を絞り、内容を理解することが必要となる。要点を理解するということは、その言語活動に関わっている。　　　　　　（髙木展郎）

〈参考文献〉
『教育科学国語教育』1998.7　明治図書。阪本一郎他編『読書指導事典　指導編』平凡社 1961。

意図　表現を行う主体が、その表現に込めようとしている考え方や物の見方、動機をいう。そこには、表現を受容する他者に対してのメッセージが込められており、伝えようとする目的がある。

表現者は、表現を行うための原因や目的を持っている。その表現活動を規定する根拠となる目的意識が重要である。その目的意識を顕在化することによって、表現を行うことが意味づけられ、そこに意図が存在する。

論説や説明的な文章では、要旨をまとめることが、書き手の意図を顕在化することにもなる。

『国語の力』の中で、垣内松三は、「意図は言語表現のいっさいを規制しているもの」と、I. A. リチャーズの、言語表現についての、意味・感情・調子・意図の区分を引用しながら述べている。

言語表現によって顕在化される意図は、一方で、顕在化されないこともある。それは、意識的に顕在化されない場合と、筆者の表現能力の限界によることもある。表現者として、表現に自己の考え方や物の見方を表現する能力が問われている。

30

構　想
―― 段落・文章構成 ――

構想

　国語教育においては,「主題・構想・叙述」(西尾実『国語国文の教育』古今書院 1929)や,「発想・着想・構想」(倉澤栄吉・青年国語研究会『筆者想定法の理論と実践』朝倉書店 1972)のように,作文や読解において全体像を視野に入れた計画面の用語として用いられてきた。

　特に作文においてこの概念は発達し,小学校中学年段階から「構想メモ」と呼ばれるものを使用しており,言語活動上の用語として一般化していることといえる。作文指導において準備段階が重視されるようになるにつれ,構想のもつ役割や価値が大きな位置を占めるようになっている。

　一方,読解指導においては,筆者想定法のように筆者の執筆時の「構想」に迫ることが読みの目的となったことがあったが,現在は低調になっている。もっとも近年,細部の精細な読解から離れる意図で説明的文章や文学作品の枠組みとして構想を巨視的に捉えようとする向きも現われている。

構成

　国語教育においては,文章構成という使われ方が多く,読解指導上,大きな比重を占めてきた。説明的文章などの論理的な文章の読みの場合,文章の全体像を捉えるために「文章構成を捉える」ことに重きを置いてきた経緯がある。平成20年告示学習指導要領にも［第5学年及び第6学年］に,「文章全体の構成」に関する記述があり,小学校高学年移行の指導事項として設定されていることが見受けられる。

文章構成の把握

　文章構成の把握については,文章構成図の作成に見られるように一定の指導過程が確定している。段落相互の関係を把握しつつ,文章全体の把握へと進む方法が採られる。段落相互の関係の把握は,平成29年告示学習指導要領において［第3学年及び第4学年］に「段落相互の関係」という文言があり,中学年の指導事項として位置づけられている。通常,文章構成は,「第一段落,第二段落が序論」というように段落単位で捉えていくが,決定的に有効な方法が確立していない現状にある。

　国語教育上は,児童・生徒を対象とするため,一定の明確さをもって段落についての指導を行うが,特に読解指導の場合,段落の連続,区分を決定付ける要素が見出せない場合もあり,苦慮していることも多い。

段落

　段落という概念に関して,文法学上あまり研究が進んでおらず,文のように国語教育に実践的な応用が利く理論は出されてい

段落の認定・区分の着眼点　文章の意味を文脈という点から捉えなおすと,文脈には結束性と首尾一貫性があり,意味の区分にもそれが反映されることが見いだされる。意味のまとまりという点で結束性があり,文章全体の展開上の呼応関係という点で首尾一貫性があるということになる。段落の認定や区分にそのまま応用できるわけではないが,段落の連接を超えた段落相互の関係を見いだすことに主眼を置くならば,すなわち論旨の一貫性などを見出すために段落の関係を捉えようとするならば,首尾一貫性に着目した段落の捉え方は有効になると思われる。

解釈と推論　ここでいう解釈とは,文章に明示的に示されている意味を理解することである。通常,文章を理解する際には,この明示的な意味の理解とこれまでの理解方法(理解パターンなど)を用いた推論的な理解とを組み合わせる。この理解の層の差や段階を明確に認識しておかないと,段落の認定や区分に両者が混入し,その根拠が曖昧に

ない。段落は国語教育上の特徴的な概念となっているといえる。段落を形式段落と意味段落に分けて捉え、作業的に形式段落の連接関係を明確にしながら、複数段落（単数の場合もある）単位で意味段落を認定・区分していく。ただし、この意味段落に関しては明確な指標がないことが多い。

段落の指導

段落の指導については、近年、作文における準備活動（取材、整理、構想など）が重視されるにつれて、その準備段階で内容の区分と形式の区分を合致させる目的で重点的に指導されるようになっている。この流れは、段落の位置づけを明確にする意識を育てることに結びついている。スピーチの構成の学習などにも段落の意識が反映されるようになっている。

段落の区分が意味の区分として機能するためには、内容的な区分の意識をもつだけでは不十分で、意味の区分を明確にできるような表現方法を打ち出すことが重要である。この段落内の表現のあり方に関する研究、実践はまだ緒についたばかりで、文頭に着目した指導が行われている程度である。例えば、副詞、修飾語の多い段落の機能、決定性が弱い文末が多用されている段落の機能などといった着眼に基づく指導はあまり行われていない。

段落指導の機能と重要性

作文指導では、初歩的であるが「始め・中・終わり」が、有効な概念となっているように、大きく意味段落を捉える方法が浸透している。この大きな意味区分を複雑化、高度化させながら、作文の方法のレベルを上げていくことが指導系統として整備されつつある。

段落指導の新局面

相互評価的、コミュニケーション的な作文の学習が進んでいる。一回目に書いた作品（第一次作品）を学級や班の中で回覧し、気づきやコメントを記入していく。最終的に筆者に戻ってきたときにはいくつかの評価点や修正点が提示されることになる。大型ポストイットを使用することが多い。これを参考に推敲を行い、文章を完成させる。

段落の学習においても、この方法は有効である。段落は、第一義的に筆者が読者に対して意味の区分を明示するものである。その意味の区分が有効かどうかを、それを受け止める読者の側から返してもらう。そうすると、段落がどのように読まれるかという感覚が育っていくことになる。

（植山俊宏）

〈参考文献〉
永野賢『学校文法文章論』朝倉書店 1959。相原林司『文章表現の基礎的研究』明治書院 1984。野村眞木夫『日本語のテクスト―関係・効果・様相―』ひつじ書房 2000。全国大学国語教育学会『国語科教育学研究の成果と展望Ⅱ』学芸図書 2013。

なってしまう。文章の表現そのものから捉えられる明示的な意味による段落の認定・区分と、推論的な理解に基づく段落の認定・区分（意味段落の連接・区分）の作業を分けて行う必要がある。従来の指導の問題の多くは、この意味の整理方法の不明瞭さにあったということができる。

起承転結 元来、漢詩の作成方法であった「起承転結」の考え方が文章構成の把握においては主流を占めていた。四部構成で文章を捉えることは、意味の区分の面からも適切な単位であるといえる。だが、文章の展開を全て、この「起承転結」で説明しようとしたことには大きな無理があった。「起承」と「結」は、文章の構成上必要であるが、「転」は必要でないことが多い。意見文などの場合、「起」「承（？）」「承（？）」のように連続的、段階的、あるいは「対」のように対比的であることが普通である。この点、「序破急」（始め・中・終わり）の方が理解しやすい。

31 叙　　述

叙述とは

　今日，叙述といえば，物事の事情や書き手の感情・考えなどを書き記すこと，または，それらを書き記したものを意味し，更にこれは，書き記し方の相違によって説明＊と描写＊の二つに分けられる。

　日本近代の文学者たちが腐心してきたのは，もっぱら描写の工夫である。その一人田山花袋(たやまかたい)は，「描写論」(1911) の中で「記述」と「描写」の区別をし，文学者はもっぱら「描写」を目ざすべきだ，と説いている。花袋によれば，「記述」とは「ディスクリプション（description）」であり，「描写」とは「ペインテング（painting）」である，ということになる。この区別は，今日，再考を要するものではあるが，「記述」は説明を必要とするが，「描写」は説明を必要としないとする考え方は，今日なお通用するものである。

　叙述の方法としては，説明，描写のほかに語りが考えられる。これは，口誦的な話術として自然に生まれたものだが，これが後には意識的に作られるものとなっていく。つまり，話す・聞くという行為にはたらきかける自然発生的な「語り」が，後には読まれるための「語り」として意識的に作られていくのである。例えば，宮澤賢治(みやざわけんじ)の童話に見られるのは，読めば，あたかも話を聞いているかのような気にさせる「語り」の方法なのである。

　ところで，国語科教育の分野では西尾実(にしおみのる)が解釈の方法的体系として主題・構想・叙述を立てた。

　「叙述を叙述としてのみ読む人にとっては，文の意義は平面的関連にすぎないが，これに反して叙述において主題を発見し，更に主題の展開として構想を見，更に主題展開の極致として叙述を見得る人にとっては，文は時間的立体的な意味関連として体験される。」

　西尾は『国語国文の教育』(1929) でこのように述べ，叙述を叙述として単独に理解するのではなく，主題や構想との有機的関連性において叙述を理解することの重要性を説いた。これは，垣内松三(かいとうまつぞう)が『国語の力』(1922) で述べたことの平明化・敷衍(ふえん)化である。

指導のねらい

　叙述の方法として，何が採用されているかを見分ける力をつけさせることが大切である。次の例を見てみよう。

a　世界の科学史の中で，ひときわ光を放っている部分の一つは，古代ギリシアの時代である。ギリシアのすぐれた学者たちは，それまでの神秘的なものの見方

説明　文章表現による叙述の一方法で，対象に忠実に，しかも正確で論理的な叙述をすること。事柄を述べる順序も一定している。文種としては，記録文・報告文・論説文などがこの方法をとっている。説明・記録・報告をもとに筆者の考えを付加したのが論説文である。

描写　広くは絵画・音楽などでも用いられるが，ここでは文章表現による叙述の一方法として，実際の状態・情景を書き手の観察や想像によって写し表すことをいう。文章表現の描写は，絵画表現の描写と異なり，対象を眼前において写すことが少なく，ほとんど書き手の記憶や想像に基づいて書かれることが多く，よって，主観性の濃い個性的な表現になる。しかし，その主観性の濃い個性的な表現が，作者の主観から独立し，一個の客観的存在となりうることが必要なので，そこまで描写がみがかれないことには文学形象としての客観性は獲得されない。

　日本の近代文学では，坪内逍遙(つぼうちしょうよう)が『小説神髄』(1885) で，現実をありのままに写し取ることを

を退けて，自然現象を合理的に理解することに力を尽くし，現代自然科学の基礎を築いた。地球が丸いことを初めて考えついたのもかれらである。(高瀬文志郎「地球の形と大きさ」)

b　トロッコの上には土工が二人，土を積んだ後ろにたたずんでいる。トロッコは山を下るのだから，人手を借りずに走ってくる。あおるように車台が動いたり，土工のはんてんのすそがひらついたり，細い線路がしなったり——良平はそんな景色をながめながら，土工になりたいと思うことがある。(芥川龍之介「トロッコ」)

aは，説明である。筆者の述べたいことが，順序正しく論理的に述べられている。それに対して，bは，書き手の観察や想像によって事柄が読み手にありありと思い浮かべられるように具体的に描かれている。そして，bの描写では，対象を具体的に写すほか，登場人物の心理までも写し出している。

c　とにかく，そうして，のんのんのんのんやっていた。
　そしたらそこへどういうわけか，その，白象がやってきた。白い象だぜ，ペンキを塗ったのでないぜ。どういうわけで来たかって？そいつは象のことだから，たぶんぶらっと森を出て，ただなにとなく来たのだろう。(宮澤賢治「オッベルと象」)

これは，聞き手を意識した語りの叙述で，音律的な快い調子を保持している。そして，語りの叙述には，話し手が一方的に語る場合と，話し手が聞き手の反応を受け止めつつ語っていく場合とがある。cの例は，後者である。こうした点にも目を向けさせる指導をしたい。

指導の要点
○好きなところや興味のあるところを見つけさせる。
○人物の性格や場面の様子を描いている部分に印をつけさせる。
○文，段落，文章について，要点を見つけさせる。
○説明や描写の特徴を理解し，それらを生かして自分の見たものや思いを表現させる。

これらの点が，叙述に着目させる指導として重要である。また，説明・描写・語りそれぞれの特性を読解指導において十分会得させる。小学校では，特に語りのおもしろさを味わわせる。中学校では，説明と描写の違いに注意して読むことに力点を置く。更に，作文指導において説明と描写の違いを実際に書き分けられるようにさせたい。
（竹長吉正）

〈参考文献〉
垣内松三『国語の力』不老閣書房 1922。西尾実『国語国文の教育』古今書院 1929。倉澤栄吉・藤原宏編『読解・読書指導事典』第一法規 1973。前田愛『著作集第2巻　近代読者の成立』筑摩書房 1989。

旨とする「写実主義」を唱えたが，これの具体化は二葉亭四迷の『小説総論』(1886)で，現実を写し取る表面的な技術に終始せず，現象の中に隠された真実を把握するものであることが明確となった。よってこれは，正岡子規が『叙事文』(1900)などで述べた，対象を観察によって客観的具象的に写そうとした「写生」の主張と異なる。「写実」は，基本的には「写生」の方法をとりつつ，それを，書き手の主体意識によって乗り越え，事柄の本質に近づこうとするものである。

語り　音曲として歌うことと会話語として話すこと，その中間に位置する叙述法，または，その両者をあわせ持つ叙述法。書き言葉表現の堅苦しさから離れた口承性と快いリズムを持ち，聞き手（または読者）に親しみをもって迎えられる。昔話や平家物語などに見られる「語り」から，井原西鶴『世間胸算用』，谷崎潤一郎『春琴抄』，宮澤賢治の童話などに見られる「語り」まで，その様相はさまざまである。

32

情景と心情

情景とは，心情とは

　情景は，①様子，ありさま，②人の心を動かす風景や場面，などの意味を持つ。①は「場面」と並べて用いられることが多い。②は「心情」と並べて用いられることが多く，特に人の心の外にある風景や物の「様子，ありさま」を指す。ここでは情景を②の意味において考え，また，心情を「人が心の中で思っていること」「人の心の状態」と定める。

指導のねらい

　文学的文章は，読み手に表象＊を描きださせることを意図している。表象は，知覚像が眼前の物や現象に強く左右されるのに対し，想像のはたらきという意志によって支配される。つまり表象は，時間空間を超えて，あらゆる世界と関わるのである。

　文学的文章の読みで重要なことは，漠然とした読み味わいに終始させないことである。表現に即して，きちんと情景や心情を把握させることが大切である。また，感動や印象をもったら，その根拠を深く掘り下げる習慣をつけさせたい。

　次に大事なことは，読み取ったうえでの発展である。読み取った心情を文字以外の形で表すこと（絵画化・動作化）である。また，作中人物の行動・考え方・生き方を読み手自身の立場で批評することである。

指導の留意点

　留意点の全てについて述べることは差し控えるが，「表現に即して読むこと」と「感動や印象を掘り下げること」について具体的に述べる。

　「うまくいくぞ。」
　大造じいさんは，青くすんだ空を見上げながらにっこりした。
　その夜のうちに，飼いならしたがんを例のえ場に放ち，昨年建てた小屋の中にもぐりこんだ。
　さあ，いよいよ戦闘開始だ。
　東の空が真っ赤に燃えて，朝が来た。
　残雪は，いつものように，群れの先頭に立って，美しい朝の空を，真一文字に横ぎってやってきた。
　やがて，え場におりると，グワー，グワーという，やかましい声で鳴き始めた。大造じいさんのむねは，わくわくしてきた。しばらく目をつぶって，心の落ち着くのを待った。そして，冷え冷えする銃身を，ぎゅっとにぎりしめた。
（椋鳩十「大造じいさんとがん」※下線竹長）

　場面という意味での「情景」を問題とすれば，これは，大造じいさんと残雪が闘う直前の様子である。それは「いよいよ戦闘開始だ」という文の「戦闘開始」という語

場面　場面には二通りの意味がある。一つは劇や映画の１カットをいう場合であり，もう一つはそれと似たものを文字言語のみで言い表した場合である。文学的文章の場面は後者の意味で，かつ，文学的文章は幾つかの場面で構成されている。低学年の文学教材には絵によって明確に場面構成された絵本からの教材化があり，場面を読む指導では，元になった絵本の絵を参照しつつ，文字言葉を場面の展開に注意して読み取らせるとよい。

表象　Vorstellung（独語）の訳語で，物体とか人物を思い出したり想像したりするとき，その物体や人物が眼前に存在しないにもかかわらず，頭の中に思い浮かべられること，また，その内容をいう。表象は，各人の記憶や経験によって左右されるから，論理的な普遍性を獲得することができない。例えば，〈ネコ〉の表象は各人によってそれぞれ異なっている。これに対して，概念は，論理的な手続きによって個別的な感覚性を捨象し，より普遍的になったものであるから，〈ネコ〉の概念は，一応普遍的・共通的であるといえる。だ

32 情景と心情

句で明らかとなる。しかし，そこにとどまってしまったら，場面の概念的理解に終わる。「戦闘」直前の様子が表象的に把握できないかぎり，高次な鑑賞には至り得ないのである。

「青くすんだ空」を「見上げながら」，じいさんが「にっこり」する。また，じいさんは，「わくわく」する胸を落ち着かせながら，「冷え冷えする」銃身を握りしめる。もし，読み手がこれらの部分で感動したり，ある印象を持ったとすれば，それを言葉・表現に即して深く掘り下げていくとよい。

じいさんは，なぜ「にっこり」したのだろう。この問いを掘り下げていくと，じいさんの心情を読み味わうことになる。また，その次の描写をたどることにより，読み手はしだいに緊張していき，ついに，じいさんの高まる心が自分のものとして感じられるようになる。ところで，じいさんは「わくわく」しっぱなしではない。その「わくわく」する心を自ら落ち着かせようとしている。それが「目をつぶる」という行為である。この点に注目したい。つまり，自らのはやる心を押しとどめようとしている行為の描写があるがゆえに，「わくわく」する心の描写が生きているのだ，ともいえる。また，ほかに眼を転ずれば，「真っ赤に」燃える空，そこを「真一文字に」横切ってくる残雪，これらの情景（人の心の外にある景色）描写は，とりもなおさず，じいさんの「わくわく」する心情描写と結びついていることがわかる。そして，その「わくわく」する心情描写に対置されるのが，「冷え冷えする」銃身という物質描写と，「目をつぶる」という行為描写である。

このような「表現に即した」「情景・心情の読み深め」こそ，文学的文章の読解指導の根幹にすえられてしかるべきであろう。

問題点

読み手が生き生きとした表象を描き出すためには，読み手の①感受力の鋭さ，②想像力の豊かさ，③生活経験の豊かさ，などが必要とされるが，なんといっても，文章が形象的表現において卓越していることが前提となる。したがって，教師はまず，形象的表現の優れた教材を選び出すことから出発しなければならない。教師は教科書教材のみならず副読本などの参考図書を教室に多数用意し，児童生徒に読書体験を積ませることが肝要である。

また，情景や心情を読むことは，ともすると，「感じ味わわせる」（鑑賞）面か，「深く考えさせる」（解釈）面か，のどちらか一方に偏りがちであるが，同時並行的に授業を組織していきたい。　　（竹長吉正）

〈参考文献〉
垣内松三「形象の概念」（『国文教育』1928・6）。工藤好美「鑑賞論」（『新文学論全集第3巻』河出書房 1941）。倉澤栄吉・野地潤家・藤原宏編『小学校国語科指導事典』第一法規 1971。

から，文学作品の形象的表現に関わるのは，概念ではなく，表象である。また，表象は，記憶，想像，思考などの精神作用が行われるうえでの重要な要素である。

形象的表現　ここでいう「形象」とは，Bild（独語）の訳語で，書き手が感覚で捉えたものや心中の観念などを文章表現によって具象化すること，また，その表される元のものや，作品として表されたものをいう。「形象的表現」とは，書き手が感覚で捉えたものや，心中の観念などを文章によって具象的に表すこと，または，その表されたものをいう。「形象的表現」の特色は，概念的でないという点にあり，これが，読み手に鮮明な想像印象を生起させたり，活発な感情印象を誘発したりする。また，「形象的表現」を作る場合，あるいは「形象的表現」を味わう場合，不可欠なのは想像力である。書き手の旺盛な想像力の駆使によって優れた「形象的表現」は生み出されるし，また，読み手の旺盛な想像力の駆使によって優れた「形象的表現」の理解・鑑賞がなされる。

33

音読・黙読

音読・黙読とは

　平成29年版学習指導要領では，音読，朗読を〔知識及び技能〕に位置づけている。音読の一部で，聞き手を意識した表現としての読みが朗読であると考えてもよい。つまり音読とは，文章の内容把握をするために，または助けるために，声を出して読む読み方なのである。

　この音読に関して，二つの考え方がある。一つは，黙読の前段階として消極的に捉える考え方であり，他の一つは黙読を発展的に引き継ぐものとして積極的に捉える考え方である。

　消極的な面としては，次のように考えられている。

　小学校低学年にあっては，単位時間内における識字字数は，音読のほうが黙読よりも成績がよい。つまり，黙読より音読のほうが眼球運動が確かで速いわけである。この関係が拮抗し，逆転しはじめるのは，小学4年生の後期だといわれている。その後は年齢を経るごとに，黙読のほうが優位になる傾向にある。

　音読の積極的な面としては，一方，次のような考え方がある。

　一つに，音読によって文字言語の読み方が正確明瞭なものになり，そのため結果的に文章の意味内容の把握が的確なものになるという考え方がある。他の一つに，理解した内容，感動した表現を音声化することによって刺激が倍加され，鑑賞が情意的にそれだけ深まるという考え方がある。

　この場合，音読に対比して考えられる黙読は，全ての読み方の基本となるものということができる。生育的には音読の次に獲得されるとはいうものの，一般社会における個人的な読みはほとんどが黙読である。

　この音読と黙読の境界面に，微音読と唇読とがある。いずれも自然な形としては，音読から黙読に移行する途上に現れる現象ではあるが，国語教育の立場から考えれば活用価値がある。また，この音読と黙読の関係は，以上のような個体史と同様に，言語史においてもみられる。つまり，歴史的にみれば，読みは表出としての音読から始まり，近代個人主義思潮の一要素として当然として黙読が主流を占めるに至った音読は，もはや当初の音読ではありえず，文章理解の効率を上げるものとしての，または，自己を主張するためのものとしての読みの形態として捉えられるべき側面を多くしている。

　なお，歴史上，漢文を音のみで読み下すことをも「音読」といった。これは字音直読ともいう。「訓読」の対である。

音声と文字　最近，音読についての見直しが行われている。小学校4年生の2学期に，音読より黙読のほうがまさって力を発揮してくるが，それによって，音読が全ての面で黙読に取って代わられるべきものであるかどうかという観点からの見直しである。

　音声による思考と文字による思考は，性格が異なるのではないかという発想がある。オング著『声の文化と文字の文化』が，その代表をなしている。このことは，特に小学校国語教育を担当する教師が承知しておかねばならない大事な知見である。

　例えば，入学初期に黙読を強いるのは酷である。また，独り言を禁じたり，メモを取ることを強要するのも酷である。声こそ彼らの命なのだ。

　ところが，教師たちは，特に国語の教師たちは，文字の世界から音声の世界にいる子どもたちを見ている。子どもたちが，まだ音声の世界にいることを承知しておくべきである。

音読と脳　川島隆太（東北大医学部・著書『自分

指導のねらい

音読・黙読のそれぞれを，読みの目的から考えて位置づけるべきである。例えば，新教材読解の第1時であるから指名音読から入るというような固定観念にとらわれるべきではない。教材を読む目的，教材そのものの性格，教材を読む場面によって，教育的効果の視点から選択すべきである。

ただし，生育的に見て，小学校低学年にあっては音読が，高学年にあっては黙読が，そして，中学年にあっては音読から黙読への移行的な指導が重点とされることは当然であろう。そして，小学校高学年以上にあっては，積極的な新しい意味での音読を意図的に考え，指導すべきである。

指導の要点

〈小学校低学年〉

低学年にあっては，音読の占める位置が大きい。文章の意味内容を捉えようとする読みの場合でも，音読されるのが普通である。したがって，音読の指導が重点的になされなければならない。特に，次の点に注意すべきである。

① 幼児音などを使わないで，はっきりした発音で音読すること。
② 拾い読みをせずに，語や文として音読すること。
③ 文章の内容を考えながら音読すること。
④ 適切な音量，速度，姿勢などに注意して音読すること。

〈小学校中学年〉

4年の後半に読みの速度は黙読が音読を抜くという調査もあるように，この期は，音読から黙読への移行期である。といっても，極力音読を制限して黙読を奨励するといった短兵急な指導では効果は望めない。微音読や唇読を取り入れつつ徐々に移行させることが大切である。学習指導要領の当該学年「知識及び技能(3)ア」に「易しい文語調の短歌や俳句を音読したり暗唱したりするなどして，言葉の響きやリズムに親しむこと。」と明記された。音読を通して古典に親しませたい。

〈小学校高学年・中学校〉

この期にあっては，読みの目的によって音読か黙読かを選択し，訓練すべきである。例えば，情報を得るために報道文を読むような場合には，当然黙読がよい。一方，詩の表現の特徴を捉えたり，鑑賞したりする場合には，音読がよいとされている。中学年同様，高学年当該欄に「親しみやすい古文や漢文，近代以降の文語調の文章を音読するなどして，言葉の響きやリズムに親しむこと。」とある。音読を通して文語調の文章を鑑賞することを言っている。音読の重要な機能である。　　　　（高橋俊三）

〈参考文献〉

ウォルター・J・オング，桜井直文等訳『声の文化と文字の文化』藤原書店 1991。

の脳を自分で育てる』くもん出版 2001）によれば，いろいろな活動のうちで，日本語の文章を声に出して読むときに，脳がいちばん活発に動いているという。つまり，思考や記憶をつかさどる前頭前野や，言葉を操るウェルニッケ野の中の働く部位が広がっているという。

声を出さずに読んだときに比べて，広く活発に動いているのだそうだ。脳の活性化と音読との関係を示すデータである。

追唱　篠原佳年（わいわいクリニック理事長・著書『聴覚脳』）によれば，私たちは「黙読の際，視覚から入力された文字情報を知らず知らずのうちに，もう一度頭の中で唱えている」，つまり，「視覚からの文字情報を音声情報に置き換えて処理している」という。この脳の行動を「追唱」というのだ。そういえば，以前，声帯ポリープの除去手術を受けた直後の患者は，発話はもちろんのこと，読書も禁じられると聞いたことがある。黙読しても声帯が振動する。人は，黙読時にも，声なき声で読んでいるという証拠なのである。

34

通　読

通読とは

　「通読」は、一般的な用法としては、「文章あるいは作品の全体を始めから終わりまで、ひととおり読み通すこと」を指す語であるが、国語科の指導においては、読みの指導過程の一段階を指す教育用語として用いられてきた。すなわち、読みの学習指導の成立を、通読・精読・味読の三段階として過程的に捉える解釈学的指導過程論において、通読は、学習者が教材文と出会う最初の段階の読みの活動として、そのあり方が論じられてきたのである。

三読法における通読

　石山脩平は、解釈の実践過程を通読・精読・味読の三段階（最初は「批評」を含む四段階）として集大成した。これがいわゆる三読法（三段階法・三層法）と呼ばれた三段階の指導過程論である。その「通読段階の任務」について、石山は次のように説明する。

　㈠全文をともかく一二回乃至数回訓読すること（素読）、㈡未知難解の語句に就てその一般的意味を理会すること（注解）、㈢その結果としておのづから全文の主題と事象と情調とが極く大体の形に於て会得されること（文意の概観）の三要件が含まれてゐる。（略）

　ともあれ、斯くの如くにして主題と事象と情調との結合せる全体の想が捉へられ、浅いながらも、或は不確実ながらも、全文の読みが遂げられて通読の名に適はしい収穫が得られる。普通に「読後の直観」とか「直下の会得」とか「大意の把握」とか「第一次直観」とか呼ばれてゐる事態を、私は通読段階の到達すべき目標と考へ、その意味を上述の如くに解するのである。

　これによると、通読には、そのはたらきとして全文訓読（音読）、語句の注解（注釈）、文意の概観の三つの要件をはたすことが求められている。これは、今日の読解指導においても読みを深めるための前提となる第一段階の学習活動として一般的に実践されているものである。

読みの指導過程論における通読

　垣内松三は、『国語の力』（1922）の中で、芦田恵之助の授業を取り上げて次のように整理した。

1．文の形―①文意の直観、②構想の理解
2．言語の解釈―③語句の深究
3．文の理解―④内容の理解、⑤解釈より創作へ

　ここでは、「文意の直観」が通読にあたるものと考えられる。垣内においては第一段階の「文の形」の把握に入る「構想の理

石山脩平の三読法　わが国の国語教育史の上で、解釈学を集大成したのは石山脩平である。石山はその著『教育的解釈学』（1935）の第三篇「解釈の方法」第二章「解釈の実践過程」において、読みの学習指導を、「通読段階の任務」・「精読段階の任務」・「味読（鑑賞）段階の任務」・「批評段階の任務」として示した（後に「批評段階」は削除された）。

西尾実の「素読」　西尾実は、昭和4（1929）年の『国語国文の教育』において、読む作用を「素読」「解釈」「批評」として理論化したが、その「素読」が、段階的には通読にあたるものだが、西尾実の場合は単なる文意の概観ではない。西尾は、行的方法による直観を素読だとしているが、それは作業として言うなら、繰り返し読むことによる直観的理解のことである。

教育科学研究会の一次読み　教育科学研究会（教科研）の場合は、「ひとまず、作品全体を理解しておいて、部分の理解にすすんでいく分析的な過程」として、次のような指導過程を示している。

解」は，今日の読解指導における全体を大段落に分ける活動であって，精読段階の活動と考えるべきであろう。

興水実は，通読・精読・味読の三段階を基礎に六段階の基本的指導過程を提唱したが，通読にあたる最初の二段階は，次のように整理されている。

① 教材を調べる。わからない文字・語句を辞書で引くなり，文脈の中で考えて，全文を読み通す。

② 文意を想定する。読みの目標や学習事項をきめ，読み方の性格を決定する。

作品の出会いとしての通読

田近洵一は，「最初の出会いを，全体の概観とか文意の直観といった没主体的なものとせず，読者にとって切実なものにするにはどうしたらよいかという発想」の重要性を指摘し，次のような指導過程を示している。

読もうとする段階（関心／態度）
　(1)かまえづくり
読み進む段階（直感的知覚）
　(2)通し読み
ふり返る段階（分析的知覚）
　(3)確かめ読み・ほぐし読み
　　（総合的理解）
　(4)まとめ読み
読みを内面化する段階（創造）
　(5)朗読と感想

この指導過程では，「読み進む段階」における「通し読み」が通読にあたるが，田近は，この段階を「・冒頭の読み（作品世界を予見し，問題を想定・把握する読み等）・文脈の読み（書かれていることがらとその展開をたどる読み）」と説明するとともに，全過程における感想や問題意識の生成・深化にふれている。特に，読みの最初の段階における感想・問題意識の触発は，通読の重要なはたらきだと思われる。

通読のはたらき

通読とは何かを問うために，読みの指導過程を取り上げたが，三読法における通読は，現在でも現場の授業では頻繁に行われていることである。しかしながら，もはやそれは「おおよその文意の把握」にとどまらず，「全文を通して読む」ということで生きている。文章に出会った学習者は，通読の段階で，主体的に疑問や感想を持ち，それを読みの課題として読みの学習を展開させているのである。また，情報化時代において，通読は，指導過程の観点からだけではなく，情報資料を検索したり，そこから情報を取り出したりする活動としても取り上げられなければならない。例えば，必要な情報の箇所にサイド・ラインを引きながら読む作業も，活動としては通読なのである。

（牛山　恵）

〈参考文献〉
石山脩平『教育的解釈学　国語教育論』明治図書1973。

第一段階　文章の知覚の段階
　　　　　一次読み（範読）
　　　　　二次読み（精読）
第二段階　文章の理解の段階
第三段階　表現読みの段階

教科研の三段階法では，第一段階の一次読みが通読にあたるものと考えられる。

西郷竹彦の指導過程ととおしよみ　西郷竹彦の場合は，次のような指導過程を提示した。
　(1)だんどり
　(2)とおしよみ　よみきかせ／ひとりよみ／はなしあい／たしかめよみ
　(3)まとめよみ　構造をつかむ読み／性格を作る読み／主題・思想（理想）にせまる読み／典型をめざす読み
　(4)まとめ

この指導過程では，(2)とおしよみが通読にあたると考えられるが，「たしかめよみ」になると，おおよその文意の把握を越えて，精読に踏み込んでいるとも言えよう。

35 精 読

精読とは

「精読」の語は、一般的には、表現の細部にまで注意し、よく意味を考えて精しく読むことを指すが、国語教育用語としては、いわゆる「三読法」と言われる読みの指導過程の中の、「通読」に次ぐ第二段階の文意の読みを中心とした活動を指して言う。

石山 脩平の解釈学と三読法

「三読法」とは、読みの指導過程を、通読・精読・味読の三段階とする解釈学的指導法のことである。それを確立した石山脩平は、『教育的解釈学』の中で、「精読段階の任務」について次のように述べている。

　　この段階では先づ文の内容から言へば㈠全文の主題を探求し決定すること、㈡個々の事象を精査すると共にそれを主題に関連づけて統一すること、㈢個々の部分的情調及び全体としての統一的情調を味得し乃至はその情調によって来る根拠を明らかにすることの要件を含む。(略)
　　斯くして要するに精読段階は、文の中心たる主題を確立し、それを全文の内容たる事象と、それに纏はれる情調とに展開して想の構造を吟味し、而もこれ等すべての仕事を文の表現形式に即して——逆に言へば想の構造によって表現形式を吟味し、裏書しつゝ一行ふのである。

これによると、石山の言う精読とは、通読によって把握された「文意の概観」を、文章表現に即して精密に吟味・検討し、「主題を確立」する過程であると言えよう。

精読のはたらき

精読は、「熟読」であり、「確かめ読み」であり、「分析読み」であるが、活動としては「再読による読み深め」だと言っていいだろう。「再読による読み深め」を活動に即して取り出してみると、それは次のようなはたらきとして見ることができよう。
①文章構成（作品構造）の分析
②語句（細部の表現）の解釈
③文章（作品）の内容・主題・要旨の理解
④筆者（作者）の立場・思想の把握
⑤文章（作品）の内容や表現方法に対する批評

このように整理してみると、石山の解釈学による三読法は①〜④を対象としたものであったと言えよう。そして、⑤は、石山の『教育的解釈学』の中の「批評段階」にあたるものである。この批評の読みを、石山は上掲書では第四段階に位置づけながら、後に解釈の過程から削除したのである。しかし、その批評の読みを精読段階に位置づけるか否かの問題はあるにしても、読みのはたらきとしては軽く見てはならないだろう。

垣内松三の形象理論　垣内松三は、『国語教授の批判と内省』以降、形象理論に立つ「直観」「自証」「証自証」の読みの成立過程を明らかにしていった。垣内における「自証」は、自らの直観を対象として自ら分析的に証明するというものであった。

西尾実の「解釈」　西尾実は、『国語国文の教育』において、「素読」による直観によって「意識上の事実となった作品に対する判断作用」を「解釈」とした。すなわち、西尾は、通読によって成立した直観を更に十分ならしめるための「精読」ではなく、「すでに直観された事実（略）に対する反省的判断作用」としての解釈を強調した。

輿水実の基本的指導過程　基本的指導過程を提唱した輿水実は、全文通読・文意の想定に続いて、精読段階にあたる活動として、「③文意に従って、各段階・各部分を精査する。」「④文意を確認する。」をあげている。戦後の代表的な指導過程論である輿水においても、その読解過程は、文意の深究を柱とする解釈学を基礎とするものであったと言えよう。

学習指導要領に見る「精読」段階の変遷
　1968（昭和43）年版の学習指導要領には，精読段階の指導事項が次のように示されている（小学校第5学年）。
　　ウ　文章全体の組み立ての筋道がわかること。
　　エ　文章に書かれているものの見方や考え方をとらえること。
　それに対応する2008（平成20）年版の学習指導要領を見ると，次のような事項があげられている（小学校第5・6学年）。
　　イ　目的に応じて，本や文章を比べて読むなど効果的な読み方を工夫すること。
　　ウ　目的に応じて，文章の内容を的確に押さえて要旨をとらえたり，（中略）自分の考えを明確にしながら読んだりすること。
　1968年版の指導事項は，文章内容の読解に視点を置いているという点では，解釈学の流れをくむものであったが，情報化社会の進展を背景に，PISA調査の影響のもとに改訂された2008（平成20）年版の学習指導要領は，読者主体の読みのはたらきに視点を置いたものとなった。更に2017（平成29）年版の第9期学習指導要領には，
　　ウ　目的に応じて，文章と図表などを結び付けるなどして必要な情報を見付けたり，論の進め方について考えたりすること。
に代表されるような機能的な読みを重視したものになっている。
　ここにも，即文的文意の読みから主体的な読みのリアリティの追求への変容を見ることができよう。

精読と読みの学習の課題
　解釈学における精読は，通読による直観を土台として，文章を精確に分析し，文意を深く掘り下げて捉えるといったものであった。今日，そのような文意深究の読解は，読者の読みのはたらきを軽視した没主体的な読みとして反省されるようになってきている。例えば，文学的文章に対する精読は，再読による読み深めとして，読者の主体的な作品受容を確かで豊かなものにするとともに，その問題意識や批評意識を活性化する方向で進められている。
　また，説明的文章の場合は，目的や必要に応じて情報を収集・受容し，他の情報テキストとも比較して，現実の生活に生かすとともに，自分の立場から批評し，批判する力を養う方向で進められている。
　約言するなら，本格的には1980年前後からのことであるが，解釈学的な即文主義から主体的言語活動主義へと読解指導のあり方の模索が始まっているのである。

　　　　　　　　　　　　　　　（牛山　恵）

〈参考文献〉
石山脩平『教育的解釈学　国語教育論』明治図書 1973。田近洵一『読み手を育てる―読者論から読書行為論へ』明治図書 1993。

児童言語研究会の一読総合法　児童言語研究会は，まず通読して全体を概観したうえで，精読によって部分の分析的な読みをするといった二読法を否定して，一回勝負読みを提唱した。それは，文章の冒頭から読み進めながら，気づきや問いや思いの「書き込み」「書き出し」をし，それに基づく「話し合い」で読みを深めていくというものであった。すなわち，冒頭から結末まで，精読しながら通読していくといった画期的なものであった。

教育科学研究会の三段階の指導過程　教育科学研究会は，次のような指導過程を提示した。
　　第一段階　文章の知覚の段階
　　　　　　　一次読み（範読）二次読み（精読）
　　第二段階　文章の理解の段階
　　第三段階　表現読みの段階
　この教科研方式では，第一段階の二次読みを精読としているが，一般の三読法に合わせてみると第二段階も精読段階ということになるだろう。

36

味　読

味読とは

　字のごとく味わって読むことであるが、解釈学的読みの段階の一つとして位置づけられていることを知っておく必要がある。

　石山 脩 平（1899～1960）によって、解釈学的読みの段階として、通読→精読→味読の三つの段階が示されている。それぞれの内容要件は、次のように整理されている。

　通読…①全文をともかく1、2回ないし数回通して読むこと（素読）。②未知難解の語句について、その一般的意味を理解すること（注解）。③その結果として、おのずから全文の主題と事象と情調とがごくだいたいの形において会得されること（文意の概観）。

　精読…①全文の主題を探究し、決定すること。②個々の事象を精査するとともに、それを主題に関連づけて統一すること。③個々の部分的情調および全体としての統一的情調を味得し、ないしはその情調のよって来る根拠を明らかにすること。

　味読…①読者が文の内容を自ら味わい楽しむこと。②読者が作者と一体の境地に浸ること。③読者が作者に代わって文の内容を第三者に伝達すること。

　解釈学的読みにおいて、これらの段階が「形式と内容を共に捉える」という共通の目的を持ち、この三つがまとまって一つの統一的読みをなしていることに注意したい。味読はそれだけでは成立しえず、「通読・精読の労苦に対する報酬として」得られるものである。味読だけを取り上げて学習させることは、この意味で無理な指導であるといえる。味読の学習を成立させるためには、その前提として、通読・精読の学習がなければならないのである。

味読の学習

　味読においては、内容を味わうこととともに、「読者が作者に代わって文の内容を第三者に伝達すること」がその要件としてあげられている。学習者がその文章から理解したことを表現するところまでいって、初めて味読の学習が成立するのである。この意味において、味読の学習は、理解（読むこと）と表現（書くこと、話すこと）の関連を重視する学習であるということができる。

　味読の学習の具体的形態としては、作文、朗読、暗誦、感想発表などさまざまなものが考えられる。どういう学習形態をとれば、最も効果的に理解（読むこと）と表現（書くこと、話すこと）の関連が図れるかを考慮して、形態を定めることが必要である。

味読と達読

　味読という段階の代わりに、「達読*」と

達読　この「達」は「達人・達見」の「達」である。したがって、達読とは"究極の読み"とでもいうべき読みの最高段階である。より深い読みを追求していくことによって、達読の境地に至ることができると考えられる。

　ただし、達読は読みの最高段階であると想定することはできるが、他の段階とは異なり、ここからが達読であるという境界を定めることは難しい。したがって、読みの学習の最高の目標として位置づけ、それに向かっての過程を大切にする指導を

行うことが望ましい。

表現読み　藤原与一の「表現読み」については、本文で解説した。ここでは児童言語研究会（児言研）の「表現よみ」について、簡単にまとめる。

　大久保忠利（1909～2001）は、「わたしたちの『表現よみ』は作品の一つ一つの質に合わせて、各段階、各文、各語句においてまさにその作品自体の要求する音声化を求めつつ、柔軟に読みこなす。しかも、その中に読み手自身の主体性と個性

いう段階を設けることもある。

安良岡康作（1917〜2001）は、読みの段階として、通読→精読→達読の三つの段階を考えている。それぞれの段階について次のように整理している。

「文章の中の文字が読め（訓読）、言葉の意味がわかり（語釈）、内容をなす事実が明らかになる（考証・解説）と、文章の大意が把えられ、通読の立場に立つことになる」→「その上に、読みの反復によって、文章の全体と部分との関連が次第に認識されてくるにつれて、精読の立場に立つ読みが展開してくる」→「精読は進展して、到達点たる、叙述を主題と構想の展開の定着面として読む境地に及ばなくてはならない」

「味わう読み」は、何も読みの最終段階にだけ行われるものではなく、各段階に応じた味わい方があるべきだとの考えに立ち、味読という言葉を避け、読みの最終段階に達読という言葉を用いたのである。

味読と表現読み

藤原与一（1909〜）は、読みの段階を素材読み−文法読み−表現読みと捉え、その内容を次のように整理している。

素材読み…①素材の把握、②語義の探索、③文章大意の理解

文法読み…①全文章についての段落の読みわけ、②一段落そのものの読みわけ、③センテンスについての主部・述部の見わけ、④修飾部の見わけ、⑤語句のはたらきの追求、⑥微視と巨視

表現読み…①表現全局への展望のもとで大切な部分にくい入り、そこの微視に徹底することによって、表現全体の統合的な把握におもむく。②全体を直視しつつ統合把握におもむく。③深く、人間・社会・思想を読み取っていく。

この三つの段階について、藤原自身も「旧来の素読→通読→味読の三者にあい通う」と述べている。このことから、「味読」と「表現読み」とが相対応しているということができる。

平成29年版学習指導要領との関係

平成29年版学習指導要領においては、「Ｃ読むこと」領域の指導過程が次の３つに整理された。

- 構造と内容の把握
- 精査・解釈
- 考えの形成、共有

「味読」を位置づけるとすると、最後の「考えの形成、共有」ということになろう。

（堀江祐爾）

〈参考文献〉
石山脩平『教育的解釈学　国語教育論』明治図書 1973。安良岡康作『国語教育試論』信教出版部 1971。藤原与一『私の国語教育学』新光閣書店 1974。荒木茂『表現よみ入門』一光社 1979。児童言語研究会『新・一読総合法入門』一光社 1976。大久保忠利『国語教育本質論』一光社 1973。

を十分に生かす」読みであると、「表現よみ」について述べている。

音声化というと、「朗読」との関係を明らかにしておかねばならない。「朗読でも、われわれの目ざす表現よみと同じものが含まれていることは事実である」としながらも、朗読の持つ「節つけ読み」「押しつけ読み」に反発し、それらの読みと区別するために「表現よみ」と名づけた、と児言研は説明している。

児言研の「表現よみ」は、伝統的な読みの指導の基本的パターンである〈通読−精読−味読〉を三読法として批判し、否定する立場から生まれた「一読総合法」と呼ばれる読みの指導の中に位置づけられていることを知っておく必要がある。

Ⅱ　読解・読書指導

37

要　約

要約とは

　要約とは，文章や話の全体または部分を短くまとめることである。また，まとめた結果としての文章や話自体を指すこともある。

要約の学習の意義

　ある文章や話を理解するということは，その全ての文字を読むことができ，その全ての語句の意味がわかるということだけではない。各部分がどんなに正確に理解できても，その文章や話を全体として捉えることができなくては，本当に理解したとはいえないであろう。文章や話を全体として捉えるためには，筆者や話者がどういうことを述べようとしているのかを大きく，しかも的確に把握できなくてはならない。大意なり，要旨なりにまとめる力，全体の見通しを持ち概括する力，すなわち，要約力が必要となるのである。

　また，読み聞きした内容を他人に伝えるときにも，要約力は不可欠のものである。読み聞きしたことの全部を伝えることは困難であるし，また，その必要がない場合が多い。要点だけをかいつまんで，人に伝える能力が求められる。したがって，大きくいえば，要約力は社会生活を営むうえでの基本的能力の一つである。

要約力の分析

　要約を行うためには，対象となる文章や話の内容を正確に理解することが求められる。そのためには，文字力，語句力，語法力などの基礎のうえに，段落の構成を捉える力などが当然必要となる。これらの要素を捉える力を総合していく力として要約力を位置づけることが重要である。

　井上敏夫（1911〜）は，要約力を，
①その文章を正しく理解し，何が大事な点であり，何はそれほど大事ではない，ということを見つけだす力
②それらを簡潔な言葉にまとめ表現する力
の，二つの力からなるものとして捉えている。

　このように，要約力を形づくるものは何であるかを考え，そして逆に，要約の学習を通してどのような力をつけるのかをつかんでおくことが必要であろう。

要約の種類

　ひと口に要約といっても，その種類はさまざまなものがある。要約する対象の性格や要約するときの観点の違いによって，「大意*」「あらすじ*」「要旨」などを挙げることができる。

要約の方法

　要約の学習の方法としては，次のようなものが考えられる。要約する対象の性格や

大意　ある文章や話の全体を概括したものである。説明的文章（論説文，評論文，記事文など）について使われ，文学的文章についてはあまりこの言葉は使われないようである。

　全体的なまとめであるが，文章や話の構成が複雑な場合は，いきなり大意を書けといってもそう簡単にできるものではない。まず，段落ごとの要点など，各部分のまとめをおさえ，そのうえで全体の構成をつかみ，筆者や話者が何を伝えようとしたのか，それはどこに述べられているかを的確に把握できるよう，順を追って指導していく必要があるであろう。

　大意においては，筋を追うことは必ずしも必要ではない。具体例や説明の部分など，要旨に直接には関係のない部分は省かれる。

あらすじ　文章や話の筋（展開）をまとめたものである。文学的文章，特に物語についての学習のときに，あらすじをまとめさせることが多い。あらすじは，展開を中心としたまとめであり，流れ

学習のねらいなどにより，これらの幾つかを組み合わせて学習させることが必要であろう。
①全体の流れを追う。
②全体を幾つかに分ける。
③段落ごとにまとめる。
④（段落が長い場合は）小段落ごとにまとめる。
⑤場面ごとにまとめる。
⑥序論，本論，結論などの論の流れを追う。
⑦キーワードを見つける。
⑧時間的経過を追う。
⑨心理的経過を追う。
⑩行動経過を追う。
⑪登場人物を整理する。

　文学的文章の場合，例えば，⑪→⑩→⑨のように学習させると，登場人物の行動や心理に焦点を当てた要約になる。また，⑤→③→①のように学習させると，場面ごとの内容を軸にした要約となる。

　説明的文章においても，例えば，②→⑥→⑦のように，論の流れを追いながらキーワードを求めていく学習などが考えられる。

　細かく見ていくと，上の①〜⑪のほかにもさまざまな方法が考えられるであろう。それらを書き出しておき，指導内容を考えるときの参考にすると便利である。

書きかえ（リライト）
　要約は，「書きかえ（リライト）」という側面ももっている。「書きかえ（リライト）」は，異なったフォーマット（形式）やジャンル（表現様式）に書きかえていくこともある。

　前者については，例えば，「ごんぎつね新聞」「地球を守れパンフレット」などのように形式を変えて書きかえる言語活動などをあげることができる。

　後者については，例えば，「脚本『海の命』」，「放送台本『動物の体のひみつ』」などのように表現形式を変えて書きかえる言語活動などをあげることができる。

　「書きかえ（リライト）」言語活動は，あくまで元の作品（文章）の理解をより深めるための言語活動であることを忘れないようにしたい。「書きかえ（リライト）」学習活動を行うことによって，それまで読み取れていなかったものが見えてくるように，常に元の作品（文章）に立ち返らせることが重要となろう。

日々の要約指導
　ことさらに要約の学習の時間を設けなくとも，学習者はそれぞれのノートのうえで日々要約の学習を行っている。ノート指導を丹念に積み重ねることにより，要約の学習を更に深めさせることができるであろう。
（堀江祐爾）

〈参考文献〉
『井上敏夫国語教育著作集』第4巻「生活読みの理論と実践Ⅲ」明治図書 1982。

に直接には関係ない場面やできごとは省略される。

　長い作品では，場面が何度も変わったり，登場人物が入り組んでいたりして，学習者が全体的な流れをうまくつかめない場合がある。そのようなときには，まず場面ごとのまとめをさせ，それを踏まえて全体の構成を考えさせ，流れを見いださせるというような，段階を追っての指導が必要であろう。

　ただ，あらすじをまとめることは作品の主題に近づく一つの方法ではあるが，あらすじをまとめたから主題をつかんだということにはならないことに注意したい。あらすじは，あくまで「粗い筋」であり，粗い網の目から，主題はこぼれ落ちてしまっていることのほうが多いのである。

　あらすじというと，いつも登場人物の行為を中心にまとめるもの，と思い込んでしまっている人も多いのではないだろうか。作品によっては，本文の⑧⑨のように，時間的経過や心理的経過に焦点を当ててまとめることも有効であろう。

38 童話

童話とは

「童話」は一般に，子ども向けの物語・文芸読物・文学作品を広くまとめて呼び表した文芸ジャンルの概念として用いられ，民話・昔話・お伽話などの口承文芸（伝承物語・伝承童話）や大人の作家が子どもを対象としてつくる創作作品などを含んでいる。また，「童話的」という用法にも見られるように，象徴的表現（圧縮・省略・寓意・反復など）や空想，夢，軽みやユーモア，アニミズム，擬人化，異世界との交流を内容とする物語様式を総称し，読者を子どもと限定しない形で使用することも多く，大人／子どもの区別や年齢区分を越えて，広い読者層を対象とした詩的で寓意的な表現形態のものもある（サン＝テグジュペリ『星の王子さま』，宮沢賢治の作品など）。

「童話」という呼称の普及は，大正時代の中期，大正7（1918）年，鈴木三重吉による児童文芸誌「赤い鳥」の創刊によるところが大きい。明治期においては「お伽噺」が主流であったが，三重吉は，童謡，童話劇などとともに，童話を文学性に富んだ芸術的創作（「創作童話」）として積極的に世に送り出した。芥川龍之介，有島武郎，島崎藤村などの気鋭の文学者が数多くの童話を発表したことでも知られる。

教科書教材としての童話教材の流れ

「童話」は，主に小学校の低学年段階（少なくとも2・3年生まで）の子どもを対象とした文学教材・物語教材として重用され，その大半は，翻訳作品を含め，幼少児向けの幼年童話や物語絵本，あるいは日本の民話・昔話に素材がとられている。

民話・昔話は，子どもになじみやすいという趣旨で，既に明治20（1887）年の文部省小学読本に採用（「桃太郎」など）され，現在でも，小学校低・中学年を中心として，日本の民話を主軸に，各社の教科書に掲載されている。ただし，ロシア民話「おおきなかぶ」（教出・東書・学図・光村）は異色であり，登場人物の行動やイメージの具象性，物語展開の軽妙さなど，小学校入門期の教材として高い価値を持っている。また，近年，民話・昔話の口承性や伝承性に着目した音声言語の実践，特に語りやストーリーテリングの授業実践が脚光を浴びており，ともすれば硬直したものになりがちな「話すこと・聞くこと」の領域に，民衆の伝統的な声の文化・伝承物語を導入して学習生活を活性化させる試みとなっている。

1970年代以降から今日までの童話教材の大きな流れの特徴は，それまでの名作路線から脱却し，松谷みよ子，神沢利子，あまんきみこ，今江祥智，斎藤隆介，安房直

メルヘン Marchen（独）ドイツでは元来，短い物語や短い作り話を意味したが，19世紀，グリム兄弟『子どもと家庭のメルヘン集』の世界的普及以降，民間伝承を起源とする昔話のことを指すようになり，以後，多くの国でも用いられるようになった。超自然，神秘，魔法，呪術，冒険，奇跡などに満ちた物語世界。残酷な面も含むが，遊び，軽み，ユーモアの性格が強く，伝説，寓話，神話と比べ教訓性は弱い。また，さまざまな民間信仰にも根ざしている。わが国では「メルヘン調」「メルヘン的」という形で，現実離れしたお伽話・妖精譚のニュアンスで使われる傾向にある。

ファンタジー fantasy 幻想的・空想的物語。「ファンタジック」は和製英語。神話，叙事詩，民話，昔話，伝説といった口承文芸的要素を顕著に取り入れ，独特の物語世界を構築する。『指輪物語』，『ナルニア国ものがたり』，『ゲド戦記』など，わが国でも有名。近年，子どもの間でファンタジーはブームであり，ファンタジー作品につい

子など現代の童話作家の創作童話が多く取り入れられたことと,絵本の教材化が活発になったことの2点である。前者は,いわば童話＝文学教材の現代化であり,多くの新進の童話作家の登場に伴い,特に「ファンタジー童話」「戦争童話」などが新たに現場に取り入れられていった。後者の絵本の教材化については,もともと「文と絵で構成された一つの独立した芸術の形式」(西郷竹彦)を教材化することに問題点はあったが(絵の転倒や文と絵の対応関係の改変などの),「おおきなかぶ」「スイミー」「お手紙」など多くの実践が蓄積されてきている。

童話教材の指導

(1)国語学習・読書教育の入門期と童話教材—小学校入学前から家庭や幼稚園等で,子どもが,どのような言語生活を送ってきたかに留意することが重要である。既に家庭・幼稚園等で多くの「読み聞かせ」をしてもらった子どもとそうでない子どもなど,その違いに目を向けた指導が不可欠である。

(2)教訓性の押しつけでなく,子どもの目線に立つ—童話,特に民話や昔話には教訓性や教育的寓意の強いものが多い。「おおきなかぶ」「スイミー」などを「団結,協力してやり遂げる大切さ」と解するのもまちがいではないが,道徳教材のような教訓話の側面だけを強調すると,平板な作品イメージを子どもに流し込み,童話の読み方を画一化してしまう。また,大人の立場から捉えた「いい子」イメージや感動の押しつけをやめ,子どもの生活感覚・視点からの読みを大事にしたい。

(3)声・身体で味わう喜び—80年代以降,「音読」が重視され,声に出して身体で味わう読みが見直されている。しかし,単純な機械的反復では子どもはうんざりし,飽きてしまう。本を離れてストーリーテリングにして語り直したり,朗読劇や群読,動作を交えた劇にするなど,さまざまに身体を使った作品の鑑賞,読みかえの工夫が重要である。

(4)読書指導の基礎づくり—まず読んでおもしろく,充実感を得られる作品との出会いの場を子どもに保障すること。そのための学級文庫や図書館,図書室の充実は欠かせない。また,子ども自身がじっくりと好きな本を選ぶ時間を大切にした読書指導に心がけたい。　　　(中村哲也)

〈参考文献〉
向川幹雄『教科書と児童文学』高文堂出版社 1995。『西郷竹彦文芸教育著作集7』明治図書 1975。『文学の力×教材の力　小学校編』全6巻 教育出版 2001。寺井正憲他編『ことばと心をひらく「語り」の授業』東洋館出版社 2001。脇明子『魔法ファンタジーの世界』岩波新書 2006。脇明子『物語が生きる力を育てる』岩波書店 2008。

ての一定の理解は読書指導に不可欠である。あまんきみこ作品等「ファンタジー教材」と呼ばれる。

リアリズム　realism　写実主義。現実の事物をありのままに再現的に描写することを重視する文芸思潮。かつて50年代に古田足日らが,戦前の児童文学を批判し,童話などの持つ詩的で象徴的な表現方法をとらないリアリズムの児童文学を提唱し,反響を巻き起こしたことがある。しかし,単純な大人の視点でリアリズムを問題にするのは危険である。子どもにとっての現実＝リアルなものに迫る必要がある。「子どもの置かれている現実から矛盾を発見し,それを空想世界で実証してみる」のが「童話」だと寺村輝夫は述べている(『童話の書き方』講談社現代新書 1982)。

39 小説

誕生と特質

　明治維新によって，二百数十年続いた鎖国を国是とした幕藩体制が崩壊し，開国・開化を国是とした国民国家体制が成立した。「小説」の誕生は，「国民国家」としての「近代国家」の誕生という事態の中で問題にされなければならない。これはわが国に限ったことではないが，日本では，坪内雄蔵（逍遥）の『小説神髄』（明治18〜19年）によって「小説」という文学のあり方が初めて理論的に問題にされ，二葉亭四迷の『浮雲』（明治20〜21年)，森鷗外の『舞姫』（明治23年）が書かれたのは，明治維新後，20年程経ってのことであった。帝国憲法の発布は明治22（1889）年2月11日である。古い共同体の地縁・血縁を原理にした価値観によってではなく，新しい共同体の自由（個人）を原理とした価値観によって「近代国家」が誕生したことと「小説」が誕生したこととの間には密接不可分な関係があった。しかし，日本では，新旧の価値観の転換，「国家」の創出が，闘争・葛藤・転覆という，生者と生者の抗争による「革命」によってではなく，表層の「移動」（北村透谷の時代批評の言葉）によってなされていったために，自由（個人）の原理は上げ底でしかなく，空洞化という事態を抱えることになる。

〈近代小説〉と〈近代の物語文学〉の違い

　「物語」は〈語り－語られ－聴く〉関係として文脈を掘り起こし，そのことによって，視点人物とともに，〈語り手〉の〈主体の構築〉に関わる。「小説」は〈語り－語られ－聴く〉関係として文脈を掘り起こし，そのことが視点人物に捉えられない対象人物の内面を掘り起こすことになり，〈語り手の自己表出〉の領域を〈聴き手〉に顕現させ，〈語り手〉の〈主体の再構築〉に関わる。生身の〈語り手〉による〈語り〉であれば，〈語り手を超えるもの〉の領域が〈機能としての語り手〉の領域として掘り起こされていくことになる。しかし，こうした〈近代小説〉と〈近代の物語文学〉の違いは，逍遥以来，曖昧にされ続けてきた。この事態は，自他未分の意識構造としての日本語の特性，そのことに依拠する天皇制の仕組みとともに問われていくことが求められている。

「客観描写」という難問

　田中実氏は，実体主義・客観主義・自然主義，こうした近代科学主義と言うべき世界観認識に〈語ること〉の虚偽という事態を見いだし，そのことを「客観描写」の困難さの問題として問うたのが〈近代小説〉である，とした。これは，逍遥ではなく，森鷗外や夏目漱石の「小説」に対する考え

　本項中で言及した田中実氏の第三項理論の提起（参考文献参照）に基づいて，若干の脚注を付す。

第三項理論　「主体と客体」の関係を，「主体と客体そのもの」とし，「客体そのもの」に到達可能であるとするモダンの世界観認識でも，「主体と主体が捉えた客体」とし，「客体そのもの」の想定を否定するポストモダンの世界観認識でもなく，「主体と主体が捉えた客体と客体そのもの」とし，「客体そのもの」は想定するが，その領域は到達不可能で，了解不能の《他者》であるとするポスト・ポストモダンの世界観認識による理論。第三項理論では，「客体そのもの」の影の働きの中に「主体が捉えた客体」が現象する，と提起。

〈本文〉・〈元の文章〉・〈原文〉の影　作品世界は読者の心の中に現象する。これを〈本文（ほんもん）〉という。読者は〈元の文章〉に返ることはできない。〈本文〉の成立には，〈原文（げんぶん）〉の影が働いている。

ストーリー・プロット・〈メタプロット〉　「ストーリー」とは，「小説」に内包された「お話」（登場人物をめぐるできごと）を時間の順序に即して捉

方を前提にしての問題提起である。「〈近代小説〉を読むために，既存の世界観認識による〈読み方〉を斥けたうえで，具体的に二つの段階を提示します」とし，「まず第一，読む対象は〈原文〉（了解不能の《他者》・客体そのもの——引用者）ではなく，〈本文〉（〈わたしのなかの他者〉・主体によって捉えられた客体——引用者）ですが，この段階ではまだ，〈言語以後〉の実体論の文章を読んでいることと変わりはありません」，「これを踏まえて，次の第二段階に入ると，眼に見え，耳に聞こえて知覚され，語られた出来事は〈聴き手〉によって，あるいは〈他者〉によって相対化され，虚偽として現れます」，と。そのうえで，「わたくしが近代的なリアリズムを『真実』とする説に反して，『〈語ること〉の虚偽』を指摘しようとしたのはこのこと，"これ"を捉えんとして〈近代小説〉の『客観描写』の挑戦もあると考えます。通常の現実世界では見聞する，知覚するものは，実は，その主体の一回性に応じて現れた出来事なのですから，そう現れた一回性の，刻々と変容する瞬間の現象であることをメタレベルで捉えると複数の世界（パラレルワールド）と向き合うことが求められます」（「〈第三項〉と〈語り〉／〈近代小説〉を〈読む〉とは何か——『舞姫』から『うたかたの記』へ——」（『日本文学』2017年8月号））というように，である。更に，氏は「永劫の沈黙，〈第三項〉（了解不能の《他者》・客体そのもの——引用者）とは，有史以来の思考の枠組み・制度の豊饒の言葉たち，そのイデア（観点・観念）を瓦解・倒壊させるイデア殺しを要求します。反神学の『還元不可能な複数性』に対し，〈第三項〉論による〈読み〉は，読み手自身の宿命を創造する行為となり，そうした〈読み〉が〈近代小説〉の神髄を拓いていくのです」（「〈近代小説〉の神髄は不条理，概念としての〈第三項〉がこれを拓く——鷗外初期三部作を例にして——」）と提起している。

教材研究と学習指導の前提として

　こうした提起は，モダン（近代）を超え，エセポストモダンに止まることなく，ポストモダンの「還元不可能な複数性」（ロラン・バルト）の提起を受け止め，ポスト・ポストモダンの時代を切り拓いていくことを目指す第三項理論による。到達不可能な，了解不能の〈第三項〉をめぐる提起は，読むことの根拠と「〈近代小説〉の神髄」に関わる提起である。　　　　（須貝千里）

〈参考文献〉
田中実・須貝千里編『文学の力×教材の力』全10巻　教育出版　2001。田中実・須貝千里編『〈新しい作品論〉へ，〈新しい教材論〉へ』全14巻　右文書院　1999〜2003。田中実・須貝千里・難波博孝編『21世紀に生きる読者を育てる　第三項理論が拓く文学研究／文学教育　高等学校』明治図書　2018。

えたもの。「プロット」とは，「お話」を叙述の構成・展開の順序に即して捉えたもの。「〈メタプロット〉」とは，プロットをプロットたらしめている内的必然性のこと。〈メタプロット〉を掘り起こし，「作品の意志」に向き合っていくことによって，「小説」の価値が問われていく。

視点・〈語り手〉・〈語り手の自己表出〉　「視点」の問題とは，作品に描かれている世界が何処で・誰によって捉えられているのか，ということ。「〈語り手〉」の問題とは，言葉の仕組みの問題であり，視点の問題を含み込みつつ，作品世界がどのように統括されているのか，ということ。「〈語り手の自己表出〉」とは，聴き手の領域における〈語ること〉の虚偽の現れのこと。

自己倒壊・宿命の創造　読者は，〈読みの動的過程〉で，既有の価値観が相対化され，瓦解・倒壊させられる。これが「自己倒壊」である。「小説」の教材価値はこのことを抜きには語れない。読者の「宿命の創造」としての主体の再構築に関わっているからである。

40 戯曲

戯曲とは

　戯曲は，本来，演劇の一要素として，上演されることを予想して書かれたものである。したがって，「読むもの」であると同時に，「上演したくなるもの」「上演し得るもの」でなければならず，その評価は，主題や内容だけでなく，上演して舞台効果を上げうるかどうかによって決まるといえる。レーゼドラマ（Lesedrama）と呼ばれる読むためだけのものもあるが，これはむしろ小説などに近い性質をもつものと考えてよい。

　戯曲は，登場人物が，ある状況の中で，必然的に口にする「言葉」と，時間や場所，人物の出入り，動作などを簡単に示す「ト書き」だけで筋が展開していく。その意味では，空白部分の多い非常に不完全な文学である。それに解釈を加え肉づけしていくことは，読者に委ねられているのであって，これが戯曲を読むことの難しさであると同時に楽しみであるといえる。

国語科教材としての戯曲

　戯曲を国語科の教材として扱う場合，「戯曲は文学なのだからあくまで文学教材として扱うべきで，演劇に発展させて考える指導法は国語教育の範囲を超えている」という意見と，「戯曲はもともと演劇の一要素として成立したものだから，言葉や行動を演出し，実際に表現と結びつけて考えなければ理解できない」とする考えとがある。文字で書かれた"生きた言葉"と，わずかなト書きとから，その人間像や人生の一面を探る場合，おのずから小説などを読むのとは異なった工夫が必要となってくる。しかも，それが行動や言葉で表現して効果を上げうるように計算してあるとするならば，単なる読解だけにとどまるべきではないだろう。戯曲は，「話すこと・聞くこと」「読むこと」，扱いによっては「書くこと」等も含めた各分野の密接な関係の中で学習活動が進められるべきものである。

　「劇化」や「ごっこ」の形をとることは，理解した内容を具現化し，実体験の機会として有効な方法であるが，目標と限界に注意しながら指導を行う必要がある。演劇として形を整えることは，総合的な学習，特別活動など別な分野の活動としたい。

指導のねらい

　主題や動機などを考え，プロットを追いながら，その内容や表現を読み取っていくことは，他の文学教材と同じである。しかし，それが，人間の日常使う言葉だけで組み立てられていること，それらが相互に関連し合って，いかに劇的に組み立てられ展開しているかということなど，戯曲の特性をしっかり把握させるようにしたい。

演出　文学である戯曲やシナリオを，演劇または映画・テレビドラマなど，観客の前に表現する芸術として構成していくことをいう。演出家は，脚本の解釈，芸術上技術上の方針，配役・舞台美術・照明・音楽・衣装などのキャスト，スタッフの構成をはじめ，劇全体のテンポやリズムなど，上演までの全てを処理しながら，方針に基づいて一つの芸術へとまとめていく役目を持つ。戯曲という冷たい文字の中に凍結されている人生を，生きた人間たちによって復元していく場合，当然，その個性によって同じ表現形態になるとは限らない。演出という仕事は文学としての戯曲と，劇に参加する集団との間に立って，その全ての能力や個性を発揮させながら，自分の芸術観に基づいて統一し，戯曲の意図するものを実現していくことであるといえる。

能　歌・舞・音楽を総合した古典劇の一種で，江戸時代までは「猿楽の能」などと呼ばれていた。古代中国の「散楽」の影響を受けた「猿楽」が，伝統的な芸能や歌謡を取り入れながら劇化したも

特に，言葉と言葉との関連，言葉と行動との関連，言葉と性格や心理との関連，表現されていない部分にある言葉や心のはたらきなど，言語に対する理解を深め，感覚を育てる絶好の機会である。ノートにまとめたり，知識として整理したりするだけでなく，実際に口に出して表現する，言葉で伝えるなど言語活動を十分取り入れたいものである。

　能の台本ともいうべき謡曲や，狂言・浄瑠璃・歌舞伎劇の脚本＊なども戯曲の一種であるが，文学的性格より演劇的要素が強い。劇としての構成や演出，舞台表現のうえでも独特の約束を持っており，掛詞・縁語・序詞等の修辞や音楽性を生み出す表現技法も現代戯曲と大きく異なっている。筋の展開や逐語訳だけでなく，視聴覚教材などを活用してその特性を理解させ，伝統的な言語文化にも関心を深めるように工夫したい。

指導の内容と実際

①経験や知識を整理し，前提条件を整える。
○今までに見たドラマをあげさせ，演劇やテレビドラマ，映画などの違いを考えさせながら，演劇や戯曲に対する関心を高める。
②内容や情景・人物に対するイメージを整える。
○自分のいちばんよいと思う読みをする。
○感想や感動したこと，場面の情景や人物について自由に発表させ感想を交流する。
○劇の進行，または人物の出入りを中心に場面を分け，構成を考えさせる。
○登場人物の生活環境，性格，心理の変化などを考えさせ，せりふとの関係を読み取らせる。
○人物と人物との関係，対立などを読み取らせ，劇的表現効果に気づかせる。
③イメージを言葉で表現する。
○人物の性格，心理，場面に最もふさわしいと思う表現を工夫させる。その際，次の点に留意させる。⑦内容を正確にわかりやすく表現する。⑦人物の性格，生活環境，心理等を考えながら表現する。⑦人物の出入りや動作を思い浮かべながら表現する。㊀せりふのないときの心の動きを考える。㊉表現のための技能（正しい呼吸法と発声法，正しい発音やアクセント，内容を誤解なく伝える句切り，伝えるだけでなく共感させる語調・語勢・語気・間・テンポなど）に注意させる。
④対話だけの作文を書く。
○一場面を設定し，対話だけで進行する作文を書かせることは，戯曲で学習したことを定着させると同時に，言語に対する感覚を豊かにする。　　　　　（村井　守）

〈参考文献〉
しかたしん『文学と演劇の間』愛知書房 1998。冨田博之『演劇教育』（現代教育101選51）国土社 1993。日本演劇教育連盟『新・演劇教育入門』晩成書房 1990。

ので，室町時代に大和結崎座の観阿弥清次（1333～84），世阿弥元清（1363？～1443？）父子によって大成した。幽玄美を理想とし，神秘的・夢幻的傾向が強い。謡曲は，能の台本といえるが，シテ・ワキなどの諸役と地謡との謡・言葉が記してあるだけで，現代の戯曲からみると大変不完全なものである。

脚本　脚色本の意味で，戯曲と同じに扱われることも多い。しかし，文学としての戯曲が，演劇という芸術の一要素として組み込まれ，上演のためのテキストとしての性格をもったときに呼ぶのが一般的である。わが国の伝統劇である歌舞伎に脚本らしい形が整ったのは17世紀で，それまでは俳優自身や浄瑠璃作者などが，簡単な筋書き，書き抜きなどを作っていた。歌舞伎の脚本は，近代の戯曲と大きく異なり，あくまで俳優の芸の補助的な性格が強く，俳優の注文に応じて書き下ろされたりした。内容も，能や浄瑠璃を書きかえたり，社会のできごとを舞台化することも多く，まさに脚色されたものであった。

41 詩

詩教材とは

　国語教科書に詩がある。その詩をどう教えるか、といった発想からの詩教育はむなしい。詩は、詩を求める姿勢において出会えるものだからである。どう教えるかの前に、なぜ、何を教えるのかといった観点が、詩教育の場合、常に問われていなくてはならない。というのも、国語教科書の中で見ればわかるように、詩教材は他の教材ジャンルに比べ非常に少ない。教科書どおりに進めるとすれば、年間でごく僅かの詩作品が教えられるにすぎない。現在の国語教育の中で、ほんの一隅に位置しているにすぎないのである。

　極端に考えて、もし、国語教室から詩をなくしてしまったとしたら、どうであろうか。何か寂しい気がして、そこまでは踏み切れない。その思いが、どこからくるものなのか。詩教育は、この問いを抱えるところから出発する。フロストは、詩を定義して、「人がそれを忘れたら貧しくなるようなものを思い出すひとつの方法」と、やんわりと述べている。このようなはたらきを詩がもっているから、わたしたちの国語教室は詩教材をなくすことができないのである。

鑑賞指導ということ

　詩教育の場合、普通、読解・読書指導と呼ばない。詩の鑑賞指導というのが普通である。といって、読解・読書を含まないのではない。鑑賞という営為を重くみるからである。この事実に目をとめてみよう。

　岩沢文雄に、優れた鑑賞論がある（「文学の鑑賞指導の本質」日本文学教育連盟編『文学教育の基礎理論』）。岩沢の定義は、こうである。

　　鑑賞指導の「本質」は、その「指導」が、(1)鑑賞の技術や方法を習得させたり、それに習熟させたりすることを第一義の目標とする「技術習得指導」ではなく、また、(2)「鑑賞力」をそだてることを第一義の目標とする「能力開発指導」でもなく、まさに、(3)すぐれた作品を与え、読み手に、その作品のいのちと深く交わらせること、そこに、深くてつよいよろこびを覚えさせること（そのことで、作品に大きく教育されること）を第一義の目標とする「感動体験指導」である。（同上書）

　何々のためにという発想をせず、「作品に大きく教育される」といった言い方からわかるように、文学そのものの教育的機能を重視する立場である。読解指導の否定を含み、戦後の文学教育が目標としてきた鑑賞指導の基本的な考え方が、ここには力強

叙情詩　近代詩はこの叙情詩が主流であったため、かつての国語教科書・詩教材は、このジャンルからの採録が多かった。叙情詩の伝統は古く、古代和歌まで遡ることができ、近代詩のみならず、日本の詩そのものの主流がこの叙情詩であったとみてよい。しかし、伝統的な叙情詩の流れは近代詩でほぼ終わり、戦後の現代詩はその叙情を屈折させた。現代詩のそれは「渇いた叙情」と呼ばれたりする。叙情詩の中心であった愛の詩一つをとってみても、現代詩のそれは、さまざまな屈折を示している。それだけに、逆にいえば近代詩における叙情の教材的価値は高いともいえるわけである。高校の教科書教材では、近代の叙情詩から多く採録されているが、中学・小学校と学年が下がるにつれて、このジャンルの詩教材は少なくなる。

叙景詩　教科書教材の数としては少ないが、比較的安定した教材が採られているようである。北原白秋「落葉松」、三好達治「雪」「大阿蘇」、丸山薫の詩などがよく知られている。自然の原風景といったものがそこでは描写されているので、自然

く表明されている。文学教育の一環として，詩教育もこういった考え方に基づいてなされてきたのであった。詩の鑑賞指導と呼ばれるゆえんである。

詩の鑑賞指導の方法

ただ，詩教育の現状をみると，この鑑賞指導の内実が曖昧になってきているようである。詩を扱うと鑑賞指導と呼ばれるほどに，鑑賞の語はその内容を不明確なものとし，読解指導との境界も曖昧である。それだけに今，岩沢のいう「感動体験指導」の原点にまで立ち返ってみるべきであろう。

詩の鑑賞指導は，主として授業方法の問題として追求されてきた。例えば，安藤操の「基本的教授＝学習過程」(「詩の授業へのいざない」岩沢文雄編『感動体験を育む詩の授業』)などは，その優れた例であり，概略を示すと以下のような試案である。

〈第1次〉　学習意欲喚起の段階
　(1)題名の話し合い
　(2)作品を読む
　(3)感動の分かち合い（書く・話す）
　(4)学習の見通し（計画）を立てる
〈第2次〉　形象の表象化⇄概念化の段階
　(1)音読，視写
　(2)作品の方向性の追求
〈第3次〉　感動体験組織の段階
　(1)感動の強化・深化・拡大（書く・話す）
　(2)音読・朗読・暗誦・群読・朗誦
〈第4次〉　学習活動転移・発展の段階
　(1)共通モチーフの作品を読む
　(2)朗読会，創作詩集，詩画集への発展
(同上書)

このように詩の鑑賞指導の方法は，現在，一応の定式を得るに至っている。残された課題は，個別作品の持つ詩の教材価値を，どのように引き出すかである。

詩教材には，固有の機能というものがある。その教材にのみ内在していて，他の教材と代替できないもの，それを見いだす必要がある。

詩を内容面で分けて，叙情詩*・叙景詩*・叙事詩*と呼ぶことがあるが，それぞれのジャンルの持つ詩の機能が違うからである。詩の〈叙情〉〈叙景〉〈叙事〉に固有のはたらきを引き出すことが問われてくるのである。個別作品の固有性が入れ替わらないように，〈叙情〉と〈叙景〉，〈叙景〉と〈叙事〉の固有性もまた，入れ替わることはない。いずれにせよ，詩の鑑賞指導は，詩教材の固有性を機能させることによって成立する。

（足立悦男）

〈参考文献〉
日本文学教育連盟編『文学教育の基礎理論』新光閣書店 1966。岩沢文雄編『感動体験を育む詩の授業』明治図書 1971。小海永二編『子どもの心を育てる詩の鑑賞指導　上・下』教育出版 1983。

を失いつつある現代にあって，叙景詩のしっとりとした味わいには，捨てがたい魅力がある。ただ，このジャンルも，どちらかといえば高校・中学向けの教材に傾いており，小学校教材の発掘が望まれている。

叙事詩　叙事詩とは歴史的事件や英雄の事跡をうたう詩のことであるが，詩教育では事柄を扱った「もの・こと」の詩と定義したほうがわかりやすい。小学生にはやはり，事柄を扱った詩が好まれる傾向にある。まど・みちお，阪田寛夫など，小学生向けの人気詩人の作品の多くが，その意味での叙事詩である。このジャンルからは，逆に，中学校・高校での教材発掘が期待される。小・中・高とも，これから，詩教材の可能性を秘めているジャンルとみてよい。鑑賞指導だけでなく，もう一つの詩教育である児童詩教育との関わりでも，叙事詩(「もの・こと」の詩)というジャンルへの期待は大きい。

42 短歌・俳句

短歌・俳句とは

　短歌・俳句とも定型を持つ短詩型文学である。短歌はもともと和歌の一形態として発達し、明治後期以降近代文学として再生した。俳句も明治以降、俳諧の発句だけを意味する語として使われるようになった。短歌・俳句という場合、一般的に明治における短歌・俳句の革新運動＊以降の作品を指し、古典文学における和歌・俳諧と対応する。現在、近代文学としての短歌・俳句は小中高いずれの国語教科書にも採録されている。

指導のねらい

　日本文学の発生とともに発達してきた歴史と深い関わりを持つ短歌・俳句は、それぞれ伝統的な言語文化の一つでもあり、それらの作品鑑賞を通して、我が国の伝統や文化に対する理解を深めることができる。また、5・7・5・7・7の31音からなる短歌も5・7・5の17音からなる俳句も、限界まで切りつめられた言葉の緊密で濃縮された表現世界であり、リズムや語感に留意しながら読むことで、豊かな言語感覚を養うことができる。

　小学校段階では、まずは短歌・俳句を繰り返し音読し、リズムや調子に慣れながら、作品に親しむことに中心をおく。中学校段階では、表現技法や感動の中心、句切れや季語等に留意しながら情景や心情を想像しながら読む。高校段階では、作者や時代背景との関わりから読解を深める。おおむね、以上のような比重の置き方で、短歌・俳句の読解指導のねらいを考えることができる。

指導の要点

〈短歌学習のポイント〉

①31音のリズムと調子に慣れる

　繰り返し音読したり、群読を取り入れたりして、5・7・5・7・7のリズムを体感させたい。その際、単に字面を読むのではなく、歌意や句切れなどについて十分理解させたうえで読ませたい。

②情景や心情を想像する

　詠まれている対象が、どのような場面や情景か、あるいはどのような心情かを捉えさせ、イメージ豊かに解釈させたい。選び抜かれた表現による凝縮された文学作品であるので、論理的な厳密さを求めるよりも、言葉の広がりや重層的なイメージを生かした柔軟な解釈が求められる。

③修辞法に留意する

　体言止め・倒置・掛詞・比喩・反復などの表現技法の解明を通して作品のおもしろさや奥深さを理解させるようにしたい。

〈俳句学習のポイント〉

①17音のリズムに慣れる

　短歌同様に繰り返し音読したり群読を取り入れたりして、5・7・5のリズムを体感させたい。その際、句意や切れ字のはた

短歌・俳句の革新運動　本格的な和歌改良の動きは、1882年『新体詩抄』の序における和歌形式の否定論に揺り動かされるかたちで起こった。1887年、萩野由之は「和歌改良論」を発表して〈歌の流弊〉を正そうとした。実作の側からこれを具体化しようとした落合直文は「あさ香社」を結成し、和歌の改良運動に取り組んだ。これを母体として新派和歌運動が起こった。正岡子規は「歌よみに与ふる書」を新聞『日本』に連載（1898）し、『万葉集』尊重と写生論を提唱して旧派和歌を批判した。また与謝野鉄幹は日清戦争前の国家主義思想を背景とした「丈夫ぶり」の歌で旧派を批判した。

　一方、俳句の革新運動は、正岡子規が、維新後の停滞期を総合して「月並み」と呼び連句を非文学と否定し、発句だけの写生による新しい俳句を提唱したところからはじまる。1902年の子規没後は、「ホトトギス」の高浜虚子と新聞「日本」の河東碧梧桐がその後継者として俳壇を二分した。

らきなどについて十分理解させた上で読ませたい。
②情景や心情を想像する

叙情に重きを置く短歌に比して、俳句では叙景（季節による自然的風情・景物の客観描写）がまさるという性格をもつが、それでも自然の風情と人生に対する深い思索とを一致させつつ象徴的に表現されている作品が多い。17音に凝縮された小さな作品から豊かな広がりをもつ世界をイメージさせたい。

③季語・切れ字に留意する

季語がもつ意味やはたらきについて考えさせ、一句の中で季節感がどのように生かされているかに注目させる。また、切れ字のもつ効果（強調・余韻など）についても考えさせたい。

以上のような学習内容のポイントを踏まえながら、実際の学習指導においてはさまざまな方法が必要となる。まず、読み手である学習者が主体的に作品と向き合い豊かな世界にふれるための工夫として、短歌・俳句を詩や小説に書きかえる、という手法がある。短歌・俳句に限らず一斉指導による教師の作品解説で文学教材の読解が展開することは多い。しかし、形式的で味気ない訳語風の解釈を聞くだけでは学習者の興味・関心を引き出し主体的に読ませることは難しい。訳語や解説文に置きかえるだけでは作品世界を矮小化してしまうことにもなりかねない。そこで、他の作品形式に書きかえるという手法は、作品イメージの裾野を狭めることなく、また個々の学習者の想像力を生かした読解方法となる。次に、学習者がより積極的に短歌・俳句に親しみ、より広く作品を読むための工夫にアンソロジー*作りがある。個人単位でもグループ単位でも、好きな歌や句、あるいは一つのテーマに沿った歌や句を集め、紹介する。これは、読解から読書活動へと発展させていく方向性をもつものでもある。更に、発展的な指導法として、短歌・俳句を創作し、相互批評を行う学習指導方法がある。その際、創作の場を意識して教室で歌会や句会を開くという設定もある。こうした学習により、学習者から一層の興味・関心を引き出し、短歌・俳句に主体的に向き合う態度を養うことができる。

問題点

しかし、今後の問題点は多い。一つは教材発掘（新しい短歌・俳句）の難しさである。学習者にとって身近で魅力的な現代短歌や現代俳句の発掘と教材化が必要である。二つめは、国語科カリキュラムからの脱落傾向を止めるための工夫である。授業時間数が縮小される中でますます短歌・俳句は扱われにくくなってきている。国語科における短歌・俳句学習の位置づけを今一度見直すべきだろう。　　　　　（幸田国広）

〈参考文献〉
藤井圀彦『俳句の授業・作句の技法』明治図書 1998。

アンソロジー　詩や短歌・俳句などの文学作品を一つの作品集としてまとめたもの。テーマや時代など特定の基準に沿ったものが複数の作家の作品から集められることが多い。国語科の学習指導としては、例えば、一つの詩を丁寧に読んだあと、多くの詩を読み、好きな詩を選んでアンソロジーを作成するなどの実践がある。個人でもグループでも作成は可能で、最終的に相互のアンソロジーを紹介しあったり、朝読書や帯単元での自主教材として活用したり、学習者が主体的に文学作品に向き合うことを促すものとなっている。

アンソロジー作成のねらいは①多読への方向づけ、②編集力の養成、③読書活動への導入、④言語文化へ主体的な関わりをもとうとする態度の育成などがあげられる。

43

随筆・随想

随筆（随想）とは

　広辞苑によれば，随筆とは，「見聞・経験・感想などを筆にまかせて何くれとなく記した文章。『枕草子』『徒然草』の類。漫筆。随筆」とある。現在は，エッセイと同義語のように扱われているが，歴史的に見るとかなりの違いがある。エッセイは，小説や論文のように特定の形式はもたないが，人間や自然などについての明確な自己主張や批判をもつものである。しかし，日本に古くから起こった随筆文学等は，特定の形式をもたないもの，いずれのジャンルにも属さないものといった程度のもので，いわゆるエッセイのほかに，写生文，アフォリズム，日記，書簡，そして近年はコラムなどを含んでいる。

写生文

　写生文というのは，明治20年代から30年代に確立された文体で，島崎藤村の『千曲川のスケッチ』(1912)はその代表的なものである。『千曲川のスケッチ』の奥書に，「自分の第四の詩集を出した頃，わたしはもっと事物を正しく見ることを学ぼうと思い立った。この心からの要求はかなりはげしかったので，そのためにわたしは三年近くも黙して暮すようになり，いつ始めるともなくこんなスケッチを始め，これを手帳に書きつけることを自分の日課のようにしていた。ちょうどわたしと前後して小諸へ来た水彩画家三宅克己君が袋町というところに新家庭をつくって一年ばかり住んでおられ，余暇には小諸義塾の生徒をも教えに通われた。同君の画業は小諸時代に大に進み，白馬会の展覧会に出した『朝』の図なども懐古園付近の松林を描いたもののように覚えている。わたしは同君に頼んで画家の用いるような三脚を手に入れ，時にはそれを野外に持ち出して，日に日に新しい自然から学ぶ心を養おうとしたこともある。浅間山麓の高原と，焼石と，砂と，烈風の中からこんな言葉が生れた」とある。日本の自然主義文学の代表作家である藤村の小説の出発点にこの『千曲川のスケッチ』があったこと，自然主義の文体が，基本的にはこのような写生文に拠っていることを考え合わせると，日本文学における随筆の位置の意外な大きさを思わされる。

叙景と叙情

　昭和42年から44年にかけて西郷竹彦と古田拡との間で「冬景色」という教材の解釈をめぐって論争（「冬景色」論争）がなされた。西郷が，叙景文といえどもそれが視点人物によって捉えられた景色である限り，その叙景のすみずみにまで視点人物の心は表現されているのだから，芦田の言うよう

エッセイ　英語のessay（エッセイ）はフランス語ではessais（エセー）。このessaisを本の題名に使ったモンテーニュの『エセー』（『随想録』などと邦訳）には，人生のさまざまな相（教育，友情，結婚，恋愛，読書，学問，政治，宗教，文明，風俗，旅行，葬式など）についてののびやかなおしゃべりが展開されている。しかしそれは，単なるおしゃべりではない。フランス語のessayer（エセイユ）という動詞は，試みる，吟味するという意味で，エセーはその名詞形であるが，モンテーニュの『エセー』も，彼自身の判断の試み，更には生き方の試みという意味を持っている。このように，人生諸般の洞察，自己省察という意味がエッセイにはこめられている。

コラム　column　普通，新聞などの囲み記事をいう。名入りの時事評論などもこれに入る。字数がほぼ決まっており，短いのが普通だから，その中でいかに過不足なく表現するかが問題である。しかも，ピリリと諷刺のきいたものでなければならない。

にこれを絵として描くことはできぬと主張したのに対し、古田は、「冬景色」は修辞学の分類によるところの叙景文であるから、芦田がこれを「絵のようだ」と感じたのは正しいとした。しかし古田も、叙景の中に心が動いているということは認めており、写生文といえども景と情とが統一、把握されねばならないことが確認されたのである。

アフォリズム

　写生文が、その基調として、外景を客観的に描写しようとするのとは対極的に、アフォリズムは、内面的、自己反省的である。日本の代表的なアフォリズムとされる芥川龍之介の『侏儒の言葉』(1927)には、「告白—完全に自己を告白することは何人にも出来ることではない。同時に又自己を告白せずには如何なる表現も出来るものではない。ルッソオは告白を好んだ人である。しかし赤裸々の彼自身は懺悔録の中にも発見出来ない。メリメは告白を嫌った人である。しかし『コロンバ』は隠約の間に彼自身を語ってはいないであろうか？　所詮告白文学とその他の文学との境界線は見かけほどはっきりはしていないのである」という記述が見える。ここには、当時文壇の主流を占めていた自然主義派の人々から、もっと自己を赤裸々に出せと責めたてられていた芥川の居直りと不安とが表現されている。アフォリズムには、その激烈な批評精神ゆえに、一見社会批判風に見えながらも、その根底にこのような自己省察があり、それが文章に重みを与えている。

指導のねらい

　随筆は、論説文や説明文とは違った性格の文章であるから、よくあるように、段落分けをし、各段落ごとに要点をつかみ、段落と段落との関係を明らかにし、最後に文章の要点を明らかにするというやり方では随筆のエッセンスを捉えることはできない。例えば、次のような文章がある。

「さっそく、あらかじめ注文しておいたイワシを出してくれた。前に来たときは、刺し身だとばかり思っていたが、包丁を使わず指で割くのだ。昔から土地に伝わる家庭料理で、ママも名前を知らなかったが、あとで、土地の古い人に聞いてくれた。『しゃきイワシ』という。『しゃき』は『割く』の意味である。

　イワシは長さ10センチほどのマイワシ。その朝、萩、仙崎あたりの磯で棒受け網を使ってとってきたものだ。まず頭をちぎる。指を突っ込んではらわたを出す。氷を入れた水で洗い、左右に開き、骨を取る。生きのいいのは骨がはがれにくい。2つに割く。皮をはいでしっぽを取る。これで出来上がりだ。ママのなれた手では、1匹30秒とかからない。丸めて皿に盛られた身は、透き通るような薄紅色だった」(『たべもの紀行　六』読売新聞社　1981)

　これは「割きイワシ」の料理の仕方を述べたものだが、料理の本にある説明の文章とはずいぶん違う。ここには、久しぶりに味わう「割きイワシ」への期待と、それを料理するママの鮮やかな手際への賛嘆などの作者の思いが、事実の背後に隠されている。料理の本ならば、「割きイワシ」の作り方そのものがわかればいいのだが、この随筆においては、同時に、「割きイワシ」あるいはそれを料理するママに託された作者の思いも大事にされなければならない。例えば、「前に来たときは、刺し身だとばかり思っていたが」という記述には、最初は夢中で食べただけであるが、今は、その味が忘れられず、時をおいて再びやってきて、昔の味を思い起こしつつじっとママの手先を見つめている作者の目がある。こうしたことを丹念に読み取るのが、随筆の読みにおいては必要である。　　　(藤原和好)

〈参考文献〉

『「冬景色」論争』明治図書　1970。

44 伝記

伝記とは

　伝記とは，ある個人の生涯の事績等を書き記した文章であり，記録的文章に数えることもできるが，文学と見なされる作品も多い。伝記の始まりは古いが，中国では司馬遷の『史記』の列伝（前1世紀），西洋ではプルータルコスの『対比列伝』（1世紀）が最初の偉大な業績とされる。日本の伝記の源流は『古事記』（8世紀）序の「帝紀」「本辞」とされ，平安時代以降，官人伝，高僧伝等が多く書かれ，江戸期には『信長公記』『太閤記』や伝記の集大成と言われる『大日本史』（完成は1906年）などが編纂された。明治期になると，教育にも影響を与えた中村正直訳『西国立志編』（1871）などの翻訳物のほか，森鷗外の史伝『渋江抽斎』（1916）など文学的に高く評価されるものも書かれた。また，幸田露伴，上田敏，松岡（柳田）国男らによる少年向けの伝記読み物も数多く刊行された。

伝記教材

　伝記には形式的に幾つかの形がある。①その人物の全生涯を記した全伝。②その人物の主要な業績などに限った抄伝。③その人物の一面を伝える逸話・美談。④その人物の生活や業績を記しながら評価・批判を加える評伝。⑤その人物の告白的な内容を持つ自伝（自叙伝）。そのうち，教科書教材としては②が多く，戦前では③も少なくなかった。

　学習指導要領での伝記の扱いをみてみると，小学校では昭和22年版～43年版までおおむね3～6年の教材として位置づけられ，中学校では昭和22年版～44年版まで1～3年の教材と位置づけられている。その後，小・中学校の学習指導要領の伝記に関する記述は途絶えるが，平成20年版小学校学習指導要領〔第5学年及び第6学年〕「C読むこと」の言語活動例において再び取り上げられ，平成29年版の小中学校の学習指導要領でも取り上げられている。高校の学習指導要領には伝記に関する記述は一貫して見あたらない。この学習指導要領上の扱いは，阪本一郎が，9歳～15歳の年齢を読書興味上「物語期」と呼び，冒険探偵物のほか史伝を好み，特に12歳～15歳は「伝記」を好むとした指摘に合致する。

　一方，特に伝記を好むとされる年代の中学校国語教科書の伝記教材については，安藤修平による詳細な研究（昭和24～61年刊行までの教科書が対象）がある。それによれば，戦後，伝記教材は日本人の伝記を中心に増加を続けるが，昭和56年（1981）以降激減する。これは安藤も指摘するように，昭和52年版学習指導要領に伝記に関す

自伝（自叙伝）　伝記の中には自伝，あるいは自叙伝と呼ばれるものがある。自分のことを書いた伝記ということになるが，伝記文学の中で一大ジャンルをなしている。西洋では，ギボンの『自叙伝』（1796），ルソーの『告白』（1789）などが有名だが，日本でも新井白石の『折たく柴の記』（1716）や福沢諭吉の『福翁自伝』（1899）などは自伝文学の傑作とされる。その後も，福田英子『妾の半生涯』（1904），大杉栄『自叙伝』（1921），荒畑寒村『寒村自伝』（1960）など社会運動をした人々が多く自伝を残している。なお，島崎藤村の『春』（1908）や田山花袋の『蒲団』（1907）など，日本で独自に発達した私小説は作家の告白性が強く，自伝との区別が難しい面がある。

自分史　自伝の一種に「自分史」と呼ばれるものがある。「自伝」が一般に著名人が書くものであるのに対し，「自分史」は庶民が自分の過去を振り返って書いたものを指すことが多い。この用語は色川大吉によって使い始められたが，色川は

る記述がないことと符合するが，経済的発展を遂げた日本の社会が伝記への興味を失ったことを背景としていよう。更に安藤によれば，戦後30年間，継続して教材化された人物には宮沢賢治，ザメンホフ，リンカーンがあり，20年間教材化された人物には福沢諭吉(ふくざわゆきち)，伊能忠敬(いのうただたか)，北里柴三郎(きたざとしばさぶろう)，ストウ夫人，シュバイツェル，キュリー夫人，ヘレンケラーらがいる。

なお近年では，必ずしも歴史上の著名人とはいえない人物も取り上げられている。

伝記の読ませ方

倉澤栄吉(くらさわえいきち)は，伝記では「調べ読み」ではなく，「共鳴する読み」が大切だとして，以下の〈伝記文の読みの原則〉を提示した。「1 伝記文は，人物を，常にその社会や時代の上に結びつけて読みとろうとする。 2 自分や，自分の生きている現代社会に照らして，業績の価値を読みとる。3 その人物に対する鑽仰の念を抱かせ，学ぶべき点に対する感銘の情を起こさせる。」

一方，野口芳宏(のぐちよしひろ)は，伝記では人物への反発も多いため，「ア 人物の固定的要素については，あまり触れない。」（固定的要素とは，家柄，才能，環境など），「イ 人物の可変的要素に着目させる。」（可変的要素とは，その人物の事態の受け止め方や対処の仕方など），「ウ 私にとっては何だったかと語らせる。」などの観点から指導すべきだとした。

学習指導のために

伝記指導の方法には，年譜作り，調べ読み，他の人物の伝記との読み比べなどのほか，「作者想定の読みの指導」（『国語教育実践講座』7）等もある。これは，伝記を単なる「事実」と見ずに，作者の意図に従って「それにふさわしい挿話を選んでまとめた」作品と考え，指導過程の中に，作者はこの話（事実）をひくことで，その人物のどんな面を描こうとしたのか，また，作者は自分の描こうとしたことを強調するために，どんな言葉を使って表現したか，などの点について話し合わせ，読みの力をつけさせようとするものである。こうした方法は，伝記の読み方にとどまらず，メディア・リテラシー等の観点からも価値のある学習指導の方法となりうるだろう。

（髙木まさき）

〈参考文献〉
『国史大辞典』第9巻 吉川弘文館 1988。『増補改訂新潮世界文学辞典』新潮社 1990。阪本一郎『読書指導―原理と方法―』牧書店 1950。安藤修平「戦後中学校国語科教材の史的展開―伝記教材を中心として―」（初出1988：『発想から論の前後まで』明治図書 2003所収）。倉澤栄吉『倉澤栄吉国語教育全集』7 角川書店 1988。野口芳宏『鍛える国語教室』12 明治図書 1990。「伝記のもう一つの読ませ方」『国語教育実践講座』7 教育出版センター 1986。

「自分史」を以下のように定義している。どのような無名の人にもその時代の真実が宿っており，それを認識し表現することには意味がある。したがって「自分史の核心は歴史と切りむすぶその主体」にあり「自分と歴史との接点を書くこと」すなわち「自分×史」である，と（『自分史―その理念と試み』講談社学術文庫1992）。また，色川によれば，庶民が自分の生活誌を書くという点では，自分史は橋本義夫(はしもとよしお)の「ふだん記」運動（1968年～）にまで遡る。だが，今日，「自分史」というときは，そうした運動とは関係なく，より気軽に個人が自分の過去を記したものを指すのが普通である。（吉澤輝夫(よしざわてるお)「『自分史文化論』の試み」『現代のエスプリ』338号 至文堂 1995。同誌同号は「自分史」特集号。）

なお，成長過程の節目で，子どもたちに自伝・自分史を書かせることは教育上大きな意味があると思われるが，現行の小学校国語教科書の中にも，自伝を書く単元が設けられているものがある。

45

記録(紀行)・報告

記録・報告とは

　記録とは，何かのために，のちに伝える必要から情報や事柄を残すために書き記したり，映像におさめたりすることであり，また，その文書や映像も指す。記録の媒材としては文字ばかりでなく，写真やビデオ映像というものを含む。

　各教科の学習活動における，メモ*，ノート，観察記録，レポート，学習記録，さらには「学級日誌」や「生活ノート」といった日記形態によるものも，広い意味で記録と位置づけることができよう。

　紀行*とは，旅においての経験，見聞，感想等を記した文章をいう。旅立ちから始まり旅の終わりに至るまでの事柄が，時間の経過に沿って記述されている。自照的な記録といえよう。

　報告は，研究や調査，活動などの経過や結果，与えられた任務の結果などについて述べることであり，またその内容を指す。

　記録・報告は，ともに事実やできごとという表現対象を，記録者・報告者の立場から捉えたものであり，そこに「思い込み」が介入することもあることに留意する必要がある。

指導のねらい

　平成20年1月，中央教育審議会答申「幼稚園，小学校，中学校，高等学校及び特別支援学校の学習指導要領等の改善について」において，国語科の改善については，『話すこと・聞くこと』，『書くこと』及び『読むこと』の各領域では，日常生活に必要とされる対話，記録，報告，要約，説明，感想などの言語活動を行う能力を確実に身に付けることができるよう，継続的に指導することとし，課題に応じて必要な文章や資料等を取り上げ，基礎的・基本的な知識・技能を活用し，相互に思考を深めたりまとめたりしながら解決していく能力の育成を重視する」とし，「例えば，低学年では，見たことや知らせたいことを記録し説明や紹介をしたり，体験したことを報告したりすることができる。中学年では，調べたことや観察・実験したことを記録・整理し，説明や報告にまとめて書き，資料を提示しながら発表することができる。高学年では，目的に応じて自分の立場から解説や意見，報告を書き，理由や根拠を示しながら説明することができるとともに，自らの言語活動を振り返ることができる能力などの育成を図る」としている。

　記録・報告，いずれも何を伝えるべき項目として取り出すかという，情報の選択が行われることになる。記録を取る場合，あるいは記録を読む場合，情報の受信と発信

メモ　誰かからの伝言や依頼を忘れないように，ノート，カード，付箋紙に書きつけることがある。そのことを確実に実行に移すことができるよう，必要最小限のことを書きとどめる。これがメモである。記録の最小単位ともいえよう。簡潔に，必要な要件のみを記したものであり，ふつう要件が済めば破棄されるが，破棄されなければ記録という性質をつよく帯びた文書として機能する。指導学年に応じて用紙の大きさや様式，記載する内容や文字の書き方等，指導する必要がある。

紀行　旅という日常的次元とは異なる時空間での経験，見聞，和歌や短歌，俳句，感想等を記した優れた文章・作品は，紀行文学として位置づけられている。その記述が旅の経過や順序に沿っているため，日記の記述と似ている側面をもつ。古くは『万葉集』巻15にある遣新羅使人の一群の作品も紀行としての性質を見いだすことができる。『土佐日記』をはじめ，『更級日記』『十六夜日記』，芭蕉の『奥の細道』等，日本人の叙情の記録ともいうべき文書として捉えることもできよう。

に関わる，情報マネージメント能力[*]が要請されることになる。

また，事実やできごと，記録・報告すべき要件等を，正確に保存したり再生したりすることを可能にするための観察力や記述力・説明力等が必要となる。

指導の要点

記録・報告という言語活動は，理科や社会科においても行われている。平成29年改訂された「小学校学習指導要領」においては，主体的・対話的で深い学びの実現に向けた授業改善のために配慮する事項では，「学習の基盤となる資質・能力」の一つとして「言語能力」があげられ，そのために，「国語を要としつつ各教科等の特質に応じて，児童の言語活動を充実すること」が求められている。国語科で扱う記録・報告の学習内容を，「学び」の文脈の中で確かなものにしていく必要がある。

安藤修平は，国語科での学習内容を次のように設定している。

① 「記録する」学習内容（8事項）
ア 「記録する」動機や目的や対象を明確にする学習，イ 「記録する」ために必要な知識や方法を理解する学習，ウ 「記録する」知識や方法を生かして実際に「記録する学習」，エ 「記録した」データを表示する方法を理解する学習，オ 「記録した」データを表示する学習，カ 「記録した」データを分析・解釈する学習，キ 参考書や資料を引用するための知識や方法の学習，ク 分析・解釈した結果をもとにまとめる学習

② 「報告する」学習内容（4事項）
ア 「報告する」動機や目的や相手を明確にする学習，イ 「報告する」ために必要な知識や方法を理解する学習，ウ 「報告する」ために知識や方法を生かして，口頭発表の原稿，図表・写真の発表物やレポートを制作する学習，エ 実際に「報告する学習」

「学習指導要領」には「言語活動例[*]」が例示されている。それらがどのような能力を育成するためにあるのかを見定めながら学習指導を構想したい。

問題点

記録・報告，いずれもメモ（記録）の取り方についての知識・技能の習得（何のために・何を・どのように・何を使ってなど）やメモ（記録）するという習慣の確立といった継続的な指導の工夫が求められる。

また，年間指導計画や単元構想の段階で，記録・報告学習指導の実の場と時間をどのように確保していくか，運用にあたっての工夫すべき問題もある。特に，教科担任制である中学校段階では，教科を超えての共通認識と指導方法の共有化が課題となろう。

（堀　泰樹）

〈参考文献〉
安藤修平「『記録・報告の学習』の現状と課題」（『新国語科「言語活動例」の具体化④記録・報告の学習』所収）明治図書 2000。

情報マネージメント能力　情報の受信と発信に関わる能力。情報の体系化と処理，情報の評価，情報の保管と再生についての知識・技能から成る。ここでの「情報の保管と再生」という項目が，記録・報告と深くつながる。例えば，ノートを「学習記録」と捉え，その保管や活用を学習の内容とする指導を考えるならば，記録という営みの広がりと集積について学ぶことが可能となろう。記録するということは，結局は情報を保管し，運用するために機能させる点に意義がある。

言語活動例　平成10年版の「学習指導要領」から示された各領域における言語活動のこと。平成20年版からは，「内容」に位置づけられ，「言語活動例」を通して「内容」に示された「指導事項」を指導することとした。これは平成29年版も同じである。平成20年版は詳細な示し方であったが，平成29年版では，言語活動の種類ごとにまとめた形で示している。学習者の「学び」を推進するため，単元で付ける資質・能力を内在させる「言語活動」の発見と組織化の工夫が一層求められる。

46 報道

報道とは何か

　報道とは，社会のできごとや事柄を不特定多数の大衆に告げ知らせることを意味する。ちなみに，報道の「報」には告げ知らせるの意，「道」には言う・述べるの意があり，ある情報を他の人々に知らせるという意味で共通する。

　一般に報道といえば，新聞・雑誌・ラジオ・テレビ等を通して届けられるニュース（news）を指す。ただし，報道という用語に対応する英語には report，information，cover などもあって，それぞれ報道文，報道内容，報道行為に相当する意味で使われている。

マスメディアと報道

　社会のできごと等を広く告げ知らせる組織・機関は，マスメディアと呼ばれている。その代表的な組織として新聞社，ラジオ局，テレビ局をあげることができる。

　これらが社会のあるできごとを知らせようとする際，いずれも〔取材→編集→出版・放送〕という手続きをとる。このプロセスにおいて，マスメディアは，それが主として使用する伝達媒体の性格に応じ，種々の特性や制約を持つ。

　例えば，新聞では，当該の新聞社の立場や思潮等に応じて，報じる内容に特定の見解や評価を加えることがある程度許容されている。これに対し，電波放送では，放送法第3条の2に，編集時に留意すべき義務事項として次の点が明記されている。

1. 公安及び善良な風俗を害しないこと。
2. 政治的に公平であること。
3. 報道は事実をまげないですること。
4. 意見が対立している問題については，できるだけ多くの角度から論点を明らかにすること。

報道文の特徴

　報道文とは，社会のできごと等を確実かつ広範に知らせるために記された文章をいい，記録・報告文を高度に社会化，公共化した説明的文章*である。

　新聞における報道文を例に，その形態的な特徴を整理すると以下のようになる。

(1) 5W1H

　できごとを誤解のないよう伝達するため，報道文では事実関係の正しい記述が不可欠である。そのため報道文には，〔When（いつ），Where（どこで），Who（だれが），What（なにを），Why（なぜ），How（どのように）〕に関する記述がほぼ例外なく含まれている。

(2) 逆三角形的叙述法

　報道文は〔見出し→リード→本文〕の順に記述され，それぞれ後述するような役割

説明的文章　説明的文章とは，できごとや事柄に対する内容や考えが正しく伝わるように，論理の筋道を立てて言葉を連ねた文章をいう。そのうち，できごとや事柄を事実として客観的に伝える目的で書かれた文章は記録文・報告文・説明文・解説文に，できごとや事柄に対する筆者の主張や見解を伝える目的で書かれたものは意見文・論説文・評論文等に区別される。報道文は，事実の客観的な記録・報告を目的とするものであり，基本的には前者に区分されるべき文章である。

NIE　Newspaper in Education（教育に新聞を）の略称。学校教育の実践場面に新聞を教材として取り入れる学習運動の呼び名で，1930年代にアメリカ合衆国で始まった。組織的な運動は，1954年にアイオワ州で実施された「中学生の文字との接触調査」がきっかけとされる。同調査では対象となった5500人の生徒の4割が教室外で文字を読んでいない実態が明らかになり，これに驚いた地元紙が，翌年に米国教育協会の協力でNIC（Newspaper in the Classroom＝教室に新聞を）

と表現上の留意点がある。このような構成法を逆三角形叙述法という。

見出し：できごとや事柄の要点を表現した部分。読者の関心を引くように端的で明快な記述が工夫される。

リード：できごとや事柄の概要を表現した部分。本文を把握するために必要な情報を簡潔にまとめた記述が工夫される。

本文：できごとや事柄の詳細を表現した部分。５Ｗ１Ｈにあたる諸情報を盛りこみながら、平明な文体での記述が工夫される。

(3)短い文長と用語

通常、新聞紙面は段組構成となっている。１行の文字数は10～20字程度であるため、文長は平均30字程度が妥当と考えられている。冗長な表現を避けるため、時事用語などが多用される。

国語科指導と報道

第二次世界大戦後の国語科において報道文を教材化した草分けは大村はまである。戦後の混乱が残る深川一中で、大村は自ら用意した新聞の切り抜きを子どもたち一人一人に配り、課題学習を指示した。この学習に子どもたちは夢中になり、それが単元学習の創始となったと大村は述懐している。

国語学習における報道の活用については、昭和22年の学習指導要領（試案）で既に示唆されている。教科書等でも、早くから「新聞作り」や「校内放送」等の学習活動が示され、報道・報道文を意識した指導が行われている。

1989年には、社団法人日本新聞協会が中心となって、わが国でNIE*が組織された。この組織を中心として、新聞報道を国語科の教材・学習材に取り入れる活動が現在も活発に行われている。

1990年代後半より、国語科ではメディア・リテラシーが注目されるようになった。これを受け、近年では報道文を批判的に読み解く学習が行われている。例えば、数社の新聞記事を比較して表現者の意図を推論したり、報道文に選択されなかった事実から、当該の文章が現実をどう構成しているか考察したりするものである。最近では、総合的な学習の時間と連動して、報道機関の実態を取材する活動なども報告されており、今後、報道と国語科教育との接点はますます深くなっていくと思われる。

その際、教師は前述したマスメディアや報道文の特性等をよく把握し、報道機関における事実選択のあり方、報道文を読み解く際の視点、自ら報道文を作成する際の課題等について、具体的かつ社会的に学ぶ場を提供するよう心がけたい。　　　　（藤森裕治）

〈参考文献〉
日本新聞教育文化財団編『教師向けNIEガイドブック』シリーズ 1999～2000。大村はま『私が歩いた道』筑摩書房 1998。浜本純逸・奥泉香編著『メディア・リテラシーの教育』渓水社 2015。

運動を開始している。その後、この運動は全米に広がり、NIEとなった。わが国では、社団法人日本新聞協会が1986年から88年にかけて海外のNIE視察を行い、その教育効果に注目、NIE委員会を特設して、1989年から東京都内の小学校１校、中学校２校でパイロット計画をスタートさせた。現在は、日本NIE学会が設立され、この運動の普及と進展に努めている。

批判的に読み解く学習　メディア・リテラシー育成の観点からみると、報道が現実をありのままに伝えると考えることはできない。例えば、新聞における報道文は、その分量や配置、選ばれた写真や事実関係によって、当該報道に対する送り手の価値観や思想が付与される。言いかえれば、報道する側の意図を完全に排除した客観事実の伝達はありえないのである。このような認識から報道文等の説明的文章を解釈し分析する学習を、批判的（critical）に読み解く学習という。多様で膨大な情報に囲まれて生きる学習者にとって、こうした学習は、今後ますます重要なものとなろう。

47

説明・解説

説明・解説とは
「説明」「解説」とは，ある事柄に関して専門的立場あるいは熟知している立場から読者・聴者に対して行われる論理的合理性をもった表現活動である。基本は，事物・事象の構造や原理・法則などについて特徴的ならびに不可欠な情報の整理を行いつつ，一定の合理性を保って述べることにある。

説明・解説（教材・学習）の位置づけ
国語教育における「説明・解説」は，通常は「説明」の概念を優先し，説明文，説明的な文章として総称される領域に含まれる。

説明文領域は，国語教育の用語として，主に読むことの教育における一分野を指す。文学作品教材の学習領域に対置した位置づけがなされてきた。昭和33年学習指導要領告示により思考力の育成が唱えられて以降，説明文領域の理解学習がその役割を担うようになった。近年，表現学習の側面も重視されるようになり，「説明・解説」の作文学習が盛んになっている。また，話し言葉学習の領域も拡充されつつある。

理解学習の側面
理解学習の面では，これまでは要点把握，要約，要旨把握といった内容の受容・整理中心の能率的な情報処理の側面が重視されてきた。しかし，その能力が「生きてはたら」きにくいこと，形式操作的な処理能力的な学力は形成されても情意学力的な側面がほとんどなおざりにされてきたことなどの反省がなされるようになり，読者の主体性・精神性を反映した側面が探究され始めている。例えば，「説得の論法」論（西郷竹彦『説明文の授業』明治図書 1985) や「レトリック読み」（小田迪夫『説明文教材の授業改革論』明治図書 1986)，「筆者の工夫を評価する読み」（森田信義『筆者の工夫を評価する説明的文章の指導』明治図書 1989)，「納得自覚の読み」など，説明的表現に即しつつ，情意的な深化へも目を向けた提唱が行われている。情意面と理性面が一体となった「分かる」ことに立ち戻った説明文学習の再構築の動きといえる。

「説明・解説」の学習は，最近では，説明文，解説文，記録文，報告文などの細かなジャンルを意識した読みの学習や，表現学習へも大きく展開しており，本来的な目的が再認識されつつある。ここでは，狭義の説明文と解説文とを取り上げる。

説明文
まず狭義の説明文（教材）は，説得的な要素を強くもつもので，効果的な説明的表現（説得的表現）を用いる。筆者は，読者から納得感を引き出せるように自らの価値観や意義づけに共感させるように図る。

説明的表現・論理的表現 説明的文章学習の一分野として，説明的表現力の学習が重要な位置を占めるようになってきた。従来，欧米では，論理的思考力は論理的表現力として育成されてきたことでもわかるように，日本の読解学習による論理的思考力育成は，形式操作力的な能力として頭打ちになり，実効性が疑われることが多かった。つまり，読解学習の成果は大きいはずなのに，"すじみち立て"て「書くこと」「話すこと」が苦手という矛盾が生じていたということである。

この問題に関わって，平成20年版学習指導要領以降，「書くこと」「話すこと」に関する論理的表現力の育成が重視されるようになってきている。現在は，小学校3年段階から本格的に取り組むことができるようにカリキュラムが組まれている。

一方，問題点として，このような説明的表現・論理的表現学習の取り組みに対して，表現の効果，文章の効果（文章論的な有効性）に対する基礎的な考察（国語教育学的な文法学），コミュニケーション的見地に立つ考察（論理の実際的有効性の

例えば、明確な課題提示および課題の解明状況を表す表現を用いたり、設疑法表現を用いて課題の再設定・発展的設定を行ったり、得られた結果に対して筆者の判断や評価を適宜集約して示したりして、読者に対する説得的な立場を明確に打ち出す典型的なスタイルがある。単なる「～いる」や「である」という文末に加えて、「～のである」といった筆者の判断・評価・意義づけが前面に出る表現を配置したり、読者との相互作用的な関係を形成できるように「～ようです」とか「～でしょうか」「～かもしれないからです」「～ということになるでしょう」という対話的表現を多用したりする文章がそれに当たる。「花を見つける手がかり」(教育出版小学4年上)などの教材に顕著に現れている。

このように説明的表現に着目して理解学習を進めるといった新しい方法、更にそれを発展させて表現学習へ説明的表現を活用しようとする新しい展開が見え始めてきている。再構成的な表現学習の実践例を見ると、「さけが大きくなるまで」(教育出版小学2年上)では、理解学習の後、さけの赤ちゃんの視点から書きかえを行う再構成の学習が行われたり、「どうぶつの赤ちゃん」(光村図書小学1年下)では、ライオンの赤ちゃんとしまうまの赤ちゃんが対話を行う形式の再構成がなされたりしている。(長崎伸仁『新しく拓く説明的文章の授業』明治図書 1997) 理解の表現への応用という点では一定の成果が上がっているが、評価の視点や構造が十分に確立されていない点が課題である。

解説文

これに対して、解説文は、新しいジャンルとして捉えられるようになったものである。従来から、理解学習のための説明文教材の中に取り込まれていたが、近年、表現学習が進められるにあたって、特にその機能が注目されるようになった。

例えば、展示品のキャプション制作などには、解説文的な表現が用いられる。簡略であり、かつ要点や条件が明瞭であることが重要である。上に理解学習から発展した表現学習に用いられる。この表現学習は、基本的に理解教材に触発されて調べ学習を行う展開をとる。教材の特徴などに学びつつ、解説文に必要な内容・条件を考えて記述し、その効果を考える。

図鑑作成や博物館作りといった活動的な学習に組み込まれ、大きな成果が上がっているが、「解説文」の質を的確に評価する視点や方法の確立が待たれる現状にある。

(植山俊宏)

〈参考文献〉
小松善之助『小学校読みの指導における日本語』教育出版 1982。小田迪夫他『説明文教材の授業改革論』明治図書 1986。小田迪夫他編『朝倉国語教育講座2 読むことの教育』朝倉書店 2005。

検証・評価)といった面が立ち遅れていることが挙げられる。これは、レトリックの再検討という視点からも把握できる問題であり、対読者・聴者的に有効な説明的表現・論理的表現のあり方の探究が必要になっている状況とみることもできる。

調べ学習 戦前から類似の実践が行われてきたが、1970年代に情報活用能力の育成の目的で盛んになり、平成元年告示学習指導要領以後、説明的文章の作文学習として読解学習の発展過程に位置づけられることが多くなった。図書館学習や野外・校外学習、コンピュータ学習との関連が強いこと、また活動的な側面が濃いことが特徴である。学習意欲の点でも学習者の自主性・主体性に期待する面が大きく、一定の成果が認められている。

問題点として、調べ学習の導入による説明的文章学習の総合化により、基礎的読解力、論理的思考力などの基礎・基本に関わる学力と活動的な学力との境界が不鮮明になり、育成される学力の実体が空疎になる危険性をあげることができる。

48

論　説

論説とは何か

　論説とは、ある事柄について自分の意見や仮説を述べること、あるいは述べた文章のことである。ここでは、文章としての論説について述べていく。

　自分の意見を述べるということは、その事柄について、社会的に意見の一致が見られていないという場合が多い。あるいは意見の一致が見られていても、それに対して異論を提出する場合もある。学問分野のことであれば、未だ定説が存在しない事柄について、自らの仮説を提出する場合、あるいは既に定説が存在していても、あえてその定説に異を唱え、自らの仮説を提出する場合である。

　論説は、国語科教育においては、説明的文章の一ジャンルに位置づく。説明的文章には、説明（文）というジャンルもある。説明は、社会的に意見の一致が見られている事柄について、あるいは定説となっている事柄について、それをまだ十分に認知できていない人たちに説き明かす文章である。

　それに対して、論説は、まだ一致を見ない事柄について意見や仮説を提出したり、一致している事柄、定説となっている事柄に異論（仮説）を唱えたりするものであるから、それを論証するための事実や法則・見解等を説得力をもって示さなければならない。その事実や法則・見解等による論証が説得力のあるものである場合には、その意見や仮説は社会的に認知され、それが一般的な意見あるいは定説となっていく。そこまで至らなくとも、読み手の多くを納得させることができれば、その意見や仮説が社会的に大きな効果を発揮することになる。

　論説の具体的な形としては、論文・評論*・社説等がある。広い意味では、意見広告・投書等も含まれる。

論説の指導

　既に述べたように、論説は意見・仮説とその論証からなり、論証は具体的な事実や法則等を示しながら進められていく。

　事実や法則等を前提とし、それに基づいて（中間的な）結論を導き出す過程を推理*という。推理の過程を重ね、組み合わせることで論説の論証が成り立ち、意見・仮説（最終的な結論）が導き出される。

　論説の指導では、前提→結論の推理の構造がどのようになっているかを見抜く力を、子どもたちにつけていくことが求められる。実践的には段落相互、文相互、言葉相互の関係性を検討していく中で、推理の構造が見えてくる。

　推理の構造には、例えば、具体的個別的な複数の事実を示し、そこから一般的な法

論説と評論　論説に近い用語として評論がある。論説は普遍的・客観的、評論は個性的・主観的——などとして二つを並列に扱う立場もある。しかし、論説に書き手の個性は含まれるし、評論にも普遍性は必要である。その意味で二つを並列に扱うのではなく、論説の中で、対象についての価値・優劣等を評価することに比較的重点が置かれた文章を評論と位置づける程度でよいと考えられる。当然、評論にも仮説（意見）とその論証が含まれる。

推理　既知の事実や法則・見解から新たな法則・見解や事実の可能性を導き出すことを、推理あるいは推論という。既知の事実や法則・見解を前提、そこから導き出される法則・見解や事実の可能性を結論あるいは帰結という。一つの前提から結論・帰結を導き出す推理が直接推理、複数の前提から結論・帰結を導き出す推理が間接推理である。間接推理の中で、大前提・小前提という二つの前提から帰結・結論を導き出す推理を、特に三段論法という。

　従来、国語科教育において、子どもたちに論理

則や見解を導き出そうとするもの，逆に，一般的な法則や見解から具体的個別的な事実についての解釈や見解を導き出そうとするものなどがある（前者を帰納法，後者を演繹法という）。また，多くの可能性から一つずつ可能性を消去していき，最終的に残った可能性を仮説として提示するという推理の形もある（消去法）。また，レトリカル（修辞的）な表現上の工夫といった要素も，推理の説得力に大きく関係する。

　論説の全体構造を把握する方法も，子どもたちに学ばせる必要がある。論説の全体構造の典型は，序論・本論・結びである。序論で問題提示を行い，本論でその問題提示に応える形で論証を行う。結びで論証から導き出される意見・仮説を示す。その意見・仮説が，文章の最終的な結論ということになる（序論で意見・仮説を提示する場合もある）。

論説の吟味

　論説の指導において特に重要なのは，吟味*である。前提→結論の推理過程を把握したうえで，それらの優れた点，不十分な点を子どもたちが主体的に吟味する学習過程である。語彙・表現の妥当性，事実提示の妥当性，事実選択の妥当性，解釈の妥当性，語彙相互・解釈相互の関係についての妥当性——等を吟味（評価・批判）する力を子どもたちにつけていく必要がある。

　ところが，今まで，この吟味の指導が正当に位置づけられてこなかった。特に，論説の不十分な点を的確に発見し批判する学習が弱かった。不十分な点を発見し批判する方法として，例えば，特殊な事実を典型的な事実として提示していないか，隠されている事実・法則・価値観はないか，必要条件と必要十分条件を混同していないか，無関係の共変事項を因果関係として結びつけていないか，同じ対象を指し示しているはずの語彙相互に不整合はないか，仮定・相対をいつのまにか既定・絶対と混同していないか——等がある。これらを小学校高学年から高等学校にかけて，丁寧に指導し身につけさせていく必要がある。

指導上の留意点

　従来の論説の読解指導では，教材の内容だけを読ませていく「内容主義」と，要点をつかませ要約を完成させていくだけの「形式主義」とが，大きな問題として併存していた。今後は，内容と形式を統一的に指導していく必要がある。そのためにも，上記に述べた吟味の指導は有効といえる。

（阿部　昇）

〈参考文献〉
森田信義『筆者の工夫を評価する説明的文章の指導』明治図書 1989。井上尚美『思考力育成への方略』明治図書 1998。阿部昇『文章吟味力を鍛える——教科書・メディア・総合の吟味』明治図書 2003。「読み」の授業研究会『国語力をつける説明文・論説文の「読み」の授業』明治図書 2016。

学の基礎を学ばせていくことはあまりなかった。今後，論説の指導においては，論理学の基礎を重視していく必要がある。

論説の吟味についての提案　1963（昭和38）年に，都教組荒川支部教研会議国語部会が「批判読み」を提案する。次いで1969（昭和44）年には，小松善之助が「データ吟味の読み」を提案する。小松は「データ」を「対象から発見され，切り取られ，選び出され，そして一定の評価を担って文章の中に登場させられた」ものであると位置づけ，その吟味を提案した。小松の提案は，やがて児童言語研究会の方法として認知されるようになる。また，井上尚美は，1977（昭和52）年に「言語論理教育」を提案する。井上は「言語化された主張・命題の真偽，妥当性，適合性を，一定の基準に基づいて判断し評価すること」の重要性を強調した。その後，宇佐美寛（1979），森田信義（1989），阿部昇（1996）（2003）等が，吟味・評価・批判の指導についての提案を展開している。

49 古典教育

古典とは

古の大切な書物，古代の典籍，後世の規範となる古代の書物の意味で普通，用いられる。

『説文解字』を引くと，〈古〉は，十人の口の伝えたことによって，前の人の言語を識るのだと説明されている。また，〈典〉は，五人の聖人の書で，机の上に冊（書物）を置き尊ぶ形を表していることがわかる。近代における〈古典〉の語には，更に，外国におけるクラシックの概念が加わっていると，池田亀鑑（1896～1956）はいう。

国語教育における古典（教材）が示されたのは明治35（1902）年で，「中学校教授要目」に，古文として『東西遊記』など14作品が，漢文として『唐詩選』など6作品があげられた。戦後では，昭和31年版高等学校学習指導要領に，記紀歌謡から和歌・俳句，物語，日記，随筆，戯曲，評論，語録の類が，漢文では故事，成語，格言などから論説，史伝，語録，詩文類が示されている。

現在の古典教育も，これらの中から選ばれた作品を教材として進められている。

古典指導のねらい

現在の古典教育は，古典を教材とし，読解鑑賞力を高めようとして行われており，従来の注釈・通釈・内容把握のパターンによる指導に対して，文学教育たらしめようとする努力がなされている。したがって，そのねらいの一つは，古典に親しませ，作品を鑑賞させることによって人間性に資するところにある。二つめとして，現代の文学も古典の伝統を継承したものであることを体得させ，これからの文化を創造していく源泉となる力に培うことがあげられる。三つめに，国語についての理解を深めさせ，言語感覚を養うこと。四つめに，学習者自らの読書生活設計の中に古典を取り入れ，広く古典文化にふれようとする態度・習慣を身につけさせること。五つめに，古典を読解していく基礎力を養っていくこと，などがあげられる。

初等教育における古典指導の歴史

初等教育における古典教育論としては，既に昭和10（1935）年，髙木市之助（1888～1974）が，「戦記物語と国語教育」（『日本文学の本質と国語教育』岩波書店 1935）の中に，「初等教育と戦記物」の章をたて，戦記物を例として，叙事詩的精神を感得させる教育を説いている。

昭和8（1933）年から発行された『小学国語読本』（いわゆる『サクラ読本』）においては，巻六（3年生用）から，説話教材

古典教育についての考え（目的・目標論）

〈時枝誠記〉「私は，古典といふものは，現代人が認めると否とに関せず，また，現代生活に役立つものがあると否とに拘らず，古典は古典として存在すべきものと思ふ。……古典教育の意義は，むしろ，現代に無いものを求めるところにあるといふべきである」（『国語教育の方法』1954）。「古典は，今日の自己が，いかにして形成されたかを明かにするに必要なものとして教育されねばならない……」（『改稿国語教育の方法』1963）。

〈西尾実〉「戦前の高等学校教育では現代国語から古典へというのがその方向であった。……しかし，今は古典から近代文化へという方向をとった古典学習でなくてはならない。ところが，われわれの……口語文は未完成である。……われわれの現代国語である口語文を完成するためには，われわれの口語文にくらべてすばらしい発達を示している和文・漢文・和漢混交文などとよばれる古典のもっているエネルギーに学ばなくてはならない」（『言語教育学叢書 第一期1』1967）。

として，「日本武尊」「千早城」「雪舟」などが，また，巻七（4年生用）では，「弟橘媛」「笛の名人」「木下藤吉郎」などが巻の中軸となり，巻八で文語文「くりから谷」が提示されている。『平家物語』の本文を「親も落つれば，其の子も落ち，弟も落つれば兄も落ち，馬の上には人，人の上には馬，重なり重なって……」といった調子に書き改め，以下の「ひよどり越」「扇の的」「弓流し」などの文章とともに，「文章の理解を理知的にのみ見ようとする態度から転換して，文そのものが持つ韻律，感情に先づ親しませようとする」（『小学国語読本総合研究巻八』）ことがねらわれていた。

今後の古典指導は，こうした遺産を発展させる方向で再検討されねばならない。

古典指導の要点

学習者の実態に即して教材を構造化し，学習方法を工夫していくことが必要である。教材集を冒頭から配列の順序に従って読み進めたり，作品の有名な箇所をとびとびに読解したりするのでなく，学習者の興味や発達段階と教材の特性に応じて，目標を達成するにふさわしい方法を工夫することが肝要である。

①学習者は古典のリズムにひかれる。その点に着目し，音読・朗読・群読等によって古典に親しませ，作品に浸らせる指導が有効である。この方法で進めるときは，音読するうちに内容がつかめる〔萩原広道「源氏物語評釈」ふうの〕テキストを作ると成果の上がることが確かめられている。

②古典に現れる人間像を取り上げて教材化したとき学習者の関心が高まり，古典学習の成果が上がる。例えば，『平家物語』における俊寛，義仲，敦盛，知章，与一や一の谷における河原兄弟など，戦いの中に生きる人間の姿を教材化して効果を上げた例がある。また，『徒然草』における人間の捉え方，人物の描き方に焦点を当てた学習も立体的で深まりのあるものとなる。

③その他，『徒然草』73段と50段，56段，175段，194段，47段，68段などを重ね読む方法とか，現代の評論と古典作品とを比べ読むことで学習者の関心を高め，理解を深めさせる方法も効果的である。

④更に，まとめの段階に書くことを取り入れていきたい。それも読後の感想で終わる作業でなく，説話のモノローグ化，全体の戯曲化などのほか，手紙を書いたり，詩や小説にしたり，更に作品から喚起された問題意識や把握した人間像を意見文・論説文にするなど多様な試みをしていきたい。

（橋本暢夫）

〈参考文献〉
『西尾実国語教育全集』第8，9巻　教育出版 1976。野地潤家『国語教育通史』共文社 1974。『増淵恒吉国語教育論集』上　有精堂 1981。

〈益田勝美〉「民族の芸術・文化の問題と無関係に，どんな時代にもあてはまる教養の学としての古典｜教育であってはならず，「根の深い，幅の広い民族の自覚のための古典文学教育を」（『文学教育の理論と教材の再評価』1967）。
〈荒木繁〉「私が実践報告に『民族教育としての古典教育』という題を冠せたのは，……民族の課題にこたえるという観点で古典教育の意味とありかたを追求するはずのものであった」『民族教育』は，古典教育の課題であるだけではなく，……すべての教科をつらぬく課題である。古典教育は独自の意義をになって，その一翼を形成するにすぎない」（『日本文学』1968）。
〈大河原忠蔵〉「古典を，『時の試練にたえたから尊い』と見る祭壇から引きずりおろし，状況認識の観点から分解し，……生徒の内側から認識における創造的行為を引き出すことができる文章であるかどうかを検討し，その有効性をその古典の指導目標の前面にとり出すべきである」（『状況認識の文学教育』1968）。

50

古典(物語・随筆)

物語・随筆

散文で書かれたものには，物語，説話，随筆，日記，紀行などがある。これらはそれぞれの時代の言葉で，その時代に生きた人々の生活や考え方を表現している。それらの中で，時間を超えて読み直され，現代に訴えるものを持ち，現代人の共感を呼びうるもののみが古典となる。

指導のねらい

古典は，それぞれの時代の用字・用語，表記，歴史的仮名遣い*，文法によって書かれ，時代の約束事のうえに成り立っている。それらを無視して読むということは，単に現代を過去に読みこむことになる。したがって，古典の学習では，児童・生徒の学習段階を十分考慮しなければならない。平成20年版の学習指導要領から，小・中学校とも〔伝統的な言語文化と国語の特質に関する事項〕が新設された。このことによって，義務教育段階では古典の指導が一貫して行われることになった。（平成29年版においても同様である。）教材としては，昔話，神話，伝承，短歌・俳句，ことわざ，慣用句，故事成語，親しみやすい古文，近代以降の文語調の文章，古典について解説した文章（小学校），「古典の原文に加え，古典の現代語訳，古典について解説した文章など」（中学校）が教材として指示されている。活動としては「読み聞かせ，発表，音読，暗唱」「昔の人のものの見方や感じ方を知る」（小学校），「登場人物や作者の思いなどを想像する」「古典に関する簡単な文章を書く」（中学校）などが指示され，言語文化に親しむ態度の育成が重視されている。

教材としての古典

「文語の調子に親しむ」には，ことわざや格言*が最適である。簡潔でリズミカルな言いまわしの中に，昔の人の生活の知恵が結晶している。しかも現代の生活の中に生きている。そのほか明治期の文語文や書簡文も親しみやすい。古典の文学作品では，狂言や『平家物語』などの軍記物語も，和歌・俳句に続く有力な教材である。古典への関心を深め，古文を理解する基盤を作る中学校の国語科では，教材の範囲は更に広がる。物語では『竹取物語』，軍記物では『太平記』，説話では『今昔物語集』『宇治拾遺物語』『沙石集』，随筆では『枕草子』『徒然草』，近世の随筆など，紀行では『おくのほそ道』，そのほか俳文なども教材化の可能性を持つ。近世小説では『世間胸算用』などの浮世草子が既に教材化されている。

古典の魅力

教材としての古典の魅力をたずねると，例えば，『竹取物語』では古代人の夢と理

歴史的仮名遣い 歴史上のある時代の書き方に標準を求める仮名遣いをいう。普通，契沖（1640〜1701）が唱えた平安時代中期以前の仮名遣いのこと。平安時代中期までは発音と仮名の表記が一致していた。ところが，中期以後〈い・え・お〉と〈ゐ・ゑ・を〉，また語中・語尾のは行とわ行とが同音になり，使い分けが乱れてきた。そこで藤原定家（1162〜1241）が〈を・お・い・ひ・ゐ・え・ゑ・へ〉の8字の使うべき語を定め，それに基づいて行阿が選んだのが定家仮名遣いである。更に江戸時代に入ると，〈じ・ぢ〉〈ず・づ〉や〈さう・そう〉の長音の差が消えた。そこで契沖が平安中期以前の文献を調査し，同音の仮名の使い方に法則性と区別があることを確認し，定家仮名遣いを改めた。これが契沖仮名遣いであり，平安中期以前に基準を求めた歴史的仮名遣いである。明治以後，明治33年に仮名の字体を定め，同41年に契沖以来の歴史的仮名遣い採用を正式に決定した。大正12年，文部省は，漢字制限を目的に1962字の常用漢字表を指定した。敗戦後の昭和21年，国語

想が描かれ,『平家物語』では平家一門の盛衰を語って,転換期におけるさまざまな生き方をした人間像を感動的に捉えている。『世間胸算用』は,近世商業都市の台頭を背景に中下層商人階級の悲喜劇をリアルに浮き彫りにする。『枕草子』では自然と人間への鋭い観察を通して,古代女性の感受性と唯美性が示されており,『徒然草』ではその唯美性が思索的宗教的な深まりを帯びて,人生への省察となる。紀行文では旅中の見聞・感想を記しながら,おのずから自然観,人間観,芸術観が表白されている。説話には昔話や伝説などの口承文芸もあるが,説話文学として『今昔物語集』を例に考えると,貴族から庶民までの生活の種々相が事件や出来事を通して描かれており,その叙述の簡潔さ,展開の速さ,多角的な人間把握など,近代の短編小説を思わせるものがある。狂言は室町時代の口語で書かれた劇文学で,笑いと諷刺の中に素朴な庶民の楽天性やたくましさが描かれている。このような古典の世界を味わい,鑑賞する,あるいは関心を深めていくところに,古典学習の意義がある。

指導の要点

　古典に描かれた昔の人々の行動,感情,思想を学び,彼らの生きた時代の死生観や自然観の一端にふれることが,古典の学習の楽しみである。それは昔の人の考え方や生き方が現代とは異なることを学ぶことであり,それはとりもなおさず,昔の人々とはしだいに違ってきた現在の我々自身の位置を学ぶことになる。内容を理解するためには形式に慣れねばならない。そのためには文語的表現に慣れ,過去の時代の習慣や考え方を理解することも必要となってくる。教材に即せば,作品自体の主題の明快さ,内容のおもしろさ,文章の平明さなどを考慮しなければならない。ときには現代語訳,注釈などに工夫をしたり,古典を引用したり解説したりする啓蒙的な文章を手がかりにするなど,古典への窓口を大きく開ける配慮が大切になってくる。

指導の問題点

　詩歌の学習で慣れはじめているとはいえ,現代仮名遣いから歴史的仮名遣いへの道は遠い。慣れ親しむには時間がかかる。それにはまず文語文のリズミカルな調子や力強さを学び,そこから徐々に省略による簡潔さ,待遇表現による関係規定など,文語文特有の表現構造の体験を重ねていくことが必要である。用語や表記も同様である。文法的な説明はできるだけ少なめにとどめておくべきであろう。　　　　（浅井　清）

〈参考文献〉
斉藤喜門「古典指導の意義と範囲」『新国語科教育講座』第3巻　明治図書 1979。西郷信綱・永積安明・広末保『日本文学の古典』第二版　岩波書店 1966。高島俊男『漢字と日本人』文春新書 2001。

審議会は漢字制限と仮名遣いの改定に着手,「現代かなづかい」と1850字の当用漢字表を作成,内閣訓令・告示として公布。更に昭和56年,1945字の常用漢字表が新たに告示として公布された。(のち,平成22年の改定で字種は2136字となっている。)

格言　簡潔に真理を伝え,教訓となる言葉。箴言。『論語』には「格言成語」とあり,法則となるべき至言を格言といっている。ことわざとは,これに対して世間一般で流布して長く言い伝えられてきたものをいう。俚諺(りげん)ともいう。格言・ことわざともに,短く要を得ていて口調のよいことが特長である。両者とも,長い人間の歴史の中から生まれてきた人間の英知の結晶ともいうべきものである。格言には,聖者,賢者,文学者などの名言のように出典の明らかなものが少なくない。また,ことわざには,庶民の生活の中から生まれ,民間で口承されてきたものが多い。

〈例〉「百聞は一見にしかず」(『漢書』趙充国伝)
　　　「情けは人のためならず」

51

古典（和歌・俳句）

和歌・俳句

韻文で書かれた古典には和歌・俳句がある。和歌は日本文学の発生とともに，日本人の感動の表現や叙情の最も適した形式を持ち，長く日本文学の中心にあった。俳句はその和歌から派生したジャンルで，最短詩型による表現は，日本文学はもとより世界文学の中でも独特の位置を占める。

指導のねらい

文語による文学的表現や調べに親しむには，和歌や俳句は身近な教材である。いずれも5音と7音の組み合わせからなる五七調ないしは七五調の音数律を基本にして，5句31音の和歌，3句17音の俳句という形式が成り立っている。両者とも修辞や表現に約束事があるとはいえ，鑑賞と創造の二面において，長い間多くの人々に支持されてきている表現形式である。「親しみやすい古典の文章」として，和歌と俳句は表現そのものに即して，直接味わい鑑賞できる古典である。また，文語や文語文の表現上の特長を感覚的に捉え，理解することのできる教材でもある。

以上のような特性を生かして，文語調に慣れ，古典に親しむことを学習のねらいとする。更に，現代語と比較してその長短をも考えてみたい。特に感情表現としての文語調や文語的表現は，今なおきわめて有効性の高いことなどにも留意しておきたい。

和歌・俳句の特長

和歌は，5句31音の形式とリズムによる意味の流れと，流れが完結したときに生じる余韻余情とによって，叙情が成立する。俳句は3句17音の形式とリズム，それに季題や切れ字の効果が相乗して，対象の物自体の存在感とその相互の組み合わせから生じる響きやイメージを生命とする。その意味では，俳句には現代詩に近い性質があるといってよい。

和歌・俳句とも，いずれも定型という約束事の範囲で凝縮され，かつ洗練された作品であるところに特長を持つ。そのような文語的表現の学習に目標を置く。

教材としての和歌・俳句

入門教材としての適性を備えている和歌・俳句であるが，短詩型の中に凝縮された内容を持つものであるだけに，教材としては，表現の平明さと題材の親しみやすさといった観点から選択されることになる。その意味では，直ちに古典作品に入る前に，近代短歌や近代俳句で文語調や文語的表現を学ぶのも一つの方法であり，ときには文語定型詩・文語自由詩も効果的であろう。長い和歌の歴史の中で，教材としての和歌や俳句には次のものが考えられる。

和歌・俳句の歴史 和歌とは，やまとうたの意である。したがって，広義には長歌，短歌，旋頭歌，片歌，連歌などを含めることがある。俳句は，俳諧の連歌の第1句（発句）から独立したものである。和歌の歴史は，『古事記』『日本書紀』の歌謡から始まり，『万葉集』に至って一つの完成を示す。『万葉集』には，長歌260余，短歌4200余首収められており，五七調を基調に真実の感動を率直に力強く表現する歌風を特色とする。平安時代に入ると，優美な七五調が主流となる。その代表的な歌集『古今和歌集』は，繊細，典雅，流麗，洗練を旨とした歌風を特色とする。美意識，文学意識もともに高まってくる。平安時代末期から中世にかけて，それは優雅的な情趣の表現や象徴的な方法による余韻余情を重んじるようになり，幽玄・閑寂の風趣を旨とする歌風をもたらす。その代表が『新古今和歌集』である。新古今調には，そのほか本歌取り，体言止めといった特色も持つ。一方，このころになると，和歌の余興としての地位にあった連歌が，公卿，武家，庶民の間に流行し

《和歌》

　和歌では,『万葉集』『古今和歌集』『新古今和歌集』が,質量ともに優れた作品を収めているし,教材としても叙景・叙情においていい作品が多い。そのほか『金槐和歌集』,近世に入ると,良寛(1758〜1831),大隈言道(1798〜1869),橘曙覧(1812〜68)といった地方歌人の作品に,共感の持ちやすい表現の平明な作品がある。

《俳句》

　俳句では,松尾芭蕉(1644〜94),与謝蕪村(1716〜83),小林一茶(1763〜1827)らのほか,蕉門の俳人の作品も魅力的なものが少なくない。

　そのほか狂歌や川柳も教材としての可能性は高いものがある。やや表現に誇張した点があるにしても,日常生活に密着したうがちと滑稽の作品として,また言葉遊び的な表現もあり,その即興性と内容の散文的傾向からみても,親しみやすい教材である。

指導の要点

　正月の百人一首競技のように,和歌はいろいろな形で日常生活の中にある。そのリズミカルな文語調の流麗さに親しみ,その雰囲気に慣れることが大切である。俳句の刻みこむようなリズムもまた同様である。その二つのリズムを学び,更に和歌や俳句の自然観照,観察の鋭さ,繊細さの一端に触れるのも,古典の学習の楽しみの一つである。学習段階により,それぞれ文語的表現の持つ簡潔さ,流麗さ,優美さを学び,含蓄に富む表現や余情余韻を重んじる表現態度にまで目を配りたいものである。表の意味,裏の意味といった重層的表現もまた,読解の際の楽しみである。

　ところで,現代の短歌・俳句は現代の口語でも作られているが,大勢は擬古文・文語文である。しかも現代の感情を表現するのに成功している。ということは,短歌・俳句の文語体は生きているということであり,現代的生命を持っていることの証である。逆にいえば,現代口語体には現代の感情のある部分を表現するのには不十分な面がある,ということになる。この観点から文語と現代語の比較考察を深めたいところである。

指導の問題点

　文語調・文語文に慣れる過程で問題になるのは,歴史的仮名遣いの難しさである。例えば,語中のハ行音,また,〈い・ゐ,え・ゑ〉などの表記,〈かう〉〈やう〉などの読み方や用字や表記などの困難がある。これらは音読の反覆によって文語調に慣れ,読みこみを深めていく過程で理解していく基礎を養うことになろう。文法的説明は不要であるが,文語表現の語法上の特徴は,ときには明らかにしておく必要も生じる。また,作品の成立時の時代背景の説明も関心を深めるのに効果的な場合がある。

（浅井　清）

始め,『水無瀬三吟百韻』独自のジャンルをひらく。近世に入ると,和歌には古今伝授といった特別の詰句に関する秘密の伝授に対する反発が強まり,歌論とそれに基づく実作が盛んとなった。その傾向は万葉調,古今調,新古今調とに分かれた。近世末期になると,新鮮で個性的な歌はむしろ地方歌人によってうたわれた。それは近代の短歌革新の先駆ともいうべきものであった。

　俳句は,最初,〈俳諧の連歌〉として連歌の流れを引き,言葉遊びや滑稽さをねらったものが多かった。初期の俳諧は貞門派や談林派と呼ばれる人々によって広げられてきた。俳諧とは,たわむれ,おどけという意味で,そこから滑稽,軽妙,洒脱といった味わいを持った句のことをいう。そのような俳諧の面目を一新したのが松尾芭蕉である。芭蕉によって,俳諧は滑稽から幽玄閑寂の境地の文芸へと高められた。芭蕉以後,唯美的な与謝蕪村,生活的実感的な小林一茶と個性的な作者が登場して,近世文芸の中で独自のジャンルを形成していった。

52

古典（漢文）

漢文

　漢文とは，本来，中国漢代の文章・文学のことを指すが，わが国では，和文に対して中国の古典的な文章や文学の総称とする。また，中国の文章の形式に合わせて日本人が書いた文章も漢文という。

漢文と古典の文章

　日本人は中国から渡来した文章を訓読によって受容してきた。訓読とは，伝来の漢文に返り点や送り仮名をつけて，日本語の順序に読むことである。また，中国の文章の形式を模倣して文章を書くようになり，漢文は独自の発達を遂げてきた。明治時代までの公用文は漢文形式の文章であった。文章だけではなく，その漢字をもとにして，万葉仮名，変体仮名，平仮名，片仮名を工夫し，漢字と混用して和文を創出した。こうして古典の文章には，漢文系統・漢文訓読系統と和文系統が生まれ，更に両者を混用して和漢混交文が加わった。和漢混交文には後世の口語や語法が混じって，平安時代末期から盛んになり，軍記物語，中世の説話文学，近世小説など，中世以降の文章の主流となる。明治時代になると，漢文を書き下し体にした漢文口調の文章（明治普通文）が流行した。この明治の文語体から現代の口語体が生まれてくる。しかし，その現代語の中にも漢字と漢語は用いられており，文の重要な役割を果たしている。

指導のねらい

　漢文の学習は，単に古代中国の思想と文芸に接することではなく，漢文や漢文口調に慣れることによって，古典の文章自体に親しむきっかけをつくることになる。日本で独自の発達をした漢文の学習は，そのような道をひらいている。平成20年の改訂では，小・中学校とも〔伝統的な言語文化と国語の特質に関する事項〕が新設された。これによって，小学校から漢文の指導が始まることになり，教材として故事成語や親しみやすい漢文が指示されている。中学校の「解説」には「古典の原文は，古文や漢文特有のリズムを味わったり文語のきまりを知ったりする上で有効である」としたうえで「古典の指導は原文でなければ行えないものというものではない」と明記された。これは，漢文の簡潔で格調の高い文体に慣れ親しむことに加えて，内容の理解や古人の心情にふれることなど，言語文化の継承・享受が重視されているのである。（この趣旨は，平成29年の改訂でも継承されている。）

教材としての古典

　中国は文字の国である。その長い歴史の中から数多くの名句名言を生み出している。簡潔な表現の中に深遠な道理と鋭い洞察が例としてあげた杜甫の「春望」は五言律詩であり，起聯にも対句を用いている。

律詩　中国の近体詩の一つで，一定の規則によって韻律を整えた8句からなる定型詩のこと。五言と七言とがあり，2句を1聯として4聯で起承転結を成す。各聯ははじめから，起聯・頷聯(がん)・頸聯・尾聯と呼ばれ，頷聯と頸聯では対句を用いることになっている。右の，

春望

起聯｜国破山河在　城春草木深
頷聯｜感時花濺涙　恨別鳥驚心
頸聯｜烽火連三月　家書抵万金
尾聯｜白頭掻更短　渾欲不勝簪

絶句　中国の近体詩の一つで，五言・七言・六言の3種があるが，五言・七言が圧倒的に多い。六朝を経て唐代に完成した詩型で，管弦の楽器の伴奏によってうたわれた。形が短くて声調を重視したため，表現が婉曲で余情に富む。右の例は，杜甫の五言絶句である。

絶句

江碧鳥逾白
山青花欲然
今春看又過
何日是帰年

潜んでいる。漢文の口調や言いまわしに慣れるには，それらの格言や故事成語の中から日常的に使用されているものを用いる。例えば，矛盾（韓非子），敬遠（論語），井の中の蛙（荘子），五十歩百歩（孟子），大器晩成（老子），漁夫の利（戦国策），百聞は一見にしかず（漢書），人生意気に感ず（唐詩選，魏徴「述懐」）などは，短くて易しい例である。次に律詩や絶句といった漢詩や論説文・史伝などに進むことになる。中国の古典としては，『論語』『孟子』『韓非子』『十八史略』『史記』『蒙求』『唐詩選』『文章軌範』『古文真宝』『唐宋八家文』『白氏文集』など，また『日本外史』『先哲叢談』『和漢朗詠集』などの日本の漢文作品を含めて考えられる。

漢文の特色

日本の近代文学が欧米文学の影響のもとに成立してきたと同じように，日本の古典文学は，中国の文学の受容と摂取を通して大きく成長してきた。漢文の学習は，その意味で，中国の文学と思想を学ぶことであると同時に，日本古典の源泉を尋ねることにもなる。更に中国が独自に育てた思想を学ぶことは，より広い視野とものの見方と考え方を学ぶことになる。また文章表現としてみると，余韻余情を重んじる和文に対して，簡潔，華麗，格調，力感に富むのが漢文であり，かつきわめて明晰である。例えば，詩について，古代中国では「詩は志である」という。「毛詩序」に従えば，「詩は志のゆく所なり。心に在るを志と為し，言に発するを詩と為す。情，中に動きて，言に形る。之を言うて足らず，故に嗟嘆す。之を嗟嘆して足らず，故に之を永歌す」ということになる。これが詩であった。この考え方と日本の詩歌の考え方を比較し，両者の異同を明らかにしていくところに，漢文の学習の深い楽しみが生じてくる。

指導の要点

常用漢字と現代仮名遣いで育った世代には，外国語の学習と同じくらいの難しさをもつのが漢文の学習である，といっても過言ではあるまい。それだけに入門教材には慎重な配慮が必要となってくる。

漢文や漢文的な表現に親しむためには，常用漢字内の二字熟語，四字熟語，故事成語などの短くて易しい範囲から始めることも一法である。また，有名な詩句の一部や短い文章にも入門教材に適したものが少なくないはずである。なお，『西遊記』『史記』『三国史』などは劇画やアニメーションにもなっており，適切な背景説明により関心を高めることが可能である。

指導の問題点

漢文書き下し体から訓読へと，学習段階に応じての配慮が，教材の選択と授業計画のうえで必要である。高校での漢文学習の前段階としての基礎を作ることに目標がおかれるべきであろう。　　　（浅井　清）

中国詩の形式　古代中国の詩型で最も古いのは1句4字でうたわれた四言詩である。最古の詩歌集『詩経』の詩の大部分はこの詩型である。これにつぐのが雑言で，これは1句の字数に制限がなく，短い句，長い句が織り混ぜられているので長短句ともいう。漢代の歌曲の楽府がこれである。漢，魏のころに成立した詩型に五言詩がある。1句5字からなり，六朝数百年間流行した。これに遅れて成立したのが，1句7字からなる七言詩である。中国古典詩の詩形式が定まったのは唐代である。これを大きく分けると，古体詩と近体詩（今体詩とも書く）とになる。古体詩とは，比較的に自由にうたわれた詩で，韻律に定まった型もなく，句数にも制限がない。五言古詩，七言古詩，楽府，雑言体などである。近体詩は韻律が一定の形式に定められた詩であり，律詩と絶句の2種類がある。律詩は8句でうたうことを原則とし，五言詩形ならば五言律詩となる。絶句は4句でうたわれる短い詩で七言詩形ならば七言絶句という。

53

情報処理・活用

情報処理・活用とは

　情報処理という用語については，一般的に情報の内容を取捨選択・分類整理するなどして，目的とする情報を得たり使いやすい形に加工したりすることに用いられることが多い。情報活用は，そうした内容も含み，情報の判断，選択，整理及び新たな情報の創造というように情報を効果的に用いることに広く捉えられている。情報を活用する能力については，学校教育との関わりにおいて重視されるようになっている。

情報活用能力

　情報活用能力は情報及び情報手段を主体的に選択し活用していくための個人の基礎的な資質と捉えることができる。その育成に関しては，既に，平成2年に文部省が作成した『情報教育の手引き』で，「各教科等の目標，内容及び相互の関連を踏まえつつ，学校教育全体を通じて情報活用能力の育成に関する指導を意図的，組織的，計画的に進める必要がある。」と記述されている。

　平成20年告示の小・中学校学習指導要領では，第1章総則の「第4　指導計画の作成等に当たって配慮すべき事項」「2−(9)〈中は(10)〉」において次のように示されている。(以下の引用は小学校学習指導要領。)

　「各教科等の指導に当たっては，児童がコンピュータや情報通信ネットワークなどの情報手段に慣れ親しみ，コンピュータで文字を入力するなどの基本的な操作や情報モラルを身に付け，適切に活用できるようにするための学習活動を充実する」

　更に，この総則を受けて，「第2章各教科」において教科の指導事項に情報活用に関する内容が位置付けられている。

新学習指導要領における位置づけ

　平成29年告示の小・中学校学習指導要領では，第1章総則の「第2　教育課程の編成」の「2　教科等横断的な視点に立った資質・能力の育成」において，次のように示されている。

　「(1)各学校においては，児童（生徒）の発達の段階を考慮し，言語能力，情報活用能力（情報モラルを含む。），問題発見・解決能力等の学習の基盤となる資質・能力を育成していくことができるよう，各教科等の特質を生かし，教科等横断的な視点から教育課程の編成を図るものとする。」

　情報活用能力が言語能力などと並び学習に基盤となる資質・能力として位置づけられていることに注目したい。

　平成22年に公表された文部科学省「教育の情報化ビジョン〜21世紀にふさわしい学びと学校の創造を目指して」には「第一章・

情報活用能力の観点

　初等中等教育における教育の情報化に関する検討会が平成18年に公表した報告書『初等中等教育の情報教育に係る学習活動の具体的展開について』では，学校教育における情報教育の観点を次の三つに整理して捉えている。①情報活用の実践力（課題や目的に応じて情報手段を適切に活用することを含めて，必要な情報を主体的に収集・判断・表現・処理・創造し，受け手の状況などを踏まえて発信・伝達できる能力。）②情報の科学的な理解（情報活用の基礎となる情報手段の特性の理解と，情報を適切に扱ったり，自らの情報活用を評価・改善するための基礎的な理論や方法の理解）③情報社会に参画する態度（社会生活の中で情報や情報技術が果たしている役割や及ぼしている影響を理解し，情報モラルの必要性や情報に対する責任について考え，望ましい情報社会の創造に参画しようとする態度）

1 21世紀を生きる子どもたちに求められる力」として次のように述べられていた。

「情報活用能力を育むことは，必要な情報を主体的に収集・判断・処理・編集・創造・表現し，発信・伝達できる能力を育むことである。また，基礎的・基本的な知識・技能の確実な定着とともに，知識・技能を活用して行う言語活動の基盤となるものであり，『生きる力』に資するものである。」

総則の記述はここに示されている内容の趣旨を受けるものと把握することができる。

国語教育における学習活動

国語科の学習指導では話や文章の正確な理解，あるいは適切，効果的な表現にかかわるものとして情報活用能力を育成することが課題になっている。

文部科学省が作成した『小学校学習指導要領（平成29年告示）解説国語編』（平成29年7月）では「2 国語科の改訂の趣旨及び要点」の中で，「情報の扱い方に関する指導の改善・充実」に関して，次のように解説している。

「話や文章に含まれている情報を取り出して整理したり，その関係を捉えたりすることが，話や文章を正確に理解することにつながり，また，自分のもつ情報を整理して，その関係を分かりやすく明確にすることが，話や文章で適切に表現することにつながるため，このような情報の扱い方に関する『知識及び技能』は国語科において育成すべき重要な資質・能力の一つである。」

このような趣旨から，新学習指導要領ではこうした資質・能力の育成に向け，「情報の扱い方に関する事項」が新設され，「情報と情報との関係」「情報の整理」の二つの系統に整理して指導事項が示されることになった。

指導上の問題点

情報活用に関わる教育に関しては，情報モラル教育までを含み，さまざまな内容が含まれる。また，前述のように，平成29年版学習指導要領では，「話や文章に含まれる情報」を扱うための事項が位置づけられている。最も重要なのは，情報を扱う指導においては何を重点的な目標とするのかを明確にして指導計画を立てることである。具体的な指導展開に際しては，例えば国語科の指導であれば，国語科の特質に応じて指導内容を位置づけ，適切な学習場面で指導を展開することである。また，学習活動の過程において，情報活用能力を発揮させることによって児童・生徒それぞれの主体的・対話的で深い学びが実現されるよう配慮することが求められている。（尾木和英）

〈参考文献〉
文部省『情報教育に関する手引』ぎょうせい 1990。文部科学省『小・中学校学習指導要領（平成29年告示）解説総則編』東洋館出版社 2018。文部科学省『小・中学校学習指導要領（平成29年告示）解説国語編』東洋館出版社 2018。

情報モラル教育

国立教育政策研究所『情報モラル教育実践ガイダンス』（2011）では，情報モラル教育の内容を次のように整理してとらえている。①情報に関する自他の権利を尊重して責任ある行動をとる態度。②情報社会におけるルールやマナー，法律があることを理解し，守ろうとする態度。③情報社会の危険から身を守り，危険を予測し，被害を予防する知識や態度。④生活の中で必要となる情報セキュリティの基本的な考え方，情報セキュリティを確保するための対策・対応についての知識。⑤情報社会の一員として公共的な意識をもち，適切な判断や行動をとる態度。情報モラルに関わって，児童生徒の生活においてもさまざまな問題が起こっている。ルールやマナーを守ること，危険から身を守ることを中心に，指導の工夫が求められている。

54

情報リテラシー

子どもをとりまく社会の多様化

　社会の変化にともない，読み書き能力・活用能力（リテラシー）に求められる能力が拡大し，その拡大する部分を語頭に付して，メディア・リテラシー，コンピュータ・リテラシー，ビジュアルリテラシー，動画リテラシー，マルチモーダル・リテラシー，情報リテラシー*等の用語が多く登場している。社会の変化として最も急激な動きは，グローバル化及び情報化である。情報リテラシーはその情報化を象徴した用語と言えよう。「IT革命」の用語とともに，インターネットを利用したネットワーク設備は発展の一途をたどり，ブロードバンド*時代を迎えた2000年以降，動画共有サイトや動画が投稿できるSNS*は身近なものとなり，テレビ番組や映画でさえも，ネットワークを通した動画データによる配信が一般的になっている。また1995年のWindows 95登場以降，飛躍的に操作性が向上し，普及したパーソナルコンピュータ（パソコン）は，文字，静止画，動画，ネットワークを誰もが簡便に扱える状況を生み出し，仕事，教育，趣味の場に大きな変化を与えた。加えて，メール送受信が可能な携帯電話，スマートフォン，そしてタブレット型コンピュータの普及によって，移動しながらのネットワーク通信がより簡便化し，キーボードを使わないネットワーク人口はますます増大している。更に，経済システムのデジタル化は加速度的に進展し，家電製品はネットワークに接続され，AI搭載のスマートスピーカーを使い，音声でコントロールできるなど，キーボードを使ったパソコン操作によるデジタル社会への参画とは別に，日常的生活の中で日常的に行うデジタル社会への参画，つまりは，「IoT*」が今後ますます一般化していくものと思われる。　つまりは，ここに掲げてきた情報に関わるシステムそのものやそこで扱われる情報そのものが，従来型のテレビ，ラジオ，新聞，雑誌といったマスメディア4媒体や，DVDやCDなどの記録媒体，書籍などの紙媒体，看板・ポスターといった掲示媒体，会話などの直接コミュニケーションも含め，身のまわりにある全ての情報が，情報リテラシーの対象になり得ることを教師は意識すべきであろう。

情報活用能力の育成

　このような言葉とイメージが一体化した情報は日々増加し，無秩序に子どもたちの周りに溢れ，子どもの言語環境に多大な影響を与えている。文部省（1991）『情報教育に関する手引き』の序文には，「これから必要とされるのは，既存のコンピュータ

情報リテラシーとは　情報リテラシー（Information Literacy）」の定義として引用されるのものとして，アメリカ図書館協会（American Library Association: ALA）が「最終報告」（1989）で行った定義。「情報リテラシーを有する人とは，情報が必要であるという状況を認識し，情報を効果的に探索・評価・活用する能力を持っている人のことである」」を掲げておく。（翻訳は，大城善盛（2002）「情報リテラシーとは？――アメリカの大学・大学図書館下界における議論を中心に――」，「情報の科学と技術」52巻11号，p.551に掲載されたものを使用。）

ブロードバンド　ケーブルテレビの回線や光ファイバーなど，高速で大容量の情報が送受信できるシステム。

SNS　ソーシャル・ネットワーキング・サービス（Social Networking Service）。発信や，それに対するコメントなど，他者とのコミュニケーションを可能にするネットワークのサービス。

IoT　インターネット・オブ・シングス（Internet

に適応する能力だけでなく，コンピュータによって開かれた新しい社会状況，すなわち，高度情報社会に適切に対応できる情報活用能力である」とし，初等中等教育段階での情報活用能力育成の重要性について指摘している。文部科学省関係の資料では一貫して「情報活用能力」が使用され，「情報リテラシー」は登場しない。この情報活用能力の定義として1998年8月の「情報化の進展に対応した初等中等教育における情報教育の推進等に関する調査研究協力者会議・最終報告[*]」では，「(1)課題や目的に応じて情報手段を適切に活用することを含めて，必要な情報を主体的に収集・判断・表現・処理・創造し，受け手の状況などを踏まえて発信・伝達できる能力（**情報活用の実践力**），(2)情報活用の基礎となる情報手段の特性の理解と，情報を適切に扱ったり，自らの情報活用を評価・改善するための基礎的な理論や方法の理解（**情報の科学的な理解**），(3)社会生活の中で情報や情報技術が果たしている役割や及ぼしている影響を理解し，情報モラルの必要性や情報に対する責任について考え，望ましい情報社会の創造に参画しようとする態度（**情報社会に参画する態度**）」の3つを掲げ，小学校，中学校，高等学校における体系的な情報教育を提言している。ここでは，「情報活用の実践力」については小中高の各教科及び「総合的な学習の時間」，「情報の科学的な理解」は中学校「技術・家庭科」，高等学校「情報」，「情報社会に参画する態度」については中学校「社会科」，高等学校「公民」の時間を活用するなど，教育体制全体の中での情報活用能力育成を掲げている。

国語科が担う情報活用能力・情報リテラシー

　平成29年度学習指導要領では，情報活用能力が，言語能力と同様に，「学習の基盤となる資質・能力」と位置づけられ，国語科では，「(2)情報の扱い方に関する事項」が新設された。しかし，ここでの対象は，「文章」または「文章と図表」に範囲を限定した，狭義の「情報」となっており，情報リテラシー・情報活用能力の基礎を担うという位置づけになっている。とはいえ，国語科が「言葉による見方・考え方」を扱う教科とするならば，言葉によって表現されたもののみを対象にするのではなく，言葉によって解釈されるもの，例えば，映像作品，ゲーム，マンガ，CM，ニュース，インターネットなどがどのような意味を発信しているのか，どのように受け手に受け止められているのかを考える授業が展開されることが望ましい。

指導上の問題点

　まさに「今」を扱うことを意識するのが情報リテラシー教育ではあるが，学習者の日常的環境が「今」であるのに対し，教室環境があまりにも「今」に対応できていないことが課題である。

　　　　　　　　　　　　　　（羽田　潤）

---

of Things)。「モノのインターネット」と呼ばれ，あらゆるモノがネットにつながる仕組みのこと。 **情報化進展に対応した初等中等教育における情報教育の推進等に関する調査研究協力者会議・最終報告 (1998)**　この整理は，文部科学省（2015）「21世紀を生き抜く児童生徒の情報活用能力育成のために」において，「情報活用能力の3観点8要素」として引き継がれている。

　さらに，「2020年代に向けた教育の情報化に関する懇談会・最終まとめ」(2016)においては，「情報モラルを身に付け，情報社会に主体的に参画し創造していこうとする態度を育んでいくことが期待される。」とあり，また，『第3期教育振興基本計画』(2018)では，「①情報活用能力（必要な情報を収集・判断・表現・処理・創造し，受け手の状況などを踏まえて発信・伝達できる能力〈ICTの基本的な操作スキルを含む〉や，情報の科学的理解，情報社会に参画する態度）」(p.84) と記されており，基本的な方針には変化はない。

55

読書指導〈1〉

読書と読解

　平成29年版学習指導要領によって「知識・技能」として読書が位置づけられ,「読みの教育」は大きくさま変わりしつつある。従来は,「読解＝活字の内容を理解すること」,「読書＝読書活動・読書生活」を意味したが,今回の新しい枠組みで,基礎的な学力である漢字力や語彙力を軽視するわけにはいかないので,実質的には国語学力の育成に更に力を入れなくてはならなくなる。

　読書は読み手の主体的な活動であるだけに,放置したままでは育たないから,計画的な読書指導をする必要がある。

　読書指導は,読書習慣のない者に読書習慣をつけさせる指導と,既に読書習慣のついている者に対してより高い読書力を身につけさせる指導とに大別される。読書習慣を身につけさせる指導は,学級指導や図書館指導などでかなりの実績が上がっているし,読書力をつけさせる指導は調べ学習を中心として活発になっている。

指導のねらい

　読書の目的からみると,次の三つに分けられる。
①楽しみ読み（娯楽読書）

　読書習慣を身につけさせるためには,まず読書による楽しみを体得させることが必要である。この力が十分についていない者は,生涯を通して読書とは縁のない存在で終わってしまう。楽しみ読みの読書材としては,漫画・童話・物語・小説など,ストーリー性の高いものが適している。
②調べ読み（情報読書）

　主体的な目的を持って読書活動を展開させるためには,課題を解決するための調べ読みが必要である。一種類だけの資料にあたるだけでなく,複数の資料から納得できる答えを再構成して活用する力をつけるのである。調べ読みの読書材は,あらゆるジャンルの資料が活用される。
③考え読み（思索読書）

　読書によって自分の考えや性格を形成していくには,読者と読書材との対話を深めていく必要がある。同じ事柄について相対立する考え方のものを読み,その中から自分の考えを形成していくのである。テーマ読書は,考え読みの典型的なものである。

指導の要点

〈小学校低学年〉

　読書入門期であるから,読み聞かせや紙芝居などを楽しんで聞き,自分から進んで読む習慣をつけ,絵本から読み物への移行の円滑化を図る。この時期は,本になじませることが指導上の最重点となる。

〈小学校中学年〉

読書傾向　読書興味の発達は,おおよそ次のような傾向を持っている。
〈小学校入学前〉絵本中心で一部童話が交じる。
〈小学校1・2年〉童話が中心で,民話と絵本が一部加わる。男女差が出はじめる。
〈小学校3・4年〉伝記やマンガが中心であるが,本の種類は急激に分化する。男女差はいっそう激しくなる。
〈小学校5・6年〉推理小説・冒険小説・SF・少女小説などが中心を占める。
〈中学校1・2年〉純文学への傾斜が著しい。「趣味の本」や「学習参考書」などが増加してくる。本の種類の変化が少なくなる。（増田信一『読書感想の指導』p.74～75　学芸図書　1982）

　個人の読書傾向をみるためには,読書記録を長期間にわたってつけさせるのがよいが,便宜的には図書室の「個人貸出カード」の記入をみればよい。読書傾向を正しくつかむことは,読書範囲を広げたり,読書の仕方を改善させるうえで,とても大切なことである。

読書興味が個別化してくる時期であるから、読書範囲を広げさせることに指導の重点が置かれる。特定の目的をもって読書するということも、この時期から盛んになる。図鑑や事典類を利用しての調べ読みの活動も活発になってくる。読書記録をつける習慣も身につけさせたい。
〈小学校高学年〉
　自分自身の考えがはっきりしてくる時期であるから、読書材に対して距離をおかせることが必要になってくる。お互いの考えを戦わせあったり、グループ読書によって自分の考えをよりよいものにしていくことに指導の重点がある。読書感想能力もかなり高まってくるから、しっかりした読書感想文を書かせることも必要になってくる。
〈中学校〉
　中学校では教科担任制となるから、教科学習に役立てるための調べ読みが活発化する。また、自我意識が強くなるときだけに、人生いかにあるべきかというような問題について読書し、自分の考えを形成させることが重点となる。特定のテーマについて調べ読みや考え読みをして、レポートにまとめさせる機会を多くする必要がある。

問題点
①読書時間を確保すること
　最近の子どもたちの生活は忙しく、読書をしたくても読書できない状況が増しつつある。一日の生活の中で、読書にあてる時間をはっきりと位置づけさせる必要がある。
②読書環境を整えること
　出版量が多いわりには適書が少ないし、学級文庫や学校図書館には読みたい本があまりないと訴える児童・生徒の数は意外に多い。発達段階に適した読書材を整備してやるように心がけたいものである。
③読書感想力を育てること
　読書後に、読書感想（文）を書かせることは、読書感想力を伸ばすうえで有効な方法である。注意すべきは、読書材から離れて自分自身の考えを書かせることである。
④評価基準を明らかにすること
　本を読ませっぱなし、感想を書かせっぱなしという例は意外なほど多い。これでは指導にならないし、子どもたちの読書意欲も減退してしまう。読書感想文を書かせるからには、条件をはっきりと示してやる必要があるし、評価基準を明らかにしたうえで書かせなければならない。
⑤指導法を確立すること
　読書指導は盛んであるのに、指導方法が確立していないために効果が上がらない例が多い。読書力を養うという観点から指導法の確立を望みたい。　　　　（増田信一）

〈参考文献〉
増田信一『読書教育実践史研究』学芸図書 1997。

読書の指導事項　読書指導を通してどのような資質・能力を育成するかは、さまざまに議論されるところである。
　平成20年版の学習指導要領では、読書は、例えば「楽しんだり知識を得たりするために、本や文章を選んで読むこと。」（小学校1・2年）、「目的に応じて本や文章などを読み、知識を広げたり、自分の考えを深めたりすること。」（中学校3年）など、「読むこと」の指導事項として示されている。
　それが、平成29年版では、例えば、「読書に親しみ、いろいろな本があることを知ること。」（小学校1・2年）、「自分の生き方や社会との関わり方を支える読書の意義と効用について理解すること。」（中学校3年）など、〔知識及び技能〕の事項として位置づけられることとなった。
　20年版が、本を読んだり、読んで考えたりする行為を重視しているのに対して、29年版では本を読むことを通して、読書の意義や効用について理解することがねらいとされている。

（p121　**読書の指導事項**　中村和弘）

56

読書指導〈2〉

国語科における読書指導とは

　書物を読むことは，国語科の学習にとってきわめて重要である。それにもかかわらず，従来は，「読書指導」が国語科の学習の中に十分には位置づいてこなかった。その大きな理由は，国語科における読むことの教育が，「教科書」の中に閉じこめられがちであったことに起因する。

　戦前における読むことの教育は，分量的にもそう厚くはない国語読本を丁寧に読み解くことが中心になっていた。国民としての共通の読み書き能力を身につけさせるという点では大きな成果を上げたが，主体的に文字情報を求め，それを処理していく力や，自分の意見を構築してそれを表明する力などを十分に育てることはできなかった。もっとも，教科書＝読本の情報量の少なさを補うために，昭和初期を中心に「副読本」の類が数多く発行され，国語の授業の中にそれが取り入れられる場合もあった。しかし，太平洋戦争の進行拡大につれて，そうした試みは影を潜めてしまう。

　戦後直後の，いわゆる「経験主義国語教育」では，読書活動に大きな光が当たった。教科書は一つの資料だとされ，多くの本をたくさん読むことが奨励されたのである。しかし，読むことの教育は，図書の提供などの物理的な条件が整わないまま，学力低下の声とともに再び，教科書教材の読解を中心にする方向に舞い戻ってしまった。

　1960年代の終わりに「学習指導要領」の影響で，一時，読書指導ブームが起き，国語学習と学校図書館との連携が話題になって，国語科の中で読書指導が盛んに行われたこともあるが，読解学習と読書活動を結びつける試みは，十分には根づかなかった。

読書活動をめぐる動き

　1997年6月に「学校図書館法の一部を改正する法律」が成立し，2003年度から12学級以上の学校には司書教諭をおかなければならないことになった。学校図書館の重要性と専任の司書教諭の必要性が，ようやく制度として認められたのである。また，1993年度から，文部省（当時。現在文部科学省）は「学校図書館整備五ヵ年計画」を立てて予算措置を行い，本格的に読書環境の整備に乗り出した。更に，2000年5月には，東京上野にわが国初の国立児童専門図書館が開館した。同年は「子ども読書年」でもあった。

　国語教育の部面では，1998年・2008年の「学習指導要領」で「読書」を重視する姿勢が示され，2017年3月に告示された「学習指導要領」にも引き継がれている。情報化社会の中で，ますます読書活動の重要性

ブックトーク　あるテーマを設定し，そのテーマにそって前もって準備しておいた何冊かの本を順序よく紹介すること。例えば，「鬼」というテーマで，小学校中学年向けに『おにたのぼうし』（あまんきみこ），『ソメコとおに』（斎藤隆介），『だいくとおにろく』（松井直）などを，あらすじを話したり，本文の一部を読み上げたりしながら紹介していく。ブックトークは，実際に教師がしてみることが大事だが，ボランティアの方にお願いしたり，小学校高学年や中学生では，児童・生徒自身が，級友に向かって行うこともできる。

読書のアニマシオン　スペインではモンセラット・サルトが中心になって，本を読む子どもを育てるための社会活動が行われ，長年積み重ねられたメソッドができている。そのマニュアルには，楽しく本とつきあうための「作戦」が満載されている。例えば，物語の順序を変えたものを正しく並べたり，本を材料にたくさんのクイズを作って互いに当て合ったり，本に別のタイトルを付けたりするような活動である。1990年代後半から日本

が増すこと、これまでの読むことの教育が「詳細な読解」に偏りがちだったことへの反省などが、その背景にある。こうした動きを受けて、国語の教科書も読書指導を取り入れた新しい教材の開発や読書紹介の充実を図るように変わってきた。

文化の変質と読書

一方、若者の「読書離れ」の傾向もしばしば指摘されている。中学校・高等学校の思春期に、ほとんど本を読まない学生が増加しているというのだ。とりわけ小説類の読書人口が減り、いわゆる明治の文豪の作品もほとんど読まれず、国語教科書からも姿を消しつつある状況である。教養としての読書という言葉が死語となりつつあり、多くの書店に並べられている本も、実用書や雑誌ばかりになっている。堅い本が売れずに、活字が大きく読みやすい本が好まれるという傾向も、こうした状況に拍車をかけつつある。また、超ベストセラーの本と、ほとんど売れない本という二極化が進行しており、専門書の不振も目立っている。これは児童書についても、ほぼ同じである。

多様なメディアが、それぞれの特性を発揮して多彩な文化を創造しているのはいいことだが、書籍という形でしか流通できない文化もあるはずだ。現状では、必ずしも教育サイドにおける読書活動の重視が良い本を育てるという社会的なシステムとリンクすることにはなっていないように思える。

このような「読書離れ」の進行を食い止めるために、国語教育に大きな期待がかかっているのだろう。

いずれにしても、学校教育が社会教育の基礎となるのだとすれば、学校教育は社会教育につながるはずである。学校の中の読書教育も、社会に出てからのよりよき読書人を育てることにつながらなければならないし、そのために国語科の果たす役割はかなり大きいはずだ。

読書生活を創り出す

読書指導では、読書の楽しみ方や読書技術の獲得などと同時に、本を選ぶ力（選書力）や、読後の本の整理の仕方など、多岐にわたる指導が必要になる。そして、それらは学習者自身の読書生活を豊かにする方向に向けて組織される必要がある。

以下、そうした読書生活を創り出していく具体的な学習のヒントを列挙してみる。

①読書生活を広げるために
- 教室に読書コーナーを作る…特定のテーマを立てるといい。学習関連情報、個人の興味関心、先生のお薦めなど。
- ブックリスト作り…学級やグループで、推薦図書を選んで、コメントをつける。本のカタログを作ってもいい。
- 本の帯作り…カバーやジャケットを作るのもいい。そこに記すコメントや図柄を工夫させる。
- ブックスピーチ…本にまつわる思い出な

にも紹介され、「読書ゲーム」の形で受け入れられている。M. M.サルト『読書へのアニマシオン75の作戦』柏書房 2001。岩辺泰吏『ぼくらは物語探偵団』柏書房 1999。

読み聞かせ 本の内容を読んで聞かせること。とりわけ低学年生などには、絵本の絵を見せながら文章を読んで聞かせると、紙芝居のような効果があって、子どもたちも集中する。多くの子どもたちに本の内容がよく見えるように、特別に大きく作った「大型本＝ビッグブック」も販売されてい

る。聞き手の反応を見ながら、声の調子や大きさなどを変えたりすると、聞き手との一体感が演出できる。また、校内放送などを使った読み聞かせでは、長編作品を取り上げて、それを連続番組のようにして放送することもできる。こうした方法だと、読み聞かせは朗読に近くなる。

自由読書 本来、読書は自由に楽しむものだが、なかなかそのための時間の確保が難しい。そこで、あえて読書の時間を設定して、そこで本に親しませる試みが行われている。家庭を巻き込んだもの

どをスピーチする。
- 読書新聞作り…本を中心に取り上げる。書評や推薦文、あるいは作家や作品にまつわるエピソードなどで構成する。
- 読書会をする…家族で、グループで、学級でなど、異年齢でいろいろな考え方のメンバーが参加するとおもしろい。

②読書生活を楽しむために
- 紙芝居作り…絵本や物語を紙芝居にして、上演して楽しむ。低年齢の子どもを対象に、場面割りを考えて制作する。
- リーダーズシアター…絵本や物語をもとに簡単な脚本を作り、それを上演する。劇遊びであるから、小学校低学年に向いている。
- 地図作り…物語を読んで、地図を作る。地図の描きやすい作品とそうでないものとがある。
- ペープサート劇をする…登場人物のペープサートを作り、上演する。人物の表情や動作を工夫する。

③読書生活を深める
- 目次作り…目次のない本の目次を作る。あるいは、別の目次を作ってみる。
- 索引作り…人名索引、地名索引、難語句索引、季節索引、美的表現索引、名せりふ索引、心情表現索引、重要場面索引、植物名索引など。パソコンを使うと作業が楽である。
- 登場人物日記…登場人物になったつもりで、日記を書く。主人公以外の人物を選ぶと創作性が強くなり、読みが深まる。登場人物事典も可。
- 作品の冒頭と結末を集める…多くの作品のそれを比べて分類したり、それぞれの作品における表現効果を考えたりする。

本に対する愛着意識

　読書指導は、活字情報や本それ自体への興味と関心、更にはそれらへの「愛着」の意識を育てるものでなければならない。

　いうまでもなく書物の後ろには、生きた人間がいるし、次々と生起する事件がある。また、そうした書物を作り出し、それを受け渡す人間がいる。それらと書物とを結びつけ、その関連を知ること、そこにも本に関わっていくおもしろさがある。

　地域の本屋（古本屋）さんのマップ作り、本屋さんインタビュー、地方出版社への取材をもとにした新聞作り、学校単位で発行する叢書の企画・発行への参加、学級の文集や制作物を学校図書館や地域図書館に配架する、印刷製本技術の学習会などの活動に主体的に参加することで、本に対する興味関心は増大し、それへの愛着意識が育成されるにちがいない。　　　　（府川源一郎）

〈参考文献〉
府川源一郎・長編の会『読書を教室に』東洋館出版社 1995, 1996。塚田泰彦『語彙力と読書』東洋館出版社 2001。秋田喜代美『読書の発達心理学』国土社 1998。

では、児童文学作家椋鳩十の提唱した「母と子の二十分間読書運動」が有名である。また近年、「朝の十分間読書」などと名づけて、学校教育の中で自由読書の時間を設けるところも増えてきた。落ち着いた時間を共有でき、生活指導にも波及的な効果があるという。中には、地域をあげて取り組んでいるところもある。

書物製作　学習者が情報を整理し印刷し、それを製本する過程は、読書行動を見直す機会にもなる。例えば、どのような厚さや紙質の書物が持ち運びやすいのか、本のじょうぶさはどうか、あるいは、どのようなレイアウトや活字が読みやすいのかを考えることから、本の形態面に注意を向けるようになるし、本を並べるのにあたってどのようにディスプレイするかを工夫することで、書物の配架や保管のしかたなどに配慮が行き届くようになる。このように書物の作製の学習は、自分の読書行動全体を意識的に見直すような姿勢と態度を育てるものなのである。

III 作文指導

- 57 主　　題
- 58 取　　材
- 59 構　　想
- 60 記　　述
- 61 推　　敲
- 62 作文単元
- 63 短 作 文
- 64 作文の処理・評価
- 65 日　　記
- 66 手　　紙
- 67 記録・報告文
- 68 生 活 文
- 69 説 明 文
- 70 意 見 文
- 71 文集・新聞づくり
- 72 創　　作
- 73 紹介・案内

III 作文指導

57

主　題

主題とは
「主題」とは，「書きたいことや伝えたいことの中心」「文章における中心的な内容」を言う。文学的な文章の場合には「主題」，説明的な文章の場合には「要旨」と，区別して用いられることが多い。「主題」は，「読むこと」の指導において「作品が表現しようとしている中心思想」を指す用語としても使われてきたが，ここでは「書くこと」に限定して述べる。

学習指導要領における位置づけ
「主題」は，これまでの国語科教育において長く親しまれてきた用語である。学習指導要領においても，「書こうとする事がらと考えをまとめて，主題や要旨のはっきりわかる文章を書くこと」（昭和44年版），「自分の考えを確かにして，主題や要旨がはっきり分かるように表現すること」（昭和52年版），「自分の考えに基づいて主題や要旨がはっきり分かるように表現すること」（平成元年版）とあるように，書き手の意図や考えを明確にすることの重要性が説かれてきた。だが，平成10年版以降は，中学校第1学年「読むこと」における「文章の展開を確かめながら主題を考えたり要旨をとらえたりすること」（平成10年版）を例外として，「主題」の語は全く用いられなくなった。「文学的な文章の詳細な読解に偏りがちであった指導のあり方を改め」ることを提言した教育課程審議会答申（平成10年7月）の趣旨を受け，説明的文章が重視されたことや，国語科の目標に「伝え合う力」が位置づけられたことに伴い，文学的な文章に限定された用語は避けられるようになったのである。

主題指導の必要性
では，「主題指導」は不必要なものとなったのであろうか。

作文が苦手だという児童・生徒のつまずきは，最も単純化して言えば，「何を，どう書いてよいかが，わからない」というところにある。この「何を書くか」という課題に答えていくのが「主題指導」（古典修辞学の「インベンション[＊]」に相当する。）である。平成29年版学習指導要領に即して言えば，「目的や意図に応じて題材を決め，情報を収集・整理し，伝えたいことを明確にする」学習として位置づけられる。

従来の作文指導を振り返ると，「どう書くか」（構成や記述に関する指導）は比較的取り上げられたが，「何を書くか」（主題発見に関する指導）が十分でないために，指導が形骸化しやすいというきらいがあった。これからは，日常生活や社会生活の中から「書く課題」を決め，相手や目的に応

インベンション　古典修辞学の用語。文章作成にあたって「書くに値する内容（アイデア）を発見し，それをどう述べるかを考える段階」を指す。一般に，「発想」「構想」「創構」と訳されている。

古典修辞学は，紀元前5世紀ごろ古代ギリシアに始まり，アリストテレスによって体系的形態が整えられ，古代ローマにおいて集大成された。①発想（invention），②配置（disposition），③修辞（elocution），④記憶（memory），⑤所作（action）の五部門に分けられ，法律・政治・儀式の場における効果的な説得の技術として教えられた。

想の展開　倉澤栄吉の主張した作文指導理論。作文指導は，一般に，「取材」「構想」「記述」「推敲」という文章作成過程に即して実践していくものとされている。だが，1960年代に森岡健二（『文章構成法』至文堂 1963）らによってコンポジション理論が導入されて以来，学校教育では，ややもすれば文章構成の型にはめ込むことに汲々とする指導が行われがちであった。これに対して倉澤は，書き手の創造的な精神の働きを「想」と呼び，作

じて材料を集め，自分の考えをまとめていくことがいっそう強く求められるようになる。だからこそ，自分の立場を明確にし，「伝えたいことの中心」をはっきりとさせる指導が，ますます重要になると言える。

主題指導の内容と方法

だが，「主題」は，文章作成の最初の段階から明確になっているとは限らない。例えば，日記，感想文，随想文などの内省的文章の場合は，書きたいことがありすぎて，どこに焦点化すればよいのかわからなくなることが多い。わからないままに書き進めて，書き終えたときにはじめて中心思想が明確になるということさえある。それで，書く意欲を減退させてしまう学習者も少なくない。

こうした問題を解決するには，自分の述べようとすることに価値が見いだせるように導くことが欠かせない。つまり，着眼点や，書き手の立場や，書き表し方などに新鮮味を見いだせるように，さまざまな暗示を与え，他者とは異なる内容を持っていると感じられるように導くのである。例えば，遠足について書く場合，一日のできごとを全て書くのではなく，最も印象に残ったできごとに絞らせたい。出発前夜の様子とか，到着地点の催し事とか，昼食時のエピソードとか，帰宅後の足のまめの治療など，一つの事柄に絞って精細に書かせる。そうすると，おのずから力のある文章に仕上がっていく。

読み手も同質の体験をしているので新鮮味がないと予想される場合は，視点を変えて書かせるとよい。道端の並木の視点からの描写や，水筒のつぶやきとして書かせるのである。視点を変えるという思考操作が，目的意識や相手意識を高め，主題の明確化につながってくるものである。

一方，説明文や報告文あるいは意見文・議論文の場合は，最初から主題が明確であることが多い。この場合はむしろ，どのような具体例をあげて内容をふくらませていくかに苦労する。単純な主題である場合は，その内容に価値が見いだせず，表現意欲を減退させてしまうことも少なくない。

こうした問題を解決するには，当初の主題案を５Ｗ１Ｈの観点から詳しく分析し直して内容を補わせたり，類比・対比関係にあるものと比較検討してその内容を付け加えさせたりするとよい。説明的文章では，主題を一文で言い表せる力と，それを豊かな事例で補足説明できる力との両方を育てていくことが求められるのである。

なお，主題指導は，記述前に十分に行われるべきものであるが，その時だけ行われるものではない。「想」の展開に即して，取材・選材の段階や，構成，記述，推敲の段階においても，有機的に関連づけて行われるべきものであることを忘れてはならない。

（田中宏幸）

文指導はこの「想」の展開に即して行うべきだと主張した。

「想」の展開に即した作文指導で最も重視されるのは，書く必要感の感じられる「場」を設定することである。実際的な「書く場」において，目的意識や相手意識を明確化した表現者は，独自の感じ方や考え方によって，表現しようとするものの全体的なイメージを捉え，表現するための見通しを立てる。これが「発想」である。

作文指導では，「主題」を見つけさせるためにも，「発想」を豊かにする学習指導が重要である。さらに，「発想，着想，構想，連想」といった「想」の展開過程に即して，多様な学習材を開発し，個に応じた学習指導を行うことが求められている。

〈参考文献〉
倉澤栄吉『作文教育における評価』第一法規 1970。大西道雄『作文教育における創構指導の研究』渓水社 1997。田中宏幸『金子彦二郎の作文教育』渓水社 2008。

III 作文指導

58

取　材

取材とは

　取材の活動は，大きく分けてA，B二つの場合が考えられる。

　Aは，機会があればまとまった文章表現にすることもあると考えて，事前に，話題（文題）やそれに関連する題材などを集めておくような場合である。これによって，自由題の作文にも応じていくことになる。

　Bは，表現しようとする文題は決まっていて，それを文章として展開するための題材を集めたり選んだりする場合である。自由題の作文ではAからBへと進むことになるが，共通経験に基づく作文や課題作文などでは，このBの取材活動が中心になる。

指導上の原則

①取材指導は，上のA，B二つの取材活動を意図的計画的に導くことであるが，Aは日常的継続的な指導となり，Bは作文単元としての指導になっていくのが普通の形態であろう。

②取材指導は，記述前の指導にとどまらず，記述後の指導にも展開しうるものであること，また，構想指導とも密接なつながりをもつことなどに留意し，指導過程上，有機的な連関を保つようにしなくてはならない。

③取材活動には，一般性・原理性といったものと，独自性・個別性といったものとが考えられる。取材指導も，ここのところに応じなくてはならず，したがって，取材の多角性・広がりを目ざすか，限定性・深まりを目ざすかといったことなどは，実態に即応して選択される。

指導の要点

①日常的継続的な面では，一日一題式に，自分で発見に努め，教師も助言するなどして，取材帳に記録していかせるような直接的なやり方と，日記指導を行い，必要に応じて，その中から文題を選ばせるような間接的なやり方とがある。日記指導は，ある意味で，不断の取材指導ともいえる。取材帳に記録するにしろ，日記に書きつけるにしろ，学校生活を中心としたあらゆる場を生かしての話し合いや教師の語りかけなどが，その活動の支えになると思われる。

②各種の資料を提示し，あるいは自分でも作らせるなどして，それらの資料に折々に注目させたり，それについて話し合いをさせたりして，文題への目をひらいていく。各種の資料としては，作文の題材一覧表，日記の題材一覧表，各人の作品一覧表，各教科学習内容の一覧表，年中行事表，題材暦，季節だよりなどがあり，各種読み物類（文集なども含む）からの

カード法　「記録」には，その仕事の内容によって，いろいろなノートやカードが使われるようであるが，作文指導での取材活動にということであれば，例えば，名刺サイズのメモ用紙に，1事項1枚ずつ，1行見出しでというのが，そのあとの「グループ編成」（これは，構想の仕事の第一歩である）のためにも有効だと思われる。

　「グループ編成」されたカードは，「図解法」によって，グループごとに，構造図に仕立てられる。そのとき，その構造図が題材の欠落を示唆してくれることが期待される。

KJ法　この名は，この方法の提唱者である川喜田二郎の頭文字によっている。KJ法の手順は，およそ次のようなものである。まず，「探検」（内部探検と外部探検とがある）と称するものに始まり，探検によって得たものを「記録」し，記録したものの「グループ編成」を行い，更に，「A型図解法」と「B型文章化」とを経て，新たな「発想」を生み出すというものである（川喜田二郎『発想法』中公新書 1967）。

話題なども考えられる。
③決まった文題について，題材を集めたり選んだりするといった取材面の指導においては，範例を分析して追体験させるような間接的なやり方と，カードなどを使って，実際に題材集めや題材選びをさせるような直接的なやり方とが考えられる。この後者の場合のカード操作に，KJ法*やマップ法*などが使われることも珍しくない。前者のやり方は，導入や共通理解の段階のことであって，やはり，自分の文題に即して実際に取材活動を行わせ，個別に指導していくというのが本命であろう。
④グループで一つの大きな文題を決め，各自が分担して取材活動をするような方法も考えられる。作文・綴り方教育史上にも「調べる（た）綴方」といわれた集団制作の遺産がある。
⑤以上に述べたことが，記述にかかるまでのテンポがゆるやかな指導であるのに対して，取材活動から記述活動までのテンポを早めて指導する場合がある。絵・写真，録音・録画等を視聴して，それをもとに記述にまで進める方法や，物事の観察や製作などをさせたあとで記述させる方法などがある。この場合の取材指導といえば，どこをどう見るのか，何をどう捉えるのかの指導になる。それを，作業や活動のどこに，どの程度に織り込んでいくのかについて，十分に考えておく必要がある。
⑥発達段階に応じて取材指導を考えるとき，低学年，中学年，高学年への進みゆきを，簡明に，気づかせる―広げる―深めるというふうに進めていく。もちろん，広げつつ深める，深めつつ広げるということはあるにしても，比重のかけ方としては上のように心得ておく。そして，「深める」ことに，「ねうち」とか「価値ある」とかの考え方を関わらせていく。
⑦活動が単発に終わらないようにさせる。1回の取材活動で，その文章表現に必要なものと不必要なものとが同時に得られたとして，不必要なものを次の機会に生かすようにする。

問題点

国語科を含めて各教科が，ことごとく私たちを取り巻く現象や事象を対象化し，それをどう捉えたかの事例である。取材活動の実際例といってもよい。その意味では，取材活動は作文指導に特別のものではない。聞くこと・話すことの学習指導においても，社会科や理科の調査・観察等の活動においても，有機的に関連していなければならない。

（中洌正堯）

〈参考文献〉
篠崎久躬『文章表現力を高める取材指導』明治図書 1981。

「内部探検」については，いわゆるブレーンストーミング方式がとられている。このことを作文指導の取材活動に関していえば，自分で思いつくことをどんどん書きとめていく方法と，その文題について，他者から気づいたことを言ってもらい，それらの中から書くべき題材を選びとっていく方法とが考えられる。
マップ法 カード法のところで述べた構造図と重なるところがある。取材活動に基づく構造図が論理的に整理されるのに比べると，取材活動そのものとしてのマップづくりは，そのマップの要素に自由な発想（遊びの広場）も取り入れることができる。『マップ』という用語は，理解活動の領域で「意味マップ法」「概念地図法」などが先行している（塚田泰彦『国語教室のマッピング』教育出版 2005）。理解活動でのマップづくりが身体化していくと，表現活動に及ぶ。表現活動のマップは，書こうとする話題をめぐる言葉，言葉が導く題材，題材から連想される言葉というように，連環して広がり，ついには選材，構想活動を促す。

III　作文指導

59

構　　想

構想とは

　「構想」と類似した言葉に「構成」がある。どちらにも、動詞としての意味・用法がある。「構成する」というのは、既に題材等がきちんと用意されていて、それをどう配列し、組み立てるかという意味合いが強い。「構想する」というのは、そのような意味もあるが、題材集めも同時進行といった面があり、なお流動的である。

　名詞としてみたときは、「構成」が、既にできあがった文章の組み立てについていうことができるのに対して、「構想」は、もっぱら、表現という構造体へ向かうときの精神の活動に注目した言葉である。

指導上の原則

　構想指導には、A．「構想する」という態度・習慣の形成の仕事、B．取材から構想へかけての内面的な活動への参与の仕事、C．構想に役立つ知識を獲得させ運用させる仕事などが考えられる。これらの仕事の中では、Aの態度・習慣の形成の仕事を基盤に据える。その意味で、構想指導も日常的継続的指導を心がける。

　もの・ことが二つ以上になれば、そこに、順序・照応とか、軽重・均衡などを見いだしていく。そういうことが構想活動＊の第一歩であり、その継続によって、やがて態度・習慣にまで高まる。

　Bの内面的活動への参与や、Cの知識の獲得・運用の指導は、Aの態度・習慣の形成の指導を支えとして、それ自体が浮き上がらないようにする必要がある。

指導の要点

①原則のところで述べた、Aの態度・習慣の形成の仕事は、あらゆる機会を生かして進めることができる。およそ、なんらかの活動が、構想することなしに始められるということはありえないからである。仮にあったとしても、それは、結果的には構想することの大切さを教えることになるであろう。

　確かに、日記などでは、「構想メモ＊」を作り、「アウトライン＊」を書くといった手続きをふまずに記述していくということはある。ただ、人に読ませる文章を書くためには、心の中での構想メモはなくてはならない。備忘と推敲のための書きつけが、事を確かなものにする。

②Bの取材から構想へかけての内面的な活動とその指導については、以下のことに留意する。取材と構想とは相乗作用をなす。取材の豊かさによって構想は自在に展開され、構想の確かさに導かれて取材は無理なく無駄なく進められる。その点では、第１次取材→第１次構想→第２次

構想活動のいろいろ

①本書の「取材」の項に、記録としての「カード法」のことが述べてある。このカードに記載された事項を配列することが構想活動になる。したがって、幾つかのカードをまとめて、小見出しをつけることなどが構想メモということになる。作文の実際では、この小見出しが先に仮定され、それに沿ってカード記録（取材）がなされることも多い。②西洋紙などに、トーナメント図式の空欄を設け、下位を具体的な事柄とし、しだいに中項目、大項目、そして主題というふうにせりあげていく「構造図」を用意する。③あらかじめ具体的な枠組みを定めておいて、それに回答したのち、配列を考える。具体的な枠組みには、例えば、「いつ」「だれと」などの５Ｗ１Ｈや、「その時の様子」「その時の気持ち」「会話」といったものが考えられる。④大村はまが開発した、西洋紙を使っての対角線方式がある。これは、物事の対極が考えられ、ひと目で全体が見えるという利点がある。

　以上、いずれの場合にしても、取材との関連が

取材→第2次構想というふうになってよい。ところで、この取材から構想へかけての児童・生徒の内面的な活動に棹さすためには、その取材の当初から参与していなくてはならない。それ以前には、児童・生徒個人をよく理解していなくてはならないことになる。

③既にできあがっている文章・作品(教科書の文章・作品や児童・生徒の文章・作品など)の構成を捉えて、筆者・作者は、なぜこういう構成にしたのかを考えさせる指導がある。——ほかに、どういう順序や展開があるか、それと比べて、筆者・作者の採用した構成には、どんな長所が認められるかなどを考えさせる。しかし、こうした追体験的な指導には限界がある。というのは、既にできあがっているものをいくら分解しても、筆者・作者が構想を立てていった時の状況、資料のそのままを再現することはできないからである。仮に、文章制作過程の全ての資料が残っていたとしても、資料と資料とをつないだ筆者・作者の想念までは残っていないであろう。実は、この想念の部分に「構想」が横たわっている。追体験的な指導は、こういう限界内でのことであり、指導の有効範囲を承知しておくべきである。

さて、文章・作品の分解、検討に即して、文章の構成に関する知識も提示し、構想に役立たせていく。時間的順序、空間的順序、一般⇄特殊、原因⇄結果、漸層法、既知から未知へ、問題解決順、重要さの順序、動機づけの順序など。また、頭括式、尾括式、双括式など。更にまた、初め・中・終わり、起承転結、序論・本論・結論など。

④発達段階に応じて構想指導を考えるとき、低学年、中学年、高学年への進みゆきを、簡明に、順序→段落→全体というふうに心得ておきたい。学年が進むに従って、扱う単位や範囲が大きくなっていく。例えば、「照応」についていえば、主述の照応→段落ごとの初めと終わりの照応→文章全体の書き出しと結びとの照応というふうに。

問題点

構想指導は、普通、作文指導の一環として文章表現のために行われる。しかし、そこにとどまるのであれば、その指導の値打ちは半分以下ではあるまいか。文章表現に始まって、自分の国語学習のこと、学習全体のこと、もっと大きくいえば、生きていくことについて構想していく力、そういうものとして発展することを考えたい。

(中洌正堯)

〈参考文献〉
樺島忠夫・中西一弘編『作文指導事典』東京堂1980。

大きいことがわかる。

構想メモ・アウトライン 「アウトラインというのは、文章における青写真にほかならない。」(森岡健二『文章構成法』至文堂 1963)といわれるものであり、構想メモを含んだものである。

題材選定や取材の活動と前後しつつ、書く事柄を整理していき、例えば「初め・中・終わり」に分けた組み立てメモ(構想メモ)を作る。配列した事項のそれぞれについて、文章全体の流れや接続関係を想定し、箇条書きふうの文で表現すると、文章の筋立て(アウトライン)ができる。

構想活動と文種 特に記録・報告文の場合は、おのずから記述すべき事項があって、それが、構想に対して影響力を持っている。

例えば、研究報告であれば、①研究の動機、②研究の目的、③研究の計画、④研究の方法、⑤準備、⑥研究の経過、⑦研究の結果、⑧研究の反省、⑨今後の課題などがあげられる。書くべき事項も順序も、これらの中から選択することになろう。

III 作文指導

60 記述

記述とは

作文活動において，書き手が選び出した題材に沿って必要な材料を取捨選択し，順序や配置，表現方法を考慮しながら書き表すこと。「叙述」と呼ばれることもある。

科学的な文章では「記述」，文学的な文章では「叙述」と使い分けることもある。

一般的な文章表現過程としては，取材→構想→記述→推敲という段階が考えられているが，記述中に構想という作用がはたらく場合もあれば，推敲という作用がはたらいている場合もある。いずれにしても，これは一般的に考えられている過程である。こうした文章表現過程がそのまま作文の学習指導過程と重なっていくわけではない。一般的な文章表現過程では児童生徒に作文を書き上げさせていく学習指導過程としては粗すぎるのである。

書き慣れ・筆写速度の指導を

記述指導を根底で支えていく指導として，文章を書くことに平素から慣れ親しませることと，速書きさせることとが必要となる。書き慣れさせ，書く速さを意識させる指導として有効なのは，視写や聴写の活動である。教科書に載っている読みの教材を5分とか10分とか時間を指定して書かせるのである。視写の活動には筆端で読むという意義がある。単に書かれている事柄を読み取るだけでなく，文章の文体や書き手の思考の流れまでも指先を通して感じ取るという作用がある。また，時間を切っての集中的な作業となるので，おのずと筆写速度も増す。この筆写速度は，思考の回転を促すことに通じているのである。視写・聴写の活動は単なる指先の活動ではない。それは，指先を通して書くという活動に親しませ，おっくうがらずに書く習慣を身につけさせると同時に，思考を活発にさせるという効果に通じているのである。

文章表現の型である「書式」の指導

作文を書かせる時に，意外と指導者に意識されていないのは文章のジャンルである。ジャンルを規定しているのは「書式」（＝文章の型）である。世間の常識として，「書式」等を与えると子どもの創造的な活動の妨げになるという考え方がある。これは迷信である。文章表現上の基本的な枠組みとしての型は，芸術やスポーツに見られる卓越した身のこなし方を根底で支えている基本の型や技に匹敵する。こうした型がその芸術やスポーツの本質や価値を損なうことはあり得ない。同様に，文章表現の型である「書式」を与えることが，その文章の価値を損なったり，自由で創造的な精神活動を妨げることにはならないのである。むし

「書き出し文の指導」 大村はまは「書き出し文」の指導に関して，それは「作文戦争の武器」であったと述べている。大村は「子どもたちが書き出したところを回りまして，書き出しを改めさせたり，また，書いてやったりしました。書けないでいれば，書き出しをちょっと書いてやるだけで，そのあとが続きますので…。このことを知らなかったら，ほんとうに文章をなまのところで指導すること，書く力そのものを育てることは，非常にむずかしかっただろうと思っています」と述懐している。この「書き出し文」の指導は一種の事前指導であるが，一面では記述指導とも言える。つまり，事前と事中の双方にまたがっているのである。書き出しをちょっと手伝ってやること，そのことで書く弾みをつけてやるという，子どもの心理を見事に捉えた指導である。大村は，この「書き出し文」の研究と実際の指導を通して，書き出し文だけでなく，書いている途中でつかえている場合にも，その様子をよく見きわめて救いの手を差し伸べてやることの指導の態度を身につけていったと

ろ，その制約としての「書式」（＝文章の型）が自由で創造的な精神（＝思考）の活発な発動を促してくれるのである。何等かの制約のないところには，真の自由や創造的な精神も生まれてこないのである。

書く活動の「規模」「時間」を指示する

教科書に示されている模範作文には，400字を超える長文のものが多い。コンクール作文では原稿用紙3枚という指定が多い。これが子どもには意外に負担感を与えている。最初は3行作文から始まってもよい。次に100字作文，200字作文と次第に分量を増やしていくのである。

要するに，行数・字数・枚数等は作文の「規模」である。この「規模」と一緒に書くための「時間」を明確に示してやることが作文活動に集中を生み出し，目標が明確になるので，達成感が与えられ作文活動への励みにも通じるのである。

子どもたちに作文活動に対する負担感を与えているものに，原稿用紙がある。原稿用紙は，始めから400字という枠が固定されている。しかも，マス目によってその字数が一目瞭然に示されている。このマス目の中に一字一字文字を書き込んでいくことが子どもには意外に心理的な負担感を与えているものである。普通の人間には，原稿用紙に文章を書くという生活がそうそうあるものではない。従って，作文の時間だからといって，必ず400字詰めの原稿用紙を使わなければならないという決まりはないのである。時にはマス目のない短冊状の小さめの用紙に書かせてもよいし，B5判半分の小さめの用紙に書かせることがあってもよいのである。要するに，既成の原稿用紙の枠組みから自由に作文を書かせることがもっとあってもよいのである。

記述中に行う指導

書いている時の指導は成り立つのかという疑問が従前より言われている。これに対して，かつて垣内松三（かいとうまつぞう）が芦田恵之助（あしだえのすけ）の綴り方の授業に対して，「書かせること，そのことのなかに，指導すべきことを見いだすようにしていかなければならない」と講演の中で述べている。

「書き出し」をどう始めればよいかわからないという子どもがいる。徒競走の時でも，スタートの時の失敗は後々までなかなか取り返しがつかないものである。記述が始まった段階で，その作文の書き出しを手伝ってやることもあってよいのである。

（大内善一）

〈参考文献〉
青木幹勇『第三の書く』国土社 1986。平野彧『作文指導の実践入門』明治図書 1980。大村はま『国語教室の実際』共文社 1970。大内善一『「見たこと作文」の徹底研究』学事出版 1994。

述べている。作文指導は「書かせること，そのなかでこそすべき」であるとの信念を抱くことになったというのである。

レトリックの技術指導　レトリックの技術指導にはさまざまなものがある。あまり多過ぎると，書く活動の妨げとなり逆効果である。最低限のレトリック技術をあげてみよう。まず，「引用」と「数字」使用の技術である。「引用」は書き手である自分の思考の中に他人の思考をどう調和的に取り入れるかという技術である。つまり，これは思考を創造する技術とも言える。「数字」の使用はある物事の一面を数字に置き換えて捉え直すことである。つまり，これは物事の一面を新たな位相で認識すること，認識の発見の技術なのである。これらのレトリックの外に，「会話文」「比喩表現」「オノマトペー」の表現技術の指導は機会を捉えて行っていきたい。これらの表現に共通する特徴は優れた描写的な機能が備わっている点である。

III 作文指導

61

推　敲

推敲とは

　推敲という用語は故事に基づいた語である。当用（現在は常用）漢字になってから「推考」と書くようにもなったが，故事に基づいて「推敲」と書かれることが多い。自分の書いた文章を客観的に見直し，伝えようとする事実や用件・意見などが十分に書き表されているかどうかを検討することをいう。

　推敲の観点は，児童生徒の文章表現能力の実態や個々の文章の特質に即して随時，柔軟に設定していくことが求められる。

　推敲の学習の意義は，書き表された文章を客観的に見直すことで，書き手の思考を一層緻密にしていくところにある。したがって，推敲という作業は必ずしもひとまとまりの文章を書き終えた時点から始まるものでもない。つまり，文章表現過程で言うところの取材→構想→記述→推敲のような順番で行わなければならないと考える必要はない。むしろ，一文を書いては読み返し，一文を書いては読み返しといった，書きつつ読み返していくという習慣付けが求められているとも言えよう。

推敲指導の内容・方法

　推敲指導を，以下の四つの観点から捉えてみよう。
①表記―表記の誤りを直す。
②付加―足りないところを足す。
③削除―余計なところを削る。
④構成―前と後のくい違いを直す。

　①の観点では，まず誤字・脱字がないか，漢字と仮名の使い分けが適切か，語句の選び方や使い方が的確で効果的であるかなどにまで広げて指導していくことが必要となろう。

　②の観点では，伝えようとする事実や用件，意見などで足りないことがないかどうかを記述・叙述に沿って読み直していく習慣を日頃から身につけさせていくことである。足りないところとは，単に事柄・内容ばかりを指すのではない。記述・叙述の仕方も含まれる。記述・叙述の仕方は個々の文章の種類によっても異なってくる。説明文では，説明の仕方が簡潔でわかりやすいものとなっているかどうか，創作的な文章では，場面や情景が生き生きと描き出せているかどうかが付加の観点となる。

　③の削除という観点は，②の場合の裏返しと考えていけばよい。

　④の観点では，文相互あるいは段落相互の関係，論点と論拠との関係について意識的に見直していくことである。

「推敲」の故事　唐の詩人賈島が「僧推月下門」の句を得たが，「推（おす）」をやめて「敲（たたく）」にしようかと迷っていたところ都の長官である韓愈の馬にぶつかってしまった。そこで韓愈に相談したところ，詩人でもあった韓愈は「敲」がよいと助言をしたという。この故事に基づいて，詩の字句を練ること，後に文章をよりよくすることという意味に使われるようになった。

推敲作業のための「てびき」の活用　大村はまが作文学習に際して効果的に使っていたものに「てびき」がある。作文という苦役的な作業を生徒が知らず知らずのうちに行っていってしまうようなよき「てびき」である。大村が作成した「記述・批評・処理のてびき」は，生徒に対して「事前」「事中」「事後」の全ての指導を綿密に行っていく方法であると同時に，教師が生徒の作文を能率的に処理していくための方法ともなっている。この「てびき」は，作文の「能率的処理方法」として紹介されたものである。従来の作文指導では，作文の処理という一事のために，指導自体を重荷と

推敲という作業への動機づけ

　推敲という活動は，文章表現の完成を目ざして行うものである。書き手によりよい文章表現への意欲がなければ，その活動は無味乾燥で面白みのない活動となる。苦役的な作文活動を更に苦役的なものとすることにもなりかねない。

　児童生徒の場合，とりあえず書き上げることに精一杯である。一度書き終えれば，それ以上の活動はないのである。苦労して書き上げたものに手を加え，書き改めるという行為に向かわせるためには，それなりの必要感を抱かせ，その行為に向かうための動機づけがなされなければならない。

　この動機づけとなるものが，読み手を意識し目的が自覚できる作文を書かせることである。読み手の立場に立ってこそ，苦労して書いた作文を書き改めようとする意欲も出てくるし，どこをどう手直しすればよいのかということもおのずと理解されてくるのである。

読み直し書き直す習慣を

　このことと併せて，子どもたちには，日頃から書き終えた作文を読み直し書き直す習慣をつけさせるための手立てを講じていくことである。そのためには，読み直し書き直しを子どもたちに任せていたのではいけない。教師が自ら子どもの作文をクラスのみんなの前で読んで聞かせるのである。苦労して書いた作文がクラスの友達の前で読んでもらえることで，読み手に理解してもらうことの喜びを体験できる。そこから，自分の作文を読み直し書き直そうとする意欲も生まれてくるのである。

相互推敲という作業の難しさ

　作文授業の中で，相互推敲という活動がしばしば取り入れられている。他人の書いた文章に手を加えていくことには少なからぬ困難が伴う。他人の書いた文章に手を加えるためには，まず，書き手がどんな意図をもってその文章を書こうとしたのかが理解されていなければならない。推敲という作業は，単に言葉づかいを訂正するだけにとどまるものではない。それは，書き手の意図の改変にまで及んでしまう場合もあるのである。推敲の作業がそのような書き手の意図を踏みにじって，単なるあら探しの作業となっている場合が少なくない。それは，書き手の苦労を踏みにじり，作文活動への意欲をそぐものともなってしまう。

　したがって，相互推敲は，まず自分が書いた作文を読み返し書き直す習慣が身につき，文章に対する見方が育ってきてからの作業として少しずつ取り入れていくべきである。

　　　　　　　　　　　　　（大内善一）

〈参考文献〉
井上敏夫・倉澤栄吉・滑川道夫編『新作文指導事典』第一法規 1982。戸田唯巳『作文＝どのように書かせるか』明治図書 1973。

感じさせていたことを改善していくという工夫でもあった。

　大村は，相互評価や自己評価を効率的に進め，併せて教師が作文の処理を効率化していけるように，「書かせた作文をどうするか」ということばかりでなく，書く前に出発して「どのように書かせるか」ということから工夫をしていくべきであると述べている。その方法が独自に作成された「てびき」なのである。この「てびき」は，「書くためのてびき」「友だちの文章を見るてびき」「作者である生徒の処理のためのてびき」の３種類からなる。これらの「てびき」には，題材選定から記述方法，推敲方法，処理方法までが全て盛り込まれている。二つめと三つめのものが相互評価，自己評価のための「てびき」である。紙幅の都合でその実際は示せないが，推敲作業のための優れた方法である。(『大村はま国語教室5』筑摩書房 1983)

III 作文指導

62 作文単元

作文単元とは

学習者の問題発見，課題追究を「書くこと」を通して実現する学びのまとまりを作文単元という。当然，「書くこと」だけでなく，問題発見や課題追究のための情報収集，情報整理に読むことや，発見や考えたことの交流のために話し合うことなども含めた総合的な学習活動が展開する。

作文単元の内容的な類型

作文単元は，どのような問題発見をし，追究，解決するかによって三つの類型にまとめることができる。

　　①生活と向き合う作文単元
　　②課題と向き合う作文単元
　　③書き方と向き合う作文単元

学び手である児童・生徒の日常生活を見つめ，そこに問題を発見していく作文単元が第一にあげられる。

次に環境や人権，情報化，国際化などの今日的な課題について探求する作文単元がある。調べ学習やパネルディスカッションなどの討議などと組み合わせ，一人一人が作文で自分の考えをまとめる単元になる。教科書には「書くこと」の過程を一通り経験する課題と向き合う作文単元が教材化されている。いわゆる「教科書単元」である。

また，作文が苦手な理由に，書き方がわからないというものがある。どのように表現すれば効果的か，どのように改善することができるかなど書き方（作文技能）と向き合い，課題を発見し解決していく単元になる。いわゆる「練習単元」である。

作文単元における「言語活動」

作文単元は「書くこと」という言語活動が核となって単元を構成する。「書くこと」という言語活動は，学習指導要領で示されている「言語活動例」をもとにその目的やねらい，内容から三つの系列に整理できる。

①記録・報告系

身近なこと，経験したこと，観察したことを記録すること。調べたことや考えたりしたことを報告すること。批評したり論評したりすること。等

②実用系

日記や手紙，お礼状を書くこと。行事の案内や報告，公的な手紙や電子メールを書くこと。編集して文集などを作ること。等

③創造・創作系

詩や物語，随筆を書くこと。等

作文単元の核となる「書くこと」を多様に経験することを目ざし単元開発や授業づくりを行うことが重要になる。その際，「読むこと」や「話すこと・聞くこと」との関連を図ることで，作文単元としての充実した学習活動を仕組むことができる。

教科書単元　国語科の教科書には，「書くこと」の領域に対応した単元が設定されている。これを教科書単元という。学習指導要領の指導事項を技能的なねらいとして構成されている。言語活動例に示された言語活動を通して，学び手である児童・生徒に問題発見・問題追究を促す。そして，相手や目的に応じたり意図を持って文章を書くことができるように系統的に構成されている。学び手の認識の広がりと作文技術との関連が図られている。

生活単元　学び手が，生活の中で見たり聞いたりしたこと，思ったことを自由に書かせる単元である。自分を見つめたり，友達や家族との関係を改めて見直したりすることが題材となり，人間的な成長を促す重要な学習活動を生み出す。それだけに，実用的な文章を書くことと異なり，作文技術を指導する場面が作りにくい。教科書単元や練習単元での学習が十分に生かせるように，学習指導計画が練られる必要がある。よりよい表現を求める意欲や表現に対する関心を高める必要がある。

作文単元の指導計画

作文単元では，学習者の発達段階や学校・学級の実態に応じて指導計画を立て実践することが必要になる。学習指導要領では，指導計画作成上の配慮事項として各学年に「書くこと」に充てる時間数が示されている。これをめやすに指導計画を立てる。

小学校低学年	年間100時間程度
小学校中学年	年間 85時間程度
小学校高学年	年間 55時間程度
中学校1年	年間30～40時間程度
中学校2年	年間30～40時間程度
中学校3年	年間20～30時間程度

高等学校「現代の国語」年間30～40時間程度

作文単元を構想する場合，「書くこと」の時間数だけでなく，「読むこと」や「話すこと・聞くこと」の領域との関連を図り，じっくりと考えたり調べたり話し合ったりする時間を確保し構成する工夫も必要になる。いわゆる「総合単元」の構想である。

作文単元の例として次のようなものが考えられる。

「自己紹介カードを作ろう」（4月4時間配当）である。ねらいとしては，学級開き，授業開きという学校生活と向き合う作文単元である。カードの内容を学年段階に応じて要求を高めていくことなどの工夫をすることになる。

「○○訪問・探検レポートを書く」（7月～9月8時間配当）ねらいは宿泊行事などと関連して調べたこと体験してきたことを報告する作文単元である。内容によっては，他領域，他教科との関連を図る機会になる。

「感謝を込めてお礼状を書く」（11月3時間配当）ねらいは，手紙の書き方を知ること。体験学習などでお世話になった方々へのお礼状を書くことを通した練習単元。

作文単元で育む学力

学習指導要領では「書くこと」の学習は「思考力・判断力・表現力等」の内容として位置づけられている。書くことの学習活動を通して，思考力・判断力・表現力などを育てることになる。

混沌とした思いや考えを書くことによって論理的に思考し表現する力になる。また，書くことによって「深い学び」を実現し，「考えの形成」を通して多くの課題と自分との関係性を発見し，自己確認を図ることができるようになる。また，書くことによって得られた知識や技能を活かして生涯学び続けることができるような「学びの向かう力」が育まれる。

（笠井正信）

〈参考文献〉
倉澤栄吉・外山滋比古・田近洵一編『書く生活をひらく』教育出版 1983。田近洵一編『国語科の新視点③―表現の能力と意欲を育てる作文の授業―』国土社 1996。浜本純逸監修・田中宏幸編『中学校・高等学校「書くこと」の学習指導―実践史を踏まえて』渓水社 2016。

練習単元 作文の基礎的な学習内容の中で，取り立てて練習する単元である。記述前段階では，取材の仕方や題材の選び方，構想指導としての主題文へのまとめ方，文章の構成の仕方などがある。記述段階では，目的や相手の踏まえ方や表現のしかた，用字用語指導を通して正確に書くことやわかりやすく書くこと，適切に書くことの指導がある。記述後の段階では，推敲や批正のしかたや評価，処理の指導がある。それぞれを学年段階や実情に応じて効果的に実施していくことが望ましい。

総合単元 ある話題や題材について，学び手である児童・生徒が問題発見し，問題追究していく単元である。最終的に作文を目的としているが，問題発見のために多くの情報を「読む」ことや情報交流を図る「話す・聞く」ことが総合的に展開される。話題・題材としては地域や伝統文化，環境や自然，福祉や人権，情報や国際理解，言語や文化など多岐にわたる。それだけに多様な活動が展開するが，どのような書く力を育むかを明確にすることが作文単元として必要な問題となる。

63

短作文

短作文とは

歴史的には、藤原与一(ふじわらよいち)によって提唱された考え方で、学習者に負担の少ない小作業や小課題によって生み出される文章のことをいう。その考え方を国語教育においてより発展させたのが大西道雄(おおにしみちお)である。

大西は、短作文の機能的特質を、①書く場の自在性、②創構(インベンション)の機能、③学習技能としての機能、④社会的・生産的機能、⑤詩的表出の機能、の五つに分類している。

短作文の指導

また大西は、短作文の指導は、①全体性の原理、②システム化の原理、③場の条件による活動化の原理に基づいて実践されるとした。

このうち②システム化の原理には、A文章の階層的要素の分節化によるシステム化、B制作過程の分節化によるシステム化、C指導コースのシステム化がある。

A文章の階層的要素の分節化によるシステム化には、コンポジション理論に基づいて、段落・文・語の階層的単位を取り立てて指導するものである。具体的には、一語文、一文作文、二文作文、三文作文、200～400字限定作文などの短作文活動を通して作文の基礎的な技能・能力を育成することを目標とする。同時にまた、目的・必要に応じた短い文章を書く能力を養うことも目標として行われる。

B制作過程の分節化によるシステム化には、取材・校正・記述・推敲といった制作過程を分節し、取材の方法、組み立て方、表現の工夫、文章の練り上げ、などといった文章制作方法の取り立て指導をする方法である。これは、一つのまとまった長い文章の制作指導では子どもの意欲が減退しやすいという問題点を克服し、取材なら取材を指導目標に取り立てて指導し、評価もその点に限って行うというものである。文節指導によって指導の適切化と効率化が図られる。

C指導コースのシステム化には、基盤(書きなれ)コース・基礎(作文の基礎となる言語事項)コース・基本(作文方法)コース・応用(具体的な目的に応じて作品として完成された作文を書く)コースの四つがあげられる。この指導コースは、長作文・短作文を含めて指導計画に組み込み、年間を通して、統合的な作文力の育成を目ざそうとするものである。

また、書く「場」を形成する要因には、①書き手、②読み手、③書くことの目的・必要性、④書くべき内容、⑤表現の仕方、⑥表現欲求があるとし、これら「場」を形

取り立て指導 もともと、単元学習的な授業展開が普及していく過程で、体系的・系統的指導が手薄になりがちであったり、習得・定着させるには繰り返しの学習が必要である学習事項について、指導の機会を保証しようと生まれた方法である。

こうした取り立て指導は、近年では例えば、「話すこと・聞くこと」では、スピーチやディベートなどが取り立てられ、「書くこと」においても、書くプロセスに沿って、取材・構想・叙述・推敲それぞれを独立した学習内容として取り立てて扱う指導がある。

こうした指導で留意すべきことは、学習者にも学習内容の体系性・系統性を意識させることである。そもそもが体系性・系統性を保証するための学習指導だけに、そのピントが甘くなると、散発的な学習になってしまうおそれがある。併せて、繰り返しで学ばせても学習者が飽きないような授業展開上の工夫も必要となる。

成する要因と，システム化の原理における三つのコースを関連させながら，学習者の活動過程と能力形成過程が重なり合うように指導を展開していくことが求められる。

短作文の授業

こうした理念に基づく短作文の授業展開の具体的な姿には，①独立的単元展開，②帯的単元展開，③関連的単元展開の3類型があるとされる。

このうち①独立的単元展開を例に，具体的な授業事例を示してみよう。

〔単元「招待文を書こう」（小学4年）〕

指導の「場」を形成する要因としては，体育の学校行事である「器械体操発表会」におうちの人（保護者）を招くために招待状を書くという「場」を設定する。

次に，指導目標は以下の通りである。
○招待文として大事な内容を落とさないように整えて，250字程度で書くことができるようにする。
○おうちの人に来てほしい気持ちが伝わるように，表現を工夫して書くことができるようにする。

この目標のもと，2時間で授業を実施する。1時間目は取材・構想・構成の段階として，招待状として大切な内容について考えさせ，下書きをさせる。具体的な観点として，「わざ」，「見てほしいところ・じまんしたいところ」で取材メモを書かせ，文章構成として「始め」「中」「終わり」に読み手（おうちの人）に読んでもらうことを意識したふさわしい文を書かせるという展開である。「始め」には行事の紹介，「中」には自慢したいところ，「終わり」には招待の呼びかけがそれぞれ書かれる。2時間目は，相互批評を踏まえて下書きを清書し，仕上がった招待状は各家庭の保護者に届けられるという展開である。

このように，この授業は学校行事に保護者を招待するという「場」をもとに，250字という字数制限の中で完成された招待文を仕上げるという学習指導になっている。先に述べた大西の「システム化の原理」をもとに説明すれば，「A文章の階層的要素の分節化によるシステム化」でいう字数制限（250字という字数）を踏まえた段落構成で文章を書かせる指導になっている点に，その意義と特徴が見いだせる。

短作文の指導は，作文指導の中でも比較的取り組みやすい指導である。それゆえ，指導者としては，学習者につけたい作文力と短作文の特性の両方を見きわめつつ意図的，計画的に指導にあたる必要がある。

（児玉　忠）

〈参考文献〉
大西道雄『短作文の授業』国土社　1991。大西道雄『作文の基礎力を完成させる短作文指導』明治図書　1991。大西道雄編著『短作文指導法の開拓　小学1－2年・3－4年・5－6年』明治図書　1994。

作文技能の取り立て指導　桜井直男は，「基本技能に培う練習学習」として，取材力，構想力，叙述力，表現力，推敲力，創作力の合計六つの観点とそれを支える30にも及ぶ下位項目〔引用略〕を設定し，作文の取り立て指導として具体的な提案をしている。（白石寿文・桜井直男編著『小学校作文の授業』教育出版センター　1986）

また，『作文技術指導大事典』（国語教育研究所　明治図書　1996）では，「第1章　総論」，「第2章　作文の基礎技術」，「第3章　ジャンル別表現の技術」，「付録　短作文指導の新しいネタ」で構成され，「第2章　作文の基礎技術」では，表記，取材・選材・主題，構成，記述，推敲といった書くプロセス（過程）に沿った技術が取り立てられている。「第3章　ジャンル別表現の技術」では，日記，手紙，生活文，感想文，意見文，記録文，説明文，報告文，通知・PR文，報道文，対談・インタビューといった合計11ものジャンル（文種）の作文技術が取り立てられている。

64

作文の処理・評価

作文の処理・評価とは

　作文指導の過程における処理・評価は、その指導過程のまとめとして、指導の最後に位置づけられるものである。学習者にとって、書くことは、考えることであり思い出すことである。また、捉え直すことでもあり整理することでもある。したがって、作文指導において大切なのは、書き上げられた結果としての文章だけではない。書く過程の中で、言葉を駆使することによって、このような思考・認識活動が、どれほど豊かに、また個性的に行われたかが何よりも尊重され、大切にされなければならない。

　作文の処理・評価は、学習者と教師の双方に、それぞれの意味と意義をもつと考えられる。まず学習者にとっては、思考・認識活動を伴う書く過程そのものを、教師がしっかりと受け止めてくれ、㋐書き上げたことへの満足感を持つことができ、㋑そのことが、次の書く活動へ発展することができることにある。また、教師にとっては、㋐どのような事柄や技能が学習者のものになっているのか、㋑次に何を取り上げて指導するべきかを明らかにすることである。

処理・評価の留意点

　学習者は、よほどのことがないかぎり、優れた文章を書く力を身につけようとして、あるいは、優れた文章の書き手になるための練習として、書く活動に取り組むのではない。何かを伝えたくて、何かを表したくて文章を書くのである。したがって、教師は、学習者のそのような思いや願いにふれないで「ありのままに書きなさい」「もっと詳しく書きなさい」等の否定的な評価の言葉を書くべきではない。どれほど見劣りのする文章であっても、その時点の学習者にとってはそれが精一杯のものである。そこには、そうなるべき学習者の必然性がある。むしろ、幼く拙い作文を書く学習者だからこそ、書く骨折りも大きいともいえる。何よりも、学習者が時間をかけて思い出し、考え、書き、提出したこと、そのことを大切にし、高く評価していきたい。

　学習者は、どうすれば「ありのままに」「詳しく」書けるのかがわからないのである。したがって、そのような言葉を書く前に、どうすれば「ありのままに」「詳しく」書くことができるのか、そのための方法を具体的に、丁寧に教えてやるべきである。

　教師は、学習者の作文を、一つの完成された作品と捉えたり、作文指導の結果の全てを反映したものと捉えたりしてはならない。また、完全で完璧なものを求めてもならない。そのような観点からは、ほとんどいない。その作文から読み取れる優れた価値を意識化し、褒め、認めてやることである。

　例えば、4年生の男子児童が、たどたどしい文字で「せんせにがつきじゆうなんべんもわすれもんしてきてごめんな」という2行を書いてきたとする。この後に、どのような短評（赤ペン）を書けばよいだろうか。

　もちろん、「習った漢字は使いましょう」「3学期からは、忘れ物をしないようにしましょうね」「忘れ物なんかいいんだよ」などは、学習者の心

短評（赤ペン）をどう書くか　教師が学習者の作文の後に書く短評（赤ペン）の目的は、何よりも書いたことを励まし、学習者に「書いてよかった」と思わせることに尽きる。したがって、短評（赤ペン）で短所や欠点を指摘したり、訂正したりしてはならない。ましてや、作文が赤く見えるほどの添削などをするのは論外である。それでは学習者が書く意欲を失い、作文嫌いになってしまう。

　短評（赤ペン）の原則は、「無意識の価値の意識化」ということである。学習者自身が気づいて

の学習者の作文は,「下手な」「まちがいを含んだ」ものに見えてしまう。そうではなく,あくまでも「わかりやすさ」を中心とした「適・不適」の観点が必要になる。もし学習者の書いた文章に誤字や脱字があっても,ただ正しくないから,まちがっているからという理由だけで訂正するべきではない。それが学習者の表現意図を正しく伝えるうえで不適切だから,学習者の不利益になるから,訂正する必要があるのである。あくまでも学習者の活動や姿勢・願いを大切にする立場から評価したい。

処理・評価の方法

学習者の作文を評価する際の観点として,しばしば,①取材の範囲の広さと深さ,②主題の統一度,③文章構成の統一度,④段落の的確さ,⑤描写や表現の豊かさ,⑥会話の適切さ,⑦語彙・語句の正しさなどがあげられる。しかし,これらの項目ごとの評価は,教師が指導の成果と学習者の到達度を見るための,教師のためのものであって,そのまま学習者に示すべきものではない。学習者が,このような評価を受けようとして書く活動に取り組んだのではないことは,先に述べたとおりである。学習者に対する評価は,あくまでも書くことを称揚し励まし,書く活動に積極的に取り組ませるためのものと考えたい。作文の処理・評価は,教師だけが行うものではない。教師が一人でするものと考えると,作文指導自体が大変な負担を強いる嫌なものになってしまう。あるべき処理・評価は,学級集団による相互処理・評価と学習者自身による自己処理・評価である。

典型的な相互処理・評価として,一人の学習者の作文を印刷して学級で読み合い,わからないところを質問する。そして,「みんなが質問してくれたので,こんなに詳しい作文になりました。」と書き直した作文を再度印刷して読み合うという方法がある。また,自己処理・評価として「○○の作文を書いて」という作文を書かせる,書いた作文を読み直して「ぼく(わたし)の作文を読み直すと……」という作文を書かせるという方法もある。

それぞれの学習者が1年間に書く作文の数は,5編や6編ではない,相当の数になるはずである。一人の学習者の書いたものを学級のみんなのものにするために,一人一人の作文を保存するために,あるいは教室での学習の歩みを記録するために,学級や個人で書かれた作文を一冊にまとめて製本する文集の価値を見直したい。学習者の作文とその歩みを大切にすることは,その指導の基本だと考えるからである。

(菅原　稔)

〈参考文献〉
国語教育研究所編『「作文技術」指導大事典』明治図書 1996。亀村五郎『赤ぺん〈評語〉の書き方』百合出版 1991。

にふれていこうとしない,意味のない,冷たくよそよそしい短評(赤ペン)である。

この学習者が,漢字や句読点を満足に書けないにもかかわらず,この短文を書いたのは,教師に「ごめんな」と謝りたかったからである。その素直さ,勇気,正直さは学習者自身が自らの長所として気づいていないことであろう。その学習者が意識していない長所を意識化し称揚してやること,それが「無意識の価値の意識化」ということである。「○○ちゃんが,しまったと思ったことを『ごめんな』と正直にあやまる勇気,それは何にも変えることができない○○ちゃんのすばらしいところです。どうか,その心を大切にしてくださいね。」と書き,更に「どんなときによくわすれ物をしたのか,また思い出して先生に教えてね。作文をまっていますよ。」と加えた短評(赤ペン)を読んだ学習者は,どう思い,感じるであろうか。

書こうとする心を奮い立たせるもの,それが教師の書くべき短評(赤ペン)である。

III 作文指導

65

日　記

日記とは

　日記は，基本的には私的な記録であるから，内容，型式，方法において，社会的通念上の規則はない。記録者の動機や目的によって，生活日記・文学（芸術）日記・紀行日記・観察日記などの様式が生まれる。また，個人の記録にとどまらず，複数者または集団成員間で記録される交換日記・親子日記・班日誌・学級日誌などもある。また，これらの日記はweb上で公開され，不特定多数（匿名者）の目に触れる機会が多くなっている。つまり，教室／学年／学校という直接対面場面に限られた指導資料の枠を超えることになる。

　要は，記録者が，または記録者を含む集団成員が，何のために，どのように記録するか，ということによって日記の性格が異なってくる。備忘録として，あるいは確認の方法として，あるいは自己認識・自己集団認識の手段として日記は利用される。

日記指導とは

　日記指導は，教育史的には比較的経験の浅い実践課題である。第二次世界大戦以前に，既に小学読本に一課を設けて生活日記文が載せられてはいる。しかしながら，日記指導が一般的に取り組まれるようになったのは，生活綴方運動において提唱された「調べる綴方」「実験観察の綴方」の作成のために記録された観察日記，あるいは綴方の題材発掘のための備忘録ふうの文題帳などの指導をきっかけとした。

　今日では，日記指導は，児童・生徒の全学習活動にわたる指導形態として一般化しているが，その特徴は大きく二つに分けられる。すなわち，その一つは生活指導のためであり，あと一つは学習指導のためである。個人的生活を記録した生活日記は，児童・生徒における全生活がつづられるため，家庭生活や地域における生活，交友関係など，きわめて私的な部分が露呈される。このことは，児童・生徒の認識や行動の背景となるものをうかがい知ることができるために，教師にとっては指導方向を見つけやすくなる。ただ，教師として十分に配慮をしなければならないことは，児童・生徒にとって，教師は彼らの生殺与奪権を握っている存在であるということである。指導の名のもとに，彼らの全生活を管理・統制するようになると，人権侵害に及びうるし，児童・生徒は，生活日記に事実や真実を書かなくなる。生活日記の指導は，あくまでも，児童・生徒の生活行動の事実を記録することを通して，彼らが自己や他者，生活・社会への認識を深めることができるように援助をすることにとどめておく必要があるだろう。

生活日記　日々の生活の記録を書いた日記。最も一般的な日記で，小学校低学年では絵日記などで記録させてもよい。
文学（芸術）日記　俳句，短歌あるいは詩という表現様式を用いて記録する日記。
紀行日記　旅行記をつづる日記。
観察日記　飼育や植物成長の様子を観察して記録する日記。
班日誌　学級内の小集団（班）の生活の様子を記録する日記。係日記，当番日記，学習日記と併用されることが多い。
学級日誌　学級生活の全般にわたって記録する日記。教師にとって，児童・生徒の日々の活動が把握しやすいような工夫をすることが望まれる。
「調べる綴方」「実験観察の綴方」　1930年代に流行した綴方思潮。それまでの綴方が，子どもの感性や思想を直接表現することを求めていたのに対し，この綴方思潮は，調査・観察という科学的・

さまざまな日記とその指導

学級・学校生活を記録した係日記，週番日記，班日誌，学級日誌などは，児童・生徒の学習や自治的諸活動に対する記録者の目を通した集団生活がつづられる。集団成員間の力関係や正義・不正義，善・悪に対する記録者の感性・認識が事実をどう捉え，どう記録するかに関わってくる。その意味で，教師は，記録者の立場が不利になったり，集団成員の誰かが不利になったりすることのないよう，十分な配慮が必要である。そのためには，記録の集団化*，討議などを組織する必要がある。また，生活日記の指導と同じように，教師が管理・統制の目的で，これらの日記指導にあたることは厳に慎むべきである。あくまでも，学校生活における，児童・生徒の自主管理能力を育て上げる立場を貫く必要がある。

日記は，学習過程あるいは学習成果を記録することに用いられる場合もある。実験記録日記，観察日記などがそうで，これは個人で記録される場合と，班日誌，係日記のような集団記録の場合とがある。この日記指導の特徴は，事実・対象と記録者との間に起こる緊張関係を，文章・図などの表現・記録を通して教師が把握できることにある。むろん，指導の目的の第一は，学習者が事実・対象をどれだけ科学的に認識し，自己成長に供しているかというところにある。学習者は，その成果を記録することで認識を定着し，深化させる。だが指導者にとっては，その記録を通して，事実・対象の学習者の発達段階に応じた適否，あるいは学習者の認識の深浅を捉えることができる。これによって，次の指導段階を構想できるという意味において，きわめて有効な教育方法であるということができる。

指導上の問題点

日記は，記録者にとっても指導者にとっても，手間のかかる仕事である。そのために，どうしても形式的な記録や指導処理に陥りがちである。しかしながら，このようになってしまうと，記録者にとっても指導者にとっても，無意味なばかりか苦痛な仕事となり，教育的意義は存在しない。

指導者に求められることは，赤ペン*や口頭による励まし，援助を絶えず行うことである。また，記録者の生活態度と記述が異なったりするときには，細心の注意を払いながら生活の事実にそった記述を求める必要がある。ことに，学校生活における記述上の問題点（例えば友人関係など）があった場合には，記録をもとにした討議を組織することなどによって，記録者の認識や態度を深め，あるいは改めることが必要となる。このためには，指導者は，常に児童・生徒と人格的交わりをしていなければならない。

（川口幸宏）

〈参考文献〉
大田堯他編『民間教育史研究事典』評論社 1992。亀村五郎『日記指導』百合出版 1971。川口幸宏他編『新生活指導』学文社 2003。

客観的方法を通してつづらせようとした。教育方法として画期的な提唱である。
文題帳 綴方・作文の題材を記録しておくノート。のちに文章作成作業をするとき，有効にはたらく。「○月○日，晴れ，"おとうさん，出張" "いつもよりお手伝いをした"」などのように備忘録ふうに記録しておく。
記録の集団化 班日誌や学級日誌などは，往々にして，個人責任で記録される。それに対して，班集団，係集団が討議，記録の集団的確認などを通して記録事項に対する集団的責任を負うようにする。これは，個人の主観による記述の弊害を防ぐことに対して有効にはたらく。

赤ペン 記録された内容・事実または形式に対して，指導者が，文筆をもって指導・助言を与えること。形式化すると，記録者にとって教育的効果をなさなくなる。十分な配慮が望まれる。

66

手紙

手紙とは

　特定の第一者（発信者）が，特定の第二者（受信者）に対し，ある目的を持って，用件・意思・心情を，文章や詩歌などを用いて伝える通信の手段。

　手紙の称は，江戸時代からのもので，それも本来は，「かたはらへおき万事につかひ捨る雑紙，字をかきて他へおくるべき物にあらず」（『柳亭記』）とあるように，手元に置いて雑用に使う紙のことをいった。それ以前は，往来・消息・文・玉章・雁書・雁札・雁の便り・書簡（翰）・書状などと呼ばれた。

　手紙の種類には，普通書簡文・商業文・公用文の３種がある。また，用途により社交的な手紙と実用的な手紙とに大別できる。

手紙文学習・指導の歴史

　奈良時代，官人たちは漢文の書簡を参考にして漢文で書簡を書いた。平安時代になると，仮名書状や消息もみられるようになったが，先の漢文体が実用的な書簡を担うにはそのままでは無理で，和語や和製漢語を取り入れたり，語序を換えたりする必要があった。いわゆる擬漢文体の書簡が登場するわけだが，平安中期成立の藤原明衡『明衡往来』（雲州消息）は，そうした擬漢文体を習得するために編まれた模範文例集（往来物）である。以降，貴族や僧侶の子弟を学習対象者とした数々の往来物が作られるが，南北朝末期から室町初期に成立した『庭訓往来』は，文例集と語句集の複合的性格を持ち，明治時代まで往来物の代表として流布した。

　ところで，もともと庶民が文字学習する場合の標準的な目安は，手紙のやりとりが不自由なくできるというところにあった。江戸時代に入ると，手習い塾（寺子屋）が一般化するが，手習いの手順は，①いろは，②数字，③単漢字や熟語ときて，④短句・短文の稽古では，手紙文に頻用される慣用句が教材化されて学ばれることが多かった。更に上級になると，完成された手紙文の多様なパターンを編集した往来物が学ばれた。

　明治に入っても，手習い塾的方式の書簡文指導は20年代までは興隆をきわめ，時候往復のさまざまな題目について，それぞれの書式にのっとった候文の書き方を学習させた。20年代も後半になって，ようやく新しい文体を模索する必要性が提案され，やがて大正期は口語体の時代となった。

学習指導要領での取り扱い

　手紙文指導は，昭和22年版学習指導要領（試案）に取り上げられ，実用的な手紙を形式にのっとって書く活動が盛り込まれた。以来，書写の分野と並行する形での指導が

手紙文書式　学校外の未知の大人に依頼や問い合わせなどの手紙を書く場合は，手紙の形式（書式）に従って書く必要が生じてくる。小学校では，初めの挨拶（自分の紹介，季節の様子），本文（理由，内容），結びの挨拶，後付（日付，差出人名，相手名，会社や団体の場合は「御中」）あたり。中学校では，頭語，前文，主（本）文，末文，結語，後付，（副文）といった標準的な書式をいちおう踏まえさせたい。相手の立場や年齢などを考慮した丁寧な言葉づかいで，しかも相手に無用な気づかいを与えない書き方が必要であること。ただ，あまりに形式に陥っては，書くことの必要感や意欲を減じることになるから，書式にのっとる中で個性的な表出も可能であることを助言する。

手紙名文　『レ・ミゼラブル』を出版した際，著者のビクトル・ユーゴーと出版社との間で交わされた「？」と「！」のみの手紙。徳川家康の家臣本多重次が，長篠の戦いの陣中から妻に宛てた「一筆啓上　火の用心　お仙（長男仙千代）泣かすな　馬肥やせ」の手紙。野口英世の母シカが，

行われてきた。昭和52年版以降は，それに加えて，読解指導の一環として登場人物や作者に手紙を書く活動も取り入れられるようになった。

また，「伝え合う力」の育成に向けて手紙を書く活動が重視された平成10年版の趣旨は平成29年版にも踏襲され，「日記や手紙を書くなど，思ったことや伝えたいことを書く」（小1・2），「行事の案内やお礼の文章を書くなど，伝えたいことを手紙に書く」（小3・4），「社会生活に必要な手紙や電子メールを書くなど，伝えたいことを相手や媒体を考慮して書く」（中2）といったふうに手紙を書く活動が「内容」の(2)に示されている。特に，中学校においては，「電子メールを書く」が新たに加えられた。

手紙文指導の意義
電話の普及に伴って手紙離れが進んだが，近年は電子メールや携帯メールの爆発的な普及によって，手紙形式は一層迂遠な伝達手段となったようである。いつでも，どこからでも利用でき，速やかに届く，また大量のデータや画像も添付して送ることができるといった電子メールの利便性は，大きな魅力である。

しかし，その反面，確実に相手に届く保証がないという弱点もある。また，即応的な文作成や送信ゆえの不適切な表現や変換ミス，さらには，書き言葉の規範から逸脱した表記や絵文字などの弊害も指摘されている。

こうしたメールの利便性とその裏に生じている弊害を考慮しつつ，①これからも社会的交信手段として存続が予想される手紙の書き方，②メールにおけるフォーマルな書き方，③学校裏サイトも含めたモラルやエチケットのあり方，の3点に対応する必要があるだろう。手紙やメールの役割や機能，更には相手や目的によって多様な形態があることを理解させ，それらに応じた効果的な書き方を身につけさせたい。

また，次の活動の動機づけになるような必然性を持たせた手紙文を書く活動を行わせるために，連絡ノートや日記からの展開，他教材との関わりといった場の設定に工夫を凝らす中で，相手のことを考慮した手紙文が書けるようにしたい。

（三好修一郎）

〈参考文献〉
『国文学』1999年5月号。『日本語学』2000年4月号。辻本雅史『「学び」の復権―模倣と習熟』角川書店 1999。村上龍『eメールの達人になる』集英社新書 2001。佐高信『手紙の書き方』岩波アクティブ新書 2002。『国文学』2008年4月号。近藤珠實監修『いまさら聞けない「手紙とメール」の常識』オレンジページ 2008。金田一秀穂監修『書きかたがわかるはじめての文章レッスン②手紙・電子メール』学研教育出版 2013。

アメリカにいる息子に書いた「おまいの。しせにわ。みなたまけました。わたくしもよろこんでをりまする」で始まる手紙。|人の手紙は，本来，読むものではない」（江國滋『手紙読本』講談社文芸文庫）が，昔から数多くの名家書簡文集が刊行されてきた。形式的に優れた手紙の書き方を指導するのが本筋ではあるが，個人のやむにやまれぬ思いが綴られた手紙にも目を向けさせたい。

電子メールの書き方 手紙のような標準的な書式（約束事）は確立していないが，ビジネス文書などには，①宛先・件名，②宛名，③名乗りと簡単な挨拶，④本文，⑤末文，⑥署名（名前と所属），といった一般的な書き方が定着してきている。また，機種依存文字は使わない，30字程度で改行する，といった配慮も求められる。

手紙文単元 教科書では，「書くこと」の小教材として，手紙を中心にした系列が設けられている。学習者の関心や意欲を大切にし，他教材と関連づける中で手紙を生かすために，単元学習として手紙文を書く活動を位置づけてもいいだろう。

67

記録・報告文

記録文とは

　記録文とは，即座の伝達を目的とせず，自らの心覚えとして「書き留められた」メモ類，あるいは後日の利用に備えて「書き残された」文章のことである。これらに属するものとしては，メモ・日記など比較的に簡易なものから，研究記録・議事録のような本格的なものに至るまで幅広いものがある。次の四つの領域が認められる。
①備忘録として——各種のメモ。
②生活記録として——日記・成長記録・生活日誌・学級日誌など。
③学習・研究記録として——学習記録[*]・読書記録[*]・観察記録・観測記録・見学記録・飼育記録・栽培記録・研究記録など。
④行事・会議録として——校内行事の記録，および学級会・委員会・生徒会など各種会合における議事録など。

　メモ・日記など「書き留める」類のものは，書式・表現形式などに束縛されることなく，目的や必要性に応じて，自分のスタイルで記述していけばよい。しかし，観察記録・議事録など「書き残す」類の文章は，後日の利用の便を考慮し，一定の書式・表現形式に従って記述する必要がある。

報告文とは

　報告文とは，特定の内容（知識・情報・調査結果など）を，特定の相手に知らせることを目的として「書き伝える」文章のことである。報告文は，記録したものに基づいて作成されることが多く，その点で記録文と密接に関連しているが，読み手が特定されるという点に，その独自性を認めることができる。報告文は，記録文のうち，備忘録的要素を除いた，次の三つのジャンルに分類できる。
①近況・生活報告——各種の通信（お知らせ，手紙文の類）。
②学習・研究報告——調査報告・実態報告・観察レポート・実験レポート・研究報告など。
③行事・会議報告——各種の学校行事および会議などの報告。

記録・報告文指導の意義とねらい

　「書き留める」「書き残す」「書き伝える」という営みは，日常の「書く」生活において，最も基本的で，しかも必要性の高い文章ジャンルである。こうしたメモ，あるいは文章を気軽に，自在に書くことができることが，生活を合理的・能率的にし，そして人間関係を円滑なものにしていく。そういう意味において，これらの能力は，書く能力の中でも基本となるところである。

　これらの能力の育成にあたっては，記録文・報告文を児童・生徒に実際に書かせる

学習記録　いわゆる学習ノートのことである。授業時に教師が黒板に書いたものだけを書き写すというのが一般的であるが，これは学習記録の本来あるべき姿ではない。学習記録の目的は，学習者自身の学習を推進・定着・深化させ，更に展開させていくようなものでなければならない。すなわち，学習者自身の考え進めてきた（学習した）跡がそこに現れるような学習記録こそが望まれる。そのためには，例えば，ノートを見開きに使って，その上段を予習と授業時にあて，下段を授業時の自分の考え・意見などを自由に記入するところ，そして復習用にと，大まかに紙面を分割して利用するというのも一案である。予習のコーナーでは，漢字の読み・意味にとどまらず，この単元・教材でどんなことを勉強したいかという学習への期待，計画などを記述させ，復習のコーナーで，それを整理・反省させるようにすれば，主体的な学習を育成する一助ともなるであろう。

読書記録　自らの読書の跡を記すものである。カード，あるいはノートが利用される。記録内容

場面をできるだけ多く設けることである。そして，これら書くことを日常的なものにしていくことが大切なことである。すなわち，「書く」生活習慣の形成というところにそのねらいを求めることができよう。したがって，その実現には，国語科「書くこと」が中心になることはもちろんであるが，他教科の学習においても，更には家庭生活・社会生活でも，その機会をできるだけ広く，多く活用していくことが大切である。

記録・報告文指導の方法とその留意点

「書き留める」メモ段階の指導では，メモを取ることをいとわない，メモを取ることが生活化することをねらいとする。他人の話を聞くとき，電話を受けるとき・かけるとき，買い物・言づてなどを頼まれたとき，グループで話し合いをするとき，「書くこと」の取材段階など，メモを必ず取るように導く。そのためには，筆記用具（紙，鉛筆）を常に身のまわりに備えておくようにさせることが大切である。学習者が，書くことをいとわず，書くことへの抵抗をやわらげ，進んで書くようにするための手だて・方法を講じるということになるであろう。

「書き残す」記録文の指導で大切なことは，客観的な立場で，事実に即して正確に書くようにすることである。そこでは，日時・(動機・)目標・経過・結果・考察・問題点・記録者名などを項目ごとに整理して記述することが必要である。後にこれを読む人がよくわかるように，難解な語句，曖昧な表現を避け，簡潔明瞭な文章を目ざす。こうした能力を培うためには，生物（朝顔・ザリガニなど）の観察記録，動物（うさぎ・にわとりなど）の飼育記録，あるいはどんな小さな話し合いでも議事録を必ず記すようにさせるのである。そのような記録文を書き記す経験をできるだけ多く得させることが大切である。

「書き伝える」報告文の指導の眼目は，読み手意識を明確にした文章を書かせることである。日常の「書く」生活にあって，読み手を定めない文章表現はほとんどない。ところが，国語科における「書くこと」では，読み手が誰なのかを明確にしないで漠然と書かれている場合が多い。読み手を設定することによって，表現内容，文体，用語が規定される。また，状況および必要性が明確になって書く側も書きやすくなる。例えば，参観日のお知らせを子どもから親へとしたり，調査報告をその実態を最も知ってほしい人にとしたり，修学旅行記を次年度経験する下級生に向けて書くとするなど，積極的に試みられてよい方法であろう。

（吉田裕久）

〈参考文献〉
倉澤栄吉・野地潤家監修『朝倉国語教育講座4 書くことの教育』朝倉書店 2006。

としては，書名，著者名，発行所，読了年月日，内容の概略，心に残ったところの抜粋，読後のミニ感想などを，発達段階に合わせて考慮する。読書感想文を好まない児童・生徒にも，こうした読書記録を記すことは簡単であり，しかも自らの読書傾向，読書生活の成長の歴史を見つめることにもなって，効果が高い。

聞き書き　「成長のアルバム」「私の幼かったころ」「戦時下の生活」など，できごとをインタビューをもとに，文章・作品としたもの。

聞き書きの指導では，次の点に留意させる。
(1)尋ねたい事柄を事前に明確にしておく。
(2)必ずメモを取りながら聞く。

また，聞き書きの文章形態には，次のようなものがある。
(1)話を忠実に記録する——再現法
(2)伝聞の形で書き，聞き手の感想も添える——伝聞法
(3)聞き手が話し手に成り代わって書く——成り代わり法

III　作文指導

68

生活文

生活文とは

「生活文」という語は，一般に自分の生活や身のまわりのことを書いた文章という意味に用いられ，読書感想文と並んで課題作文の一つにもなっている。「生活文」という名称は，戦後になって新しく学習指導要領（試案）が導入され，国語科の「綴り方」が「つづること（作文）」(1947)から「書くこと（作文・書きかた・習字）」(1951)に再編される中で，一般化したと見ることができる。その際，戦前の綴方ないし生活綴方につらなる立場の人たちが指導の根幹としていた「生活綴方」が「生活文」とみなされ，「書くこと」や「作文」の指導と対立するような状況があった。

そのため，生活綴方派の国分一太郎は，「生活綴方と文章表現指導」(『作文と教育』No.25, 1954年4月号）の中で，「指導する文章表現の形態からいうと，『生活文』（わたしは，このコトバの正確な定義を知らない。わたし自身は使ったためしがない！）ばかりをよけいに綴らせて，その他のさまざまな形態の文章をかかせないうらみがあるということ」で批判されるとしたうえで，「わたしは『いわゆる生活文』をその他の形態の諸文章とならべて考えることなどは，やめたほうがいいと思う」として，「計画的な文章表現の指導という観点からは，むしろ『質のよい文・生活的な文』を，どしどしかけるようにしてやる仕事を基礎的な教育作業とすべきだと思う」と述べ，次の構造図を提示している。

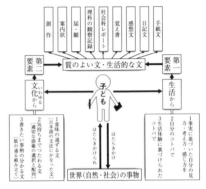

この図からいうと，「感想文」は，「いわゆる生活文」すなわち「質のよい文・生活的な文」の派生形態にあたり，自分がしたことや目にしたり耳にしたりしたことなどにもとづいて自分が感じたことや思ったことを記した文章すなわち「感想文」は，「生活文」の一種ということになる。

一般に，「生活文」「感想文」は，上記のように文種の一つとして扱われることが多く，2017年3月に告示された小学校学習指導要領においては，「日記」や「見聞きしたことを書く活動」はあるものの，「報告」

綴方と生活綴方　1881（明治14）年の「小学校教則綱領」において，小学校の「読書」は，「読方」と「作文」に分かれ，ついで，1900年の小学校令の改正にともなって，これまでの「作文」は「綴り方」に改められ，時間割上，「綴り方」は「読ミ方」とは別におこなわれていた。そうしたなかで，芦田恵之助は，樋口勘次郎の「自由発表主義」の影響のもと，1913年，『綴り方教授』を刊行し，「綴り方とは精神生活を文字によって書きあらはす作業」であり，「発表は人間自然の慾望」にもとづくとした。芦田恵之助は，随意選題を基本とする綴り方教授を展開し，「児童の実生活より来る必要な題目」による「綴り方」，すなわちその「実感を綴らせる」ことを本義とし，5年生段階では，一つの題目，例えば「読書」ということで，「叙事文」「記事文」「説明文」「議論文」が展開できるようになることを要求した。

一方，大正期に児童文化運動を推進した鈴木三重吉は，「文章は，あつたこと感じたことを，不断使ってゐるままのあたりへの言葉を使って，

や「記録」,「手紙」や「案内」,「物語」や「詩」,「短歌や俳句をつくるなど,感じたことや想像したことを書く活動」など,さまざまなタイプの文章を書く活動が要請され,「いわゆる生活文」を書く活動については,依然として消極的である。

指導のねらいとその要点

　指導のねらいは,「生活文」を文種の一つとして見るのか,指導要領(試案)の編修委員でもあった滑川道夫が論じているように,「子どもの日常身辺の生活経験をかくという『生活文』が文を作る場あいの基底」「バック・ボーン」になるという考えに立つのかで,その指導のねらいや要点は,おのずから異なってくる。

　生活綴方の伝統につらなる日本作文の会では,『作文指導系統案集成』(百合出版1964)のなかで,子どもの書く,いわゆる「生活文」の文章に関して,

(イ) 過去のことを過去形で書く文章
(ロ) 過去のことを現在形で書く文章
(ハ) 長い間の直接経験をまとめて説明形表現で書く文章
(ニ) すでに明らかになっていることや,間接経験で学んだことなどをもとにして説明形表現で書く文章

そして,(イ)～(ニ)の発展として,

(ホ) 論評や議論のための文章
(ヘ) 思索したり反省したりするための文章
(ト) 集団のための,集団の立場にたって書く文章
(チ) さそい,よびかけ,依頼などのために書く文章

があり,(イ)～(ニ)までを「文章表現の基礎形体」としている。この点に関して,国分一太郎は,『文章表現指導入門』(明治図書1979)において,「事件の進行と,時間の推移にしたがって,その順序で『過去形表現』の文を主にして,展開的に表現したところの文章=遠い過去,中くらいの過去,近い過去,すぐ前の過去に経験した,ひとつのことを,あったとおりに再現した文章」の指導の積み上げの中で,「長いあいだ,やや長いあいだにわたって見聞きし,行動し,それについて考え感じていること,今もそれがつづいていること,その具体的なことを,まとめて説明的に書きつづる文章」を事実とのつながりの中で指導するものとしている。

問題点

　「いわゆる生活文」では,「私」を主語とした文章になりやすく,「私」を主語としない文章を,学年段階に応じていかに文章構成の指導と結びつけていくかに,重要な問題が存している。　　　　(田中俊弥)

〈参考文献〉
『生活綴方と作文教育』(教育建設第3号)金子書房 1952。滑川道夫『日本作文綴方教育史3』国土社 1983。大内善一『戦後作文教育史研究』教育出版センター 1984。

ありのままに書くやうにならなければ,少くとも,さういふ文章を一ばんよい文章として褒めるやうにならなければ間違ひです」という立場から,「見たこと聞いたこと,あつたことを,そのまま書いた作文」を推奨した。その文章は「文芸主義綴方」と呼ばれ,最晩年の『綴方読本』において,「事実の記叙(記述,叙写)」には,「展開記叙」と「時間を異にした,いろいろの場合に直面した,又は,いろいろの観点から見た,人物,事象を総合して記叙する形式」としての「総合記叙」とがあり,「総合の記叙には,現活性が少くて,骨のをれるわりには,佳作が得がたい」とした。

　「生活綴方」という語は,1933年ころから用いられたもののようで,「生活の表現」としての綴方は,「調べる綴方」の展開を経て「生活主義綴方」へと推移していった。雑誌『綴方生活』の代表格の小砂丘忠義は,「綴方は作者の主張であり要求であり抗議である。理論のすぢみちが立ってゐてわかりやすく,対者を説伏し,納得させるものが効果的であり,いい文である」とした。

III 作文指導

69 説 明 文

説明文とは

　説明文とは、書き手が、ある内容（知識・情報など）を、それについて知りたいと思っている人に、要点を整理して、よくわかるように「説き明かす」文章のことである。この種の文章は、日常生活においても、例えば、辞典・事典・図鑑の説明、映画・音楽・旅行など催し物の案内、新聞・雑誌の解説文、製品・器具の取り扱い説明、薬品・家庭用品の効能書きおよび使用上の注意、手芸・料理など実用書の図入り解説など、広く目にすることができる。また、この説明文は、児童・生徒の身のまわりにおいても、教科書の説明的文章、読書案内、各種ゲームの遊び方、プラモデルの組み立て方など、あちこちで多く見ることができる。このように説明文は、日常生活の中で頻繁に見受けられる、いわば基本的な文章の一つである。日常生活に見られる文章の多くが、この説明文を基礎にして書かれていると言っても過言ではない。

説明文指導の意義とねらい

　説明文は、書き手の考えをもとにして書くのはもちろんであるが、ただ主観的に思いのままを書くのではない、できるだけ客観的な立場で、多くの人に納得してもらえるように、説得的に書かれることが望ましい。つまり説明文は、「したこと・あったこと」「思うこと・感じること」といった自己表現、自己経験の表出とは違って、知識・情報という客観的な世界に関して、深い見識を備えて、「〜である」といわば定義していく、幾分か高度な作業を伴っているのである。したがって、そこでは、理知的・合理的に筋道を立てて思考を展開していくことができる能力が要求されることになる。そういう意味からいえば、説明文を書かせるということは、明晰で論理的な思考力を養うということにもつながり、国語科「書くこと」における大切な領域であるということができる。

　しかしながら、従来、この領域の指導が必ずしも十分に展開されてきたとはいいがたい。生活文を主とする小学校においても、機会を得て、簡単な初歩的な説明文を試みさせておくことが肝要だと思われる。学校生活・社会生活での必要性から、また論理的思考力の育成という点から考えてみて、こうした説明文を書く能力を、どの段階で、どのように身につけていくかということは、これからの「書くこと」の教育における重要な課題の一つである。

説明文指導の方法とその留意点

　説明文の指導では、①どんな内容について説明するのか（説明内容の把握）、②誰に向けて説明するのか（読み手の把握）、③どんな方法・態度で説明するのか（文章

解説文　物事や事態について、その専門的な立場から、読者のより深い理解を意図して、わかりやすく説明した文章。説明文の一種。時事解説、野球・相撲などの解説、文芸書の解説（書評）など、それぞれの領域ごとに、事態の分析・要約、特色（特徴）、意義、現状における評価、将来への展望（展開の予想）などについて、その道の専門家が自らの解釈を加えて書き記したものである。

説明文の題材　木原茂（きはらしげる）によれば、説明文は、その説明の仕方から、次の六つの型に分類されるという（『現代作文』三省堂 1963）。
(1)「……とは何か」（定義）
(2)「……にはどのような種類があるか」（分類）
(3)「……はどのような構成要素から成り立っているか」（分析）
(4)「……はどのようなしくみで動いているか」（原理と機構）

構成），④どのような用語・表現を用いて説明するのか（叙述）ということなどを考慮しながら，何よりも正しい知識・情報の提供を心がけさせることになる。

①内容をしっかり捉えて

　説明文を書くにあたって最も大切なことは，「説明しようとする知識・情報を十分に把握していること，そして，それを他人に説明できるまでに高められていること」である。内容のないものは，いくら構成を整え，表現を巧みにしたとしても，貧しいものにしかならない。説明しようとする内容を詳細に調べて，自分のものにしてから書くようにする。また，既によく知っていると思われるものでも，他人に説明するとなれば，改めて検討し，確かなものとしておかなければならない。

②読み手を念頭において

　説明文は，必ず誰かに説明するために書くのであるから，「読み手の疑問に答え，その要求にかなう」ことが前提条件となる。したがって，その読み手の知りたいところはどの点か，また，どの程度の詳しさを求めているかなどを配慮しながら，材料の収集をし，文章の構成を考えていかねばならない。語句や表現などもおのずから読み手によって定まってくる。

③構成をすっきりと

　説明は，「何か」という問いに対して「こうだ」と明晰に答えることである。その「こうだ」をわかりやすくするためには，あらかじめ構成を整えておくことが大切である。つまり，その知識・情報をまだ知らない人にもよくわかるように説き明かすためには，「何から書き始め，それをどう展開させ，最後にどのようにまとめるか」という順序――構成がすっきりしていることが必要条件となる。これを換言するならば，構成がすっきりしていなければ，その説明はわかりにくいものになるということである。

④平明な語句・表現で，わかりやすく

　説明文は，読み手に理解されることを究極のねらいとするのであるから，読み手にわかりやすい語句・表現にすることを心がけなければならない。そのためには，次のような点に留意することになる。
○段落を適度に設ける。
○段落ごとに見出し，小見出しをつける。
○接続語を効果的に用いる。
　「まず……そして……さらに……」
　「第一に……第二に……第三に……」
○図・表・資料・具体例を適度に，効果的に挿入する。
○難解な用語，曖昧な表現を避ける。
○客観的事実と書き手の意見とを明瞭に分けて記述する。　　　　　（吉田裕久）

〈参考文献〉
木原茂『文章表現十二章』三省堂 1983。

(5)「……はなぜか」（原因・結果）
(6)「……はどのように，変わってきたか」（歴史）
　これらの型に対応するように説明文の題材例を掲げれば，次のようなものが，その一例となるであろう。
(1)父，母，夢，友情，戦争，試験，愛，ユーモア，女らしさ，「他山の石」，など。
(2)私の家族，父のいろいろな面，四季おりおり，人間の性格，おもしろい遊びあれこれ，など。
(3)私の休日利用法，わが家への道順，オムレツの作り方，図書の利用状況，など。
(4)水車はどうして回るか，飛行機はどのようにして空を飛ぶことができるか，時計の仕組み，電話で声が聞こえてくるのはどうして，など。
(5)漫画がおもしろいわけ，雪が白いのはなぜ，冬になるとなぜ寒くなる，など。
(6)○年前の私・○年後の私，私の夢の歴史，わが家の歴史，ふるさと今昔，など。

70 意見文

意見文とは

　意見文とは，ある物事や事態・見解などについての考えを，根拠を明確にして，論理的に述べ表した文章をいう。述べ表される考えが意見といえるのは，対象とする物事や事態・見解などに疑問や問題を発見し，それを解明して一定の見解を導き出したり，解決の方策を創出したりして，それが自分の判断や行動の拠り所となる場合である。

　意見文は，国語科の作文指導において，主として小・中学校で用いられ，高等学校では論説文が用いられるのが普通である。

意見文の類型

　意見の内実によって，意見文は大きく次の2類型に分けられる。

　(1) 問題解決型意見文（以下，解決型）
　(2) 意義思索型意見文（以下，思索型）

　(1)は，ある事態に矛盾や葛藤，問題を発見し，その原因を究明し，解決のための方策を創出し，提案するという内容をもつ。それに対して(2)は，ある物事や事態・見解に疑問や矛盾・問題を見いだし，それを解明して，答えとしての意義や価値を述べるというものである。

　題の例としては，(1)の解決型には「ゴミ問題」，(2)の思索型には「友人」などがあげられる。「ゴミ問題」では，ゴミ集めの場所が散乱して不衛生であるという問題事態に出合い，解決思考を促す問題を発見するとともに，その原因を究明し，対策を案出して，問題事態の解決行動のための判断基準となる意見を形成する。(2)の思索型の「友人」では，ただの仲間と友人とはどのようにちがうのか，どのような条件を備えた人物を友人と呼ぶことができるのか，といった判断の基準になる価値的な見方に立つ考えを形成することになる。ただ，友人という題だけでは，思索型になるか解決型になるか，はっきりしない。友人と仲たがいを起こし，それをどう解決したらよいかといった問題意識に基づく場合は解決型になるし，友人の意義，条件といった問題意識に基づく場合は思索型になる。意見の対象の問題の内実と，その意見形成の方向の見きわめは，意見文指導の大切なポイントである。

　意見文の類型は，意見の種類を細かく分けることで，新類型を立てることができる。ただ，小・中学校の作文指導では，この程度の類型で指導するのが適当であろう。

事実と意見・根拠

　意見を前述のように規定すると，ここでいう事実は，意見の対象となる物事や事態ということになる。その事実には，解決したり意義づけたりすることが要求される問

感想と意見　感想と意見というように対比した場合，感想には二通りの意味がある。一つは，意見としては未熟なレベルにあるものという場合である。いま一つは，意見と感想とが対等のレベルにあるという場合である。前者では，「今の発言は，単なる感想で意見ではない。」といった例をあげることができる。後者では，感想は，その対象に対する感動，感銘を基底においた，論理的な根拠に基づく主体的で価値的な見解を内容とし，意見は，その対象に対する論理的な根拠に基づく知的で客観的な判断による問題解決的方策の策定，意義や価値の論証的見解を内容としている。

感想型意見文　感想と意見とを上述のように考えると，一応それぞれに独立したジャンルをなしているように見られる。しかし，思索型の意見文と感想文とは，その表現の内実とするものがきわめて近い。情的と知的という差異を認めつつ，意見文に含めて，感想型意見文という類型を立てることも考えられる。

題が内包されている。その問題の解決・解明の判断，行動の基準となる意見は，その妥当性を裏付ける根拠としての事実を必要とする。ここでの根拠は，対象としての事実から意見の裏付けとなる事実を取り上げて，意見を証明するものとして関係づけたものをいう。

一般意味論*では，自己の見解の叙述に際して，報告・推論・断定*を区別することが重要であるという。事実と意見を区別することは，意見形成の観点からも重要である。事実・根拠・意見は，それぞれ，事実は報告，根拠は推論，意見は断定と対応すると見られる。意見の対象としての事実を客観的に正確に捉え，その事実に内包されている問題を発見し，その問題を解明する過程で根拠を明確化し，論理的に関係づけることによって意見を形成し，確立する。意見の形成過程では，この報告・推論・断定の判断の段階，叙述のレベルを混同しないように心がける必要がある。

意見文の構成

意見文の構成は，意見のタイプによって類型化を図ることができる。解決型の意見文の場合は，①問題をもつ事実－②問題の原因の解明－③原因解消策の策定－④提案，というパターンが基本形となる。思索型の意見文の場合は，①疑問や問題を内包する事実や見解・意見－②事実や見解・意見の問題点の解明－③疑問や問題の解答の思索－④解答としての事実や見解・意見についての意義や価値，という構成パターンをとる。これらは，基本形であるから変形もありうる。例えば，両者とも自己の意見を明確にし，説得力を増すために予想される反対意見への反論などを加えることも考えられる。

意見文の叙述

意見の叙述は，論理的文脈を形成しつつ進められる。論理的文脈を形成する叙述の方法は，記述・説明・論説である。大西の調査（2003）によると，意見文の叙述は，記述→説明→論説の順序に発現する傾向を示している。記述は，事実を客観的に述べ表す方法，説明は，記述された事実と事実の間に見いだされる関係性やその背後にある法則性を説き明かす方法，論説は記述，説明された叙述内容に基づいて，書き手の主体的価値判断を述べ表す方法である。これらの叙述は，重層的に発現することが多い。ただ，重層化されている場合でも，この順序性は基本的に一定している。また，一般意味論でいう報告・推論・断定と，記述・説明・論説とは近似的関係にあると見ることができる。　　　　　　　　（大西道雄）

〈参考文献〉
大西道雄『意見文指導の研究』渓水社 1990。井上尚美『思考力育成への方略』明治図書 1998。松永信一『言語表現の理論』桜楓社 1971。

一般意味論　わが国においては，大久保忠利のS.I.ハヤカワ著『思考と行動における言語』（原著1949）の訳出，紹介によって知られるようになった。一般意味論は，ハヤカワの書名に端的に表されているように，人間の思考，判断，行動のしかたと言語との関係を明らかにする学問である。言語教育への展開は，井上尚美によって行われている。『言語論理教育への道』（1977），『言語論理教育入門』（1989），前出『思考力育成への方略』などによって知ることができる。

報告・推論・断定　ハヤカワの解説によると，報告は，科学の言語のように実証可能な事実の叙述であり，推論は，既知のことに基づいて未知のことについてなされる叙述で，断定は，叙述されていることへの言語主体の主体的判断（賛否）の叙述であるとされる。

意見文の構成の型の利用
序論・本論・結論，序論・説話・論証・結論等の型も，意見内実の外化形式として活用したい。

III 作文指導

71 文集・新聞づくり

文集とは

学校教育の中で作られる文集とは，児童・生徒の作成した様々な表現物を，目的に合わせて編集し，印刷・発刊したものである。その種類には，学校文集，学級文集，卒業文集，地域文集，個人文集，一枚文集等がある。

文集づくりの意義

文集づくりには次のような教育的意義がある。

①表現活動のゴールとして文集を位置づけることで書く目的をはっきりさせ，書こうとする意欲を高める効果がある。②作成された文集は教材集となり，他人の書いたものを互いに分析，鑑賞することで自分の表現に生かす学習を行うこともできる。③教師は文集によって児童生徒の学びの内実をつかみ，評価の窓口とすることができる。また，教師と児童が文集をなかだちとして学習成果を相互に確認し合うことで，成長を確認し，課題を見つける場として活用できる。④児童の創作物を蓄積していったものや，学びの軌跡を追った性格を持つ文集は，学級の文化財として価値あるものとなる。⑤文集を編集する活動は，それ自体が情報整理，発信する言語行動力を養う学習になる。⑥児童生徒が共同作業で文集を編み，発行するプロセスを学ぶことは，メディアリテラシーの学習としての意義も持つ。

文集づくりは，書くことの指導において効果的な指導方法であり，これまでも熱心な教師によって実践されてきた。戦後の綴り方教育実践*はその代表的なものである。

書くことで生活を見つめ，文集にまとめていく生活綴り方教育実践は日本の教育史の中でも注目されるものであった。

近年のインターネットを始めとするメディアの発展に伴い，情報を発信する媒体は多岐に渡ってきた。また，筆記用具として，ワードプロセッサーが登場したことにより，紙媒体に書いた文章を編むことから始まった文集も，パンフレット，リーフレット*，ホームページなどさまざまな表現媒体（形態）のものとなり，書くという作業もキーボードに向かって行うように多様化してきた。そのうえ，内容も自分の好きな詩や俳句を集めてアンソロジー*を作るような創作物，地域を紹介するために編んだ紹介文・インタビュー記事・キャプションつき写真などで構成された雑誌など，多様なものが生まれている。さまざまな学習効果が期待できる文集づくりにおいては，それが何をねらった学習活動であるのかを明確に念頭に置いて取り組むことが大切であろう。

生活綴り方教育実践 綴り方によって生活を指導しようとする教育実践。「日本作文の会」が推進母体となり，書くことで現実を把握し子どもの社会認識の発達を促すことを目ざした。大関松三郎詩集『山芋』(1951 大関が小学六年生時に1年間に書きためた詩を教師寒川道夫が編集し，刊行したもの)，『山びこ学校』(1951) の著者無着成恭が発刊した学級文集『きかんしゃ』などがある。

リーフレット 宣伝・説明用の一枚刷りの印刷物。折り畳んだものもある。一枚の用紙を次のように切って折り畳むと簡便な冊子を作ることができる。

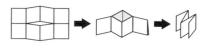

アンソロジー 一定の主題・形式などによる作品の選集。詩歌を選んで言葉を添えながら配列したり，1年間の学習を通して蓄積した自作の表現物を編集するなどの活用が考えられる。

新聞づくりとは

　国語科教育において，教師の指導の下に児童・生徒が作成する新聞は，社会のできごとを広く一般に伝える報道的機能を主とする新聞とは異なり，新聞特有の紙面構成を活用して，学習した内容を効果的に伝える言語能力を養うことを目的に作成されることが多い。

　新聞づくりが国語教育の学習活動に導入されたのは，昭和22年版（試案）学習指導要領国語科編に遡る。小学校国語教科書にも学級新聞づくりが掲載されており，当時の国語教育は言語生活指導への指向性をもっていた。近年では，総合的な学習の時間の登場により，調べたことを報告する学習の中で新聞という表現媒体が注目されるようになった。また，教科横断的な学習展開において，他教科の学習と関連しながら新聞づくりが行われることもある。

　1985年には，日本新聞協会がNIE（エヌ・アイ・イー）運動―教育に新聞を―を提唱し，新聞の特性や社会での役割を学んだり，新聞を教材として活用するなどの学習が積極的に実施されるようになってきた。

新聞づくりの意義

　新聞の紙面は，見出し・リード・本文で構成される記事，コラム，社説，広告などで構成されている。記事は５Ｗ１Ｈで書かれ，物事を客観的に報告するための文章の書き方を学ぶことができる。また，見出しによって内容が端的に表現され，限られた分量の中で情報が効果的にまとめられている。また新聞には種々の掲載物があり，さまざまな目的に合わせた文体で書かれた文章の集合体である。この新聞の特性を活用することで，次のようなねらいの学習が展開できよう。

　①読み手を意識して表現していく姿勢をつける。②情報を客観的・端的に伝える書き方を学び，自分の表現に生かす。③目的に応じた表現形式や書きぶりを学び，自分の表現に生かす。④載せる記事の順序等を考えることで目的に応じて情報を整理したり取捨選択する力を育てる。⑤同じ内容を報道している複数の記事の表現を比較することにより，情報メディアの読み書きについての認識を深めることができる。

　さまざまな内容の学習が可能になる新聞づくりは，新聞特有の表現スタイルを理解することから始め，次に新聞の機能の理解学習を経て，新聞という媒体を借りた情報発信学習へと進めていくのが妥当であろう。

（山元悦子）

〈参考文献〉
鈴木伸男『新聞わくわく活用事典』PHP研究所 2004。井上敏夫他編『作文指導事典』第一法規 1971。藤原宏『小学校作文指導実践事典』教育出版 1982。小田迪夫他編『国語教育とNIE』大修館書店 1998。菅原稔『戦後作文・綴り方教育の研究』渓水社 2004。

昭和22年版（試案）学習指導要領国語科編　学級新聞づくりは，話しかた・作文・読みかた・書きかた・辞書の活用と並んで小学校４・５・６年の学習指導の内容の中に特記されている。新聞づくりの価値は，児童生徒の社会意識を育て，編集，報道，広告，家庭，社会，絵画，写真などについて幅広く学ばせることができ，他教科とも結んで総合的な学習を営ませる場になりうる点にあると述べられている。

NIE（エヌ・アイ・イー） Newspaper In Educationの略称。発祥の地はアメリカで，1950年代に全米規模の運動に発展した。日本に導入されたのは1985年第38回新聞大会で小林與三次・日本新聞協会会長の提唱が初めとされる。教育に新聞を活用することを目的として，新聞協会と教育側が連携して組織的に新聞を用いた授業を開発している点に特徴がある。

72 創作

創作とは

　創作とは，独創的な創造活動，または，その結果得られたもの，の意味である。一般に文学，美術，音楽等の芸術に関わって使われる。あるいは「創作舞踊」といったように，体を使った芸術表現に使われることもある。文学では，小説，物語，詩，短歌，俳句，戯曲等を作る意味に使われる。

創作の範囲

　国語教育での創作がどのような範囲で，どのようなものとして考えられているか具体的に示したものに，昭和22年版『学習指導要領国語科編』（試案）がある。「第三章　小学校四，五，六学年の国語科学習指導」の「作文」第六学年のところには，「手紙とか，日記とかいう実用文に習熟させ，文章の社会的価値をわからせる。」「国語教科書の教材を手がかりとして，日常生活をふりかえり，ごく身近なものの中に新しい題材を発見し，各自の興味のあるものを創作したり，感想をまとめたりする。」と，手紙や日記を実用文とし，創作とは区別している。「第四章　中学校国語科学習指導」でも，「生徒の実際の言語活動の諸場面」では「友だちや親せきに手紙をだす。」「詩や創作などをつくる。」「日記をつける。」と別項目になっている。創作は実用的な文章に対するものとして意識されている。しかし，中学校の「手紙文の指導」では，「手紙の形で，いわゆる文学作品を書くこともできる。」と，虚構としての手紙文もあげている。この学習指導要領（試案）を参考に「創作」の範囲を考えると，小説，童話，詩，短歌，俳句，随筆，脚本（含む，放送台本），紙芝居，絵巻物，それに虚構としての日記や手紙ということになる。

　なお，中学校の「学習指導」で「詩や創作などをつくる。」と，詩と創作を区別して使っているのは，文学の世界では創作といえば「小説」を意味することが多く，詩歌は「詠む」「詠う」ものだという考え方があるからである。小説がフィクションとして文字通り「作られる」のに対し，詩や短歌，俳句は，感情や思いの直接的な表現という意味合いが強いのである。

創作の意義

　創作が実用的な文章と区別されるのは，独創性と虚構性を有するからである。前述した22年版学習指導要領（試案）にも「文学的作品を書かせ，その個性をよくのばしていく。」とあるように，創作の喜びは自分独自の世界を創造するところにある。カタルシスとしての喜びでもある。

　創造するためには，物を見つめ，思考し，想像し，構想し，それを文章化する力が必

昭和22年版学習指導要領国語科編（試案）

　中学校作文の「一般目標」では，創作について，「中学校の作文学習指導は，従来のように，詩や文学の創作が主として行われるものではない。もっと実際的な日常経験したことや，観察したこと，思ったこと，感じたことなどを表現しうるようにしなければならない。これは小学校時代の学習のねらいと変わってはいない。」と説明している。

　そのうえで，「文学的作文の学習指導」の項目を設け，次のように説明している。

「すべての生徒が文学的作文を書くことができるめばえをもっている。教師はいつも生徒の個性をその作文を通して観察し，これを発見して適当に指導し，発展させることが望ましい。」「詩や小説など，その他の文章を書くことは，もちろん教室に限る必要はない。自由研究の時間なり，また，家庭なりで十分創作させてみるがよい。」「学級文集を作ったり，学校新聞を発行したり，作品を朗読しあったり，相互に楽しむ機会を作ってやる。」

　実用的な文章をおさえたうえでの創作である。

要である。創作することによって，文学作品がいかに言葉を選び的確に表現されているか，体験的に理解することができる。創作は，作品理解や鑑賞に，作る側からの視点をもたらす。

また，創作は作る喜びとともに，作品を人が読んでくれ，批評してくれる楽しみがある。作品を朗読したり，学級文集や学級新聞に掲載する。それぞれの作品のよさについて話し合う。自分の作った物語を人がおもしろがってくれれば，こんな楽しいことはない。表現意欲も湧き，より質の高い作品を目ざすことにもなる。創作作品を通して互いの個性を認め，互いを尊重し合う態度を身につけさせたいものである。

創作の指導

創作は虚構であるとはいっても，虚構は現実から遊離したものではない。むしろ現実をしっかり踏まえたところに成立する。創作指導も，そうした意味では実用文や写実的なものを踏まえたところから始めるのもよい。作文を詩に直す，絵や写真を見て想像力をはたらかせ，ちょっとした物語を作る。あるいはセリフのない4コマ漫画をもとに創作するということも行われている。架空の人や動物，あるいは亡くなった人に手紙を書く，これも実用的な形態を借りた創作である。

その他，続き話を書く，視点を変えて物語を書く，物語の読解を通して俳句を作る，穴埋めや作品鑑賞から創作へつなげる，連歌式の創作，共同創作等々，さまざまな指導が考えられ，実践されている。いずれにしろ，いきなり創作させるよりも，読む活動や話し聞く活動と組み合わせて，創作の手がかりを与えてやることが必要である。

文芸としての創作

元来，子どもはお話を作ることが好きである。小学校低学年の子どもが物語を聞いて，自分でもお話を作って語り始めるということはよく経験することである。こうした子どもたちが，思うままに作品を書き発表できる場を設けてやるのも大事なことである。かつて大正時代から昭和戦前期にかけて，児童詩の投稿が盛んであった。大正7年に創刊された「赤い鳥」やその後の生活綴方系の雑誌への投稿である。戦後は，「作文と教育」「きりん」「子どもの詩」等がその舞台となった。多くが教師と詩人の一体となった仕事である。度が過ぎた作品主義は論外だが，創作は読み手を前提としたものであり，発表の喜びとは切り離せないものである。学級での話し合い活動とともに，発表の場を外へ広げてやるのも必要なことである。　　　　　（菅　邦男）

〈参考文献〉
青木幹勇『授業　俳句を読む，俳句を作る』太郎次郎社 1992。北川達夫訳『フィンランド国語教科書』経済界 2005。

平成29年版学習指導要領

平成29年版学習指導要領（国語）では，中学3年を除き，小中学校ともに，創作が「B書くこと」の言語活動例としてあげられている。

小学校第1学年及び第2学年では「ウ簡単な物語をつくる」，第3学年及び第4学年で「ウ詩や物語をつくる」，第5学年及び第6学年で「イ短歌や俳句をつくる」となっており，いずれも「など，感じたことや想像したことを書く活動。」という文言が後に続いている。「感じたことや想像したこと」を表現する活動としての創作である。

中学1年では「詩を創作したり随筆を書いたりするなど，感じたことや考えたことを書く活動。」，中学2年では「短歌や俳句，物語を創作するなど，感じたことや想像したことを書く活動」とある。随筆は創作外との認識が注目される。

中学3年の言語活動例には，「ア関心のある事柄について批評する」「イ情報を編集して文章にまとめる」と，創作ではなく，自分の考えや伝えたいことを整理して書く活動があげられている。

73

紹介・案内

紹介・案内とは

　紹介や案内を目的とした文章は，生活文と比べて書く目的，伝えたい内容，伝える相手がはっきりしている点に特徴がある。また，書く媒体も，手紙・パンフレット・カード・ポスター・ホームページ画面など多彩に選択できるので，媒体に応じた表現スタイルを決めて書くことも，効果的な書き方をするうえでの重要なポイントとなる。

　紹介・案内の文章を書くには，何を伝えるために書くのかをはっきりと意識して臨むことと，相手意識をもって書くことが何よりの要件である。

　紹介・案内の文章を構想する過程は，①何を伝えたいのか，伝えるべきなのかを捉えて，必要な内容と情報を整理すること，そして，②その内容や情報を相手に応じて取捨選択し，書く内容を決定していくこと，また，③それを表現するにあたって，相手に応じた文体や言いまわしを選んでいくという手順が考えられる。

紹介・案内の文章の指導

　小学校低学年では，特に紹介・案内という文種を意識させる必要はなく，相手に向けて知らせたいことを伝える気持ちで書くという意識をもたせることが肝要である。書くことによって，自分の考えを伝える楽しさを体験させることを出発点としたい。

　中学年では，自分の伝えたいことがより確かに相手に伝わるように，伝える内容や表現を吟味しながら，組み立てなどを考えて書く意識を育てていきたい。そのためには，相互批正の学習活動が必要になる。友達どうし，自分の選んだ書き方で，伝えたいことが伝わるかどうか確かめ合う学習を通して，構成や表現を意識する目が育つのである。

　高学年では，相手に応じて伝える内容や表現を選び取る意識に加えて，媒体に応じて書式を工夫したり，小見出しをつけるなどの効果的な表現を意識する心も育てたい。

　紹介・案内の文章の指導は，実の場の設定が前提となる。つまり，実際に書く必要感があること，書く内容・情報が具体的になっており，それを児童が把握していること，伝える相手がはっきりしていることが指導の前提である。これらの条件を満たしてこそ効果的な書き方の指導が可能になる。教師は，このような実の場のもとで，効果的な書き方，例えば，箇条書き，小見出し，相手を考えた丁寧な表現，敬語，構成などを積極的に教えていくのである。更に，一度学んだ書き方を総合的な学習の時間などの機会を逃さず活用させ，定着を図ることも心がけたい。

（山元悦子）

紹介の文章の題材例
○小学校低学年…家族の紹介，大切にしているもの，好きな遊び，通っていた幼稚園・保育園のこと，写真を見せながらの紹介など。低学年では，口頭や，絵を描くなどの表現活動を経由して書くことに導くことが効果的である。
○小学校中・高学年…僕のサッカーチーム，ペットの話，私の家族，ほっとする場所，学級の友達，おすすめの場所，得意な料理の作り方，地域の方を招いた行事，ホームページによる学校紹介や学習内容の紹介

案内の文章の題材例
○学校行事の案内状…運動会，文化祭，参観日，○○会ご招待，卒業生を送る会
○学校案内パンフレット，修学旅行先の名跡案内，わが町案内マップ—おすすめのおいしいお店
○道順の案内…駅から学校まで，学校から私の家まで

〈参考文献〉
『大村はま国語教室第5巻』筑摩書房 1983。

Ⅳ 音声言語指導

74 音読・朗読
75 説明・発表
76 話し合い・討議
77 会　　議
78 ディベート
79 劇
80 聞くこと
81 インタビュー

74

音読・朗読

音読・朗読とは

ともに，文字で書かれた文章を声に出して読むことをいう。両者を区別して用いる場合には，音読とは，無意識に声を出す行為や，文意を確認するために声を出して読んでみる行為などを指す。また，朗読とは，文章の内容や文体，そこから受ける感動などを，聞き手に音声化する行為を指す。

このことから，理解のための音声化が音読であるといわれたり，また，小学校低学年では音読であり，高学年から朗読といわれたりする。いずれも概念の違いはあるが，具体的な音声化行為を，どちらかに区分することは難しい場合が多い。

音読指導の意義

音読を学習するプロセスとしては，目で文字をたどり，眼球運動を促し，単語・文節・文・文章を音声化し，文章を理解し表現するという段階がある。このことから，音読することには，以下のような教育的効果が認められる。
①目の動きを文字に従って調節できるようになる。
②日本語音声の発声・発音について，意識して学習することができる。
③音声化を繰り返し行うことで，自分の読みの理解を助ける。
④イメージ作りをすることの補助となる。

音読指導の基礎は，日本語の発声・発音に基づいて，自分の音声を作ることである。読み手が聞き手に声を届けることが基本になる。

更に，音声化することにより，言葉をイメージする。イメージ作りという内面の活動を，自分の音声で表そうと試みる。

朗読指導の意義

朗読をするという行為には，文章の内容を捉え，聞き手にわかるような読み声を学習者に作らせる意義がある。イメージを作り，内容を考え，聞き手を意識して，音声としての表現を工夫していくという創作活動を行うのである。

小学校に入って最初の自然な読みは，音読である。普通，微音読，唇読といわれるつぶやくような読みである。やがて学年が進むにつれて，しだいに黙読のほうが優勢になり，4年生の後半からは両者の関係が逆転する。国立国語研究所の調査によると，4年生の3学期に音読は1分間に最高486字であるのに対し，黙読のほうは558字であったという（『小学生の言語能力の発達』明治図書 1964）。このことから，小学校高学年以降とそれ以前の音読・朗読とは，指導の重点のおき方には，更なる工夫と指導が必要になる。

暗唱と素読 暗唱とは，文言の意味を考えつつ暗記し，音声化することをいう。教育的な効果としては，発声・発音を意識することにある。言語感覚を養い，表現との結びつきを体得できる。一方，素読とは，繰り返し音声化することをいう。日本では，明治中頃まで活発に素読する習慣があった。素読の要点としては，場を整えて姿勢を正す，腹の底から声を出して読む，意味は教えないで繰り返し読む，などである。

音読・朗読の指導観 ここでは，芦田恵之助・石山脩平の二人について簡単にまとめる。芦田恵之助は，読みの指導過程に音声化を位置づけている。また，予習の学習にも，音読・朗読を含める。「予習において『読めるようになって来い』と要求し」ていたのである（『読み方教授』1916）。読みを広く捉え，音声化を指示している。一方，石山脩平は，解釈学的読みの段階として，通読－精読－味読の三段階を打ち出す。「形式と内容を共にとらえる」という目的を持ち，統一的読みを提唱するのである。音声化については，味読の段階

音読・朗読の指導

　音読・朗読の指導のための手法としては，読み聞かせ，ニュース原稿読み，音訳，語りなど幅広いものがある。対象とする文種も，近代詩文，物語・小説，短歌・俳句，説明文，劇の脚本，新聞・雑誌，放送原稿まで多様な範囲に広がる。それらを指導者が学習のねらいに応じて選択することが肝要である。

　同一の文章を集団で唱和する調子で読むことを「斉読」という。戦前の素読を重視する授業では広く用いられていた手法である。ただし，以下のような読みぐせが固定してしまう場合がある。
①高低を一定のリズムで繰り返す読み方。
②各文節末，各語尾を上げる読み方。
③一本調子のような節のない読み方。
④大声で，声を張り上げるような読み方。
〈小学校低学年の指導〉

　低学年の指導を行うには，次のような日本語のリズムや文体への目配りをすることが必要である。
①語や文をかたまりとして音声化する。
②日本語の母音や子音を明快に音声化する。
③文章の内容によって音声化する。
④イメージ作りを促す音声化をする。
⑤内容に即した姿勢や態度で音声化する。
〈小学校中学年の指導〉

　国立国語研究所の調査が示すように，音読期から黙読期への移行期であるこの時期こそ，音読・朗読学習が不可欠である。それには二つの理由がある。まず，十二分に音声による理解表現の活動を行うことによって，黙読への移行をスムーズにできるようになるからである。また，内容を理解することが，しだいに声による表現として結びつくことができるようになるからである。音声化することが体得できるようになることを，西尾実は，「朗読は，あくまで，その人その時の鑑賞および理解を限度とした個性的な読み方である」（『国語教育学の構想』筑摩書房　1953）としている。
〈小学校高学年・中学校以上〉

　学習の材料や方法をより一層工夫する時期である。既存の教材によるほか，学習者自身が作成した朗読劇，群読で構成した教材などを用いて指導することもできる。文種や表現技巧などにも応じた工夫ができる時期でもある。相互に評価する意識も高まるなど教育的な効果が高い。

　また，この時期に学ぶ古文や漢文のリズムや文体に親しむことができる。

（有働玲子）

〈参考文献〉
北村季夫編『表現・理解の接点に立つ音読・朗読指導の実際』新光閣書店　1977。高橋俊三『群読の授業―子どもたちと教室を活性化させる』明治図書　1990。川島隆太，安達忠夫『脳と音読』講談社現代新書　2004。原良枝『声の文化史』成文堂　2016。

で「朗読」「暗唱」などを挙げ，その重要性を説いている（『教育的解釈学・国語教育論』1978）。
群読　群読とは，二人以上で一つの教材の内容を吟味して，分担しながら音読・朗読化することをいう。群読は，以下のような高い教育的効果を生み出す。
①音声化するために，教材をどのように読むのか，内容と文体を吟味して学び合うことができる。
②音声化の方法をそれぞれが考えることから，一つの教材について聞き合いができる。
③声を和することにより，一人では発揮できない響き合いが生まれる。
④音声化するために，どのように表現するのか，共に協力して創り合っていくことができる。
⑤以上の学習をとおして，学習者が相互に理解し合い，心と心が通じ合う。

　群読の指導の特徴は，教材の内容と学習の方法とが密接に関わっていることである。また，指導者が，学習者を音声の表現と読みの学習の両面から評価できることである。

75

説明・発表

説明・発表とは

説明・発表とは，本当に共有したい情報や意見を発信し，それを聞き手に確実に受け取ってもらったり，納得してもらうための音声言語行為であり，その方法・技術である。西尾実の形態分類によれば，独話（公話）の一部に当たるものである。

国語科の学習活動における説明・発表には，①学習活動の一部にあたる説明・発表，②独立の位置を持つ説明・発表，③研究発表会や意見発表会における説明・発表（プレゼンテーション[*]）の3形態が考えられている。

指導のねらい

国語科における説明・発表の指導の原点は，「生き生きと話す」ことである。このことを前提としながら，国語科では，次の①～③が目ざされなければならない。

①学習活動の一部にあたる説明・発表の指導のねらいは，まさに国語科の学習活動やその他の学習活動を成立させている学習者一人一人の音声表現としての説明・発表力を養成することである。

②独立の位置を持つ説明・発表の指導のねらいは，①で養った説明・発表力を基礎に，本当に共有しなければならない情報や意見を説明・発表し，それを聞き手に受け取ってもらったり，納得してもらう方法・技術の獲得を目ざすことである。

③研究発表会や意見発表会における説明・発表（プレゼンテーション）の指導のねらいは，①②で養った説明・発表力の応用として，話の組み立てや，聞き手をひきつける技術等，パフォーマンスとしての側面を獲得させることである。

指導の要点

「生き生きと話す」説明・発表にするためには，学習者にとって，思わず説明・発表したくなるような「必然の場」が用意されなければならない。例えば，担任が家庭訪問の時，迷子にならないようにするにはどう説明するかといった学習活動である。そう言った「必然の場」の中で，説明・発表の方法・技術として，(ア)学校からのおおよその距離，(イ)道順，(ウ)目印になる建物や施設，(エ)一目でわかる家の特徴といった，相手に理解や納得をしてもらうために適切な項目を選択し並べるといった学習が展開されるべきである。

「生き生きと話す」ことを目指した「必然の場」を前提として，①～③の指導が展開されなければならない。

①学習活動の一部にあたる説明・発表の指導では，自己紹介を説明・発表の第一歩として指導したい。また，個人やグルー

プレゼンテーション プレゼンテーションにおいては，準備としての発表原稿作成の指導の他に，コミュニケーション技術の側面，つまり聞いてもらうための発音や発声，効果的に聞き手を見るといったパフォーマンスの指導が必要である。

平成29年版学習指導要領では，〔第3学年及び第4学年〕の「2　内容」〔知識及び技能〕に「イ　相手を見て話したり聞いたりするとともに，言葉の抑揚や強弱，間の取り方などに注意して話すこと。」とされている。これは，話し聞くときに相手を見ていないという現実の反映でもある。

そもそも，独話（公話）能力を育てるには，まず，指導者がよい独話（公話）をたくさんして，学習者に独話（公話）のすばらしさを数多く経験させることが大切である。そのためには，指導者が，独話（公話）の話材を豊かにする努力が要求される。例えば，読書指導の一環としての読書案内の独話（公話）にしても，朝の会や帰りの会などでのちょっとした話としての独話（公話）にしても，子どもをひきつける楽しく豊かな独話を目

プで調べたことを説明・発表したり、個人やグループの代表として教師の問いに答えたり、意見等を説明・発表したりするのも学習の手続きとしてのみ考えるのではなく、説明・発表の指導の機会として活用したい。
②独立の位置を持つ説明・発表では、ある程度まとまった感想とか苦心談、グループ内の説明・発表の時の挨拶、説明・発表内容や説明・発表者の紹介、本や新聞を読んだり、テレビ・ラジオ・校内放送を聞いた感想・意見などいろいろな活動の中で、①の発表よりもある程度独立した位置をもつ説明・発表の指導を展開したい。

例えば、国語科の学習で自分が調べたことをクラスの仲間に説明・発表するというある程度まとまった発表の機会を想定すると、教師は、その発表内容や態度を評価するだけではなく、一人の聞き手として、うなずきや相づち等によって、発表者を心理的に助け、声を出しやすくしたり、説明・発表原稿やメモに目が落ちたままにならないようにするなど、優れた聞き手として振る舞いながら、説明・発表そのものを指導する機会として生かす必要がある。
③研究発表会や意見発表会における説明・発表（プレゼンテーション）では、単元として、研究発表や意見発表など、独立したそれだけでまとまった学習になる説明・発表を経験させたい。

説明・発表指導の完成段階として、説明・発表原稿を書く①準備段階→②発表→③記録といった段階を踏ませ、本格的な説明・発表を経験させたい。

問題点

大村はまは、話し言葉の指導において、教師自身がお手本を示すことの大切さを指摘した。説明・発表の指導を行う者としての必要条件は、自分自身の説明・発表を厳しく捉えなおすことであろう。教師が自分自身の説明・発表に責任を持つことが、国語教室における説明・発表指導のスタートである。

また、説明・発表は、同時に説明・発表を聞く学習であることを意識させなければならない。自己紹介というような初歩的な説明・発表の学習においても、まず教師が優れた聞き手を演じる必要がある。

級友の説明・発表の内容を一度で聞き取ることや、的確な質問や意見を述べるといった聞くことの訓練の場であることも意識されなければならない。教師自身が、説明・発表力を磨く訓練のスタートとして、絵本の読み聞かせ*は有効である。　（余郷裕次）

〈参考文献〉
大村はま『大村はま国語教室　2』筑摩書房 1983．
竹内敏晴『教師のためのからだとことば考』筑摩書房 1999．

ざし、心がける必要がある。そうした独話（公話）に自信がなければ、絵本の読み聞かせによって、教師自身が語りの力を磨き、同時に、子どもたちに聞く力を養成するのも方法である。

子どもの独話（公話）能力を育てるためには、教師がよい聞き手になって、子どもたちから独話（公話）を引き出すことが必要である。

さらに、子どもたちに独話（公話）をさせる場合には、決して失敗させない準備や練習が不可欠である。また、国語教室に級友の独話（公話）を温かく受けとめる人間関係が育てられていることが、指導の前提である。

絵本の読み聞かせ　自分自身の理解が目的の音読と異なり、必ず聞き手を前提とする読み聞かせは、プレゼンテーションとしての音読と言ってよいかもしれない。絵本の読み聞かせは、音声言語パフォーマンスの訓練としても国語教育に取り入れられるべきである。日常的、継続的な教師による絵本の読み聞かせは、学習者の言語に対する関心・意欲を育てるものである。

76

話し合い・討議

話し合い・討議とは

「話し合い」は，広義には，話し手と聞き手とが一方的に固定されない形態の「話す・聞く」活動の全て（挨拶・会話・電話・面接・討議・会議など）を意味する。狭義には，対話*などのように話し手と聞き手が一対一の対応を基本とするものでなく，一対多の関係を原則とする「話す・聞く」活動全体を指す。

これに対して，「討議」とは，一定の問題を解決するために，立場のわかり合った人々が，協力的に互いの意見を出し合うことである。一定のルールや役割に基づいて議論するように定められていることが多い。

コミュニケーションとしての話し合い・討議

現在，コミュニケーションのあり方を捉えるために，相互作用モデル*を基盤とすることが多い。このモデルのもとで目ざされるコミュニケーション能力は共創的コミュニケーション（対話・話し合い）能力の育成である。したがって，話し合い・討議の指導は，この共創的コミュニケーション能力育成の立場から捉えることができる。

こうした能力を育成するためには，学級に起こっているできごとや状況に児童・生徒自らが関与しようとする態度や，他者に関心を寄せ，理解しようとする態度をもたせることが必要になる。教室の中で引き起こされるさまざまな文化的状況の中でいかに他者という存在と関わり，他者を自分のうちに引き込むかという態度や意欲という情意面の形成のあり方によって，話し合い能力が変わってくる。そのためにも，他者と切実に関わりたいという必然性や，他者と関わってよかったという楽しさや充実感を味わえるような状況，その中で自己の存在感をもたせるような環境を教師がデザインしていく必要がある。こうした態度形成や意欲づけを日常的に行ってこそ，児童・生徒の話し合いや討議の能力が育つ。

話し合いについては，発達段階や目的に応じて，次のような指導段階が考えられる。

小学校低学年は，自分の考えをどんどん出し合うというレベルである。こうした体験の後に，中学年になると，自己と他者との違いを十分に自覚するようになるので，探求的な話し合いができるようになる。つまり，一つの課題をめぐって自分と他者との相違点を十分に捉えて，考えを深めていくことができるのである。これが，高学年となると，問題解決のための話し合いへと高めていくことができる。他者との相違点を乗り越えて，そこに新たな考えや解決策を見いだすことができるようになるのである。一方，討議はこうした話し合いの能力

対話 話し手と聞き手の一対一の対応が基本となる。対話の意義は相手との意見交流を通して社会性が養われ，自己の考えを振り返り，捉え直し，創造的に価値や意味を見いだすことである。

会話との違いは，会話が親しい者どうしのおしゃべりであるのに対して，対話は初めての人との情報交流や親しい者との間であっても，それがなされることによって，新しい価値の共有や意味の生成が行われるところにある。そのような対話能力を育成するためには，相手との矛盾や葛藤が生じるような切実な対話体験が必要となる。

相互作用モデル コミュニケーション活動を捉えるモデルは，古いものでは，シャノンとウィーバー（C. E. Shannon & W. Weaver, 1949）のモデルのように，話し手と聞き手が独立して，一方が発話産出活動を，他方は発話理解活動を行い，その間を情報がやりとりされるといった，閉じた個人的認知主義モデルが用いられていた。それに対して，対話における相手も含めた環境との相互作用の中で何かを産み出していく〈行為〉としてコ

を土台にすれば，小学校でも実践可能である。
　西尾実は，話し合い・討議における基本的な留意点として，①仲間はずれにならない，②話す機会を独占しない，③ひとの話の腰を折らない，④みんなに共通の話題を選ぶ，という4点を指摘している。今日にも通じる学習指導の原点と言うべきである。

小学校における指導方法
　小学校低学年では，どの児童も発言をどんどん言い合うことの喜びや成就感を味わわせる必要がある。そのために，教師は児童の発言を受け止め，相違点を整理し，それを返していくことが必要である。
　2年生の二学期以降になれば，一対一のペアでの話し合いを中核にして，考えの相違点を児童たちに見つけさせ，そのペアの考えに対して，グループ4人を編成して，それに対して自分たちの意見の相違点をもとに話し合いを展開させるなどの形態をとると，どの児童も話し合う体験を豊富に持つことができるようになるだろう。
　中学年では，探求的話し合いにしていくために，それぞれの相違点を明らかにしたうえで，自分の考えの理由をしっかりと述べさせることによって，話し合いは探求的なものへと発展していく。この際，理由は複数あった方が説得力を増す，比較すると主張が明確になる，他の可能性を探るためには仮定法を用いるとよいといった助言を与えることによって，そうした論理的な考え方・述べ方が身につくとともに，探求的話し合いも効果的なものになっていく。
　更に高学年になると，中学年での探求的な話し合いから一歩進んで，問題を解決し，新たな考えや価値を見いだすような話し合いへと進めていく必要がある。ここでは，他者の考えをただ受け入れるだけではなく，吟味し，批判的に検討しながら創造的に考えを生み出すことが求められる。そこではディベート*のような討論ゲームで主張や反論の方法を学ぶことも有効である。

指導上の留意点
　児童・生徒たちがお互いに関わり合うことのできる教室経営のもとで話し合いや討議が行われなければ形骸化してしまう。中には話型などの形から入ろうとする教師もいるが，それでは豊かな話し合いや討議の能力を育てることはできない。むしろ内容の充実を図りながら，児童・生徒の話し合いのよさを教師がすばやく看取り，それを彼らに意識化・自覚化させながら，技術面を充実させていくような工夫が必要である。
　　　　　　　　　　　　　　　（河野順子）

〈参考文献〉
『西尾実国語教育全集7』教育出版 1975。位藤紀美子編『国語科教育改善のための言語コミュニケーションの発達に関する実験的・実践的研究 平成16年度〜平成18年度科学研究費補助金基盤研究（B）研究成果報告書』2008。

ミュニケーションを捉えていくというアプローチが相互作用モデルである。
ディベート　一定の論題をめぐって，肯定側と否定側に分かれて，一定のルールに基づいて議論を行い，審判が勝敗を判定するというゲームである。最近では教科書教材にも広く取り入れられている。論題のタイプには，「事実論題」（例：邪馬台国は九州にあった），「価値論題」（例：学校の昼食は給食よりも弁当の方がよい），「政策論題」（例：日本は環境税を導入すべきである）がある。

　ちなみに，全国教室ディベート連盟では，「政策論題」による「メリット・デメリット比較方式」のディベートが行われている。これは，プランを実施することによっていかなるメリット（肯定側）ないしデメリット（否定側）が発生するか，それがいかに重要か（肯定側），いかに深刻か（否定側）を論証するという形で議論が行われる。通例，肯定側立論→質疑→否定側立論→質疑→肯定側第一反駁→否定側第一反駁→肯定側第二反駁→否定側第二反駁という流れで進行する。

77

会議

会議とは
　集団で物事を決めていくとき，集団の構成員それぞれの意見を出し合い，意見を束ねたり整理したりして方向付けていくための一つの方法として会議がある。

会議の手順
　一般的な会議は以下の手順で行われる。
1　開会宣言
2　議長の選出
3　審議に入る前の確認事項（議長・書記提案者などの役割分担，定足数，議事の順序，協議事項と報告事項の確認，終了予定時刻の宣言等）
4　審議の開始（提案者の資料による発表と口頭による補足説明）
5　質疑応答
6　合意形成（場合によっては採決）
7　議事のまとめ（決まったことと継続審議事項，書記の記録の確認，次回開催日程）
8　議長の解任
9　閉会宣言
　こういう形式を踏まえながら議事法*にのっとって進行していくというのが会議の基本形である。しかし，最近はこの基本形から離れた会議の方法が生まれている。例えば，ブレーンストーミングやKJ法のように，提案はなく，個々人がアイデアを出し合うような会議がある。会議の目的や会議の効率化のために形式にとらわれない会議もあっていい。

会議の種類
　学級会は，学級の諸問題について話し合い，学級全体としての合意を形成していくための会議である。会議の入門期には，教師が議長を行う場合もあるが，段階的に子どもに運営を任せていきたい。
　次にクラスや委員会の代表の児童・生徒が取り組む代表委員会がある。学校行事での役割分担や子どもから出された提案について話し合う会議で，教師の介入はあるが，できるだけ子どもに進行を任せ，子どもに会議を開催・実行できる能力を育てたい。
　Web会議というインターネットのテレビ会議システムを使った遠隔地どうしの会議もある。僻地の子どもと町の子どもによる合同学級会をWebで行うなどの取り組みがなされるようになってきている。

役割ごとに必要な力
　会議は，子どもの現実場面の必要性から出発しているものであるので，生きて働く国語の力を育てることができる。その力を役割ごとに見ていくことにする。
①議長
　学級会等では，司会者という言い方をす

議事法　会議の議事を進めていくうえでの会議運営の規則である。この規則が共通理解されていないと会議は混乱する。国会から株主総会までそれぞれに会議運営の規則が定められているが，基本的なルールは話し合いのマナーとして共通している。以下，基本的な規則を列挙する。
①提案者は，参加者にわかってもらうための資料やプレゼンテーションに工夫を凝らす。
②議長に発言許可権があり，議長の指名に従って発言する。
③一つの議題で，同じ人物が同じ意見を繰り返し発言しない。
④発言は，検討中の議題の内容に関することがらに限る。
⑤1回の発言は，3分以内を心がける。
⑥審議の場では，質問であるか，意見であるか，動議であるかをきちんと表明する。
⑦賛否を採決する場合は過半数とするが，採決に至る前の審議を尽くしてから採決し，採決したことは，決定事項として蒸し返さない。

ることもあるが，会議の進行を統括していく役割である。まず，議長は，先にあげた「会議の手順」にのっとって進めていかなければならない。話し合いが提案から外れた方向へ向かった場合は軌道修正を行わなければならない。議論の要点を適宜まとめながら進め，議論の中で新しい観点が出てきた時は，「これまでの議論は，AとBでしたが，今，新たにCという考えが出てきました」と整理する。議長は，個々人の意見を尊重しながらも，進行へのリーダーシップを発揮しなければならない。

②提案者

簡単な提案ならば口頭でもできるが，できれば資料を準備させておきたい。提案内容とその根拠を示す印刷資料やフリップ，パワーポイントなどのプレゼン資料を準備しておくと分かりやすい。

③書記

議事を記録し，会議を発展的な方向で進めていくために記録をするのが書記の役割である。書記は，その会議の議事録作成が主な役割ではあるが，会議の途中でも，何について議論をしているのかが見失われているときに，議事録をもとに議長に進行の修正を促す役割を持たせたい。

④会議参加者

参加者は会議の目的に照らし合わせながら，まずは真摯に提案を聞き，わからないことは質問する。提案に賛成であれば，その提案を具体的にし，提案を発展させるような意見を表明する。また，提案に反対であっても，提案者の意図を汲み取り，別の角度からの生かし方はないかと探っていくような協力的な態度で臨ませたい。議長の進行に対しても生産的な態度で臨ませたいが，その会議の進行があまりにも一方的で，多くの参加者の考えを無視したものであると思ったときは，動議を出してよい。

会議の指導

学級会の実際の場での指導も大切であるが，それだけでは指導場面が少なすぎる。そこで，例えばクラスを四分割し，それぞれのパートごとに同時に先の①〜④の役割を分担・体験させる。また，一つのパートの会議の様子を他の三つのパートの児童・生徒に観察させ，それぞれの役割について反省的に考察させるといった指導上の工夫が必要である。

基礎となる国語の力

以上のような役割を果たせるためには，①文脈を理解する力，②話す内容を要約・敷衍できる力，③簡潔に説明できる力，④資料を見せながら話す力，などの国語の力が必要になる。会議の指導によって，そういう言語能力を実生活の中で活用していける力を育てることができるのである。

(佐藤明宏)

〈参考文献〉
吉田新一郎『会議の技法』中公新書 2000。

動議 動議とは，審議途中で出される提案であり，動議によっては，審議を中断し，先に動議への対応について判断しなければならない場合がある。例えば，学級会で「議事進行について」というような動議が出されたなら，議事をストップさせ，議事進行のあり方について優先的に話し合わなければならない。ただ，動議提出者も，議長からの審議手順についての説明に対して納得してこれまでの審議に参加してきたのであるから，軽はずみな動議提出は控えさせたい。

会議の運営能力 会議は，会議参加者の叡智を結集させていく活動であり，その運営能力は社会人にとって不可欠である。そのために会議の手順や議事法を知っておくだけでなく，実際に会議の経験をさせておく必要がある。議長や提案者についても全員の児童・生徒に経験させ，会議の局面局面で教師が議事運営や発言の仕方について指導する。また，決まったことは必ず実行させ，会議を行ったことの有用感を持たせたい。会議の運営能力は国際化時代のキー・コンピテンシーである。

IV　音声言語指導

78

ディベート

ディベートとは

　討論の形態の一つ。広義には、あるテーマについて賛否二つのグループに分かれて行う討論のこと。狭義には、あるテーマについて肯定側と否定側が一定のルールに従って議論を行い、第三者がどちらの主張が優位であったかを判定する議論の形式。

　法廷、政治など実社会で行われる実践ディベートと教育を目的とした教育ディベートがある。日本の教育界には後者の内、証拠資料の調査を重視する全米ディベート・トーナメント方式（NDT）が大きな影響を与えている。

進行方法

　原則として肯定側と否定側の発言の持ち時間は同じで、肯定側の発言から始まり肯定側の発言で終了する。その後第三者による判定が行われる。教育ディベートとして紹介されることが多い全国教室ディベート連盟が主催するディベート甲子園（高校）の試合形式は以下のようになっている。(○囲み数字は分を表す。)

　　肯定側立論⑥、否定側準備①
　　否定側質疑③、否定側準備①
　　否定側立論⑥、肯定側準備①
　　肯定側質疑③、否定側準備①
　　否定側第一反駁④、肯定側準備②
　　肯定側第一反駁④、否定側準備②
　　否定側第二反駁④、肯定側準備②
　　肯定側第二反駁④。

論題

　論題には事実に関する論題（例「日本の子どもたちの学力低下は本当かどうか」）、価値に関する論題（例「ペットにするのに猫と犬のどちらがよいか」）、政策論題（例「日本は鉄道路線の充実を図るべきだ」）の三つがある。教科書や実践報告で多く採用されるのは政策論題である。論点が形成しやすいのと判定もしやすいということが要因となっている。

教育上の意義・目的

　①賛否両方の議論を通して異なる考え方にふれ、ものの見方考え方を広げていくことが期待できる。

　②立論では自分たちの側の主張を述べることになる。「主張」を根拠づける「事実」と事実と主張を関係づける「論拠」の三点で構成する基本的な論理構造を習得することが期待できる。

　③ディベートを始める前に情報収集の時間をとる場合、図書館と連動させたいわゆる調べ学習が展開でき、広範な情報処理と論理形成能力を育成することが期待できる。

学習指導要領・教科書における位置づけ

　平成20年告示小・中学校学習指導要領国語科、21年告示の高等学校学習指導要領国語科および同解説にディベートという語は

教科書に見るディベート　平成21年指導要領対応の高等学校「国語総合」の教科書（平成28年検定）には、質疑に「尋問」や「質問」、同様に反駁に「反論」や「最終弁論」と異なった語を用いているものがある。また、肯定側の発言に始まり肯定側の発言で終わるという進行ではなく、機械的に肯定側→否定側を繰り返す形も見られる。

「判定」の指導事項化　判定は議論に対するメタ的な視点が必要だ。難度の高い行為だが、上述の「教育上の意義・目的」の①を重視する場合、特に大切にしたい。一方で、実践報告では判定に関わる記述が乏しいとの指摘もある。判定の指導の難しさと、指導上の関心が議論の方を向いていることが要因であろう。限られた回数で習得することは困難である。参加人数や発言回数、時間など少なくして繰り返すことや、判定後参加者で議論を振り返ることに厚みをもたせるなどの工夫が欲しい。

見いだせない。一方，同指導要領下の中学校国語教科書には概説的であるがディベートが紹介されている。高等学校の国語総合においては多くの教科書で単元化されており，教師用書を参照すると数時間にわたって学習することが想定されている。

その後平成30年告示高等学校学習指導要領解説国語においては「ディベート」が明示的に記述されていて，前指導要領下の教科書の実態に学習指導要領・解説の記述が追いついたような現象を呈している。

指導上の留意事項
①目的に合わせた指導方法
　先述の「意義・目的」によって異なる。例えば①を重視するのであれば，賛否，判定の３つの役割を繰り返し経験することに重点を置いた方が良く，情報収集に時間を取ることは現実的ではないだろう。また③を重視するのであれば情報収集や論点形成のヒントとなるような手引き（情報カードの作り方やテーマ別パスファインダーなど）の準備や図書館の利用学習と連携した取り組みが必要となる。
②論題の設定
　論題の設定がディベートの成否の鍵を握っている。学習者に身近な学校生活に関わる事柄を論題にする場合が多いが，実際の学校経営や生徒指導に深く関わると，かえって議論自体が現実的ではなくなるという指摘がある。論題作成者は事前に議論がかみ合うか否か，どのようなことが論点になるかをシュミレーションしておく必要がある。
③論点抽出と整理
　「意義・目的」に述べた基本的な論理構造に加え，論点の数（ナンバリング）や論点の見出し化（ラベリング）などの論点抽出と整理の学習を織り込む必要がある。
④段階的指導
　ディベートにいたるまでに，発言への抵抗除去はもちろんのこと，ルールに則して発言する，主張を支える根拠と論拠を併せて発言するといった討論のための基礎力の形成や，ペアでの対談や議論，グループでの議論など，人数規模にも配慮しつつ段階的な指導を工夫する必要がある。
⑤人間関係の形成
　ディベートは本来賛否のどちら側に立つかは本人の意思には基づかない。また，対論する側に発言するのではなく判定者に向かってアピールする議論のゲーム性を重視したものである。しかしながら，意見の対立という状況が参加者の人間関係に影響してしまう可能性がある。上記④と併せて，目的の一つである異なる意見を受け入れる学級風土の形成が必要である。

（内藤一志）

〈参考文献〉
岡山洋一・西澤良文「授業ディベートの論題開発」『現代教育科学』1995.4〜1996.3。
堀裕嗣『教室ファシリテーション10のアイテム100のステップ』学事出版 2012。
松本茂『頭を鍛えるディベート入門』講談社 1996。

学習指導要領解説が述べる「ディベート」　平成30年高等学校学習指導要領解説（P.39）は多数種にわたって「話し合いの種類」を示している。ディベートについては上記「進行方法」，「教育上の意義・目的」と重なる記述以外に，「討論の結果，それぞれの立場から明らかになった問題点などを確認し，新たな問題の設定や整理に役立てることが必要である」と，次の学習段階を示唆する。

ディベートのゲーム性　教育ディベートでは賛否どちらの側に立って発言するかは，議論の直前にジャンケンなどで決めるのが原則で，かつ賛否の立場を替えて再度議論をする。主張内容と発言者の価値観との関係を切り離し，自分の見解に拘泥しないことを可能にする仕組みをもつ。また勝負ごとであるゆえに真剣みを促す活動でもある。これらの言わばゲームのもつ虚構性は上記の意義・目的の①の実現をもたらすポイントでもある。

79

劇

劇とは

　俳優による身体表現を通して観客に向かってある意味を伝えたり，なんらかの作品やテーマを上演したりする活動をいう。特に教育の分野では，学習の過程において想像力を働かせたり，感性的な記憶を呼び起こしたり，表現したりすることを通した体験的な学習活動を指す。その意味で，観客や上演することを必要としない場合がある。

　冨田博之(とみたひろゆき)は，演劇人を養成するための教育，あるいは演劇を創造し鑑賞すること，それ自体を目的にする「演劇教育」と，演劇を作り上げる過程や鑑賞を通して人間の教育を目ざす「演劇的教育」とを区別した。

　近年では，上演を目的にし，観客を必要とするものと，上演を目的にせず，そこで行われる表現活動や体験を目的にしたものを区別して，それぞれ「シアター（Theater）」「ドラマ（Drama）」という呼び方が定着していたが，現在はこの両方を包括する「ドラマ教育」の技法や活動が学習活動として取り入れられている。

学校教育における劇

　学校教育における演劇教育は，大正期に小原国芳(おばらくによし)が学校劇の必要性を説いたことに始まり，経験主義教育の出現によって，行事としての学芸会，中学校，高校のクラブ活動としての演劇部，小学校での自由研究の時間など，教科教育の外で普及，浸透した。また，戦後の新教育の中で教科教育の中に学校劇を取り入れようとする運動も高まり，学校劇のカリキュラム作りなどが試みられている。昭和22年，昭和26年の学習指導要領（試案）国語科の中では，「話しかた」や「読みかた」，「話すことの経験」などの項目において劇に関する記述が見られる。

　その後，基本事項や学校行事の精選などの理由から，劇は指導要領や学校行事から姿を消すこととなる。昭和33年版学習指導要領では，劇はすることが「望ましい」ものとの位置づけにとどまり，その後，学習指導要領において劇についての記述は見られなくなる。

　その一方で，演劇教育は，学校劇の低迷の原因を方法論やシステムの欠如と考えた学校劇教育者によって1950年頃から方法論の面で発展していく。特に，スタニスラフスキー・システム*の影響を受けた冨田博之の提唱した「エチュード方式*」と，竹内敏晴(たけうちとしはる)の「からだとことばのレッスン*」の二つの方法論は現在の演劇教育にも大きな影響を与えている。

　演劇という活動自体も，「総合的な学習の時間」によって教科外の活動が再び保証され，そこに演劇を取り入れようという動いるといってよいであろう。」（『演劇教育』国土社　1993）と，述べている。

エチュード方式　エチュードとは，脚本の中の人物を演じていくために，脚本に関係ある状況や場面，人物の性格のみを設定し，即興的に演じられる短い練習劇である。学校劇におけるエチュード方式は，冨田博之によって提唱されたものであり，即興的なエチュードを重ねて，子どもたちに「演

スタニスラフスキー・システム　ロシアの演出家コンスタンチン・スタニスラフスキーが提唱した演技理論，俳優育成システムである。心身の二元論の否定や日常のしぐさなどにおける無意識的な行動を意識化することなどを信念としている。冨田博之は，「スタニスラフスキイ・システムによる俳優教育の方法，あるいは演劇創造の過程のなかに，人間の成長・形成をめざす教育の仕事が，より，意識的・組織的なものとして再構成されて

きが演劇教育者の中で活発になった。

　2000年代には，コミュニケーション能力の育成を要請する社会風潮に応えるものとして学習活動に演劇が取り入れられるようになる。国語科では，2002年から三省堂国語教科書「現代の国語」（中学2年生）に平田オリザによる演劇教材「対話劇を体験しよう」が掲載されており，国語の授業の中に演劇活動を取り入れ，対話やコミュニケーションについて学ぶための教材として位置づけられている。

　近年では「言語活動の充実」が示された平成20年版の学習指導要領から，小学校低学年の「読むこと」の活動例として劇が示されている。

指導のねらいと要点

　教科教育（国語科教育）は役者や演出家など演劇の専門家を育成することを目ざすものではない。平成29年版学習指導要領には改訂の要点の一つとして「授業改善のための言語活動の創意工夫」があげられているが，「読むこと」であれ「話すこと」であれ，どのような教育目標のもとに劇活動や演劇的要素を用いるのかを常に意識し，その目標に沿って，活動の設定や評価が行われなければならない。

　コミュニケーション能力の育成を目標にする場合においても，劇を上演することを目的にし，活動を行った結果，学習者のコミュニケーション能力が向上したというような活動や評価を行うのではなく，劇の要素がどのような点で有効なのかを把握，検討したうえで学習活動を行う必要がある。

　劇を取り入れた話し言葉の教育やコミュニケーションの学習においては，せりふを通して話し方を学習したり，演じることを通してコミュニケーションの仕方を学んだりすることができるが，台本や脚本を用いない即興的な表現活動を行うことも重要である。さまざまな状況設定の中で，身体を使って即興的に表現することで，ふだん使用している話し言葉を見つめたり，自分自身のコミュニケーション観に気づいたりすることができる。

　また，他者とのやり取りを通じて，自分や他者の表現や行為が，どのような意味をもつのかを知ることができ，使っている話し言葉やコミュニケーションを見直す契機となる。劇は新たな話し言葉を獲得したり，自身のコミュニケーション観を問い直したりすることにつながる学習活動である。

　劇は多様な学びを含む学習活動であり，教材でもある。指導者にはその教材性や指導事項を分析・検討し，目標に応じた学習活動をデザインすることが求められる。

（谷口直隆）

〈参考文献〉
竹内敏晴『からだ・演劇・教育』岩波新書 1989。
冨田博之『演劇教育』国土社 1993。
冨田博之『日本演劇教育史』国土社 1998。

じる」ことを体験させていくシステムである。日常のエチュード（基礎のエチュード）とけいこ過程のエチュード（応用のエチュード）の二つに分類され，発達に合わせて段階的に進めることが目ざされている。日常のエチュードは心身の解放や注意の集中，想像力を豊かにするなど，演技をするための諸要素をそだてるものであり，けいこ過程のエチュードは劇中の人物の心理や生理を表現したり，戯曲の内容を表現したりするために行わ れる。このエチュード方式が示した即興性は，上演を目的にしない，生き生きとした表現を目ざした「劇遊び」などの活動に影響を与えている。

からだとことばのレッスン　竹内敏晴が提唱した方法論であり，人間の体がしらずしらずのうちに持ってしまうこわばりや歪みを発見し，それを解放することで言葉を生き生きとしたものにしようとする活動である。

Ⅳ　音声言語指導

80

聞くこと

聞くこととは

　聞くこととは，発話の文字どおりの意味を談話の流れや場面の目的などと照合して，文脈上の意味を生成する能動的な作業である。つまり，人は耳より頭で聞いていることになる。増田信一・植西浩一は「聴くことの学習モデル」の中で，聞き手が話を聞いて答えるまでの間に「受信」，「吟味」，「創造」という過程を措定し，その能動性を強調している。

聞くことの意義

　ひと口に「きく」というが，聞く，聴く，訊くとさまざまなきき方がある。

　「聞く」は，いろいろな解釈があるが，主観を交えず（色眼鏡をかけず），相手の話を正しく理解するつもりできくこと（内田義彦）と理解したい。「聞き浸る」とか「聞いてやる」という場合の「聞く」はいったん相手の立場になることであり，人間的な成長にとっても，話し合いの土台を作るうえでも，人間関係づくりにおいても重要な意味を持つ。

　次に，「聴く」は，選り分ける，焦点を合わせる，内容を吟味するなどしてより主体的にきくことをいう。学習指導要領に記されている「話し手が伝えたいことや自分が聞きたいことの中心を捉え」たり，「論理の展開などに注意して聞」いたりなどは，この「きく」であり，全ての学習活動の基礎である。また，対話的活動においては，それまでに話された内容を聴いて初めて適切に話すことができるわけで，音声言語学習の基盤を成すといってよい。

　最後の「訊く」は，不明，疑問な点を問い質すことである。聞き手が訊いてくれることで，話し手はまちがいに気づいたり，より筋道立てて話そうとしたりする。よい聞き手がよい話し手を育てるといわれるゆえんである。納得するまで問い続ける聞き手の存在が，対話の深まりを可能にする。

聞くことの学習指導

(1) 目標とする力の明確化

　高橋俊三・声とことばの会が小中高校生を対象に実施した聞き取る力の調査報告（高橋報告）や諸先行研究を踏まえると，今後，重点的に育てるべき聞く力は，次のように整理されよう（以下の②③⑤は高橋報告から一部表現を変えて引いた）。これらは，②は①を，③は①と②を前提としており，その意味では系統性も有している。

　①話された内容を心を開いて受け止め，正確に理解しようとする力
　②話された内容の中から，目標に照らし

学習指導要領の中の「聞くこと」 学習指導要領（平成29年改訂）では，「聞くこと」の指導事項が次のように定められている。

- 小学校低学年　話し手が知らせたいことや自分が聞きたいことを落とさないように集中して聞き，話の内容を捉えて感想をもつこと。
- 小学校中学年　必要なことを記録したり質問したりしながら聞き，話し手が伝えたいことや自分が聞きたいことの中心を捉え，自分の考えをもつこと。
- 小学校高学年　話し手の目的や自分が聞こうと

する意図に応じて，話の内容を捉え，話し手の考えと比較しながら，自分の考えをまとめること。

- 中学校1年　必要に応じて記録したり質問したりしながら話の内容を捉え，共通点や相違点などを踏まえて，**自分の考えをまとめること**。
- 中学校2年　論理の展開などに注意して聞き，話し手の考えと比較しながら，**自分の考えをまとめること**。
- 中学校3年　話の展開を予測しながら聞き，聞き取った内容や表現の仕方を評価して，自分の

て必要な情報を的確に聴き取る力
③話された事柄の相互関係や妥当性を吟味しながら批判的に聴き取る力
④話された言葉の元になった考えを理解し,自分の考えとの一致点を探しながら聴く力
⑤話された内容について不明な点や疑問な点をそのままにせず,質問や反論をして新たな考えを得る力
(2) 学習指導上の要点
①人は,物語や報告等を聞くとき,それぞれのジャンルに特有の定型的な形式を無意識のうちに適用して,「構造化」しながら情報を処理しようとする。
甲斐雄一郎は,「さまざまなジャンルに応じた『構造・形式』の指導が『聞く』指導に先行する必要がある」という。確かに聞き取りメモもインタビューも,こうした構造・形式があらかじめ頭にないと羅列や一問一答になってしまう。従来,指導が手薄になってきた点で今後の重要な課題である。
②これからの聞くことの指導の中で特に重視すべきは,訊く力の意図的指導である。これなくして,話し合いによる理解の広がりも深まりも期待できない。
そのためには,質問の観点や類型を教えることと,質問で得た情報を第三者に伝える活動を仕組み,目的や相手意識を明確にして訊き出させることが有効である。
③私たちは,表情やしぐさ,声の調子など言葉以外の手段で,言葉に匹敵する意味を伝え合っている。非言語情報を「聴く」大切さも理解させたい。
(3) 学習指導上の留意点
聞くことの指導は,とかく独話的な場における「聞き取り」に偏りがちだが,よく聞かないと学習が進まない活動を工夫するなど,受け身的な態度に陥らないような工夫が必要である。そして,これからは,対話的活動(インタビューやディベートなど)を通して,聞く,聴く,訊くを総合的に体験させることにも特に留意したい。
また,態度面や技能面だけでなく,生活の中で「聞くこと」が果たしている機能や意義に気づかせるなど,教材開発も含め,認知面からのアプローチをもっと追求すべきである。　　　　　　　　　(村松賢一)

〈参考文献〉
内田義彦「聞と聴」山本安英の会『きくとよむ』未来社 1974。甲斐雄一郎「『聞く』指導に先行する『構造・形式』の指導」「月刊国語教育研究」No.217(1990年6月号)。日本国語教育学会。宗我部義則「メモ(聞き取り)」『音声言語指導大事典』明治図書 1999。高橋俊三・声とことばの会『聴く力を鍛える授業』明治図書 1998。増田信一・植西浩一「聴くことの学習指導の研究」「奈良教育大学紀要」第47巻第1号 1998。

考えを広げたり深めたりすること。
　小学校では,話し手の目的や聞き手の意図に留意して聞くこと,中学校では,聞いたうえで自分の考えをまとめることが強調され,従前より能動的・主体的な聞く力の指導を求めている。また,一方的に聞くのではなく,「質問」を介して理解の共同構築を図る重要性を示唆している点にも注意を向けたい。

聞き取りメモ　メモの取り方の指導で特に留意すべきは2点ある。一つは,目的を明確にし,書き取ったメモをもとに再構成して,作文なり口頭発表につなげることである。次に,高学年の場合,メモを取ることが思考の構造化の手助けとなるように指導することである。具体的には,「自分の意見と近い意見はより近くへ,遠い意見は遠くに」というように,「あらかじめ決めた判断の基準(マッピングの軸)に沿って発言の要点をメモしながら」用紙に書き込んでいく「マップメモ」(宗我部義則)が有効である。はじめは認知的負荷が大きいが,慣れれば構造的に聞き取る力がおのずから鍛えられよう。

81 インタビュー

インタビューとは

インタビューとは，目的をもって相手からまとまった話を引き出す言語活動である。インタビューは，情報収集能力や相手の気持ちを想像し尊重する態度などのほか，特に，聴いて訊く力を総合的に育成しうる点で優れた言語活動といえよう。

指導上の三つの観点

インタビューの指導では，なんのために（目的），何を（内容），どう訊くか（方法）という3点に留意することが重要である。

まず，最も大事なことは，「目的を明確にすること」である。目的には，外的と内的の二つがある。前者は，発表とか報告書づくりなど，インタビューした結果を学習過程にどう生かすかである。これがきちんと設定されていることが，インタビューを有意味なものにし，学習動機を高めることになる。後者は，「おいしいりんご作りの秘訣を聞く」など，何を訊き出したいかである。なるべく具体的に絞り込むことがコツである。そのためには，事前学習で「ぜひ会って直接訊いてみたい」という気持ちを十分に醸成しておかねばならない。

次に，その目的を念頭において，「質問内容を用意」する。はじめは，マップメモなどの形で，思いついたままをどんどん列挙していく。そして，羅列しただけでは散漫になるので，それらを，周辺情報に関する質問と中心情報に関する質問に仕分けする。

最後に，「聴（訊）き方の指導」である。ポイントは，相手の話をよく聴くことである。実際の場面では，つい，メモに気をとられて相手の言葉をうわの空で聴いてしまいがちだが，これでは話を深めることはできない。相手の答えの中に，必ず次の質問の手がかりが含まれていることをよく理解させなければならない。とはいえ，これが簡単そうでなかなか難しい。そこで，「友達にインタビューする」といった教室内の練習活動を通じて，質問・応答は「詳しく聞き出す」「理由を尋ねる」「共感を示す」などに類別できることを学ばせたい。

総合的な学習の時間などで外部の人にインタビューする機会が増えている。その際，事前の交渉や事後のお礼や報告などをなるべく子ども自身にさせたい。生きたコミュニケーションを学ぶ絶好の機会なのだから。

（村松賢一）

〈参考文献〉
立花隆『「知」のソフトウェア』講談社現代新書 1984．安直哉『聞くことと話すことの教育学』東洋館出版社 1996．苅宿俊文『みんなで実践インタビューからひろがる総合学習』1～5　光村教育図書 2002．

インタビューを記録する　インタビューの結果を，他の活動や学習に生かすためには，内容をなんらかの形で記録しておく必要がある。テープレコーダーは便利だが，機械まかせにするとつい安易な気持が生じ，相手の話を真剣に聞く態度が弱まることは十分心得ておかねばならない。基本はペンとノートでメモを取ることである。ところが，聞くことに集中するとメモすることを忘れがちだし，書いていると聞けなくなる。訓練が必要だ。

ポイントは二つ。まず，メモを取るタイミングを考えなければならない。話が一段落したところで，それまでの内容を相手に確認しながらメモするのがコツである。話している最中にメモばかり取っていてはしらけてしまう。もう一つは，文の形でメモしないことである。大事だと思った単語や数字だけ書き残せばよい。ただし，インタビューが終わったら，すぐ，そのメモを手がかりに，もう少し整った形にまとめておかないと何の話だったか思い出せない。インタビューのメモ化には二段構えが必要である。

Ⅴ 教材研究

- 82 教材研究
- 83 教材・教具
- 84 音声言語教材
- 85 作文教材
- 86 言語教材・言語単元
- 87 小説
- 88 童話
- 89 民話・伝説
- 90 詩
- 91 短歌・俳句
- 92 記録・報告
- 93 説明
- 94 論説・評論
- 95 戯曲
- 96 古典・伝統文化
- 97 慣用句・故事成語・ことわざ

82

教材研究

教材研究とは

　教材研究とは，教師が毎時間の授業に際して，あらかじめ扱う素材を研究し，学習者の発達段階・興味・関心に応じてその指導の過程をいかにするかを考える作業をいう。一般には，授業前の研究や準備を指すが，広義には，授業中の思いつきや授業後の反省を含めて考えるものである。

素材研究と指導法研究

　過去の国語科指導においては，教材研究というと，とかく教科書に採用されている作品（素材）の研究が全てであるかのように考えられていた。要するに，教師が素材を十分に研究し，理解しているならば，優れた授業・わかる授業が展開するものとされてきた。が，それはとかく学習者不在の，教師の独り相撲の授業，すなわち一方的伝達の授業となりがちであった。そうしたことの反省から，近年，教材研究のいま一つの要素として，学習者研究の必要性が強く叫ばれるようになった。これは当然のことといえよう。現実の教室で，素材（作品）が教材として，教師と子ども双方の間に生きてはたらくには，素材そのものの深い理解と子どもの実態を把握した学習指導への配慮が伴わねばならないのである。

　教材研究の二つの重要な柱は，以上に述べたように，素材（作品）の研究と学習者の実態を踏まえた指導法の研究にある。

教材研究の中心課題

　教科書に採用された作品であっても，自主教材として用いようとする作品であっても，そのままでは，それらは単なる素材にすぎない。素材が教材として成立するには，作品自体の内容を十分検討し，教室の子どもとの関わりにおいて，いかなる意味が見いだせるかを考えねばならない。それは教材としての価値といってよい。何のために，この素材を現在担当する教室の子ども（学習者）に与えるのか，その問いかけが教材価値の発見につながる。

　教材研究の中心課題は，教材価値の発見をめぐって存在する。先に指摘した素材研究と指導法研究も，ここに深く関わってくる。素材の研究は，普通，作品研究という言葉でもって置き換えることもできる。素材が仮に文学作品であるなら，その研究は当然，近年の文学研究の成果に学ぶこととなる。国語教育は，隣接諸科学を基礎科学として吸収することによって大きく前進する。文学や言語学・教育学から学ぶのは当然のことだ。異なった学問分野の協力，いわゆるインターディシプリナリは，21世紀の教材研究の要諦である。それによって研究の現段階を知り，素材理解の手引きとす

学習者研究　教材研究が文学研究や言語学研究などと一線を画すのは，そこに児童・生徒（学習者）への視点が要求されることにある。どんなに優れた素材研究がなされようと，学習者である児童・生徒の立場が無視されたり，発達段階や興味・関心への配慮を欠くなら，素材は教材として成立しない。学習者研究は，素材研究と密接に結びつきながら，指導目標をいかに徹底させ，現実の教室実態に応じて，学習活動をどう組織するかというところにある。

作品論　作家から独立した世界である作品を，さまざまな角度から批評の対象として論じたものをいう。それは繰り返し作品を読むことから始まるが，本文（テキスト）の安定度を確かめる本文批評（テキスト・クリティック）も広義の作品論に含まれる。作品はあくまで表現に密着して論じられる。そして全体構成・虚構・登場人物論・時代背景・先行作品の影響から作家の想像力や創作意識の問題や語り，時間処理の問題などにも及ぶ。そうした中で最も期待されるのは，作品世界の追

るのである。むろん教師は，まず自分の力で作品の構成・人物・テーマ・虚構・言語表現・文体などを考えるのだが，そのうえで研究史上評価され，位置づけられている作品論や作家論*に学ぶのである。事は非文学作品についても同様で，それぞれの分野での成果に学びたい。

　指導法研究は，素材研究と密接に結びつきながら，指導目標をいかに徹底させ，学習活動への配慮をどのようにするかを具体的に考えることなのである。教材価値の発見は，十分なる素材研究と指導法研究があってはじめて可能となる。

教材研究の実際とその方法

　国語科の授業で教材研究を実のあるものとするには，どのようなことが考えられるか。以下に摘記してみよう。

① 教科書なり，それに代わるテキストをじっくり読み，教材としての価値を考える。教材価値の発見は，教材研究にまつところが大きいので，第一に素材の研究を十分にする。その際，隣接諸科学の最新の研究成果に学ぶことはいうまでもない。第二に学習者の立場・興味・関心を配慮した指導の方途をしっかりと立てる。
② 教材実践の先行文献や優れた実践家に学ぶ。国語教育の場合，教材研究に関する先行研究文献目録は，いまだ十分に整っていない。が，古くは関村亮一編『文学教材の実践・研究文献目録』（1967）や，それを引き継いだ『国語教室』臨時増刊号の『文学教材の実践・研究文献目録』（1977），浜本純逸・浜本宏子編の同上目録（1982）などがあるので参照したい。このような実践研究文献目録の仕事は，今後，非文学教材を含め進展するものと思われ，先行研究を踏まえた教材研究は，だれにでもできる有力な方法となろう。なお，それぞれの職場や地域には，優れた実践家が必ずいるものだから，それらの人々からも学ぶようにしたい。
③ 授業記録ノートを作り，授業に関わるあらゆることを記録しておく。事前に調べたり考えたりした内容は，秩序正しく記入する。更に，授業中に生じた問題——教師がふと思いつくこともあろうし，学習者の問いかけを通して生まれる場合もある——をも記録するのである。

　教材研究とは，冒頭で述べたように，事前の研究準備ばかりでなく，授業中にもそれはできるし，更に授業後の反省の中に，その大事な部分が存在する。授業の質の向上は，事前・事後を問わず，絶えず学び，反省し，前進しようとする教師の努力があってこそ実現するのである。（関口安義）

〈参考文献〉
古田拡『国語教材研究』法政大学出版局 1955。府川源一郎『文学すること・教育すること』東洋館出版社 1995。浜本純逸『国語科教育論』渓水社 1996。日本国語教育学会『国語教育辞典』朝倉書店 2001。

求であろう。その過程では，なぜこの作品を書かなければならなかったのかというモチーフ（動機）の探求もなされる。作品評価の問題は，以上の諸点をおさえたうえで打ち出される。それは一人の作家の制作史上の流れから，あるいは同時代作家の作品群との比較のうえに歴史的評価がまず先行し，次に今日的評価が論者の主体を通してなされるのである。

作家論　作品の書き手である作家をさまざまな角度から批評の対象として論じたものをいう。作家論は普通，年譜・著作目録の作成に始まり，パーソナル・ヒストリーの調査および作品研究を経，文学史的位置づけをもって終わる。教材研究の対象としての作家論は，あくまで教材理解のために存在する。優れた作家論に学ぶのは，教材理解を深め，発展学習に備えるためといえる。教科書で扱った教材を核に，ある作家の作品を系統的に読ませようとするとき，年譜や文学史的評価を添えた作家論は，学習計画によき指針を与えるものとなろう。

83

教材・教具

定義
(1)教材と教具

 教材とは，教育活動において一定の意図に基づき，教育用媒材として用いられる全ての文化財を指す。教育目標達成のために，指導に用いられる文化財と言いかえることもできる。その範囲は，教科書はもちろんのこと，子どもの遊びや，授業中の子どもの作文や発言までを含むものである。

 教具は，学習指導の助けとして用いられる用具を意味する。黒板や掛図，ワークシートやカードやパソコンはもちろん，参考資料として子どもに配布されるプリント類など，教材以外の学習指導のための用具を指す。

(2)学習材*

 「学習材」は教材を学習者の側から捉え直す概念である。教材が指導のための材料，つまり行政や教師など教える側の視点に立つ概念であるのに対し，学習材は，学び手である子どもや生徒の視点に立つ概念といえる。とはいえ，近年の「学び」の概念に立てば，教師もまた子どもと共に学ぶ存在であり，この概念既定は複雑化しているといえる。

(3)教材・教具と教師

 教材・教具は，子どもの学びを促し，支援するために用いられる。したがって，学びの質，学びの目的や方法と深く関わるため，行政や教師が子どもの実態や学習指導の目的・方法を十全に理解して用いる必要がある。また，行政や教師が選ぶ教材・教具だけでなく，学習者が自ら選択する学習材についても，充分配慮する必要がある。

教材の分類
(1)音声言語教材と文字言語教材，および，活動別の教材分類等

 基本的には，音声言語の学習指導に用いる「音声言語教材」と，文字言語の学習指導に用いる「文字言語教材」がある。小中高の学校教育の目標と内容を規定する，文部科学省学習指導要領は，教材の分類にも影響を与えている。例えば小学校の場合，平成29年版では，「話すこと・聞くこと」「書くこと」「読むこと」の活動別にジャンルを構成している。この場合，話すことの指導のための教材や，聞くことの指導のための教材，作文教材，読むことの指導のための教材，等の分類方法もある。「話すこと」と「書くこと」で「表現教材」とし，「聞くこと」と「読むこと」で「理解教材」とする分類手法もある。

(2)文章ジャンル別の分類

 国語科教育の教材は言語文化財であるので，言語文化財のジャンルを意識した教材

学習材 国語科教育では，「教材」に対して「学習材」を意識的に使用する立場がある。古くは倉澤栄吉（1965）の問題提起がある。これは，国語科教育研究における言語文化財中心の視点を，学習者研究へと転換する提案だったといえる。学習材を安居總子（2011）は，次のように定義する。「学習材とは，学習者に，学習を成立させ，国語の力をつけ，国語科の目標を達成するために準備・提供されるもの・ことをいう。教科の構造上，学習内容を指すこともあり，学習のための素材・媒材を指すこともある。」(安居，2011)

 一方，藤森裕治(2009)では，「学習材」を，次のように定義する。「教育実践場面の『行為次元』において，教師や学習者自身あるいは級友らによって準備・選択・生成された媒材（言語作品・言語媒体・言語活動等），及びそれらと結びついた諸情報が学習材として当該の学習者にとって意味あるものとして認知されたもの」

 いずれの定義についても議論の余地があり，この研究は今後も必要といえるだろう。

分類方法も用いられる。例えば、読むことの学習指導で重視されてきた「文学教材」がある。かつてはこれに対して、「非文学」という教材分類もされたが、今日では「説明・論説教材」などの呼称が用いられる。

文法を直接体系的には指導していない小学校段階では、各学年に必要な言語事項を取り上げる「言語単元」が設定されており、教科書には「言語教材」が配置されている。また、「伝統文化」重視の学習指導要領の方針に関わり、「古典教材」が小学校から採録され、中学校・高等学校の取り扱いとの異同なども配慮するようになっている。

(3)その他の分類

以上の他に、入学時や、文字言語学習や新しい言語文化財学習の初めに、特別な配慮をする入門期の学習指導のための「入門期教材」や、卒業時に配慮した「卒業期教材」、学習指導に用いる教具から、「視聴覚教材・メディア教材」などの呼称もある。

教材・学習材をめぐる今日的問題

AIやPCなどのメディア環境の飛躍的な発展の結果、教具の範囲は驚異的に拡大している。こうした機器環境の劇的な変化は、子どもの学習環境の変化にもつながっている。これからの国語科教育はこれに充分な配慮を行い、教師も多様な教具を適切に配置して利用する能力が求められる。

近年、アクティブ・ラーニングを含め、学習者主体の授業づくりが重視されるようになった。伝統的な知識・技能の教授を主眼とする一斉指導では、教科書教材が国語科の教材の全てであるかのごとく考えられることも少なくなかった。これが海外の研究者によっても批判されている。この背景には、民主的な時代の教育では、教師がその専門性に基づきカリキュラムを編成し、教材を選択する権利と能力を持つべきだという考え方がある。さらには、教師だけでなく子ども自身が、自分たちの学びを組織する能力を高める必要があるという考えも示されている。

生涯学習を視野に入れた主体的学習者の育成が、今日では重視されている。教材や教科書の問題は、その時代の政治権力や、社会思想の動向との関係を持って顕在化する傾向がある。学習者自身が、自らの学びに対する「鑑識眼」を形成して、その見識に基づき学習材を選択することが重要であり、そのために教師も研究する必要がある。

(澤本和子)

〈参考文献〉
中内敏夫『教材と教具の理論』有斐閣 1978。澤本和子「教材を研究する力」(浅田匡・藤岡完治他『成長する教師』金子書房 1998)。安居總子「言語学習材」(日本国語教育学会『国語教育総合事典』朝倉書店 2011)。藤森裕治『国語科授業研究の深層』東洋館出版社 2009。倉澤栄吉『国語教育の実践理論』明治図書 1965(『倉澤栄吉国語教育全集』角川書店 1987に再録)。

教材選択の基準 小中学校の国語科授業では、これまで多くの場合、教科書中心の指導が行われてきた。教科書は、国の規準である文部科学省学習指導要領に準拠し、文部科学省の検定を経て作成される。稲垣忠彦(1966)は、近代学校成立時の研究から「公教育教授定型」を提示し、トップダウンで権威づけられた正解指導の教化型授業普及の経緯を明らかにした。教科書を絶対視する傾向や、教師の教材選択能力の育成や発揮を保証する、専門性への配慮不足もあった。これらは行政の方針や管理職の意見による教材選択の傾向につながったといえる。

子ども主体の授業を組織するとき、学習者の実態と発達に即し、その興味・関心を引き出し育てる配慮は重視されるべきものである。学習指導要領の弾力化や、これに伴う教科書使用の制限緩和などの動向と合わせて、教師の教材選択の機会は広がりつつある。今後は、学習材を子どもが発掘し学級でそれを検討・評価して活用し合う、学習材開発の視点も求められる。

84
音声言語教材

音声言語教材とは

　音声言語教材とは，学習者の音声言語能力の育成に役立つ諸々の資料・メディアを指す。

　学習者の音声言語そのものを育てるための教材には，口形・姿勢・発声・発音・声の大きさ等に気をつけて声を出すことを促すものがある。言葉遊びうたを用いたり，声を届けるレッスン等がこれにあたる。小学校国語教科書では，小学一年の入門期にこれらの教材を配置していることが多い。

　では，音声言語を用いたコミュニケーション活動である独話や話合いに活用する教材にはどのようなものがあるのだろうか。

　音声言語は，目に見えない一過性のものであり，周辺言語（パラランゲージ）を伴いながら状況依存的に内容が伝わっていく特性を持っている。このような特性から，音声言語教材は，目に見えない音声活動を可視化するはたらきのあるもの，周辺言語のはたらきを学ぶための映像，使用する言葉の例を示すものが必要である。

　音声言語活動は，一人でまとまった内容を話すパブリックスピーチと，双方向のやりとりで話し合う言語コミュニケーションとに大別される。前者には，人前で話す形態をとるプレゼンテーション・意見発表・説明等の独話活動があげられる。後者には，小集団による論理的探究のための話し合いやアイデアを広げるような創造的発展的話し合い，および比較的大きな集団で行われる協議・会議・パネルディスカッション等の話し合い活動がある。

　音声言語教材は，これらの活動を支える力を育てるための諸々の媒材なのである。

どのような教材があるか

①優れた例を示範するもの

　優れた例を状況に応じて即興的に示範される教材の筆頭として，教師の言葉や態度があげられる。教師の使う言葉が教室の学習者に伝播していく効果は，想像以上のものがある。また，言葉だけではなく，教師が学習者の言葉を心から受け止め，背後にある学習者の思いを聞き取る態度をとり続ければ，その態度は教室の学習者にも広がっていく。

②目に見えない音声活動，とりわけ話し合いの流れを可視化する台本

　話し合いの流れを台本のように文字にした資料は，小学校中学年以降で効果的である。台本には，よいモデルを提供するタイプや，二種を比較して分析するタイプ，話し合いが中断されており，その後を考えるタイプなどが考えられる。目的に応じて台本のスタイルを工夫するのがよいだろう。

音声言語表現スキルを高める教材例　滑舌をよくするために早口言葉を用いることもある。
例：抜きにくい釘，引き抜きにくい釘，釘抜きで
　　抜く釘
　間・イントネーションを意識するために詩の音読を活用することもできる。
　入門期の国語教科書には次のような文章が掲載されている。
例：こえを　あわせて　あいうえお
　　　あるくよ　あつまれ　あいうえお
　　いろいろ　いきたい　あいうえお
　　うきうき　うたうよ　あいうえお
　　えんそく　えに　かく　あいうえお
　　おひさま　おいかけ　あいうえお
（『ひろがることば　しょうがくこくご　1上』
教育出版　2015）

使うと効果的な言葉や表現スキル例
・聞き手を巻き込む言葉
　「想像してみてください」「このような経験はありませんか」

③使うと効果的な言葉や表現スキルの提供

まとまった内容を話す独話の場合，次のような言葉を提供するとよいだろう*。

- 聞き手を巻き込む言葉
- 話の流れを意識させる言葉
- キーワードやキャッチフレーズでまとめる言葉
- 周辺言語（声の大きさや明るさ，間・表情・視線）を意識する

また，小集団で双方向のやりとりをする話し合いの場合，次のような話し方（話し合いで使用する言葉）を提供するとよい。

- 聞き合うための言葉
- 他者を受容する言葉
- つないで話すための言葉
- 筋道立てて進めるための言葉

周辺言語を意識しつつ，これらの言葉を用いることを促して，学習者の音声言語能力の育成をはかっていきたい。活用にあたっては，活動する前に教え，自覚を促してから活動する方法のほか，学習者の言葉のやりとりの中から教師がすくい上げて価値づけ，共有していく方法も考えられる。後者の方法は，学習者がその場で目にした具体的なイメージとして印象に残り，自分たちの学びとして積み上げられていくため，効果的である。

これらの言葉を教える際に配慮したいのは，話す目的・相手・状況（場所や制限時間）に応じた適時性のある具体的な言葉や表現の仕方を教えることである。その場で生じた必要性を活かして即興的に提供される教材は，効果が期待できる。

④音声言語活動を行っている学習者自身の姿

学習者が自ら行った話し合いやスピーチをICレコーダーやビデオカメラ，タブレットで録音・録画し，それを文字起こしして教材にする効果は高い。

友達のどのような発言がグループの話し合いを進めることに貢献したのか。話す態度やふるまいも含めて，共感を得るスピーチとはどのようなものなのかなどを自分たちの実際の姿を通して受容的に学び合うことは，教室のコミュニケーション文化をよいものにすることにもつながっていく。

音声言語教材にはこのような即応性とリアリティが必要なのである。文字によるあらかじめ用意した教材というイメージにこだわらず，教師自らが自分の言葉やふるまいが教材であるという自覚をもつことから始め，教室の音声言語によるやりとり自体が教材であるという意識をもって柔軟に教材を作っていく構えをもちたい。

（山元悦子）

〈参考文献〉
野地潤家・倉澤栄吉監修『朝倉国語教育講座3 話し言葉の教育』朝倉書店 2004。日本国語教育学会『話す・聞く―伝え合うコミュニケーション力―』東洋館出版社 2017。

- 話の流れを意識させる言葉
    ナンバリングやラベリングをしながら話す。メタ言語を使う（「ここからがポイントです」「まとめると」「今日の話の目的は」）。
- キーワードやキャッチフレーズでまとめる。
- 周辺言語（声の大きさや明るさ，間・表情・視線）を意識する。
- 聞き合うための言葉
    もう少し説明して。それはこういうこと？いいね。納得。あなたの考えを聞かせて。
- 他者を受容する言葉
    それでいいよ。～だと思うけどどうですか。わかりました。
- つないで話すための言葉
    班長の言ったように。ということは。言い換えると。それもいいけど。違う考えなんだけど。
- 筋道立てて進めるための言葉
    ○○と思います。わけは。まず～しよう。ここまではいい？　論点を整理しよう。今考えないといけないのは。今まででわかったことは。

V　教材研究

85

作文教材

作文教材とは

　作文教材は，文章表現活動の動機づけとして表現意欲を喚起するとともに，作文能力を身につけさせるものである。

　一般的には理解学習指導における教科書教材の位置づけと同様に，教科書の作文単元をもって作文教材と考える傾向が強い。しかし，作文教材は，基本的には学習指導事項が明確であり，児童・生徒の要求や発達段階に即したものであればよいわけであるから，教科書教材と限定するものではない。具体的には，①教科書の作文単元教材（教科書教材），②教師の手になる自主編成教材，③日々の作文活動中心の経験活動教材，等が考えられる。

作文教材の種類

　作文教材単元は，およそ次のような構成が考えられる。

　　①模範文＊だけの構成
　　②模範文と，その分析や解説などの構成
　　③作文の仕方（具体的方法）だけの構成
　　④作文意欲喚起の動機づけだけの構成
　　⑤作文能力・言語要素の取り立て練習

　自主編成教材の場合には，指導者の意図や指導の機会・場などに色濃く左右されるため，①・③・④・⑤など幅広いタイプがみられる。しかし，教科書教材の場合には一部①や③のタイプもみられるが，やはり教科書の性格上②のタイプが圧倒的である。

　次に模範文の文種＊であるが，これは，低学年から高学年・中学生にかけていわゆる「生活文」が圧倒的に多い。「説明文」「実験・観察記録文」「感想文」等がそれにつぎ，「調査・見学報告文」「意見・論説文」等は高学年から扱う場合が多い。

教科書教材研究の要点

(1)教材配列の系統をおさえる。

　教科書教材の一つ一つは，各教科書ごとの教材配列の系統に従って位置づけられている。例えば，各学年とも５月には，これからの１年間の情報収集・活用・発信学習に生かせるような効果的な総合作文教材を位置づけて，２月には１年間の作文学習で身につけた書く力を総合して取り組む総合作文教材を位置づけている教科書がある。また，４月と９月と11月の作文教材がそれぞれ取り立て作文学習のための教材として位置づけている教科書がある。しかも，４月は取材・構成系列の取り立て作文，９月は通信文系列の取り立て作文学習，11月は構成・記述系列の取り立て作文系列のように系列化されていたりする。したがって，その系統にそった学習指導計画を立てることが，教科書の作文教材を効果的に実践するための第一の要点となる。

模範文　作文教材単元の中の児童・生徒の書いた作品例。教科書教材の場合には，全国から選ばれた児童・生徒の作品が一点掲載されている場合が多い。しかし，表現意欲の喚起という点からは，対象児童・生徒の属する地域の文集や学校文集などから選定することがよく，学級児童・生徒の作品であるならば更によい。

　また，単なる読解教材として終わらせないために，指導者自身が何を，どのように学習させるかを焦点化しておかなければならない。

文種　文章の種類のこと。小学校の場合には，「生活文」「説明文」「詩」「観察文」「記録文」「報告文」「感想文」「意見文」「論説文」「手紙文」などを扱う。このうちの「生活文」だけは，文章の種類・形態というよりも作文の素材からつけられたものであり，異質である。この「生活文」を文種として認めないという説もあるが，現行の教科書教材では主流を占めている。

文章制作過程　文章を書き上げるまでの過程のことで「作文執筆過程」ともいう。「取材──→主題

(2)目標・内容を明確に把握する。

　次に，教科書教材の目標・内容を把握することである。先の②のパターンの教材の場合には，模範文の分析や解説部分に教材のねらいが明示されていることが多い。また，ねらいが模範文のどこに，どのように具体化されているかもおさえておかなければならない。教科書の模範文は一般的なものであるから，学級児童・生徒の実態に即した模範文を地域文集・学校文集・学級文集・日記等から探し出し位置づけたい。
(3)単元の指導計画のどこで扱うか決める。

　教科書教材の系列，つまり文章制作過程*のどこに重点を置いている教材であるのかということと，指導者の意図，つまり児童・生徒にどの段階の，どのような能力を身につけさせたいのかということから指導計画のどこで扱うかを決める。必ずしも作文執筆前に扱う必要はないのである。

教材自主編成の留意点

　教科書教材は，全国の児童・生徒を対象にしているために具体性に欠ける。その点においては，児童・生徒の実態に即した自主教材のほうがむしろ望ましいともいえる。自主教材といっても，作文単元をそっくり編成する場合と，教科書教材の模範文だけを身近な作品に代える場合などがある。以下に編成上の留意点を列記する。
①作文活動の意欲を十分に喚起するもの。
②児童・生徒の発達段階や要求にこたえ得るもので，しかも内容が身近であるもの。
③内容が，児童・生徒の人間形成上価値のあるもの。
④学年内の横の系統と学年間の縦の系統とを考慮し，重複がなく，しかも互いに関連し，発展しているもの。一つの目安として学習指導要領の指導事項が参考となる。第1・2学年の「順序」，第3・4学年の「相手や目的」「段落相互の関係」，第5・6学年の「目的や意図」「文章全体の構成の効果」等の重点指導事項は，特に留意する。

　自主編成教材の対象となる文章は，各種文集のほかに新聞，雑誌，図書，日記，手紙などがある。また，取材カードや構成メモのようなカード類やメディア情報，各種行事，他教科の学習など幅広い活動・情報を教材とすることも考えられる。徳差健三郎「子どもと教師が作る作文教材は，どうすればよいか」(小学校国語科教育4『新しい教材研究』教育出版 1982)等は自主編成教材としての価値の高い実践である。

作文教材の開発を

　経験活動教材としての作文教材の開発*は今後，更に実践・研究されるべきである。

（大熊　徹）

〈参考文献〉
藤原宏他編『小学校作文指導実践事典』教育出版 1982。東京学芸大学公開講座Ⅰ『国語科の教材研究』教育出版 1982。

──構成──記述──推敲」が一般的な過程であるが，小・中学生対象の作文学習指導においては，「取材段階」の前の「意欲づけ」が大切である。作文を誰に（相手意識），何のために（目的意識）書くのかを明確にしておくことが，作文執筆活動を活性化するからである。

　また，「推敲段階」のあとに「評価・処理」を位置づけたい。評価・処理は教師だけのものではなく，児童・生徒にまで開放されるべきであるからである。

作文教材開発　児童・生徒の日々の書く活動を促進する教材が考えられるべきである。（各種の）日記，手紙，メモ，掲示，ノート，黒板開放等児童・生徒が書く活動自体を楽しみ，楽しみながら作文能力が身につくような教材である。書くことをおっくうがらなくなり，筆まめに書く習慣を身につけることができる。

86

言語教材・言語単元

言語教材とは

　言語教材とは，言語についての理解を深め，言語の力を高めるための教材を言う。大別して，①言語知識を得るための教材，②言語技能を習得するための教材，③言語生活を高めるための教材の三つに分けることができる。①は，音声，文字，表記，文法，語句・語彙等の言語要素についての知識を得るための教材である。また，言語の周縁的知識として，言語の歴史や地域性，言語の特質，日本語の特性等についての知識も含まれる。②は，言語活動，すなわち，聞くこと，話すこと，読むこと，書くこと，それぞれの技術に関する教材である。③は，言葉の使用に当たっての態度・心がまえ，言葉と人間関係，映像や広告などのメディア・リテラシー等，広い意味での，言葉の生活に関する教材である。

教科書における言語教材

　教科書の言語教材は，その形式によって，主として次の3種類に分けることができる。①単元として独立した教材（言語単元），②言語要素的な知識を題材としたコラム教材（小単元），③巻末にまとめとして置かれた副教材。これらの教材を規定しているのは学習指導要領である。しかし，そこで示されている言語に関する内容は，学年別漢字配当表以外には，具体的な内容はほとんど示されず，概括的かつ機能的な示し方にとどまっている。それに伴い，教科書における言語教材も，断片的で系統性に乏しいとの批判が常に向けられる結果となっている。

言語教材の変遷

　国語教科書の中に，言語教材が初めて明確に位置づけられたのは，戦後の第六期国定読本（昭和22）からである。そこでは，四つの「教材の群れ」を設定しているが，それらの根底に「言語教材の群れ」（なぞなぞ，ことばあつめ，ことば遊び，ことばの反省・知識等）を置いたのである。もっとも，戦前の国語読本において，既に言語教材に当たるものは存在している。しかし，それらは，手紙や日用文の書き方等の言語技能教材や，教訓的な言語態度に関する教材が中心であり，言語要素に関する教材は，ようやく国定第五期（昭和16）から，やや系統的に登場するようになった。また，戦後の指導要領においては，昭和22年版では「文法」，33年版では「ことばに関する事項」，昭和52年版で「言語事項」となり，平成10年版まで継承された。平成29年版学習指導要領では，平成20年版の「伝統的な言語文化と国語の特質に関する事項」から，〔知識及び技能〕の「(1)言葉の特徴や使い方に関する事項」「(3)我が国の言語文化に

言語要素の指導

　言語要素の学習について，指導要領では，言語活動を通して指導するという方針を一貫して取っている。機能的学習のための言語要素の教材を分類するならば，①言語文化としての文字テキストと，②言語生活における言語教材に大別できる。①は，教科書教材や文学作品等の中のことばを用いた教材であり，②は，日常の中の会話，作文，新聞やテレビの中の言葉など，機能的な教材である。①では，例えば山頭火の句「分け入つても分け入つても青い山」の読みにおいて，「ても」という接続詞の語義について考えたり（文法），「青い山」という比喩について解釈する（表現技法）という学習となる。②では，新聞記事から慣用句を探し出し，それらを分類して慣用句辞典を作る，というような学習となる（語彙）。

体系的指導

　文部省（現在の文部科学省）による言語の機能的指導の立場に対する批判として，主に児童言語研究会や教科研・国語部会等の民間団体によって，系統的な指導の必要性が主張され，様々なテキストが作成・実践されてきた。代表的

関する事項」として再構成された。

機能的指導と体系的指導

　言語教材の指導には，機能的指導と体系的指導の二つの立場がある。機能的指導とは，言語を具体的な場面，文脈の中で教えていこうとするものである。体系的指導とは，いわゆる取り立て指導であり，言語の体系的な知識を教えていこうとするものである。もとよりこれらの立場は峻別できるものではなく，実際にはどちらに重点を置くかという違いである。体系的指導は，主に児童言語研究会や教科研等の民間団体によって研究・実践されてきた。一方，学習指導要領は，一貫して機能的指導の立場を取っている。「ことばに関する事項」の設定された昭和33年版指導要領の解説で輿水実（こしみず　みのる）は，言語の学習指導の原則的な方法として，次の５点をあげている（『小学校学習指導要領の展開 国語科編』明治図書 1958）。①言語活動を通して指導する。②機会的に学習する。③機能的に指導する。④習得過程に応じて指導する。⑤くり返し学習させる。以上の５点であるが，これらの原則は，現代にも通じるものとなっている。

言語単元とは

　言語単元とは，いくつかの教材や言語活動を組み合わせた，ひとまとまりの言語学習を言う。言語単元は機能的指導にあたる。言語は，実際の文脈や場面，言語生活の中で用いられる。したがって，その学習は機能的なものにならざるをえない。昭和22年版の指導要領においては作業単元が主張されたが，既に用いられていた第六期国定読本と整合させるために，教科書の一課一課も「単元」である，との立場を取った。それ以来，教科書の教材を中心に，「学習の手引き」等を用いながら，いくつかの言語活動を組み合わせた学習を「単元」と呼ぶようになった。言語単元も狭義には，教科書の言語教材を中心にしたこのような形態の学習を言う。

言語単元学習

　このような教科書教材をもとにした学習は，教材単元と呼ばれる。これに対して，作業・問題解決型の単元学習としての言語学習がある。単元学習とは，プロジェクト・メソッドを源流とする，明確な目的意識による学習活動である。「多義語絵本を作ろう」「外来語について考えよう」といった言語をテーマにした目的を設定し，それをめざして学習者が主体的に学習に取り組んでいく。そこでは，言語生活におけるあらゆる素材が学習材となり得る。機能的な学習であるが，常に，言語の体系的な要素を意識しておく必要がある。　　　（山本茂喜）

〈参考文献〉
輿水実・沖山光『言語教育と言語教材』金子書房 1950。東京都青年国語研究会『楽しい語句・語いの指導』東洋館出版社 1994。桑原隆『言語生活者を育てる』東洋館出版社 1996。

なものとして，大久保忠利（おおくぼ　ただとし）・小松善之助（こまつ　ぜんのすけ）等の児童言語研究会による文法指導（『たのしい日本語の文法』一光社 1975）や，奥田靖雄（おくだ　やすお）・鈴木重幸（すずき　しげゆき）らを中心とする教科研・国語部会，明星学園等による言語要素全般にわたるテキスト『にっぽんご』１～７（麦書房 1969～1984）がある。

言語単元学習の構想　単元学習を構想するための有効な手がかりとして，マトリクスによる発想方法がある。学習内容と学習活動の組み合わせにより，単元の枠組みを構想するのである。例えば，島根国語懇話会の作成による語彙指導のマトリクスでは，縦に語彙の学習内容（語形，語義，語感など），横に学習活動（調べる，関係づける，まとめる，伝える）を位置付けている。この縦横の軸による組み合わせで，学習材を学習活動に構想していくのである（安居總子『授業づくりの構造』大修館書店 1996）。このような方法は，単元学習の中に言語の力を明確に位置づけるために有効である。

87

小　説

小説とは

　小説とは散文による一定の長さと構造を有した虚構（フィクション）である。自由な表現形式という点に特徴があり，標準的なあるいは典型的な小説というものはない。「小説」なる用語は江戸時代の「白話小説」に見ることができるが，今日「小説」というとき，近代に入って坪内逍遙（つぼうちしょうよう）がnovelの訳語として用いたことを意味するのが一般的である。

物語と小説

　学校教育においては，物語と小説は文学的文章あるいは文学教材として一括される場合が多い。しかし，物語と小説の差異に注目すべきである。物語には物語の，小説には小説の読み方があるからである。日本においても近代化の過程において小説は誕生した。しかも，坪内は物語批判として小説に可能性を見いだそうとしたのである。儒教的な勧善懲悪という主題や現実離れした内容を排し，リアリティーに立脚した，それ自体自立した表現形式として小説を定位しようとした。儒教から文芸を解き放ち政治のプロパガンダからも脱却して，客観的な描写を通して人間の内面的真実を表現しようとした。起承転結・予定調和的な物語を脱構築することが近代小説の役割と言ってもいい。

小説の読み方

　読みの授業において，しばしば見受けられるのが作者に還元する読み方である。「作者」という概念も，きわめて近代的な産物であるが，先に指摘したように，小説はそれ自体自立した言語表現であって，安易に「作者の意図」に収斂するものではない。作者の伝記的事実に根拠を求めたり，資料を参照する読み方は，そもそも小説にはそぐわないものである。

　作者という作品外の事項はとりあえず括弧に入れておき，テクストそれ自体を読みの対象としなければならない。そのうえで，読まれるべきは，テクストの〈語り〉*にほかならない。近代小説は，〈語り〉あるいは〈語り方〉を意識化するテクストであり，近代小説の成立は語りという方法の獲得とともにあるからである。封建的な共同体から解放された近代は，自由を得ると同時に「私とは何か」という問いを突きつけられることになる。「私とは何か」は「他者とは何か」という問いと同義である。隣人にせよ諸外国にせよ，〈他者〉との関係性をどう構築するかが近代人に突きつけられた課題である。そこで，他者の内面をも問題化することが不可避となる。この他者の内面への洞察方法として，読み手主体と登場人物という客体のほかに，第三項としての語り手が要請されたのである。小説テクス

メタレベル　ローマン・ヤーコブソンは，言葉は何かモノ・コトを指し示すものであるが（ソシュール言語学からはこのような立場は認められないことに注意する必要がある），言葉を指し示す言葉を「メタ言語」と呼んだ。思考も何かについて考えるのであるが，考えることを考えるということもある。これを「メタ思考」という。このようなことから語り手と登場人物との関係などテクスト内のことを問題とする時，メタレベルとしてとらえる。

語り・語り手　「語り」とは物語を語る行為のことであり，「語り手」は物語を語る虚構上の主体のことである。物語にせよ小説にせよ語り手がある視点に立ち語っている。更に「わたし」「僕」など登場人物の中から語る場合を一人称の語り手，登場人物の外から語る場合を三人称の語り手として区別される。注意したいのは，第一に語り手と

トにおいて読者が出会うのは，あくまで語るという行為によって生成・加工された他者である。語りが自立することで語り手にとっても登場人物は他者となる。つまり，語りによって他者は重層化されるのである。そこに読者と語り手および登場人物との対話的関係が成立するのである。

他者との対話の関係によって「私とは何か」にアプローチする方途が開かれた。もちろん，語りは近代小説に限らないが，他者との関係性において語りの問題が急浮上したのは近代だと言ってよいであろう。ポストモダンと言われる今日においても，いや情報化・消費化される現代であればこそ，「私とは何か」へのアプローチの手段として近代小説は第三項という問題設定においていまもなお有効なのであり，教材としての価値が認められると言えよう。

教材研究と授業

小説を教材研究の対象とする時，テクスト内で展開される物語内容や登場人物の表象ばかりでなく，テクスト内のメタレベルを明らかにすることが重要である。もちろん物語内容や登場人物といったテクスト表象を読まずして小説の読みはないが，それだけでは小説の読みにはならない。メタレベルを問題化することが，物語ではなく小説の教材研究ということになる。

『ごんぎつね』ではクライマックスで視点が「ごん」から「兵十」に転換することは読みにおいて決定的に重要である。『少年の日の思い出』は過去のできごとが現在から語られていることは踏まえられなければなるまい。『羅生門』の語り手は，古代王朝時代の設定であるにもかかわらず，「Sentimentalisme」というフランス語を用い「作者」としてテクスト内に登場する。メタレベルを読み構造化していくことで，テクストの行為性を追究することが小説の教材研究ということになる。

また小説は，他者との対話的関係の方法であるとすれば，教室の読者たちの疑問・感想といった反応を問題にすることで対話的に読んでいくことが求められる。テクストの構造と対話的に関係することで読みが生成・変容していくところに小説の読みがある。小説の授業においてこそ読者の役割が重要なものとなることは強調されてよいだろう。テクストと語り，そして読者という三角形によって読みは生成されるのである。

小説というテクストの特性に応じた授業を構想し展開することを追求したい。

（丹藤博文）

〈参考文献〉
ジュリア・クリステヴァ，谷口勇訳『テクストとしての小説』国文社 1985。田中実『小説の力』大修館書店 1996。鈴木貞美『日本の「文学」概念』作品社 1998。亀井秀雄『「小説」論』岩波書店 1999。

は「作者」と同一視されてはならないということであり，第二に実体化して扱うのではなく，あくまで機能として捉えなければならないということである。

小説・他者・対話 小説テクストの対話性・他者性を明らかにし，その可能性を説いた理論家にミハイル・バフチンがいる。例えば，彼は次のように言う。「他者の言葉のただ中での対話的な言葉の定位は，言葉における新しい，重要な芸術的可能性と特殊な散文的芸術性をうみだした」「小説の発展とは，すなわち対話性の深化，対話性の拡大と洗練である」（『ミハイル・バフチン著作集⑤ 小説の言葉』伊東一郎訳 新時代社 1979，引用は一部省略した）

88

童　話

童話とは

　「童話」は，現在でも子どもの文学一般を指す言葉として使われるが，児童文学研究者は，大正期から太平洋戦争終後までの日本の子どもの文学のあり方を示す歴史的な概念として用いることが多い。「童話」という言葉自体は江戸時代から見られるが，それは昔話のことであり，やがて，明治期におこった口演童話のことにもなった。創作童話という意味での「童話」の語を広めたのは，1918年に鈴木三重吉が創刊した雑誌「赤い鳥」である。

　「童話」の時代の代表的な作家は，小川未明や浜田広介，宮沢賢治，新美南吉らである。小川未明の作品について，古田足日は「分化したことばを使って，その指示・限定とは逆に，ことばの意味をふくらませ，指示物に感情を吹きこんだ。」としたが（「さよなら未明」1959），「童話」は，詩的，象徴的な言葉で心象風景を描くことを得意とした。未明自身は，「童話」を「わが特異な詩形」と呼び，自分の「童話」は「むしろ，大人に読んでもらった方が，却って，意の存するところが分る」とも書いている（「今後を童話作家に」1926）。未明に代表される「童話」の詩的性格や子ども読者を置き去りにしたことについては，1950年代に批判，克服の動きがあった。50年代のこの議論を踏まえて，より散文的な言葉で子どもをめぐる状況（社会といってもよい）を描く「現代児童文学」が成立する。だが，その後も，「童話」の方法は，立原えりか，安房直子やあまんきみこ，今江祥智の一部の作品などに残ることになる。

国語教科書という器

　日本の国語の教科書は，小学校から高校まで，短い文章の寄せ集めできている。小学校の場合，教科書に載せられる文学作品は，高学年でも，400字で20枚あまりが限度だろう。散文性を獲得した現代児童文学は，必然的に長編化を招き，国語教科書という器には盛り込みにくいものになってしまった。小学校の国語教科書に実際に載っている文学作品は，宮沢賢治や新美南吉などの文字どおりの「童話」，あまんきみこら現代児童文学作家の「童話」的な作品，内外の昔話の再話などである。低中学年の教科書には，レオ・レオニなどの絵本を教材化したものも掲載されている。絵本を教材化したものは，短い「童話」のように見えるけれども，本質的に異なるものだ。

　絵本は，見開きの絵がさまざまなメッセージを語り，それをめくっていくことによって展開する独自の構造をもっている。それぞれの場面にはなんらかの文字が書か

現代児童文学の成立　1950年代の動きは，「童話伝統批判」と呼ばれる。当時の評価の言葉を用いて，議論を支えた問題意識を整理すれば，次の三つだと考えられる。①「子ども」への関心―児童文学が描き，読者とする「子ども」を生き生きしたものとして捉え直す。②散文性の獲得―「童話」の詩的性格を克服する。③「変革」への意志―社会変革につながる児童文学を目ざす。この議論を引き受けるようにして，「童話」の時代とはまったく違うタイプの作品，佐藤さとる『だれも知らない小さな国』や，いぬいとみこ『木かげの家の小人たち』が登場したのが1959年だった。このとき，「現代児童文学」が成立した。

絵本の教材化　例えば，レオ・レオニの絵本『スイミー』（谷川俊太郎訳，好学社　1969）と教材「スイミー」では，ずいぶん印象が違う。仲間を大きな魚に食べられて，ひとりで海の底を泳いでいくスイミーは，いろいろなものに出会う。絵本では，出会うもの一つ一つが見開きの場面に描かれている。「にじいろの　ゼリーのような　くら

れているが，絵が物語を語る絵本にとって，文字は補助的なものにすぎない。そして，優れた文字なし絵本も多いのである。

それでは，絵本の教材化とは何か。絵本にとっては補助的なものにすぎない文字を各場面から切り取り，はぎあわせて，ひと続きの文章に仕立て，教科書のページに流しこんでいく，これが絵本の教材化の実態である。そして，絵本の絵は，幾つかが選ばれて挿絵として適当に配置される。国語教科書という器と，長編化した「現代児童文学」の食い違いの中で，考えられた苦肉の策が絵本の教材化なのだろう。

教科書教材の教材研究のために

国語教科書に掲載される文字作品には，短いことが要求される。その要求に応えるのが絵本の教材化であり，詩的，象徴的な言葉で書かれ，そのために長編の形はとらない「童話」なのである。これらには，独自な視点での教材研究が求められる。

絵本を教材化したものには，原作の絵本の絵が語っていたはずのさまざまなことが削除された結果になっている。教材研究では，原作絵本と教科書を比較し，教材化によって失われたものが確認されなければならない。しかし，授業で絵本そのものを教材とすることは避けたい。国語科では，絵ではなく，言葉を読むことを中心に学ぶべきだと考えるからである。

現在，小学校の国語教科書で最も多く教材化されている児童文学作家は，「白いぼうし」などのあまんきみこである。あまん教材は，「ファンタジー教材」とも呼ばれるが，あまんの作品は，ファンタジーとは言いにくい。ファンタジーでは，「ふつう」（現実）と「ふしぎ」（非現実）が区別され，二つを往復する際にはなんらかの手続きが必要だけれど，あまんの作品は，二つの区別が弱く，手続きもはっきりしない。あまんきみこの作品は，ファンタジーではなく，創作されたメルヘン，あるいは，まさに「童話」なのである。

教材研究の際には，ファンタジーにしろメルヘンにしろ，作品のジャンルを意識する必要がある。作中に「ふしぎ」が取り込まれている「白いぼうし」に登場する運転手の松井さんの「やさしさ」を捉えさせるという実践がよく行われてきたが，それは，「白いぼうし」を現実生活を描いた作品として読むという状態に落ちこんでいる。

（宮川健郎）

〈参考文献〉
古田足日『現代児童文学論』くろしお出版 1959。神宮輝夫『童話への招待』日本放送出版協会 1970。佐藤さとる『ファンタジーの世界』講談社現代新書 1978。宮川健郎『国語教育と現代児童文学のあいだ』日本書籍 1993。宮川健郎『現代児童文学の語るもの』日本放送出版協会 1996。石井直人「児童文学と文学教育のつながりとずれ」（日本文学協会『日本文学』2003. 8）。

げ……」「すいちゅうブルドーザーみたいな　いせえび……」——くらげや，いせえびや，そのほかのものは，「〜のような」「〜みたいな」という比喩で語られ，そうした言葉どおりの絵が描かれている。これらは，物語の結末で，スイミーが新しい仲間である小さな魚たちと「一ぴきの　おおきな　さかなみたいに」なって泳ぐというアイディアが生まれる重要な伏線になっている。だからこそ，多くの場面を費やして，たっぷりと語られる。ところが，教科書では，文字の部分が詰めて印刷され，絵も，こんぶやわかめの林を描いたものなど，1〜数枚が挿入されてきた。

ファンタジーとメルヘン　ファンタジーに対して，メルヘンには，「ふつう」と「ふしぎ」を区別する意識がなく，両者は，作品の中に混在している。諸国の昔話は，文芸の形態としてはメルヘン（伝承メルヘンと呼ばれることもある）だから，昔話の中では，人間と動物がなんの手続きもなしに平気で言葉を交わす。メルヘンに近代的，合理的精神を注入したとき，ファンタジーが生まれる。

89

民話・伝説

民話・伝説とは

　民話とは民衆の生活の中から生まれ，民衆によって語り継がれてきた説話*のことで，Folktaleの訳語である民間説話の略称ともいわれる。

　民話は昔話と同義に使われることもあれば，昔話*，伝説，世間話*等の総称として用いられることもあり，またそれらを再話*や再創造した作品をも含めて言う場合もある。さらに民話，昔話，伝説と並列的に用いる例もあるなど，民話という語の使われ方は多様である。

　民話という言葉が広く使われるようになったのは，昭和27年に木下順二（きのしたじゅんじ）を中心として設立された「民話の会」によるところが大きい。木下は『民話の発見』（昭和31）の中で，民話は民俗学でいう昔話，伝説，世間話を含むと言い，昔話がこれまで語り伝えられてきた話であるのに対し民話はこれから造り出されていく話という内容を持つとも述べている。

　伝説は「いわれ」「いいつたえ」と称されてきたもので，特定の土地にある具体的な事物，人物，歴史的な事件などと結びついて古くから口伝えで語られてきた話のことである。昔話が一定の形式で虚構の世界を叙述されるのに対し，伝説は一定の形式を持たずさまざまな方法で叙述される。

学習指導要領での民話・伝説の扱い

　平成29年版学習指導要領では「民話」という語は用いられていないが，小学校1，2年生の〔知識及び技能〕の「(3)　我が国の言語文化に関する事項」に「昔話や神話・伝承などの読み聞かせを聞くなどして，我が国の伝統的な言語文化に親しむこと。」と示されている。児童が我が国の伝統文化としての古典に出会い，親しんでいく始まりとして，昔話や神話・伝承などの読み聞かせを位置づけているのである。

　また，学習指導要領解説には指導の留意点として「話の面白さに加え，独特の語り口調や言い回しなどにも気付き親しみを感じていくことを重視する。」と記されている。

民話教材の特性

　民話・伝説は昔の人々の喜びや悲しみといった素朴な感情や願望がエネルギーとなり，長い年月の伝承の中で豊かな想像力や創造力が織り込まれ育ってきたものである。そこには人間の生き方や生きるための知恵，人間の真の姿が表現されている。

　小学校国語の教科書には再話された「かさこじぞう」「やまんばのにしき」「力太郎」「吉四六話」などが民話教材として収載されてきた。これらの教材の特徴をあげると語り始めに「むかしむかし」「とんとむかし」などの発端句が，話の結びに「……であったそうな」などの結末句がある。関敬吾（せきけいご）は昔話を「動物昔話」・「本格昔話」・「笑話」の三つに分類した。

　『平成29年版小学校学習指導要領解説国語編』では「昔話」を，「『むかしむかし，あるところに』などの言葉で語り始められる空想的な物語であり，特定または不特定の人物について描かれる」と解説している。また「神話・伝承」は，「一般的には特定の人や場所，自然，出来事などと結び付け

説話　研究分野によって概念に差異はあるが，一般的には口伝えや書き物で伝えられてきた散文形式の話で，神話・伝説・昔話・世間話などの総称。体験的事実の報告ではなく伝聞による報告であることが特色である。
　説話を素材として文学的な内容や形態を備えたものを説話文学という。代表作には『今昔物語』『宇治拾遺物語』『古今著聞集（ここんちょもんじゅう）』『十訓抄（じっきんしょう）』等がある。
昔話　民間に伝わる説話の一種で，空想的な世界を題材とし，独特の語りの形式が備わっている。

次のようになる。
　①明確な人物設定や場面設定
　②単純明快なストーリー
　③民話特有の語り口や言い回し
　④効果的な擬声語・擬態語
　⑤繰り返しや対比の構造
　授業で扱う際には、これらの特徴に留意する必要がある。
民話教材の指導
　①読み聞かせの重視——民話は語りの文芸である。まずは教師が民話独特の語り口や間の取り方を生かした「読み聞かせ」をし、民話の世界に引き込み、楽しさを実感できるようにすることが大切である。
　②音読でリズムや語感を味わう——「とんとむかし」や「むかしむかし、あるところに」で語り始められる民話独特の語り口や、方言調の会話、擬声語・擬態語の楽しいリズムや語感は音読することで感じ取ることができる。何度も音読を繰り返すことで場面の様子が生き生きとイメージできることを実感させたい。
　③生き方や生きるための知恵や論理を学ぶ——民話には民衆の知恵、発想、機知、ユーモア、優しさ、したたかさなどがいっぱい詰まっている。そんな民話は子どもたちにとって、人間の生き方や生きるための知恵や論理を学ぶよき教科書になるにちがいない。
　④民話の世界を広げる読書——民話の学習をきっかけに、他の民話を読む学習へ発展させることもできる。自分の住む地域に伝わる民話や伝説を図書館で探して読んだり、外国の民話を学習した後でアジアやその他の国々の民話を読んだりすることで、子どもたちの民話の世界を広げていきたい。

異文化と出会う外国の民話・伝説
　国語の教科書には日本の民話だけでなく、外国の民話を再話したものも教材として収載されている。例えば「おおきなかぶ」(ロシア)、「スーホの白い馬」(モンゴル)、「三年とうげ」(朝鮮半島)などである。これらの教材を異文化との出会いの場として扱うことも可能であろう。
　民話には洋の東西を問わず伝承文学としての普遍的なおもしろさがあり、その世界に子どもたちをたっぷり読み浸らせることが大切である。また、それだけに終わることなく、日本と異なる風土や文化を発見し体感する読みの視点も加えていってはどうだろうか。
　　　　　　　　　　　　　　(中村孝一)

〈参考文献〉
西郷竹彦『民話の世界・民話の理論』(『西郷竹彦文芸教育著作集11』)明治図書 1976。日本国語教育学会編『授業に生きる日本の民話・世界の民話』図書文化 1996。飯島吉晴編『民話の世界』(『日本文学研究資料新集10』)有精堂 1990。

られ、伝説的に語られている物語である」と解説している。
世間話　職人・芸人、宗教者など、世間を渡り歩いて情報を各地に運ぶ、いわゆる世間師によって身のまわりで起こったできごととして語られたもの。近年では学校の怪談などの噂話が世間話として関心が高まり、「現代伝説」「現代民話」などと呼ばれている。
再話　伝承されてきた昔話や伝説などを、言い伝えられたままではなく、現代的な表現で書き改めたものをいう。子ども向けにわかりやすく再話、再創造された昔話集や民話集、県ごとの「○○県の民話・伝説」、民話絵本、昔話絵本などがシリーズ物で多数出版されている。
神話　天地の創造、人類の誕生、民族や国の起源、文化の始まりなどを、超自然的な神や英雄の活躍として語る話。日本神話は『古事記』『日本書紀』『風土記』などの古典にその多くを見ることができる。

90 詩

詩教材とは

　詩を教室で扱うことの意義は，散文教材を扱う場合と比べてみれば，はっきりする。散文表現と異なる点が，詩教材の指導の中心になる。詩ジャンルの特性を生かした指導をしたいからである。

　散文表現との違いは，その形態・形式によく表れている。詩の文章は基本的に，散文表現の法則の規制を免れていて，散文的法則からは自由である。詩人を詩へと誘うのも，この点である。散文的法則から自由であることによって，詩表現に向かう衝動が，詩というジャンルを成立させた。詩人は，この衝動を詩精神と呼んでいる。その点で，表現営為における自由の精神を鍛えるのに，詩ジャンルの文章は格好の教材となる。このように詩的素材の意義は，散文教材との対応で考えてみるとはっきりする。

　ただ，散文詩は，両ジャンルの意識的な交錯をねらったものであるから，唯一の例外的な詩の形式である。

教材研究の着眼点

　詩教材の特質を，その形態・形式にみるとすれば，その形態・形式と表現内容との対応関係を探ることが，教材研究の着眼点となる。詩をその形態から分けて，自由詩・定型詩とするのも，その区分自体にはそれほど意味がなくて，自由詩・定型詩それぞれが，その形態をとることで，表現内容とのどのような対応関係をみせているのかが教材研究のポイントとなる。詩精神がリズムを欲し，リズミカルな語感の中に叙情を包もうとするところに定型詩が発生してきた。この対応関係を見逃すべきでない。

　例えば，〈まだあげ初めし前髪の／林檎のもとに見えしとき……〉(島崎藤村「初恋」)は，初恋の淡い叙情が七五調のリズムに誘ったのである。この関係は，おそらく逆ではないだろう。では，自由詩の場合はどうかというと，やはり，散文表現の持たない一種のリズムというのがある。見えざる韻律といわれる内在律が，それである。一例を引いてみよう。

　　　　峠　　　　　　石垣りん

　時に　人が通る，それだけ

　三日に一度，あるいは五日，十日にひとり，ふたり，通るという，それだけの——

　——それだけでいつも　峠には人の思いが懸かる。

散文詩　菅原克己の定義によれば，散文詩とは，「詩的精神につらぬかれた散文，詩的散文のこと」「詩的精神を散文の形式によって追求したもの」(『詩の辞典』飯塚書店　1977)である。もともと19世紀のヨーロッパに発生した形式であり，ベルトラン，ボードレールといった詩人たちによって完成されたということである(同上書)。

　わが国の近代詩では，萩原朔太郎の散文詩(『宿命』)，三好達治の散文詩(『測量船』)が知られている。前者からは「郵便局」，後者からは「冷」「村」「Enfance Finie」などが，高校の詩教材に採られている。

　戦後，小海永二によって紹介されたアンリ・ミショーの影響を受けた詩人が，散文詩を多く書いている。入沢康夫『ランゲルハンス氏の島』，岩成達也『レオナルドの船に関する断片補足』，粕谷栄一『世界の構造』などが，戦後の代表的な散文詩集である。吉野弘「I was born」(『消息』)は，高校の散文詩教材の優れた作品として評価が高い。

石垣りん「峠」(全8連)のはじめの3連である。見てのとおり口語自由詩であるが、読むときの呼吸は、散文の場合とかなり違う。ぽつりぽつりと途切れ、散文のように滑らかでない。行変え、分かち書き、読点、棒線、句点の表現法が、散文表現の使い方と違う。それら、いってみれば散文の法則に合わない点が全て、この詩のリズム(内在律)と関係している。「峠」の詩に込められた表現内容は、この形態・形式上の特徴と密接な関係を保っている。

リズムは、詩の呼吸である。朗読が重視されるのは、この呼吸を音声を通して体験させるためである。散文の朗読とは明らかに違う、詩を呼吸することの快さを音声を通して実感させるためである。詩のリズムというと、文語定型詩でのみ教えられがちであった。しかし、文語定型詩の場合、与えられた韻律という印象が強く、受身的になりやすい。その点、口語自由詩におけるリズム(内在律)は、読み手の発見に負うところが大きい。これからの朗読指導の開拓すべき領域である。

表現形式と表現内容

散文表現でもってしては伝えきれないもの、それを表現しようとして、詩ジャンルの表現は多様な形式を生みだしてきた。「峠」の、行変え、分かち書き、読点、棒線、句点の用い方も、選びとられた方法であったと理解できよう。句点一つきりの、散文でいえば一文とすべきものを、わざわざ3連に分けてあることの効果。小学校入門期の表記法である分かち書きを使い、やたら読点が多いことの効果。各連に入れてある〈それだけ〉という語のリフレイン効果。第2連と第3連の棒線の効果。いずれの点も、通例の散文的法則に合わない。しかし、この詩の描写する峻険な峠を、それら全ての形式上の特徴が支えている。この対応関係を学ぶことが、詩の授業の表現学習である。

めったに人の通らない峠の峻険さは、分かち書き、読点の多用で、ぽつりぽつりと切れ切れの単語を並べている印象と見合っている。また、一文の中に〈それだけ〉のリフレインを入れ込み、各3連に配列してあることで、長い時間の流れも背後に伏せられている。棒線は1、2連と3連をつなぐとともに、3連をきわだたせる役割をも果たしている、等々。このように見てくると、表現形式の特徴の全てが、表現内容を浮かび上がらせ、引き立てるうえで生きたはたらきをしていることに気づかされる。優れた詩である。 (足立悦男)

〈参考文献〉
小沢俊郎・足立悦男『国語教材研究・詩篇』桜楓社 1981。児玉忠『詩の教材研究――「創作」のレトリックを活かす』教育出版 2017。

自由詩 文語定型詩を除く詩の総称。正確には口語自由詩をいう。小・中・高の詩教材のほとんどが、このジャンルに入る。文章表現における形態・形式上の自由は、今のところ詩ジャンルにしか残されていない。散文表現の及びえない言語世界をうかがい知るには、したがって、詩ジャンルの文章しかないわけである。その点、国語教材の中で、口語自由詩は特異な位置を占めている。口語詩には、近代詩・現代詩・少年詩、そして子どもたちの書く児童詩が含まれ、多彩である。教科書教材は量的制約から、そのごく一部をしか載せていないので、まだまだこのジャンルからの教材化の可能性は広く残されたままである。

定型詩 詩教材として採られている定型詩の多くは、文語定型詩である。口語詩の出現するまでの、ごく一般的な詩の形式であった。定型韻律の快さを味わうには最適のジャンルである。和歌・俳諧につながる伝統的な形式であり、日本人のリズム感覚は、この詩型によって蘇生される。なお、童謡のように、口語定型詩というのもある。

91

短歌・俳句

短歌・俳句とは

「短歌」とは、5・7・5・7・7の5句、31音からできている詩であり、「俳句」とは、5・7・5の17音からできている詩である。古典としては、短歌を「和歌」といい、俳句を「俳諧」という。なお、俳句には、季題(季節を表す言葉。季語ともいう)を含むのが普通である。

学習指導の目標

伝統文化としての短詩型文学を学習することは、長い歴史を持つわが国の文学的遺産を享受し、更に新しい文化を創造していく資質や態度を養うことをねらいとする。同時に、作者によって厳しく選び抜かれた言語表現にふれることを通して、豊かな言語感覚の涵養や人間性の向上を目ざすものである。

短歌・俳句の教材

前項に述べたような目標を達成するためには、どのような作者の、どのような作品を採択するかという問題が重要になる。

近年の傾向を校種別に概観すると、おおよそ次のような特色がうかがえる。

小学校用教科書においては、短歌・俳句が同数程度掲載され、いずれも入門期にふさわしい、平明でイメージ豊かなものが選ばれている。

中学校用教科書では、望郷・恋愛・旅情といったテーマ別に提示したり、鑑賞解説の文章に作品を折り込んだりといった各社の工夫がみられ、量的には同数程度である。短歌においては正岡子規・斎藤茂吉・石川啄木・若山牧水・与謝野晶子らによる「教科書古典」的な作品だけでなく、栗木京子・河野裕子・俵万智などによる新しい作品をあわせて掲載し、生徒の生活感覚に寄り添おうとする姿勢も見られる。俳句においては、正岡子規・高浜虚子・河東碧梧桐・中村草田男・加藤楸邨・中村汀女・山口誓子などによる近代俳句の代表作とともに、種田山頭火や尾崎放哉などの自由律俳句や、坪内稔典の前衛的な作品、更には海外の「HAIKU」が紹介されるなど、文学ジャンルとしての広がりを理解させる工夫なども見られる。

高等学校の教科書教材は更に多様化しているが、全体的な傾向は中学校と同様である。教材の量的な増加は見られるが、短歌・俳句のいずれかに偏るということはない。

掲載作品の中には与謝野晶子の「金色のちひさき鳥のかたちして銀杏ちるなり夕日の岡に」のように小・中の教科書に採られている作品などもあり、それぞれの発達段階に応じた扱いが求められるという点からも非常に興味深い。

子規の功績 近代短歌、近代俳句の成立について考えるとき、正岡子規の果たした役割は無視できない。以下、短歌・俳句について概観する。

明治20年代前半までは、桂園派が歌壇の中心勢力であり、事実上は近世の延長であった。20年代の半ばに、落合直文が浅香社を結成して近代短歌を模索し、その流れは、やがて与謝野鉄幹や晶子らによって浪漫主義的な作風へと開花していく。それと対立する立場から、短歌の革新運動を手がけたのが正岡子規である。子規は、明治31年、「歌よみに与ふる書」を新聞「日本」に発表し、万葉集や金槐和歌集を賞賛した。これは写実的作風を尊重し、古今集以来の俗調を否定するもので、俳句の革新運動と底流する思想において同一である。子規の門からは、伊藤左千夫・長塚節・斎藤茂吉らを輩出し、以後の根岸短歌会、アララギ派を形成していく。

俳句においては、子規自身、明治20年代半ばまで、いわゆる月並俳句の影響を脱しきれなかったが、明治25年に『獺祭書屋俳話』、翌26年に「芭

学習指導のあり方

　短歌・俳句は選び抜かれた表現による凝縮された作品であるから、言語感覚の涵養に資することは先述した通りである。反面、作品の背景や作者の置かれた状況などについては、短詩型ゆえに作品そのものに盛り込みきれないという限界を持つ。その際、指導の方向性として次の二つが考えられる。

　一つは、「解釈の多様性」を積極的に認めるもの。「じゃんけんで負けて蛍に生まれたの」(池田澄子)、「桜散るあなたも河馬になりなさい」(坪内稔典)などのように幻想的・象徴的な作品は、論理的な「解釈」を求めるよりも、作品から受けるイメージや思いを自分なりの言葉で表現させ合うほうが、学習活動として有効である。例えば、前者においては「生まれたの」をどのように音読するか(文末を上げるか下げるか)によって理解の方向性が全く異なってくる。

　いま一つは、作品の背景や作者の状況を初めから提示し、それらを踏まえたうえで解釈や鑑賞をさせるもの。子規の「いくたびも雪の深さを尋ねけり」などは、これだけを単独で提示すれば、いくらでも「多様」な解釈が可能である。しかし、この句は作者の置かれた状況と切り離して解釈すべきでない。前書きの「病中雪四句」とともに「雪降るよ障子の穴を見てあれば」以下の3句も提示し、あわせて作者の境遇や病状を指導者が説明すべきである(他3句と比較することによって、この作品の優れた点が見えてくることも付け加えておく)。この作品に限らず、教科書に採られた短歌・俳句では、連作の中の一つであり、作者もそのような意図のもとに発表している作品であるにもかかわらず、紙幅の関係から、あえて単独で提示しているものが多い。茂吉の「死にたまふ母」は連作として提示される数少ない例外の一つと言ってよい。以上のことは、いわゆる「第二芸術論*」とそれへの批判の問題とも関連しているので、教材研究の際に概略をつかんでおくとよい。

　また、短歌・俳句の学習指導においては、5音、7音による定型のリズム感を音読や群読で体感させ、句切れなどにも注意を払わせることが大切である。俳句独特の季語については、単に「季節を表す言葉」ではなく、その中に、豊かな四季の変化に恵まれたわが国の風土と、そこで生活してきた祖先の感性とを感じ取らせたい。芭蕉の「古池や…」の蛙が春の季語であったり、クリスマスケーキから連想して冬のものだと思い込んでいた苺が夏の季語であったり、児童・生徒にとってはさまざまな季語をクイズ的に学ぶだけでも発見は多い。中学生以上であれば、教科書掲載作品以外からも気に入った作品を見つけて、それを学級で紹介し合うといった発展的な活動も可能である。イラスト入りの「歌物語」として散文化するのもおもしろい。　　(石井健介)

蕉雑談」を発表し、発句だけを独立させた「俳句」を近代文学の一ジャンルとして位置づけようとした。彼の主張は、明治30年創刊の雑誌「ホトトギス」などを通じて全国に広まり、「写生」を重んじ、蕪村の客観的、絵画的な作風を賞賛した。

第二芸術論(桑原武夫の俳句批判)　昭和21年12月、フランス文学者の桑原武夫が「第二芸術―現代俳句について」を雑誌「世界」に発表した。桑原は、有名・無名の15人の作品を作者名抜きで提示し、いずれが名家の優れた作品であるか判別を求めた。そして、その判別の困難さと同時に、作句の経験のない者はものを言うべきでないという俳壇の風潮を批判し、芸術としての脆弱性を指摘している。それに続く「私は現代俳句を『第二芸術』と呼んで、他と区別するのがよいと思う。」という文言は、戦後の俳句界のあり方に大きな影響を与えた。

〈参考文献〉
尾形仂編『新編俳句の解釈と鑑賞事典』笠間書院2000。

92

記録・報告

記録・報告とは

　文章は，書き手の立場，主題，取り上げられた対象のいかんによって異なった文章ができあがる。文章研究においては，一つの基準を設けて文章を分類することが行われてきた。それは，分類を行うことによって対象の本質に迫ろうとするものである。

　例えば，青木正児の『支那文学概説』（春秋社　全集第1巻19）には，「論弁」「序跋」「奏議」など13の分類が示されているし，五十嵐力の『新文章講話』(1909)には，「簡潔体」「蔓衍体」「剛健体」「優柔体」「乾燥体」「華麗体」の6種類が示されている。前者は文章の性格に，後者は文章の形に重点を置いた分類である。一方，時枝誠記は『国語学原論続編』（岩波書店　1955）において，言葉の機能面に分類の立場を置いて「実用的機能」「社交的機能」「鑑賞的機能」「共感的機能」の四つの分類を示した。

　このように，立場のいかんによって幾つかの分類が可能であるが，これからの分類は様式*論的立場ではなく類型*論的観点から行われねばならないと考える。

　文章のジャンル意識が国語科教育の読解指導の問題と関連して登場する契機をなしたのは，昭和22年版学習指導要領国語科編（試案）である。そこには，「児童・生徒の言語活動を，次のような表現によって多種多様にのばしていく」（第1章第2節の4）として，24種類の「表現」が示されている。その中に，

　　手紙・日記・記録・報告・研究・随筆
　　など。

とある。その後，文章のジャンル別読解指導法ということが具体的に問題にされるようになって今日に至っている。

記録・報告のジャンルの特質

　「記録・報告」とまとめていうことが多いが，それは「記録」の文章と「報告」の文章とは明確な区別はしがたいことによる。しかし，典型的な記録文と報告文は，異なった趣は指摘できる。記録の場合は，発表の目的はあるにせよ，不特定な読者を想定したものとか，あるいは時代の証言として後世の人々のために記録するということもあり，自分自身のために記録するということもある。そういう意味では，「日記」も記録の一種である。記録は，何かの物事についての記録であり，書き手が問題を持った物事について事実をして語らしめるという趣がある。

　それに対して報告の文章は，例えば，各新聞社の海外特派員が，各地の政治・社会・学芸などの問題について本国の本社に報告してくる文章に見られるように，書き手は，

様式と類型　どちらも，ある物事を分けるという共通の要素を持っているが，様式は，文化の一つの表れとしての当該の物事の作者や成立年代との関係を重視して，個性的精神の表れ方としての形を問題とする。

　類型は，もと生物学上の分類基準の一つとしてのジャンルの考え方を応用したもの。物事をその形態的な特徴に着目して分類する立場。したがって，作者と成立年代は特に考慮することはない。

表現の主観性と客観性　物事を客観的に正確に表現するといっても，およそ一つの立場なしには物事を見ることはできない。書き手のある考えを訴えるにふさわしい物事を選び出して，一見客観的であるかのような装いを凝らしながら，主観的な主張を述べることも可能なのである。記録・報告は，書き手に一つの立場はあっても，それは柔軟な，多様な考え方・見方を受け入れることのできるものでありたい。そして，物事に対して観察したとき，物事によって，自分の考え方が改められ

特定の団体や個人のために書くという趣が強い。

したがって，両者の，文体の上に違いが生じてくることはある。「手紙」は報告の一種である。報告する人が受け取り人の状況を知っていればいるほど，両者の関係において書かなくてもよいことは，書かないですますことがある。それが，特定の書き手が特定の読み手に宛てた「報告」を，第三者が読んだときにわかりにくくすることがあるのである。しかしそれは，記録文に対して報告文のほうが記事において主観的であることを意味するものではない。

論説文は書き手に一つの見解があって，一貫した論理で読み手を説得しようとする。事例は，論理の妥当性を補強するために任意のものが選ばれる趣さえある。これに対して「記録・報告」は，書き手が物事を見て考えたことを述べるために，物事をして語らしめるように強く配慮される。もちろん，書き手の側に特定の物事についての特定の問題意識がないわけではない。ただし，特定の先入観が，物事の実態によって否定されるということもあるのである。

物事を正確に捉えて，正確に伝達（叙述）することが「記録・報告」を書くときの留意点ではあるが，大事なことは，正確に書くということは，没主体的に書くことではないということである。以上は，書き手の立場に関わる問題であるが，大事なことは読み手の立場である。読み手の立場においては，「記録・報告」のジャンルの文章の特質として，表現の主観性と客観性*ということが問題になりやすい。

今後の問題

一時，文章のジャンル（種類）別読解指導法ということが問題になったことがある。しかし，あまりに細分化して，それぞれに独自の指導法といっても意味がないことがわかってきた昨今である。

むしろ，文芸作品に対するノンフィクション*というとらえ方をして，ノンフィクションのジャンルの一般的性質を考慮して教材論に反映させたほうがよいであろう。文芸作品とノンフィクションとは，ジャンルの観点から検討すれば幾つかの相違点は指摘できるが，読み手の立場からみれば，どちらも文章としての共通点のほうが多い。段落構成や語彙的性質を吟味することの重要性は，何も「記録・報告」の文章の重要事項なのではない。文芸作品にも同様に大切なのである。「記録・報告」が事実や実際の事柄の世界であるのに対して，文芸作品が虚構の世界であることのみが基本的な相違点なのである。　　　　（渋谷　孝）

〈参考文献〉
坪井秀人『感覚の近代』名古屋大学出版会 2006。柳田邦男『事実を見る眼』新潮社 1982。小田迪夫『説明文教材の授業改革論』明治図書 1986。

たというようなものでありたいものである。

これを読み手の立場からみた場合，当該文章に事例がたくさんあげられているからといって，その文章が客観的なことを述べているのだと思ってはならない。個々の事例の吟味が大事になる。

ノンフィクション（nonfiction）　文芸作品に対して非文学などと呼ばれることがあるが，それは日本語としてまだ熟してはいない。文芸作品は虚構の世界であり，したがって，作品の世界の事物と対応する物は，現実世界の中には存在しない。作品の世界は現実の世界の反映であるということは，おおざっぱにみては正しいが，作品と現実世界の間には虚構という認識の過程がある。

これに対して，作品の世界の事物と対応する素材としての事物が現実世界に存在するものがノンフィクションである。記録，報告，説明，解説など，おしなべてノンフィクションとして一括して捉えることができる。

93

説　明

説明とは

　風通しのよくないアパートの住人たちは，馴れたとは言え，深夜の天麩羅のにおいがひとしお身にこたえた。しかし誰ひとりもはや愚痴をこぼさず，大倉もさっぱり声を立てず，暑い盛りに連夜のごとく油物を喰って疲れぬ折居家の気迫に，皆，唯々圧倒されていた。（古井由吉『夜の香り』新潮社　1979）

　人間は直立して二本足で歩くが，直立時の安定を保つため，足の前後径が長くなり，かかとを地につける蹠行性を維持したのだと言える。その点で，同じ蹠行性である四足のクマとは条件がちがうといえる。蹠行性の足は，歩行にあたっていちいちかとをあげなければならないため，リズムがくずされ，歩行率が低い。
（香原志勢『人体に秘められた動物』日本放送出版協会　1981）

　上の2例において，前者を物語文，後者を説明文ということはできる。ただ，説明とは何かということを規定することは容易ではない。国語科の読解指導の参考書類には，「ものごとについて，書き手が主観的判断を加えないで，客観的に，論理的に，正確に説き明かしたもの」というようなことが書かれているが，これは俗論である。

　第一に，ある文章が客観的で正確であると最終的に判断するのは読み手である。第二に，主観的判断を加えてよい文章というものはありえない。主観的であっては困るが，一つの立場なしには文章はまとめられない。立場をとるということは，対象に一つの限定をつけることである。

　前者の例文を読むと，私たちも暑い夏の夜の薄暗いアパートのてんぷらを揚げる匂いが煙に乗って漂ってくる中に居るような気分になる。この場面を想像することができる。次に，後者の例文によると，人間の足による歩行の仕組みについてクマと対比的に論述されているのを，文脈にそって知的に納得させられるのである。この場合の知的な納得とは，読み手の歩行体験に基づく何がしかの知識を前提にして，類推したり，想像したりすることである。

　説明とは，描写と対比的に考えると筋道をつけやすいし，事物の内容，形態，機能，価値などを解き明かすことであるが，その解き明かすということが問題なのである。説明の文章に表れている表現の論理は，「92　記録・報告」における説明にも通じることであるが，用例によって示すと，例えば，次のようになる。「観光客がガイド嬢の説明を聞いている」とはいえるが，「説明」のところに「描写」は代入できない。

　いま，"The Concise Oxford Dictionary" によって示すと 'explanation' には，次のような記述がなされている。

　Explaining, esp. with view to mutual

類推　ここでは，今西錦司の『生物の世界』（講談社学術文庫　1979）において，次のように述べられている考え方を援用している。「類推とはその本質において，われわれの認識，すなわちわれわれのものの類縁関係を認識したことに対するわれわれの主体的反応の現れに他ならないと思う。」

表現の論理　説明の表現の論理は，事物の本質を

事物に則して説き明かすことである。したがって，書き手の特定の趣向によって説いたものは正しい説明とはいえない。書き手の立場は，どのような事物を取り上げたかという事物の選択行為の中に間接的に表れるのである。

不可視の世界　説明的文章は，明治から大正時代にかけては，「鯨」「身体の構造」「振子時計」の

understanding or reconcililation ; statement, circumstance, that explains.

また、大森荘蔵の『言語・知覚・世界』(岩波書店 1971)に次のような一節がある。

「見える」形や大きさはかならず特定の視点からの形や大きさであるが三次元座標の中に表示された形や大きさはどの視点からのものでもない。知覚風景の空間的性格は視点をもつものであるのに対し、科学的世界のそれは無視点のものなのである。それはいわば無視点の世界図式と呼べよう。こうして自然科学の描く世界像は「見え」「聞える」こととかかわりのないボキャブラリーで描かれたものである。

ここに述べられている規定に忠実な文章は、典型的な説明の文章といえる。だから、ひと口に説明の文章といっても、その実態は多様である。例えば、岩波科学の本シリーズの中でも、『数は生きている』(銀林浩・榊忠男)と『動物の生活リズム』(森主一)とではかなり趣を異にしている。後者には著者の情感がにじみ出ているのである。

これは、文芸作品の中にも「説明」の要素がたくさんあることを意味するのである。私たちは、小説の中の説明の要素を無視してはならない。

教材としての説明的文章（説明文）

説明の文章は、文芸作品と対比的なジャンル論的考え方による文章の1分類になるものである。これは多分に便宜的な考え方である。明治時代の小学校の『読本』の教材としての文章は、その大部分が説明文であった。そして、その指導の方法としては、「実物或ハ図画ニヨリテ観念ヲ開発シテ後之ヲ表出スベキ文字ヲ与エ云々」(若林虎三郎編『小学読本第一巻』の「教師須知」。本文は古田東朔編の『小学読本便覧第二巻』武蔵野書院 1979)とあるように、当世風にいうと、実物かイラストによって、言葉のイメージ化を図るということであった。

ところで、文章の中の事物は、常に実物またはイラストによって対応させられるものではない。それに関して、教材としての説明文の否定的な考え方も出されたし(芦田恵之助『読み方教授』など)、それと対比的に形式陶冶の重視の考え方(丸山林平の『国語教育学』など)も出された。昭和20年代に入ると調べ読みということが強調されて、社会科や理科と混同されることもあった。

現在、教材の内容が不可視の世界の本質を探るものになったことと相まって、関連する基礎知識に基づく、類推と想像が読むということだという考え方が形成されている。

(渋谷　孝)

〈参考文献〉
森田信義編著『説明的文章の研究と実践―達成水準の検討』明治図書 1988。水川隆夫『説明的文章指導の再検討』教育出版センター 1992。岩崎稔・上野千鶴子・成田龍一編『戦後思想の名著50』平凡社 2006。渋谷孝『説明的文章の教材研究論』明治図書 1980。

ように、肉眼で見える物についての説明であった。だから、実物またはイラストによってイメージ化を図るということも考えられたのである。

ところが、現在の教科書の説明的文章教材には、「たんぽぽのちえ」「生きている土」など、簡単には見えない事物の微妙な本質を解き明かしたものが登場してきている。補助資料で補ってイメージ化を図るにも限度がある。読み取りの方法としては、素材についての知識をもとに、類推、想像するほかないのである。明治・大正時代の教材から得たような情報は、今日ではテレビや写真などによって得ることができるので、説明文教材としては新しいものが求められている。

論説・評論

論説・評論とは

　説明・解説は，ある事実を多くの読み手に理解してもらうために，その事実に即しながら書き手の意見も交じえて，わかりやすく書かれた文章である。これに対して論説は，書き手が強調したいことを，論理的筋道を立てて述べた文章で，読み手を説得したり読み手に共感を求めたりすることをねらいにした文章である。したがって，論述の態度は，確実な根拠に基づいて客観的・科学的な態度で貫かれている必要がある。

　論説と評論の違いについて『新作文指導事典』（第一法規 1982）では，「論説と批評・評論の違いを強いていえば，前者の論述が科学的・客観的態度で貫かれ，主観的な要素が少ないのに対して，後者は，感想とか意見とかいった主観的な要素がかなり織り込まれているところにある。つまり，両者とも，自分の主義・主張によって相手を説得するところに眼目はあるが，論説に比べると評論のほうは，いっそう事柄の説明は少なくなり，それへの批評・批判が主になる。しかも，自分に同調させようとする相手意識が強くなるので，多くの場合，親しみやすい平易な表現が必要とされ，構成・叙述のうえにもさまざまなくふうが試みられる」と述べている。

　論説の代表的なものは新聞の社説や，意見を述べたコラム，投書などで，一般的・普遍的な傾向が強い。一方，評論は筆者の個性が強く表れるもので，新聞の文芸時評とか映画評などをあげることができる。論説も評論も一口に論文ということがある。

論説文の文章構成

　論旨を明確にするためには，文章の論理性が要求される。そこで，論を立てる段落におおよその形式が生まれ，論証の仕方に特色が生じてくる。その主なものを大きく三つに分けて列挙してみよう。

1．四段法・三段法による分類

　(1)起・承・転・結の型　四行詩である漢詩の絶句のように，起（おこす），承（うける），転（観点を転じる），結（全体を結ぶ）の型。

　(2)序論・本論・結論の型　三段法で，導入，本論，結論ともいう。本論では比較・対照や肯定・否定の方法，あるいは具体例をあげるなどさまざまに論じられる。

2．文章の締めくくりの立場からの分類

　(1)頭括式　文章の初めに全体を締めくくる主張・結論を述べて，以下，それを細かく具体的な事柄等によって説明していく。

　(2)尾括式　頭括式の逆で，初めに幾つかの具体的な事柄や考えなどを述べ，それから導き出される結論を最後に述べる構成法。

論旨　要旨という語が説明文・論説文などに広く用いられるのに対して，論説文・評論文に限定した場合，論旨の語が特に使われる。「論」の要旨の意である。論旨の読み取りについて「高等学校学習指導要領解説・国語編」（平成11年）には，「論説や評論では，文章全体の要旨の中心になる主要な論点と，具体例，説明，補足，反証などを述べる従属的な論点とがある。論旨をとらえる際に重要なことは，主要な論点と従属的な論点とを判別し，その関係を押さえ，主要な論点を的確に読み取ることである。」と述べられている。

論証の仕方　論証とは，ある判断が真であることの理由を明らかにするための論理的手続きをいう。論証されるべき判断を提題または主張といい，その理由として選ばれるものを論拠という。

三段論法　アリストテレスが体系化した形式論理学の代表的推論で，大前提・小前提の二つの前提から判断して結論としての判断を導き出そうとする間接的推論である。例えば，

　植物は生物である。…………大前提

個々の具体的事実から一般的な原理を導き出す方法といえる。
　(3)双括式　頭括式と尾括式を組み合わせた型といえる。前にこれから述べようとする事柄を予告したり，結論めいたことを述べてしまったり，更には問題点を提示したりし，次に細かく述べて，最後で再び締めくくるという構成。序論・本論・結論の三段法と見立てることもできる。
　(4)追歩式　物事の始めから終わりまでを時間的・空間的移動の順序に従って書いていく，単純だが自然な形式。紀行，伝記・歴史，小説の描写などに多く用いられる。
　(5)散叙式　事実や見解を，ちりぢりに並べて述べただけで，未整理の論説に多い。
３．推理の仕方による分類
　(1)演繹推理　一般的な原理を大前提として，特殊な場合や個々の事実を導き出す（演繹する）方法。この中で，三段論法*が最も単純で，しかも典型的なものである。
　(2)帰納推理　経験によって得られた個々の事実，あるいは特殊な場合を前提として，その間に存する共通性に立脚して一般的な原理を導き出す（帰納する）方法。

教材研究の視点
　学習指導は，教材と児童・生徒と指導者とによる相互関係のうえに成立している。したがって，生きた学習指導を展開するためには，教材研究は，次の三つの視点からなされてこそ万全であるといえよう。

　Ａ　作品研究的視点・教材分析的視点
　Ｂ　実態把握的視点・反応予想的視点
　Ｃ　指導法研究的視点・指導計画的視点
　Ａの視点を一般に教材研究と呼んでいるが，これは「教材をどう見るか」という視点であり，「何がどう表現されているか」を分析的に研究するものである。Ｂの視点は「教材に児童・生徒はどう反応するか」を実態に即して予測しておくためのものである。Ｃの視点では，ＡとＢを踏まえて「教材で何をどう学習させるか」を計画的におさえておく。教材研究では，教材とする論説文の特性を指導者自身がよく理解し，児童・生徒の実態に応じて学習指導の場に持ち込むようにすることが大事である。
　論説・評論の系列を本格的に取り上げるようになるのは中学校になってからであるが，小学校高学年から「事実と意見」に目を向けさせるなどして要旨に迫らせたい。

論説文の指導過程
　要旨（論旨）を把握させるための指導過程としては，次の３段階を踏むことが多い。
１．仮説*の段階　通読して要旨を予想し合い，共通点や相違点を明らかにする。
２．検証*（精査）の段階　予想した要旨が正しいかどうかを確かめるために文章の構成を捉え，段落の内容を読み深める。
３．確認の段階　文章全体に立ち返って，文章の要旨を確かめ，予想した要旨と比べてみる。
　　　　　　　　　　　　　　　　（大内敏光）

　マツは植物である。………小前提
　ゆえにマツは生物である。…結　論
のように，三段がまえの論法で導く形式のものがある。この場合，「生物」は最も範囲が広く大概念，「植物」は中概念，「マツ」は小概念と呼ばれる。大概念を含む前提を大前提，小概念を含む前提を小前提と呼ぶ。そして，小概念は結論の主語となり，大概念は結論の述語となる。この結論は，大前提と小前提の両方に含まれた中概念を媒介としているので，中概念は媒概念とも呼ばれる。

仮説　ある現象を明らかにするための出発点として設定される命題をいう。ここでは，読みの浅い初期の段階で直観的に捉えたり予想したりしたものを文章の要旨として仮定することをいう。
検証　仮説としての要旨が正しいかどうかを確かめることをねらいとして，文章を精査することをいう。検証は本来，実際に調べて証拠だてること，仮説を実証すること の意。検証の段階で，仮説としての要旨が修正されたり把握されたりしていく。

95

戯　　曲

戯曲と演劇

　言語を主体にして，人生や社会の一面を表現しようとするという意味では，戯曲は文学の一分野である。しかし，演劇として上演され，俳優の言葉と行動とによって事件の経過を眼前に表現させることを想定して書かれている点では，他の文学作品と大きく異なる。

　戯曲が演劇の要素の一つに組み込まれ，上演するためのテキストとなった場合は，「脚本」と呼ばれる。台本やシナリオなども同じ意味に用いられるが，一般には，演出方針に基づいて整理されたり，書き込みされたりして，上演のための覚え書きのようになったものをいうことが多い。

　謡曲や狂言，浄瑠璃，歌舞伎劇のものも広義では戯曲の一種であるが，読まれることよりも上演を直接の目的として作られる性質が強いため，普通は区別することが多い。逆に，読まれることだけを目的にするレーゼドラマ (Lesedrama) と呼ばれるものもある。

戯曲の形態・種類

　戯曲は，形式的には「独白」(モノローグmonologue) と「対話」(ダイアローグdialogue)，時間や場所，人物の出入り，動作などを簡単に示す「ト書き」から成り立っており，これらがまとまって「場」，場が集まって「幕」を形づくっている。これに更に「序曲」(プロローグprologue) や「終曲」(エピローグepilogue) の加わる場合もある。

　ギリシア時代から，強い諷刺の精神で描きながら結末が円満な形で終わるものを「喜劇」，運命と対決しながら悲壮な終局を迎えるものを「悲劇」と分類されてきた。しかし，近代戯曲では，笑いの中に大団円で終わりながら，人生や社会の言い知れぬ恐怖を感じさせるものもあり，古典劇のような明確な区別はできなくなっている。

　その他，題材や主題から歴史劇，社会劇，民話劇，童話劇等，表現手法から写実劇，象徴劇，音楽劇等に分ける場合もある。

　歴史的に見ると，日本の近代戯曲は，明治期まで主流をなしていた歌舞伎に対して，その様式性を取り入れながら新しい時代に沿ったものを作ろうとする「新歌舞伎」「新派」と，伝統的な演劇を否定し，西欧の近代写実劇を範とした「新劇」との二つの大きな流れに分けられるが，最近では，表現内容とも多様化し，明確に分類できないものも多い。

教材としての戯曲研究のねらい

　戯曲を教材として教室で扱う場合，その目標や方法を設定するにあたっては，次のような他の文学と異なる性質をしっかり捉

世界の戯曲　原始舞踊や宗教的儀式が演劇としての形態を整え，やがて文字に記されるようになったもので，その源流はギリシアに発する。
〈ギリシア古典劇〉　ディオニソスの神（バッカス）の祭典に行われた歌舞に始まり，春の祭礼に，神の経歴を荘重厳粛な悲調を帯びた歌に合わせて演じたものを悲劇，秋のぶどう収穫後の祭礼に，農民が酔って平素の不満を晴らす歌を歌いながら練り歩く行事を喜劇の源流とする。アイスキュロス『オレスティア』(前458)，エウリピデス『メディア』(前431)，ソフォクレス『エディプス王』(前420ごろ)，アリストファネス『女の平和』(前411) 等，現在にまで演じられるものも多く，アリストテレスの『詩学』(前4C) は，後世の劇作法に大きな影響を与えた。
〈中世劇〉　ギリシア劇の伝統も絶え，演劇らしいものはほとんどなかったが，フランス，ドイツの宗教劇だけが盛んだった。
〈近世劇〉　文芸復興は演劇をも復活させ，イギリスではシェークスピア『真夏の夜の夢』(1595)，

えておくことが大切である。
1．戯曲は，読まれることと同時に上演されることを目ざしている文学である。したがって，読んで興味があるというだけでなく，"上演したくなるもの" "上演しうるもの" でなければならない。
2．したがって，戯曲の価値は，主題や主張だけではなく，観客を共感させ，一体となって同行させるような舞台効果を上げうるかどうかによって評価される。
3．せりふと簡単なト書きとだけから成り立っており，その解釈や肉づけは読者に委ねられている不完全な文学である。
4．人物と人物，人物と環境などの対立や葛藤という二元的な展開によって進行する。その緊張と弛緩とを効果的に組み合わせながら，結末への高まりを形成するリズムが戯曲の生命である。
5．生きた人間が，ある状況の中で必然的に口にする言葉によって展開する。短い単純な語や句読点が，しばしば重要な意味をもつことがある。

学習指導における戯曲教材の扱い

このような特質をもつ戯曲を，国語科教材として扱っていく場合，次の意見が示唆を与えてくれる。

「戯曲というものが文字に記された文学として与えられる以上，そこに並んでいる冷たい文字の裏に登場人物の生きた肉体を，その内的・外的行動を感じとらなければならない。すべての登場人物の中に入っていって，戯曲の全体の意図を，作者の思想や感情を余すところなく吾がものとしなければならない」（千田是也『演劇とは何か』)。

戯曲は，「話すこと・聞くこと」「書くこと」「読むこと」の各分野の密接な関連の中で学習指導が進められるよう，教材研究では特に留意すべきである。具体的には，①戯曲についての理解を深め，戯曲の鑑賞に慣れさせる，②せりふやト書きから，登場人物の心理の流れや性格を読み取らせる，③主題，構成，人物の性格，心理の動きなどを考え，適切な表現方法を工夫させる，④聞き方，話し方に注意させるとともに，日常の言語生活についての反省と改善の手がかりを与えるなどが目標として設定される。

その他，発展として，会話だけで進行する作文（戯曲）を書かせることは，一般作文とはまた異なった，文章力や言語感覚を育てる。小学校高学年以上では，映画やテレビドラマのシナリオとの相違，戯曲（演劇）の種類や世界の戯曲についても触れ，関心を高めるとともに，接する態度を育てておくことは情報リテラシー育成の視点からも現代的意義が大きい。　　（村井　守）

〈参考文献〉
デヴィッド・ボール，常田景子訳『戯曲の読み方』日本劇作家協会 2003．平田オリザ『演劇入門』講談社 1998．田中千禾夫『物言う術』白水社 1973．

『ハムレット』(1602)，フランスではコルネイユ『ル・シッド』(1636)，モリエール『人間ぎらい』(1665)，ラシーヌ『フェードル』(1677)などの名作が生まれ，やや遅れてゲーテ『ファウスト』(1774～1831)などドイツ古典主義が出現した。〈近代劇〉　文壇の自然主義運動に伴って，写実的に日常問題の中から人間を探求するノルウェーのイプセン『人形の家』(1879)，『野鴨』(1884)，スウェーデンのストリンドベリ『令嬢ジュリー』(1888)等は芸術革新から社会革新にまで進展し，ドイツのハウプトマン『日の出前』(1889)，ソ連ではトルストイ『闇の力』(1888)，チェホフ『三人姉妹』(1901)，『桜の園』(1904)，ゴーリキィ『どん底』(1902)など近代劇の本格的な作家が輩出した。しかし，ベルギーのメーテルリンク『青い鳥』(1908)らによって芸術主義的運動が起こり，自然主義作家も写実から象徴に移った。その他アメリカのウィリアムス『欲望という名の電車』(1947)，ミラー『セールスマンの死』(1949)なども広く知られる。

96

古典・伝統文化

古典・伝統文化・言語文化

　古典は，過去に書かれた文章の中で，特に文化的な価値の高いものを指す。伝統文化の一部を形成するものである。

　国語教育において，古典は，江戸時代までの，日本人の書いた文章（漢詩文を含む）や日本文化に影響を与えた中国の文章等を指すことが多い。

　2008年版の学習指導要領で，〔伝統的な言語文化と国語の特質に関する事項〕が新設され，「伝統的な言語文化」という言葉が用いられるようになる。その中で，小学校では昔話・神話・伝承・易しい文語調の短歌や俳句・ことわざ・慣用句・故事成語・親しみやすい古文や漢文・近代以降の文語調の文章・古典について解説した文章等があげられている。中学校では古典に関する教材について「古典の原文に加え，古典の現代語訳，古典について解説した文章など」と記されている。また，中学校の学習指導要領解説には「古代から現代までの各時代にわたって，表現し，受容されてきた多様な言語芸術や芸能など」という記述もあり，事項の教材には，古文・漢文の他に，狂言や落語等の古典芸能もあげられている。

　2017年版学習指導要領では，言語文化は，〔知識及び技能〕の中に位置づけられた。内容は，おおむね2008年版を踏襲している。

　現在，国語教育では，「言語文化」は「古典」を包含した概念で用いられている。

教材の固定化

　教科書でどのような作品が選ばれるか，指導者が何を授業で取り上げるかは，その時代の古典観や教育観が反映される。例えば，『万葉集』は戦前から現在に至るまで教科書に採録されているが，『神皇正統記』のように戦前は教材として採録されていたが，現在では採録されていない作品もある。

　小学校では，2008年版学習指導要領以降，古典・言語文化の教材が増えたため，多様化が進んだ。一方，中学校の教科書では，古典教材の固定化する傾向がある。戦後に限っても，1970年代までは『更級日記』や『源氏物語』が採録されたことがあるが，その後次第に見られなくなっていく。特に，1998年版学習指導要領以降その傾向が顕著となる。理由は複数あるが，国語の授業時数の減少による影響が大きい。古典単元に配当される時数が減少したため，川柳・説話・近世笑話などを採録する教科書が減少した。漢文でも，以前は『史記』のような散文も採録されていたが，これも見られなくなっている。

　現在は，『竹取物語』『徒然草』『枕草子』『平家物語』『おくのほそ道』『万葉集』『古

高等学校の古典　必修科目の教科書では，中学校で採録されている作品の他に『伊勢物語』や『土佐日記』などが採録されることが多い。中学校と同様，作品や採録箇所の固定化が見られる。一方，大学入試では，既習作品からの重複を避けるため，著名作品以外からの出題が多く，作品は多岐にわたっている。受験対策としてそうした作品群が扱われるため，結果的に「名文に親しむ授業」と「（著名作品とは限らない）初見の文章の内容を読み取る授業」という対照的な展開が見られる。

採録章段の問題　「学習する章段（句歌。以下同）を理解させる」ことが授業の目標であるのか，「章段の理解に加え，その学習を通して作品の全体像を把握させる」ことが授業の目標であるのかによって，教材のあり方は変わる。『おくのほそ道』では，冒頭の部分や平泉の段を，芭蕉の思いや芭蕉の旅と切り離して理解することは不自然である。旅立ちの「行く春や鳥啼き魚の目は泪」の句や末尾の「蛤のふたみに別れ行く秋ぞ」の句を合わせて教材化することによって，作品の全体像に触れ

今和歌集』『新古今和歌集』『論語』，故事成語・漢詩等が各教科書に共通して採録されている。

教材の固定化は，採録作品だけに限らない。以前に比べて採録章段数・採録句歌数は減少している。それに伴い，採録章段・採録句歌の固定化・共通化が見られ，『万葉集』『枕草子』『おくのほそ道』等，作品のもつ多様性を知ることが難しくなっている。

教材研究の視点

古典の授業は，古典に親しむ態度を育てることが目標となる。そのため，教材研究をする際には，次の三つの点を頭におく必要がある。

1　古典の世界に親しむ

過去の世界が現代とどのように異なり，どの部分が共通しているのかを学び，古典世界に親しむ態度を養う。時代とともに，社会制度・風俗・習慣は大きく変わる。一方で，文化や伝統は現代にも受け継がれている部分があり，古典は人々の美意識や人生観を形成するのに大きく関与している。

2　古人の考え方を知る

古人の感じ方や考え方を学び，それを自分の生き方に生かしていく態度を養う。さまざまな時代，さまざまな社会状況の中で，古人がどのように考え，どのように生きたのかを知ることは，現代人にも大きな示唆を与える。

3　文語の文章に慣れる

文語を学び，言葉感覚を磨いて表現を豊かにする態度を養う。口語には親しみやすく，理解しやすいというよい点があり，文語には格調高く，味わい深いというよい点がある。

1と2の場合は，必ずしも原文だけではなく，発達段階に応じて，口語訳や解説など，現代の言葉で書かれた文章を活用するのも良い方法である。3においても，原文を中心としながら，合わせて現代語の文章を用いると効果的な場合がある。

古典に親しむためには，音声資料や映像資料を活用することもまた有効である。各時代の衣食住・動物・植物・建物・乗り物・絵巻等，各種の事物や音声を視聴することは古典に対する理解を深める。

発展教材

教科書の補充教材を読んだり，国語便覧を用いたりしている指導者も多い。研究会や教育書では，教科書に掲載されていない作品や章段に積極的に取り組む実践報告や実践提案がなされている。指導者が印刷物を用意することが多いが，文庫本を用意させることもある。いずれも，教科書教材を起点として多くの文章を読ませることで，発展的な学習を目ざしている。デジタル教科書で多くの補充教材を用意すると，こうした活動もいっそう容易となる。

（岩﨑　淳）

させることがある程度可能となる。『枕草子』や『徒然草』のように，各章段の独立性が高い場合は，取り上げる章段によって，その作品全体に対する印象や理解が大きく変わる。教材の選定には慎重さが求められる。

古典学習のあり方　古典学習の活性化をはかるために，古典単元において多様な学習活動が開発されてきた。例を挙げると，川柳創作・新聞作成・年表作成・群読・脚本創作・双六作成・アンソロジー編集・古文作文・古典和歌と現代短歌の歌合せ・歌物語創作他，さまざまある。こうした学習活動に対して「古典教材をもとにした表現活動であり，古典教育ではない」という批判がなされたことがある。原文に向き合い，文章を味わいながら考えを深めることは理想であるが，すべての学習者がすぐにそのような理想的な状態に到達するわけではない。古典に親しませるためには教材化と指導とに工夫が必要である。

97
慣用句・故事成語・ことわざ

慣用句

　慣用句とは，二つ以上の語が習慣的に結びついて，全体で，ある特定の意味を表す表現である。慣用句と呼ばれる語句の中には，「骨を折る」（苦労する），「耳にたこができる」（同じことを何回も聞かされて，うんざりする）など，構成要素となった，もとの語の意味からだけでは理解できないような表現が多い。なお，慣用的な表現の中には「口を出す」（横から割り込んでものを言う），「負けず嫌い」（負けるのが嫌いな性質）などのように，もとになった語の関係から意味がはっきりするものもある。これらは「成句」とよばれるものの中に含まれるが，慣用的に結びついて用いられるという点で，「慣用句」と考えてよい。慣用句として特に多いのは，体の部分を使ったものである。（例「目が高い」「手を切る」「足を洗う」「口が軽い」など）そのほか，動物の名前を使ったものも多い。（例「馬が合う」「すずめの涙」「猫の額」など）

ことわざ

　ことわざとは，昔から人々の間で言い習わされてきた，経験的な知識や教訓などを含んだ簡潔な言葉である。ことわざも言い慣れた表現という点では，慣用的な言葉であるが，いわゆる慣用句と違う表現上の特質の一つは，例えば，「犬も歩けば棒に当たる」「論より証拠」のように，一つの文として成り立っているということである。内容のうえから見ると，そこに展開する先人の知恵は，日常的な生活の知恵（「朝雨に傘いらず」「桃栗三年柿八年」）から教訓を表したもの（「石橋をたたいて渡る」「急がば回れ」など）まで，多様である。

　ことわざは，本来，言（こと）の技（わざ）で，さまざまな言語技法を使った巧みな言葉の技芸として成り立っている。その言の技の代表的なものの一つは，比喩である。例えば「石橋をたたいて渡る」は，「非常に用心深い」ということの比喩であり，「猫に小判」は「値打ちのわからない人には役に立たない」ということの比喩である。また，「習うより慣れろ」「急がば回れ」のように，矛盾する二つの事象を結びつけたもの（二律背反的表現），「犬も歩けば，棒に当たる」「朱に交われば，赤くなる」のように二つの事象を，原因と結果，あるいは条件と帰結の関係で結びつけたもの（因果的表現）などがある。いずれも，言葉に無駄がなくてリズムがあるなど，巧みな技法が駆使されている。　　　　（田近洵一）

〈参考文献〉
宮地裕編『慣用句の意味と用法』明治書院 1982。
時田昌瑞『岩波ことわざ辞典』岩波書店 2000。

故事成語　「故事」とは，昔から言い伝えられてきた，いわれのある事柄のことで，「成語」とは，それを簡潔に伝える熟語あるいはひとまとまりの言葉である。特に，中国の故事に由来する熟語が多い。〈例〉「矛盾」「漁夫の利」「四面楚歌」「漁夫の利」「蛍雪の功」「呉越同舟」「五十歩百歩」「推敲」「蛇足」

格言　人間の生き方や人生の真理を，短い言葉で端的に言い表したもので，人間が生きる上での教訓となるような言葉である。〈例〉「時は金なり」「千里の道も一歩から」「苦あれば楽あり」「三人寄れば文殊の知恵」「歳月人を待たず」

いろはがるた　いろは四十七文字に「京」の一字を加えた四十八文字から始まるかるたは，「犬も歩けば棒に当たる」で始まる「江戸かるた」（犬棒かるた）も，「一寸先は闇」で始まる「京かるた」（上方かるた）も，「一を聞いて十を知る」で始まる「尾張かるた」などにも，ことわざが使われている。

VI 授業組織

　　　98　指導計画
　　　99　単元学習
　　100　単元学習の実際
　　101　入門期指導
　　102　作文の指導理論
　　103　読みの指導理論
　　104　指導形態
　　105　学習指導案
　　106　教育技術・指導技術
　　107　発　　　問
　　108　板　　　書
　　109　ノート指導
　　110　ICT・教育機器
　　111　授業研究
　　112　メディア・リテラシー
　　113　図書館指導
　　114　言葉遊び
　　115　言語環境づくり
　　116　総合的な学習

VI 授業組織

98

指導計画

指導計画とは

　教育課程※に沿って，学習者の実態や学年を踏まえながら教育目標を設定し，教育環境や段階・系統性，時間軸を考慮して，指導の内容や方法，教材や学習活動を構成すること。当該学年の各教科等の年間指導計画のほか，学校全体や学習領域ごとの計画，学期や単元ごとの計画がある。

国語科における指導計画

　国語科においては，国が示す教育課程の規準である学習指導要領や各地方公共団体の教育委員会が策定する教育指針，学校で作成する教育計画を踏まえながら，国語教科書の単元や教材を活用して，年間の指導計画を立てることになる。かつて目標や教材の集まりという面の強かった学習指導要領や国語教科書も，近年内容や構成が一層工夫され，実際に指導計画を立てる際に活用しやすいものとなっている。

　学習指導要領については，各学習領域の指導事項の内容や順序が指導過程のモデルを示していたり，2008年版から各段階で取り組むべき言語活動例が加えられたりしたことが，そうした面を強めた。また，学習指導要領には，「指導計画の作成と内容の取り扱い」という項があり，国語科の学習指導を計画するにあたって配慮すべき事項として次のようなことをあげている。

①学習者の状況に応じた各学年の指導内容や，漢字指導の弾力的取り扱い。

②学習領域（話す・聞く・書く・読む）間の相互関連的な指導の工夫。

③各学習領域の偏りのない指導と年間の授業時数の割り当ての目安。

④言語的な知識・技能に関する指導の工夫（活動の中での機会的指導と取り立て指導の必要に応じた使い分け）。

⑤図書館・読書指導，情報教育の学校教育全体における教育活動との連携。

　2017年告示の学習指導要領においては，次のことへの配慮も加えられた。

⑥「主体的・対話的で深い学び」を実現するための計画性を持った授業改善。

⑦外国語活動や外国語科など他教科等との関連指導による言語能力の向上。

　我が国において学校教育で使用される教科書は，文部科学省の検定を受けており，学習指導要領の示す規準や指針を考慮して，単元と教材および学習課題の配列として，各学年や授業科目の指導計画を具現化したものであるとも言える。最近では，文章や学習者の作品例を採録するだけでなく，単元や教材の系統性やそこで身につけるべき国語学力が学習者も把握できる形で明示されたり，学習課題とそれに取り組む学習プ

教育課程　Curriculumの訳語で，学校等の教育組織において教育目的を達成するために策定される目標・内容・時間等の全体的な計画のこと。教科を中心とする考え方や，学習者の生活や経験を中心とするものなど，さまざまな考え方がある。我が国では，学校教育の国家レベルでの規準として文部科学省により学習指導要領が告示されている。目標や内容のまとまりであるスコープと，それらの順序を示すシークエンスを構成原理とする。
国語科カリキュラム　国語科の教育課程のこと。

学習指導要領は，理念的な規準として，国語科の目標・指導内容等を定めている。学習指導要領は，時代により変遷があるが，基本的には，四つの言語活動の種類（話す・聞く・書く・読む）と，日本語に関する体系的な知識という区分が教科構造および学習領域の基盤をなしている。国語科の具体的な水準でのカリキュラムは，目標，教材，言語活動のユニット（単元）の配列によって構成される。各学校では，学習指導要領をふまえ，各学年の担当教師が国語科の指導計画を作成する。

98 指導計画

ロセスまでが教材化されたりしたことで，教師が，学年を通した指導や各単元の学習指導を計画する際に有効活用できるものとなってきている。

単元計画の作成の手順

これらによって規準に則った指導計画ができても，そのまま実際の教室の学習者の実態や各学校における教育観，教師の信念に沿ったものとなるわけではない。また，実践研究を行う際には，特定の学習領域について，教育課程や単元，教材や言語活動等を開発し配列することになる。やはり教師は自ら指導計画を作成することが必要である。その手順は次のようなものである。
1) 学習指導要領や学校の教育課程を概観し，国語科の目標に照らして，学習者の言語生活や言語環境，国語能力の実態と指導上の課題を把握する。
2) 「話すこと・聞くこと」「書くこと」「読むこと」等の学習領域や教科書教材を考慮し，学力を向上させる単元を構想する。
3) 教育課程に照らし，段階性や系統性を考慮しながら，単元の目標を設定するとともに，学期や月ごとに単元を配列する。
4) 単元の展開を想定し必要な時数を設定するとともに，各領域の時数を調整する。
5) 制作物や発表等のパフォーマンス課題の設定，ポートフォリオ評価による蓄積，ペーパーテストの時期等，教育評価の方法および日程を考える。

指導計画作成の際の留意点・課題

近年の授業改善や教育改革を踏まえると，更に次のことに留意する必要がある。

- **言語活動の系統性**　単元の指導計画における言語活動の設定は，1980年代の国語単元学習の普及，2008年版学習指導要領における学習活動の例示を経て，国語科学習指導の核となってきたが，その系統性を高めていく必要がある。
- **総合的な学習等との関連性**　他教科における言語活動の充実，教科を横断する探究的・総合的な学習の進展が教育課題となっている。学校カリキュラムの中で国語科がどのような役割を果たすかを指導計画作成の際に検討する必要がある。
- **国語学力の転移性**　言語活動の充実という教育課題は，国語学力が現実的な文脈で活用可能なものとして学習されることを意図する。個別の教材や知識の理解にとどまらず，「本質的な問い*」を追究する中で国語学力の定着するプロセスを意識した指導計画の作成が求められる。
- **教育評価，カリキュラム評価の視点**　指導計画には学力評価が要素として含まれる。その結果を指導計画等の評価としてフィードバックし，修正・改善していくことが重要である。　　　（間瀬茂夫）

〈参考文献〉
ウィギンズ＆マクタイ，西岡加名恵訳『理解をもたらすカリキュラム設計』日本標準 2012。

言語活動　人間の行う言語を用いた実際的な行為のこと。一般に，音声による「話す」「聞く」と，文字による「書く」「読む」の四つの活動をいう。我が国の学校教育においては，伝統的に読むことに重点を置いた教育がなされてきているが，1998年版学習指導要領の告示を契機に，話すこと・聞くことに改めて目が向けられた。また，2008年版で各学習領域の言語活動例が示されたことで，教室や学校の文脈による学習活動だけでなく，より現実的な言語生活に根ざした言語活動を通した国語科の学習指導への志向が一般化するに至った。

本質的な問い　ウィギンズとマクタイが提唱する「逆向き設計」による教育評価を実現するうえで重要な概念。教材や文章の個別的な知識や理解のための問いにとどまらない，例えば「効果的な文章の読み方とは？」や「古典を読むことの意味とは？」といった教科の本質を見きわめさせるような問いのこと。こうした問いを追究することで，転移可能な能力や原理的な知識が身につくと考えられている。

209

99

単元学習

単元学習とは

　戦後の昭和20年代に，アメリカの経験主義教育の影響によって単元学習の実践が盛んに行われたが，20年代後半から能力主義や系統主義からの批判によって急速に下火となった。

　今日に至り，昭和20年代における単元学習の欠陥点を見直しつつ，単元学習の価値が改めて問い直されてきている。この流れの背後には，戦後の新制中学校の発足時から，一人一人の生徒に根差した実践を開拓に開拓を重ねてきた大村はまの実践が，単元学習の実践として高く評価されていることがあげられよう。

　また，アメリカにおいても，「基本に帰れ」("back to basics")と叫ばれている一方で，『単元計画』という本や「ホール・ランゲージ運動」などにおいて，単元学習が見直されている。

単元学習の発想

　単元学習の理念や実態は多様で，固定的な枠組みの中にはない。単元学習は，固定化し硬直した発想には立たない。むしろ，柔軟な発想に支えられている。

　単元学習は，教師中心の解説型の授業とは対極に位置するものである。学習者中心の授業であり，学習者の言語生活を基盤とする。学習者の潜在的および顕在的興味・関心を尊重し，それと社会的必要との調和的接点に単元学習は組織される。

単元学習と目標

　単元学習は学習者の作業や活動を重要視する。その場合，作業や活動自体が目標ではなく，目標を達成していくために組織されるのが作業や活動である。したがって，目標が何よりも明確にされていなければならない。学習者の実態や興味・関心，求められる必要との接点において，どのような国語の能力・技能・態度をねらうのかが明らかにされていなければならない。目標が個に応じて構造的に，重層的に捉えられていることが単元学習の第一の前提であり，そのためには国語の能力・技能・態度が分析的に，しかもそこから総合的に捉えられていることが必要である。戦後の20年代に行われた単元学習の実践が，必ずしも成果を上げえなかった点は，単に活動や作業に目を奪われてしまった点にあろう。

単元学習の原理的特徴

①学習者主体と教師

　既に指摘したように，単元学習は教師中心の解説型授業とは対極にある。教師は学習指導者である。学習者中心の授業になればなるほど，相乗的に教師の力量が要求されてくる。学習者の言語生活の実態や興

大村はまの単元学習　「最初のスタートにおいて単元とは何かということを極めていないんです。簡単に言うために，ことばとして使いやすいので単元学習ということになるんですけれども，そういう名前で呼びたいと思ったことは別にありません。また，学問上の単元論にどこが合致しているかなんて言われても，それはちょっと研究がしてないということでございます」(「私の国語単元学習」日本国語教育学会『国語教育研究』第65集)。

　このように大村自身が述べているように，大村は単元学習の理論から入っていったのではなく，毎日の国語教室を工夫し，それを積み重ねていくことによって創造していった。大村の授業の基本に流れている考え方を抽出すれば，生徒の実態や言語生活から出発していること，生徒の個人差に応じ，個の世界を大切にしていること，したがって教材は多視点的で，多資料で，しかも個別化されていること，単元が総合的，多目的で，必然的な展開がなされていることなどである。

味・関心をつぶさに観察しながら，授業を組織し，学習が成立していくように綿密な指導力を発揮していかなければならない。ときには，じっと見守り，待つことも必要になってくる。教師の説明や解説も必要ではあるが，その部分を学習者が活動や作業を通じて発見したり，習得したりできるように学習を組織していかなければならない。

②個に応じた指導

学習者は個として存在し，一人一人が能力や個性を異にしている。単元学習は学習者中心であるからには，学習者一人一人の個としての全体を尊重していかなければならない。個への配慮，個別指導，個を生かす指導，これらは単元学習の中核をなす原理である。このことから必然的に，教師は目標を重層的に捉えていかなければならない。

③学習の材料

教科書に沿った指導は，とかく鮮度が薄れたり，学習者の実態からかけ離れがちとなり，機械的で単調な学習に陥りがちの傾向が出てくる。単元学習を志向する授業では，教科書へのかまえや見方は柔軟である。教科書に固定的にとらわれすぎると，個別指導が行きわたらなくなるからである。教科書を包み込み，学習者の学習を成立させる教材はどのようなものであるかという視点に立たなければならない。このような視点に立つとき，教材というよりは学習材と呼んだほうがよいであろう。単元学習では学習材の個別化を志向する。したがって，多視点からの学習材の準備や組織化，更には単一学習材ではなくて複数の学習材が用意され組織化されていくことになる。

④教科の独自性と脱閉鎖的教科性

単元学習は教科を閉鎖的に捉えない。国語科における単元学習は，もちろん国語科独自の「国語の力」を高めていくために授業が組織されていかなければならないが，他教科との関係も柔軟に捉えていくところにその特徴の一つがある。国語科独自の指導を見失ってしまってはならないけれども，教科の境界を閉鎖的には捉えない。また，学習材も他教科での資料であっても国語を指導する目標によっては可能になってくる。

⑤系統性の見方

目標が的確におさえられていなければならないことはいうまでもないが，単元学習は国語の要素を常に言語生活や言語活動の中で捉えていこうとする。したがって，単元学習の系統性は，言語要素的な系統性を中心にはしない。系統性への見方は，複合的で柔軟である。　　　　　　　（桑原　隆）

〈参考文献〉
倉澤栄吉他編著『単元学習の進め方』（シリーズ小学校国語科教育5）教育出版　1982。

『単元計画』　原書はThe Unit Plan : A Plan for Curriculum Organizing and Teaching (University Press of America 1980)で，著者はEarl J. Ogletree, Patricia Gebauer, Vilma E. Ujlakiの3人である。

同書の22ページには次のように述べられている。

「単元法（ユニット・アプローチ）は，個別化カリキュラムの発展形態であり，したがってもっとも本質的でしかも重要な教育方法である。これからもさらに発展していくであろう。……単元法が実施されて，それが成功するか否かは，ひとえに教師の手にかかっている」。

この書の後半では，さまざまな単元例が紹介されている。その例では，はとんどか一教科の中にあるものではなく，教科の枠をかなり超えているものが多い。単元学習として志向している基本的な考え方はわが国と同様であろうが，本書で見るかぎりでは，教科を超えて考えていく傾向はアメリカのほうが強いようである。

VI 授業組織

100

単元学習の実際

「単元学習」実践の基本姿勢

　単元学習は，何より学習者と，その学習者が身につけてほしい力（目標）を優先する。したがって，教科書（教材）があるのでその内容を教えるという発想は採らない。いわゆる〈教材単元〉〈練習単元〉という，素材や学習作業などのまとまりを示す「単元」と，学習者の目的に向かって言語活動を進める営為やその過程の全体のひとまとまりを示す単元学習の「単元」は視点が異なるものである。教科書は当然使用する教材単元を編集の基本とするものが多いが，単元学習においては当然「教科書〈を〉教える」ものではない。

　学習者が優先される指導にあっては，学習者の言語生活の実態に立って，目標が設定される。その目標の達成に向けて必要な教材（学習者が必要とする素材なので「学習材*」と呼ばれる）の収集や選定，達成への必要な方法や活動の組織，目標に照らした活動を遂行していく学習者への指導や支援の想定などが単元学習実践への教師の基本的な姿勢となる。

単元学習の構築と展開

　単元学習は，学習者の国語学習における既有の学力の実態に立って，どのような力を，どのような活動を通して獲得させるかを優先的に考える。そのために，どのような素材との出会いが追究課題を生成させ，学習者がどのような追究活動を通してどのような達成活動として具体化するかを構想する。学習者が必要とする課題追究であり，必然的な追究活動となる一連の学習過程を単元学習の実践家は「実の場*」と呼ぶ。

　したがって，「実の場」となる学習は，
　①追究する必要のある課題の生成
　②課題追究を達成してその成果を行動展開したり可視化したりする目標の設定
　③課題追究のために既有の方法知を動員して駆使する言語活動の遂行
　④活動に伴って生起する新たな問題等を解決したり克服したりするための必要な知識・技能等の習得と活用
　⑤課題に応じて設定した目標の達成
という流れで学習過程が構成されることが多い（④は，③の追究活動に応じて常に生起するものであり，必ずしも③④という順番ではない）。

　これら①～⑤は，当然学習者が展開する過程である。教師は，学習者の国語教育上の実態と課題に基づいて，指導すべき内容を学習者の育ってほしい願いと合わせて構想する。そのために，十分な実態把握を行い，指導目標を設定し，学習者の課題生成と必然的な追究目標・方法を促す教材・学

教材と学習材　教材とは，教えることを目的とする概念であり，通常教科書に掲載された素材を刺すと思われがちである。それに対して，学習材とは，自習などの学習のために用いられる素材で，参考書などを含む，より広い概念で用いられる。学習者が自ら目的を達成するために言語活動を展開する単元学習においては固定した内容を教えるために用意された教材ではなく，その追究のために必要な多様な資料や文献などが当の学習者や指導者によって「学習材」として収集されねばならない。教科書教材も，その立場にあっては，「(主たる)学習材」の一つでしかないと言える。

実の場　「実の場」とは，大村はまによる単元学習の実践の理念的な姿勢を表す言葉として使用され，倉澤栄吉らによる研究や実践の積み重ねがある。「学習者が自分自身の実際的な目的のために，話し，聞き，書き，読みなどの言語行為を進めようとしている主体的な学習の場」を指し，優劣，利害などの雑念を忘れて取り組みに没頭する姿の実現を目ざす。義務や強制ではなく，子ども自身

習材を渉猟したり作成したりする。その指導目標に沿って，学習者の①〜⑤の過程と整合させながら，細部の指導・支援の計画を立案して学習指導過程を具体化していくことになる。

単元学習の実践と形態

単元学習は，学習者の「本気」の国語学習の実現を望む教師の多様な取り組みが，戦後を通じて，特に昭和40年代以降の全国の国語教室で実践されてきている。

例えば，東京都青年国語研究会においては，単元学習を研究の中心においてから毎月の実践提案は，2017年までの25年間だけでも220本を超える。また日本国語教育学会の『月刊国語教育研究』に全国から収録された単元学習実践は2000年からの10年間で270本を超えると報告されている。

日本国語教育学会研究部は，実践事例を分類し，単元展開の類型を整理している。

　A　総合学習型
　B　発展学習型
　C　自己表現型
　D　その他

これらの類型はさらに細分化されており，例えばAは「生活課題追究」「言語課題追究」など5つの課題追究・解決単元が挙げられている。また，Bでは，教科書等の読解学習から課題が生成され，そこから発展して課題追究・解決単元となったものなど，3つの小類型に整理されている。

単元学習実践上の課題

学習者にとって追究する必然性のない活動は，通常，何らかの外的な強制力が学習を強いている。それは他者からの指示であったり，依頼であったり，義務であったり多様であるが，学習主体が，自分で追究・解決する内発性を持たない。

例えば，教科書の示す学習内容や活動がそのまま教師によって指示される例は枚挙にいとまがない。「今度の物語は，《登場人物の心情の変化を詳しく読もう》がめあてです」のように，課題を投下する教師，学習計画を模造紙等で示し，レールを敷いてしまう教師も多い。更に，一律に定式のシートに作業指示をして書き込ませるワークシート埋め立て指導も少なくない。

教師の恣意的なトピックによる単発的な単元実践ではなく，日常の国語授業における課題形成力の育成，追究のための多様な方法知の系統的指導，思考や判断の言語化・視覚化などの表現力・発信力の拡充，協働的な学びへの貢献など，活動を通して活動の推進を支える学習力を育てる意識が必要だろう。
　　　　　　　　　　　　　　（今村久二）

〈参考文献〉
日本国語教育学会監修『豊かな言語活動が拓く国語単元学習の創造：Ⅰ理論編〜Ⅶ高等学校編』東洋館出版社 2010.
東京都青年国語研究会『月報2004年4月〜2018年3月』

の必然的で本気の取り組みの中で発揮される言語能力を引き出し，伸長しようとする「場」の考え方である。

東京都青年国語研究会　東京都教育委員会指導主事時代の倉澤栄吉を中心に当時の小塚芳夫，佐々木定男など若い実践家が結集して昭和26年に発足した民間の研究団体である。以来，全国の同様の研究会などと交流を深めながら，授業実践，毎回の倉澤栄吉講義の月例研究を進め，倉澤没後の現在も単元開発・提案を継続している。

近著に『楽しい語句・語いの指導―学び手を育てる単元学習の創造』『子供の言語生活に根ざした「ことば」の学習』『子供の側に立つ国語の授業』（いずれも東洋館出版社）などがある。

なお，中学校には，同じく倉澤栄吉の指導のもと，大村はまを中心とした東京都青年国語研究会があって『筆者想定法の理論と実践』（共文社1972）を刊行している。

VI 授業組織

101

入門期指導

入門期とは

「入門期」とは，一般的には新しい学習を始める当初の時期をいうが，ここでは特に小学校入学当初の時期をいう。つまり，6歳児が小学校教育という組織的・系統的学校教育を受け始める時期である。国語科教育に限っていえば，少なくとも以後9年間続く国語学習の基礎が与えられなければならない時期である。しかし，すぐに本格的な国語学習に入るというわけではなく，その準備として学校生活に慣れるといった社会的訓練や，特に正しく話を聞くとか，話すとかいった基本的訓練等が重視されるべき時期なのである。

入門期指導のねらい

① 児童が安心して先生や友達になんでも話せるなごやかな学級環境を構成すること。これは，国語科の聞く・話すの学習そのものであるが，まず，先生や友達などの話をよく聞く習慣をつけることである。そして，人前で話をするときには適切な声ではっきりと話す習慣をつけることである。

② 文字力・語彙力・表現力など児童の言語生活のばらばらな状態を調整すること。特に文字力に関しては，早期教育を受けた児童と，そうでない児童との格差が大である。個々の児童の実態を正しく把握することから始めなければならない。また，語彙力・表現力は文字力ほどには目だたないが，生活経験によってかなりのばらつきがあるので十分に注意しなければならない点である。

③ 読む・書く・聞く・話すといった総合的な言語活動を通して，文字力・書写力・基本文型・語彙力・発音などきわめて基礎的な力を身につけさせること。これは教科書の入門期教材にもみられる傾向である。

④ 入門期以降の国語学習は，「読み」や「作文」など，かなりはっきりした目標を持っているため，その準備としての読みの基礎力や作文の基礎力などを身につけさせること。

入門期指導の内容・方法

この期の児童はとかく話すことにばかり意識が集中し，人の話を聞くことは不得手である。そこで，人の話の途中で口をさしはさまないこと，話し手の顔をよく見て静かに聞くことなどを指導する。また，話すことに関しては，隣の席の友達等と話す場合と，教室の前に出て学級全員に話す場合と，運動場などで声を出す場合とのそれぞれの話し方を区別させたり，聞き手の方をまっすぐ向いて話をさせたり，幼児語*を使

幼児語 「自動車」を「ブーブ」，「ごはん」を「マンマ」，「手」を「おてて」というように，主として幼児の使用する独特の語を幼児語という。

以前は入門期の児童によくみられた傾向であったが，幼稚園・保育園の発達に伴う集団生活の経験やテレビ・ラジオの影響などから，最近はあまりみられなくなった。

幼児音は，「デンシャ」を「デンチャ」，「ローソク」を「ドーショク」というような発音である。これは，幼児自身の発音器官の未発達・未成熟からくるものと，幼児が発音しやすいようにとの周囲の大人の配慮からくるものとがある。

いずれにしても，口型，姿勢などに注意をさせて，何度も繰り返して発声させることが大切である。

鏡文字 入門期の児童にしばしば見られる文字の誤りの一つであって，文字の構成から見て左右がちょうど逆になっているもののことをいう。

「し」が「Ｊ」となっていたり，「せ」が「Ꙅ」となっていたりする文字。

わないで話すことなどを指導する。

また，発音に関しては，口型図や鏡を見ながら，正しい口型で発音する訓練も欠かすことができない。

文字提出に関しては，戦後は平仮名先習が通例であり，その順序としては，①五十音図の文字提出法にならい，母音→清音→濁音→長音→拗音……の順に，②多くの子どもに定着していると思われる生活に密着した文字から，③字形に注意し，書きやすいものからなどが考えられるが，現在は，①の方法が一般的である。小学校入学時に既に多くの児童が平仮名の読み書きができるようになっているのが実態であるが，詳細に調査してみると，鏡文字や点画の一部欠落など誤字が目だつ。実態調査と，それを踏まえた系統的指導とが必要となる。

また，書くことの基礎的習慣である鉛筆の正しい持ち方や運筆訓練なども欠かすことのできない指導内容である。

読むことに関する抵抗としては，①一字一字ひろい読みをする，②拗音・拗長音・撥音・促音の発音ができない，③幼児音などの名残のある読み方をする，④教科書の分かち書きにつられて，分節ごとにくぎって読むなどがある。正しい発音でしっかりと音読をすることを繰り返させる。

入門期指導の留意点

入門期の児童にみられる各種の障害（鉛筆の持ち方，発音，書写力等）は，担任でなければ発見できない場合が多い。個別的に注意深く，しかも温かさを忘れずに指導することが必要である。児童の発言や作品等を温かく認めてやり，学校生活に自信をもたせるような配慮も欠かせない。

書く喜びや読む喜びを与えるような工夫をし，今後の学習の意欲を起こさせるようにすることも大切である。

問題点

入門期をいつまでに限定するかということについては，戦後初めて入門期という言葉が国語教育界で一般的に使われるようになってから現在まで，いまだに定説をみていない。およそ次のような考えがある。
① 4月いっぱい（学校生活に慣れるまで）
② 5月いっぱい（平仮名が出そろうまで）
③ 1学期間（本格的な読む・書くの学習ができるようになるまで）
④ 10月ころまで
⑤ 1年間

これは現行の教科書においてもさまざまで，多くは5月下旬までを入門期としているが，1学期間を入門期としているものもある。　　　　　　　　　　　（大熊　徹）

〈参考文献〉
国立国語研究所『入門期の言語能力』秀英出版1954．高野柔蔵『入門期の国語指導』明治図書1954．佐々木定夫「小学校国語『入門期』に関する研究」『教育調査研究所紀要』13号　1977．

一字一字を筆順に従って繰り返し書かせ，正しい字形をしっかりと身につけさせなければならない。

運筆訓練　鉛筆の正しい持ち方とともに文字を書くための基礎訓練である。

持った鉛筆を無理なく自然に運ぶことができるように，文字の点画の基本となるようないろいろな直線や曲線を繰り返して書く練習である。この訓練をしながら鉛筆の正しい持ち方の個別指導をすると効果的である。

プリマ，プレプリマ　primer, pre-primer　アメリカで，リーダーに入る前に使用するために編集された入門教科書。プリマが入門書であるから，プレプリマは，その入門書の更に前の入門準備書ということになる。親しみやすい話題性のある絵が中心で，話す・聞く活動を通して文字・語彙などの学習をする。戦後，検定制度発足と同時に，1年生用が上中下3冊構成となり，この上巻を入門準備書としていたが，昭和40年版教科書をもって3冊構成は廃止となった。

102

作文の指導理論

わが国における作文指導理論には明治期からのさまざまな展開がある。それらの理論の中で，今日の作文指導においてもなお影響を与え続けているものがある。ここでは，戦後行われてきた特筆すべき作文指導の実践を支えてきた指導理論を取り出していくことにする。一般的かつ抽象的な作文の指導理論について言及するよりは，生産的な論述となると判断するからである。

1.「社会的通じ合い」としての「書くこと」の指導理論

西尾実が昭和27年に刊行した『書くことの教育』(習文社)において提唱した理論である。書くことの活動の中に社会的意義を位置づけて，「社会的通じ合い」としての「書くことの教育」による「個人的自我に対する社会的自我の発見を根底とする，人間形成」を目ざしている。時を同じくして倉澤栄吉も『作文教育の大系』(金子書房)において「作文学習指導の内容」を「コミュニケーションの機能」から捉えて，開かれた社会へ参加する身がまえを指導するところに目標を定めた。

2. 系統的・分析的な作文指導の理論

昭和30年代に入って，戦後の経験主義単元学習への反省から系統的・分析的作文指導が提唱された。この時期に大きな影響を与えたのが森岡健二によって紹介された「コンポジション理論」であった。後に刊行された『文章構成法――文章の診断と治療――』(至文堂 1963)は，以後の作文指導に大きな影響を与えた。

3. 技能訓練型の作文指導理論

昭和30年代末に，輿水実によって「作文スキル学習」が提唱された。初期の作文スキル学習は，児童・生徒の作文的状況から切り離された形式的な技能訓練でなく，独立した「実作」と連動させる形で編成されていた。しかし，しだいに形式的なドリル中心の学習に陥った。

4. 作文学習の裾野を広げる指導理論

昭和50年代に入って，輿水実が提唱した「学習作文」では，作文の題材選択の範囲を生活体験から「学習内容」「学習過程」にまで広げようとする考え方に立っている。「学習能力としての作文力」の育成が目ざされた。昭和60年代に入って青木幹勇が提唱した『第三の書く――読むために書く・書くために読む――』(国土社)は，従来あまり顧みられることのなかった「視写・聴写・メモ・書き込み・書き足し・書き替え」などの多様な書く活動に着目して作文学習の裾野を広げることに大きく貢献した。

5. アイディア題材・教材開発による作文指導理論

作文指導で何を教えるのか 現行教育課程における国語科作文指導の教科内容は文章表現技術そのものである。ただ，学習指導要領の総括目標にもあるように，「思考力」「想像力」あるいは「言語感覚」などのより高次の内容も指導していくことが求められている。これらの能力は，他教科でも育成可能である。したがって，これらの能力は国語科の教科内容であると同時に，より高次の教育内容と考えることができる。これらの内容は一体的な関係として捉えていかなければならない。つまり，文章表現技術の指導を通して教育内容としての「思考力」や「想像力」が育成されていかなければならないのである。

アイディア題材・教材の開発 子どもを対象とした作文指導のアンケート調査をみると，決まって子どもは書くことが嫌いだ，書くことが見つからないといった報告がみられる。それは真実なのだろうか。子どもは決して書くことが嫌いなのではない。書くことがないわけではない。子どもが書きたいと思っていることを書かせていないだけな

昭和52年の学習指導要領改訂の年に平野彧(ひらの いく)による『新題材による作文指導』(明治図書)が刊行された。子どもたちが喜んですぐ書きたくなるような題材,それでいて表現力を身につけさせることが十分できるような題材の開発が目ざされている。

6. 短時間の小単元による作文指導理論

　昭和40年代後半から高森邦明(たかもりくにあき)によって「言語生活的作文」が提唱されている。その全体像は『作文教育論2 言語生活的作文』(文化書房博文社 1984)で示された。あらゆる機会と場を捉えて,弾力的な時間設定の下で作文をさせることであった。こうした小単元の発想を国語科作文に積極的に取り入れたのが白石壽文(しらいし ひさふみ)／桜井直男(さくらい なおお)編著『小学校作文の単元―個人文集への誘い―』(教育出版センター 1989)である。学期ごとの大単元の下に幾つかの短時間構成の小単元を配して教科書単元を補完する提案であった。

7. 課題条件の設定による作文指導理論

　昭和42年に和多史雄(わだ ふみお)によって『条件作文と客観評価』(謙光社)が刊行された。作文の「客観的な評価」を目ざして提唱された。この「条件作文」や「短作文」の提案も視野に入れて平成2年に奈良県国語教育実践研究会編『課題条件法による作文指導』小学校・中学校2巻(明治図書)が刊行された。昭和30年代初期から約30年間の長期にわたる組織的・実証的研究によって「書くことの条件項目」を洗い出し,作文指導計画を作成するための指導事項を網羅的に抽出した本格的な実践研究による提案である。作文指導の際に踏まえていくべき「課題条件」が過不足なく洗い出されているところにこの研究の大きな意義がある。

8. 負担感の軽減を図った作文指導理論

　藤原与一(ふじわら よいち)は『毎日の国語教育』(1955)と『国語教育の技術と精神』(1965)に「短作文」指導の提唱を行った。平成元年の学習指導要領の改訂で作文指導時数が指定されてから,再びこの「短作文」が脚光を浴びた。短時間扱いで子どもが喜ぶようなアイディアに富んだ題材が多く開発された一方で,手軽に書けるという安易さに便乗するだけで指導過程や指導技術の精錬に未熟さを残した実践も出現した。

9. 追究型の作文指導理論

　平成2年に上條晴夫(かみじょう はるお)によって『見たこと作文でふしぎ発見』(学事出版)が刊行された。作文の題材や教材が児童の自発的な追究を促す機能を含んでいる点,国語科の教科内容としての〈作文技術〉と教科を超えた教育内容としての〈見る力〉や〈追究〉などが一体的に指導されている点に特徴がある。　　　　　　　　　　　(大内善一)

〈参考文献〉
大内善一『思考を鍛える作文授業づくり』明治図書 1994。大内善一『作文授業づくりの到達点と課題』東京書籍 1996。

のである。青木幹勇の提唱になる「変身作文」では,読みの教材の「ストーリーをなぞる」形をとらせて,子どもの想像力や表現力の底を正しく推しはかって,無理のない形で想像的な作文活動を行わせている。『子どもが甦る詩と作文―自由な想像＝虚構＝表現―』(国土社 1996)には「虚構の詩を書く」「物語を読んで物語を書く」「漫画をネタにフィクションを書く」「短歌を詠んで物語を書く」「物語を読んで俳句を作る」といった,従来の作文観・題材観を一変させるような実践が紹介されている。

指導過程を柔軟に構想する　かつて,作文の指導は「取材,構想,記述,推敲」といった段階を経て行われることが常識であった。しかし,これは文章制作の一般的な過程である。作文学習は,必ずしもこうした制作過程に沿って進められるとは限らない。文章制作の手順がそのまま作文学習の指導過程の手順となるとは限らないのである。作文の指導過程は学習者の思考の過程として捉えるべきである。

103

読みの指導理論

読みの指導理論とは

「読みの指導理論」とは、〈読み〉の方法原理を明らかにし、学習としての〈読み〉について、学力・教材・指導方法・指導過程などの点から論究したものである。〈読み〉の教材は、小説・随筆・詩歌・記録・説明・論説などあらゆる文種に及ぶが、昭和前期までの「読みの指導理論」は、主として文学教材を中心に展開してきている。

〈読み〉の教育の歴史

近代における〈読み〉の教育は、「読本読方」あるいは「読本輪講」(1872)という教科によって始められた。その学習指導に関しては、一般的な指導法であった三段階方式（第一段予備・第二段教授・第三段応用練習）、四段階方式（Ⅰ復習・Ⅱ教授・Ⅲ演習・Ⅳ約習）、五段階方式（Ⅰ準備・Ⅱ提示・Ⅲ織綜・Ⅳ統合・Ⅴ応用）の教授法によっていた。明治33年に「国語」科が成立するが、この頃になっても、「読みの指導理論」と呼べるものは明確ではなく、段階方式の教授が中心であった。

「読みの指導理論」としての解釈学

大正期になると、さまざまな「読みの指導理論」が提唱されるようになるが、その後の国語教育界に大きな影響力を残したものとしては、垣内松三の『国語の力』(1922)をあげなければならない。垣内は文学の〈読み〉の方法原理を、「文の形は想の形」とみる「形象理論」によって明らかにしようとした。垣内は『国語の力』において「センテンス・メソッド」を紹介し、具体的な実践例として芦田恵之助の「冬景色」の授業を取り上げ、その授業を「①文意の直観、②構想の理解、③語句の深究、④内容の理解、⑤解釈より創作へ」という五段階に整理した。その芦田恵之助は「読み方は自己を読むもの」といい、〈読み〉の指導（授業）過程を「①よむ、②とく、③よむ、④かく、⑤よむ、⑥とく、⑦よむ」の七段階で示した。それが「七変化の教式」である。

その後、ディルタイの解釈学を学んだ石山脩平が『教育的解釈学』(1935)を著し、解釈の実践的過程として「通読・精読・味読」の三段階を示した。それが〈読み〉の指導過程として国語教育界に広く受け入れられ、「三読法」あるいは「三層法」として今日まで影響力を持ち続けている。

解釈学の流れをくみつつ西尾実は『国語国文の教育』(1929)において、文学作品の〈読み〉は作者の創作過程に沿って「主題→構想→叙述」を読み取るべきであるとし、その方法として「素読・解釈・批評」という三段階の指導過程を提唱した。

戦後になると、輿水実が形象理論や解釈

その他の指導理論 上掲の指導理論のほか、大田正夫「十人十色の文学教育」、大河原忠蔵「状況認識の文学教育」、井関義久「分析批評」などがある。また、田近洵一は、「読者を問うことは、その行為としての〈読み〉のあり方を問うことでなければならない」として、「読者論」を超えたものとしての「読書行為論」を提唱している。「読書行為論」に定式としての指導過程は示されていないが、「読書行為」成立の要件として「状況（シチュエーション）・人物（キャラクター）・事件（エピソード）・展開（プロット）・語りの読み」があげられている。

説明的文章の指導理論 小説や随筆、詩歌などの文学的文章に対して、記録・報告・説明・論説などを説明的文章（説明文）という。説明文教材のうち、記録・報告・説明などの〈読み〉においては「情報を読む」ことが求められる。そこでは情報を正確に読み取ることが重視される。また、論説などの〈読み〉においては、筆者の見解や主張がどのように述べられているか、文章の「論理を

学に基づいて、「だれでもできる」を目ざした「基本的指導過程」を「①教材を調べる。②文意を想定する。③文意を精査する。④文意を確認する。⑤技能・文字・文型を練習する。⑥学習のまとめ・目標による評価をする。」という六段階で示した。

「主体的な読み」の指導理論

以上の指導理論は、文章の文意あるいは主題を読み取る方法を学習指導の対象としての教材＝文章に即して明らかにしようとするものであった。それに対し、戦後になると、読む行為を文章の読者＝学習者の活動として捉え、どのような活動を通して文章の読みが成立するかを追究する指導理論が提唱された。その代表的な論者が倉澤栄吉である。倉澤は、その著『読解指導』で、「何を読み取るか」に重点を置いた「即文主義」あるいは「教材中心主義」から解放されて、「革命的に、受け取るものの側に立つ必要がある」と言い、〈読み〉における「主体の原理」とか「生活読み」「主体読み」という読者＝学習者の側からの〈読み〉の指導理論を提示したのである。

戦後における「文学の読みの指導理論」

教育科学研究会・国語部会は、教育学的解釈学に批判的な立場を取りつつ「Ⅰ知覚（形象の情緒的知覚）、Ⅱ理解（形象の本質的一般的理解）、Ⅲ総合読み（表現読み）」といった三読法による「教科研方式」を提唱した。また、児童言語研究会（児言研）は「三読法」を否定し、第二信号系理論に基づいて読み手の興味を重視する一回精読主義の「一読総合法」を打ち出した。それは、「題名読み」から始まり、「書き込み・書き出し」による「ひとり読み」と、それに基づいて「話し合い」を繰り返しつつ、分析から総合へと展開するものである。

荒木繁が行った実践「民族教育としての古典教育」は、読みを通して読み手が自分自身の問題を発見するというものであった。この実践を踏まえて、西尾実は「問題意識喚起の文学教育」を提唱した。これによって、作品中心の〈読み〉から〈読み手〉主体の〈読み〉への転換が図られ、やがてそれは「読者論」へとつながる。

「読者論」が国語教育界に受け入れられたのは、「正解到達主義」を批判し、読み手が教材（テクスト）と対話しながらさまざまな〈読み〉を創造していくという過程が支持されたからである。読みの多義性を認めることで、解釈学の発想から容易に抜けきれない国語教育界に、読者の側に立つ新しい〈読み〉の指導理論への地平を開くことになった。しかし、それに対しては「エセ読みのアナーキー」（田中実）という批判がなされ、読者の主観を超えた読みの成立の可能性が追究されている。（牛山　恵）

〈参考文献〉
田近洵一『増補版・戦後国語教育問題史』大修館書店 1999.

読む」ことが求められる。

説明文教材の指導においては、最近の傾向として、〈調べる〉・〈発信する〉といった活動が組み込まれることが目立つ。それは、情報活用の観点から、教材文を課題解決のための情報資料としていかに生かすかといったことが求められるようになったからである。

クリティカル・リーディング　今日では、教材文を情報資料として批判的に捉え、その情報価値と問題点とを明らかにする読み（クリティカル・リーディング）が求められるようになってきている。例えば、論説文などでは、筆者の主張を相対化し、自分なりの意味づけをするとか、複数資料を比較・関連づけて情報生産活動に生かすといったことが求められるようになっている。これらはクリティカル・リーディングを生かした情報リテラシーの教育と言っていいだろう。

近年、PISA型読解力が課題とされ、文部科学省からは「読解力向上プログラム」（2005）が出されて、指導改善の具体的な方向が示されている。

104

指導形態

指導形態とは
　指導形態とは，所期の指導目標を達成するために，最も効果を上げることができるよう授業過程に即して採る方法の一種である。学習者の学習活動からいえば学習形態であり，学習と指導とを総括して授業形態ともいわれる。しかし，指導形態・学習形態・授業形態は外見上で共通するものの，その教育的意義の内容は峻別すべきである。区別して考えるほうが実践的である。
　指導者が指導しようとする学習者の人数に応じて，一斉指導・グループ（小集団または班別）指導・個別指導の3種に大きく分けられる。逆に指導者が複数になるT.T.(Team Teaching)もある。その各々の特質と問題点とを十分承知したうえで，指導すべき事項，学習させるべき内容に最適の形態と効果的言語活動など臨機応変，自在に意図的に活用できなければならない。決して安易に，形態を選択すべきではない。

形態選択の視点
　いま仮に，友情をテーマにした文学教材での指導を想定する。登場人物AとBの心情を，言動・描写表現によって読み取る時間となった。①本時分の範囲を指名音読（一斉），②本時の課題「Bは，なぜAをひどい人だと誤解したのか」討議（4人グループ），③各班の意見発表・討議（一斉），④誤解したり，されたりした経験，その時の気持ちを書く（個別），⑤発表しつつA・Bの気持ちに迫る（一斉）……。
　上記各過程で採られた形態は，しかるべき根拠がなければならない。他の形態に優先させる理由を，指導者ははっきり認識しているであろうか。①は，なぜ黙読ではいけなかったのか。逆に，斉読を採らなかったのか，範読を避けたのか。――学習者全員を文学に読みひたるよう誘うのであれば，指名読みは最適とはいえない。指導者は，読みの優れたM子に音読させ，気がかりなO男等への個別指導を配慮している。また，読みの苦手なS子に当て，これまでの読みの成果を見定めようとも試みる。個別指導を背後に予定したうえでの一斉指導と，目標達成のステップとして最適の方法だと判断したうえでの一斉指導とによって授業に入っていったとすればうなずける。
　②の4人グループは，問題ないか。国語科として，どの学習者も司会できる力，記録する力，討議に積極的に参加し発言する態度の育成を図らねばならない。特定の班長ばかりが司会し，報告者になってしまっては，生活グループと異ならない。教科としてのグループ指導は，そのメンバーの構成，話し合わせる内容と場（いつ，何につ

習熟度別学習　国語学力で例をとれば，"矛盾"という熟語を学習したとき，①ムジュンと読める，②前に言っていたことといま言っていることが一致していないこと等の意味がわかる，③一見一致しているかに思えることにも，矛盾が潜んでいることを見抜く，④矛盾を認識し，その克服を志向する，といった段階がある。その各々が習熟度を示す。また，物語の主人公に即して読み進むことができる，主人公のほかに情景描写からも味わいを見いだせる，作品の形象・構成・主題といったいろいろな角度から鑑賞できる，というのも習熟の度合いを示す。
　授業過程で導入部・展開部・終結部等に応じた習熟度別学習もあれば，A組は通読ののち初発の感想を鍛える必要がある，B組はむしろ，いきなり課題づくりをさせたほうが読み深めにつながる，といった学級ごとにその学力育成につなぐ指導が考えられる。班ごとに課題を設定したり，一人一人に最適な学習活動を工夫する等，さまざまに活用できる。T.T.により，上位グループと下位グルー

いて，誰と誰とを討議させるか）の視点から，臨機応変に展開する。隣人の意見を徴したうえで，自分の意見に加味させて発表するとか，3分ほど二人で話し合ってから全体へ発言するなど，人数や時間を初め少なく，簡単な内容のもので出発し，ほぼ一つの問題の解決や意見の出し合いが誰しも可能になったところで，問題を少し難しく，時間も少し長くする。しかし，人数は依然二人にしておく。やがて，6分前後の時間に延ばす。更に人数を4人（自然発生的に，後には指導者の指名構成も入れていく）に増やす。ここまで至るには，ほぼ1学期間ぐらいかかるであろう。ましてや30分以上もグループ単位で学習させるには，より以上の基礎指導の積み重ねが必要である。協力学習・仲間意識の強化等の小集団による人間尊重の成果まで得られるようになるには，普段の一人一人への個別指導の支えが必要である。話す方向の指導に偏らぬよう，特に聞く力・聞き出し，聞き取る力の指導が大事である。4人集めて4人分の結果では，グループにした意味は薄い。5，6それ以上の成果を上げてこそ，4人がグループとして活動した意義がある。したがって②は「誤解ではない。正しくその時点でBは，Aの言動に友情のなさを見たので」という意見と，「Aは内心こう考えてとった言動であり，Bの判断に性急さがある」という意見の対立を，作品本文の形象の読み取りに返しつつ追究させるような，討議の実が上がる課題として与えねばならない。Bに身を寄せて考えるU男，地の文から作者の思いをよくつかむY子，結論づけを急ぐZ男といった，学習者一人一人に応じて，自在にグループを結成する。能力別編成ではなく，それぞれの学習者の国語的個性を生かし発揮できる編成である。個を生かす精神が根底に求められる。

時に習熟度別学習を学級編成・グループ編成に導入することもあるが，問題もある。③の一斉指導では，②の間にいかに的確に一人一人を指導者が把握しているかで大きく左右される。更にそれが④の個人作業での個別指導に生かされる。作文を書いているとき，一人読みをしているとき，指導力を大いに発揮せねばならない。単に机間を移動するのでなく，学習者と自分とが真に1対1となる絶好の個別指導の場と心得たいものである。複数の教師によるT.T.も学習者への個別指導効果を意図しておく。

学習者一人一人の個性を尊重し，個別指導を徹底しようとすれば，脱教室あるいはオープンスクールといった現学校教育の課程を超えた教育観につながる。"モジュール"という15分単位での展開を形態と関わらせる工夫もなされている。教育の営みは結局一人一人を育てることである以上，可能な限り，指導形態も個別指導に根拠を求めるべきである。
（白石壽文）

プに分担する例も多いが，国語科では安易に採るべきではない。

能力差別の少人数（20人以下）編成が試みられているが，学力のみの視点は問題もある。そして，人格差別とならぬよう厳しく計画しなければならない。硬直した固定化を避けるよう心がけたい。
オープンスクール 枠（教室・学年・課程等）を超える学校である。全てを学習者の主体性・自主性に委ね，信頼し，教師は求めに応じて助力・助言する。したがって，積極性のない学習者の問題，学力の差の拡大・低下の問題がある。国語でいえば，国語科という枠がなく，広く言葉による学習・言葉の学習・言葉と何かを関連づけての学習などである。教師の力量が大きくものをいう。いかにも学習者がとびつき，力を合わせて取り組み，一定の学力もつけられるような学習課題を豊かに準備し，学習環境を整備しておかねばならない。学習者は思い思いに，一人または何人かのプロジェクトチームにより，追求考察課題を設定し，その解決に専念する。報告会を楽しむ。

105

学習指導案

学習指導案とは

　学習指導の構想について示したものである。一般的に，単元の全体像と本時の1単位時間について記したもの（密案，細案）と，本時の1単位時間のみについて記したもの（略案）とがある。

　学習指導案作成の目的としては，指導者が授業を充実させるべく自身のために記す場合と，研究授業等で参観者に単元や本時の概要を提示するために記す場合とがある。

　後者の場合は，つけたい力を明らかにし，学習者の実態を考慮に入れながら，教材（学習材）の特性，指導上の工夫，単元計画，本時のねらい，本時の展開等について記述するのが一般的である。

学習指導案の形式

　特に定まった形式はないが，研究授業等の場合，通常，以下の内容が示される。

　　単元名
　　単元目標
　　単元の評価規準
　　単元計画（指導と評価の計画）
　　単元設定の理由（学習者観，教材（学習材）観，指導観）
　　本時案

それぞれの内容

①単元名

　教材（学習材）名のみを記してあるものが散見されるが，単元名は子どもたちと共有する場合が多いので，子どもたちにとって魅力的なものにした方がよい。単元を通した目的となるものや単元における活動の内容，身につけたい力等が考えられるが，それらと教材（学習材）名とを併記するとわかりやすい。

②単元目標

　通常，情意・価値目標（国語への関心・意欲・態度，学びに向かう力・人間性等），能力目標（思考力・判断力・表現力等，いわゆる「話す・聞く能力」，「書く能力」，「読む能力」），知識・技能目標（言語についての知識・理解・技能）の三つの観点から示される。その際，能力目標に関しては，単元が総花的に陥らないように，三つの内の一つか二つに絞っておく必要がある。

③単元の評価規準

　単元目標を具体化させ，子どもの姿で表したものである。子どもたちが目標に到達できているかどうかのめやすとなる。

④単元計画（指導と評価の計画）

　単元の学習過程を，表したものである。通常，次，時を使って表す。③の評価規準との関係で，評価方法について併記する場合もある。

発問，板書，ワークシート　本時の展開の中に，発問を四角囲み等で書き込んだものがよく見られる。その場合，発問は主として一つ（主発問・中心発問）で，その時間の学習を支える大きな問いとなる。また，一単位時間の学習の過程でより深まりや変容を期待する場合，二つの発問を書き込む場合もある。が，いずれにしても指導者の発問によって学習者を引っ張るのではなく，学習者自身が学習の過程で問いを生み出していくような工夫を考えておく必要がある。

　板書計画を，本時案に組み込む場合もある。キーワードをおさえ，学習者の思考の流れをイメージしておくためには有効である。が，これについても，学習者の思考を板書計画通りに誘うことがないように心がける必要がある。

　ワークシートは，書くことによって全ての学習者に考えることを保障する。よって多くの授業で活用され，学習指導案に添付されている場合も多い。ワークシートの内容が，目標と結びついた価値あるものになっていることが重要である。

⑤ **単元設定の理由**
　○学習者観
　　学習者（児童生徒）の実態を記す。目の前の子どもたちが，つけたい力（単元目標）に関わってこれまでどのような学習経験をし，何が身についていないのかを見きわめて記す。これは，下の教材（学習材）の選択，指導上の工夫に大きく関わってくるものである。
　○教材（学習材）観
　　つけたい力（単元目標）と学習者観とをつなげ，教材（学習材）を選定するに至った理由について記す。その際，教材（学習材）の特性について明記することが重要になってくる。
　○指導観
　　単元目標と学習者観，教材（学習材）観をつなげたうえで，子どもたちを主体的・対話的で深い学びに誘うための指導上の工夫について記す。「主体的・対話的」を意識するあまり，子どもたちの活動のみに目がいかないように心がけることが重要である。あくまでも，単元を通して子どもたちが向上的に変容するための工夫について考える必要がある。

⑥ **本時案**
　研究授業等を行う本時（通常1単位時間）について，詳しく記す。本時の目標（ねらい，主眼）と展開を記したものが一般的である。
　本時の目標については，単元の目標，評価規準とつなげながら，本時のねらいとしていることを具体的に記す。
　展開については，1単位時間の子どもたちの学習と変容の過程がよくわかるように留意する。通常，学習活動（学習者の側から書く），支援及び留意点（指導者の側から書く。学習者の反応を予想し，学習者がつまずきそうなところで適切な支援を行えるよう，てだてを考えておく）について記す。より読み手（参観者）に本時の提案について伝わるように，発問，板書，使用するワークシート，評価の具体（観点と方法）等についても記す場合がある。

その他の留意点
　その他，学習指導案作成にあたっては，以下の点にも留意しておく必要がある。
① 学校の研究主題，年間計画，他教科とのつながり等にも留意しておくこと。
② 学年末や卒業時の学習者の成長した姿をイメージし，本単元の位置づけや評価について考えておくこと（backward design）。
③ 評価については方法を工夫し，学習者自らがメタ認知でき，次の学習や将来につなげていけるように心がけること。

（岸本憲一良）

〈参考文献〉
西岡加名恵『「逆向き設計」で確かな学力を保障する』明治図書 2008

---

backward design（逆向き設計）　上記参考文献によると，「逆向き設計」理論は，ウィギンズ（Wiggins, G.）とマクタイ（McTighe, J.）が共著書『理解をもたらすカリキュラム設計（*Understanding by Design*）』（ASCD, 1998/2005）で提案しているカリキュラム設計論で，カリキュラムにパフォーマンス課題を適切に位置づける指針を与えてくれる理論であるとされる。
　通常，カリキュラムについては順番に積み上げていく発想で捉えられがちであるが，それとは逆に，最終的にもたらされる結果（学年末や卒業時の成長した学習者の姿）から遡ってカリキュラムを設計していくことを主張する。
　また，指導が行われた後で考えられがちな評価について，先に構想しておくことも重視される。学習指導案を作成する際に，評価の内容や方法についても考えておくのである。またその際，パフォーマンス課題（知識やスキルを応用・総合しつつ使いこなすことを求めるような課題）も組み合わせて用いることを主張している。

VI 授業組織

106

教育技術・指導技術

教育技術・指導技術とは

　教育技術とは，学校教育において教師が一定の教育目標を実現するために学習者にはたらきかけるときに用いる技術を指している。その中で，特定の教科や領域における学習指導上の教育技術のことを指導技術と呼ぶことが多い（国語科では，漢字の指導技術，作文の指導技術というように使われる）。これに対して，授業技術とはもっと広く，発問・指名・板書・話し合いの仕方というように，さまざまな教科や領域で共通に使えるような技術を指すことが多い。

教育技術の意義と限界

　教師の専門的力量として，さまざまな状況・場面において教育技術を適切に使いこなせる力は重要である。それなしでは，我流で「出たとこ勝負」の授業になる。その意味で教育技術を身につけることの意義は大きいと言わねばならない。

　しかし，日本の教育界では，教育技術は教師の人間性や教育的情熱という面に比べると，過小評価される傾向にあった。そういう中で教育技術の重要性に注意を喚起したのが教育技術の法則化運動*である。代表者の向山洋一は，「跳び箱を全員跳ばせら

れることが教師の常識とならなかったのはなぜか」という問いから出発して，優れた教育技術を集めて共有財産にしようという運動を展開した。この運動に対しては批判もあるが，人に分かち伝えることのできる教育技術の部分に着目して，「追試*」によって一般化をめざすという授業研究の方法論を展開したことは評価されるべきである。もちろん教育技術は万能ではない。向山自身も，それで解決できる問題は全体の「7，8パーセント」（『教育』1986年2月号）にすぎないと述べていた。

　「追試」という方法論は，優れた先行実践に学ぶことの大切さに目を向けさせたが，安易にまねをするという態度は戒めねばならない。教師のねらいや子どもの反応などによって授業は原実践とは異なってくるからである。まさに，子どもが示す事実をどう捉え，どう解釈し，どう対応していくかという点に授業の難しさ，教師の腕の見せどころがある。そこには，「人間の豊かさ」「教養」「すぐれた感覚」「直観力」（斎藤，1969）などが要求される。教育技術の法則化は本来，黒板の消し方，画鋲の止め方，整列のさせ方といった脱文脈化された次元で可能になるのである。

斎藤喜博の教育技術論

　斎藤喜博は，教育技術とは「相手の事実にしたがって，それを動かそうとして，そのときどきに咄嗟に必然的に出てくるも

教育技術の法則化運動　全国に埋もれた優れた教育技術を集め，「追試」「修正」を通して，教師の「共有財産」としていこうという教育研究運動（代表は向山洋一）である。1984年にスタートし，2000年をもって解散，新たに「TOSS」（Teacher's Organization of Skill Sharing）と改称して発展的に引き継がれている。

　この運動は，次の四つの理念を持っている。
　①教育技術はさまざまある。できるだけ多くの方法をとりあげる。〔多様性の原則〕
　②完成された教育技術は存在しない。常に検討・修正の対象とされる。〔連続性の原則〕
　③主張は教材・発問・指示・留意点・結果を明示した記録を根拠とする。〔実証性の原則〕
　④多くの技術から，自分の学級に適した方法を選択するのは教師自身である。
　　　　　　　　　　　　〔主体性の原則〕

　こうして，教育技術の法則化運動は技術の部分に着目し，「追試」という方法を積極的に展開していった。発問・指示の明確化はその必要条件で

の」であって、「固定した技術を、そのまま持っていけばうまく通用するというようなものではない」と述べて、教育技術の「一般化」には否定的な考えを表明していた（斎藤、1979）。斎藤によれば、それは教師個人の「生きた技術」でなければならず、最終的に「その人のものとしてつくり出していかなければならない」のである。

しかし、斎藤は「追試」を否定していたわけではない。「他人の経験をそのまま真似る。（中略）そしてそのなかにある考え方とか、原則的なものとか、方法や技術の必然性とかを身につけていく」ことも重視していた。つまり、優れた実践の中に潜む教師の考え方や教育技術の原理・原則を学び取って、自分の実践をつくり出すことが目標だったのである。これは囲碁や将棋の世界で定石（定跡）を学ぶことに似ている。斎藤の見解は、教育技術の一般化・法則化の問題を考えるとき示唆に富む。

「技術的熟達者」と「反省的実践家」

佐藤学は、教師教育研究において、「技術的熟達者」と「反省的実践家」という二つの教師モデルを対置させている。「技術的熟達者」モデルは、全ての教室や教師に役立つ教育技術を習得したうえで、それを「合理的に適用」することをめざす立場である。そこでは実践における「不確実性」は「脅威」であると見なされ、なるべく安定的に行為できるような方法論を求めることになる。それに対して、「反省的実践家」モデルは、教師が実践経験の中で反省的に自らの思考の枠組みを変えていくこと、理論的知識よりも、事例研究を通して「実践的見識」を高めていくことを重視する立場である。そこでは実践における「不確実性」は「自己防衛の機会」ではなく「発見の源」「更新の源」となる。

こうした二分法は確かに有効であるが、実際はそう単純に割り切れるものではない。教育技術の法則化運動が前者の立場であるとしても、「反省的思考」が全く排除されるということはないし、また、あってはならないだろう。「追試」と「反省的思考」とは本来、矛盾するものではないからである。逆に、「反省的実践家」も一般的な教育技術を用いる場面が必ずある。

佐藤は、教育技術の一般化や教授学の建設に対しては、「形式的模倣以上の効果をどれほど発揮するかは疑問」と述べているが、それは「埋没型追試」に限った話である。多様な「追試」の可能性にも注目することによって、二つのモデルを統合した教師像を追求すべきである。　　（鶴田清司）

〈参考文献〉
斎藤喜博『教育学のすすめ』筑摩書房 1969。斎藤喜博『教師の仕事と技術』国土社 1979。佐藤学『教師というアポリア』世織書房 1997。鶴田清司『国語科教師の専門的力量の形成』溪水社 2007。

あり、実践記録の伝達・再現可能性を高めた。

追試　授業における「追試」のあり方について、野口芳宏は「埋没型」「検証型」「修正型」「創案型」の4タイプに分けて考えている（「『追試』に見られる四つの型」『現代教育科学』1986年11月号）。これを整理すると次のようになる。
① 埋没型追試……指導案・発問などをそっくりそのまま自分の教室に持ちこもうとするタイプ。
② 検証型追試……先行実践に含まれている仮説ないし原理を十分に吟味・分析したうえで、それを自分自身で検証してみようとするタイプ。
③ 修正型追試……先行実践のねらいや方法を理解したうえで、自分の授業観や学級の実態に合わせて手直しすべきところは修正していくタイプ。
④ 創案型追試……先行実践の問題点を明らかにしたうえで、それを乗り越える形で自らオリジナリティの高い実践を生み出していくタイプ。

このうち、④の「創案型追試」が最も望ましいことは言うまでもない。授業づくりの最終到達点である。

107

発　問

発問とは

　授業者の指導言の一つ。授業者が一連の授業の過程を成立させるために発する問いかけを指す場合が多い。

　発問はさまざまな観点から分類される。問いかけの内容によって，覚えていることを問う記憶発問，考えを促したりその結果を問う思考発問，準備の時期によって，授業計画に組み込まれた予定発問（計画発問），学習者の状況に応じて発する即時発問などである。また，思考発問は，授業の中心になる課題解決に関わる点から見れば，授業の導入部や終末部で学習者の状態把握のために行われる診断（評価）発問と対置することもできる。

発問研究の意義

　発問をどう捉えるかについてはさまざまな立場がある。上の分類に対し，発問を狭くとらえる立場では，記憶発問は発問に含めない。単に知識を答えさせるだけの発問は，授業者が学習者の状態把握のために行うものであり，学習者の問題追求過程に直接に関わっていないと見るからである。一方，発問を広く捉える立場では，助言，指示，補説なども発問に含める。更に，学習者の主体性を重視する立場からは，発問に頼る授業のあり方は望ましくないとの見解もある。しかし，そうは言っても，授業は教師が計画するものである。授業者が学習者を引き回すような授業が望ましくないのはもちろんだが，教師が授業の展開に関わって発言することが不要になるわけではない。

　こうした発問の捉え方は，授業を分析・評価するときには一定の意味をもつ。思考発問を例にすると，発問を狭く捉える立場では，授業記録から思考発問（この立場では「発問」）を取り出し，何をどう問いかけたか，教材や授業のねらいとの関わりがどうであったかといったことが直接的に検討されることになろう。一方，発問を広く捉える立場では，授業者の指導言を分類した後，思考発問と記憶発問，指示，助言などがどのような関わりをもって用いられたかが検討されることになろう。いずれにしても，こうした分析によって，その授業の特質が描き出され，発問の面から見た「よい授業」の備えるべき条件が明らかにされる。

授業づくりと発問

　さまざまな発問の分類や機能を知ることは，授業者にとって一定の意義はある。授業者がそれを意識することで，用いる指導言が豊かになることが期待できるからだ。しかし，授業者の発する言葉が発問に含まれるか否か，どんな発問に分類されるかと

問答法　授業成立のために発問が広く用いられるのは，古くから問いと答えによる教育法が有効と考えられていたからである。中世キリスト教会では，教義普及のために，信仰箇条を問答形式にまとめた，教義問答書を用いた。現代では，インターネットのホームページに「よくある質問と答え」があり，知識普及に一役買っている。国語教科書の説明文教材では，多くの場合，文章冒頭に問いかけの文があり，問題解明や話題解説へと読み手を導いている。「問うこと」は人の知的活動を誘発する有効な手段であることがわかる。もっとも，中世の問答法では，「問うこと」は絶対的な「正答」へ導く手段であった。しかし，現代では発問は，学習者の思考を促し，それが発表され，練り上げられていく「話し合い」の契機になる。

揺さぶり発問　授業の中で，学習者の固定的・常識的な知識や解釈，そこから来る緊張感の欠けた授業展開などに問題を投げかけ，授業の流れに変化を生み，より深い理解へと導くための発問である。多くは学習者に対する否定発問（～は違うの

いったことは，授業を計画する点からは，さほど重要ではない。

例えば，言語形式から見れば，指示しているだけに見えても，学習者のうちに問いが湧き起こり，問題追求が促されることがある。この場合には，発問の分類よりも授業者の指導言が授業のある局面で果たす機能が重要な意味をもつことになる。こう考えると，授業づくりのためには，発問をあまり限定的に捉えずに，授業者のさまざまな教授行動を視野に入れたうえで捉えておくことが有効である。

また，授業者が発問の分類を知ることが前提になって，授業の計画が発想されるわけでもない。授業のおよその計画があって，それに沿って授業者がどう行動すべきかが決まってくるのであり，発問は，その授業者の行動の一つの選択肢にすぎない。とりわけ国語の授業の場合には，読む，書く，聞く，話すといった言語活動自体の深まりが重要であることから，それぞれの言語活動が行われる際の思考の過程と関わる形で授業計画やその中での発問計画を考えることが必要になる。

読みの授業と発問
一例として読みの授業と発問を考えた場合，従来の記憶発問・思考発問という分類では大まかに過ぎよう。だからといって，細分化しすぎても実践上使いにくいものになるおそれがある。この点で井上尚美による発問分類は，国語科の授業に即しており，参考になる。

1．指名・確認・説明・補足・整理など。授業を進行するための司会役としての発言
2．語句や事実についての知識を尋ねる。「～はいつのことですか。」「教科書のどこからわかりますか。」など。
3．テキストに表現されている内容の解釈。「主人公の気持ちをまとめて言ってください。」「この部分は前に読んだどこと対応していますか。」など。
4．推論・予測など，「行間を読む」。「文中の……にはどんな言葉が省略されていますか。」「述べられていることの実例をあげなさい。」など。
5．評価・批判・鑑賞。「どんな意見をもっていますか，それはなぜですか。」「筆者の主張と矛盾する例がありますか。」など。

授業における教師の指導言を幅広く捉えたうえで，従来，思考発問と言われていたものの中身を3～5のように明確にしている。これは，学習者の思考の発達や読みの授業の過程での思考の深まりにも対応しており，授業計画立案の際に有効である。

（岩永正史）

〈参考文献〉
井上尚美『国語教師の力量を高める』明治図書2005。

ではないか？）の形をとるが，教師の否定的解釈の提示（いや，先生は～ではないと思う）や身振り，声の調子，表情，無言でいることなども，教師と学習者の人間関係が良好な教室では，同様のはたらきをすることがある。

揺さぶり発問を巡る論争　揺さぶり発問という言葉が国語教育界で広く用いられるようになったのは，島小学校校長・斎藤喜博の介入授業に端を発する「出口論争」によるところが大きい。斎藤は，3年生教材「山の子ども」の「森の出口」について，子どもたちの解釈「森とそうでないところの境」を「そんなところは出口ではない」と指摘して読みを深めたという。これに対し，宇佐美寛が疑問を示した（『授業研究』1977年9月）ことから論争となった。ここでは，揺さぶりの概念，「出口」の解釈，「山の子ども」の教材論などが問題となった。この論争は十分な実りを得ないまま終わったが，国語科の読みの授業としてどう見るべきかについて，府川源一郎が的確に整理している（『教育科学国語教育』1988年1月）。

108

板　書

板書とは

　板書とは黒板に文字，図表，記号，略画などを書くことおよび書かれたものをいう。書き手は指導者が主ではあるが，学習者も書く。何をどのように板書するかは，板書の目的や学習指導観によって異なってくる。板書技術は，学習指導技術の一つである。板書研究は，板書機構*の研究といって盛んに取り組まれたこともあった。しかし，今日では，教師教育の養成，研修のいずれの段階でも十分な教育，研修がなされていない。教員各人の自己修養にゆだねられている現状にある。

国語学習と板書

　国語学習では読むこと，書くことの学習指導が行われる。そのため，黒板に書いた語句，文，文章を読ませたり，学習者の口頭での話を書いて読ませたり，というように板書活動が多い。また，文字の書き方（字体，字形，筆順），ノートの取り方（文字の大きさ，配置，配列）が学習事項となっている。そのことから，指導者の板書がその範例になるので，どのように板書するか意識して板書することが多い。

　学習指導は意図的・計画的なものであるから，板書についても，どのように板書するか計画をもって授業に臨むことが原則である。また，意識的に板書計画を立てて授業に臨み実践し，その実際の吟味検討を積み重ねることで板書技術は向上する。

板書の方法

　何のために何を板書するのか。二つの目的がある。一つは，学習を促進するための板書である。具体的にどのようなことが書かれるかは，学習指導観によって異なる。例えば，単元の冒頭で，今度の単元ではどのようなことを，どのように進めるか見通しをもたせるために展開の過程を箇条書きで示す，各時の冒頭では，この時間の予定や課題を明確にするために書く，学習課題をどのように進めればよいのか実際にやって見せるために書く，学習者各人が遂行した自学の成果を発表させ，学習者の思考を更に促すためそれを構造的に板書する，などである。二つには，学習材としての板書である。例えば，文字の筆順を示す，ある言葉はどのような漢字が使われるかを示す，文章を板書して読むことや書くこと（視写，書写）の学習材にする，ノートの取り方の例を示す，低学年では児童の話し言葉を書き言葉に変換して板書することで，話し言葉から書き言葉に変わっていく過程を見せたり，それを読ませたりすることで文字の指導，書くことの指導，読むことの指導の学習材にする*，などである。

板書機構　芦田式教法の特色の一つ。国語科教育の著名な実践家であり理論家であった芦田恵之助（1873～1951）が1933（昭和8）年から実践した板書法を芦田の実践，実践理論に共鳴する人たちが，板書機構といって，その研究に取り組んだ。芦田の板書法は黒板の上部に横線を引き，それを段落にくぎって重要語句・中心語句を書き出していった。その実際例は芦田の著書『教式と教壇』（1938）にみることができる。

文字板学習・経験板学習　「児童たちのしたことや考えたことを教師が文字として黒板や紙などに書きつけたもの」（昭和22年度（試案）学習指導要領国語科編　文部省）を文字板，経験板といった。文字板，経験板をめぐって展開された学習を文字板学習，経験板学習といった。これらの言葉は，今ではまったく使われていない。しかし，学習法，学習活動そのものは健在である。小学校の低学年では，文字板学習，経験板学習は有効な学習法である。児童が経験を話す。それを指導者が板書する。それを読ませる。句読点，発音と文字

板書の留意点

①学習者全員にチョークの先に注目させてから書き始める。書く過程が学習者全員に見えるように書く。そのためには体勢を黒板に対して斜めにし，腕を伸ばして書く。この体勢であると，学習者とのアイコンタクト（視線を交わすこと）を取ることができる。板書過程を見つめているか確かめることができる。

②黒板に刻み込むように書く。そのためにはチョークの先端を親指，人さし指，中指でつかみ，後方はてのひらの中央にくるようにする。鉛筆の持ち方とは異なる。

③板書の速度は目的に合わせる。目的に応じて速く書く，ゆっくり書く。学習者に見せながら書く場合の基本は，ゆっくりと丁寧に書く。例えば，文字の筆順，字形を示す場合などはゆっくりである。学習を促進する課題の提示や教材としての文章を板書する場合は，やや速めとなる。板書を同時進行的に視写させる場合は，学習者の視写力に合わせる。板書終了後，15～30秒以内で視写が終了するよう板書の速度を調整する。

④配置を考えて書く。中心に書くか，右方からか，左方からか，左方の上からか，配置を考える。単独の文字や語句は，全員の学習者にいちばんよく見える黒板中央の上方になる。黒板の下方は，後ろの席の学習者は立ち上がらないと見えない場合があるので留意する。

⑤字の大きさを考えて書く。後ろの席の学習者が見える大きさの字で書く。文，文章を書く場合，改行が多くなって見栄えが悪いがしかたない。学習者に写し取らせる場合は，改行1字下げになるまでは，ノートの一番下まで続けて書くことを告げる。

⑥板書内容にふさわしい色チョークの使い方をする。赤と黄色の2色を基本とする。その他の色チョークもあるが，カラフルであればよいのではない。青は，濃緑黒板では見えにくい。

⑦話し合いの内容を整理する板書をする場合は，話し合いを一時中断させ，黒板の方に注視させてから板書する。学習者どうしの話し合いの場面では，原則として要点等の板書はしない。後ろ向きになって要点を板書するのは望ましくない。

（常木正則）

〈参考文献〉

加藤末吉『教壇上の教師』良明堂書店 1908。倉澤栄吉『新訂国語の教師』国土社 1987（もとの版は1954）。国分一太郎「教育遺産をうけつぐために」『国分一太郎文集1 新しくすること 豊かにすること』新評論 1984（初出は1959）。稲山三郎『国語科授業の基本点画』穂波出版社 1965。国語教育実践研究所編『国語科の授業入門4 力をつける発問・板書・ノート』明治図書 1985。青木幹勇『いい授業の条件』国土社 1987。

表記，語彙などの指導を行う。児童の身近な経験が題材となっていることから，児童の興味関心をひきつけることができ，話すこと・聞くこと，書くこと，読むこと，言語事項の学習を内容豊かに展開できる。

板書の体勢 〈参考文献〉に挙げた国分一太郎の論文に，次のような教育遺産としての板書の体勢が紹介されている。

「ある老教師は，黒板に文字を書くとき，自分のせなかで，その文字をかくすことのないように，まるでカメの子のようにちぢこまり，その手だけをうんと伸ばして文字を書く。またある教師は，生徒の方に自分の正面を向けながら，生徒全体を見わたしつつ，その注意を喚起した状態で，チョークの先をもちながら，からだを右の方にうんとよせるようにして，右手をぐっとのばして，その文字を書きつける。（中略）これはいずれも，すべての子どもの注意を集中させるためにくふうされた教師の身のこなしである。配慮である。」

109

ノート指導

国語科授業を支える基本

　国語科は言葉を扱う教科である。教科書を媒体とした場合、教師は、「発問」という言葉で学習者に応答を促し、学習者は言葉によりなんらかの反応を示す。その反応が他の学習者の反応を喚起し、教室という空間に言葉が飛び交うことになる。

　音声という言葉は、一瞬により消え去るため、教師は板書という文字言語により飛び交った言葉を整理し、教室の共有物とする。学習者もまた、事前に書いていた自分の考えとは別に、他者の考えや教師のまとめを文字言語によりノートに記録する。こういった教科書、黒板、ノートの三つが、国語科授業を支える基本である。

　教師は学習者の反応をいかに整理・類別し、更に学習者の思考に揺さぶりをかけることができるかである。学習者は教師や他の学習者からの刺激をいかに享受し、更に思考を深めていくことができるかである。その橋渡しとなるのが、ノート指導（学習）といっても過言ではない。

国語科ノート指導とは

　学力の重要な要素である「習得」「活用」「学習意欲」と、国語科ノート指導とを有機的に関連づけておく。

　従来から「子どものノートを見れば、教師の指導のなんたるかがわかる」と言われてきた。単元の指導過程が、学習者のノートにどのように反映されているのか、学習者が意欲的に学んでいるのかといった点がノートに顕著に出るというわけである。

　例えば、新しい単元に入ったときの心がまえや学習のめあて、学習計画や日々の学習記録、自己の考えや気づき、他者との相違点など。そして、学習終盤での感想や自己評価へと連動したノートを見ると、その学習者の学びの実感や成長の実感を感じ取ることができる。

　反対に、どの学習者のノートをめくってみても、そのほとんどが、漢字の学習や意味調べ、そして、板書を写しただけというのであれば、学習者たちは、いつ、どこで、何を考えて、どのような学びを獲得したのだろうかと疑問を呈したくなる。

　こういったことから考えれば、ノートには、教師の教育観や学力観が顕著に反映されるといっても過言ではない。

　分冊にするかしないかは別にして、ノートには、「練習ノート」的機能と「学習（研究）ノート」的機能とがある。練習ノートでは、漢字の読みや書き取り、意味調べや語彙や文法の学習、そして単文づくりなどが主となる。こういった学習は、いわば「活用」を支える「習得」に相当するものであ

学力の重要な要素　平成20年版学習指導要領の総則に示された学力の重要な要素は、同年1月の中教審答申の次の3項目を反映させたものである。①基礎的・基本的な知識・技能の習得　②知識・技能を活用して課題を解決するために必要な思考力・判断力・表現力等　③学習意欲

　この答申は、昭和22年の制定以来、約60年ぶりの教育基本法の改正を受けた改正学校教育法の条文を色濃く反映したものである。（平成29年版学習指導要領にも継承される考え方である。）

ノートの評価　ノートは学習者のものではあるが、教師からすれば、学習者の理解の程度や実態を知り、自らの授業の反省や今後の指導の手がかりにするためのものでもある。そのためには、怠りなく点検・評価を心がけたいものである。

　点検・評価の方法としては、形式的な花丸や点検印だけではなく、誤字や字形の修正、内容の誤りの訂正などを丹念に、感想や批評なども書くことにより、学習者の取り組みの意欲が更に増すものである。一日に5～6冊程度が適当である。

る。

　学習（研究）ノートの主眼は，一人の認識主体である学習者の日々の学習記録が主となる。説明文の学習であれば，筆者に対して学習者の読みを対峙させたり，学級の他の学習者との意見の違いを見きわめたりしながら，最終的には，自己の読みの確立を目ざすのである。いわば，初めに抱いた「個の読み」は，「場（小集団・全体）の読み」での刺激を受けて，最終の「個のまとめ（自己の読みの確立）」へと連動していく一連の学習の軌跡を学習記録として残していくことになる。思考の過程が，そのまま学びの実感，成長の実感として記録されるのである。この一連の学習こそ，「習得」に裏打ちされた「活用」なのである。

　学習（研究）ノートの主眼は，表現力である。表現に向かうとき，「学習意欲」は喚起される。ノートに書かれた学習者の言語表現に対する教師の適切な「評価」はまた，学習者の「学習意欲」を倍加させることになるのである。

学習（研究）ノートの使い方

　いつ，どこで，何を，どう書かせるかは，当然，学年段階によって異なってくる。小学校の低学年では，練習ノートが主となり，ワークシートの有効活用も考えておかなければならないであろう。中学年段階からは徐々に学習（研究）ノートの活用を積極的に取り入れていきたいものである。

　まず，学習課題に対して自分の考えを書くスペースが必要である。そして，メモを取るスペース。ここには，気になった他の学習者の意見や，そのときに思いついた自分の考えなどを書く。そして学習の最後に書く感想や振り返りのスペース。学年段階によって書く内容も分量も当然違ってくるが，学習（研究）ノートの基本は，この3項目が基本であろう。

ワークシートのポートフォリオ化

　最近では学習の目的等により，教師があらかじめ印刷したワークシートをノート代わりに使用することが珍しくない。そして単元ごとに学期ごとに，また年間を通してまとめさせ（ポートフォリオ化），学びの実感，成長の実感を得させようとする。

　国語科においては，この原型は大村はまによる「とじ込み式のノート[*]」に見ることができる。学習の成果が，学習の意欲を喚起させる効果的なノート指導である。

（長崎伸仁）

〈参考文献〉
大村はま「新しい学習指導には新しい学習帳を」・宮川利三郎「学習ノート指導における問題点」・石田佐久馬「授業計画へのノート指導の位置づけ方」（いずれも『国語教育基本論文集成27』明治図書 1993。白井勇『思考力を伸ばす国語科ノート指導』明治図書 1970。須田実編著『読む力・考える力を育てるノート指導（低・中・高）』明治図書 2005。

学年に合ったノートの使用　ノートを使い始める低学年段階は，てん・まる・かぎに注意して書き，正しい文字を書く習慣・態度をつける時期である。中学年段階では，正しく美しく書くとともに，書く速度が要求され始める。高学年や中学校段階では，ノートの創意工夫が求められる。こういった発達段階に合ったノートを使用させる必要がある。大・小の方眼罫，縦罫だけのノート，大学ノート等を目的に合わせ，指導がしやすい同一の形式のノートを持たせたいものである。

とじ込み式のノート　学習活動の展開によって，あるときは原稿用紙，あるときは罫のない用紙，その他色々な形の紙をとし込み，ノート代わりに使うものである。とじ込み式だから，新聞，ポスター，パンフレット等の資料もとじ込める。その内の一枚を掲示することも簡単である。表紙，目次，あとがき，奥付等を書くと一冊子となる。

Ⅵ　授業組織

110
ICT・教育機器

ICT：情報通信技術

　ICT（アイシーティー）とは，Information & Communication Technology を略したもので，情報通信技術のことである。文部科学省関係のものでは，2005年頃までは「IT」が使われていたが，2006年以降「ICT」が使われるようになっている。

ICT環境の整備

　2017年版学習指導要領においては，「情報活用能力」を，言語能力，問題発見・解決能力等と同様に，「学習の基盤となる資質・能力」と位置づけるとともに，「各学校において，コンピュータや情報通信ネットワークなどの情報手段を活用するために必要な環境を整え，これらを適切に活用した学習活動の充実を図る」ことが明記され，それに伴い，「教育のICT化に向けた環境整備5か年計画（2018～2022年度）」及びそれに伴う大規模な予算措置が講じられるなど，教育の大規模ICT化が強く推進されることが予測される。

ICT機器の具体

　文部科学省（2017）「2018年度以降の学校におけるICT環境の整備方針」には，「これからの学習活動を支えるICT機器」として，①大型提示装置，②実物投影装置，③学習者用コンピュータ，④指導者用コンピュータ，⑤学習用ツール，⑥無線LAN，⑦校務用コンピュータ，⑧超高速インターネット接続，⑨ICT支援員，「新規追加事項」として，⑩学習者用コンピュータ（予備用），⑪充電保管庫，⑫有線LAN，⑬学習用サーバ，⑭ソフトウェア（統合型校務支援システムの整備，セキュリティソフトの整備），⑮校務用サーバが掲げられている。以下，①大型提示装置と⑤学習用ツールについて述べていきたい。

大型提示装置

　文部科学省（2010）「平成21年度『電子黒板の活用により得られる学習効果等に関する調査研究』報告書」に見られるように，一時期は，電子黒板の利用促進が強く行われていた。電子黒板は，パソコンと接続し，パソコンの内容を電子黒板上で操作するという使い方が一般的である。電子黒板それぞれに固有のアプリが付属しており，ディスプレイをタッチする，ペンで書き込むなどの操作が可能である。教師用デジタル教科書も電子黒板上で操作ができる。しかし，高価であること，電子黒板自体が大きい，教室に固定で置けない場合は移動が大変，パソコンの操作と電子黒板そのものの操作に習熟しなければならないなど，日常的な使用については課題が見られるものであった。その意味でプロジェクター型電子黒板は，導入予算や設置場所についての課題をクリアしたものといえよう。しかし，短焦点型とはいえ，投影型のシステムは教室内では見えにくい場合もあり，ベストな大型提示装置とはいえなかった。そのような状況の中，タブレット型コンピュータの機能

教育のICT化に向けた環境整備5か年計画　2018年度以降の学校におけるICT環境の整備方針で目標とされている水準は，以下の6点である。
①学習者用コンピュータを，3クラスに1クラス分整備。
②指導者用コンピュータを，授業を担任する教師1人に1台整備。
③大型提示装置・実物投影機を100％整備，各普通教室1台，特別教室用として6台整備。（実物投影機は，小学校及び特別支援学校に整備）
④超高速インターネット及び無線LAN を100％整備。
⑤統合型校務支援システムを100％整備。
⑥ICT支援員を4校に1人配置。

向上により，タブレットを大型提示装置に接続することで，電子黒板と同様の効果が得られるようになってきた。電子黒板との接続についても，ケーブルを必要としない接続方法もあり（教室内にネット環境は必要），タブレットを持ちながら教室内を移動し，必要なものを大型提示装置に映すということが可能である。また，共有型のアプリなどを利用することで，教材の配布，収集や，児童・生徒の作業進捗状況を確認したり，児童・生徒の画面を大型提示装置に送ったりなど，タブレットとアプリが揃うだけでも，協働型の学習を支援するICT環境が整うといえよう。タブレットのカメラを使えば，実物投影装置を必要としない授業展開も可能となる。持ち歩ける，文章も画像も音楽も動画も提示できる，カメラで何でも撮ることができる，タブレットではなく，スマホでも可能である，通信ができ，日常的にも利用しているので使い慣れているなど，教育機器としてのICT機器として，ベストな存在だと考える。

学習用ツール

2018年2月，デジタル教科書を正式な教科書に位置づける学校教育法改正案が閣議決定された。2017年版学習指導要領に基づく教科書使用については，紙とデジタルが併用されることになる。また，紙の教科書には，QRコードなどのリンク先を記すことができるようになるなど，紙媒体にはとどまらない情報が学習者の眼前に現れることになる。国語科においても，教師用デジタル教科書には，「話すこと・聞くこと」のモデル動画や，古典の資料画像，説明的文章教材の補助資料など，教科書誌面には掲載できない資料が採用されてきた。学習者用デジタル教科書についても，デジタル教科書ならではの操作性を利用し，参加型，協働型，表現型の授業への転換が校種問わず行われることが期待される。

加えて，タブレットには，録画・録音機能も備わっている。かつてのテープレコーダーより自由自在に記録・再生が可能である。また，ICレコーダー，360度撮影カメラ等，授業や学習活動を記録するための記録機器は，小型化，大容量化，コードレス化が進み，より細やかな記録が可能になっている。

ICT機器がもたらす教育効果

ICT機器導入の一番のメリットは，効率化である。授業においても，校務においても，それが実現できていないのであれば，そのICT化には，何か間違いがあると考えるべきである。例えば模造紙に書き写していた教科書本文をタブレットから大型提示装置に映してみせるなど，単純な作業ほどICT化が効率化してくれると考えたい。大型提示装置がもう1枚の黒板になると考えるだけでも，黒板の活用方法は幅広くなる。児童・生徒の立場にたてば，ICTの活用は将来の自分の生活・仕事に関わるスキルとなる。キーボードで文字を打つことが早いか遅いか，どの検索エンジンを使ってどういう検索語を使えば目的の情報がいちはやく正確に得られるのか，基礎基本に関わることではあるが，こういうことの積み重ねが，社会人になったときの仕事の処理能力に繋がってくるのだと考えたい。

情報モラルとしてのICT機器

児童・生徒が，家庭で，または学校で手にするICT機器は，インターネットを通じて，ありとあらゆる世界につながる。世界を判断する能力が未熟な児童・生徒の場合には，大人がなんらかのフィルタリング機能を利用し，その先には危険があることを示す必要がある。各機器にどのようなフィルタリング機能があるのかを大人は熟知している必要がある。同時に，インターネットの世界を判断するための情報リテラシー教育が重要である。

（羽田　潤）

111

授業研究

授業研究の歴史

 教育の歴史においても，授業の過程そのものが科学的な研究の対象となったのは，そう古いことではない。授業については，戦前はヘルバルト教育学を基礎とした「教授」が強調され，戦後は一転してデューイ教育学に基づいた学習者の「学習」が前面に押し出された。しかし，学力低下の声が起きたのとほぼ同時に，授業そのものを見つめ，その質を高めていこうとする機運が生まれてきた。こうして1960年前後から，外国からの授業研究の文献の紹介も含めて，具体的・実証的な授業の研究が盛んになってきた。

 それ以前の授業の研究は，とかく教育とはかくあるべきという理念を標榜しただけのものや，主観的・断片的な授業記録に基づいた主張が多かったのだが，ようやく授業それ自体を全体的・客観的に記述し，科学的に分析することの中から，帰納的に授業改善の道を探ろうとする方向がはっきりしてきたのである。そこでは授業の計画，実施，評価を一つのまとまりと捉えた研究が進められ，さまざまな学説に基づいた授業研究の試みが展開されている。

授業研究の観点と方法

 授業とは，教材を媒介して教師と学習者とが主体的活動を交流する中で，感情・認識・行為を高め合っていく過程である。とするなら，授業という現象は次のようなさまざまな切り口から研究することが可能である。例えば，授業設計，教材研究，指導案の検討，発問研究，板書・ノートの指導，学習の個別化，学習集団の組織化，学習者の意欲・態度の研究，学習者の思考体制・学び方の研究，授業観察・分析の方法の研究，視聴覚機器・教育機器の利用の研究，などである。ここで特に問題となるのは，授業場面の記述およびその分析であろう。

 いわゆる授業を見る目を育てることが授業研究の質を高め，ひいては授業そのものを優れたものにしていくことにつながる。そのためには，授業研究の観点をはっきりしておかなくてはならない。すなわち授業場面のどこを選択して記述し，どういう視点から分析するかが重要なのである。現在一般に行われている方法では，上述のような研究の切り口をはじめとして，その授業に応じた具体的な分析の観点を決める（例，学習者の発言量，認識傾向，学習者どうしの関わりなど）。そして，それを①評定尺度を設ける，②チェックリストを作る，③概念システムの中に位置づけていく，などの過程で分析していく。つまり，授業を定量的・客観的に分析する中で一般的な法則

授業研究に関する学説 種々の論があるが，代表的と思われるものを挙げる。
①教授－学習過程の研究 W.オコン『教授過程』（明治図書 1959）の紹介をうけて，矢川徳光・柴田義松・駒林邦男らによる，マルクス主義認識論とパブロフ学説を基礎にした研究が進められた。この研究以降，授業研究の必要性が一般にも深く認識されるようになった。
②ＲＲ方式による研究 Relativistic Relation Research Method（相互主義的関係追求方式）は，授業を細かく記録していくことで学習者の感情や認識を位置づけ，学習者理解・授業改善に結びつけようとするものである（重松鷹泰・上田薫編『ＲＲ方式―子どもの思考体制の研究―』黎明書房1965。帝塚山学園授業研究所『授業分析の理論』明治図書 1978）。
③発見学習による研究 問題解決学習と系統学習の総合統一を図ろうとする立場からの研究（広岡亮蔵編『発見学習』明治図書 1967。水越敏行『発見学習の研究』明治図書 1975）。

を見つけ出し，普遍的な授業の定型を発見していこうとするのである。これらの方法ではカバーしきれない部分も出てくるが，それは授業を分析的に見たからこそわかることだと考えるべきだろう。つまり，客観的な授業の分析方法も，授業の構造を明らかにするための手続きの一つなのである。

いずれにしても，授業は分析研究されるためのものだけであっては意味がない。それが教師の主体的な授業改造，言いかえれば学習者の能動的な学習活動を保証するものでなければならないのである。

国語教育における授業研究

刊行されている授業の実践記録は，実践者自らが自分の授業を分析し，批評を加えているものがほとんどであるが，その中からも，教育遺産としての教育技術や指導過程などを導き出すことができる。個人や研究団体が主導するこうした著作も，やはり優れた授業研究として位置づけることができる。

例えば，授業を数量的に分析するのではなく，その本質的な部分をつかみだして問題にする斎藤喜博の一連の授業についての著作や，その遺志を継ぐ教授学研究会の成果は，国語教育の立場から見ても大きな指標である。授業実践ということでいえば，指導技術の問題を追求した青木幹勇や，単元学習を展開した大村はまの仕事も，授業研究を考えるうえでは通り過ごすことはできないだろう。また，常に国語教育における実践と理論とを結びつける発言を続けてきた倉澤栄吉の授業に関する研究や，その影響の下にあった東京都青年国語研究会の授業についての研究も重要である。同じく熱心な授業研究を進めてきた野田弘（香川県国語教育研究会）や，近藤国一（学び方研究会）の発言も視野に収めておきたい。ほかに，目ざす方向は異なるが，克明な教授－学習過程の記録を取る教育科学研究会国語部会の仕事（宮崎典男の文学作品の読み方指導の授業記録など）は，参考になる。

一方，国語教育のシステム化を図るという立場からは，興水実の提唱する国語教育の近代化を目ざす授業研究や，完全習得学習をねらった国語学習に取り組んだ中澤政雄らの研究があった。評価を重視し，国語学習の改造を企図するこれらの理論や実践研究も検討すべきものだといえよう。

授業研究の課題

なによりも，授業研究は子どもの学習に還っていくものでなければならない。そのためには，日々の実践がそのまま授業研究と重なるように，常に教師主体の明確な目的意識に基づいた授業実践が行われる必要がある。また，授業計画から実施，評価までを研究の単位とするならば，チームを組んで研究することも重要になってくるだろうし，できるだけ効率的に研究を進めることも大事であろう。　　　　　（府川源一郎）

④教育工学的手法による研究　1970年代から，教育機器の利用を伴った教育工学が盛んに授業設計や授業分析に取り入れられるようになった。教育工学は教育行為をシステムとして捉える立場から，授業をさまざまな要因との関連で分析しようとする。そして，効果を上げた授業過程の仕組みを一般化し，共有化することを考える。また，学習者個人個人についての教育目標を成立させようとするのである。日本では，沼野一男・坂元昂らの研究が知られている。

⑤国語授業論の展開　近年，認知心理学からの国語授業論も展開されている。例えば，佐藤公治『認知心理学から見た読みの世界』（北大路書房1996）がそれである。また，上越教育大学では，有沢俊太郎を中心にして，長年にわたって授業記録とその分析の仕事を積み重ねている。更に新しい視点から，難波博孝・牧戸章らの活躍する国語教育臨床研究会が発足し，その研究成果が注目される。

VI 授業組織

112
メディア・リテラシー

メディア・リテラシーとメディア観

　メディア・リテラシー（media literacy）とは，「メディアが形作る『現実』を批判的（クリティカル）に読み取るとともに，メディアを使って表現していく能力」（菅谷明子『メディア・リテラシー』岩波新書 2000）を指す。メディアは，マスメディアや，インターネットなどのニューメディアに限定されない。原始的な狼煙，身振り手振り，音声言語，文字言語，各種印刷物まで，あらゆるコミュニケーション媒体が含まれる。カルチュラルスタディーズの成果やM.マクルーハン*のメディア観を継承して成った。

　国語科教育は，伝統的にリテラシー（読み書き能力）育成を自らの任務としてきた。リテラシーの内包は時代ごとに変化してきている。読むことでいえば，明治期には素読の影響から，文字を音声で読み上げる能力として解された。だが，現代，それだけでは社会生活に対応し得ない。メディア・リテラシーという新たなリテラシーは，範囲を言語からメディア一般へ拡張し，批判的な理解を強調したところに特徴がある。すでにイギリス，オーストラリア，カナダでは母語教育の一環として取り組まれている。わが国ではカナダ・オンタリオ州教育省（FCT訳）『メディア・リテラシー』（リベルタ出版 1992）刊行が契機となり，多くの注目を集めるにいたった。

メディア・リテラシーの意義

　情報氾濫の現代にあって，わたしたちはメディアが伝える情報をもとに世界認識を形成する。メディアを自然物のように捉え，伝えられる情報を真実として受け入れがちである。メディアの向こうには人がいる。情報について，どういった立場から切り取られ，どのように組み立てられているか批判的に読み取る能力は，現代を生き抜く子どもたちにとって不可欠である。ここでの「批判」とは，対象についてさまざまな見地から捉え，適切かどうか吟味することを指す。一方，タブレット端末やスマートフォン，SNSの普及で子どもたち自身が発信者として活躍する可能性も生じた。

　こうした事態は，21世紀に突然発生したものではない。徐々に現れ始めた変化に対応すべく，1950年代から視聴覚教育が，1970年代から情報処理（活用）教育が実践された。だが，次の3点に不足があった。
○理解が中心で，メディアを活用して効果的に表現する発想があまりなかった。
○理解では，各種視聴覚情報は教科書に代わる存在として定位され，批判的に読むことは埒外に置かれがちだった。

M.マクルーハン（McLuhan, M. 1911～80）　カナダ生まれの英文学者，メディア・文明評論家。早くも1950年代に以下の指摘を行うなど，慧眼の持ち主として近年再評価が進んでいる。「今日，都市においては，学習の多くが教室外で行なわれている。印刷物，映画，テレビ，ラジオで送られてくる情報量は，学校での授業，教科書の情報量をはるかにしのいでいる。（中略）いまやわれわれは，新しいメディアは幻の世界をつくりだすただのトリックなのではなく，新しい，独自の表現力をもった新しい言語であることに気づきはじめている。」（M.マクルーハン他（大前正臣他訳）『マクルーハン理論』平凡社ライブラリー 2003）

協働　collaborationの訳語。仲間どうしの直接的なコミュニケーションに基づく協力を生かした学習方法。協働を成立させるうえで重要な点として，教室内の人間関係の構築とともに，自由に発言でき，まちがいを指弾しない教室文化づくりが指摘されている。

ワークショップ（workshop）　中野民夫は，ワ

○表現・理解とも，機器操作法の学習に終始しがちで，メディアの特性を検討したり，情報を掘り下げる学習が少なかった。

　メディア・リテラシー育成の授業では，上述の３点を克服する試みが続々と行われており，新しい可能性が伸展している。

メディアから国語科を再構築する

　従来の取り組みでは，メディアはマスメディアやニューメディアに限定されがちであった。だが，メディア・リテラシーを特徴づける汎メディア観に立つと，さまざまな情報の中核は言葉であり，映像にしても言語化・映像化の過程で言葉が介在していることが明白になる。つまり，国語科に新たにメディア・リテラシーを加えるという発想で捉えず，国語科そのものを捉え直す観点として見るのである。こうした観点からすると，次の３点が指摘できる。

①表現活動の改革…表現では，経験したことを原稿用紙に書く活動が多かった。上述の観点から情報選択の余地を広げ，使用するメディアについてもさまざまな工夫をするという発想が必要である。新聞やパンフレットをはじめとした紙媒体，あるいは電子機器活用などのメディア選択，また，写真や図表の併用などメディアミックスの可能性も考えられる。

②理解活動の改革…理解では，正確な読解が中心であった。そこで，読む対象を日常生活で接するメディアまで広げ，読むことのなかに映像や図表を読む，批判的に読むことを含めて取り組む必要がある。

③メディアの特性を考える…表現・理解とも，従来は情報内容が重視される一方で，どのような文脈のもとで，どのような表現方法が使われているか，それは効果的かを問うことは軽視されがちであった。例えば，新聞広告，ダイレクトメール，電子メールなどによる広告を取り上げ，比較活動をとおしてそれぞれのメディアの特性を分析的に捉え，その発見を表現・理解に生かす観点が必要である。

　以上の①～③は，日常的な言語生活との関わりから国語科教育を再構築する場合に問題解決の糸口となり得よう。事実，2002年度版以降の小・中学校教科書では，上記の配慮がなされた学習材が以前に比べ増加している。文字言語の例を中心にあげたが，音声言語でもメディアミックスをはじめ同様の配慮が求められている。

　国語科としてのメディア・リテラシー育成の取り組みは，カリキュラムや評価，学習方法の変革をも射程に入れている。なぜなら，子どもにとってメディアは日常的に親しんでいる対象であり，自らが発見していくこと，お互いの発見を聞き合うことが実の場での学習にとって重要だからである。従来型の垂直関係での知識伝授を克服した学習者相互の協働に基づくワークショップ[*]型の学習など，学習のあり方を含めた改革が進められている。

　　　　　　　　　　　　　　（中村敦雄）

クショップの特徴を次のように説明する。「先生や講師から一方的に話を聞くのではなく，参加者が主体的に論議に参加したり，言葉だけでなくからだやこころを使って体験したり，相互に刺激しあい学びあう，グループによる学びと創造の方法」（『ワークショップ』岩波新書 2001）。ワークショップでは学びを支援するリーダー（ファシリテーター）のはたらきが重視される。学習における教師の役割を考えるうえで示唆に富む。

〈参考文献〉
M.マクルーハン，森常治訳『グーテンベルクの銀河系』みすず書房 1986。井上尚美他『国語科メディア教育への挑戦』（全４巻）明治図書 2003。松山雅子『自己認識としてのメディア・リテラシー』教育出版 2005。ルネ・ホッブス，森本洋介他訳『デジタル時代のメディア・リテラシー教育』東京学芸大学出版会 2015。

Ⅵ 授業組織

113

図書館指導

図書館指導とは

　望ましい読書活動を展開していくためには，図書館を効果的に利用しなければならない。図書館を効果的に利用させるための指導を「図書館指導」という。

　学校図書館や公共図書館にはいろいろのきまりがある。図書資料の配架の仕方，貸し出しの仕方，読書相談の仕方などのきまりをよく知ったうえで利用するのと，そうでない場合とでは大きな差が生じてくる。自分の学校の図書館で，必要な図書資料が見つからない場合に，どうしたらその図書資料が入手できるかということまで含めて指導する必要がある。

　なんのために図書館を利用させるのかという面から考えると，文学に関する読書意欲を高めるとともに，求める知識や情報を的確に入手し，活用するための能力を養うための指導であるといえる。そのような観点から，あらゆる教科の学習に必要な学習技術のもととなる力を身につけさせるのが，図書館指導の中心的な課題であると考えてよいであろう。

指導のねらい

　文部科学省の指導資料「小学校，中学校における学校図書館の利用と指導」に示されている図書館指導の内容は，次のようなものである。

A　図書館およびその資料の利用に関する事項
①図書館資料の種類や構成を知って利用する。
②学校図書館の機能と役割を知って利用する。
③公共図書館の機能と役割を知って利用する。
④地域の文化施設の機能と役割を知って利用する。

B　情報・資料の検索と利用に関する事項
①図鑑の利用に慣れる。
②国語辞典，漢和辞典などの利用に慣れる。
③百科事典，専門事典などの利用に慣れる。
④年鑑などの利用に慣れる。
⑤図書資料の検索と利用に慣れる。
⑥図書以外の資料の検索と利用に慣れる。
⑦目録，資料リストなどの利用に慣れる。

C　情報・資料の収集，組織と蓄積に関する事項
①必要な情報・資料を集める。
②記録の取り方を工夫する。
③資料リストを作る。
④目的に応じた資料のまとめ方を工夫する。
⑤目的に応じた伝達の仕方を工夫する。
⑥資料の保存の仕方を工夫する。

D　生活の充実に関する事項

十進分類法（decimal classification）　分類法の一形式。デューイ（Melvil Dewey）が創案したもので，十進法で展開される。DC，NDC，UDCなどがある。学校図書館では，日本十進分類法（NDC）が用いられている。次に，小学校で用いられている分類を例示する。

分類　分類のなかま
0　百科事典　年かん　新聞　きょう土資料
1　道とく　宗教　神話　仏教　キリスト教　聖書
2　れき史　地理　伝記　紀行　探検
3　社会　政治　法律　学校生活　教育　民話　伝説
4　理科　算数　医学　えい生　薬
5　工業　工作　建ちく　自動車　電気　機かい
6　農業　商業　ほうえき　交通　通信　放送
7　音楽　体育　写真　図画　げき　映画　ごらく
8　ことば　国語辞典　作文　文集　外国語

①望ましい読書習慣を身につける。
②集団で読書などの活動を楽しむ。
③進んで読書などの活動を中心とした集会活動に参加する。
④読書などの活動を中心とした学校行事などに参加する。

指導の要点

学校図書館の利用の仕方についての指導を，これまで「利用指導」と呼んできた。利用指導が徹底すれば，図書館を効果的に活用する力は身につくはずであるが，あまり効果が上がっているとはいえない。その原因は，利用指導の一つ一つの項目についての指導が項目の指導にとどまっていて，具体的な読書活動の場面を通しての指導でなかったところにあるといえる。

図書館指導を活発にするためには，あくまでも具体的な活動場面によらなければならないし，一度や二度の指導では身につくはずがない。各教科で図書館資料を活用する調べ読みの学習を展開する中で，一つ一つの力が身につくようにさせる必要がある。そのためには，教科書教材にばかり頼る学習形態ではなく，参考図書を駆使するような学習が計画されなければならないし，課題を解決するために，図書館の場を使わなくてはならないような学習を実施しなくてはならない。読書活動にしても，文学作品ばかりに比重がかかっていたのでは，目的を持って調べようとする態度を育てることはできない。

問題点

①図書館独自のカリキュラムをもつこと

調べ読みの学習を活発にするためには，蔵書構成の内容も大きく改められなければならないし，図書資料の配架の仕方や図書以外の資料の収集・整理なども工夫されなければならない。そのうえで，全校的な視野に立った学校図書館独自のカリキュラムを設定して学年や教科のバランスをとるように，その学校独自のカリキュラムを設定しなくてはならない。

②図書館指導の時間を確保すること

これまでは，図書館指導の重要さはわかっていても，どの時間に，誰がその指導をするのか不明確であったために，図書館指導がふるわなかった。学級指導の時間枠の中だけでなく，各教科・領域の指導においても積極的に図書館指導に充てる時間を確保して，指導の効果を上げたい。

③児童・生徒の主体性を養うこと

図書館を利用した学習を推進するためには，自分から進んで疑問を解決したり，課題に取り組む姿勢を作らなければならない。そのためには，授業の進め方を変えていくことが必要である。　　　　（増田信一）

〈参考文献〉
文部省『小学校，中学校における学校図書館の利用と指導』ぎょうせい 1983。増田信一編『学び方を養う学校図書館』学芸図書 2000。

9　物語　童話　詩　和歌　はい句　日記　手紙

（小学校であるから，全ての漢字に読み仮名がふってある）

学校図書館法　わが国において，学校図書館という言葉が公的な概念規定を受けるようになったのは，昭和28年8月8日に公布された「学校図書館法」からである。この法律は，学校図書館だけを対象とした単独法であり，学校教育にとって，学校図書館が欠くことのできない基礎的な設備であることを明示している。内容的には，学校図書館の設置義務（第3条），運営の具体的方法（第4条），司書教諭の設置とその資格（第5条），整備・充実を図るうえになすべき設置者と国の任務（第7，8条）などが中心である。平成15年4月から12学級以上の小・中・高等学校には司書教諭が配置されたが，図書館指導面だけではなく，教科の授業や学級担任を兼任する例が多く，司書教諭の職務内容は一定していない。

VI　授業組織

114

言葉遊び

言葉遊びとは何か

　「言葉遊び」とは,まさに字義通り「言葉」の「遊び」である。だが,遊びが多種多様に存在するように,言葉の遊びもまた多種多様である。言葉「で」遊ぶことも言葉遊びだろうし,言葉「を」遊ぶこともまた言葉遊びである。古くから口承されてきた「童歌」も言葉遊びと言えるし,日常の文章表現における「レトリック」にも遊び的な側面が無いともいえない。もちろん,日本語だけではなく,どの言語にも言葉遊びはある。

　「言葉遊び」は「言葉による遊び」である。だから,まず遊ぶこと。遊んでこそ遊びであって,それを定義づけることは,それこそ言葉の遊びになってしまうのである。要するに,「遊びは遊び」なのである。このことを意識し確認しておかないと,結局のところ「遊び」が「学び」に取り込まれてしまい,遊びが遊び本来の力を失うことになってしまうことになりかねない。

言葉遊びと国語科教育

　「遊び」である言葉遊びが国語科の授業で行われるのはなぜだろうか。

　まず,なにより遊びのもつおもしろさや楽しさを学習者の関心や意欲に結びつけることによって,言語事項(知識・技能)における学びを活性化できることがあげられる。

　また,学習指導要領に「長く親しまれている言葉遊びを通して,言葉の豊かさに気付くこと」(低学年,〔知識・技能〕)とあるように,遊ぶという言語活動によって,言葉そのものを体験し血肉化していけるからである。

　童歌や伝統的な言葉遊びを通して,学校外で多くの言葉やその感覚を人が身に付けてきたことを考えると,言葉遊びという行為は,その行為自体が言語学習の教材(学習材)であったといえるのである。

　例えば語彙の拡充のためにしりとりをするという単純なものから,想像力を発揮したり,限られた決まりの中で自己表現をしていくといったような,ある意味高度な言語活動まで,幅広い国語科の授業に対応することができるのである。

　繰り返すが,遊びは遊びである。このような言葉の力をつけるためにこのような活動を行うといった文脈の中で語れない部分は多くある。よって,例えば一つの単元として言葉遊びそのものを位置づける時には注意を要するだろう。

　どのような言葉遊びの,どのような遊びの特性を用いて,子どものどのような言葉の力を養っていくのかということが国語科教育という枠の中では当然考えられなければのではないだろうか。

伝承的な言葉遊び　子どもたちが日常の遊びの中でよく行っているものの中には,古くから伝えられてきた遊びがある。舌もじりとも呼ばれる早口言葉やなぞ,しゃれなどはその代表であろう。鈴木棠三編『ことば遊び辞典』(東京堂出版　1981)には多くの古典からの例が集められている。

　また,本歌取りや掛詞といった短歌や俳句におけるさまざまな技法も広義の言葉遊びといえる。そもそも五七五というように音数を限定することも一種のルール設定であり遊びの精神につながる

言葉遊びの詩　詩における韻やリフレインなどの技法もまた言葉遊びに通じる。その中で『ことばあそびうた』(福音館書店　1973)は谷川俊太郎による言葉遊びの出発となった詩集。ほかにも多くの詩人や作家が言葉遊びによる詩集を上梓している。例えば,まど・みちお,阪田寛夫(さかたひろお),川崎洋,ねじめ正一(しょういち),内田麟太郎(うちだりんたろう),有馬敲(ありまたかし),杉本深由起(すぎもとみゆき)など。また,言葉遊び歌のアンソロジーも編まれて

ばならないということだ。

もちろん，言葉遊びは授業以外の場でも行える。日常の遊びの中で自然に言葉遊びが出てくるようになると，言語生活が更に豊かになるのではないだろうか。

言葉遊びのいろいろ

教室で遊べそうな主なものを紹介する。

《音の遊び》
- 早口言葉
- しゃれ，語呂合わせ
- 回文
- 口上
- 音（オノマトペ）づくり
- いろは歌
- 童歌，遊び歌

《意味（技巧）や形式の遊び》
- 折句，沓冠（くつかむり）
- なぞ，なぞなぞ
- 無理問答　・小噺　・見立て
- 言葉くぎり
- パロディ

《外国から入ってきた遊び》
- アクロスティック（折句）
- アナグラム
- クロスワード

《文字（形）の遊び》
- 創作四字熟語
- 絵かき歌（文字絵）
- 創作漢字

このような遊びだけではなく，『ことばあそびうた』に代表されるような，言葉遊びの詩も多くある。音読したり，群読を考えたり，技法をまねて遊びの詩をつくったりとその教材化の可能性は広い。

豊かな言葉のために

遊びは遊びであって学びにはならないのではないか，遊びという表面的な活動そのものが中心となってしまうことにより，言葉そのもの，あるいは意味内容のもつ重みや深みが疎外されてしまうのではないかといった懸念もある。しっかりとした自己表現をするときに遊びは不適当であるとも。

だが，それは言葉のはたらきを狭く一面的に規定してしまっての懸念や危惧ではないだろうか。

言葉が人間にとって不可欠なのは，豊かなはたらきがあるからであり，人間の想像や創造性を多様に育む機能があるからでもある。言葉の遊びもその豊かさの一部である。遊びの中から新しい言葉や表現が生まれることもあるだろう。このように捉える柔軟性が指導者には求められる。

（木下ひさし）

〈参考文献〉
広野昭甫『ことば遊びの指導』教育出版 1982。田近洵一・ことばと教育の会『教室のことば遊び』教育出版 1984。小林祥次郎『日本のことば遊び』勉誠出版 2004。向井吉人『ことば遊びセレクション』太郎次郎社 2016。今野真二『ことばあそびの歴史』河出書房新社 2016。

いる。はせみつこ『しゃべる詩あそぶ詩きこえる詩』（冨山房　1995）など。

遊び歌　遊びそのものではなく歌として残されたもの，あるいはある遊びに合わせて歌われる歌なども伝統的な言語文化の一つといえよう。川崎洋『日本の遊び歌』（新潮社　1994）には，「あやし歌」「おまじない」「囃し歌」「遊戯歌」などが全国から集められている。

言語感覚と言葉遊び　身近な生活の中にも言葉遊び的なものがある。避難訓練時によく言われる「お・か・し・も」は一種の言葉遊びである。また，広告等のキャッチコピーにもいろいろな言葉遊びが見られる。こういったものを探すという活動は言葉への関心を高めるし，言語感覚を磨くことにつながる。また，表面的な刺激だけの言語表現に気づくことにもなるだろう。

115 言語環境づくり

言語環境づくりとは

まずここでは、「言語環境」を「我々の外部に存在し、我々の言語活動・言語生活に影響を与える様々な言語の総体」と定義しておく。

我々は、言葉をもたない状態で生まれ落ち、しらずしらずのうちに自分の言葉というものを獲得していく。ここで獲得される言語の気質とでもいうべきものは、言語環境に大きな影響を受けざるを得ない。ただし、個人を取り巻く言語環境は、当然のことながら多種多様である。学校教育においては、言葉の学びに対する障壁をできるだけ除き、子どもたちの言葉の伸長を助長する環境を整えていくことが求められる。国語科を中心として言語環境を「つくる」ことが重視されるゆえんはここにある。

言語環境づくりを行ううえでの留意点

言語環境は、「物的環境」と「人的環境」とに分けて説明することができる。「物的環境」は、何らかの目的を伴って生み出された言葉の集積物およびその表現媒体、例えば本・新聞・マンガ・テレビなどのことを指す。「人的環境」は、個人の周囲に存在し、言葉を投げかけてくる実態を伴った人間、例えば教師・親・友人・地域の人々などがそれに相当する。

まず留意すべきは、言語環境を「物的環境」と「人的環境」とが有機的に関連し合った複合体であると捉える点である。同じ物的環境に身を置いたとしても、そこにどのような人が存在するかによってその影響の度合いは大きく異なる。相対的な視点を有しつつ、学習者をとりまく言語環境のありさまを吟味し続けなければならない。

次に留意すべきは、言語環境づくりは、あくまでも学習者の言語活動を充実させることと連動して行われるべきであるという点である。言語環境を学習者の外部に存在する静態的なものとして捉えるのではなく、学習者による自発的な言語活動を通して、ともに作り上げていくという発想を重視するのである。そしてこうした見地に立つならば、言語におけるそれぞれの領域(「話すこと・聞くこと」・「書くこと」・「読むこと」)の言語活動を促進するための環境づくりを行うことが必要となるであろう。

言語活動の基盤としての言語環境づくり
①「話す・聞く」ための言語環境

「話す・聞く」活動を促す言語環境づくりにおいては、どうすれば学習者が話しやすく、また、積極的に聞く態度を養っていくことができるのかを考えるべきである。

その際、常に身近な存在であり、子どもたちの手本となる教師の言葉づかいや聞く態度が重要になることは言うまでもない。教師の言葉そのものが、「話すこと・聞く

教育課程における「言語環境」の位置づけ 言語環境に関する記述は、昭和26年版小学校学習指導要領(試案)の中に既に見られる。その後、昭和44年版中学校学習指導要領・昭和52年版小学校学習指導要領の総則に「学校生活全体における言語環境を整え、児童(生徒)の言語生活が適切に行われるように努めること」と明示された。この考えは、平成29年版小学校(中学校)学習指導要領にも受け継がれ、「……言語能力の育成を図るため、各学校において必要な言語環境を整えるとともに、国語科を要としつつ各教科等の特質に応じて、児童(生徒)の言語活動を充実すること」とある。

書くことの生活化 書くことがないと訴える子・書くべき内容が浮かばない子に対して、書くべき状況を作り出し、生活の中に書くという行為を根づかせていこうとする作文指導における一つの考え方。これに関して倉澤栄吉は「作文的環境、状況、これを作文を書く機会といってもよいが、こ

こと」の学習材になりうるという発想をもつことが重要である。それに加え，友達どうしの人間関係も豊かな「話す・聞く」活動を生み出す言語環境をつくるために考慮すべきである。

また，聞くという行為の有する受動的な性質を踏まえるなら，日常生活にあふれる音声情報を自発的に取捨選択する力を育成するという視点も必要になる。

②「書く」ための言語環境

「書く」活動を促す言語環境づくりにおいては，まず，書くという行為の特殊性を考慮しておく必要がある。

我々の日常生活を振り返ってみると，書くという行為はかならずしも必要不可欠な行為ではない。しかし，書くことが我々の生活を豊かにすることは確かな事実である。日記・行事作文・生活文など，日常生活から素材を見つけて文章を書くことに加え，様々な表現様式の文章をことあるごとに書いて交流する機会を設けることが必要である。書くことの言語環境づくりにおいては，こうした「書くことの生活化*」に対する視点が不可欠であろう。

③「読む」ための言語環境

「読む」活動を促す言語環境づくりにおいては，読書材の選定と読書空間の創出がポイントになる。

読書材の選定については，学習者の読書傾向が偏らないよう，読むべき本が用意されなければならない。ブックリストを活用しつつ学級文庫や図書館に読書材を用意することが有効であるが，それらを学習者に薦める教師の役割も大切になってくる。

朝の読書運動の普及は，教室の中に読書空間を設定することに対して一定の成果を上げている。今後は，それを更に発展させる方向で，学習者どうしが協同的な読書活動を営んでいくことを可能とする「読書コミュニティ*」を教室の内外に生み出していくことが重要になるであろう。

言語環境づくりにおける今日的課題

電子メディアの普及などによって言葉をめぐる利便性は飛躍的に向上した。しかし，その一方で言葉に対する不信感というものが高まっているのも事実である。言葉に対する信頼の回復を目ざした言語環境づくりが今後は求められることになるであろう。

ただし，教師一人の力でできることには限界がある。学習者自身が言語環境を作り変えていく力を養っていくことも視野に入れつつ，教室の言語環境づくりにつとめる必要があるだろう。

（森田真吾）

〈参考文献〉
湊吉正「言語環境としての学校」，日本国語教育学会編『月刊国語教育研究』No.164，1986年1月号。小川雅子『生きる力を左右する子どもたちの言語環境』渓水社 2004。倉澤栄吉『機会と場を生かす作文指導』新光閣書店 1976。秋田喜代美・庄司一幸編『本を通して世界と出会う―中高生からの読書コミュニティづくり―』北大路書房 2005。

のような状況をつくるということは，普通の生活，つまり書くことを必要としない生活を，書かねばならぬ生活におきかえるということである。生活の転換である。」と述べている。

読書コミュニティ 秋田喜代美によると，読書コミュニティは「読書文化へ子どもたちの参加を誘い，共に読書生活を楽しむというビジョンを共有する，市民としての自主性と主体性と責任を自覚した人たちによる集団体系」と定義されている。

教員・司書・児童・生徒らが読書活動を豊かにするという目的のもと，それぞれの専門性や知識を共有し合い，他者から学び援助しあうことで，読書コミュニティにおける成員間の絆は強まっていくとされている。一般的に，読書は読者と書物との一対一の関係に基づく個人的な行為であると考えられているが，自立した読者を育成するためには読書行為をサポートし合う関係づくりを中心とした読書環境が必要となる。

116

総合的な学習

予測困難な時代を生きる

グローバル化は多様な価値観との共生を求め，情報化の進展は氾濫する情報を吟味し選択し関係づける力を求めている。人工知能は人間生活のあり方の問い直しを迫っている。このような予測困難な時代に「生きる力」を育てる試みの一つが「総合的な学習」である。

総合的な学習とは

体験を通して「人・もの・こと」に出会って，認識し行動する力，つまり「生きる力」を養う学習活動である。

広義には，体系的な知識を教授する伝統的な授業方法に対して，ルソー*やペスタロッチ*によって提唱された新教育思想（生活を通して学び自らの生活を切りひらいていく力を育てようとする）に基づく19世紀から現代までの実践を意味する。

狭義には，1998年の学習指導要領において教育課程に位置づけられた「総合的な学習の時間」に行われる学習，つまり，教科を超えた課題に学習者が主体となって探究したり体験したりして「生きる力」を身につける学習を意味する。

伝統的な教育と総合的な学習

世界の教育史を振り返ると，体系的に知識を教えようとする伝統的な教育方法と，体験を通して生きていくために必要な「生きた知」を身につけさせようとする新教育の教育方法とが拮抗し併存しつつ発展してきている。

伝統的な教育は，現代では教科書をとおして教えるという教授方法となって継承されてきている。

わが国では総合的な学習は，1920（大正9）年頃から大正新教育運動の一環として行われ，国立の附属学校や私立の成城・玉川学園・自由学園などで行われた。また，生活綴方の中から生まれた「調べる綴方*」は総合的な学習であった。

秋田師範附属小学校に勤めていた滑川道夫は，1930（昭和5）年，受け持ちの5年女子に「歩く人の研究」という課題を提示した。夕方の5時から6時までに限って2日間，各自の家の前を通る人数を調べ観察して感想を書く作文であった。これが，「調べる綴り方」の嚆矢となった。

大阪府泉北郡取石小学校に勤めていた，後の民俗学者宮本常一は，1937（昭和12）年，小学6年生が調べて書いた作文をガリ版にきり綴じて『とろし』と題する書物にした。その序文に「この書物の中にはこの村の生活が色々としらべられてある。村を立派にし家を立派にして行く，言はゞこの書物はそれをするための物指の様なものであらしめたい。」と書いている。

日教組が委嘱した教育制度検討委員会は，1973年に第3次報告書をまとめ，現実に社会が直面している重要な生活問題や社会問題に取り組ませることを目ざして「平和・人権問題・公害・性教育」などの総合学習

ルソー（1717〜78） スイスのジュネーブで生まれた思想家。著書『エミール』（1762）はエミール少年の誕生から結婚までを描いた小説で，ペスタロッチをはじめとするその後の教育者に大きな影響を与えた。

ペスタロッチ（1746〜1827） スイスのチューリッヒで生まれ，貧民学校を設立し，挫折した後はフランス革命後の学校教育のあり方を模索し，生活教育の理念を確立した。

調べる綴方 1930年前後から佐々井秀緒・上田庄三郎らによって提唱された。身の回りの生活からの取材を超えて，広く本などによって調べて考えて書く作文である。村山俊太郎指導の「天神様のお祭り」（1936年）はよく知られている。

を提起した。

　1987年，コザ高等学校国語科は，生徒の聞き書き集『コザの歴史の渦を見つめて』を刊行した。指導した教師集団は，「あとがき」に書いている。受身的な学習に慣れてしまっている生徒たちは，この学習形態にかなりのとまどいと抵抗をみせたが，自分の住む街を資料で調べたり，実際に歩いてみたり，または知らない方と話をしたりすることに集中していった。グループ学習を通して，彼らは他人との関わり方や，個人のありようなどをも学んだ。そして，教師達も授業観を新たにした，と次のように結んでいる。

　　この実践は，生徒観や授業観を考えていく上で多くの示唆を与えてくれるものとなりましたし，生徒と学ぶという点で貴重な体験を得させてくれました。

　文部省は，1989年に「新しい学力観」を提起した。続いて1998年には「学習指導要領」に教育課程の内容として「総合的な学習の時間」を盛り込んだ。その目的を
(1)自ら課題を見付け，自ら学び，自ら考え，主体的に判断し，よりよく問題を解決する資質や能力を育てること。
(2)問題の解決や探究活動に主体的，創造的に取り組む態度を育て，
(3)自己の生き方を考えることができるようにすること。
と明記した。

　2018年の「学習指導要領」では，配当時間を，小学校280・中学校190・高等学校標準単位数（3〜6）とした。

協働学習　総合学習では，グループ学習など協同学習をする場面が多い。学級内の協同だけではなく，同学年の他クラスのものと協同したり異学年との交流を行ったりする。学級で学習する教科の学習場面とは異なった協同する心と力を育てる場となる。

総合的な学習の目的

　総合的な学習は，自ら課題を設定し，自ら解決する人を育てる場である。変化する状況の中で，自らの力で自己の生き方を見いだし，身のまわりの人々と協働・共生していく人格の形成を目的としている。

　いわゆる問題解決学習を行い，その過程で，対象への認識を深めるだけでなく，課題を設定し，見通しを立てる（課題発見する）力，情報操作力，振り返り（自己評価する）力などの学習力も育てる。

総合的な学習の方法

　その方法は，図書で調べることも行うが，現地での体験，調理しての試食，ボランティア活動などの体験学習を重視する。

　現実にふれさせて，学習者のリアルな感受や感動を通して認識を広げると同時に，豊かな心を養っていく。また，指導形態においては，個別学習やグループ学習を取り入れて学習者が主体的に参加できるようにする。必要に応じて一人学びにしたり，協働学習[*]にしたり，異学年合同学習をしたりする。近年，知識構成型ジグソー法など参加型の協調学習が試みられている。

体験の型と認識対象

　これまでに多様な体験活動が開発されてきた。単純には分類しがたいが，あえてすれば次のように類型化できよう。

A 問題解明型——①自然・環境　②福祉・人権
B 問題探究型——③地域　④生命　⑤国際理解・平和
C 未来指向型——⑥自分づくり（職業・人生観）　⑦学習論　⑧地域づくり
D 体　験　型——⑨物づくり　⑩社会体験　⑪自然体験　⑫ボランティア活動

一般的な学習過程

　それぞれの学校において，地域の特色を

生かした多様な実践が試みられており、10時間から30時間程度の単元は大体において次のような問題解決型の指導過程を生み出してきている。
①学習意欲を醸成する。
②課題を設定する。――スピーチ、話し合い
③学習計画を立てる――見通し、先輩の学習成果に学ぶ
④調べる――情報の収集と整理（インタビュー、調査、比較、分類）
⑤情報産出――類推、帰納、演繹
⑥まとめる――関係づけ、構造化、総合
⑦報告・発表・交流――スピーチ、レポート、絵本、文集、プレゼンテーション
⑧評価――振り返り、相互評価、自己評価、次の単元への見通し

総合的な学習と国語科との関係

総合的な学習では、体験や調べる活動において「人・もの・こと」に出会う。その出会いにおいて感動が生まれ、発見が生まれる。もっと人間について知ろう、もっと自然にふれよう、と生きる意欲・学ぶ意欲が培われていく。この意欲が総合学習と教科の学習に共通する学びへの地盤である。

総合的な学習では、体験したことや調べてわかったことを相対化し、客観化し、交流することによって、より普遍的な「生きる知」へと発展させていく。その交流や普遍的な「知」への道となるのが言葉や情報通信機器である。

国語科で育てた見る力・話し聞く力・書く力・読む力および語彙力が総合的な学習を支える。例えば、①語彙力（体験や思想の言語化）、②コミュニケーション能力（インタビュー・討論）、③調べる力（フィールド活動・メディアリテラシー）である。総合的な学習は、国語科で育てた学力を応用する場であり、鍛え上げる実の場である。

総合的な学習の課題

総合的な学習の研究と実践の歴史は浅い。1998年、文部科学省による「総合的な学習の時間」の提起によってその意義が認められ、実践を始めた、というのが大方の実情であろう。

課題の一つは、学力観の確立である。教育における不易な学力として「読み書きそろばん」論がある。21世紀にはそれに加えて創造性・表現力・判断力（いわゆる「新しい学力」）の育成が求められてきた。教育における不易と流行をどのように捉え、教育課程に構造化していくか。

その二は、「学力低下」論を超克する理論構築と実践の開発である。「総合的な学習の時間」が提起されると不安と批判の表明として「学力低下論」が提起された。「学力低下論」をまっすぐに受け止めて総合的な学習の学力論を構築していきたい。

その三は、実践の履歴としての学校カリキュラムを創造していくことである。単一の単元を実践することに終わらず、それを関連づけて年間のカリキュラムを作ること、および学校ごとのカリキュラムを作ることが求められている。仮説に基づく実践を続けて、地域に即した実践の履歴としてのカリキュラムをつくっていきたい。総合的な学習のカリキュラムづくりは教育の永久改造運動である。　　　　　　　　　（浜本純逸）

〈参考文献〉
佐藤学『カリキュラムの批評――公共性の再構築へ――』世織書房 1996。水越敏行『総合的学習の理論と展開』明治図書 1998。天野正輝編『総合的学習のカリキュラム創造』ミネルヴァ書房1999。田中耕治編『「総合学習」の可能性を問う――奈良女子大学文学部附属小学校「しごと」実践に学ぶ――』ミネルヴァ書房 1999。岡崎勝『学校再発見！――子どもの生活の場をつくる』岩波書店 2006。遠藤瑛子『思考力・表現力・協同学習力を育てる』渓水社 2016。

Ⅶ 学力と評価

- **117** 国語学力〈1〉
- **118** 国語学力〈2〉
- **119** 学習と評価
- **120** PISA調査
- **121** 基礎・基本
- **122** 目標分析
- **123** 評　　価
- **124** 評　価　法
- **125** 到達目標・到達度評価
- **126** 評価規準（基準）

117

国語学力〈1〉

国語学力とは

国語学力とは，国語科の学習によって学習者が形成した望ましい能力である。すなわち，学校教育課程の一環としての国語科の目的的な教育によって児童・生徒が習得した能力である。

国語能力と技能・知識

国語能力は普通，言語技能と言語知識とに大別される。前者を「技能能力」あるいは「技能」，後者を「知的能力」あるいは「知識」（「知能」とも）と呼ぶ。

具体的に見てみると，昭和52年版学習指導要領から，言語技能は能力分類されて「A表現」（表現力），「B理解」（理解力）として位置づけられ，言語知識は〔言語事項〕とされている。平成元年版は踏襲。なお〔言語事項〕は，平成20年版において〔伝統的な言語文化と国語の特質に関する事項〕とされた。昭和33年版および昭和43年版の学習指導要領では，言語技能はA項として活動分類され「聞く力，話す力，読む力，書く力」として位置づけられ，言語知識はB項「ことばに関する事項」とされていた。ちなみに平成10年版，平成20年版も活動分類である。いずれの学習指導要領でもその内容として具体的に取り上げられている国語能力は，『昭和26年改訂版小学校学習指導要領国語科編（試案）』の国語能力表をその基盤としている。

国語学力と態度

前記，国語能力（言語技能，言語知識）に情意力としての態度を加えた統一的な力を国語学力とするのが現在の一般的な考え方である。ただし，態度に関しては，計測不可能という面から学力に加えるべきではないとする考え方も強い。

国語学力論

国語学力に関する各氏の考えを2，3紹介する。興水実（こしみずみのる）は，次の10項目とする。

読解力，聴取力，文章力，談話力，文字理解，文字使用，語彙理解，語彙使用，文法力，文学鑑賞。（『国語科教育学大系6』明治図書　1975）

また，野地潤家（のじじゅんや）は，次の18項目とする。

語彙力，文法力，発音力，文字力，表記力，対話力（問答力），会話力（討議力），独話力（討論力），取材力，構想力，記述力，推考力，評価力，要約力，検証力，洞察力，分析力，選択力。（『国語教育原論』共文社　1973）

更に，田近洵一（たぢかじゅんいち）は，国語学力の全体構造を次のように捉えている。

知識A言語要素に関する知識
　　　B言語活動・言語文化に関する知識
技能C事象認識に関する能力
　　　D関係認識に関する能力
　　　E思想構成に関する能力

国語能力表　『昭和26年改訂版小学校学習指導要領国語科編（試案）』の第3章第3節に示されている「国語能力表」のこと。

国語のさまざまな能力を，児童の発達段階に照らして，学年別に一つの表として組織・配列したもので，「一聞くことの能力」「二話すことの能力」「三読むことの能力」「四書くことの能力（作文）」「五書くことの能力（書き方）」に分類されている。

この国語能力表は，それぞれの学年の最低基準を示したものであるとされ，学習指導計画を立てる際に十分に利用することが望ましいとされている。

具体的に見てみると，四の3学年には，
1．飼育栽培などの長期にわたる記録が書ける。
2．簡単な紙しばいの台本が書ける。
3．日記・手紙・報告などを書くために，その素材をまとめることができる。

など，12項目が列記されている。

F 思想表現に関する能力
　　　G 評価に関する能力
　　　H 一般化に関する能力
　　態度 I 情意的態度（受容・感動）
　　　　 J 認識的態度（問題意識）
　　　　 K 社会的態度（人間関係意識）
（国語科教育研究1『国語学力論と実践の課題』明治図書　1983）
　更に，それぞれの項目ごとに理解と表現とに分類して具体的な能力が明記されている。

国語学力論の方向
　国語学力論の今後の方向について，大槻和夫は次のようにまとめている。
1．言語能力・国語学力は，認識とその能力でもあるということが広く知られるようになってきている。
2．言語能力・国語学力は，社会的コミュニケーションの能力として捉えられ，深められてきている。
3．言語能力・国語学力を，日本語についての科学的な知識と言語活動の能力の相互媒介的な統一として捉える考え方が定着してきている。
4．言語能力・国語学力が分析的に捉えられ，更に構造的な体系として総合されてきている。
5．国語学力は，到達水準としての学力としてだけでなく，自主的な学習能力としても考えられるようになってきている。
（『教育学講座8　国語教育の理論と構造』「学力問題」学習研究社　1979）

　すなわち，1は言語能力・国語学力を認識そのものであると捉えることであり，4は到達目標づくり研究の進展によって考えられてきたことである。また，5は詰め込み教育の弊害である低学力児を克服する方向で考えられてきたことである。

問題点
　国語学力は，目的的な国語科教育以外の場で育てられる言語能力と不可分の関係にあり，言語能力と国語学力とを区分することはきわめて困難である。
　国語学力の本質や構造をいかに規定するのか（学力規定論），あるいは，それはどのように形成されるのか（学力形成論）は，今後の研究課題である。
　また，OECDが実施した「生徒の国際学習到達度調査（PISA）」において，日本の15歳の生徒の読解力は，2000年の調査時に比べ，2003年と2006年の調査で低下が見られた。その後の2009年，2012年，2015年の調査では回復している。

　　　　　　　　　　　　　　（大熊　徹）

〈参考文献〉
『現代学力大系2　国語の学力』明治図書　1958。講座『日本の学力』日本標準　1979。飛田多喜雄「国語科教育のめざす学力」（『新国語科教育講座①基礎理論編』明治図書　1979）。大槻和夫「学力問題」（『教育学講座8　国語教育の理論と構造』学習研究社　1979）。

学習能力　学習の過程において形成され発達していく能力のこと。学力を学校教育において習得されるべき望ましい能力と規定した場合，それは，
　①学習結果として習得された知識・技能
　②学習の過程において形成され発達していく能力
の二面性が考えられる。すなわち①は内容的，結果的側面と考えられ，②は活動的，過程的側面と考えられる。この②の能力を学習能力という。

従来はとかく①の側面のみが強調され，詰め込み教育と低学力児童を生じてしまった。この反省に立ち，その克服を目ざして①と②とを統一した学力が真の学力として期待されるようになった。これは，到達基準としての学力（①の側面）と同時に，学習能力（②の側面）としての学力を保障することこそ真の学力の保障であるという考え方でもある。

118

国語学力〈2〉

資質・能力としての国語学力

　平成29年版学習指導要領における小学校国語科の目標では，まず前文に「言葉による見方・考え方を働かせ，言語活動を通して，国語で正確に理解し適切に表現する資質・能力を次のとおり育成することを目指す。」とあり，続いて，(1)で「知識及び技能」，(2)で「思考力，判断力，表現力等」，(3)で「学びに向かう力，人間性等」に関する目標がそれぞれ示されている。

　この教科目標の記述からは，国語科で育成がめざされる国語学力とは，国語で理解し表現する資質・能力であると規定されていることがわかる。また，今回の学習指導要領改訂では，全ての教科・領域において「資質・能力」という用語が使われているが，その内実は学校教育法第30条2項に示されている三つの要素から整理がされていることがわかる。

　資質・能力とは，一般にはコンピテンシーのことをさす。OECDによるPISA調査や「キー・コンピテンシー」などによって，2000年代半ば以降，従来の学力をコンピテンシーと幅広く捉える考え方は，小・中・高等学校の教育現場に急速に広まった。合わせて，この10年ほどの間，「社会人基礎力」（経済産業省2006年）など，職に就いて社会と関わっていくためのコンピテンシーの育成が，大学など高等教育の場に矢つぎばやに要請されている。

　教育現場は今，初等教育から高等教育までを通じて，コンピテンシーなどをキーワードにした〈新しい能力〉（松下佳代）の育成という，大きな潮流のまっただ中に立たされている。国語学力についても，この資質・能力論からの問い直しが行われようとしており，平成29年版学習指導要領の改訂は，その立場からの議論が踏まえられて行われたものである。

学力論の捉え直し

　資質・能力論として，三つの要素を踏まえて国語学力を考えた場合，それは例えば，

①生きて働く国語の知識・技能の習得

②その知識・技能を使い，さまざまな課題や目的に応じて，読み方を工夫して読んだり書き方を考えて書いたりするといった，言語活動に関する思考力・判断力・表現力等の育成

③国語のよさを認識し，国語によって人間関係を形成しようとしたり，生活や社会の中の諸課題にアプローチしようとしたりする学びに向かう力・人間性等の涵養

と措定することができるだろう。

　また，資質・能力論としての捉え直しは，国語科が扱う学習内容と，その内容を学ぶための学習方法とを，問い直すことにもつながる。例えば，内容の面では，

学校教育において重視すべき三要素
学校教育法　第30条第2項
　（小学校における教育は）生涯にわたり学習する基盤が培われるよう，基礎的な知識及び技能を習得させるとともに，これらを活用して課題を解決するために必要な思考力，判断力，表現力その他の能力をはぐくみ，主体的に学習に取り組む態度を養うことに，特に意を用いなければならない。
（第30条第2項は，中学校及び高等学校に準用。

なお，下線は執筆者による。）

「情報の扱い方」に関する事項　平成29年版の学習指導要領では，〔知識及び技能〕(2)として「情報の扱い方に関する事項」が位置づけられている。そのうち，「情報と情報との関係」について，小学校では次のような内容が系統的に示されている。
第1学年及び第2学年
　共通，相違，事柄の順序など情報と情報との関係について理解すること。

①′ 国語についての知識・技能として習得する内容は何か
②′ 「話すこと」「聞くこと」「書くこと」「読むこと」という言語活動に関して、思考力・判断力・表現力等の育成の視点から、何を教えることになるのか
③′ 国語に関しての学びに向かう力・人間性等は、どう規定することができるのか
などのことを考える必要がある。同時に、方法の面では、
①″ 国語に関する知識・技能は、どのように学ばれることが望ましいのか
②″ 「話すこと」「聞くこと」「書くこと」「読むこと」の力が、思考したり判断したりする力として育成されていくには、どのような学習過程が望ましいのか
③″ 掲げられている学びに向かう力、人間性等を、お題目にならないように涵養を図っていくにはどうしたらよいか
などの検討が迫られるのである。

資質・能力としての知識のあり方

　例えば、その一つとして、平成29年版学習指導要領の〔知識及び技能〕に位置づけられた「情報の扱い方に関する事項」で考えてみる。小学校の低学年では、「共通、相違」という情報と情報との関係を学ぶことが示されているが、これが学習者に生きて働くように習得されるには、知識として提示されるだけでは不十分である。実際に文章を読みながら、「共通するところはどこだろう」と考えたり、「違う点は何だろう」と話し合ったりすることが必要となる。つまり、〔知識及び技能〕の内容は、〔思考力、判断力、表現力等〕として位置づけられている「話すこと・聞くこと」「書くこと」「読むこと」の各領域の指導事項と組み合わせて扱われなければならないということになる。

　また、「共通、相違」などの情報と情報との関係についての知識は、読む時にも、話を聞くときにも領域を超えて活用されるものであり、同時にそれは小学校の低学年から中学校にかけて、さまざまな種類のものを積み上げ、増やしていくことが必要である。増えていくからこそ、上の学年になるほど、ある文章を読むときに、この場合はどの情報の関係に着目して読めば課題や目的に合っているだろうかと、適用を判断し、選択することができる。つまり、領域を超えた活用や知識の積み上げが、思考することにつながっていくのである。

　資質・能力論から国語学力を捉えるということは、内容の検討だけではなく、それらをどのように扱うかという学習方法をも含み込んで考えるということである。

　　　　　　　　　　　　（中村和弘）

〈参考文献〉
松下佳代編著『〈新しい能力〉は教育を変えるか』ミネルヴァ書房 2010。国立教育政策研究所『資質・能力　理論編』東洋館出版社 2016。

第3学年及び第4学年
　　考えとそれを支える理由や事例、全体と中心など情報と情報との関係について理解すること。
第5学年及び第6学年
　　原因と結果など情報と情報との関係について理解すること。

カリキュラム・マネジメント　〔知識及び技能〕の事項と〔思考力・判断力・表現力等〕の事項とをどのように扱っていくかを考えるためにも、1年間の学習指導計画の見通しをもつことが重要である。資質・能力の育成の視点から、学んだことが生かされるように単元のつながりを考えたり、他教科・領域での学習との関連性を図ったりすることが効果的である。学級経営案や教科経営案などのプランシートの作り方を工夫し（中村和弘・大塚健太郎編著『学級担任のためのカリキュラム・マネジメント』文溪堂　2017など）、長期的な計画を立て、実践し修正していく取り組みが期待される。

119

学習と評価

評価とは何か

　評価とは，子どもたちの学びを支え，子どもたちをよりよく成長させるためにある。

　評価は子どもたちに序列をつけるため，試験の成績をつけるために行われるという考えが，戦後70年間の教育の中で定着してしまったといわざるをえない。しかし，今日，時代に合った新しい評価の在り方が求められるようになってきている。

　日本の学校教育において本格的な評価が始まったのは，昭和23年の指導要録（学籍簿）からであった。明治の学制から行われてきた，教師による主観的な評価からの転換を図るため，客観性を求め，集団に準拠した評価（相対評価）を導入したのである。この集団に準拠する評価は，5・4・3・2・1の5段階相対評価として，日本の戦後教育の評価として定着した。今日までの教育において，評価というと，この5段階に成績をつけること，とする考え方が深く日本社会に定着している。

　戦後に相対評価を導入したのは，その中心に，主観による評価から客観的な評価への転換を求めるという考えがあったからである。

　この評価に関する考え方が，更に，大きく転換するのが，昭和55年の指導要録の改訂である。そこでは，観点別学習状況の評価が導入された。この観点別学習状況の評価が，目標準拠評価として，小学校と中学校で行われるようになったのが，平成13年の指導要録の改訂からである。高等学校は，平成16年の指導要録の改訂からとなる。

　このような評価の変遷は，学校教育に求められる資質・能力（学力）観が，時代とともに変わり，それに合わせて評価観も変わってきていることを示している。

　しかし，現状は，未だ昭和23年に始まった集団に準拠した相対評価の考え方が継続されることが多く，クラスの中での序列がわかるということから，今日でも根強く残っている。

学習と評価との関係

　評価とは，子どもたちが学習したことを対象として，その学習の内容と質とを意味づけることである。

　この学習の内容と質をどのように表すかによって，評価の方法と内容とが異なってくる。

　戦後教育において，評価は，集団の中での序列や位置を図るものとして定位してきた。そこでは，集団での自分の置かれた位置を見るために平均点が機能していた。

　相対評価では，学習した内容や身につけた学力（資質・能力）を問い明らかにするのではなく，所属する集団の中での序列と位置とを示すことが評価として行われてきた。更に，受験学力を集団の中での位置を見る

相対評価　相対評価とは，一つの集団の中での序列をつける評価。集団に準拠した評価ともいう。5段階評定では，5は7％，4は24％，3は38％，2は24％，1は7％となり，4の子どもがいくら努力をしても，5の子どもがそれ以上の成績をとれば，評価は変わらないこともある。クラスが異なる場合，それを合わせて一つの相対評価として行うことは，母集団が異なるため，評価として意味のない評価となる。

絶対評価　絶対評価には，認定評価，到達度評価，目標に準拠した評価がある。認定評価は，主観による評価。到達度評価は，目標を設定しそれに到達したかを見る評価。目標に準拠した評価は，学習指導要領の目標に示された各教科の「内容」を実現しているかを見る評価。この目標に準拠した評価を行うにあたり，目標の観点を分けてする評価が，観点別学習状況の評価。

ため，偏差値を用いることにより，所属するクラスや学校を越えた大きな規模での集団の中の序列や位置を見ることも行われた。

しかし，昭和52年度の学習指導要領改訂に合わせた昭和55年の指導要録の改訂により，それまでの集団の中の位置を見るための評価から，一人一人の子どもの学力（資質・能力）を評価によっていかに育て，伸ばすか，に転換が図られた。

この昭和52年の学習指導要領では，「個別化・個性化」が大きく取り上げられ，子ども一人一人の個性を重視した教育を行う方向性が打ち出された。

にもかかわらず，評価に関しては，それまでの相対評価から転換することなく，教育内容が大きく変わったにもかかわらず，依然として相対評価が根強く行われていた。

評価は，受験のための序列をつけるためにある，との考えが，一般社会においてもあり，評価に対しての考え方が，一元的なものに留まっている現状を示している。それは，今日までも続いている。

したがって，学習と評価との関係ではなく，結果としての序列としての評価のみが，未だに大きな意味を持ち続けている。そのことは，教育の過程おける学習の内容と質とを対象にしていない評価の現状の転換がなされないまま，学習と評価との関係が，今日まで至っていることを示している。

評価についての考え方

評価は，学校教育全体での制度の中に存在する。それは，何を学力（資質・能力）として，学校教育においてそれをどう育成するか，ということに大きく関わっている。

評価を大きく分けると，指導者が学び手としての子どもを値踏みする（Evaluation）ために行う評価と，子どもの学びを支援しより良くする（Assessment）ために行う評価，という考え方がある。

子どもたちは学習を通して，一人一人の資質・能力をより豊かに高めることを行おうとしている。その学習を通して育成された資質・能力がいかなるものかを外在化して具体的に示し，子どもたちの資質・能力をより一層伸ばすことが評価である。

評価の示し方は，多様であるが，今日その示し方において，集団の中の位置として示すのではなく，一人一人の資質・能力がいかに育成されているか，更に，それをこれからどのように伸ばしていけばよいのか，という，子どもの学習を支援するための評価の在り方が重要となっている。

そこで，これまでの値踏みとしての評価から，一人一人の子どものよさをより伸ばすために，子どものよさを伸ばすアセスメントとしての評価に転換することが求められている。

（髙木展郎）

〈参考文献〉
キャロライン・ギップス，鈴木秀幸訳『新しい評価を求めて―テスト教育の終焉』論創社 2001，髙木展郎『変わる学力，変える授業。』三省堂 2015．

観点別学習状況評価 観点別学習状況評価とは，学習指導要領に示されている各教科の「内容」の実現状況について，いくつかの観点から見る評価。2008年版学習指導要領では，「関心・意欲・態度」「思考・判断・表現」「技能」「知識・理解」の4観点を対象としている。また，2017年版学習指導要領では，「知識及び技能」「思考力，判断力，表現力」「主体的に学習に取り組む態度」の3観点を評価の対象としている。

スタンダード評価 現在，日本で行われている観点別学習状況の評価を，用語上スタンダード評価とする場合がほとんどであり，同義。観点の中での評価規準という意味で，特に共通した評価規準という意味ではスタンダード。そのスタンダードをもとに評価規準を設定し，それを単元の目標とする。そこに，「指導と評価との一体化」が図られる。

120

PISA調査

1 調査の目的

PISA調査は，Programme for International Student Assessment（生徒の学習到達度調査）の略称で，OECD（Organisation for Economic Cooperation and Development）による国際的な学力調査である。

本調査は，「各国の子どもたちが将来生活していく上で必要とされる知識や技能が，義務教育修了段階において，どの程度身についているかを測定することを目的としている」（国立教育政策研究所編『生きるための知識と技能』ぎょうせい 2002）。中央教育審議会で言うところの「知識基盤社会」に適応し，生涯にわたって学習し続ける能力の定着を測る調査と言える。

なおOECDは，DeSeCoプロジェクトにより，PISAと連動させながら，キー・コンピテンシー*という新しい学力に関する概念枠組みを提示している。

2 調査の対象

義務教育を修了する15歳児を対象にし，全国の学校から層化比例抽出した150校で調査を実施している。我が国では全日制高等学校から抽出された150校から高校1年生約6,000人を対象としている。

3 調査の実施体制及び参加国

実施体制は，参加国委員会（BPC）を中心に，議長国などからなる執行委員会，オーストラリア教育研究所などによる国際調査コンソーシアムなどから構成されている。我が国では，国立教育政策研究所を中心に，文部科学省及び東京工業大学などの連携により実施されている。

本調査は，2000年から，3年ごとに実施されている。参加国は毎回増加しており，2000年調査にはOECD加盟国28カ国及び非加盟国4カ国であったが，2015年調査ではOECD加盟国35カ国及び非加盟国・地域37カ国に達している。

4 調査の概要

調査は基本的に次の三つの分野による。
(1) 読解リテラシー(2003年から読解力)
(2) 数学的リテラシー
(3) 科学的リテラシー

また，2003年調査では，領域横断的な認知プロセスを図る「問題解決能力」の調査が行われ，2009年調査では，従来のプリントされたテキストだけでなくデジタルテキストの読解力を計る「デジタル読解力」の調査も行われた。

中心となる調査は，2000年は読解力，2003年は数学的リテラシー，2006年は科学的リテラシーと3年ごとに中心を代えて実施されている。

これらのうち，読解リテラシーは次のよ

キー・コンピテンシー（Key Competencies）
OECDが組織したDeSeCo（「コンピテンシーの定義と選択：その理論的・概念的基礎」Definition and Selection of Competencies : Theoretical and Conceptual Foundations）プロジェクトにより，PISAと連動させながら開発された新しい能力概念。DeSeCoは，1997年に研究に着手，2003年に最終報告を出してプログラムを閉じている。

キー・コンピテンシーは，大きく三つに分類され，更にそれぞれが下位の三つの力に分類されて

いる。以下，それらを列挙する。
カテゴリー1「相互作用的に道具を用いる」(A言語，シンボル，テクストを相互作用的に用いる。B知識や情報を相互作用的に用いる。C技術を相互作用的に用いる)
カテゴリー2「異質な集団で交流する」(A他人といい関係を作る。B協力する。チームで働く。C争いを処理し，解決する)
カテゴリー3「自律的に活動する」(A大きな展望の中で活動する。B人生計画や個人的プロ

うに定義されている。即ち、「読解リテラシーとは、自らの目標を達成し、自らの知識と可能性を発展させ、効果的に社会に参加するために、書かれたテキストを理解し、利用し、熟考する能力である」。また「読解（Reading）」ではなく「読解リテラシー（Reading Literacy）」としているのは、「ある範囲の状況の中で様々な目的で行われる読解の応用力をより広く、またより深く測定することに焦点をあてている」からだと説明されている（前掲書）。

また「読解リテラシー*」の調査の枠組みは以下のように設定されている。
(1)読むテキストの形式（物語、解説、論証などのほか、一覧表や図などの非連続テキスト）
(2)読む行為のタイプ（情報の取り出し、テキストの解釈、熟考と評価）
(3)テキストが作成される用途、場面状況（私的な用途、公的な用途、職業的な用途、教育的な用途）

なお、問題形式としては論述式が多い。

5 調査の結果

調査結果の一部を抜粋する。

調査実施年	2000	2006	2015
読解リテラシー	8位	15位	8位
数学的リテラシー	1位	10位	5位
科学的リテラシー	2位	6位	2位

参加国の増加など、順位だけで判断できない面もあるが、調査結果は一度下落し、その後、回復の傾向にある。

6 影響と対策

PISA2003年調査において読解リテラシーの低下傾向が明らかになり、折からの教育課程実施状況調査等の結果も連動して、大きな社会問題となった。文部科学省も急遽「読解力向上に関する指導資料―PISA調査（読解力）の結果分析と改善の方向」(2005)をまとめるなどして、全教科を通じて「読解力」の指導に当たることなどを求めた。

更に本調査の結果は、平成18年～20年の言語力育成協力者会議、平成19年度から実施されている「全国学力・学習状況調査」、更には中央教育審議会答申（平成20年、28年）等でも踏まえられた。

そして、こうした方向性は、平成20～21年告示の「学習指導要領」における全教科を通じた「言語活動の充実」や平成29～30年告示の学習指導要領における「主体的・対話的で深い学び」の導入など、学校教育に大きな課題をもたらしている。

なおOECDの関連調査として、2011～2012年に実施された、16～65歳の成人を対象としたPIAAC（国際成人力調査）がある。

（髙木まさき）

〈参考文献〉
本文中で特に断りのない場合は、概ね、国立教育政策研究所のホームページで公開されている同調査結果の報告を参考にしている。

ジェクトを設計し実行する。C自らの権利、利害、限界やニーズを表明する）

DeSeCoの活動及びKey Competenciesについては、ドミニク・S・ライチェン、ローラ・H・サルガニク編著、立田慶裕監訳『キー・コンピテンシー 国際標準の学力をめざして』（明石書店 2006）にまとめられている。

読解リテラシー 読解リテラシーについては、PISA2003年調査の評価の枠組みを示した『PISA2003年調査 評価の枠組み』（国立教育政策研究所監訳、ぎょうせい 2004）に詳細な解説がある。特に注目すべきは読解力のプロセスである。「基本的にテキスト内部の情報を利用」するか「外部の知識を引き出す」かで大きく2分類され、最終的には五つのプロセスが抽出されている。即ち「情報の取り出し」、「幅広い一般的な理解の形成」、「解釈の展開」、「テキストの文脈の熟考・評価」、「テキストの形式の熟考・評価」の五つ。そのほか、連続テキスト、非連続テキスト、習熟度レベルなどについても詳細な解説がある。

121

基礎・基本

基礎・基本をめぐる議論の主な経緯

　昭和20年代の試案の学習指導要領を経て、昭和30年代の学習指導要領から教育課程の基準として法的拘束が明確になった。この学習指導要領・国語では、各学年ごとに指導事項、学習活動、言葉に関する事項が系統的に示された。

　昭和40年代の学習指導要領を経て、昭和50年代の学習指導要領から「表現」「理解」「言語事項」の２領域１事項から構成された。これを契機に２領域１事項の関係が話題となり、基本が「表現」「理解」で、「言語事項」が基礎という受け止めが多く散見された。他方、実践を重ねると、表現力、理解力の育成には、基本と基礎とは明確に分離できるものではない。基本の学習には基礎が必要不可欠ではないか、という考えが出された。そこから、基礎、基本の関係が「基礎・基本」と表記されるようになった。

　しかし、この関係の議論は続き、平成元年版学習指導要領・国語（「小学校指導書・国語編．文部省」）では、次のように記述されている。

　　「『Ａ　表現』の領域の指導内容は、音声言語及び文字言語による表現力を養うために必要な基本的事項を取り上げ……」（p.4）

　　「『Ｂ　理解』の領域の指導内容は、音声言語及び文字言語による理解力を養うために必要な基本的事項を取り上げ……」（p.5．下線部は、引用者．以下同じ。）

　このような説明を受けて、依然として、基本が「表現」「理解」で、「言語事項」がそのための基礎という受け止めが散見された。それは、知識・技能中心の基礎は、基本を実現するための素材的・方法的という位置づけで、目的化された考え方ではなかった。

基礎・基本のねらいと役割

　平成10年版学習指導要領・国語になると、従来の２領域１事項の関係からの基礎・基本のねらいと役割に変化が起きた。それは、「答申＊の『自分の考えをもち、論理的に意見を述べる能力、目的や場面などに応じて適切に表現する能力、目的に応じて読み取る能力や読書について親しむ態度を重視する。』ことを踏まえ、『Ａ　話すこと・聞くこと』、『Ｂ　書くこと』、『Ｃ　読むこと』及び〔言語事項〕の３領域１事項に改めた（「小学校学習指導要領解説　国語編　文部省」p.4～5）」ことである。

　それは、基礎・基本の確実な定着が実現できてこそ、生きる力が育成できるという考え方である。つまり、基礎・基本の確実な定着と自ら学び自ら考える力との表裏一体の関係の重視である。

　更に、平成20年版学習指導要領・国語では、改正教育基本法を受けて基礎的・基本的な知識・技能の習得と思考力・判断力・表現力等の育成との関係が重視された。このように基礎・基本のねらいと役割が自ら学び自ら考える力、思考力・判断力・表現力等の育成から重視され目的化された。

平29学習指導要領における基礎・基本

　このたびの平成29年版学習指導要領・国語では、育成すべき資質・能力について、①「知識及び技能」、②「思考力、判断力、表現力等」、③「学びに向かう力、人間性等」の３つの柱で構成された。具体的には、①何を理解しているか、何ができるか（生きて働く「知識・技能」の習得）、②理解していること・できることをどう使うか（未知の状況にも対応できる「思考力・判断力・表現力等」の育成）、③どのように社

会・世界と関わり，よりよい人生を送るか（学びを人生や社会に生かそうとする「学びに向かう力・人間性等」の涵養）の3つである。そのため①「知識及び技能」も資質・能力であり，②「思考力，判断力，表現力等」，③「学びに向かう力，人間性等」と密接不離の関係として位置づけられたのである。すなわち，「資質・能力」という考え方のもとで，それまで「基礎的・基本的な知識・技能」のように基礎・基本と結びつけて考えられることの多かった「知識・技能」も「思考力・判断力・表現力等」も，ともに身につけるべき基礎的・基本的な学力として位置づいたのである。

そのため，「指導計画の作成と内容の取扱い」には，「1(1) 単元など内容や時間のまとまりを見通して，その中で育む資質・能力の育成に向けて，児童の主体的・対話的で深い学びの実現を図るようにすること。その際，言葉による見方・考え方を働かせ，言語活動を通して，言葉の特徴や使い方などを理解し自分の思いや考えを深める学習の充実を図ること。」と示された。

更に，「1(3)第2の各学年の内容の〔知識・技能〕に示す事項については，〔思考力，判断力，表現力等〕に示す事項の指導を通して指導することを基本とし，必要に応じて，特定の事項だけを取り上げて指導したり，それらをまとめて指導したりするなど，指導の効果を高めるよう工夫すること。」と示された。

資質・能力と基礎・基本

以上のように，国語科で育成する資質・能力が「知識及び技能」，「思考力，判断力，表現力等」，「学びに向かう力，人間性等」の3つの柱で整理され明示されたことを踏まえると，基礎・基本を重視する国語科授業づくりとは，「A　話すこと・聞くこと」，「B　書くこと」，「C　読むこと」の学習活動の中で，3つの資質・能力がどのようにはたらいているかを明確に評価する必要がある。

言語の教育と基礎・基本

AIが普及する中で，目的に応じて日本語で正確に表記できない，教科書から必要な情報が読み取れない，自分の考えがもてない等の状況が散見される。資質・能力として「知識・技能」が確実に機能するためには，日本語を自分の言語能力として獲得するために，毎日5～10分程度，音読，書き写し，読書等の言語活動が必須である。

更に，国語科の学習活動では，「情報を編集・操作する力」，「新しい情報を，既に持っている知識や経験，感情に統合し構造化する力」，「既に持っている考えの構造を転換する力」を働かせ，考えを形成し深めることを重視する。その際，「主体的・対話的で深い学び」の授業改善も重要である。

（小森　茂）

〈参考文献〉
『国語科における基礎・基本の重視と個性を生かす学習指導』（小森茂「初等教育資料」文部省　平成12年7月）。小森茂『新学習指導要領　小学校国語科の実践指針』明治図書 2008。

―――

＊この「答申」（教育課程審議会，平成10年7月）では，［生きる力］を基本的なねらいとして，「自ら学び，自ら考える力を育成すること。」，「ゆとりのある教育活動を展開する中で，基礎・基本の確実な定着を図り，個性を生かす教育を充実すること。」が提言された。

122 目標分析

目標分析とは

授業において学習成果を上げるには，適切かつ明確な目標を設定することが不可欠である。井上(1984)は，そうした目標設定に際して，一定の観点から目標を細分化し，目標相互の関連を分析し全体構造を考える目標分析の作業が重要であるとしている。

目標には，学習指導要領に記載されているレベルのものから，単元(題材)，1単位時間の授業レベルまで，さまざまな階層のものが存在する。また，場面の様子を読むことや段落相互の関係に注意して読むことなど認知的な内容の目標もあれば，意欲や態度など情意的な内容の目標も考えられる。

いずれにしても，指導者はこれら複数の目標を並列的に捉えるのではなく，目標間の関係や，上位目標と下位目標との階層性等を適切に整理して捉えることが，焦点化された授業，わかりやすい授業を構築するためには必要である。

目標分析表の作成

目標分析の方法の一つとして，マトリックス(行列表)を用いて目標分析表を作成することがあげられる。ブルーム(Bloom, B. S.)の教育目標の分類学(タキソノミー)*をもとに，下位目標を内容的要素と行動的要素とに分け，縦横それぞれの軸に置いて目標を選定するものである。

国語科の場合，この二つの要素を「学習内容」と「言語能力」という観点で捉える考え方がある(井上，1988)。「読むこと」の学習の場合，「学習内容」の軸には「表現・文体」「構成・展開」「内容・主題・要旨」「関連・その他」を置く。また「言語能力」の軸には，認知領域として「事象認識」「関係認識」「統合(深化・拡充)」「価値づけ」の四つを，情意的領域として「興味・関心，行動化・生活化」の項目を置き，「学習内容」と「言語能力」との相関(項目どうしクロスするところ)から導き出したものが学習指導目標であるとする。

「大造じいさんとガン」の場合，例えば「学習内容」の軸における「内容・主題・要旨」の項目とクロスする「言語能力」の各項目の目標は次のようである。(二つ以上設定されている場合も一つのみを提示。)

〈事象認識〉「大造じいさんと残雪の戦いの様子や残雪の頭領としての行動・態度を捉えること」

〈関係認識〉「大造じいさんが残雪を打たなかったことの意味を捉えること」

〈総合(深化・拡充)〉「残雪の行動態度に感動したじいさんの心情を踏まえて主題をつかむこと」

〈価値づけ〉「最も心が動かされたところを

教育目標の分類学(タキソノミー) taxonomy of educational objectivesの訳。教育活動を通じて追求されるべき目標の構造を理論的に分類しようとしたもので，1950年前後のアメリカのブルーム(Bloom, B. S.)らの試みが先駆的なものとされる。教育目標の全体を認知的領域，情意的領域，精神運動的領域に大別し，各領域において最終的な目標に達成するまでの過程でどのような目標の系列をたどるのかを明らかにしようとした。認知的領域には知識，理解，応用，分析，総合，評価のカテゴリーが，情意的領域には受け入れ，反応，価値づけ，組織化，個性化のカテゴリーがある。精神運動的領域は手の操作や運動技能に基づく目標領域で，模倣，巧妙化，精密化，分節化，自然化のカテゴリーがある。目標を系統的，構造的に捉える点では効果的だが，指導に生かす形で分類が活用なされないと，意味をもたなくなる。

目標に準拠した評価 集団の中での学習者を相互に比較する「集団準拠評価」(相対評価)に対して，学習目標への到達状況によって行う評価(絶対評

中心に自分なりの感想をまとめること」〈興味・関心，行動化・生活化〉「同じ作者の作品や動物についての作品などに興味をもつこと」

このように読みの目標が系統化されて指導者に把握されることによって，授業の計画，進行が学習者に即したものとなる。

評価規準の作成による目標分析

学習指導要領を中心に，文献，資料等をもとに目標を設定する方法もある。その際には，教育課程審議会答申（2002）において「目標に準拠した評価*」（いわゆる絶対評価）の導入が提言されたことを受け，評価規準を設定するかたちで目標分析が行われる。具体的には，平成29年版学習指導要領で示された学力の三要素である「知識及び技能」「思考力・判断力・表現力等」「学びに向かう力・人間性等」の三つの観点で評価規準が設定されることになる。

国立教育政策研究所教育課程センター（2002）は，「話すこと・聞くこと」（3・4年）に関して，学習指導要領の内容に即して，以下のような評価規準の具体例を位置づけている。（各観点1例のみを引用。）これらを上記の三つの観点との対応で再整理することが求められる。

〈国語への関心・意欲・態度〉
- 最も伝えたい中心をどこに位置づけるか考えて話そうとしている。

〈話す・聞く能力〉
- 相手や目的に応じて，まとまりをもった話の構成で説明している。

〈言語についての知識・理解・技能〉
- 主語や述語，修飾語になる語句を正しく用いながら話している。

学習者がこれらの評価規準の内容に達していれば，その状態を「B　おおむね満足できる」と判定し，それを上回る学習状況であれば「A　十分満足できる」，下回っていれば「C　努力を要する」という3段階で判定し，BからAへ，CからB・Aへと学習状況を高めていくための指導が施されることになる（指導と評価の一体化）。

求められる力の変化への対応

PISA（生徒の学習到達度調査）等の結果を踏まえ，非連続型テキストの読解力，批判的に読む力，外部情報を用いて自分の考えを書く力等が注目されるようになった。学習すべき内容の変化に対応した目標分析のあり方にも配慮することが必要である。

（吉川芳則）

〈参考文献〉
井上尚美「国語学力の発達過程に即した指導目標とその分析」（全国大学国語教育学会編『国語科評価論と実践の課題』）明治図書 1984。陣川桂三・梶田叡一編『形成的評価による国語科授業改革』明治図書 1985。井上尚美編著『思考力を伸ばす読みの指導』学芸図書 1988。国立教育政策研究所教育課程センター『評価規準の作成，評価方法の工夫改善のための参考資料（小・中学校）―評価規準，評価方法等の研究開発（報告）―』2002。

価）。学習内容や学習活動について達成したかどうか判断できる具体的な目標を設定することが重要となる。

作文（書くこと）の目標分析　陣川・梶田（1985）では，「学習内容」の軸に言語的要素，叙述的要素，主題的要素，発展的要素が置かれ，「言語能力」の軸には，認知領域の分析項目として着想，構成，修正，表現，朗読，評価など作文の過程に即した観点が設定されている。また情意領域では，原動力，成就観，価値などの項目がある。教育課程センター（2002）の「書くこと」の評価規準では，5・6年の場合，「目的や意図に応じて，書く必要のある事柄を整理したり，文章全体の組立てを工夫したりして，効果的に書こうとしている」（国語への関心・意欲・態度），「自分の考えを明確に表現するため，文章全体の組立ての効果を考えている」「事象と感想，意見などを区別して書いている」他（書く能力），「語句の構成などに注意して仮名遣いを正しく標記している」他（言語についての知識・理解・技能）等の例が示されている。

123
評　価

評価とは

　教育評価は，学習指導目標に照らして学習者の学びの実態を捉え，学習の更なる向上に資するとともに，指導者である教師に指導のあり方を振り返らせ，その改善に資する営みである。

　一般に，評価は「価値を正確に判定し定めること」とされているが，「教育評価」として位置づけるためには，上述のようにその対象や機能を広く建設的に捉えることが必要である。具体的には，次の3要件を視野に収めなければならない。

　①評価のめあては，学習と指導の反省と，そのさらなる向上と改善である。
　②評価対象は，学習者の学習実態と成果，指導者の指導のありようである。
　③評価内容と方法は，学習指導目標と乖離しない。

　こうした考えに立てば，一定の数量的尺度にのっとって学習結果を客観的に捉える「測定」，学習結果の価値・品等を定める「評定」と評価とを混乱することなく，評価の意義を，測定や評定を踏まえて，その後の学習および指導の充実改善に資するところに見いだすことができる。

評価にあたっての心構え

　評価の実際にあたっては，国語科教育としての真正な評価の実現に心がけなければならない。それは，人間尊重の教育理念に立ち，一人一人の学習者に確かで豊かな言葉の力を育てていくために，国語科学習指導という教育的営為の中に有機的に位置づけられた評価のことである。実践に即していえば，個の学習者を見据え，形式に流れず，言語（国語）能力育成につながる明確なねらいと確かな見通しや手だてを持った評価といえよう。そうした評価の実現のためには，その基盤として次のような要件を満たすことが必要である。

①一人一人の学習者の中に新しい人間を発見し，育成していくという人間主義の立場の確立
②知識・理解だけでなく，情意能力や思考力などの高次の内面的精神的能力などを視野に収めた，確かで偏りのない学力観の確立
③目的的な指導と確かな評価を実現するための教材（学習材）の精選・選択と構造的把握
④指導者や他の学習者に支えられた学習者の主体的な学びの場や活動の保証
⑤結果の評価を避け，過程における評価の重視と活用を図るための，柔軟で節目のある学習指導計画の構築
⑥表面的な実態理解ではなく，内面的洞察

情意的領域　教育目標の分類体系（タキソノミー）が紹介され，「情意的領域」は，知識・技能などで構成される「認知的領域」とともに広く受け入れられるようになった。ブルームらによって示された情意的領域の目標分類は，態度・価値観の内面化の過程に基づいた受容・反応・価値づけ・組織化・個性化というカテゴリーである。

　一方，わが国においても，従来から「態度能力」が学力として位置づけられ，その育成が目標として取り入れられてきた。ただ，「情意的領域」「態度能力」のいずれにしても，そこに含まれる内容は国語科教育に限らず，広く一般的に通用する過程や能力の捉えといえる。更に，近年，評価の観点として位置づけられ，情意的領域（能力）と半ば同義語的に扱われている「関心・意欲・態度」も全教科に共通したカテゴリーである。

　こうした考え方が教育の場に受け入れられ浸透していくことは，集団を重んじ「知」に偏りがちであった従来の教育を，個を重んじ「情」や「意」を視野に収めたものに転換させていく契機となっ

に支えられた学習者把握

評価の工夫

　真正な評価の実現のためには，次のような実践上の具体的工夫を積み重ねていくことが必要である。

①多様な評価方法の活用と関連づけ

　万能で完璧な評価方法はない。今日重視されている到達度評価も，態度や感性などの情意能力を対象とすることにはなじまない。具体的な評価の対象や場に応じた多様な評価方法を使い分ける，複数の方法による評価結果を重ね合わせる，そのままでは捉えにくい情意能力を顕在化した認知能力を手がかりにして捉えるなど，使い分け，複合，推測，関連づけなどの手段により，より確かな評価を目ざす。

②継続のための簡便化等の工夫

　評価が以後の学習指導に生きるためには，一度きりの評価，行き止まりの評価ではなく，継続的に行われる評価でなければならない。個人内評価や態度能力などの長いスパンで捉える必要のある能力は特にそうである。評価観点の焦点化による精選や評価方法の簡便化，個人カードの活用などによる評価の継続を実現しなければならない。

③指導と評価の一体化

　「指導と評価の一体化」は，評価を考えるうえでのキーワードであるが，その具体化の工夫は始まったばかりである。例えば，机間指導における助言や指示の言葉が評価を踏まえた内容になるような工夫が必要である。つまり，これまで指導のための活動と考えられていたものを，積極的に評価のための活動でもあると位置づけていくことが必要である。評価の日常化も，そうした中から実現できる。

④評価をもとにした対話

　評価を次に生かすためには，一方的に評価結果を伝えるだけでなく，それをもとに評価者と被評価者が対話することを通して相互理解を深めることが大切である。そうした対話を実現するための通知の仕方や対話の場を設定する工夫が必要である。

評価の最適化

　「何のための評価か」を考えて実施しなければ，評価は方法論に流され，形式的なものになってしまう。安易な自己評価の取り入れや「評価のための評価」といったことが問題になるのはそのためである。評価が主体的言語生活者を育成するという国語科教育の一連の営みの中にしっかりと位置づき，機能するように，その目標・方法・内容の最適化を図りつつ，指導者・評価者としての真摯な姿勢と評価能力の向上に務めることが肝要である。　　　（益地憲一）

〈参考文献〉
全国大学国語教育学会編『国語科教育学研究の成果と展望Ⅱ』学芸図書　2013。益地憲一『国語科指導と評価の探究』溪水社　2002。

た。しかし一方で，情意能力といえば，そうした各科共通の，言動や態度・表情などとして目に見える「態度能力」とだけ捉えたり，価値観の内面化という一方向にだけ見いだせるとみなしたりする傾向，個の見かけだけの重視という傾向も強まってきた。

　今後は，人間形成に資する言語の教育という立場から，そのカテゴリーとして含まれるものを広く見いだし，内面化の過程以外の視点を考えることなども求められる。例えば，思考力のうち，「知」につながる「考える」以外の，みずみずしい感性や鋭い感受性などにつながる「思い感じる」能力を位置づけること，自己表現を生みだす表出活動や過程を視野に収めることなどである。

　平成29年3月告示の小・中学校学習指導要領，平成30年3月告示の高等学校学習指導要領の目標に示された「言葉による見方・考え方」に充実した働きをさせるためにも，情意的領域に属する「感性・情緒の側面」を十分に働かせることが求められよう。

124

評価法

評価の位置

　一般的な教育以外の場面では,「評価」とは「認めること,受け止めること,一定の価値を与えること」という意味で用いられる。「学力の値踏み」という意味合いはそこからの派生であった。しかし,「学力の値踏み」は,「集団における順序づけ」という側面が強調され限定されていってしまった。その結果,逆に,「評価」の意味が「順序づけ」という意味に浸潤,拡張されて用いられるようになってきたのである。

　しかし,そのような「評価」のあり方が学習にとって大きな意味をもっているとは考えられない。2000年12月に出された教育課程審議会答申「児童生徒の学習と教育課程の実施状況の評価の在り方について」においても,「指導と評価の一体化」という項目を設け,そこでは評価を一連の教育活動に位置づけるとともに,その行為が学習プロセスにもはたらくものであることを指摘して,「指導に生かす評価を充実させることが重要である。」と結んでいる。

　また,2002年度からは「目標に準拠した評価」が実施されている。評価の成果は,その次の目標に生かされていくことになる。評価は,一連の学習活動のプロセスに位置づけられていく必要がある。

評価法の工夫

　評価法は,評価の目的・対象・主体によって選択され,決定される。

①選別のための評価

　入学・入社試験に代表されるような選別のために用いられる評価がある。そこでは面接・小論文などの方法も用いられるが,その多くは「テスト」によるものである。学校教育においても,あらゆる場面で「テスト」は実施されている。選別されるのは,それまでの学習によって蓄積された知識である。できるかぎり客観的に集団での位置を測定することが求められる。したがって,国語科の場合は漢字や語句・語彙の習得状況や機械的な読解能力に傾斜しやすい。「目標に準拠した評価」を具現化するためには,「テスト」のあり方も工夫されなければならない。その際には,どれだけ工夫しても「テスト」では評価できない能力や領域のあることにも留意する必要がある。

②教育・指導のための評価

●学習者の学習状況の指導者による把握

　指導者が学習者を評価するという姿は,具体的な国語科授業の場面では多くみられる。指導者が提示する発問や助言というのは,指導であると同時に評価でもある。その前提となるのが,個別の学習者の学習状況と,集団としての学習状況の把握である。

質問紙法　一時に,多くの被験者に対し,多くの事項について質問をする方法である。紙という媒体を用いられることが多い。質問は,単なる羅列的なものと,緊密な関係性をもって組織されるものなどがある。また,その回答には選択肢によるものと自由記述によるものなどがある。目的に応じて,何について,どういうことを,どこまで明らかにするのかを慎重に準備するとともに,被験者に対しても周知する必要がある。また,評価の結果はフィードバックされなければならない。

面接法　人と人とが向かい合って計画的に,目的に応じた情報を直接引き出す方法である。評価だけでなく治療行為にも用いられることがある。面接者は直接,対象に接することで,五感をはたらかせて情報を収集することになり,観察法とともに人間理解のための基本的な方法であり,高度な技術が要求される。質問紙法や客観テストの方法と対比して考えられるが,集団や個人の特性を可能な限り客観的に記述することが目ざされる。客観性保持のための工夫が必要である。

それがなければ，授業計画を立てたり，教材研究をしたりすることができない。したがって，評価の前提である目標を設定することもできない。

目標をどのように位置づけるかについても二大別される。目標を「到達点」として設定するか，「方向」として立てるかである。前者の場合が「目標に準拠した評価（いわゆる絶対評価）」「到達度評価」「達成度評価」と呼ばれる評価の方法である。後者の場合は，集団の中での学習結果を，特定の習得状況に応じて，その集団における学習者個々人の相対的位置を明らかにすることで評価することになり，「集団に準拠した評価（いわゆる相対評価）」と呼ばれる評価の方法である。

- 学習者の学習状況の学習者による把握

評価による学習状況の把握は，指導者だけが行えばよいものではない。国語科授業成立のためにも，学習者自身は自らの学習状況を把握する必要がある。指導者は，評価の結果を学習者に明らかにして，次の学習目標を立てていかなければならない。

- 指導者の授業計画の立案・授業の改善

評価は，次の授業を計画したり，改善したりするための資料として活用される。授業はコミュニケーションそのものであり，常に計画どおりに進むものではなく，意図どおりの成果を期待できるものではない。しかし，それは準備をおろそかにしてよいということを意味していない。周到な準備のうえに予測不可能なできごとが起こるのが授業なのである。そのために，評価の結果が有効に活用されなければならない。

自己評価の方法

学習者自身が自らを評価する方法を「自己評価」という。他の評価も同様であるが，評価の前提である目標が明確にされている必要がある。更に，「目標に準拠した評価」を用いて自己評価する場合には，目標の設定も学習者自らが行わなければならない。自己評価を有効にするためには，指導者は学習者の自己目標の立て方にこそ支援しなければならない。また，その目標は集団の中で互いに共有される必要がある。

評価法の課題

評価法は学習の成立のために常に改善と工夫がなされる必要がある。これからの国語科授業における評価法の課題を列挙する。

- 活動型の国語科学習のための「観察法」の開発と明確化・明示化のあり方
- 協働・共同の学習での評価法の工夫
- 結果・作品だけの評価に加えて，過程の評価のあり方
- 学習と評価の一体化を図る評価法の開発

（牧戸　章）

〈参考文献〉
C. V. ギップス，鈴木秀幸訳『新しい評価を求めて　テスト教育の終焉』論創社 2001。松下佳代『パフォーマンス評価』日本標準 2007。

チェックリスト法　観察法の評価方法の一つ。漠然と学習者の活動や学習状況を見ているだけでは観察とは呼べない。事前に観察のための準備が必要である。観察したい活動や学習者の反応などについて，幾つかのカテゴリーに分類して，項目として一覧表にすることが多い。もともとは小集団における相互作用の分析を目的に考案された。現在では，学習過程における指導者と学習者，学習者間，学習者の相互関係や過程そのものの分析をする授業研究の一方法としても用いられる。

ポートフォリオ　指導者のポートフォリオは，自らが指導者として成長していくための評価である。学習者のポートフォリオでは，学習者自身が自発的に学びの伸びや変容を多角的に，また長期的に評価する。そのためには，学習物の蓄積が必要である。学習と評価の一体化を具現できる一つの評価法であり，「個人内評価」も可能となる。国語科にあっては，学習記録・生活記録をどのように取り，残し，活用するのかという視点からも，この評価法を利用していきたい。

125

到達目標・到達度評価

教育評価としての到達度評価

　教育評価は，教師が学習指導の結果や実現の状況を測定し，カリキュラムや学習指導等を改善し，指導に役立てるものである。また，児童・生徒の学習を反省・改善し，学習意欲の向上に生かすとともに，より豊かな自己実現を目ざすためのものである。「到達度評価」は，上記のような機能を科学的に検証し，確立することによって児童・生徒の確かな学力を保障するためのものである。

　平成29年版の学習指導要領では，「主体的・対話的で深い学び」を通して，質の高い知識及び技能の習得と思考力・判断力・表現力等を重視し，確かな学力を育成することから，学習指導要領の目標に照らしてその実現の状況をみる多面的・多角的評価が一層重視され，観点別学習状況の評価を基本として，児童・生徒の到達度を適切に評価することが目ざされている。到達度評価は，目標に照らしてその到達・達成，実現の状況をみる，目標に準拠した評価法の一つである。

到達度とは

　教育目標の立て方の一つで，目標を到達点として設定する方法である。到達目標としては，認知的・技能的領域に関わる「知識・技能」「思考・判断・表現」などの目標と，情意的領域に関わる「主体的に学習に取り組む態度」（「関心・意欲・態度」）などの目標の二つに分類することが考えられる。全ての児童・生徒に基本的目標を達成させ，できるだけ多くの児童・生徒を発展的目標に到達させることを目ざしている。目標や学習内容を徹底的に分析し，目標を具体化・細分化し，学習指導をシステム化する。

到達度評価とは

　児童・生徒が未来社会を切り拓くための資質・能力としての学力を到達目標として具体的に設定し，それを評価規準として，到達・達成あるいは実現状況を評価する方式のことである。到達度評価は，達成度評価とも呼ばれる。児童・生徒の学力の評価だけでなく，カリキュラムの評価や学習指導の改善などを含めて考えることもできる。

　評価は，実施時期や目的などの相違によって，診断的評価・形成的評価・総括的評価の三つに分けられる。到達目標に最終的に達するためには，いずれの評価も大切であるが，なかでも，授業途中における評価（形成的評価）を重視し，つまずきのある児童・生徒には，再指導や治療指導などの回復指導をして目標に達成させ，また，既に目標に到達した児童・生徒には，深化・発展学習が用意される。

到達度評価の史的展開

　到達度評価に関する考え方や理論は，1960年代以降，全ての児童・生徒に学習内

ブルームの完全習得学習（マスタリー・ラーニング）の理論　1956年，『教育目標の分類学』を著したアメリカのブルームは，全ての子どもに学習内容を完全に習得させ，評価を個々の子どもの指導に役立てるという考え方から，完全習得学習という理論を提唱した。その中で，事中に行う形成的評価を重視した評価理論を展開している。マスタリー・テスト（達成度テスト）のような評価も組み込まれている。教育評価も含めて教育方法を改善し，適切な援助と，子どもの能力に応じて適切，十分な時間が与えられれば，ほとんどの子ども（95％）は基本的な学習内容を完全に習得できると主張している。

　評価を，その機能面から，①診断的評価，②形成的評価，③総括的評価の三つに分類している。これを記述すれば，次のとおりである。

容を完全に習得させ，確かな学力を保障するためのものとして，日本にも入ってきた。キャロルやブルームの完全習得学習（マスタリー・ラーニング*）やスキナーのプログラム学習がそれである。そのなかでも，ブルームの完全習得学習の理論は，形成的評価を重視する評価理論として広く浸透し，その後の評価に大きな影響を及ぼしている。

日本における「到達度評価」の研究史をたどると，京都府，藤沢市，横浜市立元街小学校があがってくるが，こうした機関の研究を契機に，到達度評価の研究・実践が全国的に広がっていった。1975年，京都府教育委員会の『研究・討議のための資料・到達度評価への改善を進めるために』で文献に登場した「到達度評価」は，課題を抱えながらも今日に至るまで行われている。

指導過程における評価

わかる授業づくり，完全習得を目ざす授業では，授業過程における評価の流れを必要不可欠のものとしている。ブルームらによる授業モデルを解説した文章（『教育評価の考え方』図書文化社　1977　pp.128～132）によると，次のようになる。

1．到達目標の具体化
2．事前の診断的評価
3．学習欠陥者の発見と処置
4．授業計画の立案
5．到達目標の提示と授業活動
6．途中の形成的評価
7．授業活動の調整（5，6，7小単元）
8．事後の総括的評価

①の診断的評価は，主として，単元・学期・学年の初めに行われる事前の評価であり，学習の前提条件や学力水準の確認，あるいは学習困難とその原因の診断のために行われる。この評価をもとに，指導計画や指導方法に変更が加えられる。

②の形成的評価は，学習活動中に行われる事中の評価で，学習内容の習得の有無や程度，あるいはつまずきの発見，児童・生徒および教師へのフィードバック機能をもつ。目標に到達していない児童・生徒を発見し，再指導や治療指導を促し，目標に到達させるための評価でもある。

③の総括的評価は，単元末や学期の中間，学期末や学年末に実施され，指導計画や授業の反省・改善に役立てたり，到達目標（評価規準や評価基準）に到達したかどうかを確認したりするための評価である。

初めに単元の目標を分析，細分化し，到達目標を具体的に記述する。2の事前の診断的評価で，この到達目標や学習の前提条件となる基礎能力などを測定・評価する。この評価によって，学習に対してなんらかのつまずきが発見された場合には，3でその回復指導を行い，4で単元を更に小単元に分けて下位目標を具体的に示し，到達目標を達成するための授業計画を立案する。

6は，授業の進行過程のなかで行われる評価で，児童・生徒が到達目標をどの程度達成しているかを確認するためのものである。達成されていなければ，その場で即座に指導・調整する。これが7である。このようにして最初の小単元の習得を図り，次の小単元へと進む。5～7の過程を繰り返しながら小単元が全て終了したら，8の総括的評価で単元全体としての達成状況を評価する。総括的評価は，次の学習段階への診断的評価を伴っており，児童・生徒の学習の反省・改善として生かされる。しかし，このような（到達度・形成的）評価に対して，詰め込み教育，成果定着の点検技法などという批判もあり，また，児童・生徒の主体的な学びという面からも疑問が投げかけられ，新たなる展開が求められている。（金子　守）

〈参考文献〉
水川隆夫『国語科到達度評価の理論と方法』明治図書 1981。橋本重治『到達度評価の研究』，『続・到達度評価の研究』図書文化 1981，1983，2000（新装版）。遠藤光男・天野正輝編『到達度評価の理論と実践』昭和堂 2002。

126

評価規準（基準）

評価規準（基準）とルーブリック

 評価を行うためには，判断の根拠や判定の尺度が必要である。「評価規準」あるいは「評価基準」というのは，この判断や判定のよりどころのことである。

 評価を行うためのよりどころとして，次の二つが必要である。「何を評価するのか」という質的な判断の根拠と，「どの程度であるか」という量的な判断の根拠の二つである。

 「（評価）規準」（＝クライテリオン）とは，評価を行うための質的な根拠のことで，教育（学習）目標をより具体化した目標や行動で示される。一方，「（評価）基準」（＝スタンダード）とは，評価を行うための量的・尺度的な判定の根拠のことで，設定した評価目標（規準）に対して，どの程度まで実現・到達しているか，数値や文言等で示される。

 文部省は，平成3年の「指導要録」の改訂で，学習指導要領に示す目標の実現の状況を判断するためのよりどころを示すものとして「評価規準」の概念を導入し，以後，この「評価規準」という用語を用いている。

 ルーブリック（評価指標）は，学習の目標と関わって達成すべき質的な内容を表現化したもので，児童生徒の学習の達成状況を評価する基準として使用される。学習の実現状況を示す数段階の尺度と各段階の尺度にみられる学習の質的な特徴を記述した文言あるいは作品などで構成される。

目標に準拠した評価

 「児童生徒の学習と教育課程の実施状況の評価の在り方について（答申）」（平成12年12月 教育課程審議会）で，これからの評価においては，観点別学習状況の評価を基本とした従来の評価方法を発展させ，目標に準拠した評価を一層重視することが示され，また，評定も目標に準拠した評価に改められた。そして，平成14年2月及び同23年7月には，「評価規準の作成，評価方法の工夫改善のための参考資料」（国立教育政策研究所 教育課程研究センター）という，評価規準作成等のための参考資料も発表された。これには，観点別学習状況の評価における観点ごとの趣旨や学習指導要領等に示されている内容のまとまりごとの評価規準およびその具体例が示されており，その評価規準の文言は「おおむね満足できる」と判断される状況（B）を表している。この規準は一つの「基準」でもあるが，これだけでは抽象的で，「十分満足できる」と判断される状況（A）や「努力を要する」と判断される状況（C）との違いを判断するのが難しいので，実際の評価では，質的な「規準」と量的な「基準」の二つが必要であり，両者は一体となって用いられる。

（金子　守）

〈参考文献〉
金井達蔵『規準と基準の用語について』応用教育研究所（「指導と評価」9月号）1993。佐藤真編著『基礎からわかるポートフォリオのつくり方・すすめ方』東洋館出版社 2001。

ルーブリック（評価指標）　ポートフォリオ評価の信頼性や妥当性を得るために，アメリカの各州で試みられ作成された，得点化するための指針である。児童生徒の学習状況の質的な面を評価するためには，児童生徒の具体的な学習状況を示す記述や作品，実技等によるパフォーマンス評価が重要であり，ルーブリックは，その際の評価の基準として使用されるところに，その意義がある。

 ルーブリックには，パフォーマンスに関する全体的あるいは観点別ルーブリック，特定課題のルーブリックなど，学習の内容，特定の領域や場面等に関連したルーブリックがある。評価の妥当性や実用性，信頼性を獲得するためには，常にその修正・改善に努めることが大切である。

VIII 基礎理論・指導理論

127　国語教育・国語科教育
128　言　語
129　認識・思考
130　イメージをめぐる説
131　コミュニケーション
132　学 力 論
133　目 標 論
134　教育課程
135　単 元 論
136　文学教育論
137　作文教育論
138　演劇教育論
139　ドラマ教育
140　論理的思考の指導
141　国語教師論
142　子どもの発達
143　言語障害
144　教 材 論
145　人権教育
146　言語技術教育
147　国語教育における形式主義・内容主義
148　言語生活主義と言語能力主義

127
国語教育・国語科教育

国語教育とは,広く家庭・学校・社会で行われてきた母語の教育を指す。家庭での母語の教育は,太古に言語が発生して以来,生活の必要に応じて年長者によって行われてきた。学校では生活指導・特別活動・全教科の学習指導が全て国語教育の一面を担っており,「全ての教師は国語の教師である」といわれるほどである。社会では会社の社員教育(挨拶の仕方・電話のかけ方など)や生涯学習としての社会教育(話し方講座・源氏物語を読む会,など)において行われている。意図的または無意図的にかかわらず国語教育の普及は,人々の言語生活の向上を支えている。

国語科教育とは,学校における教科としての国語科の教育を指す。

近代教科としての国語科は,20世紀初頭の明治33(1900)年に成立した。その動因は,国民に教育要求が高まっていたこと,国家が殖産興業・富国強兵による国民国家の確立を急務としていたこと,それには全国に「普く通用する」国語を国語科教育によって普及する必要があるとする思想が生まれていたこと,などである。国語科は教科書の一斉音読(アクセントと語彙の画一化)などを通して,標準語の普及と識字率の驚異的な向上とに寄与した。しかし,それは「方言」の撲滅ならびにアジア諸国への言語侵略という影を伴っており,その功罪は今後検討されていくであろう。

現代の国語科教育,これまでの国語科教育は,言語生活の向上を目ざして行われ,主として表現力と理解力を育てることを通して行われてきた。

敗戦(1945年)を契機に,国語科は「言葉を社会的手段として用いる」能力を養うために経験学習・単元学習,つまり新教育を行うことになった。だが,ただちに「基礎学力が育たない」という批判を受けて,1960年代から80年代にかけては「理解力・表現力」を育てる能力主義的な国語教育が行われた。その間に「言語生活の向上を図る」(1958年版学習指導要領)という目標観が定着していった。

21世紀前半の国語科教育は,これに「思考力」と「コミュニケーション力」「情報活用力」を加えることによって行われる。

文部省は,1989年に「新しい学力観」を提起し活動を通して学ぶ「生きて働く国語力」を求めた。2000年OECDの学力調査は,記述式回答を求め,図表や絵図などの非連続テキストを素材とし,複数の資料を関係づけて意見を述べさせる,などわが国の学力観に拡張を迫るものであった。2008年の学習指導要領は「伝える力」を加えた。

2017年には,情報社会化に対応して,学習指導要領に「情報と情報との関係」「情報の整理」の項目を設けた。

年長者による母語の教育　「言葉のしつけ」ともいわれ,子どもは母語の言語体系の中に迎え入れられる。親子関係が希薄になりつつあるといわれる現代において,特に両親は子どもの言語表現を愛情深く受け止め,また言葉かけをしていくことが必要である。

伝え合う力　一方向的な表現→理解ととらえられがちであった「伝達」という用語に対して,発信・受信という双方向の言語活動を強調して新しく使われるようになった。場面・相手・目的・効果を意識した言語活動力を育てようとする。

国語科教育の構造

次図のように構造化できるであろう。

言語生活	言語文化	文学・演劇 社会科学,自然科学
	言語活動	見る,聞く,話す,読む,書く
	言語体系の知識	音声,文字,語彙,文法,文章法
	言語化能力	感情・認識の言語化 (記憶・思考・想像)

国語科で育てる学力

グローバル化は多様な価値観との共生を求め,情報化の進展は氾濫する情報を吟味し選択し関係づける力を求めている。人工知能は人間生活のあり方の問い直しを迫っている。現代社会は全教科教育に,基本的知識・技能の習得は言うまでもなく,更に,自ら課題を設定し,自ら考え,見通しを立てて活動し,情報を収集して選択し組み合わせて判断し,解決する能力の育成を期待している。

国語科で育てる学力は,生活に生きて働く言語能力・メディアリテラシーであり,言語を通して学ぶ学習力であり,自分の生き方を考えることができる力である。更に具体化すると,それは,①言語活動力(見る・話し聞く・書く・読む力),②言語・メディアを通して行われる思考力(体験や思想の言語化〈音声・語彙・文・文章〉),③コミュニケーション能力(インタビュー・討論),④情報操作力(情報収集と整理)である。

国語科教育の方法

国語科教育の実践は,言語活動を組織し,計画的に経験させることを中心に行われる。

予測できないほど急速に変化する社会は,自ら課題を設定し,仲間と力を合わせて新しい考えを共創し,人間の生き方について深く考えを巡らす想像力を育てることを求めている。それは,見る・話し聞く・書く・読む言語活動の過程において育つのであり,参加型の学習場面を設定することによって学習者の主体性・協同性は育つ。これまでに生み出され鍛えられつつ継承されてきた,問題解決学習・単元学習・協働学習・ワークショップ型の学習などに学んでいきたい。

言語文化の享受と創造は,学習者の内面を豊かにし深める。単なる「生活の必要」にとどまらず,教養を高めることによって学習意欲も高まっていくであろう。また,他者との共生の道を生きる市民を育てることが可能になるであろう。そのための言語活動の場を工夫し開発することが期待されている。

国語科の課題

国語科の名称が問われている。アメリカ・イギリスでは「英語科」,フランスでは「フランス語科」,中国では「語文科」と名づけられている。「日本語教育科」と名称変更することも一案であろう。そうすれば「国語教育」と「日本語教育」の交流を活発にすることが可能になるが,しかし,これまで外国人に対して行われてきた「日本語教育」との区別が紛らわしくなる。名称を変更すると,教科内容の再構造化が必要になるかもしれない。　　　(浜本純逸)

〈参考文献〉
西尾実『国語教育学序説』筑摩書房 1957。野地潤家『国語教育原論』共文社 1973。倉澤栄吉『国語教育講義』新光閣書店 1974。大村はま『大村はま国語教室』筑摩書房 1982。浜本純逸『国語科教育総論』渓水社 1996。田近洵一『現代国語教育史研究』冨山房 2013。藤森裕治『国語科の資質・能力と見方・考え方』明治図書 2018。

128

言　　語

言語とは

　言語は人間に固有の伝達形式で，思考作用や社会的諸条件に関与しつつ，歴史的に変化する意味内容の表出と交換の手段である。

　言語は情緒的側面と認知的側面を具有する記号体系であり，感情や意欲を直接反映する一方で，ことやものについての認知的な意識内容を伝達することができる。このため，言語は，人間の生活や社会に欠くことのできない多様なはたらきをする。言語の高度で繊細な作用によって，人間は複雑でかつ秩序ある社会生活を営み，高度な文明を発展させている。他の動物にはない人間固有のこの能力（言語能力）が，文化を蓄積し，継承し，発展させてきたともいえる。

　実際，言語は，社会的に意味を生成する行為（言語活動）として展開され，そこでは語るべき事柄があって，語る人（発信者）と聞く人（受信者）が一定の場面を共有することが前提となる。この「場面」には，言語活動が行われる物理的・精神的環境の全てが含まれるが，特にそこでの発話が関与する意味的脈絡を文脈（コンテクスト）として区別することができる。文脈は言語活動を成立させる意味作用のネットワークである。

言語の特性

　言語には，次のような基本的な特性を認めることができる。

　1．言語は記号である。言語は単なる信号（シグナル）ではなく記号（シンボル）であり，ソシュールは，それを「能記」と「所記」の組み合わせとして定義した。ビューラーの「オルガノン・モデル」やオグデン・リチャーズの「意味の三角形」も言語記号の定義として有名である。2．言語は基本的には音声現象（スピーチ）である。書記言語は言語現象のほんの一部にすぎない。3．言語は体系を有している。そのため，言語現象を支える規則は科学的・体系的に記述することが可能である。4．言語は動的である。言語は変化を続け，決して静的ではない。5．言語は社会的である。全ての話者は特定の言語共同体の成員であり，その発話は多分にその共同体の伝統や価値，社会習慣の結果である。6．言語は個人的である。全ての話者は個人的な意図や目的，心情に合わせて自らの発話を調整することができる。7．言語は有意味である。言語は意味の識別に関与しつつ，まとまった意味内容を伝達するものである。(Marland, 1977，参照)

　これらの特性には相互に矛盾するものがあり，この点が言語使用者を混乱させ，疎外する原因でもあるが，また，こうした複

ラング・パロール　ソシュールは，人間の言語活動をラングとパロールに分けた。ラングとは，言語を記号の体系すなわち潜在的で社会的な制度であるとみるもので，ソシュールは，これを言語研究の対象として重視した。一方，パロールは，個人がラングの規則体系に基づいて遂行する一回ごとの具体的な言語使用を指す。パロールは，制度としてのラングに強く規制されることになるが，ラング自体を変化させる事象でもあり，両者は相互依存の関係にある。

言語相対論（言語決定論）　「サピア・ウォーフの仮説」はこの立場を代表するもので，人間の思考は特定の言語によって行われるため，使用する言語が異なれば思考方法も世界観も異なるとする考え方である。言語がそれ固有の様式によってその言語共同体の人々の思考や行動を支配しているとするこの考え方は，これに先立つフンボルトにも類似の思想を認めることができる。フンボルトは，

雑な特性こそが言語の豊かで生産的な姿を保障するものでもある。

言語観

言語についての見方には幾つかの特徴がある。

言語を,科学では捉えられないそれ自体生命を持った神秘的な現象と考える立場(言霊観)もあれば,科学的なアプローチに耐える客観的な記号の規則体系であると考える立場もある。また,力点の置き方によって,伝達中心の言語観,表現中心の言語観,知識体系中心の言語観などを区別することができる。伝達中心とは,言語共同体での意味伝達効率を優先する立場で,表現中心の立場とは異なり,言語知識の豊かさや個人的表現の可能性を追究するよりも,言語共同体での「通じ合い」を重んじる立場である。一方,知識体系中心の立場とは,言語が客観的に記述可能な知識や規則の体系からなると考える立場である。

こうした,いずれの言語観に立つかによって,言語教育の内容や方法も多分に異なるものになる。例えば,言語を知識や規則の体系とみる場合は,文字の表記や音韻・リズム,文法などが重視されることになる。一方,言語を伝達の手段とみる場合は,伝達のスキルや使用場面が重視され,言語使用の目的や相手意識を明確にした実際の言語活動が中心に置かれることになる。また,言語の豊かな表現性を追究する立場では,個人の自由で個性的な,あるいは美的創造的な言語活動が重視されることになる。

言語の機能

言語はさまざまな形で人間に作用するため,そのはたらき(言語の機能)も多様である。

例えば,岩淵悦太郎は,1.認識(言語で認識する) 2.伝達(言語で伝達する) 3.思考(言語で思考する) 4.創造(言語で創造する)を区別した。ヤーコブソンは,1.関説的機能 2.心情的機能 3.動能的機能 4.交話的機能 5.メタ言語的機能 6.詩的機能を区別した。

湊吉正は,これまでに提案されたこれらの代表的な機能分類を,1.記号論的領域 2.伝達論的領域 3.学習論的領域に分けて整理したうえで,言語教育論の観点から次の六つの機能を区別した。

1.内容伝達機能 2.行動統制機能 3.言語関連機能 4.文化創造機能 5.集団構成機能 6.個体形成機能

言語の機能をめぐる研究は記号論的領域から伝達論的領域へ,更に学習論的領域へと拡大しており,教育的な文脈での言語使用の実態など,言語の実用論的側面が明らかになりつつある。 　　　(塚田泰彦)

〈参考文献〉
Marland. M. *Language Across the Curriculum*, Heinemann 1977。湊吉正『国語教育新論』明治書院 1987。服部四郎編『日本の言語学』第1巻 大修館書店 1980。

それぞれの言語に外的で実質的な言語形式とは異なり,それ固有の認識様式や世界観と一体である内的な形式が存在するとして,これを「内部言語形式」と呼んだ。

言語能力・言語運用　チョムスキーは,人間には普遍的な言語能力が存在すると考えて,これを現実の発話やその理解に関わる事柄(言語運用)と明確に区別した。彼は,自ら提唱した普遍文法を追究する生成文法の研究対象としては,この言語能力を唯一の言語的要素と位置づけて研究し,言語運用そのものは研究の対象外とした。しかし,言語伝達の観点からは言語運用を成り立たせている諸要素は重要である。そこで,ハイムズは,チョムスキーのこの言語能力を批判的に修正拡大して,特定の伝達場面での発話の適切性を判断する能力を「コミュニケーション能力」と位置づけて研究した。

129

認識・思考

認識とは

人間の精神作用を知・情・意に分けるとすれば、認識も思考も、知的な面に関する。

認識とは、「何かある物事について知るはたらき、またはそれによって知られた事柄」をいう。

認識と似た言葉に「認知」があるが、認知は心理学用語であり、認識は哲学用語である。国語教育では、伝統的な哲学と最新の認知心理学の影響を共に受けており、用語も両者が併用されているのが現状である。

認識の三段階

認識には、①感覚による認識、②表象（イメージ）による認識、③概念による認識の三つの段階がある。

①感覚による認識

これは心理学でいう「知覚」のことである。すなわち、感覚器官によって受け取られた情報をもとにしてつくりあげる能動的総合過程であり、その過程には言語も関与している（例えば、色の識別なども各国語の色名の体系の枠内でなされる）。

②表象（イメージ）による認識

イメージの根底にあるのは視覚的な像かそれとも言語かという論争が、1970年代に心理学界で起こった。視覚像と言語と、どちらがより根本的かということについてはまだ結論が出ないとしても、少なくともイメージと言語とが密接な関係にあることはいえるであろう。なお、表象（イメージ）は視覚だけでなく、聴・味・嗅・触覚を含む五官全てについての表象がありうる。

③概念による認識

われわれは、いろいろな形や大きさのデスクやテーブルについて、それらの特殊性・個別性を捨象し、共通性だけを抽象化・一般化して「机」と名づける。これが概念（文法的には「語」）である。概念は認識の最高次の形態であり、言語との結びつきが強い。また、概念は歴史的・社会的所産であることにも注意しなければならない（例えば、「民主主義」という語の、時代や社会的体制による意味内容の違い）。

以上述べた感覚・表象・概念は、別々に分離されているものではなく、相互に関連し合っており、言語は認識のどの段階にも密接に関与しているといえる。

思考とは

思考というのは、本来、いろいろな要素（因子）から成る複合的な心的過程であるから、短く定義することは困難であるが、諸説をまとめると、思考とは、「何か新しい情報（問題）を、個体が既に持っている情報構造の中に取り入れて同化したり、または変換操作（オペレーター）によって既

内言と外言 簡単な思考なら頭の中にイメージを思い浮かべるだけで可能であるが、複雑な、難しいことを考えようとするときには、心の中で言葉を発して自己内対話（完全な文の形でなく、断片的・非文法的なものである場合が多い）を交わしながら考えを進めていくのである。この心内語を「内言」(inner speech) と呼ぶ。これに対して、実際に外に向かって音声化された言葉を「外言」という。

認識・思考の指導 認識・思考力を育てるということは、明文化されていると否とにかかわらず、昔から国語科教育の重要な目標の一つであった。学習指導要領でも、改訂のたびに思考力重視の方向が打ち出されている。

思考力の形式的訓練を目ざすものとして、例えば、スキル学習があるが、内容と切り離してスキルという形式だけを教えることが有効かどうかは、実証的な研究が必要である。

また、「認識（力）を育てる」という場合、特に子どもの「現実認識（状況──すなわち人間

成の情報構造を変化させたりするような個体内部のはたらき」である（その他にも，「行動の代行としての内的過程」とか「収束的な思考と拡散的な思考に大別される」などという説明もある）。

しかし，個別の領域，例えば，国語教育で問題となるのは，子どもが表現・理解をする際にどんな思考がはたらくかということである。そこで，思考一般ではなく，もっと具体化・細分化された内容を込め，思考のある側面を強調して「○○的思考」と呼ぶことがある。

例えば，もともと批判的でない思考はないのに，わざわざ「批判的」という修飾語をつける。同様に，創造的思考の中にも論理的思考がまったくはたらかないわけではないが，特に直観的なひらめきを強調して「創造的」と名づけているのである。

これらの場合，「的」という接尾辞がつくと，そのものズバリでなくその周辺のものまで入ってしまうので，適用範囲は広くなる反面，意味がぼやけて明確さが減ってくる。しかし，現にこれらの語が教育界で広く使われている以上，現段階で必要なことは，どういう範囲の事柄がその語の中に含まれているのか，また含まれていないのかを意識し吟味して，一応のめやすと考えて使うことである。

言語による思考と国語教育

言語活動の根底にある思考のはたらきには，イメージと内言とが大きく関与している。イメージについては別項に解説があるので，ここでは内言についてだけ述べる。

私たちが文章を書いたり話したりするとき，はじめは混沌とした断片的な想やイメージの状態があり，その中から次第に主題（課題）に関係する「語（概念）」が思い浮かべられ，それを文法的に整えて「文・文章（話）」へと展開していくのである。

理解の場合も，読んだり聞いたりするときには，これまでのところを頭の中でまとめながら（関係づけ），そしてこれから先の展開を考えながら（予想），今，目に入っている所を読んで（聞いて）いるのである。

以上のように，表現・理解に際しては，心の中で課題解決に必要な，的確な語→文→文章を思い浮かべつつ表現・理解の活動を行っているのであり，その基底に存在しているのが内言なのである。

したがって，言語による思考力を高めるには語彙・文法指導が重要な役割を担っているといえる。　　　　　　（井上尚美）

〈参考文献〉
市川伸一編『認知心理学』4　東京大学出版会 1996。宇佐美寛『国語科授業における言葉と思考』明治図書 1994。井上尚美『国語教師の力量を高める』明治図書 2005。井上尚美『思考力育成への方略―メタ認知・自己学習・言語論理―』明治図書 2007。

的・社会的諸関係――の把握)」を問題にするという立場がある。その考えからすると，単に形式的な論理的妥当性や抽象的思考操作としてでなく，ある一つの言葉が現実に何を指し示しているか，それが現実の状況と一致しているかどうか，現実を正しく反映しているかどうかの吟味・分析が問題だとされる。例えば，「Aである。だからBである」の「だから」は，単に「AがBの理由や原因であることを示す接続詞である」というだけでは不十分で，本当にAがBの理由・原因になっているのかどうかの内容的な吟味が必要であり，それは現実認識の問題だと考えるのである。いわゆるスキル学習やコンポジション理論ではそこまでは要求していないが，言語が認識・思考を表し，その認識・思考が現実の状況（事態）の中における人間の知的行動としてなされる以上は，国語科でもそこまで問題にすべきだとされる。児童言語研究会や日本作文の会などの民間教育団体では，「認識」をこのように解釈することが多い。

130

イメージをめぐる説

イメージとは

　日本語では心像。英語では mental image, imagery。国語教育の分野では「形象」という語も用いられる。事物が不在であるにもかかわらず，それを知覚した場合と類似した体験が生じる心的過程のことである。聴覚，触覚等の知覚の種類に対応して各種のものが存在するが，研究されているのは主として視覚イメージである。

イメージの機能

　現在までに研究されているイメージの機能は，記憶や心的操作の領域でのものであり，推論等の高次な思考過程の領域についてはまだよくわかっていない。特に，多くの場合に思考はイメージを伴わない，いわゆる無心像思考*であるが，では，いつ，どんなときイメージは使われるのか，という問題はほとんど手がつけられていない。

①記憶　言語を記憶する際，イメージをつくることが有効であることは昔から知られ，記憶術の中で活用されているが，最近の研究でもこれは確認されている。例えば，犬－猫という単語対を記憶するとき，2匹がけんかしているところのように，二つの項が関係しあっている場合のイメージをつくるとよく記憶できるという。

②心的操作　現実の事物に加えることのできる物理的操作に対応した心的操作を，この事物についての視覚イメージに加えることができ，簡単な課題解決で使われているという。心的操作の一例として心的回転（mental rotation）をあげると，傾きの違う2枚の絵の同異を調べるときに，一方の絵のイメージをつくり，それを心の中で回転させて同じ傾きにしてから同異を調べるというやり方を人間は使っているという。

イメージと視点

　視覚イメージの場合に明らかなように，ある事物についてのイメージは，その事実をある位置，つまり視点から"見た"ものである。イメージをつくるとは，それに対応した視点を設定することであり，イメージの理解には視点のはたらきの理解が重要である。例えば，読者が物語の登場人物の視点位置に気づくことで，登場人物の見ているものについてのイメージもはっきりする，といった関係があるだろう。また，事物を理解するのに，その事物に"なってみる"擬人化*でも視点のはたらきは大きいと思われる。視点のはたらきについての研究は，これからの心理学の重要課題である。

イメージをめぐる諸説

　現代の心理学でイメージについてまず提出された説は，ペイビオ（Paivio）らの二らによれば，課題が困難になるとイメージが出現することもあるというが，詳しいことはまだわかっていない。

無心像思考　20世紀初め，ドイツのヴュルツブルグ学派によって発見された。それまでイメージは，知覚とならぶ思考の基本単位で常に存在するものと考えられてきたが，彼らはいろいろな課題解決事態で精密な内観を行い，思考が多くの場合，イメージも言語も伴わないこと，かわりに，明確な形をもたず，感じとして存在する問題に対する構え等が伴っていることを見いだした。この発見は，イメージという語を安易に使用することに対する警告として，今なお重要な意義を持つ。なお，彼

擬人化　例えば，ある機械を設計する際に，その事物に"なって"みて，外から加わる力や，中の部品のつながり方を"感じ"てみながら設計を進めていくことがある。このように事物を理解するときに，その事物になってみて，言いかえれば自己の身体をそこに想像的に投入してみることに

重コード説である。思考で使われる情報に言語的なものとイメージの2種類があり，イメージとは視覚イメージの場合，"心の中の絵"のようなものとする説である。

この"心の中の絵"というイメージ観を全面的に批判したのがピリシン（Pylyshyn）らによるイメージ＝命題説である。イメージを用いて思考する際，大事なのは表面的な"心の中の絵"の部分でなく，その背後にある対象となった事物について理解された知識の部分であり，これが命題の形でもたれるとする説で，例えば，物の落下についてイメージをつくるとき，人間はどこかで見た落下の様子を"心の中の絵"として再生するのでなく，経験からえた落下についての知識（落下につれて速度が増す等の）を使ってイメージをつくっている，と考える。つまり，人がイメージをつくり，何かをわかっていくとき，"心の中の絵"をつくるだけではまったく無意味で，それ以外のいろいろな知識を動員し，それと"心の中の絵"を必然性をもって結びつけてこそ，わかった状態になれるのだ，ということである。

両説をめぐり激しい論争があったが，明確な形での決着はつかなかった。ただ，命題説の核にある「イメージでも知識の理解が重要である」という考え方は認められたと言っていいだろう。その後，研究の中心は脳内での神経生理的メカニズムの解明に移

り，心理学的研究は一時ほどの勢いがない。

国語教育との関連

国語教育の分野では，イメージ，形象，形象的思惟といった語がしばしば使用されるが，心理学的な分析はあまり行われてない。その中で宮崎は，物語の中の登場人物の身体的な動きや登場人物の見ているものを〈見え〉としてつくらせ，それを通して登場人物の心情を理解させる発問方略がイメージを利用したものであるとして分析している。国語教育では，単に"心の中の絵"をつくらせるだけでは無意味で，その背後の心情の理解が重要なのであり，したがって，研究していくにあたっては命題説的な発想が特に重要となる。

なお，国語教育でイメージをいうときには，次の2点に留意しなくてはならない。一つは，心理学でイメージとは何かがまだよくわかっていないこと。もう一つは，国語教育でイメージというとき，特定の認知過程を指すのではなく，言語表現しにくい感じや印象を指しているのにすぎないことが多いこと。したがって，説明概念としてイメージという語を安易に用いることはなるべく避けたい。　　　　　（宮崎清孝）

〈参考文献〉
宮崎清孝・上野直樹『視点』東京大学出版会 2008。菱谷晋介編著『イメージの世界—イメージ研究の最前線』ナカニシヤ出版 2001。佐伯胖『イメージ化による知識と学習』東洋館出版社 1978。

よって理解していくやり方のことであり，視点をその事物の中に据えてみて，そこでいろいろなイメージをつくりだしつつ理解していくことである。これは，単に事物を理解するための方略の一つというものではなく，人が事物を深く理解するときの最終的な拠り所であると考えられる。この点については佐伯胖『イメージ化による知識と学習』を参照してほしい。

形象的思惟　哲学，国語教育での用語であるが，最近の心理学では使われず，しいていえばイメージ的思考ということになる。イメージをつくり，使用する思考で，言語を使用する言語的思考と対比させられる。後者が，分析的で，思考が一歩一歩進められていくのに対し，イメージ的思考は全体的，直観的であるといわれる。確かに全体的，分析的といった対比的な特徴を持つ思考は存在すると思われるが，それらの特徴がそれぞれイメージ，言語を用いていることによるのかどうかは，はっきりしていない。

131

コミュニケーション

コミュニケーションの一般的認識

「共有」を意味するラテン語のCommunisが語源とされるCommunicationは，非常に広い意味で使われている。例えばDanceはこの用語の概念を(1)言葉による考えの交換，(2)他者を理解し他者に理解されるプロセス，(3)相互作用，(4)不確実性の減少と自己防御，(5)情報伝達のプロセスなど，15種に分類しているが，最も一般的な定義は次のように表されよう。

> 情報の伝え手が，あるメッセージを受け手に伝え，受け手がその意図や意味を把握して自己の思考や行動に何らかの影響を及ぼす一連の過程。

この定義に基づいてコミュニケーションの成立過程をモデル化して解明する研究が，1950年代以降多数示されている。それらにおけるコミュニケーションの構成要素を列挙すると，下記の通りである。

①情報源（Source），②メッセージ（Message），③コード（Code）：メッセージを送受するための記号・シンボル，④信号化（Encode），⑤情報路（Channel）：メッセージを伝える物理的な媒体，⑥ノイズ（Noise）：メッセージ送受の過程で発生する障害，⑦受信者（Receiver），⑧解読（Decode）

以上の諸要素が時系列に沿って作用し，伝達内容に関するフィードバックを伴いながら情報の授受を行う。これが従来一般的なコミュニケーション認識である。

対人コミュニケーションの特性

しかしながら現在では，このような交信モデルで我々のコミュニケーションを完全に説明することは不可能と考えられている。

例えば，転んで膝にけがをした子どもが帰宅し，その姿を見た母親が顔をしかめて思わず「ああ痛かったねー」と声をかけ，子どもが大泣きする場面を想定してみよう。この事例で授受すべき情報は，分節された観念としては存在しない。また，当事者の身体を場面の文脈から切り離して伝え手・受け手に分けることは不可能であり，伝達の起点が誰にあるかを明示することはできない。それにもかかわらず，母親と子の間にコミュニケーションは成立している。

この場合，母親は子どもの状況を我がことのように感得するという営みによって，怪我による苦痛の発生を子どもと共有している。対人コミュニケーションにおけるこのような性質を，繋合希求性という。

とはいえ，日常的なコミュニケーションのうち，先の交信モデルで説明し得る事例も決して少なくない。例えばトランシーバの交信や文書の交換等は，物理的に伝え手

相互作用 日常の対人コミュニケーションではたらく法則や役割関係，授受される情報等は，事前に設定されたものが顕在化するのではなく，主体どうしが関わる行為のただなかで生成されると考えられている。このような性質をもった社会的行為を相互作用という。例えば，教師・生徒の役割関係は，教室に集まった主体どうしが，互いをそのような存在とみなして関わり合っていると判断される行動があって初めて成立するのである。

記号・シンボル 一般に，記号とはある事柄を指示する知覚対象であり，文字や話し言葉などがその代表である。ただし，ネコという記号によって指示される特定の対象が存在しないように，言語記号は全て概念化されており，指示対象と完全一致した伝達はあり得ない。言語によってある事柄を伝達するということは，その概念枠を主体間が合意する行為なのである。シンボル（象徴）とは，本来関わりのない二つの事物に生理的・制度的・文化的な要因をもって類似性を発生させ，互いを関連づける作用，また，その知覚対象を指す。例

と受け手が固定される。報告や事務連絡等、正確な情報伝達を要する場面では、信号化されたメッセージはコードに即して正確に解読しなければならない。先の事例を個別的感性的コミュニケーションと呼ぶなら、これらは一般的理性的コミュニケーションと言うことができる。

国語科教育とコミュニケーション

国語科教育においてコミュニケーション（特に話し言葉による）を教科内容として初めて本格的に議論したのは西尾実である。西尾はCommunicationを「通じ合い」と訳し、その本質を社会的な言語活動による情報の相互浸透であるとした。西尾は、コミュニケーションを形態的に独語・対話・問答・会話・討議・討論・公話等に分類し、それぞれの特性と実践理論を示している。

西尾の議論を継承した倉澤栄吉は、対話を国語科の根幹に位置づけ、その機能に着目した実践理論を提起している。倉澤は、対話における主体間の関係を倫理的関係と論理的関係に峻別しているが、これらは前述したコミュニケーションにおける二つの特性と基本的に対応するものである。今日、国語科教育におけるコミュニケーション指導として示される実践・研究の多くは、西尾・倉澤らの実践理論を基底としている。

異文化間コミュニケーション理論

グローバル化が進展する今日、日本語教育や国際理解教育の分野で研究が進む異文化間コミュニケーションは、国語科教育にとっても重要な問題である。国家・民族の異なる共同体に属する主体どうしの対人コミュニケーションをいかに適切に実現するかという問題意識から始まる異文化間コミュニケーション論は、今日、一見同質とみられる集団に内在する多文化の問題へと、議論の対象範囲が拡張されている。

拡張された異文化間コミュニケーション論において注目される概念の一つに、ストレンジャー（stranger：他者）概念がある。これは、主体が関わろうとする際に不安と不確実性の心的状態を増加させる他者を言う。異文化間コミュニケーション論では、ストレンジャーに対する不安や不確実性がどのような場合に増加し、減少するかについて94の公理が見出されており、その知見は国語科教育におけるコミュニケーション能力の育成に重要な示唆を与えよう。

（藤森裕治）

〈参考文献〉
鯨岡峻『原初的コミュニケーションの諸相』ミネルヴァ書房 1997。倉澤栄吉『国語科対話の指導』新光閣書店 1970。西尾実『国語教育学序説』筑摩書房 1957。西田司他『国際人間関係論』聖文新社 1989。西阪仰『相互行為分析という視点』金子書房 1997。増田信一『音声言語教育実践史研究』学芸図書 1994。F. E. Dance. The concept of communication. *Journal of communication*. 20 (1970) pp.201–210。W. Gudykunst & Y. Kim. *Communicating With Strangers* 4th ed. New York: McGraw-Hill

---

えば、紅白の色彩は祝い事を表し、露は「はかない命」の表象として詩歌等に登場する。象徴という作用は、指示対象の明示性・説明性に欠けるものの、対人コミュニケーションでは、雰囲気作りや言外の意思表示等に強い影響を与えることがある。

フィードバック コミュニケーションにおける反応を指す。交信モデルにおいては、メッセージの意味内容や伝達意図に対する内省・吟味という意味合いが強い。一方、対人コミュニケーションや異文化間コミュニケーションの研究では、ある状況に対する感情や態度を表す言語・非言語表現を意味する。後者の場合、フィードバックの様相が当該コミュニケーションの意味を形作る。

繋合希求性 鯨岡峻によれば、個別的感性的コミュニケーションが行われる場では、主体はその情動領域を相手に伸長し、互いの気持ちや気分を間主観的に合意しようとする。すなわち、互いが心理的に繋がった状態を志向する。このような傾向を繋合希求性という。

132

学力論

学力とは

学力とは，後天的な学習によって獲得された能力であり，現実生活を開拓していくための価値ある能力である。

一般的には，学校教育における教科学習を通じて獲得される知的・技術的・美的・感覚的能力などを指す。

学力という用語は，教育界においては「学力検査」「学力年齢」「学力指数」などと幅広く使用される。

いま，学力観は

現在，意欲や関心・態度といった比較的主観性の強い側面，つまり態度的側面をも学力に加えるべきであるとする広岡亮蔵(ひろおかりょうぞう)らの態度主義的学力観が注目されている一方，態度主義的学力観を否定するものとして勝田守一(かつたしゅいち)らから能力主義的学力観と呼ばれるものが提言され，やはり注目されている。このように学力とは何か，学力観をどう捉えるかという問いそのものが，学力に関する研究課題となっているのが現状である。

ちなみに，能力主義的学力観の立場に立つ中内敏夫(なかうちとしお)は，学力を次の3点のように捉えている。「学問や芸術など文化の伝達というかたちで，個体から個体へわかち伝えることができるものとされている能力」「認識の能力の一種」「認識におけるかなり現実的で実際的な部門を担当している能力」(『学力とは何か』岩波新書 1983)。

さらに2000年からOECDが「生徒の国際学習到達度調査（PISA）」を実施し，国際レベルでの学力が問題とされるようになってきている。

言語経験主義と技能主義

古くから長い間，読み・書き・計算の3Rが学力の基礎・基本とされてきた。ところが，昭和22年版「学習指導要領 国語科編（試案）」によって新しい学力観が示されたのである。すなわち，「国語科学習指導の目標は，児童・生徒に対して，聞くこと，話すこと，読むこと，つづることによって，あらゆる環境におけることばのつかいかたに熟達させるような経験を与えることである」（第一章・第2節，国語科学習指導の目標）とされ，これがいわゆる言語経験主義の学力観と呼ばれるものである。これは，その後の生活を核とした単元学習やコア・カリキュラム，そして能力分析・能力表の作成への方向づけをしたものでもある。

これに対して，言語経験主義は旧教育の読み・書き・計算すら満足に教えることをしないとする教育現場からの言語経験主義批判が国分一太郎(こくぶんいちたろう)らから起こる(『新教育と学力低下』原書房 1949)。また，国語学者

態度主義的学力観 戦後の新教育の新しい学力構造として広岡亮蔵が提言したもの。

学力を「生活現実の生きた問題に立ちむかい，問題解決のしかたを思考し，問題解決を実践していこうとする学力」(『基礎学力』)と捉え，その構造を「個別的能力」「概括的能力」「行為的態度」の3層とした。後年，右図に示すような同心円的構造を提唱したが，態度を学力に含めるという考え方は変わっていない。この学力観は，児童・生徒の生活上の意欲・関心と関わりのない体系的な知識は生きていく力にはなりにくい，意欲・関心に支えられた力こそ真に生きてはたらく力であるという点から支持される。

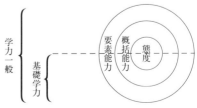

の時枝誠記も，独自の学習指導要領試案を作成し，実践的訓練主義の立場から言語経験主義を厳しく批判したのである。

当時の学力論は，新教育における真の学力とは何かを明確にしようとする方向にあったのだが，国分や時枝の批判が読み・書き・計算という基礎学力の低下に対する危機感をあおり，国語学力観は技能主義の方向へと傾いて行くのである。この技能主義は，昭和33年版「小学校学習指導要領」によって明文化される。すなわち，「日常生活に必要な国語の能力を養い……」（目標1），「聞き話し読み書く能力をいっそう確実にするために……」（目標4）とされたのである。

態度主義的学力観と能力主義的学力観

戦後，新教育における学力観を模索する中で，生活態度も学力と考えるべきではないかと提言したのが青木誠四郎（前掲『新教育と学力低下』）である。この流れを受けて，しかも技能主義を超えるものとして注目を集めたのが，広岡亮蔵の学力観，すなわち態度主義的学力観である。また，態度主義的学力観を否定し，学力は客観性の強い知識・技能の能力に限るとする新たな学力観を提言したのが勝田守一であり，能力主義的学力観である。

学力論の課題

態度主義的学力観と能力主義的学力観のどちらを支持し，あるいは否定するかという問題よりも，それぞれを厳しく批判しながらもいかに止揚して行くかという問題こそ今後の学力論の課題であろう。それは，最近の評価研究が計測可能な知識・技能面の到達目標を認知的領域として設定するとともに，意欲や関心・態度といったものの到達目標を情意領域として設定していることからも明らかである。

平成14年度から実施された小学校児童指導要録では，観点別学習状況評価として，「国語への関心・意欲・態度」「話す・聞く能力」「書く能力」「読む能力」「言語についての知識・理解・技能」の5観点が示された。これらの観点について，平成28年の中央教育審議会の「答申」では，各教科を通じて，「知識・技能」「思考・判断・表現」「主体的に取り組む態度」の3観点に整理することが示されている。情意領域の学力の形成と評価については，引き続き重要な課題である。
（大熊　徹）

〈参考文献〉
広岡亮蔵『基礎学力』金子書房 1953。『現代学力大系1　学力と基礎学力』明治図書 1958。『現代学力大系2　国語の学力』明治図書 1958。中内敏夫『学力と評価の理論』国土社 1971。坂元忠芳『子どもの能力と学力』青木書店 1976。講座『日本の学力』日本標準 1979。田近洵一「国語学力論の構想」（国語科教育研究1『国語学力論と実践の課題』明治図書 1983）。井上尚美『国語の授業方法論』一光社 1983。中内敏夫『学力とは何か』岩波新書 1983。

能力主義的学力観　勝田守一が，雑誌『教育』誌上シンポジウム「学力とはなにか」（1962年7月）において提言した学力観。

「子どもの学習の効果が計測可能なような手続きを用意できる範囲まで学力を規定しよう」としたもの。これは，従来の態度主義的学力観は行動として明確に捉えることのできないものであって，それがために学習内容をあいまいなものにし，授業をわかりにくくし，学力格差とそこから生じる選別・差別を助長させてしまったという批判に立つものである。

この学力観は，「学力を子どもの生来の個性や知能といったものに帰着させるような主観主義的な教育観を全面的に否定し，教育における不可知論を封じこめた」「すべての子どもに国民的教養としての学力を保障し，わかる授業を実践する上できわめて重要な立場」（田近洵一「国語学力論の構想」）といった意味で支持される。

133

目標論

目標論が目ざすもの

　国語教育が「言語の教育」だとする考えは今や一般に理解を得ているが，それは私たちが「言語を通して言語を学び，言語について学んでいる」ということである。更に，言語が単なる道具だけではなく，言語活動を通して認識や思考など人間の成長そのものに関わることが目標にはあげられる。

　戦後の国語教育が抱えてきた目標論の問題の最大の争点は，「言語能力」と「人間形成」の目標二元論である。戦後，民主主義教育を担った国語教育は，言語活動主義から言語能力主義へと変化していく中で，言語機能主義として「言語活動と人間生活の相互関係を機能的に考察する言語観」（森山重雄，1967）と受け入れられてきた。内容的価値による人間形成論は，教材を通して学習者に培うべきものとして今日に至るまで「価値目標」などとして表されることが多い。昭和50年代以降においては，田近洵一のように，言語活動主体の育成という学習主体に焦点を当てての考察も盛られるようになる。そこでは「言語に関する知識・理解」と「言語行動力」としてとらえられ，「ことば」の動的な目標論は二元論を克服する新しい見方を生み出したといえる。昭和60年代には再び国語科の目指すべきは「認識力」か「言語技能の習得」かといった論議が復活することになる。

　学習者の「認識」や「思考」そして活動としての「経験」などを目標にどのように位置づけていくのかは，未だに解決をみていない課題となっている。

　近年の認知科学，認知心理学の教科教育への適用は単に技能か認識力かという議論を超えて，社会的相互作用による学びの展開という新しい視点から，協同性における目標のあり方という新しい課題も提示している。

目標論の位置づけ

　望月善次はK.ビューラーのモデルを基にしながら「教授主体，学習主体，教授・学習材，目標」の四つの観点から，「目標は他の三つの要素を繋ぐ中核的要素である」と述べている。このことは目標が教育における最も重要な位置づけをもちあわせていることを意味している。さらにこの四つはいずれに焦点を当てたとしても，他の要素とともに存在していることも望月は指摘している。

　しかし，目標を考える時に，教授主体である教師の役割をどのように捉えるかによって，その表し方も変わってきている。

　教授主体の役割を中心に捉えると，「指導目標」と表記され，学習主体中心に考えると「学習目標」と表記されるものが多い。

目標論における重要な足跡

〈波多野完治「国語教育の目標」『コトバの科学7』1958（昭和33）年〉

　戦後の国語教育が言語の伝達的な側面を重視してきたことを指摘し，ソビエトの第二信号系理論を基にし，言語と思考の関係を考察し，目標に思考や認識を位置づけようとした点において戦後の言語経験主義を乗り越えようとしたものであった。

〈輿水実「国語科の教育目標の統一認識」『国語教育の近代化』146号，1974（昭和49）年〉

　昭和33年版までの学習指導要領が，言語機能を重視し，技能に偏ったという捉えから，価値目標と技能目標を統一的に把握する必要性を述べている。二元論を克服しようとした点において意味を見いだすことができる。しかし，価値目標を教材文の中に設定しようとした点において教材重視の傾向は否めない。

目標と評価，評価規準

　目標の裏返しは評価といえる。今日の評価は「指導と評価の一体化」と2002年度から実施され

教える側にとって何を教えるのかという内容，事項などが明確であると前者，学習者がどのような能力を身につけることができるようにするかという視点からだと後者のように位置づけているようである。このことは，目標論というよりも教育観や学習観が反映されていることが大きいといえる。

学習指導要領における目標

目標論を論じるときに，学校現場においては「学習指導要領」を単なる法的根拠があるというだけではなく，系統性や内容を，そして言語活動例を示している点などから大きな目標設定の基準性として活用していることは否定できない事実となっている。

平成29年3月告示の新学習指導要領は，平成20年の学習指導要領が理念とした「生きる力」をはぐくむことを引き継ぎつつも，未来を切り拓くための資質・能力を育成するためにその能力を社会と共有，連携していく「社会に拓かれた教育課程」を重視している。そのために「何ができるようになるか」を明確化し，「知識及び技能」「思考力，判断力，表現力等」「学びに向かう力，人間性等」の三つの柱で全教科を構成するようになっている。

国語科においては，教科目標を「言葉による見方・考え方を働かせ，言語活動を通して国語で正確に理解し適切に表現する資質・能力の育成」を目ざし，⑴から⑶までを上記の3つの柱で構成するように改善さ

れている。内容構成も3領域，1事項であったものが，「知識及び技能」及び「思考力，判断力，表現力等」に構成し直され，「知識及び技能」では「言語の特徴や使い方に関する事項」と「情報の扱い方に関する事項」が新設された。こうした目標や内容構成の変更は評価規準設定にも影響することとなっている。

倉澤栄吉(くらさわえいきち)は，「学習指導要領が出発点ではない」として，指導要領に結集していった過程にどんな実践や要求が現場にあってそれをどのように吸い上げていったかを問題としている。指導要領は，その時代時代の社会的状況を映し出すように，そのウリを変えてきている。現場において「流行」が発生するのも，これに拠っていることが多い。また現場においては，拠り所がこれしか知り得ないということから，そこから出発しているのも現状である。目標は今後「ルーブリック評価」などによって具体的にその資質・能力を評価されていくことになっていく。

（藤井知弘）

〈参考文献〉
文部科学省・中央教育審議会答申『学習指導要領等の改善について』2008年1月17日。野地潤家他編『国語教育基本論文集成　第1巻』明治図書 1994。全国大学国語教育学会編『国語科教育学研究の成果と展望Ⅱ』学芸図書 2013。倉澤栄吉他編『教育学講座8巻国語教育の理論と構造』学習研究社 1979。田近洵一『言語行動主体の形成』新光閣書店 1977。

た相対評価から絶対評価への転換が基となっている。絶対評価は「目標に準拠した評価」とも言われ，「テストや観察などの解釈規準を直接に教育目標の達成度そのものにおいている評価・解釈法」と定義できる。学習者の状況を具体的に見取り，その目標に到達しているかどうかを判断することが求められてきた。

平成29年版学習指導要領の目ざす方向から評価のあり方も大きく変わろうとしている。従来の評価規準の観点であった五つの観点は，「知識及び

技能」「思考力，判断力，表現力等」そして各学校などにおいてその名称は異なるが「学びに向かう力」として「国語への関心・意欲・態度」面を評価する3観点が設定されることになる。

評価の方法も「学びの質」を測る為に，ポートフォリオ評価やルーブリック評価，パフォーマンス評価など多様な評価を通して個人内過程評価が具体的に把握できるようなものへと変わっていく方向へと進んでいる。

134

教育課程

教育課程とは
　教育課程とは、「学校教育の目的や目標を達成するために、教育の内容を児童の心身の発達に応じ、授業時数との関連において総合的に組織した各学校の教育計画である」(「小学校学習指導要領(平成29年告示)解説　総則編」)とされている。

教育課程の編成
　公の性格を持つ学校教育を組織的、継続的に実施するためには、国が定める学校教育の目的や目標ならびに教育課程の基準に従いながら、各学校が創意工夫を加えて、地域や学校ならびに児童・生徒の実態に即した教育課程を編成する必要がある。

　学習指導要領の総則(第1章－第1－1)には、教育課程を編成する原則として、教育基本法や学校教育法ならびに学習指導要領などの示すところに従うことが明記されている。そのうえで、「学校の教育活動を進めるに当たっては、各学校において(中略)創意工夫を生かした特色ある教育活動を展開する中で(中略)生徒に生きる力を育むことを目指すものとする。」とし、「基礎的・基本的な知識及び技能を確実に習得させ、これらを活用して課題を解決するために必要な思考力、判断力、表現力等を育むとともに、主体的に学習に取り組む態度を養い、個性を生かし多様な人々との協働を促す教育の充実に努めること」と実現を図るべき事項を具体的に提示するなどして、教育課程を編成する場合の基本的な方針が示されている。したがって、各学校が教育課程を編成する場合には、学校の教育活動の方向性を確かめつつ、その質の向上を図っていくこと(カリキュラム・マネジメント)が求められる。

教育課程の内容
　教育課程の内容としては、学校の教育目標の設定、指導内容の組織および授業時数の配当などが基本的な要素である。

　各学校が教育目標を設定する場合には、学校教育の目的や目標が示されている教育基本法、学校教育法、学習指導要領の「第1章　総則　第1　教育課程編成の一般方針」等に基づきながら、各学校や地域の実態を踏まえる必要がある。

　学校教育法施行規則には、小学校の教育課程は、国語、社会、算数、理科、生活、音楽、図画工作、家庭、体育及び外国語の各教科、特別の教科である道徳、外国語活動、総合的な学習の時間、特別活動によって編成することや、各学年における各教科、特別の教科である道徳、外国語活動および総合的な学習の時間、特別活動のそれぞれの年間の標準授業時間や各学年における年

教育基本法　日本国憲法の精神によって、昭和22年に制定された教育の根本的な法律(平成18年12月22日に改正)。教育および教育制度に関する基本的な理念や原則を定めている。内容は、前文と18条の条文から構成されている。前文では「民主的で文化的な国家を更に発展させるとともに、世界の平和と人類の福祉に貢献することを願うものとし、そのためには、教育の力にまつべきこと」などが、また、各条文では、教育の目的や理念、教育の実施に関する基本などが示されている。

カリキュラム　一般に「教育課程」と訳される。語源は、「競争路」を意味するラテン語。カリキュラムの捉え方については、カリキュラム研究の立場によって異なる。例えば、アメリカの経験主義の立場からは、「カリキュラムとは、教育目標を達成するために学校において用意される経験の総体である」とする。近年は、学習者中心ならびに潜在的カリキュラムなど、従前より広くカリキュラムを捉えるようになってきている。

間の標準総授業時数などが定められている。

教科の構造

各教科の構造については，各教科の目標，各学年および各領域の目標および内容，指導計画の作成と内容の取り扱いから構成されている。各教科の目標には，当該教科が，小学校6年間，中学校3年間で育成すべき資質・能力が端的に示されている。また，各学年および各領域の目標および内容については指導事項として具体的に示されている。

指導計画の作成と内容の取り扱いについては，各学校が教科の年間指導計画を作成する場合に配慮すべきことや，教材や内容を取り扱う場合に留意すべきことが学習指導要領に示されている。国語科の構造については，平成29年告示の学習指導要領において，教科の目標及び内容としての〔知識及び技能〕〔思考力，判断力，表現力等〕から構成されている。更に，これらの目標・内容を具現化するための教材・題材，さまざまな学習活動を含めて，国語科の構造を考える必要がある。

学習指導要領

学習指導要領は，学校教育について一定の水準を保つために，法令に基づいて国が定めた教育課程の基準である。学校教育法施行規則では，教育課程の基準として，学校教育法施行規則のほかに，教育課程の基準として文部科学大臣が別に示す学習指導要領によらなければならないことを定めている。したがって，各学校は，教育課程の編成および実施に当たっては，これらの法令等に基づいて行う必要がある。

学習指導要領は，第1章で，「総則」として学校の教育課程全般に係る事項について規定している。教育課程編成の一般方針や必修教科，特別の教科である道徳，外国語活動，総合的な学習の時間，特別活動の内容等や授業時数などの取り扱い，指導計画の作成等に当たって配慮すべき事項が，また第2章以下では，各教科，道徳，外国語活動，総合的な学習の時間，特別活動の目標や内容，指導計画の作成と内容の取り扱いなどが規定されている。

コース・オブ・スタディ

教育課程の基準となる教育内容を示したものである。「教育課程」「カリキュラム」と同義に用いられる。わが国では戦後，コース・オブ・スタディを「学習指導要領」と翻訳して導入した。その一つは，アメリカのヴァージニア州のコース・オブ・スタディをモデルとして作成した昭和22年の「学習指導要領・一般編（試案）」である。また，26年にはカリフォルニア州のコース・オブ・スタディを基に，「学習指導要領・一般編（試案）」を作成した。

その結果として，ジョン・デューイの経験主義・生活主義の教育思想の影響を受け，児童・生徒の生活経験だけを重視する「単元学習」が広く展開された。　　（相澤秀夫）

カリキュラム・マネジメント　学校運営において，さまざまな教育活動を，教育課程をよりどころとしつつ組織的かつ計画的に実施し，その質の向上につなげていくことである。各学校が務めることは次の三点である。①児童や学校，地域の実態を適切に把握し，教育の目的や目標の実現に必要な教育の内容等を教科等横断的な視点で組み立てていくこと。②教育課程の実施状況を評価してその改善を図ること。③教育課程の実施に必要な人的または物的な体制を確保しつつその改善を図ること。

クロス・カリキュラム　教科・道徳・特別活動をテーマや内容によって統合する学習活動。目標や題材，内容・学習方法などの観点から相互の関連を図る。わが国では，「総合的な学習の時間」の導入に伴って，クロス・カリキュラムによる学習活動が試みられるようになった。クロス・カリキュラムに基づく学習活動を展開する場合には，まず各教科や道徳，特別活動の特質や特性を明らかにすることが求められる。そのうえで，関連・統合を図る必要がある。

135

単元論

単元とは

「単元」という言葉は，ヘルバルトの弟子チラーが『一般教育学講義』(1876)の中で使ったのが最初であるといわれている。チラーは，分析・総合・連合・系統・方法という5段階の教授法において，その各段階に適用される教材の系列を「単元」(Einheit)と呼んだ。この考え方は，英・米などにも影響を与え，日本にも明治の20年代以降に，谷本富などによって紹介されている。

アメリカでは，デューイ，キルパトリック，モリソンなどによって，さまざまな単元が展開されることになった。デューイやキルパトリックは，教材のまとまりよりも経験のまとまりを重要視し，プロジェクト法や作業単元（unit of work）を考えた。モリソンは，むしろ教材の系統性を重要視し，ヘルバルト派の考え方に近い。

大正期以降も，アメリカの単元が紹介されているが，特に戦後，デューイやキルパトリック系統の単元学習がアメリカの影響のもとに取り入れられた。それは，社会生活上の問題を中心とするコア・カリキュラム*であった。教科主義を排するもので，生活の問題を中心（コア）に据えた学習である。昭和20年代において，コア・カリキュラムや各教科での単元学習が実践されたが，系統主義や能力主義からの批判によって急速に下火になった。

その後，単元学習の価値が見直されつつあるが，その場合の単元は，「教材と児童・生徒の経験や活動の両者をともに融合させたまとまりをもった学習活動」といってよいであろう。昭和52年および平成元年，10年，20年，29年に改訂された「小学校学習指導要領」では，小学校において，「合科的な指導*」ができるように，総則に述べられている。

単元の類型

単元は教科を超えたものであるとする考え方もあり，「合科」「総合的な学習」，さらに平成29年改訂の学習指導要領における「教科等横断的な視点」は，教科を超えたカリキュラム論である。

単元を二つに大別すれば，教材単元と経験単元*に分けられる。国語科について考えるならば，次のように単元を分類できるであろう。

①練習単元
②教材単元
③生活単元（含トピック単元，課題単元）

国語科では，聞く・話す・読む・書く，あるいは表現と理解の言語活動における技能の習得が無視できない。したがって，そ

コア・カリキュラム カリキュラム改造運動とも結びついており，教科を前提にしないで，社会生活に必要な資質を養うべき問題を中心に据えていくカリキュラムの考え方。中心カリキュラムと周辺カリキュラムとに分け，中心を社会生活に必要な経験を組織した経験単元として，そのまわりに教科カリキュラムを位置づけようとする考え方。

戦後の日本に影響を与えた考えは，アメリカのヴァージニア・プランといわれているもので，それがコア・カリキュラムによるものであった。日本において，コア・カリキュラム連盟も組織され，研究や実践が行われたが，コアとして組織すべき内容が多様で多岐にわたり，しかも総合的であるため，系統性が不明確で，十分な成果を上げる以前に下火となった。

合科的な指導 教科の枠を固定化しないで，教科を幾つかにまたがって統合化・総合化して指導すること。総合学習もその一つである。歴史的には，1920年前後から木下竹次によって奈良女高師の附属小において行われている。平成20年に改訂され

れらの技能の習得を直接に目ざした練習単元が考えられるであろう。しかし、国語科の単元は、技能練習に重点をおいた練習単元が必ずしも中心というわけではない。

教材単元は、教材の価値体系に中心をおく単元である。どちらかといえば、教師中心の単元展開になる。児童・生徒の興味・関心よりも、児童・生徒に求められる必要に重点をおいた単元である。この代表例は教科書の単元であり、ときには教材としてとられた作品名が単元名になっていることもある。最近では、特に中学校・高等学校の教科書では、「課」とは違って、大きな単元で構成されており、その中に複数の教材が位置づけられている場合が多い。その場合の単元名は、例えば、「文章の味わい」「古典に親しむ」「言葉と社会」などで、単元名からするとトピック(話題)や課題的なものとなっているが、教材はまとまった文章や作品を中心にして構成されており、教材単元と考えてよいであろう。

第二の型は経験単元であるが、国語科での単元は、戦後20年代に行われたコア・カリキュラムなどにみられる経験単元とは異なるものを考えたほうがよいであろう。ここでは、生活単元と考え、その生活も、社会生活一般ではなく、児童・生徒の言語生活に基盤を置くものである。教師中心ではなく、児童・生徒の興味・関心を尊重した児童中心の単元である。既成の教材を前提にしないで、児童・生徒の実態から多様な教材や資料を用意し、単元が組織されていく。学習者は、教師の解説を聞く受け身的な立場ではなく、作業や活動に能動的に取り組み、課題を解決していく方向をとる。

「生活単元」としてまとめた第三の類型は、きわめて多様で、課題単元、問題解決単元、トピック単元(話題単元)、作業単元などを含めた類である。

②の教材単元と③の生活単元を、二者択一的に考えるのではなくして、教材単元にあっても、児童・生徒の言語生活に根をおろしていくような方向で考えられなければならないし、また、生活単元にしても、目標を見失うことなく、文化への志向を目ざしていなければならないであろう。いずれの場合も、豊かな言語活動や言語生活が組織されていくことが必要であり、②と③は相補的関係にある。

②と③は比較的大きな単元であるが、①は②・③に比べれば小さな単元となろう。練習単元といっても、練習のための練習単元になってしまってはならない。これからの国語科の単元としては、①~③に類型化した単元を相補的に構造的に捉えていかなければならないであろう。　　(桑原　隆)

〈参考文献〉
倉澤栄吉他編『単元学習の進め方』(小学校国語科教育5)教育出版 1982。日本国語教育学会編『国語単元学習の新展開』(全7巻)東洋館出版社 1992。

た学習指導要領(小学校)では、総則の第4の1の(1)および(4)で次のように述べられている。
(1)各教科等及び各学年相互間の関連を図り、系統的、発展的な指導ができるようにすること。
(4)児童の実態等を考慮し、指導の効果を高めるため、合科的・関連的な指導を進めること。

経験単元　もともと経験単元の「経験」は、言語経験をいうのではなく、児童・生徒の社会生活上の経験である。その経験を組織化し中心に据えようとしたのがコア・カリキュラムである。したがって、教科を超えた経験単元であって、その場合の「経験」を同じ次元で国語科にあてはめていくことは適当ではないであろう。国語科の単元を考えるとすれば、言語生活や言語活動を考えていくことになるであろう。そこから、どのような豊かで質の高い言語経験を、明確な目標のもとにどのように組織していったらよいかが考えられていかなくてはならない。

136

文学教育論

文学教育とは

　文字によって表現された芸術作品である詩・短歌・俳句・随筆・小説・物語・戯曲などのもつ教育的機能を教育の現場に生かそうとする試みが文学教育である。具体的には，学習者に文学体験を意図的にさせ，表現や内容の価値を通して言葉の力を高め，豊かな人間形成を目ざす営みである。外国では，言語芸術としての文学教育を独立させて考えるところもあるが，日本では国語科の中に位置づけられている。

文学教育の歴史

　西尾実によると，「国語教育史上，文学教育が興隆したのは，大正初年から昭和初年にわたる20年余りの期間で，大正10年頃がその絶頂であった」(「文学教育の問題点」1952)という。それは，日本の近代文学がさまざまな形で分化と成熟の過程をたどる時期と重なっていた。

　明治初年に始まる近代教育としての「国語」の教育内容は，当初，語句の注釈と文法指導が中心であって，素材として文学作品を用いても，そこに文学を求めようという考えはまったくなく，形式的な面や実用的な面が重視された。語学主義から出発した近代国語教育が文学主義へと転換するのは，坪内雄蔵編の尋常小学校・高等小学校用の二種の『国語読本』(冨山房　1900)および『中学新読本』(明治図書　1908)刊行以後のことであり，ここに日本の近代文学が，国語教育とより確かな結合を見せるようになる。しかし，文学と教育との実質的な接点は，そうやすやすと見いだせるものではなかった。戦前の文学教育期には，それが道徳教育や文学研究教育となることが多く，何かと批判されねばならぬ面をもっていた。戦後の文学教育は，その克服を目ざして再出発した。時代の危機感を背景に，多くの良心的教師が文学教育に打ち込み，さまざまな指導過程論が生まれた。問題意識喚起の文学教育*，状況認識の文学教育*，十人十色の文学教育*，関係認識・変革の文学教育*が説かれ，現場に大きな影響を与えた。鑑賞の回復を軸とした三読法，その批判から生まれた一読総合法，読者論もあり，文学教育の方法の模索は，戦後の国語教育の大きな収穫の一つともなった。

言語教育と文学教育

　国語科の教育は言語能力養成のためのものか，それとも文学教育などの内容を含むものかの問いかけは，常に古くて新しい問題である。戦後いち早く西尾実と時枝誠記との間で交わされ，戦後国語教育史上特筆される論争もこのこととかかわっていた。いわゆる西尾・時枝論争*は，国語教育の対的に評価することになる。

問題意識喚起の文学教育　1953年6月の日本文学協会大会で報告された荒木繁の「民族教育としての古典教育—『万葉集』を中心として—」(「日本文学」1953.11)に対し，西尾実が命名したもの。荒木は敗戦後の米軍占領下という状況の中で，民族遺産の継承を目ざし，憶良や防人の歌を高校生に読ませ，彼らの生活上の問題と結びつけたのであった。この報告は大きな反響を呼び，西尾実は「鑑賞の中から生徒が生活問題を喚起したことは文学の教育機能の一つを開花させた」として積極

状況認識の文学教育　大河原忠蔵の文学教育論。文学作品によって学習者の現実認識の仕方を変えさせようとする指導方法であり，1960年代の教育現場の課題と鋭く切り結ぶものがあった。

十人十色の文学教育　太田正夫の文学教育論。学習者個々の主体的真実と形象との結びつきを教室全体のものとし，個々の想像力を解放させようとするもの。文学教育に必然的に伴う多様な鑑賞を配慮したところに特色がある。

象としての言語や文学をどうとらえるのか，両者の関係はどうあるべきなのか，更には言語活動の教育にあって文学教育をどう位置づけるのか等々，さまざまな問題提起が含まれていた。それはまた，明治期の国語教育このかたずっと課題となっていた「国語科は形式教科なのか内容教科なのか」といった問題とも関わるものであった。

1976年に丸谷才一と田近洵一との間に交わされた言葉の教育をめぐる論争にも同様の指摘が可能である。ここで大事なのは，「言語教育か文学教育か」という二者択一のものとして問題が存在するのではないということだ。言語教育と文学教育は，もともと対立するものではなく，国語教育は本来これらを含めての統一体としての言語の意味構造と，そのはたらきとを理解することなのである。

文学教育の目標
　文学教育の目標は何か。いま，それを次の三つにしぼって考えてみたい。
①文学言語の教育
　竹内芳郎は『言語・その解体と創造』(1972)で，日常言語から第二次言語的性格をもつ文学言語と論理言語を峻別するという仮説を立て，文学言語独自のありように目をとめている。大久保忠利は竹内論に影響を受けつつ，文学教育では文学言語の特殊性を教師が意識して授業すべきことを説く(『日本文学』1978．2)。学習者一人一人の作品鑑賞（理解）や創作・作文（表現）に文学言語を意識させることは，文学教育の重要な柱である。
②虚構を読み取る力の養成
　虚構は芸術上の一技法であり，文学の教育的機能も一にこの点にかかっている。優れた作品（詩・小説・戯曲など）における虚構とは，イメージの自由な展開によって個々の事実を乗り越え，真実を表現する。リアリズムであれ，ファンタジーであれ，そこに意味づけられた世界は，科学的認識とは異なった次元で，人間のありようを追求している。文学教育では，そうした虚構を読み取る力を養成するのである。
③批評意識の育成
　学習者が文学作品を正しく批評できることは，人生の問題をも正しく批評できることにつながる。既に波多野完治や荒木繁によって，批評意識の育成を文学教育の中核に置くべきであるとの提言もされている。文学の授業は，批評という作業が加わることによって，より緊張感をもたらし，豊かな実りを約束する。　　　　（関口安義）

〈参考文献〉
飛田多喜雄『国語教育方法論史』明治図書 1965。『西尾実国語教育全集』第8巻　教育出版 1976。浜本純逸『戦後文学教育方法論史』明治図書 1978。関口安義『国語教育と読者論』明治図書 1986。田近洵一『創造の〈読み〉』東洋館出版社 1996。

関係認識・変革の文学教育　西郷竹彦の文学教育論。国民教育の立場から，文学作品を表現を通して読み取らせ，物事の本質的な関係をしっかりと把握させようとする試みである。

西尾・時枝論争　論争の直接のきっかけは，1949年9月23日に東京都立第一女子高校（現・白鷗高校）の講堂で行われた第2回全日本国語教育協議会での質疑にあった。当日，講師として招かれていた西尾実と時枝誠記は，国語教育は言語教育なのか，文学教育も伴うものなのかという会場からの質問に答えるという形で，それぞれ自説を主張した。

　時枝は「文学教育をば言語教育と区別しないで考える」といい，西尾は「文学教育を言語教育から独立したものとして考える」といい，対立した見解を示した。以後，1955年あたりまで二人は互いに論敵を意識して自説を豊かに展開し，戦後の国語教育に大きな影響を与えることとなる。現在に至る国語教育の歴史の上で，きわめて重要な論争として位置づけられる。

137

作文教育論

　明治以降の作文・綴り方教育史をたどってくると、作文教育論として、今日なお探究すべき問題を幾つも取り出せる。

模倣と創造

　模倣といえば、明治期に盛んに行われた形式的な範文模倣主義の作文教育がひきあいに出され、そのことだけで、今日、一蹴されている感がある。個性や年齢や経験などを無視した、実感を伴わない型はめの作文教育が否定されるのはわかる。が、〈模倣から創造へ〉〈守・破・離〉は、依然として作文教育上の基本問題である。

　「赤い鳥」綴り方も生活綴り方も、この模倣と創造との関係からいえば、創造の方向に力点が置かれていたとみられる。今日の〈関連指導〉や視写・聴写・暗写・暗唱などが、あらためて〈模倣から創造へ〉の基本問題を追究する機会を与えているといえる。

自由と課題

　芦田恵之助と友納友次郎の論争などを経て、児童・生徒の主体性、創造性を重視した作文教育論は、しだいに確立していく。が、その間、児童・生徒が自由に（随意に）文章を書くことについて、指導者の持つべき"隠れたカリキュラム"不在の書かせっぱなしの風潮も生んだ。

　今日、教育課程・年間計画等を全く考えずに作文教育を行うことはありえないと思うが、それでも、作文指導のレベルにおりてきて、実際に児童・生徒に書かせる段になると、児童・生徒から「書くことがない」「何を書けばよいかわからない」という声があがる。

文芸主義と実用主義

　ここでいう〈文芸主義〉とは、文芸的なものへの志向のことであり、そういう傾きや好みのことである。国語の教師（作文の教師）は、多く、文芸の教師でもあった。その国語の教師の文章観が、児童・生徒の作文の見方に及ぶと、〈うまいかへたか〉の評価観になって現れる。

　一方、実社会の要求は、例えば、〈せめて手紙の一つもきちんと書けるように〉であり、その評価観も、個性は必要とせず、〈誤字・脱字等がなく、伝えるべきことが読み手にわかるように書かれていればそれでよい〉というあたりにある。

　作文教育の目標観と文章観とをしっかりより合わせておかないと、文芸主義と実用主義とのはざまにあって、右に左に揺り動かされ、二筋道にほぐされてしまう。

内容と技術

　〈書くことの技術は少々まずくても、書く内容がしっかりしていさえすれば、文章

作文教育論のいろいろ

　明治時代の学制公布以来、今日までの作文教育の理論と実践をたどっていくと、幾つかの系統を見いだすことができる。
　①日用文・実用文系統（往来物系統）
　②範文模倣系統（漢文学系統）
　③論理主義的言語教育系統
　④自己（自我）表現系統
　⑤生活文系統
　⑥文芸的表現系統
　⑦説明的表現系統
　⑧通じ合い・伝え合い表現系統
　⑨想像表現系統
　⑩言葉遊び・パロディ・コピー系統
　この系統という捉え方は、野地潤家編『作文・綴り方教育史資料　上』（桜楓社 1971）によった。そこでは①〜③の名づけがあり、④以下はそれに倣ったものである。
　③は、「小学校教則綱領」（1881）の中にある「假名ニテ単語、短句等ヲ綴ラシムルヲ初トシ稍進テ

は書ける〉というのに対して，〈書く題材はあっても，書き方がわかっていなくては文章は書けない〉という言い方もなされる。書く題材もあり，内容もしっかりしていて，かつ書き方もわかっていれば，それにこしたことはない。

　書く題材・内容についていえば，それは，当初から〈書く題材・内容〉としてあるのではなくて，いわば〈原題材〉といった形で存在する。その原題材が書く題材となるためには，精神のはたらきが必要である。その精神のはたらきが，とりもなおさず，ものの見方・感じ方・考え方（ときには，思い出し方）の実演（＝認識活動）であり，それは，構想から記述へかけて生動し，記述後，一つの定着へ向かう性質のものである。

　この題材と精神のはたらきとが融合し，生動する状態のものを，〈想〉と呼ぶことにする。この〈想〉は，文章を書く活動以外の学習場面でも絶えず鍛えられていく必要がある。

　技術といえば，書き方ということになるが，まずは，〈想〉を形成する技術を，児童・生徒のものにしなくてはならない。

　〈想〉の根底を支えてきたのは，作文教育史上，リアリズムと呼ばれた精神であり，技術の中核を占めてきたのは，これも作文教育史上，文章表現過程論およびコンポジション理論とみることができる。

学校教育と作文教育

　〈生活教育のための作文教育〉という考えと，〈作文教育のための生活教育〉という考えとがあった。どちらが主であり従であり，どちらが目的であり手段であるかという問題である。芦田恵之助以後の生活文の伝統によって，この両者には深いつながりがあるために，比重のかけ方が人によって違うと思われる。ただ，生活教育が作文活動を伴わなくても進めていけるのに対して，作文教育が作文活動なくしては成立しない点は，はっきりしている。それでも区別がつきにくくなるのは，作文活動を中核に据えた生活教育と，表現技術指導を問題にしない作文教育とである。

　さて，いま一つ，〈学校教育全体の中での書くことの教育〉と，〈国語科教育の中での作文教育〉との問題がある。どちらかに偏り過ぎても，作文教育が一種特別なものとなる。時として話題になるのは，学習活動の欠落した行事作文，読書感想文，コンクール作文等である。また，今日ではもう，文芸主義の文章観のみというのはないと思うが，作文といえば生活文と思い込んでいく世界などである。今日，作文教育は，書くことの教育という広い視野に立って考えていく必要がある。　　　　　（中洌正堯）

〈参考文献〉
大内善一『作文授業づくりの到達点と課題』東京書籍　1996。

ハ近易ノ漢字ヲ交ヘ次ニ簡短ノ假名交リ文ヲ作ラシメ」の順序性に注目したものである。この系統は，その後，言語学習上の難易の考察，文卓表現過程の分析，1958年以降に登場するコンポジション理論などによって深められていく。

　⑥は，鈴木三重吉の「赤い鳥」（1918年創刊）の綴り方を嚆矢とする。⑦は，その出発点を，生活綴方運動の「調べる（た）綴方」に求めることができる。生活綴方は，1960年代，「表現各過程に即する指導」と「表現諸形体に応ずる指導」の

いわゆる定式化を行った。ここには，③～⑦の系統が複合されている。⑧の「通じ合い」は，西尾実の立言があり，倉澤栄吉のコミュニケーション作文の提唱がある。現下の「伝え合い」にその発展が期待されている。⑨の系統は，組織的な展開にはなっていないが，作文教育史上に，点のような存在として持続している。そして，近年は，⑩の系統の実践の増加傾向が認められる。
〈参照〉『国語科系教科のカリキュラムの改善に関する研究』（国立教育政策研究所　2002）

138

演劇教育論

演劇教育論とは

　演劇は，視覚的，聴覚的，時間的，空間的な表現形態を持ち，絵画，彫刻，建築，音楽，舞踊，文学など全ての芸術の要素を含んでいる。その多様な性格と，それをつくる集団的な活動や観賞の中に教育的意義と機能を見いだそうとするものである。
　このような演劇教育運動*は，既に1900年代初頭，坪内逍遥（1859〜1935）や成城小学校の澤柳政太郎（1865〜1927）らによって推進されていたが，第二次世界大戦後，経験主義教育導入の機運などとあいまって全国的な高まりをみせてきた。
　その場合，芸術面に重きをおくか，教育面に重きをおくかによって論の分かれるところであり，それが，方法として教科外活動に位置させるべきか，教科教育としてカリキュラムに組み込むべきかの論議となっている。

芸術性に重点をおく立場

　演劇のもつ総合的な芸術性と，人間の形成，人間の創造を究極の目的とする教育とに共通性を見いだし，演劇活動そのものに教育的意義を認めようとするものである。
　しかし，児童・生徒の実態に応じて教師が教育的配慮を加える点が，専門的な劇団などと異なっている。演劇を「全人教育を目標とする教科」という観点で捉えようとしているといってよい。
　その場合，「教育的配慮」の比重によって，結果より作られる過程を重視しようという意見と，演劇であるからには観客とともに成立するのであって，表現の結果を軽視することは許されないという意見とがあり，演劇教育の歴史の中で繰り返し論争が続けられている。

教育方法的に捉える立場

　演劇のもつ総合的な性格を活用して教育活動，学習活動を行おうとするものである。これは，各教科や，児童・生徒の生活指導等との関連を具体化し，直接的な教育効果を求めることに重点をおく。一般的には，①自己の経験を通しての生きた学習，②共同作業による社会性，協調性の育成，③創造力，学習意欲の向上，④人生や社会に対する批判力，適応力の育成，⑤演劇観賞態度，鑑賞能力の育成などを目標としている。
　1928年，成城小学校内海繁太郎によって提唱され，現在，多くの実践者によって試みられている特設単元によるカリキュラム構成方式では，各教科との関連を次のように位置づけようとしている。
〈国語〉脚本創作・演出，〈社会〉時代考証・社会背景，〈数学〉調査統計，〈理科〉舞台照明・音響効果，〈音楽〉作曲・演奏，〈美

演劇教育運動　18世紀末，フランスのシャンリース夫人が子どもたちの情操教育として取り上げたのが始まりで，19世紀から20世紀初頭にかけて，イギリス，アメリカ等で大きく広がり，1913年には，ニューヨーク市に教育演劇連盟がつくられた。
　日本では，川上音二郎夫妻が西欧の児童演劇運動に刺激を受け，1903年，「おとぎしばい」を上演したのが児童を対象とした演劇の最初で，その後，1909年，巌谷小波らによって日曜祭日ごとに開催された「有楽子供の日」は，1921年まで12年間続いた。これらは，子どもたち自身の演劇運動ではなかったが，これが刺激となって，学校行事の中に児童・生徒による演劇を取り入れる動きが全国的に広がった。
　演劇を教育に位置づけて本格的に推進したのは，澤柳政太郎が1917年に創設した成城小学校で，小原國芳，斎田喬，内海繁太郎らが参加した。小原國芳は1919年，「学校劇」の名を初めて用い，1923年に「学校劇論」を出して教育理論を明確にした。このころ，坪内逍遥も劇芸術による教育を

術〉宣伝美術,〈体育〉舞踊,〈技術・工芸〉舞台美術,〈家庭〉衣装,〈英語〉英語劇,〈職業〉経理・経営

「学校劇」「学校演劇」「学生演劇」の違いは,小・中学校,高等学校,大学・専門学校という校種によるものではなく,むしろ教育との関わりの比重による分類と考えるほうが当を得ている。「ごっこ遊び」「劇化活動」「教室劇」などは,演劇としての完成を目ざすものでなく,教科や生活指導の方法として演劇的要素を取り入れたもので,教育方法的立場の端的な形である。

国語科教育と演劇

演劇と教育との関連を考える場合,国語科は,密接な関係にあるといえる。それは,文学作品である戯曲が演劇の基本的要素であるというだけでなく,言語活動を通して優れた文化を築こうという点で目的を同じくするからである。

「言葉による見方・考え方を働かせ,言語活動を通して,国語で正確に理解し適切に表現する資質・能力を次のとおり育成することを目指す。(以下略)」という国語教育の目標は,演劇活動そのものである。したがって,学習指導要領の〔知識及び技能〕〔思考力,判断力,表現力等〕などの内容は,全て演劇制作過程で実践される。しかも,それは,ただ文字に書かれた「言葉」としてではなく,自分の今置かれている環境や位置を踏まえ,自分と他者との関係を理解する中で表現され行動化されていくのである。

しかし,こうした項目別関連の中だけで捉えるのではなく,戯曲を読んで得た感動,あるいは自分の感動の戯曲化など,感動を形成化する活動,文字で書かれた戯曲に言葉としての生命力と社会性を育てていく劇づくりの過程と表現の活動に,国語教育としての重要な意義を見いだすべきであろう。

科学性の提唱

演劇教育の高まりとともに,その効果を科学的に追求しようとする「学校劇機能論」が提唱されている。劇のどの要素が,児童・生徒のどの部分に作用して,どのような効果を上げるのかということを,心理学や教育学の力を借りて解明していこうとするもので,西一祥は,それを,サイコドラマ*の背景となっている自発性理論に求めようとしている。

いずれにしても,演劇の一面だけを取り上げて教育的効果を求めようとすることは,その必然性を知らないままの口まね,物まねに陥る危険性がある。演劇の全体構造を把握したうえで,「何のために」「どの部分を」「どのように」するのかという,目標と内容・方法を明確にしておくことが大切であろう。　　　　　　　　(村井　守)

〈参考文献〉
小原國芳『学校劇論』イデア書店 1923。西一祥『演劇と学校』南窓社 1980。

提唱し,学校劇用の脚本を数々発表するとともに,演出や講演にと全国的な運動を行った。

1924年,当時の文部大臣岡田良平によって「学校劇禁止」の訓令が出されたが,私立である成城小学校だけがその灯を守り,やがて,それが母体となって1932年に「学校劇研究会」が発足,1938年には「日本学校劇連盟」へと発展した。

第二次世界大戦後は,経験主義教育の導入,文化活動推進の気運もあって全国的に盛んとなり,理論的にも実践的にも多くの成果を上げている。

サイコドラマ（psychodrama：心理劇）　モレノ(J. L. Moreno)によって創案された心理療法の一種。ドラマ形式で自発性を積極的に訓練することにより,孤独感,軽度の吃音等社会的な不適応,対人関係から生じる問題の治療を目ざしている。

1921年ウィーン,1926年アメリカで研究が進められ,1945年ごろから広がったが,最近は,訓練にも使用され,教育場面にも導入されるなど活用が広がっている。

139 ドラマ教育

ドラマ教育とは

「ドラマ教育 (drama education / drama in education)」は，ドラマを教育課程や授業方法の中に位置づけて教育に役立てようとする一分野である。英米圏を中心とする国々では，芸術教科の一つとして「ドラマ (Drama)」が設けられ専門の教師が置かれている例が少なくない（特に中等教育段階の場合）。また同時に，そうした国々では，ドラマをさまざまな教科や領域において学習方法として活用する取り組みも行われてきた。なお，ここでの「ドラマ」は，かつては「シアター (theatre)」と対比的に捉えられ，上演を目的としない演劇的活動をもっぱら指すこともあったが，現在では，上演目的の「シアター」も含む包括的な用語として用いられることが一般的である。

子どもの自発的な遊びの側面を重視したピーター・スレイド（Peter Slade）やドラマによる個人の全人格的発達を重視したブライアン・ウェイ（Brian Way）らとは一線を画して，1960年代以降にイギリスのドロシー・ヘスカット（Dorothy Heathcote）は，ドラマを通しての理解の深まりに目を向け，ドラマを学習の媒体として用いる取り組みを行ってきた。それを，芸術としてのドラマの自律性を損なうものとして批判するむきも存在したが，教育におけるドラマの多様な可能性をもたらした点で，ヘスカットはドラマ教育の発展に大きな足跡を残した。

日本でも，「学校劇」や「演劇教育」として同様の趣旨をもった取り組みは戦前から続けられてきたし，1970年代にはブライアン・ウェイのものなど当時の海外のドラマ教育関連の著作も翻訳出版されていた。もっとも，いわゆる現在の「ドラマ教育」の盛り上がりは，海外の専門家による来日ワークショップなどが盛んに行われるようになった2000年代以降のことである。

国語科との結びつき

国語科の中でも，「話すこと・聞くこと」は特にドラマとの結びつきが強いとされてきた領域である。ドラマ教育で主導的な役割を果たしてきたイギリスの場合も，ドラマはナショナル・カリキュラム上では教科として位置づいてはおらず（ただし中等教育修了一般資格試験の科目としては存在する），英語（国語）の「話し言葉」の領域で扱われ，例えば「幅広い役を引き受けたり作りあげたり維持したりして，役の状態にある他者に適切に反応すること」などの目標が設定されてきた。そこでの活動には，単に戯曲をもとにセリフを覚えて発表・上演するといったものだけでなく，即興的な

ドラマ教育の技法 ドラマ教育における各種の活動の型は，convention / strategy / techniqueなどと呼ばれる。以下に代表的なものを紹介する。
【静止画 (still image / tableau / freeze frame)】 ある瞬間を切り取って，個人やグループで身体を使って静止した状態で表現する。人の身体を用いて作る「立体写真」。例）物語作品の中で印象に残った場面を一連の4枚の静止画にして発表する。／登場人物が事前に想定していた場面と実際に起こった場面を対比的に2枚の静止画で表現する。

【思考の追跡 (thought tracking)】 シーンの途中で止めたり静止画での登場人物を取り上げたりして，その人物の心の中の考えを声に出して語る。例）表面上は愛想よくふるまっている登場人物の意図を思考の追跡によって浮かびあがらせる。
【ホット・シーティング (hot seating)】 役になっている人に質問を投げかけ，役の状態のままその人は質問に答える。架空のインタビュー。質問に対する答え以上に，質問を引き出す点にポイントがある。例）「走れメロス」（太宰治・作）で，自

シーンづくりをはじめ，虚構の場を活用して役になってやりとりを行うもの全般が含まれている。

ドラマ教育が「話すこと・聞くこと」の指導に与える示唆として，児童・生徒の日常とはかけ離れた状況の利用やそこでの文学作品の活用がある。しばしば，「話すこと・聞くこと」の学習では，学級でのスピーチや地域の人へのインタビューなど日常的・現実的な場面設定が用いられる。けれども，ドラマ教育では，文学作品（戯曲に限らない）がもつ虚構の世界を生み出す力を活かすなどして，現実離れした状況を「話すこと・聞くこと」の場として役立て（あらぬ疑いを掛けられ身の危険がある状況での必死の弁明など），児童・生徒の想像力の喚起や表現の幅の拡大につなげることができる。

一方，ドラマと国語科との結びつきは，本来，「話すこと・聞くこと」にとどまるものではない。ドラマの活動を通して物語の世界に入り込み自らの感覚をはたらかせてそれを経験していくことによって「読むこと」の学習に寄与したり，ドラマの活動での経験を題材にする・架空の状況で宛先と役割を設定するなどの方策によって「書くこと」の学習に寄与したりすることもできる。

ドラマの活動

ドラマ教育では，実際に身体を使って動いてみることによる理解の深まりや気づきを重視している。つまり，理解から表現へという一方通行の考え方をとらずに，表現と理解の相互循環の考え方をとる。

それを具体化し，また多くの教師にとって利用しやすくするために，ドラマ教育では，下欄にあげたようなさまざまな技法が開発されてきた。学習者は，こうした技法を組み合わせて構成された学習活動を通して，架空の世界を自分たちでつくり出すと同時に，その世界でのできごとを経験していくことになる。

ドラマの活動で教師らが多く用いてきたのが，ヘスカットが開発した，ティーチャー・イン・ロール（teacher-in-role）と呼ばれる，教師が役になって架空の状況の中に参入する技法である。それによって，シーンに緊迫状態をつくり出したり展開のスピードを落として学習者がじっくり考える時間を生み出したりすることができる。また，教師自身が架空の世界への信頼を身をもって示し，その世界へと学習者らを引き込むことにもつながる。　　　　（渡辺貴裕）

〈参考文献〉
小林由利子ら著『ドラマ教育入門』図書文化社 2010。デイヴィッド・ブース著，中川吉晴ら訳『ストーリードラマ』新評論 2006。ブライアン・ラドクリフ著，佐々木英子訳『ドラマ教育ガイドブック』新曜社 2017。渡部淳，獲得型教育研究会編『学びを変えるドラマの手法』旬報社 2010。

ら身代わりとなったセリヌンティウスに，その理由やメロスとの関係について尋ねる。

【善悪の回廊（conscience corridor / thought tunnel）】 向かい合わせで2列に並び，まん中を通る人に，対立する立場からの声をささやくことで，頭の中の葛藤状態をつくり出す。例）「ニャーゴ」（宮西達也・作）で，子ねずみたちを食うか食わないか揺れ動くねこの気持ちを，それぞれの立場から心の声をささやき合い，その間をねこ役が通って体験する。

【マイム（mime）】 セリフを使わず動きだけで表現する。例）「くじらぐも」（中川李枝子・作）で，雲のくじらに乗った子どもたちになって，雲の上を歩いたり跳んだりする。

【手紙（letters）】 役になって，架空の誰かに宛てた手紙を書いたり，それを読み上げたりする。例）「まほう使いのチョコレート・ケーキ」（マーガレット＝マーヒー・作，石井桃子・訳）で，まほう使いになって，子どもたちをパーティーに呼ぶための招待状を書く。

140

論理的思考の指導

論理的思考とは

　論理的思考の意味としては、少なくとも次の三つの用法がある。

　①形式論理学の諸規則にかなった推理のこと。(狭義)
　②筋道の通った思考。つまり、ある文章や話が論理の形式(前提－結論、または主張－理由というような段落構成、骨組み)を整えていること。
　③直観やイメージによる思考に対して、分析、総合、抽象、比較、関係づけなどの概念的思考一般のこと。(広義)

　心理学や数学教育などでは①の形式的推論という意味に限定して使われることが多いが、国語科では、②や③の意味で使われることが多い。

　日本の国語教育では「論理的思考」という語が多く用いられるのに対して、アメリカの国語教育では「批判的思考*」という語のほうが多く使われている。批判的思考には狭義の論理的思考のほか、評価なども含まれており、幅の広い概念といえる。

　また、日本では「批判」という語がしばしばマイナスのイメージを伴って使用されることが多い。そのため、「批判的思考」という語はあまり好まれない。そこで井上尚美は、「言語論理」という語を用い、「言語論理教育」を提唱している。

言語論理教育とは

　井上の主張する「言語論理教育」というのは、「情報の真偽性・妥当性・適合性を一定の基準に基づいて判断し評価できるような能力を育成すること」である。これをもっとわかりやすくいうと、言語論理教育とは、次の3点について判断できる能力を子どもにつけさせようとすることである。

　①情報の中味がホントかウソか。(真偽性)
　②考えの筋道が正しいか正しくないか。(妥当性)
　③情報がどの程度確かであるか、また、現実と照らし合わせて適当であるか。(適合性・適切性)

国語教育の中での思考指導

　子どもは毎日の生活の場でいろいろな思考をはたらかせているのであり、無自覚ではあっても、論理を使っているのである。思考指導の目ざすものは、そうした論理を顕在化させ、意識させることである。

　ピアジェによれば、文章や話の内容に束縛されずに形式的推論ができるようになるのは、小学校高学年からだという。しかし、最近の研究では、内容が子どもにとってよく知られている領域である場合には、もっと下の学年でも論理的に思考できるという。(そのことから「領域固有の知識〈domain

---

クリティカル・シンキング（批判的思考）　批判的思考というのは、1930年代のアメリカにおいて、最初は社会科で、次いで国語科で使われるようになった用語である。

　もともとcriticalという語は、ギリシャ語のcriterion（尺度・基準）に由来する言葉であり、普通、「批判」という言葉から感じ取られるような、相手をやっつけるとか揚げ足を取るということではない。物事を一定の規準から評価するということなのである。最近のメディア教育やPISAでは、この批判的思考の重要性が強調されている。

演繹と帰納　どちらも推論の一形式。演繹とは、一般的な法則や原理を個々の事例に適用したり、既知のものから一定の推論によって結論を導き出すこと。三段論法は、演繹法の代表例である。

　帰納とは、演繹とは反対に、個々の事例や経験の中から共通の要素を抜き出し、それによって一般的な命題や法則を導き出すことである。言語の研究で、個々の文法的な事実から文法則を導き出すことなどは帰納法による。

specific knowledge〉」の教育こそ重要なのだという考えも有力になってきている)。

思考力育成の方策

① まず大切なのは，論理に対する興味を子どもにもたせることである。「推論ゲーム（推論の誤り探しなど）」をやらせたり，論理に関するエピソード（シャーロック・ホームズの推論，海王星発見の話など）を話してやったりするのも一方法である。

② 論理に興味を持ってきたら，次に子ども自身が考えずにはいられなくなるような課題や場を，子どもの日常生活の中から見つけだし，提供することである。

③ 子どもが何かを主張するときには，必ずその理由や根拠を言わせる。また，他人の話や文章に対しては，「なぜ，どんな条件のときに，どんな事例があるか？」などを心の中で問いながら聴くという習慣を持たせる。その意味で「討論指導」は大変有効である。また，「一般意味論」（別項）の考えを取り入れることも有効である。

④ 教科書教材にも，認識・思考・論理に関する教材が幾つかある。例えば，類種関係（上位・下位概念）を扱った教材（トンボ→虫→動物など）や，意見を述べるときの考えの筋道を明らかにすることを目ざした教材（「事実と意見」とか「意見を効果的に，論点を決めて」など）もある。

また，コラムや学習の手引きなどを通じて，論理やレトリックの観点からも扱えるような教材もある。

ただし，作文教材では，意見を主張したり討論したりするための論理構成を考えた教材があるのに対して，読みの教材については，解説型・説明型の説明文が多く，モデルとすべき「論証型」の文章は非常に少ない。したがって，これを補うためには，新聞の投書欄の活用などの補助教材を開発することが重要である。

⑤ 教師の側では，発言（発問を含む）の際に「論理」を意識して行う。例えば，「何か例を考えるときには，その反対の例（反例）も考えてみよう」「ある言葉（の定義）が問題になったときには，その語には何が含まれ，何が含まれていないかを考えてみよう」など。

最後に，いちばん重要なことは，まず教師自身が論理を意識し，論理に興味を持つことなのである。 　　　　（井上尚美）

〈参考文献〉
野崎昭弘『詭弁論理学』中公新書 1976。木下是雄『理科系の作文技術』中公新書 1981。井上尚美『言語論理教育入門―国語科における思考―』明治図書 1989。香西秀信『反論の技術―その意義と訓練方法―』明治図書 1995。井上尚美『思考力育成への方略・メタ認知・自己学習・言語論理―』明治図書 1998。児童言語研究会編『今から始める言語論理教育』一光社 2008。

三段論法（syllogism） 伝統的論理学の祖アリストテレスによって体系づけられた論理的推論の形式。通常，「大前提－小前提－結論」という形式をとるので，この名称がつけられた。実際の議論や論証文では，しばしば大前提が省略されることがあり（こうした省略三段論法をエンテュメーマという），また，必ずしもこうした典型的な形式をとっていないことがあるので，その妥当性や真偽を吟味するときは，こうした形に並べ直して考えることが必要である。

論理語彙 児童言語研究会では，小・中学生が論理的に思考するために必要な基本語彙として，「論理語彙」を提唱している。これは，広い意味での論理関係を表す語を集めたもので，例えば，「絶対・相対，原因・結果，普遍・特殊」などの語を含み，子どもの発達段階に応じて学年ごとの配当を目ざしている（松山市造・小林喜三男編『文字・語句教育の理論と実践』一光社 1980参照）。

141

国語教師論

本項目における「論」の扱い方

「国語教師論」における「論」の実態は，混沌としている。「注記」で示している「三種の文章」で言えば，「学術的」な「論」と言えるまでにはなっていない。自伝的な「教師の心構え」から，（学術的国語科）教師教育論に至るまでのものが雑然と存在している。（もちろん，例えば，芦田恵之助，大村はま等の自伝的文章の感銘や意味の大きさを否定しようとしているのではない。）

こうした実態を切り開く一試行として，本項では「教師教育」を中心に据える探究を行うこととする。「教師教育」は，教師の就職前，就職中，就職後を包括する概念で，これによるアプローチによって，「教師論」探究は，少なからぬ発展を示して来たとしてよいであろう。

ところで，「教師論」の具体的な内容は，論者の関心によって多岐にわたることになる。これは，「国語教師論」の場合も，変わりがないとしてもよいであろう。（「国語教師」には，広く「国語」を教える者という意味と，より限定して学校教育における「国語科」を担当する教師の意味があるが，ここでは後者としたい。）

国語教師の実態

「教師論」と「国語教師論」との間に，覆うべき論点という点からは相違はないと述べたが，その実態については相違があるのも事実である。

国語教育における教師論には，「ともすれば，単なる『心掛け論』や精神論に終始する傾向にあった」（望月善次「国語科教師力量形成の定位という試み―国語科教師論の観点から―」，『月刊国語教育研究』NO.323 (1999) p.28）という否定しがたい傾向が存在していたからである。

「単なる『心掛け論』」ではなぜいけないのか。上掲論文（望月，1999 p.30）においては，現在の国語教師論が直面しなければならない以下の三つの潮流に対処できないからだとした。

①教師教育内容の明確化傾向
②指導者論から，学習者論への重点移動傾向
③より深い英知探求傾向

また，「単なる『心掛け論』」は，教員養成・研修の実態というものを無視した物言いを誘発しやすいのである。

例えば，わずかな「国語」関係の科目を履修するのみで「小学校教員」免許を授与されることになる「小学校教師」が，実際の小学校現場においては，教科全授業時間の，3分の1から4分の1時間を「国語」にかかわらねばならないことの問題点を，

三種の文章　「学」的考察に関わって三種の文章があるというのは，年来の主張である。「学術論文／評論的文章／文学的（随筆的）文章」である。「学術論文」は，学会等の「論文」に相当するもの。先行研究を網羅し（網羅できない場合はその理由を明示し），その中に自身の説を定位し，どうした点が新しいかを示すところに特徴があろう。「評論的文章」は「主張の強さが」生命線。先行研究をどの程度用いるかは，論者の恣意に任せられている。「文学的（随筆的）文章」には，先行研究等に何らの制約がない。自在であるが故に，読者の心情に深く染み入るところがある。上記本文に沿って，具体に即して述べれば，教育的文章」の多くは「学術論文」を指向しようし，「学習指導要領」は，評論的文章の一変形だとも解釈できようし，自伝などの形による回顧・回想録等は「文学的（随筆的）文章」に属することになろう。そして，肝要なことは，この三種の文章は，それぞれ固有の存在価値を有していて，そこに，価値的序列はない，ということである。

教師教育一般——日本教師教育学会の蓄積

許された誌面の関係もある。教師教育一般については,「日本教師教育学会」の充実のみをあげておこう。1991年8月30日に,400名程で発足した同学会は,現在1,200名を超える学会となっている。会員の中には,国語科教育学関係者も含まれている。現在のところ,その交流は,個人段階が主流で,相互交流は,盛んであるとは言い難いが,同学会と全国大学国語教育学会,日本国語教育学との交流の如何は,「国語教師論」の発展にも大きな影響をもつことはまちがいあるまい。

全国大学国語教育学会の取り組み

国語科教育学関係からは,国語科教育学界のオピニオンリーダーだと言ってよい,全国大学国語教育学会の蓄積について触れておこう。それによって,国語科教育学における「国語教師教論」の相当な部分をカバーできることになろうと思うからである。

全国大学国語教育学会は,ほぼ十年を単位として,学会関係の蓄積の纏めを行っている。

2002年には『国語科教育学研究の成果と展望』(明治図書)の第一集を発行した。この段階では,「教師教育」は,単独の章を形成することはできなかったが,2013年に発行した『国語科教育学研究の成果と展望Ⅱ』(学芸図書)においては,「Ⅶ 国語科教師教育に関する成果と展望」として,単一の章を形成できるまでになった。

これらの閲覧によって,「国語教師論」の多くの部分がカバーされるであろう。

[欠落点としては,「国家的レベル」の検討がある。米国秘匿資料でもある第一次資料発掘を中心とした以下等の西鋭夫研究との直面が,その論への賛否を越えて必至であるが,詳細について述べる余裕はない。

Unconditional Democracy(スタンフォード大学研究所出版 1982, 2004 paperback)。

西鋭夫『マッカーサーの「犯罪」上・下巻』(日本工業新聞社 1983), 西鋭夫『國破れてマッカーサー』(中央公論 1998, 2005文庫版)]

また,野地潤家は「個体史」という概念を提唱した。結論的な物言いになるが,これは,「教師論」の範囲を越えて,国語教育界が他分野へも輸出できる概念であり,その概要については,下記の著作等において見ることができる。

『野地潤家著作選集』(第1巻「国語教育個体史研究 原理編」,第2〜第4巻「国語教育個体史 実践編Ⅰ〜Ⅲ」)(明治図書 1998)。

『国語教育実習個体史』(渓水社 1981, 2001)

(望月善次)

学習指導要領の文体 学習指導要領は,学校教師の上にも大きな影響を与えている。なぜなら,学習指導要領が「教育行政的文書」だからである。教育行政的文書であるから,強制力をもち,この制約の中で日々の教育実践は行わざるを得ないからである。しかも,厄介な点は,ある部分では,「学術的文章」的な装いを纏っている点である。通常の学術的文章であれば,「問題設定の意図,考察の方法/問題点に関する従来の到達点/考察と該当提案の新しさの所以/今後の課題」等が明示され,賛否を越えて,検証可能な形になっている。が,「学習指導要領」の文体は,これ等の条件明示が必須条件になっていず,「検証できる形」にはなっていない。「われわれが国語教育実践理論を言うときに,学習指導要領のみから出発する必然はないのではないか。」〈『教育学講座 第8巻 国語教育の理論と構造』(学習研究社 1979) p.311〉という倉澤榮吉の言の重要性は今日でも消えてはいない。

142

子どもの発達

発達とは

人間は、受精の段階から、誕生し、やがて死に至るまでの間、身体および心の両面に一連の変化があらわれる。この心身の構造上、機能上の量的・質的な変化を、前進的、形成的な視座から捉える場合、発達という。一方、人間の心身機能と形態の変化を、量の増大という点について強調する場合、成長と呼ぶ。発達は、成長との対比において、単に成長の現象へ還元できない価値指向的観点に立つものである。

発達の特徴

発達とはどんなものか。子どもはどのように発達していくのか。さまざまな発達の現象には一般的な特徴を見ることができる。

①分化と統合

発達は未分化な全体から部分へと分節し、その部分が全体の中で互いに組織化された状態へと進む。例えば、情緒の発達では、興奮と鎮静の2種しかみられない新生児期から出発し、3か月ごろ興奮が機嫌の良し悪しへと、更に6か月ごろに不機嫌が怒り、恐れ、嫌悪へと分化するという。

②表象性・記号性の増大

発達とともに、今、ここにある直接的世界への依存から脱け出し、事物・事柄をさまざまな表象で置きかえられるようになる。実際に物を持つ代わりに指さしで、また言葉で概念的に代表させることができるようになり、ますます安定した、柔軟な環境への対応が可能となる。

③社会化

発達とともに子どもの内的世界はより深まり、外的世界はより広がっていくが、子どもは、この二つの世界の間に安定した均衡を形成する。子どもは、一方では社会の中で認識・思考を客観化し、感情・態度を適応的なものにしていく。また一方では、自我を形成し、社会へはたらきかける個性的存在となっていく。

発達の段階

以上のような一般的特徴にそって、発達は順序性と連続性を持ちながら進行していく。しかし、単に同じような割合と速度で進行するのではなく、急速な時期と緩慢な時期があり、顕著な変化が出現することがある。これを手がかりに区分されたものが発達段階である。一般には、①新生児期（生後1か月まで）、②乳児期（生後1年まで）、③幼児期（1歳から5歳）、④児童期（6歳から11歳）、⑤青年期（12歳から20歳）、⑥成人期（21歳から60歳）、⑦老年期（61歳以後）と、暦年齢と対応されるが、このほか、生活様式の面から（牛島義友）、子どもの好む絵本・童話から（阪本一郎）、

ピアジェの理論 発達の問題を、特に認識および知的な側面から研究したのがピアジェ（J. Piaget, 1896～1980）である。

ピアジェは、発達を構造の変化の過程、すなわち構造化であるとする。発達は、構造がより安定した新しい構造へと変化し、新たな均衡状態へと移行する過程であるとされる。

そして、この移行は個々の活動領域（シェマ：図式）が外界からの取り入れ（同化）と、外界に合わせた変更（調節）により起こるものとされた。

ピアジェの区分した段階は以下のようなものである。

Ⅰ　感覚運動的知能の段階（2歳ごろまで）
Ⅱ　前操作的思考の段階（2～6歳）
　　前概念的思考の時期（2～6歳）
　　直観的思考の時期（4～6歳）
Ⅲ　操作的思考の段階（7歳以上）
　　具体的操作の時期（7～11・12歳）
　　形式的操作の時期（12歳以上）

性的衝動の活動（フロイト），認知的能力に注目したもの（ピアジェ*，ブルーナー），自我の発展から（C.ビューラー），反抗期の出現と生活空間から（クロー）などの段階が提案されている。

発達の規定因

何が発達を決めるのかの問題は，生得説と経験説の対立以来，形を変え長い間論議されてきた。一般に，①遺伝・成熟などの，環境以外の子ども自身の内的要因，②環境・教育的はたらきかけなどの外的要因を考えることができる。現在では，遺伝か環境かの二者択一的問題設定の不当性が広く認められており，この2要因双方の存在と，また，これらの相互作用により規定されていると考えられている。

発達と教育

また，現在では単に上記2要因の存在だけでなく，それらが発達のメカニズムの中でどのように機能するのかの解明が強調されている。

教育は，学習者の発達を促し，進めるための営みであり，教育を有効に機能させるには，学習者の発達の水準を考慮することが必要になる。そして，この発達水準の考慮の方向は，①成熟重視の古典的レディネス観，②教育的はたらきかけを重視する立場，と大きく二つに分けることができよう。

前者は，発達が成熟によるものとするゲゼルに代表される。彼は，より早い時期に練習を開始した子どもたちが，遅れて練習を開始したものより，必ずしも優位を示さないとの実験から，神経生理的成熟により形成されるレディネス（教育可能な準備状態）が教育には必要とした。この立場では，教育は，発達の後を追う消極的なものに位置づけられる。

一方，後者は，ヴィゴツキー*に代表されるもので，教育をより積極的なものとして考える。

ヴィゴツキーは，子どもの発達に二つの水準があるのだ，とする。一方の水準は，「現在の発達水準」または「実現された発達水準」で，これは，その子どもがどの程度課題を解決できるかの水準である。もう一方の水準は，「発達最近接領域」と呼ばれる。現在の水準で相等しい二人の子どもが，他の課題では異なることがある。ある子は，大人からの言語的助けによって，その課題を解決でき，その後自力でできる。他方の子は，大人の援助のもとでもその課題を解決できないとしよう。これは，二人の子どもの発達最近接領域の違いによるとヴィゴツキーはいう。教育的はたらきかけのもとで可能である発達の範囲が，発達の最近接領域にある限り発達を引き上げるものとして，積極的に位置づけられる。

（茂呂雄二）

〈参考文献〉
茂呂雄二『具体性のヴィゴツキー』金子書房 1999。

ヴィゴツキー（Л. С. Выготский，1896～1934）ロシア（旧ソ連）の心理学者。人間の精神発達，教育と発達についての理論，思考と言語の関係などについて優れた理論を展開し，ソビエト心理学の発展に寄与した。

言語の発達については，ピアジェとの間に展開した論争が，彼の立場を浮き彫りにするものといえる。

ピアジェは，就学前の子どもの言葉の中に，反復・独語・集団独語などの伝達を目的としないものがあり，これが，その後消失することに注目した。ピアジェは，これを自己中心的言語として，社会化されない未発達な心性によるものとした。しかし，ヴィゴツキーは，この種の言葉が困難な場面での自己の行動の計画・調整として機能しているものであり，元来，社会的機能を担う言語行為（外言）の機能が変化し（外的内言），やがて思考のための言語（内言）へと移る過渡期に現れるものだとした。

143

言語障害

言語障害とは

その社会の普通一般の聞き手にとって，話す内容に対するのと同じか，あるいはそれ以上に，言葉それ自体に注意がひかれるような特異な話し方とか，そのために本人がひけめを感じたり，社会生活に不都合をきたす状態をいう。

言語障害の種類

第二次世界大戦以前は，ドイツ医学の原因論的分類による聾啞（ろうあ）・聴啞・吶（とつ）・吃（きつ）・麻痺性音声障害・失語症が主であった。このため教育関係者の関心が低く，吃だけが一部の学校や教師によって扱われた。当時の心理学や教育関係出版物の言語障害の項が，吃の解説に終始したのはこのためであろう。昭和30年代にアメリカ言語病理学が紹介され，治療や指導を重視する実際的な分類が普及するにつれ，教育関係者のこの問題に対する関心が急速に増大した。

① 耳で聞いた特徴に基づく
　㋐ 話し声の異常（音声障害）
　㋑ 構音障害（構音または発音の異常）
　㋒ 話し言葉のリズムの異常（吃音，早口症など）
② 発達的観方に基づく
　㋓ 言葉の発達の遅れ（言語発達遅滞）
③ 伴う病気や身体的条件との関連から
　㋔ 口蓋裂に伴う言葉の異常
　㋕ 脳の血管障害に伴う言葉の異常
　㋖ 聴力損失（ろう・難聴）に伴う言葉の異常
　㋗ 脳性麻痺に伴う言葉の異常
　㋘ 情緒的要因によって話さない子ども（緘黙症，自閉症など）

障害別特徴と問題

① 構音障害

話し言葉を構成する語音を習慣的に誤り，誤り方には，「省略*」「置換*」「歪み*」などのタイプがある。

構音技術習得の過程のなんらかの要因のため，構音学習に遅れ，ないしは歪みが生じた結果である。発達途上期の原因がもとで，結果としての発音異常だけが症状として残っているという例が少なくない。原因には，難聴，発語器官の運動未熟，麻痺のような身体的なもののほか，言語環境の不備などがあげられる。

② 話し声の異常

年齢の割に声が高すぎる，低すぎる，大きすぎる，小さすぎる，抑揚が乏しいもののほか，かすれ声，しわがれ声，鼻声など声の質の異常がある。原因には声帯の病理，発語器官の機能的異常，不適切な発声法のほか，情緒的な問題がある。学童期の声の使いすぎによる一過性の異常は，比較的短

言語障害を判定する尺度　話し手を取り巻くその社会（地方・地域）の普通の人々の耳による。聴力や視力検査に用いるような共通する客観的な尺度はない。

異常の程度を決める尺度　①同年齢，同性の子どもの平均的な話し方に比べ，どの程度かけ離れているか，変わっているか，あるいは目だつか。②本人が話すことに不自由を感じたり，それを苦にしているか，あるいは，そのために自分を表現できないで欲求不満を感じているか。

省略　語音の子音部分が省略された発音で，例えば，プロペアは「r」を省略したプロペラである。

置換　サカナの「s」を「t」に置換するとタカナになる。

歪み　省略でも置換でもないが，その音らしく聞こえず，いわば日本語音にないものへの置換。

誤りの一貫性　誤りの種類同様，発音を誤る頻度も多様で，特定の音をある音脈の中では誤るが，他の音脈の中では正しいという例が多い。

吃音の割合　言語発達が最も著しい3歳前後にど

期間の安静で回復するが、変声期に無理な声の使用は避けるべきである。

③話し言葉のリズムの異常

吃音は、言葉の言い始めにつまる（難発）、引きのばす（伸発）、特定の音や語や句を繰り返す（連発）、無関係な音や語を挿入する等である。ほとんどの場合、3歳前後に始まり、幼児期は、本人は意識せず苦にしないが、小学校中・高学年ごろまでに問題の性質が変わってくる。話すリズムの問題だけでなく、どもることを恐れ、避けるための努力を伴い、強い葛藤から妙な体の動きや癖が身につく。性格や学習に偏りが出ることもある。話し方の速いだけでなく、そのため、言葉を構成する各語音の特徴になる部分が発音されなかったり、二つ以上の部分がブレンドして明らかに発話の明瞭度を低下させているものを早口症という。性格や情緒的問題との関係が深い。

④言葉の発達の遅れ

言葉の全体的な遅れで、使える言葉の数が少ない、言葉がつながらない、表現が幼稚、文にならないなどの症状に代表される。知的な遅れ、難聴、麻痺、情緒障害など言語習得期の心身の問題が主な原因であるが、言葉の刺激の不足や幼児期の不適切な「育児環境」によるものも少なくない。

⑤口蓋裂

生まれつき口の上あごに裂目があり、声が鼻から洩れる。裂目の位置や長さは多様で、唇が割れる場合もある。発音習得以前の2歳前の治療が完全であれば、言語障害のない例が多い。治療の不完全、時期の遅れは例外なく言葉の異常につながる。適切な指導が学童期になされれば、発音が正常化する例が多い。

⑥特異性言語障害

脳卒中の既往や片麻痺がなく、成人の失語症によく似た言葉の異常を示す例である。視覚的な関係理解能力は比較的優れ、前後関係の助けで日常の指示はほぼ理解するのに、言葉を覚えず、聴覚的な記銘が著しく劣る。知覚障害に加えて行動の過剰や注意の転動、あるいは固執傾向がみられる。症状の特徴によってさまざまな分類名が適用され、LD（学習障害）とも。

⑦緘黙症・自閉症

家族以外とは口をきかない、学校では話そうとしないもので、場面緘黙症といい、習慣化の強い例が多い。話さないだけでなく親子間の気持ちのつながりも稀薄で、自分の世界に閉じこもる自閉症児は言語に障害があるだけでなく、コミュニケーションの障害である。　　　　　　　（小川　仁）

〈参考文献〉
内須川洸・高野清純編『言語障害事典』岩崎学術出版社 1979。小川仁編『子どものコミュニケーション障害』学苑社 1995。西村辨作『ことばの障害入門—ことばの発達と障害2』大修館書店 2001。

もる子どもの割合は、きわめて高率である。その大部分は、初発後3～12か月の間に自然に正常化し、その後どもる状態を維持するのは約1％程度とされ、女子に比べ男子が3～6倍多い。

吃音の改善　幼児や小学校低学年の間に適切な指導を受けると予後の良い例が多く、明らかに本人が意識するようになった例では、改善の見通しが難しいのが普通である。

言語障害の基本問題　話す面だけに目を奪われず、子どもの能力・性格・情緒・適応状態などを把握し、その過程で言葉が果たす役割を考慮した見方、取り扱いが必要である。

言語治療の場　園児や学童の言語障害を治療する言語治療教室を設置している幼稚園、小学校が全国に約2,000あり、大部分の区・市・町・村に普及している。「通級制」で、他園・校の子どもが利用でき、障害の程度によって週1～3時間の指導である。幼児の相談は、教育相談所でも。

144

教 材 論

教材とは

　教材論とは，教材について論じることである。そこで，ひとまず教材を次のように定義しておく。教材とは，教師にとっては教育内容を獲得させるための材料であり，学習者にとっては学習の直接の対象となる事物や事象である。

教育内容と教材の区別

　日本では，明治期の初代文部大臣森有礼以来，「科学と教育の分離」という教育政策がとられてきた。歴史学等の学問の科学的成果が，教育に反映されなかったのである。国定教科書の教育的価値を疑うことなく，教科書教材をいかにうまく教えるかが重視される教育政策が，1945年まで続いた。

　このような考え方に対して，1950年代後半から1960年代にかけて，「科学と教育の結合」という民間教育研究団体の研究運動が展開された。この研究の中心となる目標は，「生活上のあれこれの素材をそのまま学習させるべき内容とみなす生活経験主義の教材観を克服し，教育内容を科学の概念や法則によって構成し直すことだった」（藤岡信勝「教材を見直す」『岩波講座 教育の方法3』岩波書店 1987 p.156）と言われる。こうした動向の成果として，教育内容と教材の区別が1960年代に提唱された。この区別は，授業は教材そのものを教えることだとする従来の教材論の常識を覆すものであった。教材で教育内容を教えるという新しい枠組みを示したのである。

　教育内容と教材との区別をする積極的な意義はどこにあるのだろうか。高村泰雄は，次の2点をあげている。

①教育内容が教材という個別的具体物の制限から解放されて，その本来の姿をとりもどし，そのことによって，教育が科学と結びつく道が開かれること。

②教育内容との関係で，教材の持っている意味とその限界が明らかになり，教育内容をより正確に反映した新しい優れた教材を開発する可能性が大きく開かれること。

（高村泰雄「教授過程の基礎理論」城丸章夫・大槻健（編）『講座日本の教育⑥教育の過程と方法』新日本出版社 1976 p.56）

　こうして，教育内容と教材の区別は，教育と科学を結びつける道と，教育内容を正確に反映した新しい優れた教材を開発する可能性を開いたのである。

　1960年代から民間教育研究運動では，主に科学教育の分野で教育内容と教材を区別した教材開発が行われてきた。算数・数学教育の水道方式，理科の仮説実験授業などである。国語科でも，教育科学研究会国語部会による発音・文字・文法・語彙のプランである『にっぽんご』シリーズ（1964～1977）や，西郷竹彦を会長とする文芸教育研究協議会による国語科の全体像にわたる「認識と表現の系統指導」（1983）などがある。教育内容を科学の成果のもとに系統的に再編成し，それを教えるのに最適な教材を作りだしたり，見つけたりするという作業が続けられてきたのである。

単元の開発

　また，一方で単元学習という形で，さまざまな教材が学習材として開発されてきた。その代表的なものは，次のような著作に示されている。大村はま『大村はま国語教室』全16巻（筑摩書房 1982），日本国語教育学会編『ことばの学び手を育てる国語単元学習の新展開』全7巻（東洋館出版社 1992），浜本純逸編著『国語科新単元学習による授業改革シリーズ』第1巻～10巻（明治図書 1997～2000）などである。これらには，

学習者の言語生活を向上させるためにどんな力を育てるか，そのためにどういう実の場と学習材を用意するかという事例が豊かに展開されている。

教材と権力関係

国民という大きな物語を創造するに際して，何を日本という国家を代表する古典とし，国民的な文学とするのかなど，正典（カノン）形成に国文学が大きな役割を果たしてきた（ハルオ・シラネ他『創造された古典―カノン形成・国民国家・日本文学』新曜社1999や，藤井貞和『国文学の誕生』三元社2000などを参照のこと）。正典化は，ある作家や作品が，著作集や全集の形で広く流通すること，批評家などによって反復して言及されること，学校教育の教科書に掲載されることなどの過程が重なって遂行される。国語科教育の分野では，国語教科書とそれの授業を通して，正典化を増幅してきたことは見逃せない。

また，国民国家を形成する国民の男性性，女性性というジェンダー意識が，国語教科書の教材を通して形成されている側面もある。（牛山恵「国語教材論―ジェンダーと国語教材」〈田近洵一編『国語教育の再生と創造』教育出版 1996〉や，佐藤学「ジェンダーとカリキュラム」〈藤田英典他編『教育学年報』⑦世織書房 1999〉などを参照。）

教材論の進展

教育内容と教材の区別，教育内容の系統化，教材の開発などが進み，更には育てたい力を意識した単元の開発などの成果が上がってきた。一方では，カノン形成やジェンダーの問題など，教材によっては教師の意図せざる結果を生み出す「隠れたカリキュラム（hidden curriculum）」の問題も指摘されるようになってきた。したがって教材は，社会文化的な権力関係も内包しているのである。

また，1990年代から，カナダやイギリスのメディア・リテラシー教育が紹介された。国語科でも，書き言葉や話し言葉の教材だけではなく，動画映像や写真，映像と音楽との複合的メディア教材を取り上げる実践が増えてきた。更にメディア・リテラシー教育は，英国の研究に影響を受けて，マルチモーダル研究，マルチリテラシーズ研究に進展している（羽田潤『国語科教育における動画リテラシー教授法の研究』溪水社 2008，奥泉香『国語科教育に求められるヴィジュアル・リテラシーの探究』ひつじ書房 2018）。これらは，学習者が新たなテクストを創出する社会的実践としての教材概念を提起した。ポスト産業主義やグローバリゼーションの時代において，メディアやテクストの変化にしたがって，教材も変化すべきことを示唆しているのである。

改めて教材とは

以上のような教材論の進展を経て，教材を冒頭の定義に加えて，次のように再定義することができよう。

①教師にとっては教育内容を獲得させるための材料であり，学習者にとっては学習の直接の対象となる事物や事象である。

②社会文化的な権力関係も内包している。

③話し言葉と書き言葉だけが教材の媒体ではなく，写真や動画，音楽などの複合メディアも教材の媒体である。

（松崎正治）

《参考文献》

中内敏夫『教材と教具の理論』有斐閣 1978。柴田義松『教科教育論』第一法規 1981。藤岡信勝『授業づくりの発想』日本書籍 1989。藤岡信勝『教材づくりの発想』日本書籍 1991。グループ・ディダクティカ『学びのための授業論』勁草書房 1994。佐藤学『カリキュラムの批評―公共性の再構築』世織書房 1996。井上尚美・中村敦雄『メディア・リテラシーを育てる国語の授業』明治図書 2001。松山雅子『自己認識としてのメディア・リテラシー』教育出版 2005。奥泉香『メディア・リテラシーの教育―理論と実践の歩み』溪水社 2015。

145

人権教育

人権教育とは

人権教育とは、「人権尊重の精神の涵養を目的とする教育活動」（「人権教育及び人権啓発の推進に関する法律」（平成12年制定））と定義されている。その取り組みとしては、「女性、子ども、高齢者、障害のある人、同和問題（部落差別）、アイヌの人々、外国人、HIV感染者・ハンセン病患者」等幅広くあげられ、今日的課題としてはインターネット上の人権侵害やヘイトスピーチなどが指摘されている（法務省・文部科学省編『平成29年版 人権教育・啓発白書』）。

かつては、同和教育・解放教育・人権教育という名称が歴史的文脈を担い用いられてきた。同和教育は、それ以前の「融和教育」という名称に替わり、1941年以降用いられるようになった。「同和」は、昭和天皇の昭和改元の勅語「人心惟レ同ジク、民風惟レ和シ」からとられたものである。「部落解放を目的的に追求する学校教育・社会教育などにおける一切の営みを総称」したものであり、長欠・不就学の克服、学力保障、進路保障等の多様な課題に取り組んできた。1953年には全国同和教育研究協議会（全同教）が結成され、1965年には同和対策審議会答申が出され、同和教育という名称が定着した。

一方、1970年代に入ってから、部落解放運動を基軸としながら、民族解放教育、女性解放教育、「障害」者解放教育など差別からの解放をめざす反差別の教育の総称として解放教育という名称が用いられるようになった。

また、国連総会が「人権教育のための国連10年・1995～2004年」を宣言したのを受け、解放教育で培われてきた成果を国際的な人権教育運動と積極的に連動させ、「世界とつながる解放教育の創造」をめざす動きがある。人権教育の内容として、先の「人権教育のための国連の10年」には「(a)人権と基本的自由への尊重の強化、(b)人格の全面的開花、人間の尊厳を大切にする心の育成、(c)すべての人民、先住民および人種・民族・エスニック・宗教・言語集団間の相互理解、寛容、ジェンダー*の平等および友好関係の促進、(d)すべての個人の自由な社会への効果的参加、(e)平和をまもるための国連の活動の促進」があげられ、単に知識として学ぶのではなく、参加型の多様な学びの実践が取り組まれている。参加型学習や被抑圧者が権利主体として変革の力を蓄えるエンパワーメントの教育学など人権教育が大切にする柱に学び、人権教育と解放教育の相互的対話を進め、各々を深化・発展させようとする議論が行われている。

ジェンダー 「生物学的な性別」であるセックスに対して、「社会的・文化的に作られた性別」をジェンダーと呼ぶ。男らしさ、女らしさの呪縛からの解放をジェンダーフリーという。国語教科書においても、ジェンダーの視点から再検討が求められる作品がある。

P.フレイレの意識化 P.フレイレは第三世界の識字教育・解放教育の思想家であり、実践家である。フレイレは、教師が知識を一方的に伝達する教育を銀行型教育と名づけ、銀行型教育は世界への順応を強いるとした。一方、対話を核とし、教師と生徒が課題をめぐって批判的共同探求者となる教育を課題提起教育と名づけた。課題提起教育によってこそ世界への「意識化」が可能となる。「意識化」とは、「学習によって自らと他者、あるいは現実世界との関係性を認識し意味化する力を獲得しながら、自らと他者あるいは現実世界との関係を変革し人間化しようとする自己解放と同時に相互解放の実践」とされる（『被抑圧者の教育』）。なお、フレイレの思想と響きあった日本の識字教

「解放の学力」

解放教育運動の中で，差別からの解放を担い得る学力として「解放の学力」が唱えられた。その議論の一つの到達点は，大阪の解放運動の中で編纂された解放教育読本『にんげん』(1970年より刊行。解放教育研究所編) の三つの柱，①集団主義の思想を確立すること，②現実認識を大事にし，科学認識・芸術認識をたかめること，③子どもたちに部落解放，解放の自覚を持たせること，に示されている。「解放の自覚」は，「解放の学力」において核となる概念であり，被抑圧からの解放の教育学を唱えた第三世界の識字教育思想家P.フレイレの「意識化」とも通い合うだろう。他の副読本としては，部落研究所編『はぐるま』(1968～69年) がある。人権教育の立場から文学教材を発掘し，文学教育実践史において重要な位置を占めている。

「解放の学力」と言語教育

読み・書き・算の基礎学力が解放の学力とどのように関わり合うかは重要な課題とされた。1970年代には，大阪同和教育研究協議会が言語に関わる基礎学力を育む自主編成実践として，『ひらがな』による「くぐらせ期」実践に取り組んだ。子どもの成育史に遡ってつまずきを見いだし，体や手のしなやかさから育み，生活語を存分に表させながら書き言葉を獲得させていく。入門期文字指導として先駆的な試みである。

識字運動

識字運動は，「差別によって奪われた文字を奪い返す営み」として取り組まれてきた。非識字者にとって文字は「差別の刃」であり，識字学級で「解放への宝としての文字」を獲得していく。識字運動は，識字者に再識字化（人間解放のための文字の再獲得）の課題を迫るものとしてもある。

人権教育と「国語科教育」の課題

ユネスコの「学習権」宣言 (1985年) は，言語教育のあり方を考えるうえで一つの礎となろう。「子どもの権利条約」は，意見表明権 (12条) や「表現の自由への権利」(13条)，「適切な情報へのアクセスの権利」(17条) などを掲げる。「国語科教育」が早急に取り組むべき課題としては対話・討論の自由のもと，子どもたちに世界への参加を保障する意見表明の力量形成の課題，多様な文化的背景を持った子どもたちの言語権・コミュニケーション権を保障する言語教育の理念・カリキュラムの確立と実践の課題などがあげられるだろう。後者の課題は，日本語教育との連繋のもと深められる必要がある。今日的課題としては，SNS社会を背景に人権教育の視座からもメディアリテラシー教育に取り組み，実践を積み重ねていくことが求められるだろう。（村上呂里）

〈参考文献〉
堀尾輝久他編『平和・人権・環境 教育国際資料集』青木書店 1998。

育実践として横浜・寿識字学校の実践がある。（大沢敏郎「わが身を鞭うち，いのちに励まされ」フレイレ『自由のための文化行動』所収）

ユネスコ「学習権」宣言 「学習権とは／読み書きの権利であり／問い続け，深く考える権利であり／想像し，創造する権利であり／自分自身の世界を読みとり，歴史をつづる権利であり／あらゆる教育の手だてを得る権利であり／個人的・集団的力量を発揮させる権利である。（中略）学習行為は，あらゆる教育活動の中心に位置づけられ，人間を出来事のなすがままにされる客体から，自分自身の歴史を創造する主体に変えていくものである。」1985年3月29日採択。

子どもの権利条約 世界中の子どもたちの人権を守るために，1989年国連で採択された。この条約では，子どもは保護される受け身的な存在ではなく，「意見表明権」等権利を行使して世界に参加できる主体として捉えられている。日本は1994年，世界で159番めにこの条約を批准した。日本政府訳では「児童の権利条約」となっている。

言語技術教育

言語技術教育とは

　言語技術（language arts）とは，言語活動を適切かつ効果的に営むための技術である。実用的・実戦的なコミュニケーション能力としての読み方・書き方・話し方・聞き方が中心である。情報を収集するためには内容を迅速かつ正確に読み取る技術，達意の文章を書くためには論理的な作文の技術，人と議論するためには説得や反駁の技術が必要である。そうした言語技術は，国語科の教科内容として児童・生徒に着実に身につけさせたい。

　言語技術は形式的なマニュアルにとどまるものではない。いかなる状況でいかなる技術を用いるかという判断力に依存している。また，「全体構成を捉える」「対比関係を捉える」「主張の妥当性を吟味する」といった「読みの技術」でも明らかなように，内面的な認識・思考能力と深く関係している。特に論理的な思考力・表現力は重要な役割を果たす。それなしでは，異なる立場の人々と適切なコミュニケーションを図ることができない。その点で，アメリカ・ドイツ・フランスなど欧米諸国で言語技術教育が盛んであるのも理解できる。

言語技術教育の歴史と現状

　「学制」発布以後，近代日本の学校教育制度において，言語技術の習得は国語科の重要な目標であった。1900（明治33）年の改正小学校令では，国語科の内容が「読ミ方」「書キ方」「綴リ方」「話シ方」の4領域に分けられて，戦前の国語科教育の基礎となった。また，1951（昭和26）年版の学習指導要領（試案）では，「ことばを効果的に使用するための態度や技能」の育成が目標に掲げられ，「読む・書く・話す・聞く」の領域ごとに技能目標が細かく定められた。1977（昭和52）年版学習指導要領では，「言語の教育」を重視する立場から「表現」「理解」「言語事項」という二領域一事項に再編成され，1998（平成10）年の改訂で「話すこと・聞くこと」「書くこと」「読むこと」「言語事項」という三領域一事項となった。ただし，言語技術の具体化・系統化という点では不十分であり，「言語事項」以外では教科内容が曖昧だった。2008（平成20）年の改訂では，知識及び技能の習得と活用を重視する立場から，各学年において指導すべき言語技術がかなり具体化された。2017（平成29）年版学習指導要領でもこの立場は受け継がれている。

　わが国の言語技術教育の先駆者に，時枝誠記と興水実がいる。時枝は「国語教育は言語技術の教育である」（『改稿・国語教育の方法』有精堂 1963）と主張して，自ら中

教科内容　これは教科教育学で使われている用語である。もともと経験主義的な教育に対抗する形で，「科学と教育の結合」を目ざす立場から，その現代化や精選・系統化の必要性が論じられた（柴田義松『現代の教授学』明治図書 1967を参照）。今日では一般に，各教科で学習者に身につけさせたい知識や技術の総体と考えられている。国語科の場合は，日本語に関する本質的な知識（概念・用語・原理・法則）とそれに基づく技術（言語技術）がその中心になる。なお，これに対して，個別の教科を超えて広く指導されるべき基本的な思考・学習技術，文化的な事実などは「教育内容」と呼んで区別することがある（鶴田清司『文学教材の読解主義を超える』明治図書 1999を参照）。

昭和26年版小学校学習指導要領 国語科編（試案）　昭和22年版学習指導要領と比べて，新たに「国語能力表」が加えられている。例えば小学校1年生の「話すこと」の目標には，「相手をみながら話すことができる」「知らない人の前でも話

学校教科書『国語・言語編』(昭和28年版,中教出版)の編集にあたった。そこでは,辞書の引き方,大意のとり方,原稿用紙の書き方,講義の聞き方,電話のかけ方,会議の進め方といった実用的な言語技術が盛り込まれている。また輿水は,欧米の教育理論に学んで,読解や作文の「スキル学習」を提唱した。例えば『国語のスキルブック 読解』(光文書院 1963)には,「組みたてに気をつけて読む」「順序にしたがって読む」「だいじなところを読みとる」などの技術が盛り込まれている。

更に学習院言語技術の会(1977年創設,初代座長・木下是雄(きのしたこれお))も,独自の教科書を作成するなど精力的に活動してきた。

ところが,一般の学校現場では言語技術教育は不振だった。この背景には,心情主義・道徳主義・教養主義的な国語教育観,文学教材の偏重とその詳細な読解指導,言語技術に対する偏見や意識の低さ,魅力的な教材(教科書)の不足や効果的な指導法の未確立といった問題があった。

言語技術教育の方法
　言語技術の習得には,教科書による《理解型》の学習だけでは不十分である。むしろ実地経験を通して身につけるという《体験型》の学習が不可欠である。しかし,実地経験だけに頼ると,言語技術の習得に偏りやばらつきが生じる。やはり計画的・系統的な指導が必要になる。だからと言って,反復練習(ドリル)ばかりでは子どもに苦行を強いることになる。そこで,同じ《体験型》の学習ではあるが,ゲームやロールプレイといった虚構空間の中で楽しみながら言語技術のエッセンスを段階的に身につけていく方法が注目されている。

言語技術教育の成果と課題
　情報化・国際化が進んでいる現在,言語技術教育の必要性がますます叫ばれている。1992年には日本言語技術教育学会＊が設立された。「論理的な思考力や効果的なコミュニケーション能力を育てる」ために,「発信型」授業への転換を主張している。

　その他の成果としては,言語技術の会編『実践・言語技術入門』(朝日新聞社 1990),国語教育研究所編『「作文技術」指導大事典』,鶴田清司(つるだせいじ)『言語技術教育としての文学教材の指導』,三森(さんもり)ゆりか『言語技術教育の体系と指導内容』(いずれも明治図書1996),高橋俊三(たかはししゅんぞう)編『音声言語指導大事典』(明治図書 1999),市毛勝雄(いちげかつお)監修『検定外・力がつく日本言語技術教科書(小学1年～6年)』(明治図書 2005)などがあげられる。

　今後は,話し方・聞き方・読み方・書き方の各領域における言語技術の精選とその系統化,具体的な教材開発(教科書づくり),技術の習得過程・方法に関する実証的研究などが課題である。　(鶴田清司)

すことができる」「たやすく仲間にはいって友好的な態度で話すことができる」「絵について話すことができる」「好奇心をもっていることや知りたいと思っていることについて質問することができる」「身近な生活経験を話すことができる」「日常の簡単なあいさつができる」など14項目があげられている。このように,言語技術が具体的な行動目標の形で明確化・系統化されているのが特徴である。

日本言語技術教育学会　言語技術教育の実践・研究の発展を期して,国語科教育界のみならず幅広い層の人々の結集も目ざして,1992年に創設された(呼びかけ人は井関義久(いぜきよしひさ)・市毛勝雄・宇佐美寛(うさみひろし)・江部満(えべみつる)・大内善一(おおうちぜんいち)・大西忠治(おおにしちゅうじ)・岡本明人(おかもとあきひと)・渋谷孝(しぶやたかし)・野口芳宏(のぐちよしひろ)・波多野里望(はたのりぼう)・向山洋一(むこうやまよういち)の11名)。国際法学者の波多野里望(元学習院大学教授)が初代会長を務めた。1996年には中央教育審議会に対して「次期学習指導要領改訂へ向けての緊急提言」を出した。機関誌は『言語技術教育』(年1回発行)である。

147
国語教育における形式主義・内容主義

「形式主義対内容主義」の起こるわけ

　一つには，言語に対する見方（言語観）から起こる。言葉は形式と内容との表裏から成り立っている。言葉を表，つまり形に焦点を当てて見た場合と，逆に裏返して内を見た場合とで違って見えてくる。本来，一体のものであるが，統一体として捉えることが難しいことがある。「対象化」した場合，ことにそうである。日常の言語生活では，何気なく全体として使用している言葉を，意識化して「言語」として眺めてみるときに，人は，目にふれる表側からのぞくしかない（その直後に裏側を捉える場合もある）。いずれにせよ対象として言語を見た場合，盾の一面のみを認識するにとまるのが普通である。そこで，形式と内容とが分かれてくる。これは社会科学や自然科学ではあまり問題にならない。言語の場合，この対立が著しい。

　二つには，教育に対する見方（教育観）から起こる。教育という仕事は，いうまでもなく究極的には人間の育成を目ざす。その場合の仲だちとなるのがいわゆる「教材」である。国語教育でいえば，日本語を媒体とする。この媒体を介して行うのが国語教育であるが，「国語を教える」という立場に立つか，「国語で教える」という立場にするかで，教育の計画・内容・方法が変わってくる。国語を教えるというのは，対象に学習者をやや従属させた形である。これに対して国語で教えるというのは，情報受容（表現）者のほうへ重点を置いて，学習者の言語生活や考え方を重く見ながら情報を追求させようとする考え方である。国語で教えるとき，何かの情報的価値をも付与しようとするのである。これに対して，国語を教えるべきだと主張する人たちは，「国語そのもの」を尊重するわけで，別言すれば，国語の純潔を大事にする考えといってよい。

　このほかに，二つの立場の対立を来した因由は幾つかある。社会の要請，思想の動向，文化教養の問題，実際面につくかアカデミズムに寄り添うかなど，さまざまな角度から考える必要があるが，上記のように主な二つの切り込み方をするのが便利で有益だと考えられる。

形式主義対内容主義の歴史

　この歴史は，わが国においては明治時代に起こり，明治末期から大正期のピーク時に最盛であり，その後沈静に向かい，昭和戦前期において，おおむね表面上の対立は沈静化し平静化したとみてよい。

　「綴り方には，内容と形式との二要素あり，即，何を書くべきかと思想を限定し，

芦田恵之助の児童中心主義　芦田の国語教育実践は，児童中心主義の線上に位置する。大正の初期から，自由主義思想や運動に先がけて，教室の中に「子ども本位」を持ち込んだ芦田の考えは，多くの著述にその露れを見ることができるが，最もわかりやすい次の例がある。東京高師，女高師の教官が分担執筆した『小学児童　おさらひの仕方』という本（実之日本社　大正4年）がある。これは，家庭学習のための参考書で，当時の両附属の主事，佐々木吉三郎，藤井利誉が序文に書いているように，父兄向けのやさしい解説書である。この中に綴り方を担当したのが芦田で，ほかの執筆者とは，説くところがかなり異なっている。つまり，受験参考書的色彩がきわめてうすいのである。「児童は児童自身の為に生きてゐるのです。児童は児童自身の必要をみたす為に，綴り方を学ぶのです」と書いている（上掲書p.73）。これは垣内の「人格的統一」の具現とみてよい。

言語の活力　垣内松三の『国語の力』は5篇から成っている。その篇1「解釈の力」の第12に「内

国語教育における形式主義・内容主義

さて之を如何なる順序に置くべきかと思想の順序を定めざるべからず。この二者は内容に属し之を発表するには如何なる文字を用い如何なる文体に従うべきかは形式なり。この二要素の関係より綴り方教授に四種類を生ず」（小平高明『実用教授法要』大野書店 明治39年―字体仮名遣い改め―）に見られるような形式内容二元論は、明治初年からあった。作文でいえば、明治10年の『秀華文鈔』以来の範文模作主義がそれであり、読み方でいえば文字発音から入る、各種読本の教材提示法がそれである。

国語科における上記の長い伝統を打破したのは、理論面では垣内松三であり、実践界では芦田惠之助である。垣内は『国語の力』（不老閣書房 大正11年）において、いわゆる形象理論を説き、文の内容と形式とは対立させるべきではなく、その両者は「相互に内存的関係に置かれる」べきだと述べた（同書p.37）。内容と形式について「かうした無用の思辨のために煩され、悩まされて居ることは決して少くない」（p.36）ところの国語の学習を、「純一なる芸術的作品に於ては内化と表出との関係は内より外に滲透する表現であるより外考えられない」（p.93）としている。つまり、形式と内容との対立を有機的に統合しようとしたもので、この底辺に弁証法的発想があることはいうまでもない。言語の活力として、垣内が「所謂内容に形を与へ、所謂形式に生命を与へる人格的統一の内面から流動する能産の作用」（p.268）と言っている「人格的統一」の語に着目したい。

形式主義・内容主義の克服

今日では形式主義者も内容主義者もいない。垣内の形象理論は、新内容主義とか修正内容主義とかいわれるが、昭和戦後の形式内容論は、その形を変えて、体系文法か機能文法か、技能目標と価値目標、教材中心と生活本位といった概念に替わってきた。昭和30年代の対立でいえば「読解指導と読書指導」である。この種の対立的現象が明治以来、底流として根強いから、新教育の今日でもそれが噴火するのだとみられないこともない。しかし、西尾理論（昭和4年『国語国文の教育』以来）にみられる「形から入って形を出る」の思想は、ほぼ定着したとみることができる。だから、内容問答に偏ったり、言語要素の反復練習を重視しすぎたりする実践を反省することなく行う人は、今はきわめて少ない。

もっとも、学習者の立場からいえば、嘘字発見クラブの活動、学友の発表に対する評価カードの記入などは形式面の自覚が強く、反対に、学級会活動の討論や主題論旨の追求などの場合には内容学習が営まれる。こういう点から、改めて「児童・生徒の学習にみられる形式主義と内容主義」は今後注目すべき課題である。　　　　（倉澤栄吉）

容と形式」という節がある。「エルチエ式研究法の上に齎された破綻の著しいものは内容と形式の区別とそれから考へられた研究法及び教授法に於ける内容主義形式主義と称するものである」という書き出しで始まる。この節と第III篇「文の形」の第1節「文の形と想の形」とは、内容主義対形式主義を理論的に解明するうえで見逃すことのできない部分である。しかし、第III篇「言語の活力」第IV篇「文の律動」の二つも大事な論考である。つまり、形式内容の相克は、形か中身かといった表相上の認識ではなく、より内面化された力＝活力としてみるべきだという垣内の立場は、他と次元を異にしているのである。内容か形式かというレベルではなく、その両者の面を止揚して、両者を支える内面の力や律動を設定し、そこから言語対象をみようとする。第V篇「国文学の体系」の中に「再び形式に就いて」「再び内容に就いて」の二節があるが、これらを関連して読むとき、垣内の『国語の力』の力の用字法の意味がわかってくる。これが垣内論の精髄である。

148
言語生活主義と言語能力主義

基本的意義

　言語生活主義，言語能力主義は，それぞれ実際上，言語生活中心主義，言語能力中心主義として説明されうるものである。それらは，学習者の学習活動，指導者の指導活動，目標の設定，内容の編成，方法の推進，時空的条件の整備等，国語科教育の教育課程，授業過程に関わる諸要素の全体を基本的に方向づけ特徴づける中心的な原理をなすものが，それぞれ「言語生活」「言語能力」に求められている場合を指しているとみられる。

歴史的概観と課題

　西尾実は，『国語教育学の構想』（筑摩書房　1950。教育出版全集版第4巻　1975）の第1篇「国語教育の問題史的展望」の中で，1936～37年ごろから戦後に至る時期を「言語教育的学習指導期」とし，更にその戦前と戦時下を「言語活動指導期」，その戦後を「言語生活学習期」として規定した。国語教育の思潮として言語生活主義がその前景に強力な形で登場したのは，1945年からであり，その実践の場での中心的推進役は単元学習であった。アメリカの経験主義の教育思潮が戦後日本の教育界に広く波及したことによるところが大きいが，その理論的支柱となったのは西尾実の言語生活論であったとみられる。1950年頃から言語生活主義の実践の場での状況に対する批判が現れはじめ，それは1958年頃から国語教育の思潮としてその前景に登場してくることになった。その批判の中心的位置を占めたのが言語能力主義であり，その理論的支柱をなしたのが時枝誠記の言語過程説に基づく国語教育論であった。時枝は，例えば，『国語教育の方法』（習文社　1954）において，国語教育は「手段についての教育」であり，「訓練学科」であり，「技術教育」であり，その地盤は「伝統主義」であることを論述し，言語能力主義の立場を明確に示した。言語能力主義はまた，実践の場における言語技能主義を生みだす基盤ともなった。

　国語科の指導は，全体として，学習者の言語生活に着眼しつつ，同時に，学習者の言語能力の育成を目ざしつつ進められていくべきである。　　　　　　　　（湊　吉正）

〈参考文献〉
『西尾実国語教育全集』第4，6巻　教育出版　1975。時枝誠記『国語教育の方法』習文社　1954。時枝誠記『改稿　国語教育の方法』有精堂　1963。飛田多喜雄『国語教育方法論史』明治図書　1969。全国大学国語教育学会編『国語科教育学研究の成果と展望Ⅱ』学芸図書　2013。

経験主義　アメリカの教育思潮史に即していえば，デューイ（J. Dewey）の深い影響下に推進された20世紀前半における進歩主義的なカリキュラム改造運動と深いつながりを持つものである。それは，教育内容の学的体系を中心とした伝統的な教科カリキュラムから，児童・生徒の欲求や興味を中心として活動させる生活的な経験カリキュラムへの改造を目ざすものであった。経験主義は，この運動の基調的思潮としての役割を果たしたものであり，授業過程においても単元学習の場合に典型的に見られるように，児童・生徒の生活の場に着眼し，その興味・関心を開発しながらその学習経験を通して指導を進めていくものである。

言語技能主義　言語活動の基礎的技能を構成する「話す」「聞く」「書く」「読む」を中心とする学習者の国語基礎学力の面に焦点を合わせつつ訓練させ，向上させていくことをもっぱらのねらいとした指導法の立場をいう。

IX 関連科学

- **149** 文法論
- **150** 文体論
- **151** 意味論
- **152** 一般意味論
- **153** 心理言語学
- **154** コミュニケーション理論
- **155** コンポジション理論
- **156** テクスト論
- **157** 国際バカロレア
- **158** 言語学
- **159** 文章心理学
- **160** 認知心理学
- **161** 教育心理学

149 文法論

文法論とは

　一定の音韻と一定の意義をもつ言葉がある形に組み合わされ，関係づけられて用いられるときに見られる一定のきまり——これが「文法」である。そのきまりを明らかにしようとするのが「文法学」であり，ある立場でそのきまりを研究して体系づけたものが「文法論」である。文法論は「文法学説」とも呼ばれる。

　歴史性・社会性をもつ慣習としての文法は一定のものであるにしても，それをどう捉え，どのように体系づけるかの違いによって，さまざまな文法論が生じることになる。今日，日本語の文法論の主要なものとして知られているのは，大槻文彦・山田孝雄・松下大三郎・橋本進吉・時枝誠記らの諸氏で，その名をつけて山田文法・松下文法・橋本文法などと呼ばれる。

文法論の組織

　①隅田川はどんより曇っていた。②彼は走っている小蒸汽の窓から向う島の桜を眺めていた。③花を盛った桜は彼の目には一列の襤褸のように憂鬱だった。④が，彼はその桜に，——江戸以来の向う島の桜にいつか彼自身を見出していた。

（芥川龍之介『或阿呆の一生』四　東京）

　きわめて短いものであるが，これは「文章」である。この文章は①〜④の「文」から成り，①の文は，「隅田川・は・どんより・曇っ・て・い・た」の七つの「語」から成っている。

　文法論では，上のように，文章・文・語を文法研究の単位として設定し，その性質・種類・構造を機能・形態・意味の観点から分析考察して，文章論・文論・語論として体系づける。なお，上の①は，「隅田川は／どんより／曇って／いた」の四つの「文節」から成る，というように，文節（句・語節・文素・語句ともいう）という単位を設定することもある。

文章論

　時枝誠記の提唱により，新たに登場した部門。文章の本質，文章の分類，文脈展開の型，文と文との関係，段落と段落との関係，文章の構成などについて説かれる。学説によっては文法論の一部門として認められていないが，国語教育における読解，表現に資する点が多く，文章の組み立て，段落の役割，段落と段落との接続関係，文と文との接続関係については指導事項に取り上げられている。なお，文章の定義，文章の種類については，ほぼ明らかになっているが，文章の構造については，いまだ個々の文章の構造把握にとどまり，全体像の解明にまでは至っていない。

文法論の諸説　大槻文彦の文法論は『広日本文典』（家蔵版 1897）で知られる。外国文典との折衷によるもの。品詞論と文章論（構文論）から成る。8品詞を立てた。山田孝雄の文法論は『日本文法論』（宝文館 1908），『日本文法学概説』（宝文館 1936）などで知られる。言語の内容重視の所説。語論・語の運用論・句論から成る。助詞の6分類など。松下大三郎の文法論は『改撰標準日本文法』（中文館書店 1928）などで知られる。言語の内容重視の所説。文法研究の単位に，断句（文にあたる）・詞（文の成分としての語）・原辞（素材としての語）が立てられる。断句の分類などで注目される。橋本進吉の文法論は『新文典別記』（冨山房 1931），『国語法研究』（著作集第二冊　岩波書店 1948）などで知られる。言語の形態重視の所説。文法研究の単位に，文・文節・語・接辞・語根を立て，語構成法・文節構成法・文構成法を説く。言語の形態を重視するために一般にわかりやすく，教科書『新文典』によって広く普及した。時枝誠記の文法論は『国語学原論』（岩

文論（構文論・シンタックス）

文の本質，文の構造，文の分類などについて説かれる。文の本質論は，文とは何かを解明しようとするものであるが，文を成立させるはたらきに関する陳述論*が重要な課題になっている。文の構造については，文の成分（構成要素）として何を設定するかでさまざまな見解が生じる。文の分類では，その性質・構造により，さまざまな類別がなされている。国語教育では，文の組み立て，文の成分の順序や照応，文末の表現などが指導事項に取り上げられている。

語論（品詞論）

語の本質，語の構造（語の構成），語の分類（品詞分類），語の文構成上の職能などについて説かれる。古くから，文論と語論とによって文法論が構成され，個々の語の文構成上の職能については最も多く説かれてきた。国語教育では，語句の組み立て，単語の類別，活用，指示する語句，助詞・助動詞・接続詞およびこれらと同じようなはたらきを持つ語句のはたらきなどが指導事項に取り上げられている。

文法論と文法教育

文法論は，それぞれの論者の言語観に基づいて，文法事実を冷徹に眺め記述したものである。いわゆる記述文法であって，理解や表現に役立てるための規範文法とは異なる。今日の学校文法は，橋本進吉の文法論の流れを汲むものであるが，橋本文法そのものではない。『新文典別記』（富山房 1931～36）で明らかなように，中学校教科書『新文典』は通説に異を立てることを控え，用語も慣用に従ったものであった。

文法教育のねらいは，特定の文法論を覚え込ませることにあるのでなく，理解と表現のための文法分析力を身につけさせることにある。個々の言語事象を観察し，そこに一定の法則を見いだし，その法則に従って理解し表現する能力を鍛えるということである。この点を確認したうえで，次のような面で文法論を文法教育に活用したい。
○個々の言語事象の観察の仕方を学ぶ。
○法則としての整理の仕方を学ぶ。
○観点を変えることによって，別の法則としての整理のできることを学ぶ。
○優れた文法論は，それぞれに独自の体系をなしていることを学ぶ。

なお，文法指導にあたっては，指導者が少なくとも一つの文法論は身につけていなければならない。指導者に一定の理論体系がないと，個々の処理が矛盾を生ずることになるからである。　　　　　（宮腰　賢）

〈参考文献〉（脚注にあげたものは除く）
永野賢『文章論詳説』朝倉書店 1972。市川孝『国語教育のための文章論概説』教育出版 1978。渡辺実『国語構文論』塙書房 1971。阪倉篤義『改稿日本文法の話』教育出版 1974。

波書店 1941），『日本文法口語篇』（岩波書店 1950）などで知られる。言語の機能重視の所説。文法研究の単位に，語・文・文章を立て，思想の表現過程および理解過程そのものが言語であるとする「言語過程説」の立場から，その性質・構造・体系を説く。

陳述論　文を成立させるはたらきをどこに認めるかに関する。山田孝雄は「統覚作用によって統合せられた思想が言語といふ形であらはされたものが即ち文である」（『日本文法学要説』）とし，統覚作用が言語に表されたものを「陳述」と呼んだ。時枝誠記は，文は「詞」と「辞」との結合によって表されるものとし，主体的なものを表現し詞を統一する「辞」に陳述があるとした。「水流る。」のように辞を欠く文では，用言の外部に零記号の辞があるものと考え，そこに陳述があるとしたのである。この時枝の陳述論をめぐってさまざまな議論がなされ，「陳述」という術語の内容も各人各様の状態になった。参考文献に大久保忠利『日本文法陳述論』（明治書院 1968）がある。

150

文体論

文体論とは

　文体論とは，文体についての理論的考察，またはその理論をいう。ただし，何をもって文体とするかは，人によってまちまちである。それゆえ文体論も文体研究者の数だけあるといわれるほど多様である。

　さまざまある文体論ではあるが，大まかに言えば，文体を類型面で捉えるか，個性面で捉えるかという特質に分かれる。前者は，主にジャンルや形式の面から文体のカテゴリー化を図るものであり，後者は「志賀直哉の文体」など個性に関わるもので，他と相対的に際だった特徴に着目するものである。

文体の種類と文体論

　文体論の特質はそれぞれの文体をどのように捉えるかによって決まるものである。林 巨樹(はやしおおき)の分類をもとにそれぞれの立場を概観する。

(1)　文体を類型的・範疇的に捉える立場
　①韻文・散文，芸術文・実用文などの諸ジャンル
　②文章を記載様式・語彙・語法などによって類別，歴史的に位置づける文章史的文体論
　③文語体・口語体に関する文体論
　④簡約体と蔓衍体，剛健体と柔軟体，素朴体と巧緻体など旧修辞学的文体論

(2)　文体を個別的・個性的なものの顕現とする立場
　①言語美学・美学的文体論
　②文章心理学
　③数量的・統計的方法による科学的処理によって文章構造を分析しようとする立場
　④個性的，人格的な価値の創造としての作家や作品の文体を研究する立場
　⑤文体論を「言語表現における手法の論」と捉える立場
　⑥文芸評論において作家・作品の表現そのものを把握しようとする立場と方法
　⑦文章形成が思想内容と重なり合うとの見解から，主として古典的文芸作品を論ずるもの。「枕草子の文体」など

　また，「文体の概念は，文章に対する類型認識の所産である」と述べた時枝誠記(ときえだもとき)は，文章の機能に着目し，次のようなカテゴリー化を行っている。
- 実用機能　実用文
- 鑑賞機能　文学文
- 社交機能　遊戯文

文体論の諸相

(1)　言語美学
　小林英夫(こばやしひでお)は，早くからスイスの言語学者ソシュール『一般言語学講義』の翻訳を

言文一致体　我が国では言文一致の確立も文体論の重要な問題である。明治以降，我が国の文体においては，書き言葉と話し言葉，即ち文語体と口語体の乖離が甚だしく，その融合が課題であった。明治初頭には，漢文・漢文訓読体・和文・候文・和漢折衷体，講述体などが散見された。それらが，演説体，翻訳体などの影響を受け，二葉亭四迷，山田美妙の先駆的なはたらきなどにより明治30年代頃に言文一致体としてまとまっていった。小説などは近代的で自由な文体を求め，漱石，藤村，花袋などによる口語体の採用により一般化への流れが広まった。明治43年，第二期国定教科書に言文一致体が採用されたのもその後の普及に影響を与えていると考えられる。

　しかしながら，文語体に対する信頼・指向も強く，公文書などを初めとして世間で用いられる場面も少なくなかった。昭和22年，日本国憲法が口語体で書かれたことは，文体史にとっても象徴的なできごとであったといえよう。

はじめ，西欧の文体論を日本に紹介するとともに多数の著書を著し日本の文体研究の牽引役を果たした。

小林が「文体の学」として高く評価した「美学的文体論」は，ドイツのカルル・フォスレルらによって提唱されたものであり，それぞれの作家について「文は人なり」の仮説を実証的に解明していく文体論である。その際，文章を作家の人間性や人格という要因から説明するといった一種の作家論に近いものである。

(2) 文章心理学

小林と同時期に新しい文体研究の流れとして波多野完治『文章心理学』(三省堂 1935) が刊行され，以後の文体論研究に多大な影響を与えた。波多野は①文の長さ，②品詞別比率，③名詞を仮名書きにした長さ，④構文など統計的処理を用いて，作家の文体と人格を結びつけるという斬新な手法で分析を行った。その後，統計的文体論は，安本美典，樺島忠男・寿岳章子などにつながっていく。

(3) 文体論の進展

中村明は「文体とは，表現主体によって開かれた文章が，受容主体の参加によって展開する過程で，異質性としての印象・効果を果たすときに，その動力となった作品形成上の言語的な性格の総合である」と定義している。文体が文章そのものの属性ではなく，受容主体（読者等）との関係性において生まれるものであることを示す卓見である。この指摘は国語教育における文体論の応用範囲を拡大させる可能性をもつ。

国語教育と文体論

文章を分析する（読む）とは，受容者がその文章について自分なりに差異を見つけ出し，その特性を解明していく営みである。ただし，そこには一定の手順を必要とする。その確かな手順として文体論が応用されるべきであろう。例えば，井上尚美・大熊徹『文体論・文章論』(1985) においては，文法論的文章論等の手法を用いて作品の解釈，作文の構成指導などを行っている。

国語教育において，レトリックへの着目などから文章を相対的に読む試みがみられる。国語の授業では，作者の作風などについて既成の文体論に依拠しすぎるのではなく，テクスト（場合によって複数）の探求を通して，類型化に向かう典型的な表現と個性化に向かう特徴的な表現の両者をバランスよく意識させることが重要である。

（長﨑秀昭）

〈参考文献〉

小林英夫『文体論の建設』岩波書店 1941。安本美典『文章心理学入門』誠信書房 1965。樺島忠男・寿岳章子『文体の科学』綜芸舎 1965。松村明『日本文法大辞典』明治書院 1971。山口仲美『文章・文体』(『論集日本語研究 8』) 有精堂 1979。金田一春彦ほか『日本語百科大事典』大修館書店 1988。中村明『日本語の文体』岩波書店 1994。

レトリックと文体 『レトリック辞典』(2006) において佐々木健一は，小説の「枠組み」について叙法の文体から解析する方法を示している。文章の様式／文体を「さしあたり個性とは無縁の，言い換えれば誰でも用いることのできる表現技法の類型」と規定する。つまり作家独特の文体を考えながら，その個性を超える類型について考えている。

例えば，書翰体や手記体を取り上げ，それらが序文や作品成立の経緯に拘泥していることを指摘。これは，文学が，朗読を主体にした韻文から散文に移行する中で生まれた過程で，新形式としての散文のフィクションは，このような文体をとることで自らを正当化する必要があったためだという。すなわち，ここに「コミュニケーションの形を規定している枠組み」を見るのである。小説のいわゆる「額縁構造」もこの範疇であろう。

このように，ある表現形態を一つの文体として固定的にとらえるだけではなく，レトリックとしてその存在意義を追究することにも意味がある。

151 意味論

意味論とは

記号（言語を含む）の意味についての哲学的または科学的研究のこと。「意味論（semantics）」という名称は，1883年，フランスのブレアル（M. Breal）によって初めて唱えられたが，これはもともとギリシア語の「記号」を意味するセーマ（sema）に由来するものである。日本では「意義学」と呼ぶ人もある。

意味の二側面

言葉の意味にはいろいろな側面があるが，大別すると次の二つになる。

①情報的（informative）意味

情報的意味（外延的意味，概念的意味ともいう）は，言語のもつ「記号」としての側面を示すもので，その極は数学・論理学・科学で使われる言語である。そこでは何よりも一義性・明示性ということが重視される。すなわち，誰が・いつ・どこで使っても同じ意味として受け取ることができるものでなければならない。この情報的意味のおかげで，人々は共通に物事を理解することが可能になり，コミュニケーションが成立するのである。これは，その言語社会において共通な，普遍的な性格をもつ。

②感化的（affective）意味

感化的意味（内包的意味，喚情的意味ともいう）は，言語のもつ「象徴」としての側面を表すもので，その極は詩・文学の言葉である。この側面から考えると，言葉の意味は多（複）義性・暗示性を有し，融通性に富むといえる。同一の語を聞いたり読んだりしても，人によってそこから思い浮かべたり連想したりするイメージや内容は決して同じではない。いわゆる「語感」の問題は，音の響きの連想による印象の違い（これを「語音象徴」という）や，文字の視覚的な感じの違い（「いちめんのなのはな」と「一面の菜の花」）などともからんでくるが，意味の面からいえば，この感化的意味の違いによることが多い。例えば，「女」「女性」「婦人」という語は，情報的意味としてはだいたい同じであるが，感化的意味は大いに異なる。詩人が言葉を選ぶのに苦心するのも，このためである。

一般に，どのような語についても，意味のこの二つの側面はあるが，その強さの度合いは語によって違いがある。

哲学的意味論

アメリカの記号学者モリス（C. Morris）は，記号（言語）研究の部門として，

統語論……記号（または語）と記号（語）の関係を取り扱う。

意味論……記号とそれの指示する対象との関係を取り扱う。

言葉の意味の七つのタイプ 現代イギリスの言語学者リーチ（G. Leech）は，言葉の意味として次の七つのタイプをあげている（G.リーチ〈安藤貞雄監訳〉『現代意味論』研究社 1977）。

1. 概念的意味　2. 内包的意味
3. 文体的意味　4. 喚情的意味
5. 反映的意味　6. 連語的意味
7. 主題的意味

その他にもいろいろな分け方が考えられるが，ここでは上欄のように大別した。

意味素性（semantic feature）　語を構成する弁別的な意味要素のこと。一般に，ある語がなんらかの性質を持っている（＋）か，いないか（－）で表され，それによって語の意味を表現（定義）しようとするものである。

例えば，「青年」は〈〈＋人間〉〈－成人〉〈－子ども〉〉として示される。同様に「独身女性」は〈〈＋人間〉〈＋大人〉〈－男性〉〈－既婚〉〉として表される。

語用論……記号とそれを使用する者（人間）との関係を取り扱う。

の三つを考えている。このうち，意味論の扱う領域である「記号（または語）とその指示対象との関係」については，次のようないろいろな問題が存在する。

例えば，フレーゲ（G. Frege）によれば，「宵の明星」と「明けの明星」はどちらも「金星」という同一のもの（object）を指示するが，その意味（meaning）は違っている。「ワーテルローの敗者」と「イエナの勝者」も同様である。

また，タルスキー（A. Tarski）によって「対象言語」と「メタ言語」の区別が明らかにされた。例えば，クレタ島の住民が「クレタ島の人間は皆ウソつきだ」と述べたとすると，この言葉そのものは真か偽かという問題が生じる。これを解決するには，この括弧内の言葉（対象言語）と，その言葉そのものについて述べた言葉（メタ言語）とは次元が違う，として区別することが必要である。

言語学的意味論

伝統的な言語学的意味論では，①意味構造の分析記述についての研究（共時的意味論）や，②意味の歴史的な変化の研究（通時的意味論）などが中心であった。例えば，意味の拡大・一般化（瀬戸物→陶磁器の総称），意味の縮小・特殊化（くるま→自動車），意味の転用（人間の足→机の脚），隠喩（イヌ→スパイ）の問題など。それに対して，最近のレトリックの分野では，言葉の比喩的用法（隠喩，喚喩，提喩など）がきわめて重視されるようになってきている。

一方，変形生成文法では，統語部門と意味部門と音韻部門とを統合的に扱おうとしている。いま，「机が泣いた」というような表現を考えてみると，これは統語論上は適格（well-formed）であるが，意味の選択制限を破っている。つまり，「泣く」という動詞は主語が人間であることを要求するから，「机」とは共起しないのである。ただし，比喩的な表現としてなら，この文も解釈可能である。そこで，こうした文は，適格性・文法性を備えた文（例「太郎が泣いた」）から逸脱した文（ただし解釈不能ではない文）としたらよいという考えもある。これは統語論と意味論にまたがる問題であり，両者は分離不可能ともいえるが，こうした問題については，まだ統一見解に達していない。　　　　　　　　（井上尚美）

〈参考文献〉

オグデン，リチャーズ，石橋幸太郎訳『意味の意味』池田書店 1953。P. ギロー，佐藤信夫訳『意味論』白水社（クセジュ文庫）1958。S. ウルマン，池上嘉彦訳『言語と意味』大修館書店 1969。池上嘉彦『意味論』大修館書店 1975。金水敏・今仁生美『意味と文脈』（現代言語学入門4）岩波書店 2000。

意味の三角形　イギリスの言語学者オグデン（C. K. Ogden）とリチャーズ（I. A. Richards）は，『意味の意味』（1923）で，意味とその指示物との関係を次のように三角形で表している。

ここで注意すべきことは，底辺が点線になっていることで，これは記号とその指示物とは直接の関係はないことを表している。例えば，「イヌ」という記号と「四本足のワンとなく小動物」とは，なんら直接的関係はない。ただし，擬声語の場合には，「ワンワン」という言葉は，犬の鳴き声を模倣したものであり，その場合には，この三角形の底辺は実線で結ばれる関係にあるといえるが，それは言語全体の中のほんの一部分にすぎない。

一般意味論

一般意味論とは

　一般意味論は，ポーランド系アメリカ人のコージブスキー（A. Korzybski）によって1933年に唱えられた理論である。その定義として，指導者の一人ラポポート（A. Rapoport）は，次のように述べている。

　「一般意味論は人々がいかに言葉を用いているか，またその言葉が，それを使用する人々にいかに影響を及ぼすかについての科学である」。そして，一般意味論と文法・論理・（哲学的）意味論との違いを次のように述べている。

　　文法──語と語との関係（語が正しい順で結びつけられているか）
　　論理──文と文との関係（文が互いに正しく関係しているか）
　　意味論──語や文と，それの指示する対象との関係（言葉が物事と正しく対応しているか）
　　一般意味論──語，文およびその対象に関係するだけでなく，それが人間の行動にどう効果を及ぼすかに関係する（事実→神経系→言語→神経系→行動の全体に関係）

地図は現地ではない

　しかし，一般意味論の原則をひと言で言い表しているのは，なんといってもコージブスキーの有名な言葉「地図は現地ではない」（言葉は物事それ自身ではない）に尽きる。一般意味論の全ての主張は，この命題から派生しているといっても過言ではない。地図はどんなに精密であっても現地そのものではない。また，現地の全てを写すこともできない。言葉も同様で，我々が言葉によって表そうとしている事柄全てを表すことはできない。

　これはきわめて当然のことではあるが，しかし，人々の実際の行動をみると必ずしもそうとばかりは言いきれない。結婚式に仏滅の日を避ける人は多いし，病院に13号室のないところもある。更に，想像や偽りの報告によって，または正しい報告からの誤った推論によって，現実世界についてのまちがった地図を作ってしまうこともある。「頭のいい子」というと性格や容姿もいいと思いがちであるし（心理学ではこれをハーロー効果という），また，前の担任から「劣等児」「問題児」というレッテルを貼られてきた子が，先入観なしに接してみるとだいぶ違っていたということも，よく経験するところである。

一般意味論と言語教育

　一般意味論は，言葉の魔術*を見破り，言葉の誤用・悪用に警告を発し，その正しい使い方を目ざすものであるから，それを言語教育に応用することは有効である。

メディア教育と言葉の魔術　最近問題になっているメディア・リテラシーは，メディアを批判的に読み解くことであるが，これには一般意味論で警告している「言葉の魔術」への対策が役に立つ。

　言葉の魔術とは，大久保忠利によれば，「良すぎるほうにでも，悪いほうにでも曲げて表現されており，したがってその表現を使った本人にも，その表現を受け取った人にも，真実以外の情緒が加わってしまう，そういう言語表現」をいう（『ことばの魔術と切れ味』三省堂　1972）。それらは，

a　比較による魔術（比喩，類推，比較）
b　部分と全体（または他の部分）との関係についての魔術（性急な一般化，次元ずらし，言わないウソ）
c　抽象の魔術（抽象語，同一視）
d　感化的魔術（色づけ，権威づけ）

などである。

　言葉や画面の奥に隠された現実や，送り手の真の意図を見破る「批判的な読み」の重要性を考えると，言葉の魔術のいろいろなタイプを知り，そ

アメリカではミンティアー（C. Minteer）らがそのためのテキストを書いているが、日本でも荒井栄、横山親平、斎藤美津子、森岡健二、大久保忠利らの実践や研究がある。また、井上尚美は一般意味論を国語教育に応用するプランを提出している。それによると、

a 地図は現地ではないことを知れ（言葉は事実そのものではない）
b 報告・推論・断定を区別せよ（事実と意見との区別）
c 抽象の段階の違いを考えよ（抽象のハシゴ*）
d ものの独自性を見よ（平和$_1$は平和$_2$とは違う）
e 言葉で全ては尽くせないことを知れ
f 黒か白か式の二分法はやめよ

という項目を立てて、一般意味論の原理をわかりやすく説明し、練習問題をやらせるという形式をとっている。また、こうした考えを作文教育に応用した例として、大西道雄のプログラムがある。更に、福沢周亮や井上尚美は、小・中学校の国語教科書に一般意味論の入門的解説を書いている（言葉と事実との関係や、報告と推論など）。

一般意味論と生活習慣
　一般意味論を言語教育の中で教えるのは、単にその言語分析の技術的な知識ばかりではない。そうした知識を肉体化し、生かして使うようにするには、日常の生活態度や習慣にまで及ぼしていくことが必要である。例えば、

① 答え（反応）を留保する態度・習慣（衝動的に反応するのでなく、よく考えてから答えるという態度・習慣）
② 一般化することへの慎重さ（「近頃の若者は……」式の性急な一般化を防ぐ態度・習慣）
③ 批判的に聞き取り、読み取る態度・習慣（事実と意見、報告と推論と断定とを区別し、その根拠を吟味する態度・習慣）

などを養わせることは、単に言語教育にとどまらず、その人の思考法全般に、更に広く対人関係にも好ましい影響を与えるものといえる。
〈井上尚美〉

〈参考文献〉
荒井栄『言語の意味機能』法政大学出版局 1957。片桐ユズル『意味論入門』思潮社 1965。大西道雄『短作文指導の方法』明治図書 1980。宇佐美寛『教育において「思考」とは何か―思考指導の哲学的分析―』明治図書 1987。井上尚美・福沢周亮『国語教育・カウンセリングと一般意味論』明治図書 1996。井上尚美『言語・思考・コミュニケーション』明治書院 1972。S.I.ハヤカワ、大久保忠利訳『思考と行動における言語』原書第4版　岩波書店 1985。井上尚美『言語論理教育入門』明治図書 1989。

れをチェックすることは、情報化時代を生きる私たちにとって大変重要である。

抽象のハシゴ　一般意味論の指導者の一人S.I.ハヤカワによって工夫された用語。同じ事実に対して、言葉では抽象度の違う表現が可能なのであり、その間のレベルの混乱を防ぐことが重要である。例えば、「太郎はわがままな子だ」といった場合、「わがままな子」は太郎の多くの側面を捨象してつくられた抽象度の高い言葉であるが、両者が「である」で結ばれているため、我々はとかく「太郎＝わがままな子」というレッテルを貼ってしまいがちである。そこで抽象のハシゴを降りて具体的事実をおさえ、いつ・誰に対してわがままなのかを検討すれば、このような抽象度の高い言葉では表しきれない面があることに気づき、太郎に対する態度を再検討することが可能になるという。それゆえ、この考え方はカウンセリングや教育相談にも広く応用されるが、「教育評価」について考えるうえからも重要である。

IX 関連科学

153

心理言語学

心理言語学とは

　心理言語学（Psycholinguistics）にとって，1953年は記念すべき年といえるようだ。というのは，下記のような経緯の中で，1953年に，この語が一般化したからである。

　〈1951年〉　コーネル大学において，言語学と心理学についての非公式の夏期ゼミナールが，社会科学研究協議会によってもたれた。

　〈1952年〉　上記協議会は，"言語学と心理学に関する全国委員会"を結成した。

　〈1953年〉　上記協議会は，インディアナ大学でもたれた言語に関する野心的な境界学問についての会議を後援した。

　この語自体は，既にSprachpsychologieの訳語として使われており，また，1946年にはLanguage and psycholinguistics : a review（Psychological Bulletin, 1946, 43, 189-239）という文献総覧でも使われていて，必ずしも新しくはないが，1953年の会議では，そうしたことへの考慮はなく，まったく新しい概念を表すものとして登場した。

　したがって，こうしてみると，心理言語学は，その考え方のうえで過去とは関係なしに出現したような印象をもつかもしれない。しかし，その源について幾つかの説が出されている。例えば，一つはゲシュタルト心理学をあげるもので，ゲシュタルト心理学者がもつ，知覚における構造の性質や内的決定因の強調，主観的な理解への関心，行動主義者の公式に対する確固たる反対などを，その理由としている。また，一つは，ヴント（W. Wundt）をあげて，言語の研究は心理学の一つの領域である，分析の基礎的単位は文である，などの主張のゆえであるとしている。いずれにせよ心理言語学は，行動主義*の批判のうえに出現したことは明らかといえよう。

心理言語学の定義

　心理言語学の定義を明確に述べるには困難な点が多い。上記成立事情はアメリカでのことであって，ヨーロッパでは必ずしもこうした形にはなっていないからである。

　例えば，1969年に出版されたマルティネ（A. Martinet）の編集になる"La linguistique — guide alphabétique"（「現代言語学—基本概念51章」三宅徳嘉監訳『言語学事典』大修館書店　1972）では，心理言語学（Psycholinguistique）を「人間のコミュニケーションを象徴体系，特に言語の使用条件を規定する特殊な行動の総体とみなし，そのかぎりにおいてこれを研究する心理学の一部門である」として，「心理言語学においては，S-R（刺激stimulus-反応réponse）型の行動主義的図式に由来する学習の理論が最も重要な役割を演ずるのである」という記述に認められるように，行動主義も，そ

ゲシュタルト心理学　19世紀から20世紀の初めへかけての心理学は，意識内容（直接経験）を感覚要素に分解し，その要素の結合から心理現象を説明しようとする，いわゆる要素心理学であるが，これに反対したのがゲシュタルト心理学（Gestalt Psychologie）である。ヴェルトハイマー（M. Wertheimer），ケーラー（W. Kohler），コフカ（K. Koffka），レヴィン（K. Lewin）らが提唱した。

　ゲシュタルトとは，内部に分節部分を含んだ全体という意味で，全体は要素の単なる総和ではなく，それ自体一つのまとまりと構造をもち，部分に優位し部分を規定すると説かれている。

行動主義　アメリカのワトソン（J. B. Watson）は，1913年に，論文「行動主義者のみた心理学」の中で，行動主義者のみた心理学は，純粋に客観的で実験的な自然科学の一部門であり，その理論的な目標は行動を予測しコントロールすることに

れを批判したチョムスキー（N. Chomsky）も含めている。心理言語学が言語心理学とほとんど同義に扱われているといえるのだ。

したがって、ごく一般的には次のようになろうか。広義には、記号体系としての言語の理解・産出に心理現象がどのように関与するかを研究対象としていて、言語心理学と同義である。狭義には、チョムスキーの生成文法理論との関連で言語現象を心理学的に明らかにしようとする学問である。

心理言語学の内容

定義にゆれがあるため、内容にもおのずから違いが出てくる。例えば、原書名が『言語の心理学（Psychologie der Sprache）』であるが、英訳されて『心理言語学（Psycholinguistics）』になっているヘルマン（H. Hörmann）の著書（改訂版1970）では、いわゆるバーバルラーニング（verbal learning：「言語学習」「語句学習」の訳がある。language learning〔「コトバ学習」「言語学習」の訳がある〕とは分けて使われている）の研究に属するものなども対象としていて、かなり幅広く問題が取り上げられている。

しかし、このバーバルラーニングの研究の多くは、行動主義的色彩が濃いため、上記成立事情を背景とした心理言語学では、ほとんど取り上げられていない。例えば、チョムスキーの影響を直接受けているスロービン（D. I. Slobin）の著書（1971）では、文法、言語発達、意味、言語と認知で各章が構成されているが、このあたりが標準的な内容である。言語の病理学や神経生理学などを内容として取り上げている文献もあるが、「文法」「語彙・意味」「思考・認知」「言語獲得（学習・発達）」といったところが、ごく一般的な内容といえるようだ。

心理言語学と国語教育

1950年代までは、言語に冷淡であったアメリカの心理学の影響を受けて、わが国の場合も、言語心理学とか心理言語学とかの形で言語を取り上げることはなかった。しかしその中でも、読みの心理や言語発達の研究は、教育心理学や児童心理学の中で行われていた。国語教育に、わずかではあるが心理学の知見を提供していたのである。

したがって、それまでほとんど手がつけられていない、文法、意味、認知などの問題を直接の対象とする心理言語学が出現してからは、国語教育と心理学の結びつきは、更に強まったといえるだろう。

今後、特に広義の心理言語学が充実すると、国語教育の基礎学としての役割を果たすことができるようになると考えられる。

（福沢周亮）

〈参考文献〉
福沢周亮編『言葉の心理と教育』教育出版 1996。
福沢周亮『改訂版 言葉と教育』放送大学教育振興会 1995。

あるとして、行動主義（behaviorism）を唱えた。これが行動主義の始まりである。それまでの内観に基づく意識主義に反対するもので、新しい心理学は刺激（S）と反応（R）の関係のみに対象を限定すべきだとした。

しかし、その後、この考え方は極端にすぎるとして批判され、刺激と反応の間に生活体（O）の条件を媒介項として入れて、S－O－Rの関係で行動を扱う新行動主義が現れた。

チョムスキーが、直接その著書を批判したスキナー（B. F. Skinner）は、新行動主義の代表的な学者である。

154
コミュニケーション理論

コミュニケーション理論とは

コミュニケーションは、①話し手・書き手、②聞き手・読み手、③情報（伝達内容）、④言語（伝達手段）を成立条件とする。コミュニケーション理論は、伝統的な言語学が、言語行動に必須の上記4条件から④だけを抽出して、その要素性、構造性の分析と体系性*の究明をもっぱらとしてきたことへの批判から作り出されたものである。ソシュールによってその理論的基礎が確立された近代の言語研究は、コミュニケーションの成立に必要な上記①②③の言語外的条件を排除することによって、厳密な言語体系論を構築してきた。したがって、その学的成果は、言語本来のコミュニケーションの機能を解明し、その言語行動のあり方を導く理論とはなりえなかった。

コミュニケーション理論は、言語を①②の人間と③の意味的存在とに関わらせて、人間の意味創造（認識・思考）および意味伝達における言語のはたらきとその機構を明らかにしようとするものである。その立場から、更に言語が人間行動、社会状況、文化の継承と創造にどのように関わるかを追求する。言語学が記号体系のいわば閉じた枠内で精密化を目ざすのに対し、コミュニケーション理論は、心理言語学、社会言語学、文化人類学、情報科学*など複数の学問領域の中で分化発展しつつある。

コミュニケーション過程

コミュニケーション過程とは、話し手・書き手と聞き手・読み手の間における情報の生成、伝達、受容のプロセスをモデル化したものである。それは、〈観念（情報源）の生成→その言語記号化→記号の物理的伝達→記号の観念還元化→観念の了解〉という過程をとる。一般に、その生成から了解へのプロセスは一方流通とはならない。話し手は、聞き手の立場や了解レベルに応じた情報の生成、伝達の仕方を心がけ、その反応の仕方に規制されつつ伝達活動を実践する。聞き手も、話し手の伝達結果を受け止めるだけでなく、話し手の立場を踏まえた理解に努め、その伝達の流れ（話脈）の行方を予測しつつ了解活動を営んでいく。書き手と読み手との間にもそれに準じた伝達了解のプロセスが生じる。

この情報の伝達過程において重要な役割を果たすのが、言語コードである。コードとは、体系化された一連のきまりのことで、例えば、言語情報を暗号で伝えるときの暗号化符号システムなどのことをいう。この情報の符号化変換システムの概念を言語コミュニケーション過程に適用して、伝達了解のメカニズムを説明することができる。

言語の体系性 言語は、最も単純にいえば音と意味の対応から成り立っている。意味の最小単位としての単語は、音や音節の組み合わせから成り、文を構成する要素となる。そのような音や音節の組み合わせが意味に対応する音声の形式となるためには、音韻としての体系をもたなくてはならない。また、言語は、単語の組み合わせによって文を作る場合の組み合わせ方に法則性があり、それを文法という。文法もまた法則の体系から成り立っている。意味の集合である語彙もまた、さまざまな意味の集合体としての体系性を有している。言語の体系性は、音韻、文法、語彙の三側面に見いだされる。

情報科学 情報の取り扱い方に関する総合科学で、情報伝達、情報処理、情報管理、情報蓄積など、多くの部門に分かれる。コンピューターの開発とともに発達したもので、情報工学ともいうべき性格が強い。情報化社会、情報産業を支える基礎学であり、実践学である。

マス・メディア マス・コミは、同一情報を大量

話し手・書き手は，自己の既有の言語コードによってメッセージを作成・伝達し，聞き手・読み手は，それを自分の言語コードに照らして解読する。しかし，お互いが共有の母国語を用いていても，所有するコードは全く同じではないので，その差異の度合いに応じて伝達了解の達成度が異なってくる。そのコードに個人的差異をもたらすものは，その個人の能力的資質，生活状況，経験などの違いである。

コミュニケーション理論は，このように言語体系（コード）を，それを用いる人間の状況に合わせて捉え，情報伝達の機構を明らかにしようとするものである。

パーソナル・コミュニケーションとマス・コミュニケーション

パーソナル・コミュニケーションは，1対1または数人からなる面談的な場で成立するコミュニケーションである。マス・コミュニケーションは，マスに大量と大衆の二重の意味があり，マス・メディア*を用いて大衆に一定の情報を大量にしかも同時的に伝達する活動である。パーソナル・コミュニケーションの伝達が交流的性格をもつのに対し，マス・コミュニケーションは，その伝達過程において，送り手が受け手の了解過程からの直接のフィードバック*を受けることなく一方的な伝達となる。そのために，マス・コミの意図的な情報選択，情報操作によって大衆の思考法，感受性，思想形成などが画一化されていくという問題が生じる。しかも，コンピュータなどの発達によるマス・メディアの高性能化によって，ますますその傾向が促進されていく。そうした状況に対処するには，パーソナル・コミュニケーションの交流的機能がマス・コミの情報生成・選択過程にもはたらくような，情報の受け手の側からのはたらきかけが強化されなくてはならない。

個体内コミュニケーション

パーソナル・コミュニケーションの機構は，個々の人間の精神活動の中にも存在する。我々は，ある問題について思索するとき，しばしば自問自答をする。自問自答は，個人の内部に二人の自己を分立させ，対話*させるコミュニケーション活動である。その意味で，思考のメカニズムは，パーソナル・コミュニケーションの仕組みに深く関わっている。思考の原初は，直観的，イメージ的，流動的な存在で，それが何であるかを自らに問い確かめようとして，それに言語の形を与え，内なる他の自己に伝えようとする。独り言はその具体的な表れである。そのような言語化過程をくぐって思考は明瞭化され，他の人間にも伝達・了解の可能な情報となる。

（小田迪夫）

〈参考文献〉
宍戸通庸・平賀正子・西川盛雄・菅原勉『表現と理解のことば学』ミネルヴァ書房 1996。

にしかも同時に送り出す。その伝達媒体（手段）のことをいう。新聞，雑誌，ラジオ，テレビなどの出版，放送機関を指す場合と，そこで使われる印刷機械や発信・受信装置を意味する場合がある。

フィードバック ある活動によって生じた結果が，逆に遡ってその原因である活動に作用して，その活動を規制，修正する仕組みのことである。話し手は，聞き手の話の受け止め方に反応して声の大きさ，話の速度を調節したり，話の内容を詳しくしたり，短くしたりして，より適切な伝達が達成されるように努める。マス・メディアを媒体とする伝達の場合は，伝達装置がそのような仕組みを備えていないために，上記のごとき問題が生じるのである。

対話 対話を，上記のごとく個体内コミュニケーションと，個人と個人とのコミュニケーションの二面から捉えることは，言語を思考と伝達の関わりの根元から問うことになり，国語教育もその関わりを踏まえた指導をする必要がある。

IX 関連科学

155
コンポジション理論

コンポジションとは

コンポジション（composition）とは、19世紀末以降、合衆国の大学に設置された文章表現を学ぶための基礎課程の名称であり、その教育内容をも指す。専門課程のレポートや論文で要求される論理的で明快な文章を書く力をつけることが目的とされる。

伝統的な音声・文字による表現理論であるレトリック*（rhetoric）のうち、上記の目的に沿った部分に範囲を絞って整理を行い、実務的な内容を補って体系化された理論である。こうした特質ゆえ、合衆国の研究者の中には、カレント・トラディショナル・レトリック（current traditional rhetoric ＝俗流修辞学）と呼ぶ向きもある。

わが国におけるコンポジション受容

わが国では、明治期以降、抽象的な文章理論として、あるいは具体的な言語技術として、さまざまなレベルでの受容がなされてきた。例えば、坪内逍遙『小説神髄』（明治18～19年）や、正岡子規による「写生文」の提唱などには、コンポジションからの援用がなされている。国語科教育では、佐々政一が翻訳にあたったヒル（Hill, A. S.）の『修辞法』（明治34年）は芦田恵之助の所説に生かされ、垣内松三の『国語の力』（大正11年）ではジェナング（Genung, J. F.）の理論が論究された。戦後においても、昭和33年版学習指導要領の記述をはじめ、各所に受容の痕跡を指摘することができる。上述のように、わが国に与えた影響は少なからぬものがあるが、その多くは部分的で、理論としての全体はあまり注視されてこなかった。

コンポジションの本格的紹介を図った著書としては、森岡健二『文章構成法』（至文堂 昭和38年）が知られている。ただし、書名にあるように、森岡が「構成」という語を使用したことから、コンポジションは配置・構成過程に限った形式的言語操作であるといった誤解も生じた。わが国で「コンポジション理論」と呼ばれているのは、森岡の『文章構成法』を筆頭に、木原茂『現代作文』（三省堂 昭和38年）、樺島忠夫『文章構成法』（講談社現代新書 昭和55年）など一連の著書に盛られた理論である。パターン化した作文指導を非難する場合の決まり文句として用いられる一方で、コンポジションそのものへの検討は等閑視されがちである。

コンポジションの概要

コンポジションでは、書く行為の流れに従って次のような項目が設定されている。
①主題―何について、どのような切り口で書くかを決定する。
②アウトライン―効果的な材料の配置を工夫し、文章全体の骨格を整える。

レトリック 言葉による説得を研究対象としている学／術。紀元前に誕生し、ギリシャ・ローマ時代に体系立てられ、西洋で一貫して継承されてきた。わが国では、修辞法、あるいは弁論術と訳されている。

レトリックでは、説得の方法を、エトス（性格）・パトス（感情）・ロゴス（論理）の3要素から捉えている。この3要素に基づいて、本文中の5部門に取り組んでいくことで、説得力あるスピーチや文章が成るとされる。

コンポジションにおける文種 コンポジションでは、各種文章に共通した書くうえでの一般的な原則と、文種（文章の種類）に応じた個別の原則の双方を扱っている。コンポジションでは原則的に、描写・物語・説明・議論の4文種を区別して説明を行っている。このうちの「描写」についての理論的説明が、「写生文」に影響を与えた。

主題（構想）過程における作文指導 この過程について森岡は、主題表の活用を薦めている。主題表とは、書くことを発見するための項目リストで

③パラグラフ―内容の統一性を考えて、パラグラフ（≒段落）を組織する。
④文―論理的で、文法的に正確な構造の文を書く。
⑤語（文字表記）―適切な語を選び、表記の規則に従って使用する。

ちなみに、レトリックでは伝統的に次の5部門が設定されている。
(1)構想―どういう方法によって説得するか探し出す。
(2)配置―適切な順序で配列する。
(3)修辞―効果的な表現を工夫する。
(4)記憶―話の内容を記憶する。
(5)発表―発声や身振りを工夫する。

両者を比較すると、コンポジションで扱っている項目は、レトリックでいうところの「(1)構想（＝①主題）」「(2)配置（＝②アウトライン）」「(3)修辞（＝③パラグラフ～⑤語）」であることがわかる。主題からアウトラインまでは、実際に書き始める前にあらかじめ論理構成を堅固に組み立てる過程とみなされている。

各過程で使用する言語技術は分節化され、平易な説明が行われている。「文は人なり」「書きたいことがあれば書ける」といった行き過ぎた内容主義に陥りがちなわが国にあって、どうすれば書けるかを明確にしようとした功績は正当に評価すべきである。

読解への応用

わが国におけるコンポジション受容において特徴的なのは、上述の文章表現のみならず、過程を逆方向から捉えることで、読解にも応用された点である。昭和20年代、増淵恒吉（ますぶちつねきち）によって提案された。後に、永野賢（ながのまさる）による文法論的文章論の成果も合わせて整理され、昭和30～40年代以降、「段落指導」の名のもとに広がり、現代でも実践されている。すなわち、③パラグラフを手がかりとして、②アウトラインを押さえ、全文の①主題を把握する方法として構築された。ただし、英語圏のパラグラフと、わが国の段落との間には質的な差異もあり、多くの批判にあるように、読解の方法論としては改善が求められている。

今後の展望

森岡によって1950年代のコンポジションが紹介されたが、以降、合衆国では、インベンション（主題の発見法）の改良、学習科学の研究成果に基づくメタ認知＊や協働による取り組み、伝統的な文種から更に進めて社会的なジャンルの重視、コンピューターの活用などといった点について進展が図られている。わが国では、こうした動向は断片的に紹介されているにすぎず、コンポジションへの新たな探究が求められている。

（中村敦雄）

〈参考文献〉
Connors, R. J. Composition-Rhetoric (University of Pittsburgh Press, 1997).

あり、例えば、次のような項目があがっている。
　a　わたくしについての記録
　(1)家庭・家族　(2)遊び　(3)休暇　(4)旅行
　(5)家の習慣　(6)趣味　(7)仕事　(8)学校生活
　(9)希望　(10)過去のこと　(11)友人　(12)環境
　(13)好きな動物　(14)持ちもの
　　　　　　（森岡健二編『作文』至文堂　1964）
以上の項目について、自分と関連することを列挙していく。aの(1)の場合、「わが家の夕食時、父母のちがい、なまいきな弟、兄はスポーツの選手、病気」といった例が提示されている。

メタ認知　学習などの認知活動そのものを対象とした高次の認知。作文についていえば、作文の書き進め方や、困難が生じたときの対処法などについての知識、自分自身が現在どのように文章を書き進めているか自覚的に制御し、調整することなどを指す。メタ認知を活性化することが効果的な学習をもたらすと想定されている。メタ認知を生かすための方法論について、実践的な研究が進められている。

156

テクスト論

テクスト・テクスト論とは

「テクスト論」とは何かを考えるには，何よりも「テクスト」とは何かを検討しなければならない。しかも，「テクスト論」とは「テクスト」の捉え方によってその性格が決まってくるものなので，「テクスト」とは何かを問うことが最も重要なことになる。

小森陽一は，次のようにまとめている。「『テクスト』とは，まずなによりも複数性の場である。『テクスト』の原義は『織物』であるが，一枚の布が縦糸と横糸の交錯によって織りだされるように，『テクスト』は多様な要素の錯綜体としてあらわれている。『テクスト』は，先行，同時代の諸テクストの引用の織物であり，範列（パラディグム）と連辞（シンタグム）の交錯であり，諸コードの相互変換の場であり，異なる言葉の対話の場であり，なによりも自らが諸テクストの錯綜体であるところの読者がかかわることによって，意味が生産される動的な場なのである。／『テクスト』を読む読者は，書くことと読むことの相互関係を意識化し，『テクスト』の意味生成にあたかも共同執筆者のように自ら参加する，生産行為を行う主体となる。」（『読むための理論』pp.5～6）

一方，「作品」という捉え方では，「作者」が唯一の生産者であり，その生産物である「作品」を「読者」は大勢の消費者として受け取る，という図式になる。関係は一方向的で固定化されたものになる。

このような，「作品」から「テクスト」へ，「作者」から「読者」へ，といった重点の移行は，近年の文学・批評理論の大きな傾向である。特に「読者論」は国語教育界にもその痕跡を残すことになった。

ここまでの「テクスト」論議から，「テクスト論」については，テクストを「読む」「書く」の主体およびその対象との関係において論じるもの，と定義しておきたい。

「書誌学」から見たテクスト

国語教育との関係でテクスト論を検討するにあたって，もう一つ見ておきたいことがある。それは書誌学である。そこで展開される，テクスト自体の見直し・捉え直しは，国語教育にとって重要な示唆を与えてくれる。

マッケンジー（D. F. Mckenzie）は「書誌学は，テクストを記録形式として研究し，その生成と受容も含む伝達過程を研究する学問である」と定義し，更にそのテクストは「言葉から成るデータのみならず，視覚的，口述的，数値的データでもあり，地図や印刷物や音楽の形状をとることもあれば，録音記録や映画やヴィデオやコンピュータに蓄えられた情報の形状をとることもあり，

読者論 「読む」ことに関わる「読者」の役割を解明することに中心を置く理論の総称。

1980年前後から注目を集めた読者論には二つの流れがある。一つは「受容理論」で，ドイツのコンスタンツ学派を中心とするもの。もう一つは『読者反応批評』（1980）という研究書に名前を連ねた英語圏を中心とする研究者たち。前者については，ホルプ『〔空白〕を読む』（勁草書房 1986），後者については，ビーチ『教師のための読者反応理論入門』（渓水社 1999）が参考になる。

受容理論 ドイツのコンスタンツ学派を中心とする理論。代表的理論家には，ヤウス（Jauss, H. R.）とイーザー（Iser, W.）がいる。ヤウスは受容美学的な歴史・文化研究を，イーザーは作用理論的なテクスト研究を中心に行っている。

読書行為論 読者論の代表的な理論家イーザーの理論は，その著書『行為としての読書』（岩波書

実際，石に刻まれた碑文から，最新のディスク保存形式のデータに至るまで，ありとあらゆるものを指す」(『岩波講座　文学1』pp.217f) といっている。

　記録形式としてのテクストの，その生成から受容までを研究対象とすることで，これまでのテクスト・テクスト論の見直しが求められることになるだろう。そのあたりのことを，兵藤裕己は次のようにまとめている。「書かれたもの（印刷されたもの）からその素材的な諸条件を捨象し，書記言語の分節的側面だけを特化・抽象したテクスト（本文）という観念は，テクストという語のもとの意味からすれば比喩的・派生的な用法である。マッケンジーは，フォルマリズムやニュー・クリティシズムから，ポスト構造主義，ディコンストラクション等にいたる20世紀の一連の批評理論が，無機的な外観をもった印刷形式が『良い印刷』と考えられるようになった時代に生みだされたことに注意をうながしている。／テクストの生成過程にみられる人間（口述者，書写者，印刷職人，等々）の複雑な働きへの関心を消去してしまうような批評の自己陶酔は，ある特定の時代の印刷形式がもたらした思考の一様式として，書誌学的に相対化されてしまうのだ。」（同書p.2）

　以上のような議論がもたらすものは何か。それは国語教育におけるテクスト論の可能性の拡大である。「読むこと」「書くこと」の学習指導観への影響にとどまらず，教科書や板書・ノート，発表など，実際に「読まれるもの」「書かれたもの」「話され聞かれるもの」といった教材・学習材の見直し・捉え直しまでが範囲となってくるのである。

国語教育とテクスト論

　国語教育の学習指導観に関わる「テクスト」の定義についても見ておきたい。
　難波博孝は，談話と文章に対してテクストを次のように区別することを提案している。まず談話が音声言語であるのに対してテクストは書記言語であり，文章が顕在化した相であるのに対してテクストは潜在的な相である，と。しかしながら，先に見たような書誌学の展開からすると，テクストの範囲は広がり，国語教育の学習指導において「記録」可能なもの，利用可能なもの全般に及ぶことになるだろう。「縦書き」による板書やノート，硬筆・毛筆などの「肉筆」，「肉声」テクストとしてのスピーチ等の記録など，テクストとして扱うべきものは無限に近い。国語教室も，絶えず増幅し変貌していくテクストとして見直すことになる。
　　　　　　　　　　　　　（上谷順三郎）

〈参考文献〉
石原千秋・木股知史・小森陽一・島村輝・高橋修・高橋世織『読むための理論』世織書房 1991。『岩波講座　文学1　テクストとは何か』2003。難波博孝「新しい言語学と国語教育学研究」『国語科教育学研究の成果と展望Ⅱ』学芸図書 2013。

店 1982) にちなんで読書行為論とも呼ばれる。日本では，田近洵一が『読み手を育てる』（明治図書 1993）で読者論から読書行為論への展開を促した。

コンテクスト　場面，文脈と訳される。織り (text) 合わせる (con) ということから考えても，テクストを元にしながらテクストを形づくるものがコンテクストであり，絶えず増幅し変貌するものといえる。サイード（Said, E.）によれば，「あるテクストにとってのコンテクストとは他の様々のテクストによって織りあげられる間テクストにとどまるものではなく，政治的かつ倫理的な効果も含まれねばならない。その時テクストは思想と言葉と権力（権威）と欲望とが邂逅し，せめぎ合う場となるのである。」という。（『岩波哲学・思想事典』1998，p.1118）

IX 関連科学

157

国際バカロレア

国際バカロレア

　国際バカロレア（以下，IB）は，国境を越えて移動する次世代の人間のための世界共通の教育プログラムである。国際的に認定された大学入学資格を与える Diploma Programme（DP）が1968年，中等教育プログラム Middle Years Programme（MYP）が1994年，初等教育プログラム Primary Years Programme（PYP）が1997年に開設された。日本では2013年に文部科学省がIBよりDPのデュアル・ランゲージ・プログラム*の認定を受けた。国語科に相当する「言語A」では母語指導を徹底させている。

　IBは，より平和な世界の構築に貢献できる人材育成を目ざし，学習者中心主義の「探求」学習，「グローバルな文脈」に基づく「概念理解」の形成，「学習の方法」スキルの習得，批判的思考と創造的思考の育成を目標としている。

「10の学習者像」を育成する探究学習

　IBの理念は「10の学習者像」の育成である。「探究する人・知識のある人・考える人・コミュニケーションができる人・信念をもつ人・心を開く人・思いやりのある人・挑戦する人・バランスのとれた人・振り返りができる人」を掲げている。

　これらの資質を育むために，構成主義の教育理論に基づく探究学習に取り組ませる。探求学習では，新しい物事を学ぶ時，学習者が主体となり，既有の知識との関連を探り，自分自身で問いや仮説をたてることから始める。そして，協働学習で，調査，実験，討議，分析など，さまざまなアプローチに取り組み，自分なりの答えを探り当て，知識を獲得していく。

グローバルな文脈に基づく概念理解の学習

　グローバルな文脈とは，ローカルな日常生活からグローバルな地球規模の問題までを含む物事の背景にある具体的状況，コンテクストのことである。学習と結びつけることによって，学習者は自己と世界の関わりを捉えることが可能となる。

　MYPでは「アイデンティティーと関係性・空間的および時間的な位置づけ・個人的表現と文化的表現・科学および技術の革新・グローバル化と持続可能性・公正性と開発」を設定している。PYPでは「教科の枠をこえたテーマ*」の6項目を設定している。

　「概念」は知識と知識をつなぎ，体系立てる働きをする。「概念」を獲得した学習者は学習内容をグローバルな文脈とも結びつけ，永続的な深い理解に到達する。更に，新しい状況でも知識を転移・活用し，複雑な課題解決に取り組むことができる。これを，Ericksonは「知的相乗効果」と呼ぶ。

デュアル・ランゲージ・プログラム　日本の一条校（教育基本法第一条で定められる学校）でDPの6教科中，4教科を日本語で指導することを認めるプログラムのこと。DPでは「言語A」以外の教科は英語指導を基本としている。初等・中等教育までは文化的アイデンティティーの形成と認知能力の発達を促すために全教科での母語指導を推奨している。

構成主義の教育理論　学習とは，学習者が既にもっている知識や概念を土台に，共同体の中でのグループワークを通して，自身の力で新たな理解の枠組みと知識の体系を構成していくこととする教育理論である。知識は状況に依存し，その状況の中で知識を活用することに意義がある。教師は知識を伝授することではなく，学習者が共同体に参加できる環境を整え，対話を通して知識や概念の獲得を促すファシリテーターの役割が求められる。

PYP「教科の枠をこえたテーマ」　「私たちは誰なのか」，「私たちはどのような場所と時代にいる

MYPでは教科横断的に指導すべき「重要概念[*]」の項目と各教科の内容特性に応じた「関連概念」の項目を設定している。
「言語A」における学習の方法スキル
　「学習の方法（Approach to Learning）スキル」とは「コミュニケーション，社会性，自己管理，リサーチ，思考」の5つのスキルのカテゴリーで構成され，学習活動を通して習得を目ざす。「コミュニケーションスキル」とは相互作用を通して思考やメッセージ，情報を効果的にやりとりするために，言語を活用する力である。口頭による「話す・聞く」や文書による「読む・書く」に加え，視覚的な「見る・発表する」も含む。
PYP「言語科」の特徴
　PYPでは，6つの「教科の枠をこえたテーマ」毎に「探究ユニット」を設定し，年間カリキュラムを構成する。ユニットの学習活動を通して言語，算数，理科，社会，体育，芸術の6つの教科を統合して指導する。ユニットの学習の本質を表し，普遍的で汎用的な概念を表す「中心的アイデア」を掲げ，それを探求する指導計画を立てる。これはWiggins and McTigheの提唱する「逆向き設計」の理論に基づいている。「言語科」では言語の性質や構造の理解，言語の活用法，言語の効果と多様な影響力，言語の多様性についての指導を行う。
MYP「言語と文学科」の特色
　MYPでは「重要概念」「関連概念」「グローバルな文脈」を組み合わせて「探究テーマ」を構成し，ユニットをデザインする。「言語と文学科」の関連概念は「受け手側の受容，登場人物，文脈，ジャンル，テクスト間の関連性，視点，目的，自己表現，設定，構成，スタイル（文体），テーマ」である。指導目標は「分析・構成・創作・言語の使用」である。
DP「文学」「言語と文学」の特色
　DP「文学」のシラバスは「パート1　翻訳作品」「パート2　精読学習」「パート3　ジャンル別学習」「パート4　自由選択」の4つで構成され，文学批評のアプローチの仕方を学ぶ。DP「言語と文学」は「パート1　文化的文脈における言語」「パート2　言語とマスコミュニケーション」「パート3　文学：テクストと文脈」「パート4　文学：批判的学習」で，社会的コンテクストに照らした分析を主軸とする。
　DPの最終課題では，論述試験や口述試験，プレゼンテーションを通して，概念を駆動する思考力が試される。　　（中村純子）

〈参考文献〉
Wiggins, G and McTighe, J. 西岡加名江訳『理解をもたらすカリキュラム設計──「逆向き設計」の理論と方法』日本標準 2012。Erickson, HL. Concept-Based Curriculum and Instruction for the Thinking Classroom. USA. Corwin Press. 2006。半田淳子編著『国語教師のための国際バカロレア入門』大修館書店 2017。

のか」，「私たちはどのように自分を表現するか」，「世界はどのような仕組みになっているのか」，「私たちは自分たちをどう組織しているのか」，「この地球を共有すること」の6項目を指す。
重要概念　「概念」は知識と知識をつなぎ合わせる働きをする。この働きをWiggins and McTigheは，「概念のセロハンテープ」と呼ぶ。PYPでは「特徴，機能，原因，変化，関連，視点，責任，振り返り」の8項目，MYPでは「美しさ，変化，コミュニケーション，共同体，つながり，創造性，文化，発展，形式，グローバルな関わり，アイデンティティー，論理，ものの見方，関係性，体系，時間，場所，空間」の16項目を設定している。
逆向き設計　ユニットを通して最終的に何を学ばせたいのか，何をできるようにさせたいのかいった到達目標と評価課題とする成果物を最初に設定してから，学習活動や指導計画をたてるカリキュラム・デザインのこと。Wiggins and McTigheの理論で最終ゴールを先に設定することから「逆向き」と呼ばれる。

158

言語学

言語学とは

言語学とは，個別の言語を扱うのではなく，普遍的に扱う学問領域である。個別の言語研究（日本語学，英語学など）との関係でいえば，個別の言語の研究成果が帰納的に言語学の成果となるのでなく，言語一般に対する普遍的な枠組みの中から生まれた仮説が，個別の言語研究によって検証され，言語学の理論となるのである。

言語学的態度

日本語に見られる現象だからといって，それが多くの言語に見られなければ言語学の成果（つまり言語の普遍的な現象）とならないのでなく，当該の日本語の現象が「言語学の理論」によって説明可能かどうかで決定されるのである。

言語学においては，全ての言語現象には「特殊」と「一般」という概念はありえない。「（言語学の理論によって）説明可能」か「説明ができない」のいずれかしかない。

説明ができない現象を，当該の個別言語の中でなんとか説明しようとする態度は，「言語学的な態度」ではない。世界のさまざまな言語の現象を視野に入れて，包括的に説明しようする態度が「言語学的な態度」である。

言語学のまちがい

言語に対する思索は古代ギリシャ時代からあったが，ソシュールの「一般言語学講義」の出現によって，言語学の研究対象が明確になったといわれている。

ソシュールは，言語を「ランガージュ」「ラング」「パロール」の三つの側面に分けた。本質的で社会的な面をもつ「ラング」（言語）と，偶発的で個人的な面を指す「パロール」（言），そして，「ラング」をもとに「パロール」を発話できる人間の能力である「ランガージュ」（言語活動）である。ソシュールは，前者の二つを対象とする「言語の科学」と「言の科学」のうち，「言語（ラング）の研究」を優先すべきであるとしたといわれてきた。

このようなソシュール理解に基づき，言語学や個別言語研究（日本語学など）は，豊穣な言語現象から個人的な側面をそぎ落とし，理論的な仮説に過ぎない「ラング」が，あたかも諸言語を支配している「規則」であるかのように記述し，それに従うことが「正しい言語使用」であるというイデオロギーを生み出してきた。学問は「没価値的な態度」を取るべきなのにも関わらず，言語学が新しい「理論」を生み出すたびに，それは個人の豊かな言語使用を抑圧するイデオロギー装置としてはたらいてきたのである。

ところが，丸山圭三郎（まるやまけいざぶろう）が明らかにし，『一般言語学講義第三回講義』（エディットパル

語用論 語用論は，発話の意味を，広義のコンテクストと関連づけて研究する分野である。通常のコミュニケーションでは，人間は，文字どおりの意味というコード的な部分とコンテクストとから推論を行い，発話の意味を形成する。人間は，コードを超え，自らの主体的な営みとして発話の意味を生み出すのである。この発話の意味を探究するのが語用論である。

応用言語学 応用言語学は，日常生活や教育における問題を解決したり，他の学問が提起する幾つかの疑問を解決するため，言語学の研究成果や理論の枠組みを利用する学問のことである。

応用言語学には幾つかの分野がある。第二言語教育を中心とした言語教育研究，心理言語学（言語心理学），神経言語学，言語社会学，社会言語学，言語地理学，そのほか文体論，翻訳研究，国語政策，コミュニケーション研究などが含まれる。

言語社会学 人間は通常，他者と言語を用いてコ

ク社 2003)で決定的になったように，ソシュールは「ラングを優先すべし」とは言っていなかった。ソシュールは述べる。「はっきりしていることは，一般的な事象を創り出しているのは，すべて個々人が参加しているからです。したがって，私たちは個の言葉（ランガージュ）の働きに目を向けなければなりません。」（『一般言語学講義第三回講義』p.28）

　言語学が普遍的な言語現象を扱う学問である以上，一般化の作業は避けられないのは先述したとおりである。言語学のまちがいは，個々人の言語現象の多様なありようを全て切り落として「共通性」だけを抜き出そうとした態度であった。

　言語学が目ざすべきは，個々人の言語現象の多様さそのものを説明できる理論を構築することである。したがって，言語学は必然的に，「社会言語学」や「語用論」「テクスト言語学」「認知言語学」などでなければならない。これらの学問領域は，個々人の多様な言語現象を，さまざまなアプローチで説明しようとしたものである。これらの領域以外に，純粋言語学があるというのは幻想なのである。

国語教育と言語学

　国語教育は常に，引き裂かれの危機にある。「正しい日本語」と「多様な日本語」との引き裂かれである。その原因は，言語学（直接的には日本語学）による「まちがった態度」のせいである。子どもの言語現象を丁寧に見守ってきた実践者や研究者は，個々人の多様な言語現象の変容と発達に即して，そのサポートをしようとしてきた。彼らは，「正しい日本語」「一つだけのラング」がいかに幻想かを知っているにもかかわらず，「まちがった態度」をもった言語学や日本語学によって，常に不安にさらされてきた。

　国語教育の関係者は，教室や生活で起こったさまざまな個々人の言語現象を丁寧に記述し，それに寄り添いながらサポートしつつ，言語研究者にデータを提供していく。また，言語研究者は，豊穣な現象をそのまま説明できる理論を構築するために，安易に「抽象化」することなく，そのデータを使う。こうすることによって，両者の真の協働が行われていくだろう。

　21世紀に入り，山中桂一・石田英敬編『シリーズ言語態』（東京大学出版会 2001）のように，人間の言葉の実践の総体を言葉の生の様態としての言語態として捉えようとするもの，また，野呂香代子・山下仁編著『「正しさ」への問い―批判的社会言語学の試み―』（2001）のように，言語研究そのものを批判的に見ていこうとするものが現れてきている。国語教育との連携がようやく図られるようになったといえる。

（難波博孝）

ミュニケーションを行い，コミュニケーションによって社会を形成している。言語の観点から，人間の社会活動や社会構造を分析する学問を言語社会学という。社会言語学が，言語を中心にした研究の立場であり，地域，年齢，階級・宗教，性などの違いによる言葉の体系の相違を研究する言語学の一分野であるのに対し，言語社会学は，社会を研究対象として，その分析の道具・観点として言語を使用する，社会学の一分野である。

認知言語学　認知言語学は認知科学の一分野であり，人間の言語における意味の生成と機能とを認知的な視点から解明しようとするものである。認知言語学は，人間の認知的な意味を生み出す作用を言語の重要な側面として捉え，言語知識と他の知識とのつながりの中で動的な説明を与えようとし，身体性に支えられた経験的知識や非言語的な営みと併せて言語を研究しようとしている。

159 文章心理学

文章心理学とは

文章心理学は、ある特定の場所、ある特定の時間において実現される個人の文章表現（具体的には、ある作家の作品の文体など）を、種々の心理学的方法により研究しようとする学問領域である。

文章心理学における「文章」の定義は、一般に広く受け入れられている時枝誠記(1900～67)による文章の定義「文の集合であって、なんらかのまとまりをもった言語表現」とはやや異なっているようである。その違いの要点としては、①文章心理学の「文章」には「文体」の意味が含まれる、②文章心理学の「文章」は、ソシュールのいうパロールと同様、個人によって実現されたものという性格をもつ、という点があげられよう。①については、波多野完治(1905～2001)による著作中に明らかであり、②については、安本美典によって強調されているとおりである。しかし、以下に述べる課題や研究法との関連で必ずしもこのかぎりでなく、一般的意味での文章と考えて差し支えない場合が多い。

文章心理学の課題

波多野は、文章心理学の課題として以下の四つをあげている。

①文章を書く場合の「手法」の心理学的根拠を明らかにする。

作者がある言語体系の中から、自分のもつ題材に最も適した表現様式を選び出すメカニズムやプロセスを解明することであり、文章についての一般心理学であるといえる。

②個々の文章ジャンルや作家の文章類型の心理的基礎を調べる。

①の課題で研究される「手法」のうち、あるジャンルやある作家、あるいはある集団において、特徴的なものは何かを調べることであり、文章の性格心理学に相当する。

③文章の移り変わりを心理学的に説明する。

子どもの文章から大人の文章への移り変わり、作家が若年から老年に進むにつれて、どんなふうに「文章」が変わるものかなど、個人についての文章の発達心理学的研究。

④文章に上達するのにはどういうふうにすればよいかを心理学の立場から研究する。

文章の学習心理学や教育心理学というべきもので、文章上達法や近世の修辞学の科学的再建を目ざすもの。

文章心理学の研究法

文章心理学の課題②にあるように、ある作家の作品の文体について研究することは文章心理学の一研究課題であるが、それが従来から行われてきた文体論や文学論というような学問領域とどう違うのかは、その研究手法にあるということができる。従来

波多野完治 元お茶の水女子大学学長、名誉教授。日本心理学界の重鎮の一人。文章心理学における多数の先駆的研究により、この領域の確立に貢献した。児童心理学・教育心理学という本来の専門領域での業績はもちろんのこと、視聴覚教育の日本への導入・普及にも指導的役割を果たし、心理学界にとどまらず、広く教育界に影響を与えた。

計量国語学 国語学の諸研究課題を計量的方法により研究しようとするもので、文章心理学を国語学の視点から見たものに相当する。同名の研究論文誌が、昭和31年に設立された計量国語学会より発行されている。最近は、計量的方法にとどまらず、広く数理的研究も掲載されており、研究対象も「国語」に限定されることなく、外国語や計算機言語、個別言語を越えた言語普遍に関する研究まで包含している（学会や機関誌の英文名が、'Mathematical Linguistics'である点にも反映されている）。学会員の専門分野も国語学・国文学から言語学、心理学、情報工学、電気工学と学際

の文体論・文学論が，主にそれを論ずる学者の主観的洞察力によってなされることが多いのに対し，文章心理学者は，心理学的方法論に基づく客観的分析を用いて，文体を論じようとするのである。このことは文章心理学の他の三つの課題が，それぞれ類似の学問領域，文章法や言語学などとどう違うかについても同様である。

文章心理学が登場してきた20世紀初期から中期にかけては，心理学，教育学，社会学などが，先進の自然科学の影響を受けて客観的研究手法を用いた社会科学としての基盤を確立しようとしている時期であった。こうした学問の科学としての客観性を支える具体的方法となったのが，統計的方法であった。中でも，少数の標本から確率論的にその母集団について推測することを可能にした推測統計学の成立は，社会科学の客観的方法論の基礎となった。それゆえ，文章表現の心理学的研究においても，統計的方法が大きな役割を果たしてきたことはいわば当然であった。

文章心理学において好んで用いられてきた指標には，文の長さ，色名や比喩などの出現頻度，文中の漢字の割合などがある。統計的方法といっても，初期においては，これら指標を単に計数的・計量的に記述するだけであったが，1960年代以降には，コンピュータの発達などにより，因子分析などの多変量解析法も多用されるようになった。

心理学的方法の文章研究への応用には，上述の計量統計的方法のほかに，情報理論の適用，精神分析的方法，作者との面接やロールシャッハ検査などを用いた臨床心理学的方法，被験者に対象となる文章を提示し，その印象やわかりやすさを評定点や反応潜時で測定する方法なども用いられている。

文章心理学的研究の現在

文章心理学は上述のように「心理学的方法を文章の研究に活用する」というものであった。日本における心理学自体の先駆者でもあった波多野完治や安本美典によって創始された研究領域であったが，関連する諸科学（言語心理学，計量国語学*，読書科学*，認知科学，認知言語学，談話分析）が発展するにつれて，文章だけでなく，言葉に関する研究に各種の研究方法が活用されるようになり，「文章心理学」という用語自体はほとんど用いられなくなった。それでも，上述の四つの研究課題に照らしてみると，現在でも文章心理学的研究であるものが少なくないことがわかる。

(守　一雄)

〈参考文献〉
波多野完治『文章心理学〈新稿〉』大日本図書 1965。波多野完治『最近の文章心理学』大日本図書 1965。安本美典『文章心理学の新領域 改訂版』誠信書房 1966。

的である。

読書科学　読書に関する科学的研究を目ざし，文章心理学がどちらかというと書き手に焦点を当てた研究を行うのに対し，読み手の立場から文章を研究しようとする学問領域である。印刷術の発達により，新聞・雑誌をはじめとする巨大な印刷文化の中で，現代人は書くことの何倍もの時間とエネルギーとを読むことに費やしている。また，読みやすい，わかりやすい文章を書くためには，どんな文章が読みやすいのかについて知らねばならない。

昭和31年以来，日本読書学会より『読書科学』という機関誌が発行されているが，掲載論文は，読書理論・読書指導や文学研究・教材論，および読書に関する教育心理学的研究が多い。

160

認知心理学

認知心理学とは

人の知的な活動の解明をめざす心理学の一研究領域。同じ目的を持つ哲学, 言語学, 脳神経科学, コンピュータ・サイエンスなどと認知科学を形成する。20世紀後半, コンピュータ・サイエンスの発展によって人の知的活動の過程をコンピュータになぞらえて解明する道が開け, 飛躍的に進展した。

教育実践との関わり

認知心理学は, 人の知的活動, つまり人が学習し, 記憶し, 思考し, 判断する仕組みやはたらきの解明をめざす。文章の理解・産出, さまざまな学習方略, 知識の姿, 推論やイメージのはたらきなどが主な研究対象である。その点で認知心理学は教育と深く関わる。最近の教育心理学, 中でも教授・学習の研究分野では, 認知心理学的研究が大きな流れになっている。(日本教育心理学会編『教育心理学ハンドブック』有斐閣 2003)

もともと心理学は, 人の知的な活動の解明をめざす学問だが, 20世紀前半の心理学の主流であった行動主義心理学と認知心理学とでは, その解明の仕方は対照的であった。行動主義心理学は, 学習を, 外部から与えられる特定の刺激と特定の反応が結びつくことによって現れる行動の変化として説明した(S-R連合主義)。そのため, 例えば, どんなドリルをどれくらい繰り返せばできるようになるかを重視した。その際, なぜできるようになったか, 学習者の内部でどんな過程が生じたかは不問にした。行動主義心理学は外部に現れた行動の変化のみを研究対象にし, 頭の中で生じる過程はブラック・ボックスに入れてしまったのである。一方, 認知心理学は, 人の頭の中で起こる過程をも研究対象にした。例えば, 学習者がどんな知識をもって学習に臨み, そのためにどんな理解の過程が生じ, 結果としてどんな知識が形成されたかを重視した。認知心理学が学校教育, 特に教科の教育のさまざまな問題と深い関わりをもつのはこのためである。アメリカ合衆国では, 認知心理学の成果を教育実践に応用する試みが組織的に行われている。(米国学術推進会議編著, 森敏昭・秋田喜代美監訳『授業を変える』北大路書房 2002)

文章理解研究と国語科

認知心理学が国語科と最も深い関わりをもつのは, 文章理解研究においてである。素朴な読解観によるなら, 文章理解の過程は, 文字が読め, 語の意味・文の意味がわかり, 文の集合体である文章の理解に至ると考えられるだろう。これを, 小さな要素から理解を積み上げていく過程=ボトム・アップの過程と呼ぶ。この過程は確かに文

スキーマ(schema) 一般化・構造化された知識や, それが頭の中に蓄えられている姿(表象)のこと。例えば「病院」という言葉からは, 「病院とは~」という辞書的意味のほかに, 診療申し込みや診察, 投薬など, 実際に病院にかかる際の一般的な知識が順序よく思い起こされる。後者のようなタイプの知識をスキーマという。認知心理学では, スキーマは人の知的活動を解き明かす「鍵」になる概念であり, 「表象主義」という言葉もこれに由来する。ピアジェのシェマも類似の概念。

物語文法(story grammar) 物語の典型的な展開や, それについて人が持っている知識(物語スキーマ)をモデル化したもの。マンドラーとジョンソン(Mandler, J. M. & Johnson, N. S.)やソーンダイク(Thorndyke, P. W.)によるモデルの提案がある。両者に共通するのは, 物語を「ある設定のもとに何かが起こり, それが登場人物の行動によってある解決をみるに至る過程」と捉える点。この点から見ると, 教科書の文学教材にも典型的なものとそうでないものとがあることがわかる。

章理解の重要な一面である。しかし，認知心理学は，これ以外にもスキーマを用いて文章の細部を意味づけていくトップ・ダウンの過程の重要性を明らかにした。例えば，人は物語の展開に関するスキーマ（物語スキーマ*）をもっていて，物語を読む際に用いている。子どもが「ごんぎつね」や「大造じいさんとがん」は違和感なく読めるのに，「やまなし」を読むと「作者の伝えたいことがわからない」などと言うのは，「やまなし」が子どものもつ物語スキーマとかけ離れた展開だからである。物語ばかりではない。説明文には説明文の，随筆には随筆の典型的な展開があり，これらのスキーマは文章理解の過程に不可欠である。

こうしたスキーマは，文化圏によっても異なる。起承転結は，日本人の多くが模範的な文章の典型と感じる展開，つまりスキーマであるが，これを知らない文化圏の者は，たとえ日本語を学んでいても，この展開の文章を理解するのに困難を感じる。こうした事実は，文章理解におけるトップ・ダウンの過程と，そこにはたらくスキーマの重要性を示すものである。

国語科の読みの指導でも，子どものスキーマの発達の様相，発達を促す教材や指導のあり方などを考慮することが重要な問題として浮かび上がる。また，文章理解の研究成果は，裏を返せば，わかりやすく書いたり，話したりする指導にも参考になる。

授業研究へ

先に述べた文章理解の過程は，人の頭脳を1台のコンピュータになぞらえ，そのはたらき方やそこに関わる知識の解明を目ざしたものである。このような研究方法を情報処理的アプローチ，表象主義などという。一方，文化圏が異なると違うスキーマを持っていたり，他者の読みと出会うことで自身の読みが深まったりすることからは，人が決して外界から遮断された1台のコンピュータではないことがわかる。そこで，最近の認知心理学には，人の知的活動を，他者との相互交渉や社会・文化との関わりから解明する研究の流れが生まれた。これを社会文化的アプローチ，状況主義などという。状況主義からみるなら，学習が教室の成員間でどのように行われるか，また，それが学校の中でしか通用しない知識の伝達に陥っていないかなどは問題になるところである。こうした研究の流れは，授業研究に新たな道を開く可能性がある。

認知心理学の研究の動向については，各種学会誌のほかに日本児童研究所編『児童心理学の進歩』（金子書房 毎年発刊）などでも知ることができる。　　　（岩永正史）

〈参考文献〉
乾敏郎他編『認知心理学1～5』東大出版会 1995～96。佐藤公治『認知心理学からみた読みの世界』北大路書房 1996。岸学『説明文理解の心理学』北大路書房 2004。

物語スキーマの発達　小学校教科書の文学教材を見ると，展開が明確で単純なものから，しだいに複雑なもの，展開があまり典型的でないものへと移り変わっていることがわかる。これは児童の物語スキーマの発達とも合致する。低学年児童の物語スキーマは，物語の設定，ことの起こり，解決などからなる単純なものである。このことは「大きなかぶ」が1年生の定番教材であることからも理解されよう。中学年になると，物語の設定，ことの起こり，それに対する人物の反応・行動とその結果などが整った典型的な物語スキーマが獲得される。「ごんぎつね」のように展開が明確なものが好まれるようになる。高学年では，物語スキーマが柔軟になり，物語の展開を構成する要素が明確でなかったり欠けていたりしても，それを類推により補って，一貫した解釈をつくりあげるようになる。むしろ，あまり典型的な展開でないもののほうが「おもしろい」と感じるようにもなる。6年生に「やまなし」が読めるのは，こうした物語スキーマの発達に支えられているからである。

161 教育心理学

教育心理学とは

(1) 教育心理学についての考え方

教育心理学については，一般心理学で明らかになった知見を教育に応用する応用心理学だとする考え方と，これに対立する形で，教育心理学は一般心理学の応用にとどまらないで，独自の体系をなす科学だとする考え方がある。1950年代に特に主張され，この是非についての論議は1960年代まで続いた。しかし，1970年代になると，教育心理学を広く考えるようになり，教育を人間の発達にとって必然的に結びつく条件と捉えて，発達心理学の研究は教育心理学の研究そのものだとするようになった。教育心理学が，応用心理学的というよりも理論心理学的な色彩をもつようになってきたのである。

現在は，一方で，この理論心理学的色彩を濃くしながらも，一方では，このゆえの不満を蔵して模索しているといえる。

(2) 教育心理学の不毛性の問題

「教育心理学の不毛性」とは，教育心理学が教育実践に貢献しないということを指しているのであるが，この問題がわが国で取り上げられるようになったきっかけは，1950年のクロンバック（L. J. Cronbach）の論文と，それを1957年に紹介した依田新（よだあらた）の発言である。

以来，教育心理学の意味を問う論争の中では，常に問題として取り上げられることになった。

しかし，教育心理学の研究法が持つ限界のためか，教育心理学研究者の多くが教育実践に無関心であるためか，現在に至るまで，明確な問題解決の方向を見いだしているとはいえない状況にある。というよりも，教育心理学が理論心理学的な色彩を帯びてきている現状では，問題そのものの焦点がぼやけてきているといえようか。

(2) 望ましい教育心理学

教育心理学がどのような形をとっても，教育に貢献すべき心理学だとするなら，望ましい教育心理学は，教育実践への貢献の問題を捨ててはならないだろう。事実，上記のような流れの中にあって，一部にせよ，教育実践への貢献についての論究，つまり「教育心理学の不毛性」の克服への努力が執拗に行われてきた背景には，そうした考え方があったからだといえる。先に，「不満を蔵して模索している」と述べたのも，この事実が認められるからで，例えば，教科心理学*の充実が長年にわたって叫ばれているのは，一つの証拠である。

今後，こうした教育実践に直接関係する領域が充実するとき，望ましい教育心理学

教科心理学 教科の目的，方法，内容に直接関係して，その実証的な基盤を心理学的に与えることを大きな目的とした教育心理学の一つで，教科の心理学的な構造，教科学習，指導法，評価法などを直接の研究対象としている。教科教育の基礎学の一つである。

アクション・リサーチ レヴィン（K. Lewin）らは，実践，訓練，研究の機能の統合が集団力学の領域で重要であるとして，これをアクション・トレーニング・リサーチ，またはアクション・リサーチと呼んだが，この考え方が，複雑な要因を持つ教育実践の研究に有効であるとして用いられるようになった。研究者自身が実践者となって，個人や集団に，目標に沿った変化を生起させるように試み，その中から実践の方法や実践の法則を導き出そうとする研究方法である。特に，この実践および研究の全過程が，行動科学の概念や方法論に基づいて記述されたり説明されたりするところに，単なる教育実践とは異なる点がある。

の一つの形が実現するのではあるまいか。

教育心理学の課題
教育心理学は，教育の実現に次のような点で貢献する。
①教育目標の検討
　教育心理学の実証的な手法は，目標を具体的な水準でおさえることを可能にする。
②教育方法の検討
　効果的に教育目標へ達するための指導方法や授業方法を検討する。
③教育内容の検討
　教育内容の獲得のされ方が課題である。
④被教育者の検討
　学習者としての児童・生徒を対象とする。
⑤教育者の検討
　望ましい教育者が持つべき条件の検討。
⑥人間関係の検討
　主として学級の分析が中心になる。

教育心理学の研究法
(1)研究法のあり方
　教育心理学の研究法が持つ基本的な立場は，実証的ということである。そのために，以下に述べるような方法が開発されている。
　しかし，ここで一つふれておきたいことは，こうした方法の駆使が，従来必ずしも望ましい成果を上げているとはいいがたいといわれる点である。これは，特に教育実践に貢献する知見の有無が論じられる際に強調されるのであるが，今後，この点の克服をねらうとすれば，研究者の意識の変革とともに研究法の開発が必要であろう。従来から推奨されているアクション・リサーチ*のみでなく，例えば，複雑な事象の中から典型を抽出し，それを分析することによって本来の事象の解明を図るといった方法も考えられる必要がある。

(2)研究法の実際
①観察法
　文字どおり対象を外から観察する方法で，自然観察法（日常のありのままの状況のもとで行動を観察する方法）と実験的観察法（研究目的に沿って，特定の観察場面を人為的に設定し，その中で行動を観察する方法）がある。
②実験法
　形態のうえから，統制群法*，平行群法，回転群法，単一群法のように分けられるが，条件統制の厳しさにより，実験室実験，実験教育的実験，現場実験のようにも分けられる。いずれにせよ，目的とする行動を人為的に生起させ，条件と行動との関係の分析を可能にする方法である。
③質問紙法
　直接の観察や実験が行えない事柄を対象としたとき，質問によって資料を得ることができる方法で，回答形式により，自由回答法，二項選択法，多項選択法，評定法などに分けられる。
④評定法
　質問紙法の一例としたが，この方法自体

統制群法　被験者の集団を無作為に2群に分け，一方を独立変数の操作をする実験群，他方を独立変数の操作という条件を除いて，他の条件を実験群と同じにした比較のための統制群（対照群，比較群）として，両群間の差を比較検討する方法。学習指導法の検討には適した方法といえる。

評定尺度法　対象を，あらかじめ決めた尺度上に位置づける方法で，評定法の代表的なものである。段階数として，3段階や5段階がよく使われるが，尺度の形式により次のような区別がある。記述尺度（各段階につけられた，程度の差を示す言葉を手がかりにして評定させる方法），点数尺度（各段階に与えられている点数を手がかりとするもの。A，B，C……のような文字による場合もここに入れる），図式尺度（各段階を一直線上に目盛って，グラフ式に示すようになっている方法）。なお，標準尺度法（人物や作品について標準を定め，その標準と比べて目的の対象を評定する方法）を，評定尺度法の一つとすることがある。

IX 関連科学

が，次のように幾つかに分類できる。分類法（あらかじめ決めてあるカテゴリーに分類する方法），選択法（一定の基準に合うものを選ぶ方法），チェック・リスト法（あてはまるものを枚挙する方法），順位法（順位づける方法），評定尺度法*，標準尺度法。

⑤テスト法

いわゆる教師作成のテストと標準化されたテストがある。後者は適用領域により，知能，学力，人格，適性などに分けることができる。

⑥連想法

ある刺激に対して連想した言葉を述べさせる方法で，連想のさせ方により制限連想法（刺激と特定の関係があるもののみで反応させる方法）と自由連想法（自由に反応させる方法）に分けられる。ＳＤ法*もここに入れることができる。

⑦ソシオメトリー（社会的測定法）

集団を構成する個人が相互にもつ選択，反発，無関心といった関係を測定し，分析する理論と方法で，モレノ（J. L. Moreno）により創始された。実施にあたっては，ソシオメトリック・テスト（集団の成員が一定の場面で誰とともに行動したいか，また，したくないかを記入させる方法）を使う。

⑧面接法

面接することにより，会話を通して資料を得る方法。

⑨ケース・スタディ（事例研究法）

個人について多様な理解を必要とするときに用いられるもので，横断的な検討とともに縦断的な検討も積極的に行う方法。

国語教育と教育心理学

国語教育と教育心理学との関係は，どの範囲の国語教育を対象とするかで異なる。学校教育のみでなく家庭教育や社会教育も含めた国語教育を対象としては，例えば，幼児の言語発達についての豊かな成果が関係するように，かなり充実した成果をもつといえるだろう。しかし，学校教育のみに限られる，いわゆる国語科教育を対象としては，教育心理学の成果は貧弱としかいいようがない。成果のほとんどが現状分析的なもので，直接，学習指導に結びつくものが少ないのである。

しかしながら，教育心理学の持つ実証的な成果が国語教育の推進に有効性を発揮することを考えるとき，教育心理学の立場に立つにせよ国語教育の立場に立つにせよ，国語教育の教育心理学的な研究の充実は，ぜひとも考えられなければならないことである。特に，国語科に関する教科心理学の充実が急務といえる。　　　　（福沢周亮）

〈参考文献〉

辰野千寿・高野清純・加藤隆勝・福沢周亮編『実践教育心理学』第1巻「教育と教育心理学」教育出版 1981．

ＳＤ法　この名称はsemantic differentialを略したもので，意味微分法，意味差判別法，意味測定法などの名称もある。もともとは，オズグッド（C. E. Osgood）らにより，意味の測定法として提出されたもので，特に内包的意味の感情的側面を測定するとされているが，この特徴によりイメージの測定法として有名になった。具体的には，連想法と評定尺度法を組み合わせた方法といわれているように，反対の意味を持つ形容詞の対と7段階の評定尺度を組み合わせたものの幾つかで構成されている。

（例：新しい $\underline{1\ 2\ 3\ 4\ 5\ 6\ 7}$ 古い）

読解指導や語彙指導で，児童・生徒のイメージの把握に適した方法である。

X 歴史的遺産と課題

- 162　明治の国語教育
- 163　大正の国語教育
- 164　昭和の国語教育（戦前）
- 165　昭和の国語教育（戦後）
- 166　戦後国語教育論争
- 167　平成の国語教育
- 168　これからの国語教育
- 169　教科書の歴史
- 170　垣内松三の形象理論
- 171　解釈学（Hermeneutik）
- 172　西尾　実
- 173　生活綴方
- 174　芦田恵之助
- 175　外国の国語教育（アメリカ）
- 176　外国の国語教育（イギリス）
- 177　外国の国語教育（フランス）
- 178　外国の国語教育（ドイツ）
- 179　外国の国語教育（ロシア）

162

明治の国語教育

明治初期の国語教育

明治5年8月に発布された学制は，7年後の12年9月に教育令の公布をもって廃止され，更に翌13年12月には新しく改正教育令が公布された。これが根本的に改められるのが，明治19年の学校令の公布で，この間の国語教育は明治初期，学制期の国語教育と捉えることができる。

学制においては，国語関係の科目として，14教科のうち7教科，すなわち綴字（カナツカヒ），習字（テナラヒ），単語（コトバ），会話（コトバツカヒ），読本，書牘（ショトク），文法（当分欠クとある）などがあげられている。明治5年9月8日公布の「下等小学教則」に示された教科内容では，単語には単語読方，単語暗誦，単語書取などがあり，会話も同様で，更に読本には読方と輪講がある。このうち暗誦と書取以外には教科書が示されている。国語の教科のうち，綴字・単語・会話などは外国から翻案移入の入門期教科であり，習字・読本・書牘（作文を中心にした教科）は在来の寺子屋教育の教科である。「読方」とされている単語読方と会話読方は『単語篇』『会話篇』などを用いる言語教育であり，また読本読方は『西洋衣食住』『学問ノススメ』『啓蒙智恵の環』などを用いる内容教育であった。

この時期には，上述の文部省制定の小学教則のほかに，明治6年4月創設の師範学校附属小学校で実施された師範学校制定の「小学教則」が広く模範とされた。これは，明治10年には文部省制定の教則とみなされたが，この中には読物，習字，作文，書取，問答，復読などの科目があった。この後，教育令では読書・習字，改正教育令では明治14年5月の「小学校教則綱領」で読書（読方・作文），習字となり，ようやく整った教科となった。

教授法の面では，師範学校教師となったスコット（M. M. Scotto）によって教具・教科書が持ち込まれるとともに，一斉教授法が教授された。10年代にはペスタロッチ思想の流入によって実物教授法，開発主義*の教授法が広まった。更に20年代に入ると，ヘルバルト流の五段階法*が紹介されることとなる。

明治中期の国語教育

明治18年，太政官制に代わって内閣制が設けられ，伊藤内閣のもとに森有礼が文部大臣となり，翌年，帝国大学令ほかの学校令が公布された。この後，33年の小学校令改正までを明治中期，学校令期として捉えることができる。

小学校令では，尋常小学校の国語関係科

学制 明治4年7月，文部省が設置され，大木喬任（おおきたかとう）が文部卿となった。文部省の最初の仕事は全国的な学制の制定であり，まず西洋の教育法規の翻訳を始めた。翌5年8月2日に「被仰出書」，3日に学制本文が発布された。学制は初め109章，最終的には213章となった。学区，教員，生徒，始業など6編にまとめて規定している。近代教育制度の出発となったものである。

開発主義 明治10年代になって，米国でペスタロッチ主義教育を学んだ高嶺秀夫（たかみねひでお），伊沢修二（いざわしゅうじ）らが相次いで帰国し，実物教授法を広めるとともに，生徒の能動的活動を重んじた心性開発主義として発展させた。その実践書には若林虎三郎（わかばやしとらさぶろう）・白井毅（たけし）共著『改正教授術』（明治16・17年）がある。

五段階法 いわゆるヘルバルトの五段階教授法といわれている指導過程で，予備・提示・比較・総括・応用の五段階をふむ。これが日本に入ったのは，ドイツ人ハウスクネヒトが明治20年，東京大

目として読書，作文，習字を定めている。ただ中学校令では，国語科として「国語及漢文」を，また師範学校令では，尋常師範学校に「国語」を「漢文」とは別に定めている。これらの学校令は，明治22年の憲法発布，23年の国会開設，教育勅語の公布などとともに国家制度の実質と精神の確立を担うものでもあった。なお，明治23年には小学校令が改正され，翌24年には「小学校教則大綱」が定められるが，この中で「読書及作文科」について規定された条項は，長く国語科の性格を示すものとなった。

明治19年には教科書検定制度が発足するが，同年の文部省編集『読書入門』と翌年の『尋常小学読本』とは，階梯的系統を整えた近代的国語教科書として注目される。また，この時期の言文一致運動，標準語論議は国語教育に影響するところが大であった。

明治後期の国語教育

明治33年8月，小学校令が改正され，施行規則が制定された。これより以後を明治後期とすることができる。この新小学校令によって，初めて国語科が一科として成立する。ただし，施行規則に教科内容として読ミ方，書キ方，綴リ方，話シ方などが説明されている。

この新令では，国語に関する規定が取り入れられた。仮名の字体，仮名遣いの表記法，漢字数についての規定で，発音式表記法，1200字の漢字数が示された。

この期の国語教育上の事件としては，37年4月から使用されはじめた国定教科書の発足と43年の改定，樋口勘次郎の統合主義に立つ自由発表主義作文の主張がある。第一期の国定教科書は「イエスシ読本」といわれ，発音教育，標準語教育の意図をもった言語教科書的特色がみられた。明治43年に改定されたのは，同年から尋常小学校の年限が4年から6年に延長されたためで，この時字音仮名遣い，漢字等に関する規定も改められた。この教科書は「ハタタコ読本」と呼ばれ，民族主義の色彩が強く認められた。

自由発表主義作文は，自己の経験や思想を随意の文体で書かせることに中心がおかれたもので，生徒の自発活動を重んじた考え方によっている。生徒への干渉を少なくしようという方向は，樋口の弟子である芦田恵之助によって随意選題作文として発展していく。　　　　　　　　（高森邦明）

〈参考文献〉
飛田多喜雄『国語教育方法論史』明治図書 1965。山根安太郎『国語教育史研究』溝本積善館 1966。滑川道夫『日本作文綴方教育史1　明治編』国土社 1977。古田東朔『小学読本便覧』第1～3巻 武蔵野書院 1978～81。高森邦明『近代国語教育史』鳩の森書房（現・文化書房博文社）1979。

学でヘルバルト教育学を講義したことに始まり，また同23年にドイツ留学から帰った野尻精一も高等師範学校でこの講義を始めた。その後，谷本富，湯原元一らによって全国に広められた。

教育勅語　明治23年10月30日，明治天皇の名で出されたもので，儒教思想に立った国家主義教育を進めさせた。昭和20年の敗戦まで，日本の教育の精神的基礎として重視された。

統合主義　樋口勘次郎の『統合主義新教授法』（明治32年4月）によって提起された思想であり，本書の発刊後，活動主義的教育論争が起こっている。この考え方は，明治20年代のヘルバルト派運動に終止符を打ち，大正期に開花する児童中心，自発活動主義の教育を志向している。この思想はアメリカのフランシス・パーカーの教育思想に基づくもので，樋口の実践に裏づけられている。なお，本書が世に出るにあたっては，芦田恵之助による講義の筆記ということがあった。

X　歴史的遺産と課題

163

大正の国語教育

大正期国語教育の史的位置

　大正期（1912〜26）の国語教育は，前後15年間という短い期間ながら，明治期（1868〜1912）国語教育から昭和期（1926〜89）国語教育への推移過程の中間に位置し，明治・昭和両期に比して独自の成果を上げるとともに，初等国語教育・中等国語教育の両面にわたって，近代国語教育の実践体制の樹立と実践内容の開発と質的向上のため重要な役割を果たした。

　西尾実（1889〜1979）は，大正期国語教育を問題史的視点から，第2期（大正初年から昭和10年ごろまで）文学教育的教材研究期と命名した。これは明治期（明治初年から明治末年まで）を第1期語学教育的教授法期とし，昭和期（昭和11，12年から今日〈昭和25年〉まで）を第3期言語教育的学習指導期とする時期区分に基づく捉え方である。（西尾実『国語教育学の構想』筑摩書房　1951）

　飛田多喜雄（1907〜91）は，西尾実の指定した第2期を更に前後期の二つに区分した。すなわち，第2期を文学教育期―「教材研究時代」とし，〔前期〕を教材研究期―「教材研究を主位とする指導法の開拓」―大正元年から大正11年ごろまで―とし，〔後期〕を指導原理形成期―「指導原理の探究と指導法の樹立」―大正11年ごろから昭和10年ごろまで―とした。（飛田多喜雄『国語教育方法論史』明治図書　1965）

大正期国語教育の問題点（特性）

　飛田多喜雄は，史的観点から，注目すべき大正期国語教育の問題点を，次のように指摘した。（『近代国語教育論大系』第5巻解説，光村図書　1975）

　(1)国語教材研究の重視と方法的提案
　(2)自由選題主義の提唱
　(3)文芸主義国語教育の唱道
　(4)読みの本質探究とセンテンスメソッドの提唱
　(5)国語問題の改善と国語教授法の開発
　(6)生命主義国語教育の提唱
　(7)生活主義綴り方教育論の台頭

　大正期は，1914年に勃発した第一次世界大戦への参戦をはじめ，1918年の米騒動，1923年の関東大震災など，政治・経済・文化・思想など全ての面で激動の時代であったが，教育界の動向は，大正デモクラシー・大正リベラリズム＊の下，八大教育主張をはじめ，児童本位の考え方に立ちつつ，新しい開発が各方面で目ざされた。国語教育も理論・実践の両面で注目すべき取り組みがなされた。

大正期国語教育の達成―綴り方教授―

　明治末期，苦しみながら自己脱皮を図ろ

大正リベラリズム　よく用いられる大正デモクラシーは，大正期に二度にわたって生起した護憲運動（1913年の桂内閣に対する第一次護憲運動，1924年，清浦内閣への第二次護憲運動）や明治期から主張され，第一次世界大戦を経て盛り上がり，大正末期に結実をみた普選運動を中心として実現し維持された政党政治とその社会を総称する語として用いられる。政治思想の面からは，吉野作造が主唱した民本主義が藩閥を批判して多大の影響を与えた。大正期，政党・言論機関を中心に民主主義の考え方が政治に反映し実現したことから大正デモクラシーと呼ばれる（『歴史教育学事典』ぎょうせい刊による）。

　デモクラシー運動の進展とともに，大正期知識階層の間には，教養主義（ケーベル博士に師事しつつ感化を受けた阿部次郎・和辻哲郎ら），文化主義（哲学思想の分野における），人道主義（白樺派の人たちの目ざしたところ）ともいうべきヒューマニズム運動が生み出された。明治期とも昭和期とも違う大正期リベラリズムがそこにある。

うとした綴り方教授は、大正期に入ってその近代的な基礎づけを得、意欲的な実践を通じてしだいに新しい軌道に乗った。新しい軌道とは、写生主義に立つリアリズムのいき方であり、随意選題による独自の試行であり、生命主義・生活主義の考え方に立つ綴り方教授の開拓であった。大正期綴り方教授界は、こうした新しい路線を踏まえつつ、あるいは批判しつつ、諸家（芦田恵之助をはじめとする、友納友次郎・保科孝一・浅山尚・駒村徳寿・五味義武・久芳龍蔵・田上新吉・峰地光重・飯田恒作・田中豊太郎・千葉春雄・丸山林平・奥野庄太郎・鈴木三重吉・北原白秋らの諸氏）によって個性的な実践営為を集積した。

芦田恵之助が提唱し実践した随意選題の綴り方教授、友納友次郎の提唱し実践した練習目的論に立つ綴り方教授、鈴木三重吉の創刊した児童芸術雑誌「赤い鳥」に拠る独自の綴り方指導をはじめ、田上新吉の『生命の綴方教授』（目黒書店 1921）、東京高師附小国語研究部（前出、丸山・千葉・田中・飯田ら）の綴り方教授研究、峰地光重の『文化中心綴方新教授法』（教育研究会 1922）など独自の成果として注目された。

大正期綴り方教育の歴史的展開に関する研究は、滑川道夫の『日本作文綴方教育史2　大正篇』（国土社 1978）に集成され、明治篇・昭和篇とともにみごとな結実を見せている。

大正期国語教育の達成―文芸教育など―

大正後期、垣内松三著『国語の力』（不老閣書房 1922）が刊行された。著者は読むこと・解釈すること・批評することを読むことの問題として理論的に掘り下げ、解釈の着眼点を示しつつ、国語教育の対象と方法、それらの根基と理想とを明らかにしようと努めた。国語解釈学の樹立を図りつつ、国語教育の学的研究の根基を据えるものとして、本書は斯界の古典の一つとなった。また、片上伸著『文芸教育論』（文教書院 1922）は教育界・国語教育界に大きい反響を呼び、実践者も児童文学に関心を寄せるとともに文芸教育を熱心に求めた。

読むことの教授に関しては、芦田恵之助の『読み方教授』（育英書院 1916）による自己を読むの提唱をはじめ、諸家（友納友次郎・秋田喜三郎・山路兵一・八波則吉・奥野庄太郎・河野伊三郎・加茂学而・今泉浦次郎・丸山林平・千葉春雄・鈴木源輔・五味義武・小林佐源治・佐藤徳市・竹沢義夫の諸氏）によって意欲的に実践的開拓がなされた。保科孝一は主著『国語教授法精義』（育英書院 1916）の刊行をはじめ、雑誌『国語教育』（1916年創刊）を主宰し、大正国語教育界を指導した。

これらのほか、話し方教授に関する業績（単行本）は不振を指摘されていた領域における労作として評価されている。

（野地潤家）

八大教育主張　大正期に活躍した教育家・学者たち8名による教育改造への主張をいう。すなわち、八大主張である。

1921（大正10）年8月1日から8日間、東京で雑誌『教育学術界』主催の教育学術研究大会が開かれ、前掲八大家を講師として講演が行われた。これらの主張を集成したのが単行本『八大教育主張』（尼子止編、大日本学術協会 1922）である。菊判392ページから成る。八大家それぞれに教育実践のあり方、教育改造について独自の主張を持ち、堂々の論陣を張った。"八大教育主張"はジャーナリズムの造語であるが、大正期における教育改造論、教育実践論の層の厚さをうかがわせ、大正期教育界の実践への熱気を感じさせるものがある。

X 歴史的遺産と課題

164

昭和の国語教育（戦前）

昭和戦前期国語教育の史的展開

　昭和戦前期（1926〜45）の20年間，わが国語教育は曲折に富む実践的展開を遂げた。大正期後半，つまり1920年からの数年間は，初等教育・中等教育とも国語科教育として基礎固めをした時期であり，昭和期に入ってからの数年間（1930年頃まで）は，大正期の国語教育を継承しながら，更に新しいものへの探索が続けられた時期であった。

　わが国の初等国語教育は，1935年前後がその進展の頂点とも考えられる。1933年から『小学国語読本』（サクラ読本）が出現したのを契機として，形象理論・解釈学などに裏づけられ，導かれた読み方教育全盛の時期を迎えるに至った。同時に作文教育・綴り方教育もその内容・形態・方法を充実させ，質的な飛躍を遂げるに至った。

　ついで，1941年頃から45年頃までの1940年代前半は，太平洋戦争下にあって，国民学校が皇国民の錬成を理念とする皇国民教育＊を目ざして発足し，在来の小学校国語科は国民科国語として制度的には整備されようとしたが，急激に戦時色を増しつつ，敗戦への道を歩むことになった。

昭和戦前期の綴り方教授の実践的展開

　昭和戦前期の作文教育・綴り方教育の実践的展開は，次のように3期に分けて跡づけることができよう。

　第1期　新興作文教育探索期−1920年代後半
　第2期　昭和作文教育充実期−1930年代
　第3期　皇国主義作文教育期−1940年代前半

　これらのうち，第1期1920年代後半は，昭和期に入ってからの数年間であって，苦悩しつつ新しい作文・綴り方教育への探索がなされた時期である。

　続いて第2期は，1931年頃から40年頃まで，すなわち1930年代であって，わが国初等作文教育・生活綴り方の興隆期であり充実期であった。1929年ころ，わが国独自の生活綴り方の発生ならびに発展を見るに至り，ほぼ10年間にわたって目ざましい実践的集積が行われた。

　第3期は，国民学校が発足した1941年頃から45年に至る1940年代前半に当たり，皇国主義作文教育が行われた時期である。

　滑川道夫（なめかわみちお）は，大正中期（1918年）から昭和戦前期に及ぶ作文・綴り方教育の実践的主張と展開に関し，次のように時期区分をし，各時期ごとの主内容を示した。

　四　文芸主義綴方期（大正7〜昭和4年）「赤い鳥」綴方期童謡・自由詩開発期生活指導台頭期自由作強調期

皇国民教育　1941（昭和16）年4月から明治以降の小学校制度にかわって，新しく国民学校が発足したが，わが国は同年12月8日太平洋戦争に突入した。この戦時下に行われた国家主義・国粋主義に立つ教育をいう。国民学校令第1条には，「国民学校ハ皇国ノ道ニ則リテ初等普通教育ヲ施シ国民ノ基礎的錬成ヲ為スヲ以テ目的トス」とあり，皇国の道に則り皇国民へと錬成することを教育理念とした。国民学校の教科は初等科（6年）および高等科（2年）を通じて，国民科（修身，国語，国史，地理），理数科（算数，理科），体錬科（体操，武道），芸能科（音楽，習字，図画，工作），更に高等科にあっては実業科（農業，工業，商業，水産）に編成された。皇国民教育の目ざすところは，「教育ノ全般ニ亙リ皇国ノ道ヲ修練セシメ特ニ国体ニ対スル信念ヲ深カラシムベシ」「皇国ノ地位ト使命トノ自覚ニ導キ大国民タルノ資質ヲ啓培スルニ」（国民学校令施行規則）あった。国語教育では，皇国主義に立つ読み方教材が多く採られ，また，皇国主義作文・綴り方教育が行われた。

五　生活主義綴方期（昭和5～14年）
　　郷土主義綴方期　生活綴方形成期　調べる綴方台頭期　形象理論反映期
　六　皇国主義綴方期（昭和15～20年）
　　戦時綴方期　生活綴方弾圧期　国民学校綴方期　綴方教育沈滞期
（滑川道夫『日本作文綴方教育史１』国土社　1977：31ページ）

　前掲区分のうち，「六　皇国主義綴方期」の中には，生活綴方弾圧期があげられているが，これに先立ち，昭和初期（生活主義綴方期）にはプロレタリヤ教育も全国的に行われ，例えば，長野県に起こった教員赤化事件は当時のプロレタリヤ教育への一大弾圧であった。

国語教育学樹立に関する動向
　昭和戦前期においては，1934年１月，国語教育学会（会長藤村作）が創立され，国文学者・国語学者，国語教育の実践者が協力し合って国語教育の学的研究が進められた。学会の研究成果としては，『日本文学の本質と国語教育』（岩波書店　1935），岩波講座『国語教育』12巻（1936～37），『標準語と国語教育』（岩波書店　1940）などがある。また，垣内松三は，『独立講座　国語教育科学』９冊（文学社　1934～35）をはじめ，形象理論・国語教育学の構築に成果を上げた。
　更に，西尾実による『国語国文の教育』（古今書院　1929）の刊行をはじめ，言語活動・言語教育への着目と提言は国語教育界を啓発するところ大であった。言語哲学を専攻しつつ，国語教育界に発言を続けた輿水実（1908～86）の活躍には目ざましいものがあった。

国民学校の国民科国語の教育
　1941年４月，第二次世界大戦下，いわゆる太平洋戦争勃発を前に，小学校は国民学校制度へ切り替えられ，国語科は，修身・国史・地理とともに，国民科の１科目として統合された。国民科国語はその施行規則によって，「日常ノ国語ヲ習得セシメ，其ノ理会力ト発表力トヲ養ヒ，国民的思考感動ヲ通ジテ国民精神ヲ涵養スルモノトス」とされ，目標が明確に定められた。また，国民科国語は「読ミ方」「綴リ方」「書キ方」「話シ方」の４分節として編成され，それぞれに指導事項が周密に組織された。当時は国定国語教科書（第５期，いわゆるアサヒ読本）が用いられた。音声言語（話し言葉）の教育が重視され，教育内容に位置づけられた。国民科国語はカリキュラム（教育課程）の組織面では，よく精密にまとめられていて注目すべきものであったが，太平洋戦争の激化とともに，その実施には障害も多く，言語教育としての軌道を敷きながら，その成果を十分に上げえないまま，敗戦によって抜本的に再編を迫られるに至った。
　　　　　　　　　　　　　　（野地潤家）

教員赤化事件　左翼教員事件ともいう。1933（昭和8）年2月4日からおよそ7か月にわたって各種労働組合や各種プロレタリヤ文化団体などにきわめて大きな弾圧がなされたが，長野県下の日本教育労働者組合（略称「教労」）・新興教育同盟準備会（略称「新教」）の長野支部に結集した教師たちに対しても厳しい弾圧が行われ，取り調べを受けた者600余名，検挙された者138名にものぼった。当時，長野県では，全国有数のプロレタリヤ教育運動が行われ，百数十名の教員を組織し，その何倍もの教員に影響を与えていたといわれる。この「教員赤化事件」と呼ばれる大きい弾圧は，長野県におけるプロレタリヤ教育運動ばかりでなく，大正期以来の自由教育の伝統をも滅ぼしてしまった。
　当局側の資料ではあるが，『プロレタリヤ教育運動』（下）（1933年4月，文部省学生部編）には，読み方教育における教材の左翼的な取り扱いの具体例などが収録されている。

165

昭和の国語教育（戦後）

戦後国語科教育の発足と組織化

1947年、「教育基本法」「学校教育法」が公布され、更に「施行規則」が制定された。戦後の教育は、戦前の軍国主義や極端な国家主義から民主社会への形成へと大きく転換させられ、いわゆる6・3・3・4制として実施されるようになった。これより先、1945年10月、当時の占領軍司令部から日本の教育制度その他について指令（「新教育指針」）が出された。1946年、アメリカ教育使節団が来日し、その勧告に基づいて教育課程が根本的に改訂されるに至った。

国語科教育については、1947年3月に出された「学習指導要領（一般編）」に続いて、12月に「学習指導要領（国語科編）」が文部省から刊行された。これは「試案」として提示されたが、戦後の国語科のあり方を規定し、方向づけることになった。

この「学習指導要領」には、国語科学習指導の範囲が示され、目標が次のように記されていた。「国語科学習指導の目標は、児童・生徒に対して、聞くこと、話すこと、読むこと、つづることによって、あらゆる環境におけることばのつかいかたに熟達させるような経験を与えることである」。

ついで、1951年12月、「小学校学習指導要領国語科編（試案）」が改訂公布され、国語科の目標・内容・計画・方法・評価・資料について、基本の考え方が示された。別に「小学校学習指導書国語科編」（1955年2月 文部省）がまとめられ、国語科の学習指導の基底・計画・資料について説述がなされた。戦後における小学校国語科は、経験主義を基盤にして、ほぼその組織化を整えたといってよい。

戦後国語科教育の制度的展開

1958（昭和33）年、第三次の学習指導要領改訂がなされ、国語科として系統的な学習が可能なように指導内容の整備が企てられた。全体目標のほか、各学年目標が決められ、指導事項・学習活動・言葉に関する事項が設けられ、国語科の内容面の充実と系統化とが図られた。

1968（昭和43）年、第四次の学習指導要領改訂がなされ、国語科は「生活に必要な国語を正確に理解し表現する能力を養い、国語を尊重する態度を育てる」ことを中核目標として、国語で思考し創造する能力・態度の育成を目ざすことになった。

更に、1977（昭和52）年、第五次の学習指導要領改訂がなされ、国語科は「表現」「理解」の2領域と1事項（「言語事項」）に編成されることになった。

戦後国語科教育研究の動向

1950年代前半、戦前1930年代に国語教育

アメリカ教育使節団 戦後、連合国軍総司令部（GHQ）の要請によって前後2回来日したアメリカからの教育使節団。第一次使節団は1946年3月上旬来日し、約1か月滞在して日本の教育事情の全般を視察し、わが国の教育再建の基本方針と諸方策とを勧告した報告書を総司令部に提出した。その勧告内容は占領下における教育改革の方向を実質的に決定した。第二次使節団は1950年9月29日来日した。この使節団は、戦後のわが国の教育改革の成果をたたえつつ、残された課題について補足的な勧告書を提出した。

出口論争 斎藤喜博の「出口」の実践への批判から生起した教材解釈や「揺さぶり」概念をめぐってなされた教授学に関わる論争である。小学校3年生の国語の教材「山の子ども」を扱った授業で、「あきおさん と みよこさんは やっと森の出口に来ました」という文の「出口」の解釈を、子どもたちが「出口」とは「森と、そうでないところの境」であると解釈したのに対して、授業を見ていた斎藤喜博が「そんなところは出口ではな

学の提唱がなされ，学への志向が盛んであったのと軌を一にするかのように，戦後の国語教育学樹立に関して提唱が行われ，学的探究が試みられるようになった。国語科教育のあり方を根底から問い，その学的体系化を図ろうとしたのである。西尾実の『国語教育学の構想』（筑摩書房 1951）は，その代表的な業績であった。

民間の国語教育団体においても，日本国語教育学会，日本作文の会をはじめ，教科研国語部会，日本文学教育連盟，児童言語研究会，文芸教育研究協議会，日本文学協会国語教育部会など盛んに活動し，多くの優れた業績が生まれている。

また戦後は，国立国語研究所の国語教育部門の基礎的な調査研究や全国大学国語教育学会の地道な研究の累積もそれぞれに役割を果たし，斯界に大きく寄与している。

戦後における国語科教育の実践・研究の情報量は，年を追って増大しておびただしいものになっている。年次ごとの国語教育研究の動向と文献資料等は，『国語年鑑』（国立国語研究所編，秀英出版，1954年以降），『国語教育研究年鑑』（国語教育研究所編，明治図書，1971年以降）に精細に収録されている。（現在は，ともに廃刊。）

国語科授業研究の動向

戦後の国語科教育界では，1960年代から授業研究が熱心に行われるようになった。戦前から戦後にかけて国語科授業にうちこんで前人未踏の実績を残した第一人者は芦田恵之助（1873～1951）であったが，戦後においても，斎藤喜博・東井義雄・青木幹勇・大村はま・増淵恒吉など独自の授業を展開し，成果を上げている実践者が多い。前掲の諸氏はいずれも個人全集（斎藤喜博・大村はま），著作集（青木幹勇・東井義雄・増淵恒吉）を刊行しており，多くの啓発を受けることができる。戦後の国語科授業研究は，教授学・教育方法学専攻の研究者も深く関心を寄せ，進んで共同研究が集積されるようになった。斎藤喜博の介入授業に関わって行われた「出口論争*」では，教授学者の間に教材解釈や「揺さぶり」概念について論議がかわされた。

戦後国語科教育の未来像

戦後の6・3・3制は小学校・中学校・高等学校における新教育を実践し結実させることになったが，中央教育審議会や教育課程審議会による教育制度・教育課程の改革・改訂は絶えず取り上げられてきたといってよい。後期中等教育の理念に関わって，中教審から答申した「期待される人間像*」（1966）などもその一環をなしており，賛成・反対（批判）それぞれ多くの論議を呼んだ。単元学習の導入と試行をはじめ，戦後国語教育の成果には目ざましいものがあるが，幼・小・中・高一貫の国語科教育をどうするかなど重い課題である。

（野地潤家）

い」と否定し，森の内部にあると揺さぶりをかけた。この教材解釈と揺さぶりに対してなされた宇佐美寛の批判が論争のきっかけとなった。有園格の「『出口論争』の争点を整理する」をはじめ，関係論考を収録した特集『『出口論争』は何を提起しているか』（『現代教育科学』288号 明治図書 1980年11月）がある。

期待される人間像 1966年10月31日，中央教育審議会答申として「期待される人間像」がまとめられた。中教審答申「期待される人間像」は，第1部「当面する日本人の課題」と第2部「日本人に特に期待されるもの」とから成っている。この「期待される人間像」は，後期中等教育の理念を明らかにするため，主体としての人間のあり方について，どのような理想像を描くことができるかを検討したものである。「期待される人間像」は，その中間草案の段階でも広く国民の意見を求め，それを集約したりしたが，本答申についても，厳しい批判的意見が寄せられた。

166

戦後国語教育論争

論争とは

論争とは，立場・見解を異にする他者の主張への批判と，それを受けた者の反論に始まる議論の応酬をいう。優れた論争は，双方の立場・見解の相違を明確にするだけではなく，問題の所在と追究の手がかりを示唆する点で意味がある。

言語教育と文学教育（時枝・西尾論争）

言語教育と文学教育とをめぐっては，教育史上，幾つかの論争がなされているが，時枝・西尾論争と呼ばれるものは，最も有名なものの一つである。この論争は，1949（昭和24）年9月23日，第2回全日本国語教育協議会の席上，会場からの質問に答えた時枝誠記・西尾実両講師の意見の対立から始まる。時枝は，文学教育も言語教育の一つの領域として考えるべきだという一元論の立場に立って論を展開した。それに対して西尾は，「文学教育を言語教育から独立したもの」として考えるべきだと言って反対した。前者は，文学作品も言語によって成り立つものである以上，「言語を正しく理解して行くところに，自ずから，文学教育が成就されて行く」という，言語と文学との連続性を踏まえた論であった。

それに対して後者は，戦後の国語科は，かつての文学研究教育から脱却して，言語生活主義の教育として展開するようになったのであって，言語教育と文学教育とを連続的なものとして扱うと，国語科の基本的な性格があいまいになる，という教科構造論・教育課程論に立つ論であった。

主観主義と客観主義

読みの指導のあり方をめぐる対立の中で，それが主観主義対客観主義といった形でみられるものは決して少なくない。ここで取り上げる荒木繁と奥田靖雄の論争は，議論の深まりと影響の大きさのうえからその代表的なものだといえよう。

奥田靖雄・国分一太郎を中心とする教育科学研究会の国語研究部会は，作品の内容と構造との客観的理解を成立させるための指導過程の研究を進めてきていた。それが，『国語教育の理論』（1964年12月刊）などにまとめられている三段階の指導過程（教科研方式）である。和光学園の共同研究に参加していた荒木は，1965（昭和40）年の公開研究会における基調報告「文学の授業―その原理・課題・方法について―」（『生活教育』別冊『文学をどう教えるか』1965年10月所収）で，その教科研の客観主義的な読み方教育を批判した。すなわち，教科研方式においては，児童・生徒の現実や問題意識が無視されており，「読み手の主体性がいちじるしく軽視されている」と批判した

冬景色論争（西郷竹彦と古田拡） 垣内松三は『国語の力』（1922）において，芦田恵之助『読み方教授』（1916）に紹介された「冬景色」の授業を引用して，センテンス・メソッドの論を展開した。1967（昭和42）年11月，西郷竹彦は，文芸学の観点からそれを批判した（『総合教育技術』）。それに対して古田拡は，解釈学の立場からそれに対する反批判を展開した。その全貌は，『「冬景色」論争――垣内・芦田理論の検討』（明治図書 1970年1月刊）にまとめられている。

出口論争（斎藤喜博と大西忠治，宇佐美寛など） 島小学校の校長だった斎藤喜博の介入授業（3年生の教材「山の子ども」の授業に介入）で，「出口」という言葉の解釈について「揺さぶり」を行ったことをめぐり，さまざまな議論が展開した。まず，大西忠治が，1967（昭和42）年4月の『教育』誌上で，斎藤の「出口」の取り上げ方，および学習集団のあり方を問題にし，斎藤がそれに応じた。また，1977（昭和52）年9月，宇佐美寛が『授業研究』誌上で，「出口」の授業の「揺さぶり」を

のである。それに対して奥田は、「客体を反映する認識活動のそとに感情とか意志、問題意識という主体的なものの存在をみとめる」荒木の論は、「主観主義的な観念論の基本的な特徴」といって反批判を展開した。この両者の論は、読みの教育に関する基本的な問題を提示したものだといっていいだろう。

生活綴方と作文（文章表現指導）

戦後の昭和20年代後半、「作文教育か綴方教育か」をめぐって議論が展開した。1948（昭和23）年4月、新教育あるいは児童文化運動を背景として国語文化学会（9月、『作文の会』と改称）が『作文』を刊行する。一方、1949（昭和24）年5月、『教育新報』誌上に国分一太郎が「綴り方の復興と前進のために」の連載を開始、1950（昭和25）年7月、日本綴方の会（翌年、「日本作文の会」と改称）が結成された。前者のいわゆる国語作作文派と、後者の生活綴方派との間の論争のきっかけとなったのは、1952（昭和27）年3月1日の朝日新聞学芸欄に掲載された「『つづり方』か作文か──学校作文への反省」、および4月25日の読売新聞の記事「混乱するつづり方教育（生活文か、作文か──指導要領に教師の悩み）」である。その後、作文派は、文部省の学習指導要領に即し、文章表現能力の育成に重点をおいて、機能的かつ計画的・系統的な作文指導を展開した。それに対して綴方派の教師たちは、表現を現実の生活と切り離すことはできないとして、「生活綴方的教育方法」の提唱など、現実認識の作文指導をおし進めた。

三読法と一読総合法（教科研と児言研）

大正時代以降の読み方教育は、全文通読に始まり、部分精読、最後に全文味読（鑑賞）といった、解釈学理論を柱とした三段階の指導過程によるのが普通であった。教育科学研究会では、唯物論心理学を基礎に、その伝統的な三読法を批判的に継承しつつ、客観的認識の過程に沿った三段階の読み方指導過程を提唱した。それが、「形象の知覚」から「形象の理解」へ、そして「表現読み」へと展開する、いわゆる教科研方式である。

それに対して、児童言語研究会では、解釈学を批判し、三段階法を否定して、一回読みを提唱した。すなわち、林進治を中心に横浜市立奈良小学校において実践的に研究を進め、「書き出し」「書き込み」と、それに基づく「話し合い」を活動の基本とする「一読総合読み」の方法を提唱したのである。（『国語教育』誌は1964（昭和39）年2月号で「一読主義読解は実用主義か」を特集した。）　　　　　　　　（田近洵一）

〈参考文献〉
田近洵一『増補版　戦後国語教育問題史』大修館書店 1999。「教育科学　国語教育─特集戦後の国語教育論争から学ぶ─」明治図書 1988年1月号。

批判し、斎藤に「話主」の概念がないことなどを指摘、その後、多くの研究者が参加して、さまざまな議論が展開した。（『現代教育科学』1987年10月号の特集『「出口」論争10周年』参照）

深萱和男の主観主義批判　深萱は、荒木繁の主体づくりに一定の共感を示しながら、「文学には文学独自の方法」があるとし、その方法をおさえて、「作品をより深くよりゆたかに読むための手順」を教えることの必要を主張した。（「文学教育論をめぐって」『教育国語』1967年6月所収）

夕焼け論争（宇佐美寛と足立悦男、望月善次、渋谷孝）　1985（昭和60）年5月、宇佐美が『国語教育』誌に連載中の「記号論的国語教育論」において、作品中の「僕」は「無責任な傍観者」だと批判、それに対し、足立は『日本文学』『文芸教育』誌上で「詩における状況の仮構性」を踏まえて反論、また、望月は『読書科学』で詩の「非写実的方法」を強調、その後、望月・宇佐美往復書簡が『国語教育』誌上に公表され、更に渋谷孝が加わり、文学の読みを巡って議論が展開した。

X 歴史的遺産と課題

167

平成の国語教育

生きる力と「新しい学力観」
　　　　　　　（第六次教育課程＝1989年）

　昭和50年代後半になると，いじめ問題が多発し，荒れる教室が問題になる一方，国際化・情報化への対応が強く求められた。そのような時代背景のもと，1987（昭和62）年12月の教育課程審議会の答申は，改訂のねらいとして，「豊かな心をもち，たくましく生きる人間の育成」「自ら学ぶ意欲と社会の変化に主体的に対応できる能力の育成」などをあげた。この答申のねらいは，1989（平成元）年3月発表の第六次教育課程の学習指導要領の「第1章総則」に，そのまま取り入れられ，その後，「豊かな心の育成」「自己学習能力の育成」「基礎・基本の重視」「個性の尊重」などの文言で教育界に広くいきわたった。小学校低学年から「社会科」「理科」が消えて「生活科」が新設されたのはこの第六次からであり，また国語科では，「言語の教育としての立場」が強調され，小学校1・2学年の「国語」の授業時数が増えた。

　その後，文部省は，1991（平成3）年の「指導要録改訂の方針」に，学力観の変革として，「自ら学ぶ意欲や思考力，判断力，表現力などの育成を基本とする学力観」を「新しい学力観」として打ち出した。「知識の量を重視する学力観」にかわる，主体的能力の育成の提示は，平成の教育の向かうべき指標となった。

ゆとりと「知の総合化」
　　　　　　　（第七次教育課程＝1998・1999年）

　21世紀は「知の総合化」の時代だと言われ，国際化や情報化などへの対応がいっそう強く求められる一方，平成に入ると児童・生徒の問題行動がこれまで以上に深刻化し，学校教育には，豊かな人間性や自ら学び自ら考える力などの「生きる力」の育成とともに，ゆとりの教育が求められて，教育課程の見直しが必至となった（1996年・中教審答申＝下段注参照）。その結果，2002（平成14）年度から完全学校五日制が実施され，第七次の学習指導要領（小学校・中学校は1998（平成10）年，高等学校は1999年発表）は，授業時数や卒業単位数（あるいは必修単位数）を縮減するとともに，教育内容を削減する一方，「総合的な学習の時間」を新設し，中学校の選択授業を拡大した。教育のあり方としては，個性を生かす教育や，ゆとりのある教育活動，総合的・主体的な問題解決能力の育成が強調された。また，国語科では，教科目標に「伝え合う力を高める」という新しい文言が加えられた。そのような動きを大平浩哉は「学習者中心の第三の波」として史的に位

第六次（平成元年版）の国語科　第五次（昭和52・53年版）に引き続き，「内容」の領域構成が，「A表現」「B理解」と「言語事項」からなり，中学校では第3学年の選択教科に「国語」が加えられた。また，高校は，国語Ⅰ（必修），国語Ⅱ，国語表現，現代文，現代語，古典Ⅰ，古典Ⅱ，古典講読の8項目と多様化した。なお，「言語の教育としての立場」に徹することが強く求められた。
中央教育審議会「21世紀を展望した我が国の教育の在り方について」　中教審は，1996（平成8）年7月，「ゆとり」と「生きる力」とをキーワードとして，「自分で課題を見つけ，自ら学び，自ら考え，主体的に判断し，行動し，よりよく問題を解決する資質や能力」の育成や，完全学校週五日制の導入などを提言した。
第七次（平成10・11年版）の国語科　各学年の「目標」「内容」が，二学年ごと（中学校は第1学年と第2・3学年）にまとめて示された。また，内容の領域が，「A話すこと・聞くこと」「B書くこと」「C読むこと」と「言語事項」の三領域一事

350

PISA調査と文科省全国学力調査

　21世紀初頭、国語教育に関する動きとして注目すべきは、2004（平成16）年2月の文化審議会答申「これからの時代に求められる国語力について」である。これは「国語力」という文言をキーワードとして国語教育のあり方を示唆したものであった。

　また、同じ年の12月、OECD（経済協力開発機構）の「生徒の学習到達度調査」（PISA：Programme for International Student Assessment）の結果が公表された。この調査で明らかにされたことは、わが国の子どもたちの「読解力」がきわめて低いという実態であった。これを受けて文部科学省は、いわゆるPISA型読解力の分析を踏まえて新しい時代が求める読解力の見直しを行い、全教科にわたる読解指導の具体的方策をまとめて、「読解力向上に関する指導資料〜PISA調査（読解力）の結果分析と改善の方向」を作成した。これを契機として、国語教育界は読解指導への関心を一挙に高めていくこととなった。

　なお、その傾向に拍車をかけたのは、2007・2008（平成19・20）年に文部科学省が実施した「全国学力・学習状況調査」である。国語科では知識・技能の活用をみるB問題がPISA型読解力との関係で関心を集めたが、それは学習指導要領改訂の方向を示唆するものでもあった。

全教科に生きる国語力
（第八次教育課程＝小・中2008年）

　2007（平成19）年6月、一部改正の学校教育法は、「基礎的な知識及び技能を習得させるとともに、これらを活用して課題を解決するために必要な思考力、判断力、表現力その他の能力をはぐくみ、……」と、「活用」「課題解決」を柱とする教育のあり方を明示した。また、2008（平成20）年1月の中央教育審議会の答申は、教育内容として「各教科等における言語活動の充実」をあげ、各教科と国語科あるいは言語活動との関係を具体的に指示した。

　それらを受けて改訂された第八次の学習指導要領（2008（平成20）年3月）は、総則において、上記学校教育法と同様趣旨のことを強調したうえで、国語科においては、言語活動の三領域ごとに、指導事項のほかに具体的な言語活動例をあげ、また、「伝統的な言語文化と国語の特質に関する事項」を新設した。約言するなら、第八次教育課程は、国語力を全ての学びに生きる能力として捉え、基礎・基本の習得にとどまらず、その活用によって課題を解決する能力の育成を図るとともに、伝統的な言語文化に関する指導をも重視するという点で、戦後教育を見直すものとなった。

（田近洵一）

〈参考文献〉
大平浩哉『国語科教育改造論』愛育社 2003。

項に改められた。高校の科目は、「国語表現Ⅰ」「国語総合」が選択必修とされ、その他、「国語表現Ⅱ」「現代文」「古典」「古典講読」が設定された。この第七次は、児童生徒の生活的・主体的な学習活動を学校教育の基軸とする総合主義・活動主義的な新しい教育の枠組みの形成を目ざすものとして注目される。

文化審議会答申「これからの時代に求められる国語力について」（2004年2月）　国語教育に関する文化審議会（あるいは、その前身の国語審議会）のこのような動きは、1972（昭和47）年6月の建議「国語の教育の振興について」以来のことであった。この諮問を受けて、文化審議会は国語力の育成について、「国語教育の在り方」と「読書活動の在り方」との二つの視点から検討している。

第八次（平成20年版）の国語科　「内容」が、「A話すこと・聞くこと」「B書くこと」「C読むこと」となり、第七次同様、二学年ごとにまとめて示された。また「言語事項」に替わって、「伝統的な言語文化と国語の特質に関する事項」が新設された。

168

これからの国語教育

国語科の存在意義の再検討

平成30・31年告示学習指導要領（以下「学習指導要領」という。）においては、子どもたちが未来社会を切り拓くための資質・能力の育成を目ざすことや、その際、社会と教育目標の共有を図る「社会に開かれた教育課程」が謳われ、国語科では高等学校の科目再編に象徴される大規模な改訂が実施された。こうした国語科の改訂の背景の一つとして、グローバル化や情報化など複雑で加速度的な社会の変化に対して、国語科が個人や社会の成長に真に応えるものとなり続けることに対する懸念と期待とをあげることができる。

このことは、中高生が教科書を読み解けていないという調査結果や大学の初年次教育におけるアカデミック・ライティングの講義の導入などから、読解力、コミュニケーション能力や論理的思考力など、実社会で必要とされる言語能力が国語科の指導によって確実に育成されてきたかを問題視するものであり、国語科の存在意義を再検討する動きと考えることができる。こうした問題提起は、産業界や大学、特に心理学や情報学の知見からの指摘を一定程度踏まえており、伝達型教授や教材価値を重視する伝統的な国語教育観の根本的な転換を迫るものと考えられるが、これはコンピテンシー重視の動きからのアプローチである。

基盤教科としてのバランスの担保と責任

こうした動きに対して、主として文学の軽視を憂慮する声も聞かれるが、文学に象徴される言語文化の価値を単に自明のものと捉えるのではなく、いわゆる活字離れや古典嫌いの状況にある子どもたちが未来社会を生き抜くために、これらを通したどのような資質・能力の育成が求められるのかを改めて吟味する必要に迫られている。特に高等学校における「言語文化」「文学国語」の誕生はこの点を問題提起する試みともいえるが、一方でこれは、教科において重視されてきたコンテンツとコンピテンシーとの整合を図り、その意義を担保しようとする動きと捉えることができる。

国語科は、我が国に生きる者としてのアイデンティティを確立するための基盤教科であると認識されてきたが、未来社会においてもそうであり続けるために、国語科における不易と流行を再検討することによってその存続を守るといった発想が求められるようになってきている。理数教育や外国語教育の重視、高等教育における人文科学系への風当たりは、我が国が国際社会での生き残りを懸けた動きと捉えることができるが、こうした中で基盤教科としての国語

リーディング・スキル・テスト（RST） 国立情報学研究所教授の新井紀子氏が、2016年から研究開発を主導した基礎的読解力を測定するためのテスト。RSTは「係り受け」「照応」「同義文判定」「推論」「イメージ同定」「具体例同定（辞書・数学）」の6つの分野から成り、英語と国語を除く中・高等学校の教科書、主として科学面や小・中学生向けの新聞記事を用いて各分野数百問ずつで構成されている。新井氏は、大学生対象の数学基本調査結果から読解力不足の問題を発見し、中学生・高校生も含めた累計約25000人を対象としたRSTによる調査を行った。その結果、中学校を卒業する段階で約3割が内容理解を伴わない表層的な読解もできないこと、学力中位の高等学校でも半数以上が内容理解を要する読解はできないことなどを明らかにした。新井氏はAIが東大の大学入試問題を解けるかという「東ロボくんプロジェクト」を行う数理論理学の研究者であることから、従来の国語教育の範疇を超えた視点からの問題提起を行っている。

科がバランス感覚を発揮し，その成果と責任を明確に示すことが必要となっている。

言語能力の育成を担う要としての国語科

　学習指導要領では，教科等横断的に各教科等における言語能力の育成が掲げられ，国語科はその要としての役割を与えられた。この役割を確実に果たすためには，学習指導要領に示された目ざす資質・能力に基づいて児童生徒の言語活動の充実を図ることが欠かせないが，その際，教科目標に位置づけられた「言葉による見方・考え方」をはたらかせることが重要である。学習指導要領解説に示された「言葉の意味，働き，使い方等」への着目や「言葉への自覚を高める」ことはこれまでの国語教育においてもその重要性が指摘されており，新しい概念ではない。しかし他の教科等と横並びで「言葉による見方・考え方」が目標に位置づけられたことにより，言語能力の育成を担う要としての国語科の使命が一層明確になったといえよう。国語科の授業は活動によって，理科，社会，道徳などとの差異が明確でないという指摘もなされてきたが，教材内容への過度な傾斜を防ぎ，どこまでも言葉にこだわることが国語科の学習指導ではますます重要である。

未来社会を切り拓くための国語教育

　中高生が教科書を読み解けていないという先述の調査結果は，AI（人工知能）の開発にも関わる研究者による指摘であったことから，平成28年の中央教育審議会答申に盛り込まれるとともに，一種の社会問題として提起され，かつての「PISAショック」とは異なる新たな読解力に関する課題として顕在化してきた。こうした動向も踏まえ，文部科学省は，大臣懇談会の報告において「超スマート社会」（Society 5.0）に向けた人材育成に関する提案を行っている。そこでは，AIではなく人間に求められる力として，①文章や情報を正確に読み解き，対話する力，②科学的に思考・吟味し活用する力，③価値を見つけ生み出す感性と力，好奇心・探求心が必要であるとされた。そのうえで，学校教育においては，語彙の理解，文章の構造的な把握，読解力，計算力，数学的な思考力など学習指導要領の確実な習得による基盤的学力の定着が必要であると主張している。

　新しい時代を見据えたうえで，コンピテンシーとコンテンツのバランスを担保した国語教育の模索が求められている。国語科の存在も教科の枠組みも未来永劫保証されたものではない。未来社会の姿とそこで必要とされる言語能力をどのように想定するか，伝統と文化，他言語等との関わりなどを視野に入れながら，国語教育関係者の想像力と創造力が試される。　　　（大滝一登）

〈参考文献〉
新井紀子『AI vs. 教科書が読めない子どもたち』東洋経済新聞社 2018。

Society 5.0に向けた人材育成～社会が変わる，学びが変わる～　平成30年6月5日に，文部科学省内の「Society 5.0に向けた人材育成に係る大臣懇談会／新たな時代を豊かに生きる力の育成に関する省内タスクフォース」が公表した提言。省内の若手職員も含めた大臣懇談会における議論をまとめたものとなっている。Society 5.0とは，Society 3.0（工業社会），Society 4.0（情報社会）に続く「超スマート社会」と言われるもので，AI技術の発達によって定型的業務や数値的に表現可能な業務はAI技術により代替が可能になり，産業構造の変化や働き方の変化がもたらされるとされた，第5期科学技術基本計画で提唱された社会の姿である。「Society 5.0の社会像と求められる人材像，学びの在り方」「新たな時代に向けて取り組むべき政策の方向性」「新たな時代に向けた学びの変革，取り組むべき施策」の3章から成り，基礎的読解力，数学的思考力などの基盤的な学力や情報活用能力の育成，文理分断からの脱却などを主張する。

169

教科書の歴史

明治初期の教科書

明治5年,「学制」の翌月に布達された「小学教則」では,各学年の時間配当や教授法の概要とともに,用いるべき教科書も示された。「綴字(カナツカヒ)」では,「智恵の糸口」「うひまなび」「絵入知恵の環」,「単語読方(コトバノヨミカタ)」では,「童蒙必読」「単語篇」「地方往来」「農業往来*」などである。これらのほとんどは,一般向けのもので,翻訳書も含まれており,児童には難解で実態にはまったく合わず,ほとんど用いられなかったというのが実情であった。

師範学校による教科書編纂

文部省は師範学校に,実態に即した小学教則の作成と教科書の編修を命じた。「読物科」の教科書としては「五十音図」「単語図」「小学読本」「日本地誌略」などがあった。いろは図などの掛図は『小学入門*』としてまとめられた。

この時期の代表的な読本は,田中義廉編『小学読本』(明治6年)と榊原芳野編『小学読本』(明治7年・「小学」は角書き)である。前者はアメリカのウィルソン・リーダー*を翻訳したものが中心で,後者は東洋思想や歴史を多く教材としたものであった。

教科書作成手順の確立

文部省は明治13年に教科書取調掛を設け,不適切な教科書の使用を禁止していたが,翌年,各府県の使用教科書を一覧表によって届け出させることとした。それまでの「自由編纂・発行」から「開申制」への移行である。明治16年には,小中学校の教科書は,文部省による認可制となる。

明治14年の「小学校教則綱領」では,具体的な教科書名は示されず,学年・教科ごとの教授要旨のみが示され,これに基づいて教科書が作成されることになった。

画期的な入門教科書『読書入門』

明治19年,教科書検定制度が始まった。この実施にあたり,文部省では検定教科書のモデルとなる教科書を編纂した。そのひとつが湯本武比古による『読書入門*』である。これはドイツの入門書『フィーベル』に倣って作成されたもので,片仮名先習,読み書き同時学習,押韻・対句・歌唱的表現など,画期的な入門期国語教科書として高く評価された。それに続くものとして『尋常小学読本』『高等小学読本』が発行された。前者の「緒言」では,「児童ノ心情ニ恰当シテ,解シ易ク学ビ易ク,且快味ヲ有スルモノニシテ,知ラズ識ラズ,其品性ヲ涵養陶造スルニ適ス可キモノヲ取レリ」「此書第一巻ハ,児童ノ遊戯,或ハ昔話等ノ如キ,意義ノ解シ易ク,趣味ノ覚リ易キ

往来物 近世まで広く用いられた初等教科書。室町末期までのものを古往来とよび,公家,僧侶,武家の子弟などが対象であった。近世に入り,寺子屋の教科書として庶民に使用されるようになり,量的・内容的な展開を見せる。手習い(読み書き)のためのものに加え,実業的なものや地理的なものがみられるようになっていった。総じて,生活や職業に密着した実際的な点が特徴である。

掛図 当時の学習指導は,実物あるいはその絵を提示して,その名に関わる文字を習得させるとい う実物教授(庶物示教・オブジェクトレッスン)の方法が中心であったため,掛図は重要な役割を果たした。『小学入門』に収録された「単語図」の冒頭では,片仮名の「イ」が示され,その下に「糸」の字とその絵,同様に「犬」と「錨」が示されている。

ウィルソン・リーダー Marcius Willson "The Readers of the School and Family Series"。1860年刊行。のち,英語の教科書としても用いられた。

湯本武比古『読書入門』「年齢六歳以上ノ初学

モノヲ選ビ（中略）談話体ノ言辞ヲ以テ之ヲ記シタリ」とある。巻一にある「むかし，ぢゞとばゞとが有りました。ぢゞは山へくさかりに，ばゞは，川へせんたくに行きました」などがそれである。学年が進むにつれて，文語体により，地理・歴史・理科・職業など国民生活に必要な知識を授けることを意図した教材へと展開している。後者も，修身・地理・歴史・理科に関わる教材のほか，高学年では源平盛衰記・太平記などの古文も掲載されている。明治24年の「小学校教則大綱」で，読本の内容について「修身，地理，歴史，理科，其他日常ノ生活ニ必須ニシテ教授ノ趣味ヲ添フルモノ」と述べられたことが，読本の総合化を促進した。

国語科の成立と教科書

明治33年の「小学校令」改正により，教科としての「国語科」が成立した。教科書に関しては，平仮名・片仮名の字体が統一され，それまでの字音仮名遣いが，発音式仮名遣い（棒引き仮名遣い）に改訂された（運動会を「うんどーくわい」と表記するなど）。また，漢字の範囲が1200字に限定された。民間業者による国語読本の編纂発行がいっそう盛んになった。坪内雄蔵（逍遥）編の『国語読本』（尋常小学校用，高等小学校用）は，文学的教材や小学生向けの平易な表現方法の採用によって注目を集めた。

国定教科書の展開

明治20年代の後期から小学校の修身教科書を国定化しようとする動きが起こった。あわせて国語科もという要求が起こったのが明治30年代である。文部省が国定化の準備に入った明治35年12月に，教科書採択に関する贈収賄事件，いわゆる教科書疑獄事件が発生した。文部省は明治36年4月に小学校令を改正し，「小学校ノ教科用図書ハ文部省ニ於テ著作権ヲ有スルモノタルヘシ」とした。以後，昭和23年まで，小学校教科書は国定制度のもとにおかれることになった。

明治37年7月から使用された国定第一期国語教科書『尋常小学読本』『高等小学読本』が発行された。前者は，冒頭に「イ・エ・ス・シ」の四つの片仮名を提示した。そのため「イエスシ読本」とよばれる。「イとエ」「スとシ」「シとヒ」のように，地域によって誤りや混同が起きやすい発音をまず正し，練習させようとするものであった。

国定第二期国語教科書『尋常小学読本』（ハタタコ読本），『高等小学読本』は，第一期の発音主義，文法主義への傾斜をあらため，「文学的趣味」を強調しようとした。「モモタラウ」「コブトリ」など多くの国民童話や伝説，「鎌倉」「我は海の子」などの韻文のように，以後継続的に採録される教材があらわれ，児童の興味を喚起する工夫がみられた。棒引き仮名遣いは廃止され，

者」に「最初半年間」用いられる教科書。「教師須知」では，次のように述べられている。「此書，従前ノ読方入門トハ，大ニ其ノ趣ヲ異ニシ，単ニ読ムコトノミヲ主トセズ，同時ニ書クコトヲモ，併セ授クル方法ヲ設ケタリ。是課業ノ変換ニ因リテ，児童ノ倦怠ヲ生ゼシメザルト，書写ノ工夫ニ由リテ，構造力等ヲ発達セシメントノ目的ニ出タル者ナリ」「読ミ書キヲ併セ授クルニハ，其文字モ易キヲ先ニシテ，難キヲ後ニスルヨリ善キハナシ。而ルニ，片仮名ハ，概ネ直線ヨリ成リテ，学ビ易ク，平仮名ハ，悉ク曲線ヨリ成リテ，写シ難シ。是本書ニ，片仮名ヲ先ニシテ，平仮名ヲ後ニスル所以ナリ」。

ワード・メソッド 第一期のように，一つ一つの文字から導入していく方法を，レター・メソッド（Letter Method），単語からがワード（Word）・メソッド，第四期のように文から入る方法を，センテンス（Sentence）・メソッドとよぶ。

文学的教材 第三期の編纂趣意書では，教材を「修身的教材」「歴史的教材」「文学的教材」など

漢字数は1360字に増加した。日露戦争後の国民生活の向上を反映して就学率が向上し、義務教育が6年間に延長されたのもこの時期である。『高等小学読本』の教材の一部を差し替えて『高等小学読本女子用』も発行された。「婦道」「良妻」「春日局」「応急手当」など、女子にふさわしいとされる教材が採録されている。

センテンス・メソッドへ

大正7年度からは、第二期（ハタタコ）本の修正版と、国定第三期『尋常小学国語読本』（「尋常小学」は角書き）とが並用されることになった。前者は次第に使用校が減少し、昭和4年以降は全く用いられなくなった。第二期の冒頭「ハタ，タコ，コマ」のように単語から導入していく方法（ワード・メソッド*）を、「ハナ，ハト，マメ，マス」等の7語にとどめ、すぐに「カラスガキマス。スズメガキマス」のような短文、さらに「サルトカニ」のような長編の物語へと展開する構成をとった。

「サクラ読本」の刊行

国定第四期『小学国語読本』は、編集にあたった井上赳監修官自らが「読本編纂におけるコペルニクス的転回」と呼んでいるように、教科書編纂史上画期的なものであった。「サイタ　サイタ　サクラガサイタ」というセンテンス・メソッドによる導入をはじめとして、巻一を三部構成（「叫喚的律動的な童謡的表現」「児童の生活言語」「童謡的叙述」）とし、巻二以降をその発展として体系的に編纂した点、尋常科3年を過渡期として、知的客観的説明文は4年以降に配し、文学的表現に留意した点など枚挙にいとまがないが、これらは児童の心理の発達に即応しようとしたものであり、学習者中心の理念と、児童の発達に関する科学的な知見を教科書のうえに実現しようとしたものとみることができる。しかしながら、当時の軍国主義的な風潮を受けざるを得ず、高学年になるにつれて、そうした傾向の教材が増加した。国民学校令による国民科国語のための国定第五期『ヨミカタ』『コトバノオケイコ』『初等科国語』は、サクラ読本の方針や教材を踏襲しつつも、「皇国民育成」を志向する教材が多くを占めることとなった。そのような中でも、第五期「アサヒ読本」が、話し方（音声言語）を重要視していることは特筆される。

敗戦後の教科書

敗戦後、昭和22年から使用された国定第六期『こくご』『国語』『中等国語』の発行までの間に使用されたのが、アサヒ読本の不適切な教材を墨で塗ったり切り取ったりした「墨塗り教科書」と、一枚の紙を折り畳んで使用するようにした「暫定教科書」である。第六期教科書は「人間性に即すること」「社会性を重んずること」を編集の基本方針とし、学習意欲の喚起を意識した。文学的教材や児童の自己表現の重視、読書

の七つに区分し、類別表にまとめた。ただし文学的教材の概念は現在のものと同一ではない。また「修身的教材ノ中ニ編入シテ示シタル課モ、必ズシモ教訓ヲ主旨トスベカラズ。国語読本ノ目的トスル所ハ自ラ他ニアリ」との記述は注目される。

軍国主義的教材　軍国主義的教材というとすぐに軍人や戦争を美化したものを連想するが、サクラ読本の高学年では、古典や過去の日本を礼賛する教材が増加している。また、アサヒ読本では、「国語」に着目した教材が増え、これは「ことばの学習」として肯定的に捉えるべき面もあるものの、「日本ノ　ラジオハ、日本ノ　コトバヲ　ハナシマス／正シイ　コトバガ、キレイナ　コトバガ、日本中ニ　キコエマス。マンシウニモ　トドキマス。シナニモ　トドキマス。セカイ中ニ　ヒビキマス」（「ラジオノ　コトバ」ヨミカタ二）「国歌を奉唱する時、われわれ日本人は、思はず襟を正して、栄えますわが皇室の萬歳を心から祈り奉る。この国家に歌はれてゐることばも、またわが尊い国語にほかならない」（「国語の力」初等科国語八）

につながる長文物語教材の採録のほか、平仮名先習も特色の一つであった。またアメリカのプレプリマに倣って、入門編の教科書『まことさん　はなこさん』など3点も発行された。

昭和20年代の経験主義的な国語教育、特に国語単元学習の実践的追究とも関わって、教科書に「学習の手引き」が付されるようになったり、「教科書は学習指導のためのひとつの資料である」と提唱されたりもした。前者は、児童生徒が主体的な活動を通して学習を成立させるための教科書の変化であり、後者は、教科書を絶対視した学習指導から、教師が自主的に目標や指導過程を構想し、そのための資料として教科書を使用するという、「教科書『で』教える」という考え方の現れといえよう。範文や読み物を集成した教科書から、学習者の主体的な活動を支援するための資料・手引きとしての教科書、教師が自ら設定した目標を達成するための効果的な資料を提供するための教科書といった、現在もなお追究されている新しい教科書のあり方の萌芽を、この時期に認めることができる。

教科書の歴史に学ぶ

時代を通じて、教科書は学習指導の中枢をなすものであり、教育内容や目標を具体的にあらわしたものでもあった。大人向けの書物では学習が成立しないこと（明治初期）、文学的文章を通して学習者の興味を喚起すること（明治中期以降）、望ましい導入のあり方の追究（イエスシ読本以降）、児童の発達への即応（サクラ読本以降）、自ら学ぶための支援（学習の手引き）などにみられるように、教科書とそれを用いた学習指導はやはり、それを学ぶ子どもを中心にして考えられるべきものである。

また、効果的な学習のために用いられる他の手だてとの関係の面からも、教科書研究を深めていきたい。

一方で、内容的知識や特定の思想を注入することに過度に偏った一時期があったことを反省的に振り返るとともに、子どもが出会う教材・教科書がそれほどの力をもつことも、常に自覚し続けねばならない。

（河野智文）

〈参考文献〉
海後宗臣・仲新編『日本教科書大系　近代編』講談社 1964。唐沢富太郎『教科書の歴史』創文社 1956。井上敏夫『国語教育史資料第2巻　教科書史』東京法令出版 1981。吉田裕久『戦後初期国語教科書史研究』風間書房 2001。藤富康子『サクラ読本の父　井上赳』勉誠出版 2004。藤富康子『サイタサイタサクラガサイタ』（新装版）朝文社 2007。

《付記》　執筆にあたり、小森茂・大熊徹編『新版国語実践指導全集14　学習指導の変遷』（日本教育図書センター 1992）所収の「国語科の教科書」に関する記述（明治期・吉田裕久、大正期・大熊徹、昭和戦前期・千々岩弘一、昭和戦後期・大内善一の各氏による）には大きな示唆を賜った。

のように用いられる教材もあった。

学習の手引き　教材のあとに、読解のための問いかけや発展的な活動を示したもの。文章の集成であったそれまでの教科書を、主体的な言語活動を重視する戦後の国語教育観に適合させるために導入されたのが、現在の学習の手引きの起点である。なお、単元学習などで用いられる、児童生徒の主体的な学習活動を支援するための資料（学習の手順の説明など）も学習の手引きとよばれる。このような機能を教科書に取り入れようとした工夫も多くみられる。

戦後新教育における教科書の位置　『昭和26年 (1951) 改訂版小学校学習指導要領国語科編（試案）』では、「ことばの働きは多種多様にわたっているので、国語の学習指導では、わずかな一、二冊の教科書を深く読ませるだけではふじゅうぶんである」とされているが、一方「国語の教科書は、単なる資料集や読み物集ではなく、国語学習指導の中心的な位置を占めるものである」（320〜321）とも述べられている。

X 歴史的遺産と課題

170

垣内松三の形象理論

　垣内松三は，明治43（1910）年から東京帝国大学文科大学講師となり，関根正直講師のあとを受けて有職故実の講座を担当，芳賀矢一のもたらしたドイツ文献学によって日本の国学の発達と変遷を研究して，その方法として考え出されたものが形象理論。はじめは富士谷御杖（1768〜1823）の学説により，語象・心象などと呼ばれていたが，大正の初めになって形象というようになってきた。大正4，5（1915，16）年の東大での講義で，ヒューイの著書にあるinner speechを"内語"と訳し，それを語象として，「思想と言語との間に分在する機微」としているのはまさに形象の意味と思われる。形象はドイツ語のGebildeという説に対して，垣内は強く反対してきた。

　形象理論が国語教育に適用されるようになったのは『国語の力』の出た大正11（1922）年からで，文の形，想の形をいい，形象の流動において直観と表現との対立を見ず，それを融合した同一性の内面においてのみみることができるとした。

　『国語の力』のはじめに，ヒューイのSentence Methodを紹介し，その具体例として芦田恵之助の「冬景色」の取り扱いを整理して，①文意の直観，②構想の理解，③語句の深究，④内容の理解，⑤解釈より創作へとしたので，それが形象理論のように誤解された。形象理論は，『国語教授の批判と内省』（1927）によっていっそう明らかとなった。「形象の直観と自証」「読方教授の理論的基礎としての批評学」「綴方教授の理論的基礎としての象徴学」などで，その理論をみ，「マリーのきてんに就いて」によって，その具体的なことがわかる。形象理論による国語教育の所説は，昭和9年に始まる『独立講座国語教育科学』8巻で知ることができる。昭和22年『国語の力〈再稿〉』は，第一次世界大戦の後まもなく出た『国語の力』から，まさに25年で，〈再稿〉は，第二次世界大戦の後を受けて，自己の形象理論の大成に向かって進まれたものとみることができる。そのころ書き残された1枚の全景図表によると，図表の中心に心象とあり，そのすぐ下に〈形象〉とある。心象の上に景象があり，その下に辞象がある。明治40年代に富士谷御杖から得たものを体系化されたと思われる。そして，上に表現学があり，下に解釈学がある。その周辺に記号学，様式学，文献学があり，意義学，類型学，形態学がある。この図表こそ，垣内松三の最後に志向した形象理論の体系といえよう。詳しくは『垣内松三著作集』全9巻を参照。　　　　（石井庄司）

ヒューイ（E. B. Huey, 1870〜1913）ペンシルベニア西部大学の心理および教育の教授。『読みの心理と教育』（The psychology and pedagogy of Reading：1908）に読みの史的発展としてLetter Method, Word Method, Sentence Methodの三つを挙げた。垣内は，芦田恵之助の「冬景色」の取り扱いこそ，まさにその実例として，その著『国語の力』に紹介。それより前，大正6（1917）年8月，東京女子高等師範学校卒業生のために，2週間にわたり「読方の心理及び教授」として講じた。なおヒューイの著書は，昭和7（1932）年木下一雄・水木梢によって邦訳された。

「冬景色」の取り扱い　芦田恵之助（1873〜1951）の『読み方教授』（1916）にあるもの。垣内が『国語の力』で，その実践記録を整理し，理論づけたため有名になった。戦後，西郷竹彦が文学教育の立場から批判したのに対して古田拡の反論と，他に波多野完治その他5名の評論を集めて『「冬景色」論争』（明治図書　1970）が刊行された。

171
解 釈 学
（Hermeneutik）

　解釈学の原語ヘルメノイティークは，"解釈する"というギリシア語からきているもので，もと"語る"意味であり，それがラテン語になって"通訳する"意味をもつこととなり，理解されないものを明らかにし，更に，理解されたものを他に伝える意味の両義をもつこととなった。

　ディルタイ*は『解釈学の成立』のはじめに「外から感性的に与えられるもろもろの記号から内的なものを認識するはたらきを我々は理解verstehenと呼ぶ」といい，これは慣用の語なのであるという。しかるに我々は，自分の状態の把握にも，本来の意味においてではなく，理解といっているとし，「このような理解は，幼児の片言の把捉から，ハムレットや理性批判のそれにまで及び，なお，自然や身振りやことばや文字から行為や経済的秩序や制度から，解釈を要求する」といっている。こうした広い解釈学は，既に古代にもあったとして，ホメロスやソフィストのこと，特にアレクサンドリアの言語学のことを述べ，「いまや原文批評・解釈・価値規定の技術としての文献学があらわれた」とする。

　効果的な解釈学が文献学的解釈の熟練と真の哲学的語学と結びついた人はシュライエルマッヘル（F. E. D. Schleiermacher, 1768～1834）とする。そのものにあってヴィンチルマン（J. J. Winchelmann, 1719～68）などの芸術作品の理解が進み，更にベック（P. A. Böckh, 1785～1867）の文献学の成立を説く。「解釈学的操作の究極目標は，著者を彼が自ら理解した以上に理解することである」とした。

　垣内松三は大正4，5（1915, 16）年の東京大学の講義において，「注釈の理論及方法」として，ベックやエルツェ（K. EIze, 1821～89）の紹介をなし，昭和4（1929）年以後，東京文理科大学において，ディルタイやハイデッガー（M. Heidegger, 1889～1976）によって解釈学の講究を続けてきた。石山脩平*は，その著『教育的解釈学』において，垣内松三を解釈学の創始者としたが，どうであろうか。昭和10年ごろ，「垣内先生の形象理論はわかりにくいが，石山先生の教育的解釈学はよくわかる」と論じ，教育現場で大いに歓迎されたことがあった。石山脩平の『国語教育論』の通読・精読・味読は，のちに三読主義として批判を受けたが，石山の国語教育論は，彼の『ギリシア教育史研究』に説くところのロゴス（Logos）の解釈からきているもので，解釈学の一つとみることができよう。山口喜一郎（1872～1952）が，その晩年に新しい解釈学を希求するといわれたことが忘れられない。

（石井庄司）

ディルタイ（W. Dilthey, 1833～1911）　ドイツの哲学者。フィッシャー（K. Fischer, 1824～1907），ベックらに師事して歴史・哲学を修め，バーゼル，キールなどの大学教授を歴任，精神科学を方法的に基礎づけた。『解釈学の成立』は1900年に執筆された。

石山脩平　明治32（1899）年静岡県に生まれ，昭和36（1960）年東京で死去。東京教育大学教授。文学博士。京都大学哲学科の卒業論文「プラトンにおける愛・想起および対話法の教育的意義」は西田幾多郎も感心したというもので『西洋教育史第一篇ギリシア篇』（1934）に結実。そのロゴスの解釈から『教育的解釈学』（1935）と『国語教育論』（1937）が成った。解釈学の一つの発展とみることができよう。

172

西尾　実

生涯稽古の学

　西尾実（1889〜1979）が積み上げた業績の守備範囲は広くて深い。道元や世阿弥の研究、徒然草を中心とする中世文学の研究、国学や近代文学の研究、そして国語教育の理論と実践の研究と多くの業績を残した。これらの研究は、文学研究と国語教育研究とに分けることができるであろうが、この二つの研究は西尾にとっては一体化している。おそらく、徒然草や道元、世阿弥の深い研究がなかったならば、西尾国語教育学も生まれなかったであろう。少なくとも、それほど深いものとはなりえなかったのではないであろうか。

　西尾理論の骨格を形成している概念を幾つか拾い上げるならば、次のような概念があげられよう。「行的精神」「愛語*」「生涯稽古」「力としての立場」「主体的力」「自律的展開」「主体的真実」「苦役的労作」「通じ合い」「主題・構想・叙述」「素読・解釈・批評」「言語生活」などであり、これらは有機的構造を成している。何よりもその根底にあるのは、「人間」という存在のあり方への持続的な追究である。その世界が、自己の生活を厳しく律していく生涯稽古の世界である。現代の言葉でいえば生涯学習である。西尾自身の毎日の生活が生涯稽古であったと同時に、西尾国語教育学は、生涯稽古の学といってよいであろう。技術主義的な傾向になりがちな、あるいは、人間の存在への問いかけが表面的になりがちな今日にあって、西尾国語教育学の価値は見直されるべきものがあろう。

国語教育学の自立と構想

　西尾は国語教育の「国語」を、国語学や言語学が対象とするような抽象的分析的に取り出した「国語」や「言語」と捉えるのではなくして、実態的な「言葉」として捉えた。人間や言語生活と切り離した「国語」や「言語」ではなく、実存としての「言葉」に求め、これを基盤とした。これは、要素主義的な国語教育、語学的な国語教育を否定する西尾の考え方の土台といえるであろう。国語教育こそ教育であると考え、その出発を生きた抽象化以前の現実の言葉に求めた。そして、国語教育の領域構造を次のような図にまとめた。

愛語　これは道元禅師の正法眼蔵の中に出てくる菩提薩埵四摂法の中の一節である。この道元の愛語については、西尾の著書や論稿においてたびたび言及されており、西尾自身の生き方や国語教育論の根底を成している。「言語生活」や「通じ合い」などとも深く関係し合っている。昭和10年から使われはじめた中学校国語漢文科用の教科書『国語』（全10巻　岩波書店）の巻1の巻頭の教材「生きた言葉」を書き下ろし、そこでも愛語を引用している。

国語教育の領域構造　図1は『国語教育学の構想』に示されたものであるが、『国語教育学序説』（昭和32年）では次のようになっている。

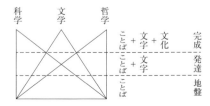

言語生活の全領域を，地盤・発展・完成という三段階で捉え，地盤は談話生活，発展は文章生活，完成は言語文化とし，更に言語文化を科学・文芸・哲学に分け，図2のように三角形の頂点に位置づけた。これらの図での特徴や理解すべき点は，図1の場合，実線の枠を固定的に捉えないで，常に完成段階としての文化を志向する方向において考えていかなければならないことである。

また，理論から実践へという方向だけでなく，実践から理論へという方向を強調した点も，西尾国語教育学の一つの原点を成している。

「言語生活主義」の意味の再検討

戦後，言語生活を基盤とする西尾の国語教育論は「言語生活主義」の名で呼ばれた。しかし，その場合，必ずしも西尾の主張する国語教育論が十分に理解されたうえでの受容ではなかった。西尾は，昭和10年前後より，「文芸主義と言語活動主義」という論文などで文芸（文学），広くいえば文化と，その母胎ともいうべき生活との統合を目ざした。文化の生産母胎として，言語生活を国語教育の領域に位置づけ，その言語生活を文化的に質の高いものに高めていくことを目ざしたのである。

このような構造的な捉え方の中に，話し言葉の教育も位置づけられ，特に戦後，西尾は話し言葉の教育の重要性を主張した。この話し言葉の教育が，言語生活主義のように受け取られてしまったようでもある。話し言葉の教育は重要でもあり，西尾国語教育学の大切な一領域にはちがいないけれども，言語生活主義イコール話し言葉の教育ではない。しかも，話し言葉の実用性や技術の教育をねらったものではなかったはずである。少なくとも文化としての向上を志向しない言語生活主義は，西尾の主張とは相いれないものである。

言語教育と文学教育

西尾は，聞くこと・話すこと，読むこと，書くことのそれぞれの領域を全体構造の中に位置づけ，更に各領域の指導理論を提唱した。特に，戦後の20年代に，既に各領域の独立学習と関連学習を主張しており（『国語教育学の構想』1951），このことは西尾の国語教育論の広さや深さの一端を示しているともいえよう。

言語教育の領域だけではなく，西尾国語教育学の最も中心を成し，その発展に業績を残したのは文学教育であろう。特に，昭和4年の『国語国文の教育』で提唱された主題・構想・叙述，素読・解釈・批評，更に戦後の第一次鑑賞・第二次鑑賞という実践理論は文学教育の自立に大きく寄与した。

（桑原　隆）

〈参考文献〉
『西尾実国語教育全集』全10巻　別巻2巻　教育出版 1974，1978。

主題・構想・叙述　「文学形象は，制作においてはもちろん，鑑賞作用においても，表現の立場における体験としてのみ成立する自覚体系」（『国語国文の教育』）と捉え，作品研究の対象はその形象をとらえることにあるとする。作者主観の情意的感動を種子として作品が生まれ，そこから苦役的労作を通じてその種子の自律的展開が構想となり，更に作者の文体によって叙述として定着する。作者の情意的感動の種子が主題となり，その主題が自律的に展開するのが構想であるとした。文学の鑑賞は，主題→構想→叙述という創作過程にそって行われるべきであるとし，まず全体直観によって主題を発見（最初は仮定）することから鑑賞作用が始まるとした。これはのちに第一次鑑賞と呼んだ段階に相当するものである。

「主題・構想・叙述」論は，昭和4年に提唱されて以来，作品研究の方法，更には教材研究の方法として大きな影響を与えた。また，それは理解や鑑賞の対象としてだけではなく，表現指導（作文指導）の方法としても大きな影響を与えた。

X 歴史的遺産と課題

173

生活綴方

生活綴方とは

　生活綴方とは，生活者*が，ひとまとまりの日本語で，一定の体系に従いながら文章表現活動を行い，また，そのことによって学習活動，生活活動を行いうるような教育方法，またはその成果としての作品（作文・詩）のことを意味する。

　このようなところから，生活綴方は，正字法・書法・修辞法の教育にとどまらず，知育・徳育を含んだ全体としての教育実践や自己教育として営まれてきた。世界の教育界でも類例の少ない教育的遺産である。

生活綴方の成立について

　生活綴方が成立したのはいつのことか。教授＝学習過程における子どもの発見，近代における自我の成立，リアリズムの確立，教育における反権力の自覚などをどう捉えるかによって，以下の諸説がある。
①樋口勘次郎の自由発表主義以降
②芦田恵之助の随意選題主義以降
③鈴木三重吉の「赤い鳥」綴方*以降
④田上新吉の生命主義綴方*以降
⑤小砂丘忠義の『綴方生活』*創刊以降
⑥成田忠久の『北方教育』*創刊以降
⑦昭和9年北方性教育運動の成立以降

　樋口は，『統合主義新教授法』（明治32年）において形式主義・注入主義の教育を批判し「生徒の自発活動によらざるべからず」と説いた。これは教育の全体的原則であるが，ことに「作文科」のような発表・表現教科においては重視されなければならないとする。教育における子どもの発見の端初となる主張として，教育史上，特筆されるべきことである。芦田は，樋口の説を更に発展させ，綴方の題材選択を学習者の随意にまかせるべきだとした。更に芦田は，綴方は「自己を綴る」ものだという主張をしたが，これは樋口の作文＝発表観に比して，綴方＝自己認識の方法，すなわち自我形成を重視する提言として着目される。「赤い鳥」綴方は，自我形成の方法を自然主義的リアリズムに求め，生活主義綴方は，生哲学や経験主義にそれを求めた。

　これらの教育思想は大正デモクラシーの社会的潮流と深い関わりがあるが，それの主観性・観念性への批判意識が明確に提出され，組織的・体系的な教育論・教育運動が展開されるのは昭和期に入ってからである。小砂丘の『綴方生活』創刊（昭和4年），秋田の成田忠久の『北方教育』創刊（昭和5年）はその象徴である。この2誌に代表される主張は，大正自由教育でなされた国家主義的児童観*批判を継承し，なおかつ大正自由教育における観念の児童観を批判し，社会的実在，生活者としての児童観を提唱

生活者　戦前の生活綴方教師によって生み出された用語。人間は一人一人が個性をもって生活を営んでいるが，その生活も，その人の社会的諸関係によって規定されている（生活の主体者）。
「赤い鳥」綴方　自然主義作家の系譜に属する鈴木三重吉が創刊した児童文学雑誌「赤い鳥」（大正7年）に読者投稿欄の綴方のページが設けられた。この綴方傾向をこのように呼ぶ。
生命主義綴方　広島高師訓導・田上新吉『生命の綴方教授』（大正10年）を代表とする。生活観に

倫理主義的傾向が強い。
『綴方生活』　戦前，生活綴方運動の中心をなした。主幹・小砂丘忠義。
『北方教育』　地方誌（秋田）の一つとして創刊されたが，やがて東北地方を結びつける重要な役割を果たす。主幹・成田忠久は，北日本国語教育連盟『教育・北日本』（昭和10年）をも発刊。
国家主義的児童観　子どもを独自の人格者として認めず，国家的価値に従属させようとする。「少国民」「天皇の赤子」という用語に代表される。

した。更には，その生活者の発見を契機として，教育全体にわたる国家主義，観念性を打破し，生活者にとっての教育創造という課題を提出した。また，それらを生活教育という名で呼び，綴方を生活教育の中心教科に位置づけるカリキュラム改造の意志表示をしている。小砂丘以降の綴方＝作文教育の主張は，明確に，「書くこと」による教育，すなわち，文章表現活動やその指導にとどまらず，それに付随する教育全体の営み，仕事に意識的に取り組もうとするものであった。このことは，同時に，公教育における権利を，国家から国民の側に移行させようとする教育実践を意図するものであったということができる。

生活綴方の歴史

「生活綴方」という用語の初出が文献上確認できるのは，静岡の綴方教師・富原義徳『創作・鑑賞　土の綴方』（昭和3年）である。この用語が雑誌などに一般的に登場するようになるのは，富原の著書出版の後，数年を要している。

用語の日常化にいたる過程で，主として地方在住の青年教師たちが，その地域の生活の実情に応じた教育をどう創りあげるか，苦慮していた。彼らは，官制研究会や自主的研究会において，子どもの生活事実をどう捉え，教育的はたらきかけをどうすれば，子どもの健康で豊かな生活をつくり上げることができるかを論議しあっていた。その素材として子どもの作文や詩を用いていたのである。このような動向は，全国各地，大小さまざまな形で見ることができる。地域規模の大きさ，影響の強さなどから言えば，北海道綴方教育連盟，北日本国語教育連盟が代表的な組織であった。また，各地各組織の同人誌や指導文集は相互に寄贈交換され，教師の教育実践・教育理論の質を高めることに資している。これは植民地を含む我が国戦前の生活綴方運動の残した大きな遺産である。

戦前，生活綴方は治安維持法被疑事件のため弾圧にあうが，生活綴方は戦後教育の出発とともに復興された。詩集『山芋』，無着成恭『山びこ学校』，宍戸秀男『土は明るい』などの出版が一時期生活綴方ブームを呼び，成人の自己教育の方法としても生活綴方が取り入れられはじめる。生活綴方が文章表現指導体系を持つのか否か，生活指導とどう関わるのか，科学の教育とどう関わるのか，多くの未解決の課題を残しながら，今日もなお，多くの支持者を有して実践されている。　　　　　（川口幸宏）

〈参考文献〉
滑川道夫『日本作文綴方教育史』国土社 1977～1983。川口幸宏『生活綴方研究』白石書店 1980。野地潤家編『作文・綴り方教育史資料』桜楓社 1986。太郎良信『生活綴方教育史の研究』教育史料出版会 1990。

大正自由教育における観念的児童観　子どもを大人とは区別された存在としてみる一方，子ども＝善，大人＝悪として捉える児童観。

生活教育　定義化するには困難な用語使用例が数多くある。基本的には，ペスタロッチの「生活が教育する」という主張を受け継いでいる。生活経験学習，全人格教育，労働教育など。

詩集『山芋』，『山びこ学校』，『土は明るい』　『大関松三郎詩集　山芋』（寒川道夫編集，1951），『山びこ学校―山形県山元村中学校生徒の生活記録』（無着成恭編集，1951），『土は明るい――一四歳少年の生活記録』（宍戸秀男作品・小鮒寛解説，1952）は，いずれも，前期中等教育発達段階の詩・文であるが，たんに教育の「証言」に留まらず，戦後教育を進めていくうえでの確かな指針となった。それは，通学しつつ貧困地帯の生産労働に従事する少年たちの明日を展望しきれない苦しみも綴られているが，現実を逞しく生き抜く生活力の描写が，同時代を生きる人々に勇気と励ましを与えた。

174

芦田恵之助

綴り方教授と随意選題

芦田恵之助は，1913（大正2）年3月，『綴り方教授』において「自作は綴り方の本幹である。文章を学習する活元である。指導処理は，要するにこの本幹を培ふに過ぎぬ。自作は対話的と独演的とある。」と述べ，自作本位の綴り方教授を主張している。また，1914（大正3）年1月～同年12月まで連載された「綴り方教授法」（佐々政一主宰『文章研究録』所収）では，随意選題による文章表現力向上への効果を説いている。

芦田は1916（大正5）年11月，論文「綴方教授の帰着点」において「範文を提供し，材料選択に注意することを指導して，発表の力が発表の必要に応ずることが出来るやうになつたら，随意に選題して，思ふまゝに記述させるがよい。即ち題材に対しても，記述に関しても，全責任を児童に持たせたがよいと思ふ。」「随意に選題し随意に記述すると，そこに発動的の学習態度がわいて来る。いやしくも自分の注意に新なる事は，とつて以て之を題材にしようと工夫する。又巧なる記述に接しては，とつてもつて他日の参考に供しようと記憶するやうになる。こゝに至つて，綴方は甚だしく教師の力を要せずして発達を遂ぐるのである。」と述べ，綴り方教育における自らの主張の中心点を随意選題に置き始めている。芦田の綴り方教授に影響を与えたのが，樋口勘次郎[*]の自発活動主義作文教育であった。

1921（大正10）年1月3日～7日までの5日間，「小倉立会講演」が芦田恵之助と友納友次郎[*]との間で行われ，綴り方教育論争が展開された。すなわち，一方の芦田恵之助は，随意選題に基づく自作本論の立場であり，対するもう一方の友納友次郎は，練習目的論の立場であった。この「芦田・友納論争」は，単に随意選題と課題主義との対立ではなく，綴り方教育における主観主義と客観主義との対立として捉えるべきものであり，今日の作文教育に通ずる先駆的意義を有していたと言える。

読み方教授と「自己を読む」の立言

芦田は1916（大正5）年4月，『読み方教授』において「読み方は自己を読むものである。綴り方は自己を書くものである。聴き方は自己を聴くものであり，話し方は自己を語るものである。即ち読み方・綴り方・聴き方・話し方と作業は四つに分れてゐるが，自己といふ見地からいへば，全く一つである。分るれば四となり，合すれば一となる。」と述べ，「自己を読む」読み方教授を提唱している。芦田は『読み方教授』において，その二年前に公にした「読み方教授法」の中で述べた自らの読み方教授観

樋口勘次郎（1871～1917）　樋口は，1899（明治32）年4月，『統合主義新教授法』（芦田恵之助筆記・樋口勘次郎著）において「予の信ずる教授の主義に於て，最も重要なるは，生徒の自発活動によりて教授せざるべからずといふにあり。自発活動とは，自身より発する活動といふ義にて，他より干渉せられて，受動的に発するものに対するの名なり。即ち英語の『セルフ，アクティヴィティー』（Self activity）を指す。自然活動（Spontaneous activity）とは異なり。」と述べ，自発活動主義作文教授を唱えた。統合活動主義は，児童の自発活動（Self activity）を重んじ，表現主体を中心に据えた点において画期的な主張であった。樋口は，作文科において児童の思想や文字・文体等に拘束を加えることを否定し，文題を自由に選択させて随意の文体による自発活動主義の作文を主張した。樋口から最大の示唆を得たのが，芦田恵之助であった。樋口勘次郎の考え方は，芦田恵之助に至って更に精錬され，作文教育史上の提唱となる随意選題へと深化したのである。

を否定し、「自己を読む」読み方教授観への転換を行っている。すなわち、芦田の読み方教授観の第一の転換点は、作者の思想感情を正確に捉えることを到達点とした「会得」読みから、「作者の思想感情はかくあるべし。」とする自己の観念を起点とした「想定」読みへの移行である。第二の転換点は、作者の思想感情を主体とした「同一」読みから、読み手の自己の観念を主体とした「同化」読みへの移行である。さらに、芦田の読み方教授観の転換による教材研究論の変化は、「教師の視点」による「作者と同一の思想感情を会得させる」教材解釈から、「児童の視点」による「自己を読む」教材解釈への移行であったと考えることができる。

国語読本編纂と国語教材編成力

芦田恵之助は、1917（大正6）年4月、東京高等師範学校附属小学校訓導と兼務しながら、文部省嘱託として国定第三期『尋常小学国語読本』（白表紙本）の編纂に関与している。これ以後、下記に示す国語読本の編纂に従事し、卓越した国語教材研究力・国語教材編成力を発揮している。

(1)国定第三期『尋常小学国語読本』（文部省嘱託・共同編纂）在任期間：大正6年4月〜大正10年5月
(2)第二期『普通学校国語読本』（朝鮮総督府編修官・共同編纂）在任期間：大正10年10月〜大正13年4月
(3)『尋常小学国語小読本』（私人・単独編纂）発行期間：大正13年5月〜昭和2年10月
(4)『南洋群島国語読本』（南洋庁嘱託・単独編纂）在任期間：大正13年7月〜大正14年3月
(5)『青年訓練所読本国語の力』（私人・単独編纂）発行期間：大正15年9月〜昭和4年2月
(6)『恵雨読本』（呉羽読本草稿本）・『呉羽読本』（私人・単独編纂）発行期間：昭和15年1月〜昭和16年3月

芦田が朝鮮総督府編修官として編纂した第二期『普通学校国語読本』は、読本教材の独創性と機能性が評価され後続の第三期『普通学校国語読本』に継承された。この第三期『普通学校国語読本』は、米国においてSerge ElisséeffとEdwin O. Reishauerの手によって編まれた『大学生のための初等日本語』という形で受容されている。芦田の編纂した国語読本の特長は、読み手である学習者の視点に立脚した教材産出と合理的かつ効率的な教材編成が実現されている点であると言える。　　（大塚　浩）

〈引用・参考文献〉
芦田恵之助『綴り方教授』香芸館出版部 1913。芦田恵之助「綴方教授の帰着点」（『国語教育』第1巻第11号）育英書院 1916。芦田恵之助『読み方教授』育英書院 1916。大塚浩「芦田恵之助編纂『普通学校国語読本』の海外受容」（『国語科教育』第40集、全国大学国語教育学会）1993。

友納友次郎（1878〜1945）　友納は、1918（大正7）年3月、『綴方教授法の原理及実際』において「綴方は綴る力をつけるといふことが、唯一の目的である。この目的のためには、場合によつては児童の好まない文材であつても選択して課さなければならぬ。」と述べ、綴り方教授における教材選択のあり方について、自らの考えを示している。

さらに友納は、「教授の目的として定められるべきものは、どうしても論理的に技能発達の順序をきちんきちんと踏進むべきもので、その練習目的に応じて教材を取扱ふ場合に児童の知識、趣味、傾向等の心理的事項を顧慮し、適確な指導の方法を工夫しなければならぬ。つまりどの学年にどういふやうな仕事をどれ位の程度で課し、それからそれをどういふ工合に発展させて行くかといふ事が練習目的を定める上から見て非常に必要な事で、しかも教授を徹底させる唯一の拠り処であると信ずる。」と述べ、学習者の発達段階を踏まえた上で、綴り方教授における練習目的に応じた教材の取り扱い方と指導方法の重要性を説いている。

175

外国の国語教育
（アメリカ）

国語科の領域構成

「教育は地域に（任せる）」という意識が高く，国語科をどういう領域に分けてカリキュラムを構成するかは，各州や地域によって異なっている。小学校における，最も一般的な領域分けは，readingとlanguage artsという構成である。readingにおいては，読むことを中心に書かれていることの内容理解に関する学習指導が展開される。language artsでは，読み方，書き方，話し方，文法などの「言語技術」に関する学習指導が中心となる。つまり，「読むことの学習指導」と「言語技術に関する学習指導」とが，国語科の柱となっているのである。Englishという時間を設定し，これらの二つを統合した形で学習指導を行うこともある。

学習指導の方法の変化

アメリカの国語教育においては，次のように「伝統的指導法」から「新しい指導」へという変化が起こっている。【読むことの指導】「基礎読本による指導（basal reader approach）」から「文学を核にした指導（literature-based approach）」へ。【書くことの指導】「結果を重視した指導（product-oriented approach）」から「過程を重視した指導（process-oriented approach）」へ。【評価の方法】「達成度テストによる評価（achievement test evaluation）」から「学習過程蓄積評価（cumulative assessment）」〈ポートフォリオ評価（portfolio assessment）がその代表〉へ。

教師が，学習者にとってそれが必要であると判断し，地域がそれを認めれば，「伝統的指導法」でも「新しい指導法」でも選択することができる。学習指導におけるこうした「多様性・柔軟性」が，アメリカの教育の大きな特色の一つである。

国レベルでの国語科スタンダード

2010年には全米共通国語科のスタンダード（CCSS/ELA：Common Core State Standards for English Language Arts）が公表された。今回の「全米共通スタンダード（CCSS：Common Core State Standards for English Language Arts & Literacy in History/Social Studies, Science, and Technical Subjects）」は，「全米州教育長協議会（CCSSO：Council of Chief State School Officers）」と「全米知事会（NGA：National Governors Association Center for Best Practices）」が母体となってまとめたものである。

なお，2009年には先んじて，「大学進学および就職準備に関するスタンダード（CCRS：College and Career Readiness Standards）」が公示されており，高等学校卒業段階において身につけるべき学力を明示したものと

新教育改革法：No Child Left Behind Act 21世紀初頭の大きな動きとして「新教育改革法」に触れておく。2002年に「教育改革法案（NCLB：No Child Left Behind Act，「一人も落ちこぼれを出さない法」）」が制定された。以下，主な項目のみ示す。○全ての公立学校の第3学年から第8学年（中学2年）の生徒が毎年，英語（Reading）と数学のテストを受けるようにする。○全ての公立学校で全州・全米レベルで比較可能なReport cardを作る。○低学力の公立学校へは，連邦補助金から支援する。しかし，2年続けて成績不振な学校では，生徒が他の公立学校へ転校することを認める。3年そのような状態が続いた学校へは連邦補助金をうち切る。そして，チャーター・スクール（チャーター〈契約書〉を交わしたうえで，保護者，教師，地域団体などが公費で自主運営する公立学校）にするか，州が強制的にその学校を廃止するか，または教員を入れ替えて再建する。

捉えることができよう。

国語科のスタンダードの構成

国語科のスタンダードは，次の6つの領域から構成されている
1) 文学のための読むことのスタンダード (Reading Standards for Literature) ／2) 説明的文章のための読むことのスタンダード (Reading Standards for Informational Text) ／3) 読むことの基礎的スキルのスタンダード (Reading Standards: Foundational Skills) ／4) 書くことのスタンダード (Writing Standards) ／5) 話すことと聴くことのスタンダード (Speaking and Listening Standards) ／6) 言語のスタンダード (Language Standards)

例えば，Reading Standards（読むことのスタンダード）の事項は次の4つの項目に分類されて示されている。これらは「文学のため」「説明的文章のため」の両方に共通している。
○重要な考えや細部 (Key Ideas and Details) ／○技法や構造 (Craft and Structure) ／○知識と思考の統合 (Integration of Knowledge and Ideas) ／○文章の複雑性の幅とレベル (Range and Level of Text Complexity)

スタンダードの項目の例

「説明文のためのスタンダード」の「B 技法や構成」5「文章の構成の分析」の例を示す。

【第1学年】文章中の重要な事柄や情報を見つけるために，さまざまな文章の特色（例えば，見出し，目次，索引，電子メニュー，アイコンなど）について知り，使う。／【第2学年】文章中の重要な事柄や情報を効果的に見つけるために，さまざまな文章の特色（例えば，キャプション，太字，小見出し，用語一覧，索引，電子メニュー，アイコンなど）について知り，使う。／【第3学年】文章において強調されたものや調べるツール（例えば，キーワード，補注，ハイパーリンク）を用いて，与えられたトピックについての情報がどこにあるかを効果的に見つける。／【第4学年】文章や文章のある部分において，できごとや考えや概念や情報がどのように全体的に構成されているか（例えば，時間の順序，比較，因果関係，問題解決）を説明する。／【第5学年】2つまたはそれ以上の文章におけるできごとや考えや概念や情報がどのように全体的に構成されているか（例えば，時間の順序，比較，因果関係，問題解決）を比較したり，対比したりする。／【第6学年】特定の文，段落，項，章などが，文章の構成全体にどのように合わせて用いられており，それが考えの展開にどう役立っているかを分析する。

全ての州がこのスタンダードを受け入れたわけではない。51州のうち，最初から，受け入れを拒否した州が4州，後に拒否した州が6州ある。この全米共通スタンダードをもとに，各州における独自のスタンダードの作成が促進されたことは確かである。

〔堀江祐爾〕

○2013～14には，全ての学校において，全ての生徒が数学とリーディングについて良 (proficient) レベルに達する。○2005～06年度末までに，教員の具体的資質向上策を策定しなければならない。

新教育改革法は，「教育を国家的な優先課題」とするもので，一定の学力向上につながった。その一方において，各州は連邦からくる補助金を失うことのないようにするために，テスト問題の難易度を落としたりするというような問題も起こした。

〈参考文献〉
「諸外国の教育課程(2)——教育課程の基準及び各教科等の目標・内容構成等——」国立教育政策研究所 2007，石井英真著『現代アメリカにおける学力形成論の展開［増補版］』東信堂 2015，堀江祐爾「アメリカ合衆国における「説明文のための読むことのスタンダード」に関する考察」兵庫教育大学研究紀要第49巻，2017年3月。

176 外国の国語教育（イギリス）

多民族共存社会下の国語（英語）教育改革

イギリス（イングランドおよびウェールズ）の国語科教育，すなわち，社会に生きる主体的な一市民として習得すべき社会的規範語である英語を核とした母国語（英語）教育は，英語を母語としない児童・生徒の多種多様な言語文化背景を視野に入れた言語教育観を基盤とし，第二外国語ではなく，additional 言語である英語と外国語教育の双方と関連しながら，広義の言語教育観のなかに位置づけられ，21世紀に至っている。

「1988年教育改革法」によって，イギリス初のナショナル・カリキュラム（以下NC）が導入され，それに伴い，7，11，14歳児の全国標準評価テストの導入，義務教育修了時資格公試験GCSEへの一本化と，学習者の統一評価システムが制度化された。学習内容と到達目標を明示したNCによって，学校と指導者の主体的自治を最大の特徴としてきたイギリスの国語教育は，その主体性を「なに」をから「どのように」教えるかに移行していった。

80年代後半に始まる一連の教育改革の末，21世紀のイギリスの国語教育は，①1999年改訂版NC，②全国標準評価システム，③基礎段階（3歳児からレセプション期〈入門期〉）のリテラシー・カリキュラム指針，④「リテラシーに関する全国共通指導方略指針」（以下「指針」），の4枠組みの相関から概括しうる。義務教育期間（5歳から16歳）を体系づける四つの教育段階，ならびに各段階最後に実施され，GCSEへと系統立てられた標準評価テストによって，習熟度に応じたフィードバックを含みこんだ回帰型教授体系プログラムを志向してきた。①NCは，2007年，前期中等教育段階（第3・4教育段階）改定が公表され，初等教育段階（第1・2教育段階）とともに改定・実施となった。一方，④「指針」は，2006年に第1・2教育段階改定・実施，2008年に第3・4段階改定，2009年に実施された。

資格公試験の改変が始まった60年代は，イギリスが労働力として多くの非ヨーロッパ系移民を受け入れ始めた時期と重なり，社会構造の変容が教育改革を必須のものとした一因といわれる。中でも社会のコミュニケーション・ツールである言語に携わる国語教育観の問い直しが迫られ，義務教育で学ぶべき規範語の抜本的再考の機運が高まる中，国語教育における標準英語の再定義が行われた。NCの導入は，比類ない学習者状況の複雑化の中，教育水準の不均衡を是正し，学力低下を押しとどめ，基礎力の底上げを図り，かつEU統合を見据え，慢性的経済不況のなか長年の懸案であった，

教育段階 義務教育期間は，第一教育段階（入門期～第2学年），第二教育段階（第3～第6学年，以上，小学校），第三教育段階（第7～第9学年），第四教育段階（第10，11学年＝GCSE受験準備年，以上，中学校）の4段階。

標準英語の再定義 ナショナル・カリキュラム以前の主な前提として，『バロック・レポート』（1975）で，「どの児童のアクセントもありのままに受け止められるべきである。（略）。指導者のめざすべきは，児童に，話し言葉に対して意識的で柔軟であることの大切さを教えること。」と容認発音至上主義への疑義を示唆。これを受け，カリキュラムの前身となる指針『5歳から16歳の国語』(1984)では，指導の要は「児童の言語レパートリーの拡大」にあるとされ，指針とすべき英語（国語）のモデルを検討した『キングマン・レポート』(1988)に発展的に継承され，16歳児の話す・聞く領域の到達目標として「自分のアクセントを用いて（語彙や構文的側面からみた）標準英語を

国家としての国際競争力の復権を目ざす抜本的な教育改革であった。

国際競争力としてのリテラシー教授体系

要となったのは、義務教育一貫のリテラシー教授体系案である「指針」(1998, 2000)と、「リテラシーの時間」の奨励である。

1999年改訂NCの主眼は、学習内容の精選と重点化で、選択学習事項を設け、学校や指導者の主体性に委ねる柔軟性を加味した。3 R's（読み書き算）の徹底、情報化社会への対応強化が謳われ、リテラシーとICTは、全教科の指導内容に必須の二分野と明示された。社会的要請の高い必修科目である国語科が、全学的リテラシー教授の要として毎日1時間、週5時間の「リテラシーの時間」とその他の国語学習を加え、上限7時間半の国語の授業が推奨された。

新旧「指針」に見られる指導者支援の重視

「指針」は、99年改訂NCの読むこと、書くこと2領域の指導内容を、語・文・テクストの3レベルから学期ごとに詳述したNC細案として意図され、教科枠を越えたテクストレベルの指導は、文法学習への形骸化への配慮であった。また、60, 70年代主流のトピック学習の弊害を問い直し、膠着化した一斉指導ではない学習者参加型の一斉指導法を志向した。社会に生きて働く主体的な読み書く言語生活者の育成を標榜し、指導法の具体、学習成果や指導プランの公表、補助教材の配布等、多様なWeb情報を軸に、「指針」の導入と現職研修プログラムの立案は、表裏一体をなしていた。

2003年、1時間単位、週単位、学期単位に周到に構想された推奨指導プラン、および膨大な数の学習事項の具現化に伴う学校現場の硬直化に対する課題と修正観点をまとめた文部雇用省初等教育白書が刊行された。白書では、より豊かな学習経験を目ざし、指導者が専門性と創造性を生かし、NCを柔軟に解釈し、適用させていくこと、それによって学習者が主体的な動機をもって、学ぶ喜びを感じながら授業に参加していけるよう、一層の配慮と具体的な手だてが急務であることを示した。2006年から2008年にかけての改定の端緒となった主たる白書である。新たな改定「指針」では、学年ごとに12の学習要素に包括的統括的に再編され、全体としてスリム化が図られた。年間に複数の学習単元を構想することを促し、リテラシー習得のための一元的学習に陥りがちな指導者の現状に対し、体系的授業構想の有効性と可能性を再発見させるべく、多様な授業モデルの提示等がWeb上を中心に提供されている。指導者養成に教育改革の根幹を置くイギリスの一貫した姿勢は、新旧共通するところである。

（松山雅子）

〈参考文献〉
野地潤家編『世界の作文教育』文化評論出版 1974。

リテラシーの時間 特化される1時間の学習形態と指導方法・内容の特徴。①全体の3分の2が全体学習。②語・文・テクスト3レベルの均衡のとれた配分。③1時間は、導入、展開1、2、まとめの4段階で構成。学習形態に関わらず、指導者は一貫して全員または集団を指導。④リテラシー指導方略開発の目的で設けられた時間。形骸化した指導メニュー消化の時間ではない。学習者の能動的参加、適材適所をはずさぬ指導、到達目標の十分な理解に裏づけられた指導者の自信、学習成果への信頼を重視。⑤全体学習の指導法は、基礎（shared reading, shared writing）と応用（guided reading, guided writing）の二段構えからなる。前者は、指導者が共通資料をもとに読みの方略や書く方略のモデルを示す。後者は、一斉学習で学んだ方略を個々の読み書く作業で反復、応用する。

177 外国の国語教育（フランス）

表現のフランス語（母語）教育

　フランスの国語（フランス語）教育の特徴を日本のそれと比べて一言でいえば，表現の国語教育，ということができる。なぜなら，国語（フランス語）学力の評価が，表現能力ではかられるからである。もっとも典型的なのは，大学入学資格試験の問題である。これには，フランス語としては，口頭試問*と記述問題の二つがある。口頭試問においても，作品テクストの朗読，学習ずみテーマに関する論述など，自己表現が評価の中心事項になっている。理解だけの問題は見いだせない。フランス語で表現できるものだけが，その人のフランス語学力を表しているとの考えである。この学力観の伝統は，指導要領の改訂がいくらあっても，ゆるぎなく存在している。それだけではない。以後の，大学での（フランス語学・文学の）単位認定にしても，更に上位の資格認定試験においても，表現力に基準をおいた課題と評価が継続されていく。

　中学校，小学校においても，このような高校以上の評価基準に無理なく発展していくように，表現力に結集していく学力の基礎を養う。この方針で教育課程が組織されている。

フランス語の中心「教材」は理解教材

　表現力が評価の対象であるとしても，いつも表現学習ばかりしているのではない。学習活動で取りあげる教材は，理解のための作品・文章・テクストである。それが中心を占めている。

　表現といえば，何を，どのように，という2事項が不可欠である。その「何」にあたる学習がなくては，表現もできない。国語（フランス語）の学習，つまり，国語（フランス語）科としての内容に何をおくべきかが，重要な問題となる。フランスでは，（中学校以上の）指導要領の項目の中に，必修のジャンル，作家，作品が指定されている。これまでは，長らく文学教材ばかりであったが，最近20年間の改訂で，少しずつ情報に関係する諸ジャンルの文章が登場し，多様な文種に応じる対応がみられるようになった。

　このような理解学習があって，初めて「どのように」表現するかの課題に直面していくことができる。理解と表現とがはたらきとしては異なるが，理解教材が示す事柄（内容）を対象に，──あわせて理解教材がもつ表現方法をも──理解教材から学びながら，表現活動を重ねていくというのが，国語（フランス語）科のまとまりをなしている。構造化がなされているのである。このため，指導の取り扱いとしては，理解

大学入学資格試験での口頭試問について　予習時間40分のあと，同じ20分間で試問が行われる。

　最初の10分は学習済み教材の中から，審査官が選んだ15～20行程度のテクストを朗読することが求められ，ついで，根拠を添えての解釈を述べていく。

　あとの10分は，学習済みの単元から，審査官が選んだテーマについて，自分の考えを述べる。

　口頭試問の前半は，朗読と細かい問いによるフランス語の理解能力と自説を述べる表現（解釈）能力の評定にあて，後半は，論理的・説得的に対話のできる表現能力の評定に重点がおかれている。

　事前に年間の学習単元と教材が審査官に提出されている。正式の教授資格を持つ中等教育の教官1名が，1名ずつ，何人かの受験生に当たる。

と表現とを有機的に一体化することが可能になり，学習の（言葉，文章への）集中が図られ，言葉の表現力育成という（フランス語）科の独自性が確保され，推進されていくことになる。

言語の分析的統合的な学習

　フランス語の特性上，フランス語の綴り字（語彙との関連が深い），文法の知識がなくては，一文といえども正確に表現することができない。音読一つとっても綴り字を正確に発音するには，その規則をしっかりと学ばなくてはならない。きわめて複雑で多様な綴り字の組み合わせがあるため，古くから，小学校の第1学年での学習が困難で，指導者にとっての大きな課題となっていた。加えて文法の知識がいる。名詞も単数・複数，男性・女性で語形が変化する。これらの概念を小学校低学年に理解させるのはかなり難しい。それに実際に適応するには，更に困難度が加わる。近年は，この問題に取り組むために，1年だけで評価せず，2年間に延長して（入門期）指導にあてている。

　文法と綴り字の問題は，表現力を評価の基準とするフランスにあっては，避けて通れない課題である。義務教育期間の9年間，多くの時間をさいて，これらの領域の指導にあたっている。読む領域に対して，言語領域がなくてはならないものとして，向かい合っている。言語（文法，綴り字，語彙）の知識とその応用なしには，文章表現も水準が確保できない。言語知識とその応用力とを合わせて表現力に統合していく，そこにフランス語科のねらいを置いている。

螺旋的進度の系統化が築く一貫性

　これもフランスの伝統であるが，学年の進度が，螺旋的に系統化されている。19世紀の教育課程が同心円に近い進度を示していたのを受け継いだ課程観であろう。アルファベットについていえば，第1学年だけでなく，第3学年にも，中学校の第1学年にも，それぞれ教科書の冒頭には必ず登場している。再度，三度，初歩を確かめて進む，という方式である。物語の冒頭のはたらきを知る学習は，小学校中学年になると始まるが，その学習は，中学校をへて，高等学校でも，大学でも継続し発展して取り上げられる。小・中・高・大で学ぶ国語（フランス語）の内容（方法とも）が，一貫している。教師教育でいえば，学んできたことを教える，という発展的な組織になっていて，安定した指導が可能となっている。例えば，作文の評価項目，その具体的な基準といった主観的で不安定だとされるものでも，長年，学んで実践され，（保護者にも，そのつど）回覧されてきた事柄なので，教師の採点は社会的に認定されている。組織的に反復される螺旋的な系統性が生む一貫教育の成果であろう。

最近の改革

　種々の新しい文化（情報・マルチメディア）に対応する新領域の設定がみられる。情報資科，広告，雑誌・新聞などを教材として，論理的思考の鍛練，討議学習の推進，資料や情報活用の学習の導入など，これからの現代社会を生きていくうえでの必要な学習がみられる。
　　　　　　　　　　　　　（中西一弘）

〈参考文献〉
- 全体像については，中西一弘執筆の「フランスの言語教育」日本国語教育学会編『国語教育辞典』（朝倉書店　2001）にも素描がある。
- フランスの国語（フランス語）科の構造図については，同前書の野地潤家執筆「国語科の教科構造」に掲載されている。
- 『国語教育基本論文集成5』（明治図書　1994）には，戦後から90年代までの文献目録を掲載している。

178
外国の国語教育（ドイツ）

学校教育における位置づけ

　ドイツにおける国語／母語教育は，ドイツ語教育（Deutschunterricht）であり，教科としてのドイツ語科（Fach Deutsch）は，初等教育学校の基礎学校，および教育年限と教育目標の異なる中等教育学校に，それぞれ義務教科として位置づけられている。[*1]

　伝統的に基礎学校のドイツ語教育に特徴的なのは，第1学年に特別なドイツ語入門教育（erstes Lesen und Schreiben）が用意されている点であり，そこでは特に文字／書き言葉の習得が入念になされ，その際，専用の入門期教科書（Fiebel）が用いられる。

　第2学年以降のドイツ語教育では，表現教材および文法教材を中心とした言語教科書（Sprachbuch）と，文学教材および説明的文章教材・メディア教材を中心とした読本教科書（Lesebuch）が併用され，またその両者を統合した研究本（Arbeitsbuch）が用いられる場合もある。[*2]

　第5学年から始まる前期中等教育に際して，生徒たちは，分岐型の中等教育学校に進学するが，前期中等の最初の2年間（指針段階）は，ドイツ語教育の教育内容に学校種間の差異はそれほど認められず，第7学年から，各学校種の教育目標に応じたドイツ語教育が始まる。例えば，基礎学校と実科学校では，職業教育との関わりから（コンピュータを用いた）実用文の作成等が教科内容として重視される一方で，ギムナジウムでは高等教育の基礎教育として，詳細な文法教育，文学作品の解釈等に重点が置かれるようになる。更に，ギムナジウム上級段階を中心とする後期中等教育では，大学への進学希望に応じて，各教科に基礎コース（Grundkurs）と発展コース（Leistungskurs）が設定され，ドイツ語科の教育内容もそれに従って差別化されることになる。

　従来，ドイツの文教政策の権限は16の州に委ねられ，ドイツ語科カリキュラムは州ごとに多様性を見せてきたが，2000年に実施されたPISAテストで明らかとなった成績不振（"PISAショック"）を契機として，連邦文部大臣会議（KMK）によって全国統一的なカリキュラム指針〈教育スタンダード（Bildungsstandard）〉（2003, 2004）が公示された後，各州のカリキュラム開発は標準化の傾向を見せている。

ドイツ語教育の目標と学習領域

　伝統的にドイツ語教育の本質を成す2軸は―如上の教科書の併用が端的に示すように―言語教育と文学教育であり，それに応じて，伝統的なドイツ語教育の一般的目標は「言語陶冶（sprachliche Bildung）と文学陶冶（literarische Bildung）」，すなわち，

ドイツ語教育課程を開発するドイツ語教授学　ドイツにおいて，ドイツ語教育課程を開発・改革する推進力の役割を果たすのが，大学（および教員養成所）における科学分野「ドイツ語教授学（Didaktik der deutschen Sprache und Literaturあるいは Deutschdidaktik）」である。比較的若いこの科学分野は，1970年代以降のドイツ語教育課程の展開に寄与すると同時に，それに応じた教員養成，教授学的に保証された教科書編集を行ってきた。そして，ドイツ語教授学研究における議論を通して醸された教育課程が（指導法も含めて），比較的速やかに各州の【学習指導要領】に反映されている。このように，文教政策と科学的教育課程開発との密接な連関性が，ドイツ語教育課程の一つの重要な前提となっているのである。

"言語と文学による人間形成"と言い表される。このような言語教育観を支えたのが，一つにはフンボルトの言語哲学であり，もう一つにはディルタイの精神科学的解釈学であり，それらは1960年代半ばまでのドイツ語教育の基盤を形成した。[*3]

この観念的・規範的なドイツ語教育に対して，1960年代末から1970年代の前半にかけて，社会学に基礎づけられた批判的・解放的ドイツ語教授学の立場から，激しい批判が唱えられ，それは，当時のドイツ語教育の抜本的な改革に至った。[*4]いわゆる"ドイツ語教育のコミュニケーション的／語用論的転換"がそれであり，もはや"正しく美しい"ドイツ語の理解と表現，それを通した人間形成がドイツ語教育の唯一の目標ではなくなり，人間と人間をつなぐ，人間と社会をつなぐ言語の機能的・道具的性能の認知と習得が，新しい学習目標として付け加わることとなった。そして，それに応じて，ドイツ語科の学習領域はおおむね次の三つから構成されることとなった。[*5]

- 口頭／文字によるコミュニケーション
- 文学（テクスト）との交流
- 言語の省察

これら三つの学習領域が設定されるに伴い，言語や文学が社会においてどのような役割を果たすのか，自らが言語や文学とどのように関わることができ，関わるべきなのか，そして，コトバによる意志疎通をいかに調整できるのか等を意識化するメタ言語能力の育成が重要視されることとなる。

更に1980年代が経過する中で，コミュニケーション行為よりも個々の学習者の言語行為に焦点が当てられ，またドイツ語科内でのメディア教育も定着するに従って，学習領域の名称も次のように変化・拡張を見せ，今日に至っている。

- 話すことと書くこと
- 文学および他のテクストとの交流
- 言語の省察

このような流れの中で，言語や文学に対する学習者の認知的・分析的関わりと並んで，個人的・情意的関わりが重視され，例えば，書くことの教育では"創造的に書くこと（Kreatives Schreiben）[*6]"が，文学教育では（わが国の読者論に類似する）"行為—生産志向的文学教育（Handlungs- und produktionsorientierter Literaturunterricht）[*7]"が，実践的にもカリキュラム的にも定着を見せてきた。

ドイツ語教育の近年の動向

如上の"PISAショック"後の標準化のなかで，近年のドイツ語教育をめぐる議論は，コンピタンシー（Kompetenz：運用能力）[*8]獲得を基軸に展開している。また，移民家庭を出自とする学習者の増加を背景に，異文化交流の磁場におけるコトバの教育の再構成も今日的な課題となっている。

（土山和久）

---

*1　各学校種の就学年限は次の通り。
　初等教育：基礎学校4年。
　中等教育：基礎学校5〜6年，実科学校6年，ギムナジウムとゲザムトシューレ9年から8年へ移行中。
*2　教科書の採択は州ごとの認可制。
*3　R. Ulshöferの3巻本"Methodik des Deutschunterricht"（1955）を参照。
*4　H. Ideを中心とした Bremer Kollektivの研究，さらにはH. Ivoの一連の著作を参照。
*5　1972年の『ヘッセン州ドイツ語科指導要領の改訂』を参照。
*6　K. Schuster（1995）："Das personal-kreative Schreiben im Deutschunterricht"を参照。
*7　G. Haas（1997）："Handlungs- und produktionsorientierter Literaturunterricht"を参照。
*8　コンピタンシー概念は，PISAで問われたリテラシー概念とほぼ同義に用いられている。

179 外国の国語教育（ロシア）

教育制度とプログラム

ロシア連邦では、1984年4月の「普通教育学校及び職業学校の改革の基本方針について」という、当時のソ連共産党中央委員会の決定を受けて、1986/87年度から6歳児の入学が開始された。その結果、ロシア連邦の普通教育は、6歳児から開始する4年制の小学校と、5～11年の中学校の11年となった。社会主義時代のソ連の教育は、単一のプログラムと国定の教科書によって運営されていた。しかし、社会主義体制の崩壊した現在は、ロシア連邦教育省のプログラムはあるものの、それは拘束力を持たず、大学や研究機関その他のさまざまな団体のプログラムが並列している状態である。

国語科の諸領域

ロシア連邦の国語科は、伝統的に次のような諸領域からなっていた。

〈文法・正書法と言語能力育成*〉（初等教育）、〈説明読み*〉（初等教育）、〈ロシア語〉（中等教育）、〈文学〉（中等教育）、〈課外読書〉（初等・中等教育）。

それぞれの諸領域の内容は、〈文法・正書法と言語能力育成〉（話し言葉・書き言葉の技能を育てるために、さまざまな記述練習をしたり、語・文・文章の練習をする）、〈説明読み〉（自覚的で、表現豊かな読みの技能を獲得し、語の意味を説明し、類義語や異義語を選び出し、テキストの中の比喩表現を見つけ出し、読んだテキストの基本的な内容を正確に要約し、その構造を分析し、読んだものを時制・人称・直接話法などの変化をつけて詳しく、あるいは短く言いかえることを学ぶ）、〈ロシア語〉（文法の構造、定義、正字法、句読法を知り、言語現象の分析をして、思考の一貫した叙述を学ぶ）、〈文学〉（言葉の美的側面への生徒の関心を育て、文学作品を言葉の芸術として感じることを学ばせ、作家の描写方法や文体の特質を知らしめ、豊かで正確な思考を育てる）、〈課外読書〉（自分の言葉を、言語や文学サークルなどで完成させる）。

これらの諸領域は、新しい体制になっても基本的には変わらないが、新体制下のプログラムで特徴的なのは、コミュニケーション能力の育成に力を入れていることである。

ロシア連邦教育省のプログラム

ロシア連邦には複数のプログラムが存在するが、代表的なのはロシア連邦教育省のプログラムである。教育省のプログラムは、教授学・心理学の第一人者であるエリ・ヴェ・ザンコフをリーダーとした研究チームが開発したもので、ザンコフ・システムと呼ばれている。ザンコフの教授システム

言語能力育成 言語能力育成（ラズビーチエ・リエチ）は、『教育百科事典』によると、「生徒の話しことば・書きことばの、正しく、豊かな技能を、論理的な思考力とともに発達させる目的をもった教育課程、教授学体系、指導法、練習法」と定義されている。言語能力育成の基本的な課題は、「語構成や文の構成の法則を理解させること、話しことば・書きことばの技能を身につけさせること、文語の標準的な発音を身につけさせること、表現読みの技能を身につけさせること」であるから、一見、指導法・練習法に限定された概念であるかのようにみえるが、そういう限定されたものではなくて、国語科の基本理念であり、更に、国語科のみならず、他教科にも関わる理念であるところにこの言語能力育成理念の重要性がある。この理念は、19世紀初頭から20世紀初頭にかけて、約1世紀の歳月を費やして整理されてきた理念であり、ロシア連邦の国語科教育の近代化は、この理念の確立と同義であるといっても過言ではない。

は，子どもの全面発達を目的とし，教育の全体を網羅したシステムであるが，国語科だけに限ると，国語科は，以下のような諸課程からなる。

〈基礎の読み書き学習〉〈ロシア語〉〈新課程　子どもの修辞学〉〈文学読み〉〈新課程　私の最初の図書館（読書指導）〉。

新課程　子供の修辞学

1995／96学年度の教育省のプログラムでは，読書指導の課程とともに〈子どもの修辞学〉という新課程が導入された。修辞学は，ロシアにおいても，その形式主義についての厳しい批判を受け，19世紀初頭には姿を消した。しかし，社会主義体制が崩壊し，新たに資本主義体制を模索し始めることになったとき再び注目されることとなった。といっても，その内容はかつてのそれと同じではなく，現代の修辞学は言語学・心理学・言語活動・コミュニケーション論およびその他の隣接諸科学の成果を踏まえたものとして登場している。現代の修辞学の課題は，効果的なコミュニケーションである。〈教科内容〉　1～11学年の修辞学のプログラムは二つのブロックに分けられる。1～4年はコミュニケーション概論（修辞学とは何か，人々はどのようにして通じ合うか，どういう通じ合いの形態があるかという観念を与え，若干の修辞活動をさせる。この中で生徒は，コミュニケーションの状況を知り，コミュニケーションの意図を定め，コミュニケーションにおける自分の反応を評価する），5～11年は言語ジャンル（テキスト，文体，言語ジャンル）である。

新課程　私の最初の図書館

教育省のプログラムでは，読書指導の課程が設定されている。読書指導は，従来，課外読書として位置づけられていたが，今回は正規の課程に位置づけられている。この読書指導は4段階からなり，遊びやコミュニケーション的なものから，順次，芸術的なものへと進むようになっている。

ロシア連邦の国語科教育の特徴

ロシア連邦の国語科教育は，わが国の国語科教育と比べてみたとき，以下のような特徴がある。①プログラムの拘束力が極端に弱まり，大幅に自由化されている。②かなり早い時期から中等教育が始まる。③1年生から〈読みの科〉と〈ロシア語科〉とが分かれている。④〈読みの科〉では読むことと文芸学が，〈ロシア語科〉では言葉の使い方と文法が学習される。すなわち実践と理論とが結合されている。⑤文芸学や言語学の教育は，系統的でかつ高度である。⑥教科書は，国定教科書から自由な選択に変わり，多様な教科書が出版されているが，出版社の地域の特性が強調されている。

（藤原和好）

〈参考文献〉
国立教育政策研究所『国語科系教科のカリキュラムの改善に関する研究』（2002）。

説明読み　説明読み（オブヤスニーチェリノエ・シテェーニエ）は，「低学年の生徒たちに，自覚的に，正しく，すらすらと，表現豊かに読む技能を発達させること，彼らに，自然と社会についての初歩の知識を伝えること，そしてまた，子どもに美育をほどこすことを目的とする教授の手法のシステム」である。日本においても，また，他の諸外国においても，初等段階の読みの教育の目的が，「自覚的に，正しく，すらすらと，表現豊かに読む技能を発達させること」「美育をほどこすこと」であるということにおいては変わることはない。説明読みの特徴は，それらに加えて，「自然と社会についての初歩の知識を伝える」という目的が加わっているという点にある。この目標は，理科や社会科の目標である。すなわち，説明読みの目標には，国語科と理科，社会科の目標が混在しているのである。このように，説明読みが，国語科と理科，社会科の融合したものとして成立したのは，国語科が直観教授と結合する形で近代化が図られてきたことの結果である。

近代国語教育史年表

近代国語教育史年表

西暦	日本年号	教育関係・国語教育関係	国語国文学・文化・社会
1868	明治元	学校取調（玉松操ら）任命	
1869	2	府県に小学校を設置。前島密「国文教育之儀ニ付建議」を集議院に提出	
1870	3	東京府に六小学校を開設	「横浜毎日新聞」創刊 中村正直訳『西国立志編』
1871	4	文部省設置	
1872	5	東京に師範学校を設立。ホイットニー、森有礼に英語をもって国語とすることの不可を返書。「学制」頒布。「小学教則」「中学教則略」公布 　　文部省『単語篇』	福沢諭吉『学問のすゝめ』（初篇）
1873	6	師範学校「小学教則」を公表 　　師範学校（田中義廉）『小学読本』。文部省（榊原芳野）『小学読本』。諸葛信澄『小学教師必携』	
1874	7	東京女子師範学校設立 　　文部省『小学入門』（甲号）	『明六雑誌』創刊
1876	9	文部省『彼日氏教授論』『学校通論』	中根淑『日本文典』
1877	10	文部省『加爾均氏庶物指教』	東京開成学校・東京医学校を合併し東京大学創設
1879	12	「教育令」公布	「大阪朝日新聞」創刊
1880	13	改正「教育令」公布 　　文部省『平民学校論略』	国会期成同盟結成
1881	14	「小学校教則綱領」「中学校教則大綱」	『小学唱歌集』（初篇）
1882	15		東京専門学校開校 『新体詩抄』
1883	16	「送仮名法」制定。「かなのくわい」を結成 　　若林虎三郎・白井毅『改正教授術』	鹿鳴館落成
1884	17	若林虎三郎『小学読本』 　　文部省『読方入門』	

近代国語教育史年表

西暦	明治	教育関連	文学・その他
1885	18	羅馬字会結成	硯友社結成 　坪内逍遥『当世書生気質』 　『小説神髄』
1886	19	「小学校令」「中学校令」「師範学校令」公布。 東京師範学校を高等師範学校と改称。 文部省「教科用図書検定条例」制定 　文部省『読書入門』	東京大学を帝国大学と改称
1887	20	文部省『尋常小学読本』	『国民の友』創刊。二葉亭四迷『浮雲』（第一篇） チャンブレン『日本語小文典』
1888	21	言語取調所設立。ハウスクネヒトによってヘルバルト分段教授学が紹介される。 　文部省『高等小学読本』	『日本人』創刊 『都の花』創刊
1889	22	「大日本帝国憲法」発布 　湯本武比古『尋常小学読本』	大槻文彦『言海』（第一册） 『しがらみ草紙』創刊
1890	23	女子高等師範学校創設。「小学校令」改正。 「教育ニ関スル勅語」発布	第一回衆議院議員総選挙施行 森鷗外「舞姫」。若松賤子訳「小公子」連載開始
1891	24	「小学校教則大綱」制定	巖谷小波『こがね丸』 幸田露伴『五重塔』
1892	25	『新撰小学読本』（育英社） 『帝国読本』（学海指針社）	山田美妙『日本大辞書』
1893	26		『文学界』創刊
1894	27	「高等学校令」公布。各道府県に師範学校設置 　谷本富『実用教育学及教授法』	日清戦争（～1895） 巖谷小波『桃太郎』（『日本昔噺』第一編）
1895	28	「高等女学校規程」公布	『少年世界』創刊 樋口一葉「たけくらべ」 上田万年「国語のため」
1896	29	文部省図書局設置（1898廃止）	第一回オリンピック開催 森田思軒訳「十五少年」連載開始
1897	30	「師範教育令」公布	京都帝国大学設立。帝国大学を東京帝国大学と改称 大槻文彦『広日本文典』 『ホトトギス』創刊 島崎藤村『若菜集』 尾崎紅葉『金色夜叉』

379

年		教育関係事項	文学・その他
1899	32	「中学校令」改正。「実業学校令」公布。「高等女学校令」公布。「私立学校令」公布 樋口勘次郎『統合主義新教授法』	普通選挙期成同盟会結成 芳賀矢一『国文学史十講』
1900	33	「小学校令」改正 「小学校令施行規則」制定 坪内雄蔵『尋常国語読本』『高等国語読本』	『明星』創刊 泉鏡花『高野聖』
1901	34	保科孝一『国語教授法指針』	佐々政一『修辞法』 与謝野晶子『みだれ髪』
1902	35	文部省内に国語調査委員会設置。広島高等師範学校設置。教科書事件おこる。 佐々木吉三郎『国語教授提要』	『少年界』創刊。『少女界』創刊。山田孝雄『日本文法論』（上巻）
1903	36	「小学校令」改正。「小学校令施行規則」改正。国定教科書制度成立。「専門学校令」公布。「高等女学校教授要目」制定 国定教科書『尋常小学読本』『高等小学読本』	平民社創立 『馬酔木』創刊 『少年』創刊
1904	37	小学校国定教科書使用開始	日露戦争（～1905） 島崎藤村『藤村詩集』
1905	38	文部省「文法上許容スベキ事項」告示 ローマ字ひろめ会創立	夏目漱石「吾輩は猫である」連載開始。五十嵐力『文章講話』。上田敏訳『海潮音』
1906	39	文部省「句読法案」「分別書キ法案」発表 芦田恵之助、新潟県の講習会で随意選題主義の綴り方を唱える。	島崎藤村『破戒』 吉岡郷甫『日本口語法』
1907	40	「小学校令」改正。「小学校令施行規則」改正（尋常科6年となる）。小学校就学率97.38％（男98.53％，女96.14％） 国語調査委員会『送仮名法』	金沢庄三郎『辞林』 福井久蔵『日本文法史』 田山花袋「蒲団」 『新思潮』（第一次）創刊
1908	41	奈良女子高等師範学校設立 「小学校令施行規則」改正	山田孝雄『日本文法論』 『阿羅々木』創刊
1909	42	文部省（第二次国定教科書）『尋常小学読本』（黒読本）	北原白秋『邪宗門』
1910	43	『尋常小学読本』使用開始 「高等女学校令」改正 「高等女学校令施行規則」制定	大逆事件。韓国併合 『白樺』創刊。『三田文学』創刊。石川啄木『一握の砂』 小川未明『赤い船』
1911	44	「小学校令」改正。「中学校教授要目」改正	『青鞜』創刊 『立川文庫』刊行開始
1912	45 大正元	芳賀矢一・杉合代水『作文講話及範』 五十嵐力『国定読本文章之研究』	

1913	2	芦田恵之助『綴り方教授』	山田孝雄『奈良朝文法史』『平安朝文法史』 斎藤茂吉『赤光』
1914	3	東京ローマ字会設立	第一次世界大戦（〜1918）
1915	4	友納友次郎『読方教授法要義』 駒村徳寿・五味義武『写生を主としたる綴方新教授細案』	上田万年・松井簡治『大日本国語辞典』（第一巻） 芥川龍之介「羅生門」
1916	5	芦田恵之助『読み方教授』。保科孝一『国語教授法精義』。『国語教育』創刊。国語調査委員会『口語法』	森鷗外「高瀬舟」 津田左右吉『文学に現はれたる我が国民思想の研究』（貴族文学の時代）
1917	6	自動教育研究会『自動主義綴方教授の革新』『自動主義読方教授の革新』	萩原朔太郎『月に吠える』 菊池寛『父帰る』
1918	7	『尋常小学国語読本』（白読本）使用開始「大学令」公布 友納友次郎『綴方教授法の原理及実際』	「新しき村」建設 『赤い鳥』創刊。有島武郎『生れ出づる悩み』
1919	8	「小学校令」改正。「中学校令」改正。「小学校令施行規則」改正。「中学校令施行規則」改正 沢柳政太郎・田中広吉・長田新『児童語彙の研究』。秋田喜三郎『創作的読方教授』	ベルサイユ講和条約調印
1920	9	「高等女学校令」「高等女学校令施行規則」改正。仮名文字協会結成	第一回国勢調査実施（総人口5596万人）
1921	10	芦田恵之助・友納友次郎，小倉で立会講演。日本ローマ字会（日本式）結成。帝国ローマ字クラブ（ヘボン式）結成 田上新吉『生命の綴方教授』。河野清丸『自動教育論』。千葉命吉『一切衝動悉皆満足論』。手塚岸衛『自由教育論』。稲毛金七『創造教育論』。小原国芳『全人教育論』。及川平治『動的教育論』	『種蒔く人』創刊
1922	11	垣内松三『国語の力』。加茂学而『生命成長の読方教育』。松村武雄『童話及び児童の研究』。片上伸『文芸教育論』	全国水平社創立 土居光知『文学序説』 山田孝雄『日本文法講義』
1923	12	臨時国語調査会「常用漢字表」(1963字)発表 山路兵一『読み方の自由教育』。金子健二『言葉の研究と言葉の教授』。パーカスト（ヘレン），赤井米吉訳『ダルトン案児童大学の教育』。『読方と綴方』（垣内松三主幹）創刊	関東大震災 佐久間鼎『国語アクセント講話』

近代国語教育史年表

年			
1924	13	関寛之『児童学原理』。ジョン=デュウイ, 帆足理一郎訳『教育哲学概論』。宮川菊芳『読方教育の鑑賞』。ペスタロッチ, 福島政雄訳『隠者の夕暮』	宮沢賢治『注文の多い料理店』。『文芸戦線』『文芸時代』創刊。松下大三郎『標準日本文法』
1925	14	臨時国語調査会「国語字音仮名遣改定案」飯田恒作『児童創作意識の発達と綴方の新指導』。芦田恵之助『第二読方教授』。芦谷重常『童話教育の実際』	東京放送局仮放送開始 普通選挙法公布 　金沢庄三郎『広辞林』 　梶井基次郎『檸檬』 　細井和喜蔵『女工哀史』
1926	15 昭和元	「幼稚園令」公布。「小学校令」「小学校令施行規則」改正。臨時国語調査会「字体整理案」及び「漢語整理案」を発表『綴方教育』創刊。丸山林平『読方教育大系』。『綴方研究』(菊池知勇) 創刊	日本放送協会(JOAK)設立 　川端康成「伊豆の踊子」 　本間久雄『文学概論』
1927	2	垣内松三『国語教授の批判と内省』木下一雄訳『ヒュエイ読方の心理学』	金融大恐慌始まる。
1928	3	五十嵐力『国語の愛護』	ナップ結成 　ソシュール, 小林英夫訳『言語学原論』 　『戦旗』創刊
1929	4	篠原助市『理論的教育学』『綴方生活』創刊 西尾実『国語国文の教育』	小林多喜二「蟹工船」 バイイ, 小林英夫訳『生活表現の言語学』
1930	5	国語協会 (会長近衛文麿) 設立『同志同行』創刊。『北方教育』創刊	三好達治『測量船』
1931	6	神保格『話言葉の研究と実際』佐藤徳市『形象の読方教育』滑川道夫『文学形象の綴方教育』	満州事変 本格的トーキー封切 コップ結成
1932	7	丸山林平『国語教育学』	五・一五事件 　藤村作『日本文学大辞典』(上巻) 　モウルトン, 本多顕彰訳『文学の近代的研究』
1933	8	『小学国語読本』(サクラ読本) 使用開始 稲村謙一『生活への児童詩教育』。『コトバ』(『国文学誌』改題)創刊。『国・語・人』(のち『国語人』)創刊。金原省吾『構想の研究』。勝部謙造『わかることの教育観』上田庄三郎『調べた綴方とその実践』	長野県で教員一斉検挙 小林多喜二検挙 滝川事件 　『四季』創刊

年		国語教育関係事項	一般事項
1934	9	国語教育学会創立。文部省に思想局設置 山内才治『素直な読方教育』	谷崎潤一郎『文章読本』
1935	10	『生活学校』創刊。『工程』創刊。石山脩平『教育的解釈学』。波多野完治『文章心理学』	天皇機関説問題化 国体明徴声明
1936	11	西原慶一『解釈学的国語教育』 村山俊太郎『生活童詩の理論と実践』 岩波講座『国語教育』刊行開始	二・二六事件 オグデン・リチャーズ，石橋幸太郎訳『意味の意味』。 坪田譲治「風の中の子供」連載開始
1937	12	ローマ字訓令制定 大西雅雄『朗読の原理』	文部省『国体の本義』 日中戦争始まる 永井荷風『濹東綺譚』
1938	13	内務省，子供雑誌編輯改善要項を指示 芦田恵之助『教式と教壇』 『コトバ』創刊	「国家総動員法」公布
1939	14	文部省，演劇・映画・音楽等改善委員会設置	第二次世界大戦おこる。
1940	15	生活綴方運動弾圧の検挙開始。文部省国語課設置。日本語教育振興会設置	三国同盟調印 大政翼賛会発足
1941	16	「国民学校令」公布 「国民学校令施行規則」制定 『コトバノオケイコ』『ヨミカタ』『初等科国語』『ヨミカタ教師用書』使用開始	太平洋戦争始まる。 時枝誠記『国語学原論』
1942	17	国語審議会答申の「標準漢字表」を修正発表（2669字）	日本文学報国会結成 新美南吉『おじいさんのランプ』
1943	18	山口喜一郎『日本語教授法原論』	上野動物園で猛獣薬殺 学徒出陣
1944	19	「学徒勤労令」公布 学童の集団疎開始まる。	国語学会設立
1945	20	文部省「新日本建設ノ教育方針」発表 ＧＨＱ「日本教育制度ニ対スル管理政策」指令	ポツダム宣言受諾（敗戦） 宮本百合子「歌声よ，おこれ」
1946	21	第一次米国教育使節団来日。文部省「新教育指針」第一冊発行。国語審議会設置。文部省，男女共学の実施を指示。「当用漢字表」「現代かなづかい」告示	天皇の神格否定（人間）宣言 「日本国憲法」公布 児童文学者協会創立 日本文学協会創立 『赤とんぼ』『子どもの広場』『銀河』など創刊

1947	22	文部省「学習指導要領一般編」(試案)発表「教育基本法」「学校教育法」公布。六・三制実施。『こくご』(『国語』)，『中等国語』，『高等国語』(文部省)使用開始。「学校教育法施行規則」制定。文部省，教科書検定制度実施を発表 　　　西尾実『言葉とその文化』	日教組結成。労働基準法施行 　石井桃子『ノンちゃん雲に乗る』 　原民喜『夏の花』
1948	23	「当用漢字別表」「当用漢字音訓表」告示 新制高校・定時制高校発足 教育指導者講習（IFEL）開始 国立国語研究所設置 　『作文教育』創刊	「教育委員会法」公布 　金子光晴『落下傘』 　草野心平『定本 蛙』
1949	24	小学校国語入門教科書（文部省）発行開始。 検定教科書の使用開始 「当用漢字字体表」告示 全国学校図書館連絡協議会開催 　倉澤栄吉『国語単元学習と評価法』 　鬼頭礼蔵『ローマ字教授法の理論』	教育公務員特例法公布 新制大学発足 レッドパージ開始 湯川博士，ノーベル賞
1950	25	「国語審議会令」公布 日本綴り方の会発足（翌年，日本作文の会と改称）	朝鮮戦争始まる。 　ぶどうの会『夕鶴』初演 　桑原武夫『文学入門』
1951	26	「学習指導要領一般編」(試案)改訂発表 日教組第一次全国教育研究集会（日光） 「小学校学習指導要領国語科編」(試案)発表 　西尾実『国語教育学の構想』 　国分一太郎『新しい綴方教室』 　寒川道夫『山芋』（大関松三郎詩集） 　無着成恭『山びこ学校』。読み書き能力調査委員会『日本人の読み書き能力』	児童憲章制定宣言 ユネスコ加盟 民間放送開始 日米安全保障条約調印 　安部公房『壁』
1952	27	『作文と教育』再刊。金子書房『生活綴方と作文教育』『国語教育と文学教育』	破壊活動防止法公布 日米安全保障条約発効 国民文学論おこる。 　谷川俊太郎『二十億光年の孤独』 　柳田国男『海上の道』
1953	28	国語審議会「ローマ字つづり方の単一化について」建議。学校図書館法公布。問題意識の文学教育論議おこる。	NHKテレビ放送開始 『日本文学』創刊。『岩波こどもの本』刊行開始
1954	29	日本国語教育学会結成 「ローマ字のつづり方」訓令・告示	教育二法公布

年		事項	関連事項
1955	30	文部省『単元学習の理解のために』。時枝誠記『国語教育の方法』。文部省『児童・生徒のかなの読み書き能力』 興水実『国語科教育学』 日教組『国語の学力調査』 小川太郎・国分一太郎『生活綴方的教育方法』	諸橋轍次『大漢和辞典』刊行開始 国語学会『国語学辞典』 石原慎太郎『太陽の季節』
1956	31	教育課程審議会「かなの教え方」「教育漢字の学年配当」答申。第一回全国学力調査 国立国語研究所『低学年の読み書き能力』 倉澤栄吉『読解指導』	任命制の教育委員会発足 日本,国連加盟
1957	32	上田庄三郎『抵抗する作文教育』 東井義雄『村を育てる学力』 文部省『漢字の学習指導に関する研究』 上甲幹一『言語指導』 日本国語教育学会『国語の系統学習』	勤務評定制度 人工衛星スプートニク1号打ち上げ
1958	33	「小学校学習指導要領」告示 朝倉書店版『国語教育のための国語講座』(全8巻) 刊行開始 明治図書版『現代学力大系』(全4巻) 刊行開始 文部省『筆順指導の手引き』	道徳教育義務化
1959	34	「送りがなのつけ方」告示 永野賢『学校文法文章論』	少年週刊誌創刊 佐藤暁『だれも知らない小さな国』いぬいとみこ『木かげの家の小人たち』 小林秀雄『考へるヒント』
1960	35	国立国語研究所『高学年の読み書き能力』	山中恒『赤毛のポチ』松谷みよ子『龍の子太郎』
1961	36	話しことばの会創立。文部省,学力テスト実施	神沢利子『ちびっ子カムのぼうけん』
1962	37	教科書無償法案成立。文部省,教育白書『日本の成長と教育』発表	北杜夫『楡家の人びと』
1963	38	文部省『書くことの学習指導1』。たいなあ詩出現	森岡健二『文章構成法』
1964	39	横浜市奈良小学校『一読主義読解の方法』。国立国語研究所『小学生の言語能力の発達』。奥田靖雄他『国語教育の理論』	東京オリンピック大会開催 ベトナム戦争激化

年			
1965	40	中央教育審議会「期待される人間像」中間発表（41.10本発表）。教科書訴訟始まる。 　飛田多喜雄『国語教育方法論史』 　輿水実『国語科の基本的指導過程』	今西祐行『肥後の石工』 井伏鱒二『黒い雨』
1967	42	阪本一郎他『現代読書指導事典』	
1968	43	「小学校学習指導要領」告示 　大河原忠蔵『状況認識の文学教育』	川端康成，ノーベル文学賞 大学紛争発生
1970	45	滑川道夫『読解読書指導論』 　荒木繁『文学教育の理論』	出版各社，教育機器・聴覚分野に進出
1971	46	中央教育審議会「教育改革基本構想」答申 『国語教育誌』創刊 　国立国語研究所『中学生の漢字習得に関する研究』	新著作権法施行 「新潮少年文庫」「ちくま少年文学館」発足 庄野潤三『明夫と良二』
1972	47	国立国語研究所『幼児の読み書き能力』	国文学研究資料館発足
1973	48	「当用漢字音訓表」「送りがなの付け方」告示 　野地潤家『幼児期の言語生活の実態』（全4巻，完結は52年）	ブルーム他『教育評価法ハンドブック』翻訳刊行
1974	49	教育出版『西尾実国語教育全集』第一巻刊行。高森邦明『作文指導法の理論』	高校進学率90％を超す。
1975	50	光村図書『近代国語教育大系』（全15巻）刊行。田近洵一『言語行動主体の形成』 『西郷竹彦文芸教育著作集』（全20巻，別巻3．〜82）	小学生の学習塾・進学塾通い62％
1977	52	「小学校学習指導要領」「中学校学習指導要領」告示 　滑川道夫『日本作文綴方教育史Ⅰ　明治編』。井上尚美『言語論理教育への道』	小学生の自殺増
1978	53	「高等学校学習指導要領」告示 　教育出版『西尾実国語教育全集』（全10巻，別巻2）完結 　国立国語研究所報告『児童の表現力と作文』。浜本純逸『戦後文学教育方法論史』	
1979	54	共通一次テスト実施	絵本ブーム
1980	55	野地潤家『話しことば教育史研究』	自民党『いま教科書は──教育正常化への提言』
1981	56	「常用漢字表」告示	国際障害者年 日教組『教科書が危ない』
1982	57	筑摩書房『大村はま国語教室』（全15巻別巻1）	男女雇用機会均等法

近代国語教育史年表

1989	64 平成元	「小学校学習指導要領」「中学校学習指導要領」「高等学校学習指導要領」告示 角川書店刊『倉澤栄吉国語教育全集』（全12巻） 小学校低学年に「生活科」新設	
1990	2		東西ドイツ統一
1991	3		湾岸戦争，ソビエト連邦崩壊
1994	6		大江健三郎，ノーベル文学賞
1995	7		阪神淡路大震災
1996	8	中央教育審議会「21世紀を展望した我が国の教育の在り方について」答申（「生きる力」）	
1998	10	「小学校学習指導要領」「中学校学習指導要領」告示	
1999	11	「高等学校学習指導要領」告示	国立子ども図書館開館
2001	13	日本国語教育学会『国語教育事典』	児童・生徒の問題行動深刻化（「文部科学白書」）
2002	14	完全学校五日制実施 国立教育政策研究所「評価規準の作成，評価方法の工夫改善のための参考資料（報告）」（小学校）（中学校） 全国大学国語教育学会編『国語教育学研究の成果と展望』	同時多発テロ 米軍イラク攻撃開始
2004	16	文化審議会国語分科会「これからの時代に求められる国語力について」答申 OECD「生徒の学習到達度調査」（PISA）の国際報告書公表（読解力に問題）	新潟県中越地震
2005	17	文部科学省「読解力向上に関する指導資料」発表（PISA型読解力に関心が集まる）	教育基本法改正
2007	19	文部科学省「全国学力・学習状況調査」（第1回）実施（第2回は翌年実施）	
2008	20	「小学校学習指導要領」「中学校学習指導要領」告示	世界金融危機
2009	21	「高等学校学習指導要領」告示。	
2011	23	文部科学省「言語活動の充実に関する指導事例集」。	東日本大震災
2017	29	「小学校学習指導要領」「中学校学習指導要領」告示。	
2018	30	「高等学校学習指導要領」告示	

索　引

〈注記〉①太字で示した語は，項目の見出し語である。
②斜体で示した語は，2箇所以上取り上げた用語・人名で，特に詳しく解説しているページである。

あ

ＲＲ方式　　　　　　　　　234
愛語　　　　　　　　　　　360
ICT　　　　　　　　119, *232*
ＩＣレコーダー　　　　181, *233*
アイディア題材・教材の開発
　　　　　　　　　　　　　216
相手意識　　　　　　　　　173
ＩＢ　　　　　　　　　　　328
アウトライン　　　　　　　131
青木幹勇　　　　　　　216, 235
「赤い鳥」　　*188*, 288, 343, 344, 362
「赤い鳥」綴方　　　　288, 362
赤ペン　　　　　　　　140, 143
アクション・リサーチ　　　336
アクセント　　　　　　　　 12
朝読書　　　　　　　　　95, 124
アサヒ読本　　　　56, 345, 356
芦田恵之助　　　78, 160, 218, 228, 296, 308, 343, 362, *364*
芦田式七変化の教式　　62, 218
アスペクト　　　　　　　　 31
遊び歌　　　　　　　　　　241
新しい学力観　　　　　245, 278
アナグラム　　　　　　　　241
アクロスティック（折句）　241
アニマシオン　　　　　　　122
アフォリズム　　　　　　　 97
アメリカ教育使節団　　　　346
荒木繁　　　*62*, 109, 219, 348
あらすじ　　　　　　　　　 84
アリストテレス　　　　　　 40

い

暗唱　　　　　　　　　　　160
アンソロジー　　　　95, 154, 205
安藤操　　　　　　　　　　 93
案内　　　　　　136, 145, *158*
案内の文章の題材例　　　　158

い

イエスシ読本　　　57, 341, *355*
異化　　　　　　　　　　　 63
五十嵐力　　　　　　　　　 37
意見文　　　　　　　　　152
　　　――の構成　　　　　153
　　　――の類型　　　　　152
石山脩平　　*62*, 68, *78*, *80*, *82*, 160, 218, *359*
異常の程度を決める尺度　　300
市毛勝雄　　　　　　　　　307
一次感想　　　　　　　　　 64
一次読み　　　　　　　　　 78
一読総合法　　　　*60*, 83, 219
一読総合読み　　　　　61, 349
一斉指導　　　　　　　　　220
一般意味論　　　153, 295, *318*
一般意味論と言語教育　　　318
意図　　　　　　　　33, 69, 136
井上尚美　　　　　107, 294, 319
井上赳　　　　　　　　　　356
井上敏夫　　　　　　　　　 84
異文化間コミュニケーション
　　　　　　　　　　　　　277
意味素性　　　　　　　　　316
意味段落　　　　　　　　　 36
意味の三角形　　　　　270, *317*
意味微分法　　　　　　　　338

意味マップ法　　　　　　　129
意味論　　　　　　　　　316
イメージ　　　　　91, 274, 352
イメージ化　　　　　　67, 199
イメージ＝知識理解説　　　275
イメージ＝命題説　　　　　275
イメージをめぐる説　　　274
イラスト　　　　　　　　　199
いろはがるた　　　　　　　206
岩沢文雄　　　　　　　　　 92
岩淵悦太郎　　　　　　　　271
因子分析　　　　　　　　　333
インターネット
　　　　　　　118, 232, 236
インタビュー　　　　*174*, 292
イントネーション　　　　12, 180
インベンション　　　　*126*, 325

う

ヴィゴツキー　　　　　　　299
ウィルソン・リーダー（Wilson Reader）　　　　　　　354
Web会議　　　　　　　　　166
ヴォイス　　　　　　　　　 31
宇佐美寛　　　　　　　　　227
「歌よみに与ふる書」　　　　 94
運筆訓練　　　　　　　　　215

え

映画　　　　　　　　　　　 91
ＳＤ法　　　　　　　　　　338
エチュード方式　　　　　　170
エッセイ　　　　　　　　　 96
ＮＩＥ　　　　　　　　102, 155

索　引

絵本の教材化 188	イギリス 368	額縁構造 315
エロキューション 13	ドイツ 372	学力観 246, *278*
演繹 294	フランス 370	学力（国語科で育てる） 269
演繹推理 201	ロシア 374	「学力低下」論 246
演繹法 107	解釈 60, 62, 80, 255	学力保障 304
演劇 90, 202, *290*, 292	**解釈学** 218, *359*	**学力論** 278
演劇教育運動 290	解釈学的国語教育 68	掛図 178, 354
演劇教育論 290	解釈学的読みの段階 82	仮説 201, 328
演出 90	解釈学理論 349	片仮名 14, 50
エンテュメーマ 40, 295	解釈文法 38	片仮名先習 15, 49
	解説 *104*, 255	片上伸 343
お	解説文 105, 150	語り 73, 88, 186, 218
応用言語学 330	蓋然的論理 41	語り手 88, 186
往来物 144, 354	垣内松三 68, 78, 80, 218,	「価値目標」 222, 280
OECD（Organisation for Economic Cooperation and Development） 61, 254, 278	*309*, 359	「価値論題」 165
	垣内松三の形象理論 218, *358*	学級日誌 142
	概念による認識 272	学校教育法 233, 282, 346, 351
大型提示装置 232	開発主義 340	
大河原忠蔵 109, 218	解放の学力 305	学校教育法施行規則 282
大久保忠利 82, 287	外来語 50	学校劇 291, 292
大槻和夫 249	科学的「読み」の授業研究会 61	学校劇機能論 291
大槻文彦 38		学校図書館 121, 122
オープンスクール 221	鏡文字 214	学校図書館法 122, 239
大村はま *210*, 235, 296, 302	書きかえ（リライト） 85	学校文法 30, 32, 38
奥田靖雄 348	「書き方」 56	学校令 341
オグデン 270	書き出し文 132	勝田守一 278
送り仮名の付け方 50	格言 111, 206	活用 28
オノマトペー 133	学習院言語技術の会 307	活用形 28
小原国芳 170, 290	学習基本語彙 22	仮名遣い 50
帯単元 95	学習記録 146	**仮名文字** 14
音韻 12, 50	学習権 305	歌舞伎 202
音数律 112	学習（研究）ノート 230	からだとことばのレッスン 171
音声 12, 243	学習材 178, 222, 302	
音声言語 42, 178, *180*	学習指導 208, 222, 224	カリキュラム 10, 179, 208, 282, 284, 303
音声言語教材 178, *180*	学習指導案 222	
音声と文字 76	学習指導要領 *283*, 346, 350, 352	カリキュラムの評価 209, 264
音読 10, *76*, 160, 180		カリキュラム・マネジメント 10, 283
音と訓 50	学習者研究 176	
	学習者主体 210	カルル・フォスレル 315
か	**学習と評価** 252	河東碧梧桐 94
カード法 *128*, 130	学習能力 249	考え読み 120
開音節 52	学習の手引き 357	感覚による認識 272
会議 *166*, 180	学制 340	感化的意味 316
外国の国語教育	書く題材・内容 289	眼球運動 76
アメリカ 366	学年別漢字配当表 11, 17, 50	

389

関係認識・変革の文学教育 ——— 287	紀行日記 ——— 142	教育工学 ——— 235
観察記録 ——— 147	紀行文学 ——— 100	**教育心理学** ——— 336
観察日記 ——— 142	議事進行 ——— 167	教育段階（イギリス）——— 368
観察法 ——— 337	議事法 ——— 166	教育勅語 ——— 341
漢字 ——— 10, *16*, 50, 55	記述 ——— 72, *132*, 137	教育内容と教材 ——— 302
漢字仮名交じり文 ——— 50	記述指導 ——— 132	教育評価 ——— 209, 260
漢字制限 ——— 48	技術的熟達者 ——— 225	教育目標 ——— 208, 280, 282, 352
鑑賞 ——— 62	記述文法 ——— 38	教育目標の分類学（タキソノミー）——— 258
鑑賞機能 ——— 314	「規準」と「基準」——— 266	
鑑賞指導 ——— 92	起承転結 ——— 71	教員赤化事件 ——— 345
鑑賞論 ——— 62	擬人化 ——— 274	教科研方式 ——— 219, 349
関心・意欲・態度 ——— 222, 253, 260, 279, 281	**基礎・基本** ——— *256*, 278	教科構造 ——— 208, 283
	期待される人間像 ——— 347	教科書疑獄 ——— 355
間接体験 ——— 62	吃音の改善 ——— 301	教科書検定制度 ——— 341, 354
完全習得学習（マスタリー・ラーニング）——— 264	吃音の割合 ——— 300	教科書単元 ——— 136
	帰納 ——— 294	教科書中心の指導 ——— 179
感想 ——— 64	技能主義 ——— 278	**教科書の歴史** ——— 354
感想型意見文 ——— 152	帰納推理 ——— 201	教科心理学 ——— 336
感想と意見 ——— 152	機能的指導 ——— 185	教科内容 ——— 306
観点別学習状況 ——— 252, 266, 279	機能文法 ——— 39	教科文法 ——— 38, 39
	帰納法 ——— 107	**教具** ——— 178
感動 ——— 64	技能目標 ——— 280, 306, 309	狂言 ——— 111, 204
感動体験指導 ——— 92	木下是雄 ——— 307	**教材** ——— *178*, 208, 212, 218, 222, 283, 284, 302
漢文 ——— *114*, 204	木下順二 ——— 190	
緘黙症 ——— 301	木下竹次 ——— 284	教材開発 ——— 123, 302
慣用句 ——— 20, 204, *206*	木原茂 ——— 150	教材価値 ——— 176, 352
関連指導 ——— 17, 208, 288	規範文法 ——— 38	**教材研究** ——— 89, *176*, 189, 205
	基本語彙 ——— 22	教材選択の基準 ——— 179
	基本的指導過程 ——— 60, 68, 80, 219	教材単元 ——— 212, 284
き		教材としての古典 ——— 110
	基本文型 ——— 32	教材としての和歌・俳句 ——— 112
キー・コンピテンシー ——— 167, 250, *254*	逆三角形叙述法 ——— 102	**教材論** ——— 302
キーボード ——— 118, 154, 233	逆接 ——— 35	教師教育 ——— 296, 371
記憶 ——— 274	脚本 ——— 91, 124, 202, 205	教師中心の解説型授業 ——— 210
記憶発問 ——— 226	キャプション ——— 154, 367	教室ディベート ——— 168
聞き書き ——— 147	旧修辞学的文体論 ——— 314	教授－学習過程 ——— 234
聴（訊）き方の指導 ——— 174	教育科学研究会国語部会 ——— 61, *219*, 302, 348	教師論 ——— 296
聞き取りメモ ——— 173		共創的コミュニケーション ——— 164
戯曲 ——— *90*, 202, 292	**教育課程** ——— 208, 256, 281, *282*, 350, 352	
訊く ——— 172		**共通語** ——— 44
聴く ——— 88, 172	教育観 ——— 209, 279, 281, 308	協働 ——— 236, 282
聞くこと ——— 172	**教育機器** ——— 232	協働学習 ——— 245
紀行 ——— 100	**教育技術** ——— 224	虚構 ——— 287, 293
記号 ——— 316	教育技術の法則化運動 ——— 224	**記録** ——— 100, 146, 196
記号・シンボル ——— 270, *276*	教育基本法 ——— 256, *282*, 346	記録の集団化 ——— 143

索　引

記録文	146, 196
吟味	107

く

熊谷孝	63
倉澤栄吉	99, *216*, 219, 235, 242, 281
クリティカル・シンキング	294
クリティカル・リーディング	219
グループ指導	220
クロス・カリキュラム	283
クロスワード	241
軍国主義的教材	356
群読	161, 205
訓令式（ローマ字）	19

け

経験主義	282, 310
経験主義教育	210
経験単元	285
敬語	42
繋合希求性	277
ＫＪ法	128
形式主義	107, *308*
形式主義対内容主義の歴史	308
形式段落	36
形式的推論	294
形式内容二元論	309
形式論理	41
形式論理学	294
形象	274
形象的思惟	275
形象的表現	75
形象理論	68, 218, 309, *358*
携帯メール	145
系統主義	210, 284
芸能科習字	57
計量国語学	332
ケース・スタディ（事例研究法）	338
劇	124, *170*
ゲシュタルト心理学	320

結束性	70
言語	270
——の活力	308
——の機能	271
——の体系性	322
——の特性	270
言語意識	46
言語運用	39
言語学	330
言語学的意味論	317
言語活動主義	280
言語活動主体	280
言語活動の場	269
言語過程説	39
言語観	271, 308
言語感覚	46
言語環境	49, 242
言語環境づくり	242
言語技術教育	61, *306*
言語技能	248, 280
言語技能主義	310
言語教育と文学教育	286, 348, 361
言語教材	184
言語共同体	270
言語経験主義	278, 280
言語経験主義批判	278
言語コード	322
言語社会学	330
言語障害	300
言語心理学	321
言語生活主義	*310*, 361
言語相対論	270
言語単元	184
言語治療	301
言語能力	280, 352
言語能力育成	374
言語能力・言語運用	271
言語能力主義	280, *310*
言語美学	314
言語文化	204, 269, 352
言語力育成協力者会議	255
言語論理教育	107, 294
検証	201
謙譲語	42

現代仮名遣い	15, 50
現代児童文学の成立	188
言文一致体	314

こ

コア・カリキュラム	278, 284
語彙	10, *22*, *24*, 120
語彙指導	17, 20, 22, 29
語彙統制	23
語彙・文法指導	273
語彙量	22
構音障害	300
口蓋裂	301
合科的な指導	284
口型図	215
広告	155
皇国主義綴方期	345
皇国民教育	344
口語自由詩	193
口語体	314
口語文法	38
口承文芸	86
構成	130, 151
合成語	27
構想	70, 130
構想活動	130
構想メモ	70, *131*
行動主義	320
行動主義心理学	334
硬筆	56
構文論	38, 313
公話	162
声とことばの会	172
コージブスキー	318
コース・オブ・スタディ	283
コード	60, 277, 322
呉音・漢音・唐音	16
語幹	29
語感	46
語基	26
語句	*20*, 206
国語愛護	47
国語科	268
国語改良	49
国語科教育	268

391

国語学力 ─── 248, 250	言霊観 ─── 271	作品研究 ─── 62
国語学力論 ─── 248	言葉遊び ─── 180, 240	作品の意志 ─── 89
国語科授業研究の動向 ─── 347	言葉の意味の七つのタイプ	作品論 ─── 66, 176
国語教育 ─── 268, 340, 342, 344,	─── 316	作文教育論 ─── 288
346, 350, 352	コトバノオケイコ ─── 56, 356	作文教材 ─── 178, 182
国語教育学 ─── 360	言葉の特徴や使い方 ─── 10, 184	『作文指導系統案集成』─── 149
国語教育学会(戦前)─── 345	言葉の発達の遅れ ─── 301	作文スキル学習 ─── 216
『国語教育学の構想』─── 310	言葉の比喩的用法 ─── 317	作文単元 ─── 136
国語教育の領域構造 ─── 360	言葉の魔術 ─── 318	作文単元の指導計画 ─── 137
国語教科書 ─── 188, 208, 303,	言葉の乱れ ─── 48	作文の指導過程 ─── 217
304	子どもの権利条約 ─── 305	作文の指導理論 ─── 216
国語教師論 ─── 296	子どもの修辞学(ロシア)─── 375	作文の処理・評価 ─── 140
国語国字問題 ─── 48	子どもの発達 ─── 298	サクラ読本 ─── 108, 344, 356
『国語読本』(坪内逍遥編)─── 355	ことわざ ─── 204, 206	小砂丘忠義 ─── 149, 362
国語(日本語)の正書法 ─── 51	小林英夫 ─── 314	作家論 ─── 66, 177
国語能力 ─── 248	個別指導 ─── 220	差別 ─── 279, 305
国語能力表 ─── 248	小松善之助 ─── 107	ザンコフ・システム ─── 374
『国語の力』─── 218, 343, 358	コミュニケーション	散叙式 ─── 201
国際バカロレア ─── 328	─── 43, 44, 180, 236, 276, 322	三段階の指導過程(教科研方
国際理解教育 ─── 277	コミュニケーション作文 ─── 289	式)─── 218, 348
語句指導 ─── 20	コミュニケーション能力	三段論法 ─── 40, 200, 295
国定国語教科書 ─── 345	─── 271, 306, 352	暫定教科書 ─── 356
国分一太郎 ─── 229, 278, 348	コミュニケーション能力の育	三読法 ─── 61, 78, 80, 218
国民科国語 ─── 57, 344, 356	成(ロシア)─── 374	三読法と一読総合法 ─── 349
国民学校 ─── 344	コミュニケーション理論 ─── 322	散文詩 ─── 192
国立教育政策研究所教育課程	小森陽一 ─── 326	
センター ─── 259	語用論 ─── 317, 330	**し**
語構成 ─── 26	コラム ─── 96, 200	詩 ─── 92, 136, 192
語根 ─── 27	これからの国語教育 ─── 352	シアター ─── 170, 292
故事成語 ─── 110, 204, 206	語論 ─── 313	ジェンダー ─── 303, 304
輿水実 ─── 60, 68, 80, 216, 218,	コンテクスト ─── 270, 327, 328	字音仮名遣い ─── 355
248	コンピュータ・サイエンス	識字運動 ─── 305
五十音図 ─── 15	─── 334	詩教材 ─── 92
個体史 ─── 297	コンポジション理論	思考 ─── 272
個体内コミュニケーション	─── 216, 273, 289, 324	思考型式 ─── 41
─── 323		思考力育成の方策 ─── 295
5W1H ─── 102	**さ**	思考力の育成 ─── 41
五段階法(五段階教授法)─── 340	西郷竹彦 ─── 63, 79, 287, 302	思考力・判断力・表現力等
国家主義的児童観 ─── 362	サイコドラマ ─── 291	─── 222, 230, 251, 253, 256,
古典 ─── 108, 110, 112, 114	斎藤喜博 ─── 224, 235	259, 264, 281, 282
古典教育 ─── 108, 205	再話 ─── 191	自己評価 ─── 263
古典教材 ─── 179, 204	寒川道夫 ─── 154	事実と意見・根拠 ─── 152
古典指導の歴史 ─── 108	作業単元 ─── 185, 285	事実論題 ─── 165
古典・伝統文化 ─── 204	作者 ─── 186, 218	視写 ─── 132
古典の魅力 ─── 110	作者想定 ─── 99	自主教材 ─── 183

辞書	54	
自照的な記録	100	
司書教諭	122, 239	
辞書作り	55	
視聴覚教材	179	
実験観察の綴方	142	
実験法	337	
十進分類法	238	
実の場	212	
質問紙法	262, 337	
実用機能	314	
視点	89, 274	
事典	55	
字典	55	
辞典	54	
自伝（自叙伝）	98	
視点人物	63, 88	
視点論	63	
指導過程	208, 217, 218	
指導技術	**224**	
指導計画	137, *208*, 283	
指導形態	220	
児童言語研究会	61, 81, 219, 273, 295, *349*	
児童中心主義	308	
指導と評価の一体化	261, 262, 280	
児童文学	188	
指導法研究	176	
指導目標	212, 280, 329	
指導要録	252, 266	
シナリオ	202	
自分史	98	
自閉症	301	
社会文化的アプローチ	335	
借用語	52	
社交機能	314	
写実	73	
写生	73	
写生文	96, 324	
社説	155	
ジャンル（種類）別読解指導法	197	
修辞	40	
習字	56	

自由詩	193	
修辞学	40	
修辞法	40	
習熟度別学習	220	
集団に準拠した評価	252, 263	
自由と課題（作文）	288	
自由読書	123	
十人十色の文学教育	218, 286	
自由発表主義作文	341	
主観主義と客観主義	348, 364	
授業研究	**234**	
熟語	20	
熟考と評価	255	
取材	**128**	
主題	**33**, 60, *66*, *72*, *126*	
主題（構想）過程における作文指導	324	
主題・構想・叙述	*72*, *360*, *361*	
主体的・対話的で深い学び	208, 223, 255, 257, 264	
主題認識	66, 67	
述語文	30	
受容理論	326	
順序づけ	262	
順接	35	
準体験	63	
情意の領域	260	
情意能力	260	
紹介	**158**	
生涯学習	179, 268	
「障害」者解放教育	304	
紹介の文章の題材例	158	
障害別特徴と問題	300	
小学教則	354	
『小学読本』（榊原芳野編）	354	
『小学読本』（田中義廉編）	354	
小学入門	354	
状況主義	335	
状況認識の文学教育	218, 286	
消去法	107	
情景	**74**	
条件作文	217	
使用語彙	22	
小説	88, 186	

小説の授業	187	
象徴	316	
象徴的表現	86	
情報	116, 118, 232, 236, 276	
情報科学	322	
情報化時代	319	
情報化社会	122	
情報活用能力	116, 118, 232, 353	
情報処理・活用	**116**	
情報処理的アプローチ	335	
情報的意味	316	
情報の扱い方	117, 119, 250	
情報の取り出し	61, 255	
情報マネージメント能力	101	
情報メディア	155	
情報モラル	*117*, 119, 233	
情報リテラシー	*118*, 219, 233	
情報理論	333	
常用漢字表	11, *16*, 50	
昭和の国語教育（戦後）	**346**	
昭和の国語教育（戦前）	**344**	
書記	167	
叙景詩	92	
助言	226	
書誌学	326	
書式	132	
叙事詩	93	
書写	*56*, 144	
叙述	**72**	
叙述態度	30	
叙述内容	30	
叙情詩	92	
女性解放教育	304	
初発の感想	64	
書物製作	124	
調べ読み	120, 239	
調べる（た）綴方	129, 142, *244*, 289	
自立語	28	
深化・発展学習	264	
新劇	202	
箴言	111	
人権教育	**304**	

信号	276	
心情	74	
『尋常小学読本』	341, 354	
心情の理解	275	
真正な評価	260	
『新体詩抄』	94	
シンタックス	313	
診断的評価	264	
心的回転	274	
シンボル	276	
心理言語学	320	
進路保障	304	
神話	191, 204	

す

随意選題作文	341
推敲	134
「推敲」の故事	134, 206
随想	96
随筆	96, 110
推理	106
推論ゲーム	295
スキーマ	334
スキル学習	272, 307
鈴木三重吉	86, 188, 362
スタニスラフスキー・システム	170
ストーリーテリング	86
ストーリー・プロット・〈メタプロット〉	88
墨塗り教科書	356

せ

正解到達主義	219
生活科	350
生活教育	363
生活教育のための作文教育	289
生活記録	146
生活者	362
生活主義綴方期	345
生活単元	136, 284
生活綴方	148, 289, *362*
生活綴方と作文(文章表現指導)	349
生活日記	142
生活文	148
政策論題	165, 168
正書法	48, 51
生成	317, 321, 322, 326
成長	298
正典(カノン)	303
精読	61, 78, *80*, 82, 218
斉読	161
生命主義綴方	362
世界の戯曲	202
世間話	191
絶句	114
接続	34, 36, 38, 118, 232
接続語	151
絶対評価	252, *263*, 281
接頭辞	26
接尾辞	26
説明	72, *104*, *162*, 198
説明的文章	*102*, 104
――の指導理論	218
説明文	104, *150*, 218
説明文指導(作文)	150
説明文の題材	150
説明読み(ロシア)	375
説明・論説教材	179
説話	190, 204
全国学力・学習状況調査	255, 351
全国大学国語教育学会	297
全国同和教育研究協議会(全同教)	304
戦後国語科教育の発足	346
戦後国語教育論争	348
戦争童話	87
Sentence Method(センテンス・メソッド)	68, 218, 356
選別のための評価	262

そ

想	218, 289
双括式	37, 201
総括的評価	264
総合学習	284
総合単元	137
総合的な学習	244
総合的な学習と国語科教育との関係	246
総合的な学習の時間	103, 119, 244, 282, 350
相互作用	276
相互作用モデル	164
創作	136, *156*
総主の文(二重主格構文)	33
相対評価	252, *263*, 281
想の展開	126
即時発問	226
測定	260
素材読み	83
ソシオメトリー	338
ソシュール	39, *270*, 314, 330, 332
素読	62, *78*, 160, 218
ソビエト文芸学	67
尊敬語	42

た

大意	84
第一次鑑賞	62
第一表と第二表(ローマ字つづり)	19
大学入学資格試験での口頭試問(フランス)	370
対義語	21, 55
待遇表現	43
体系的指導	184
体系文法	38
《体験型》の学習	307
題材	136, 289
第三次鑑賞	62
第三の書く	216
大正自由教育における観念的児童観	363
大正の国語教育	342
大正リベラリズム	342
態度主義的学力観	278
態度能力	261
第二芸術論	195
第二次鑑賞	62
台本	202

索　引

代理体験・間接体験	62
対話	164, 277, 323
高橋俊三	172, 307
竹内敏晴	170
他者	88, 187
田近洵一	79, 218, 248, 280
脱教室	221
達成度評価	263, *264*
達読	82
谷川俊太郎	240
楽しみ読み	120
タブレット	118, 181, 232
短歌	94, 194
短歌の革新運動	*94*, 194
短歌・俳句の教材	194
探求的な話し合い	165
単元	284
単元学習	210, 284, 302, 310
単元学習の実際	212
『単元計画』	211
単元の開発	303
単元論	284
単語	26, 28
「単語篇」	354
単語論	38
短作文	*138*, 217
短詩型文学	94, 194
短評（赤ペン）	140
単文・重文・複文	32
段落	*36*, 151

ち

チェックリスト法	263
知覚	272, 274
知識及び技能（知識・技能）	
	222, 230, 251, 253, 256, 259, 264, 281, 282
地図は現地ではない	318
地方語	44
中央教育審議会	100, 255
中国詩の形式	115
抽象のハシゴ	319
中心文（トピック・センテンス）	36, 68
『中等文法』	39

調音	12
聴写	132
チョムスキー	39, 271, 321
陳述論	313

つ

追試	225
追唱	77
追体験	62
追歩式	201
通じ合い	271, 277
通読	61, *78*, 82, 218
伝え合う力	145, 268, 350
『綴り方教授』	364
『綴方生活』	362
『綴方読本』	149
綴り字（フランス）	371
坪内逍遙	88, 186, 324, 355

て

TOSS（Teacher's Organization of Skill Sharing）	224
T.T.（Team Teaching）	220
定型詩	193
丁寧語	42
ディベート	165, *168*
ディベート甲子園	168
ディルタイ	218, 359
データ吟味の読み	107
テーマ主義	67
手書き	17, 50, 56
手紙	*144*, 293
手紙文書式	144
手紙文単元	145
テクスト	60, 219, 303, 326
テクスト言語学	331
テクスト論	66, *326*
出口論争	346, 348
デジタル	118, 232, 254
デジタル教科書	205, 232
テスト	262
テスト法	338
DeSeCoプロジェクト	254
哲学的意味論	316
テレビ会議システム	166

テレビドラマ	91
伝記	*98*, 120
電子黒板	232
電子メールの書き方	145
伝承	204
テンス	31
伝説	190
伝統的な言語文化と国語の特質に関する事項	57, 204

と

ドイツ語科（ドイツ）	372
ドイツ語教授学	372
同音語	48, 55
同化・異化	63
頭括式	37, 200
「統括」の機能	37
頭括・尾括・双括	37
討議	164
動議	167
東京都青年国語研究会（青国研）	213, 235
統合主義	341
統語論	316
登場人物	88, 124, 274
統制群法	337
到達度	264
到達度評価	252, 263, *264*
到達目標	*264*, 279, 329
討論指導	295
童話	86, 188
時枝・西尾論争	287, 348
時枝誠記	39, 108, 279, 286, 310, 312, 314
特異性言語障害	301
『読者反応批評』	326
読者論	65, 66, 219, *326*
読書科学	333
読書環境	121, 122, 243
読書感想文	121
読書記録	120, 146
読書傾向	120
読書行為論	218, 326
読書コミュニティ	243
読書指導	120, 122

395

読書生活 120, 123, 243	ニュアンス 46	発達段階 298
読書離れ 123	入門期教材 179	発表 162
独立語構文 30, 32	**入門期指導** 214	発問 222, *226*
独話 *162*, 180	人間形成 280	**話し合い** *164*, 180
図書館指導 120, *238*	**認識** 272	話し声の異常 300
読解 60	認識・思考の指導 272	話し言葉 42, 171, 292
読解リテラシー 254	認識の三段階 272	話し言葉のリズムの異常 301
読解力 61, 219, 254, 352	認知 272	場面 43, 170, 292
トップ・ダウンの過程 335	認知言語学 331	林進治 349
トピカ(topica) 41	**認知心理学** 280, *334*	パロール *270*, 330, 332
トポス(topos) 41	認知的領域 260	バロック・レポート 368
冨田博之 170	認知能力 261	パロディ 241
友納友次郎 343, 365		パワーポイント 167
ドラマ教育 170, *292*	**ね**	板書 222, *228*
取り立て指導 25, 138, 208	年間指導計画 208, 283	反省的実践家 225
	年長者による母語の教育 268	班日誌 142
な		反復練習 307
内言と外言 272	**の**	パンフレット 154
内在律 193	能 90	範文模作主義 309
内容主義 308	能力主義 210, 284	範文模倣主義 288
内容と技術(作文) 288	能力主義的学力観 279	
中内敏夫 278	**ノート指導** 230	**ひ**
永野賢 325	野口芳宏 99	ピアジェ 294, 298
中村明 315	野地潤家 248, 297	**PISA調査** 61, *254*
ナショナル・カリキュラム(イギリス) 292, 368	ノンフィクション 197	B問題 351
なまり 44		美学的文体論 314
滑川道夫 344	**は**	美化語 43
成田忠久 362	パーソナル・コミュニケーション 323	尾括式 37, 200
ナンバリング 169, 181	**俳句** 94, 112, *194*, 204	樋口勘次郎 362, 364
	媒体 145, 155	飛田多喜雄 342
に	芳賀矢一 38	筆画 16
西尾・時枝論争 287, 348	橋本進吉 29, 30, *38*, *312*	筆者想定法 213
西尾実 62, 65, 70, 72, 78, 80, 108, 216, 218, 342, *360*	橋本文法 32	必然の場 162
	派生語 17, 26	否定発問 226
二次感想 64	ハタタコ読本 341, 355, 356	一人読み 61, 219
二重コード説 274	波多野完治 280, 315, 332	批判的思考 294, 328
二次読み 81	八大教育主張 343	批判的な読み 318
日記 136, *142*, 243	**発音** 12, 180	批判的に読み解く学習 103
日本言語技術教育学会 307	発音式仮名遣い(棒引き仮名遣い) 355	批判読み 107
日本語教育 32, 269	「発信型」授業 307	批評 60, 62, *65*, 88
日本語の特色 52	**発声** 12, 180	比喩 41
日本作文の会 273, 349	発達 298	ヒューイ 358
日本式(ローマ字) 18	発達最近接領域 299	ビューラー 270, 280
		比喩表現 133
		表音文字 14

396

索　引

評価　　　　　　　252, 260, 280
評価規準　　222, 259, 264, 266, 280
評価の最適化　　　　　　　261
評価のための評価　　　　　261
評価法　　　　　　　　　　262
表記　　　　　　　　　　　50
表記の基準　　　　　　　　49
表現活動の改革　　　　　　237
表現形式　　　　　　　　　193
表現内容　　　　　　　　　193
表現の国語（フランス語）教育　　　　　　　　　　　370
表現の主観性と客観性　　　196
表現の論理　　　　　　　　198
表現文法　　　　　　　　　38
表現読み　　　　　　　83, 219
表語文字　　　　　　　　　16
描写　　　　　　　　　　　72
標準英語の再定義　　　　　368
標準語　　　　　　　　　　44
表象　　　　　　　　　　　74
表象（イメージ）による認識　　　　　　　　　　　272
表象主義　　　　　　　　　335
評定　　　　　　　　　　　260
評定尺度法　　　　　　　　337
評定法　　　　　　　　　　337
評論　　　　　　　　106, 200
平仮名　　　　　　　　14, 50
平仮名先習　　　　15, 215, 357
非連続テキスト　　　　　　255
品詞　　　　　　　　　28, 32
品詞の転成　　　　　　　　28
品詞分類　　　　　　　　　28
品詞論　　　　　　　　38, 313

ふ

ファンタジー　　　　　86, 189
フィードバック　　　277, 323
深萱和男　　　　　　　　　349
不可視の世界　　　　　　　198
府川源一郎　　　　　　　　227
複合語　　　　　　　　　　26
腹式呼吸　　　　　　　　　12

副用語　　　　　　　　　　29
部首　　　　　　　　　16, 55
藤原与一　　　　　　　83, 217
付属語　　　　　　　　　　28
ブックトーク　　　　　　　122
「冬景色」論争（西郷竹彦と古田拡）　　　　　　96, 348, 358
部落解放運動　　　　　　　304
フリップ　　　　　　　　　167
プリマ，プレブリマ　　　　215
ブルーム　　　　　258, 260, 264
古田足日　　　　　　　　　87
古田拡　　　　　　　　　　358
フレイレ　　　　　　　　　304
ブレーンストーミング方式　　　　　　　　　　　129
プレブリマ　　　　　　　　215
プログラム学習　　　　　　265
プロジェクト・メソッド　　185
プロミネンス　　　　　　　13
文　　　　　　　　　　30, 32
文意　　　　　　　　　　　68
文学教育　　　　　　286, 287
文学教育の歴史　　　　　　286
文学教育論　　　　　　　　286
文学教材　　　　　　218, 307
文学言語　　　　　　　　　287
文学体験　　　　　　　　　62
文学的作文の学習指導　　　156
文学（芸術）日記　　　　　142
文学・批評理論　　　　　　326
文化審議会答申　　　　43, 351
文型　　　　　　　60, 214, 219
文芸教育研究協議会（文芸研）　　　　　　　　　　　302
文芸主義綴方期　　　　　　344
文芸主義と実用主義　　　　288
文語体　　　　　　　　　　314
文語定型詩　　　　　　　　193
文語文法　　　　　　　　　38
文種　　　　　　　　　　　182
文集・新聞づくり　　　　　154
文章　　　　　　　　34, 36, 332
文章構成　　　37, 60, 69, 70, 150, 200

『文章構成法』　　　　　　324
文章心理学　　　　　　　　332
『文章心理学』　　　　　　315
文章制作過程　　　　　　　182
文章展開　　　　　　　　　69
『文章読本』　　　　　　　47
文章における全体性　　　　34
文章における統合性　　　　34
文章の機能　　　　　　　　314
文章表現過程論　　　　　　289
文章理解研究と国語科　　　334
文章論　　　　　　　　34, 312
文図　　　　　　　　　　　60
文節　　　　　　　30, 38, 312
文体　　　　　　　　297, 314
文題帳　　　　　　　　　　143
文体論　　　　　　　　　　314
文の構造　　　　　　　30, 33
文の種類　　　　　　　　　32
文の成分　　　　　　31, 32, 39
文の成分論　　　　　　　　31
文法　　　　　　　　　　　38
文法教育　　　　　　　　　38
文法指導　　　　　　　23, 29
文法（フランス）　　　　　371
文法読み　　　　　　　　　83
文法論　　　　　　　　　　312
文法論の諸説　　　　　　　312
文脈　　　　　　　34, 88, 327
分類語彙表　　　　　　22, 28
文論　　　　　　　　　　　313
文をつなぐ形式　　　　　　35

へ

平成の国語教育　　　　　　350
ペスタロッチ　　　　　　　244
ヘボン式（標準式）　　　　18
ヘルバルト　　　234, 284, 340
弁論術　　　　　　　　　　40

ほ

方言　　　　　　　　　　　44
方言周圏論　　　　　　　　44
方言地図　　　　　　　　　44
報告　　　　　　　　100, 196

397

報告・推論・断定 — 153	民族解放教育 — 304	物語 — 88, 110, 120, 124, 255
報告文 — *146*, 196	民族教育としての古典教育	**物語・随筆** — 110
法則化運動 — 224	— 62, 219	物語スキーマの発達 — 335
報道 — 102	**民話** — 86, *190*	物語文法 — 334
報道文 — 102	民話の会 — 190	模範文 — 182
棒引き仮名遣い — 355		模倣と創造（作文）— 288
ポートフォリオ	■ **む** ■	森岡健二 — 216, 324
— 263, 266, 281	ムード — 31	モリス — 316
ホームページ — 154	昔話 — 86, *190*, 204	問題意識 — 65
母語 — 268	向山洋一 — 224	問題意識喚起の文学教育
保科孝一 — 343	無心像思考 — 274	— 219, 286
ポストイット — 71		問答法 — 226
ポストモダン — 88, 187	■ **め** ■	
『北方教育』— 362	**明治の国語教育** — 340	■ **や** ■
ボトム・アップの過程 — 334	メタ言語能力（ドイツ）— 373	ヤーコブソン — 271
〈本文〉・〈元の文章〉・〈原文〉の	メタ認知 — 325	安本美典 — 315
影 — 88	メタレベル — 89, 186	安良岡康作 — 83
	メッセージ — 276, 277	『山芋』— 363
■ **ま** ■	メディア — 236	山田孝雄 — 29, 32, *38*, 312
マクルーハン — 236	メディア教育 — 294	『山びこ学校』— 363
正岡子規 — 73, 194	メディア教育と言葉の魔術	
マス・コミュニケーション	— 318	■ **ゆ** ■
— 323	メディア教材 — 179	雄弁術 — 40
益田勝美 — 109	メディアの特性 — 237	夕焼け論争 — 349
マスタリー・ラーニング — 264	メディアミックス — 237	揺さぶり発問 — 226
増淵恒吉 — 325	**メディア・リテラシー**	ユネスコ「学習権」宣言 — 305
マスメディア — 102, 118, 236,	— 103, *236*	
322	メモ — 100, 147	■ **よ** ■
丈夫ぶり — 94	メルヘン — 86, 189	要旨 — 60, *68*
松下大三郎 — 312	面接法 — 262, 338	幼児音 — 13, 77
マップ法 — 129		様式と類型 — 196
マトリックス — 258	■ **も** ■	幼児語 — 214
学びに向かう力・人間性等	毛筆 — 56	要点 — 68
— 222, 251, 257, 259	黙読 — 76	要約 — 84
マルチメディア（フランス）	目標に準拠した評価	四つ仮名 — 51
— 371	— 252, 258, 263, 264, 281	予定発問 — 226
	目標分析 — 258	読み・書き・計算の3R — 278
■ **み** ■	目標分析表 — 258	『読書入門』— 341, 354
三尾砂 — 32	**目標論** — 280	『読み方教授』— 364
三上章 — 33	文字カード — 15	読み聞かせ — 120, 123
味読 — 61, 78, *82*, 218	文字板学習・経験板学習 — 228	読み手の主体性 — 61, 63
湊吉正 — 271	文字文化 — 17, 56	〈読み〉の教育の歴史 — 218
峰地光重 — 343	モダリティー — 31	**読みの指導理論** — 218
ミハイル・バフチン — 187	モチーフ — 67	読みの速度 — 77
民間教育研究運動 — 302	望月善次 — 280	読みの動的過程 — 89

ら

- ラベリング ―― 169, 181
- ランガージュ ―― 330
- ラング ―― *270*, 330

り

- リアリズム ―― 87
- リード ―― 102
- リーフレット ―― 154
- 理解活動の改革 ―― 237
- 理解語彙 ―― 17, 22
- 六書 ―― 16
- リズム ―― 193, 206
- リチャーズ ―― 69, 270
- 律詩 ―― 114
- リテラシー ―― 118, 236, 368
- リテラシーの時間（イギリス） ―― 369
- 領域固有の知識 ―― 294
- 利用指導 ―― 239
- リライト ―― 85

る

- 類義語 ―― 20, 55
- 類種関係 ―― 295
- 類推 ―― 198
- ルーブリック（評価指標） ―― 266, 281
- ルソー ―― 244

れ

- 例証 ―― 41
- レーゼドラマ ―― 90, 202
- 歴史的仮名遣い ―― 15, 50, 110, 113
- レター・メソッド（Letter Method） ―― 355
- **レトリック** ―― *40*, 324
- レトリックと文体 ―― 315
- レトリックの技術指導 ―― 133
- レトリックの体系 ―― 40
- 連呼 ―― 15, 51
- 連合 ―― 15, 51
- 練習単元 ―― 137, 212, 284
- 練習ノート ―― 230
- 連想法 ―― 338
- 連文節 ―― 30

ろ

- 朗読 ―― 82, *160*
- 朗読指導 ―― 160
- **ローマ字** ―― *18*, 50
- ロシア連邦教育省のプログラム ―― 374
- 論旨 ―― 60, 200
- 「論証型」の文章 ―― 295
- 論証の仕方 ―― 200
- **論説** ―― 106, 200
- 論説と評論 ―― 106
- 論説の吟味 ―― 107
- 論説文 ―― 152, 197, *200*, 219
- 論理 ―― 61, 295, 329
- 論理学の基礎 ―― 106
- 論理言語 ―― 287
- 論理語彙 ―― 295
- **論理的思考の指導** ―― 294
- 論理的思考力 ―― 104
- 論理的な文章 ―― 69
- 論理的表現 ―― 104

わ

- ワークシート ―― 178, 222
- ワークショップ ―― 236, 292
- ワードプロセッサー ―― 154
- ワード・メソッド（Word Method） ―― 355
- 我が国の言語文化 ―― 10, 16, 184, 190
- **和歌・俳句** ―― 112
- 和歌・俳句の歴史 ―― 112
- 和漢混交文 ―― 114
- 童歌 ―― 240

《編著者略歴》

田近洵一（たぢか　じゅんいち）
1933年　長崎県に生まれる
1955年　横浜国立大学学芸学部国語科卒業
　　　　川崎・東京で小・中・高の教壇に立つ
　　　　横浜国立大学助教授，東京学芸大学教授，早稲田大学教授，東京学芸大学名誉教授
著　書　『言語行動主体の形成──国語教育への視座』（新光閣書店）
　　　　『現代国語教育への視角』（教育出版）
　　　　『文学教育の構想』（明治図書）
　　　　『戦後国語教育問題史』（大修館書店）
　　　　『読み手を育てる─読者論から読書行為論へ─』（明治図書）
　　　　『「自立と共生」の国語教育』（光文書院）
　　　　『創造の〈読み〉─読書行為をひらく文学の授業─』（東洋館出版社）
　　　　『国語教育の方法』（国土社）
　　　　『創造の〈読み〉新論』（東洋館出版社）
　　　　『現代国語教育史研究』（冨山房インターナショナル）

井上尚美（いのうえ　しょうび）
1929年　東京都に生まれる
1952年　東京大学文学部哲学科卒業
　　　　東京学芸大学・創価大学名誉教授
著　書　『言語・思考・コミュニケーション』（明治書院）
　　　　『言語論理教育への道』（文化開発社）
　　　　『国語の授業方法論』（一光社）
　　　　『授業に役立つ文章論・文体論』共著（教育出版）
　　　　『言語論理教育入門』（明治図書）
　　　　『レトリックを作文指導に活かす』（明治図書）
　　　　『国語教育・カウンセリングと一般意味論』共著（明治図書）
　　　　『思考力育成への方略』（明治図書）
　　　　『言語論理教育の探究』編著（東京書籍）
　　　　『メディア・リテラシーを育てる国語の授業』共編著（明治図書）

中村和弘（なかむら　かずひろ）
1971年　愛知県に生まれる
1994年　東京学芸大学卒業
　　　　川崎市公立小学校，東京学芸大学附属世田谷小学校教諭を経て，東京学芸大学准教授。
著　書　『国語科授業を生かす理論×実践』（東洋館出版社）
　　　　『アクティブ・ラーニングを位置づけた小学校国語科の授業プラン』（明治図書）
　　　　『見方・考え方［国語科編］』（東洋館出版社）

国語教育指導用語辞典〔第五版〕

1984年10月25日　初　版第1刷発行
1993年1月22日　新訂版第1刷発行
2004年6月18日　第3版第1刷発行
2009年1月25日　第4版第1刷発行
2018年11月15日　第5版第1刷発行

編著者　田近洵一
　　　　井上尚美
　　　　中村和弘
発行者　伊東千尋
発行所　教育出版株式会社
　　　　〒101-0051　東京都千代田区神田神保町2-10
　　　　電話03-3238-6965　振替00190-1-107340

© J. Tajika／S. Inoue／K. Nakamura　2018.
Printed in Japan

DTP　日本教材システム
印刷・製本　神谷印刷

落丁・乱丁本はお取替いたします
ISBN 978-4-316-80461-3　C3537